九
色
鹿

Shamanism

内蒙古民族文化通鉴·翻译系列

萨满教

古老的入迷术

Archaic Techniques of Ecstasy

MIRCEA ELIADE

〔美〕米尔恰·伊利亚德 著

段满福 译

社会科学文献出版社
SOCIAL SCIENCES ACADEMIC PRESS (CHINA)

目 录

第四章　萨满领神 ／ 110

第五章　萨满服饰和萨满鼓的象征意义 ／ 145

第六章　中亚和北亚的萨满教：Ⅰ升天入地 ／ 181

前　言

　　据我所知，这是第一部全面介绍萨满教现象并将其置于一般宗教史中加以研究的著作，所以难免有不足和含糊之处，还要冒一定的风险。如今，学生掌握着大量有关萨满教的资料，诸如西伯利亚、北美、南美、印度尼西亚及大洋洲等地区的萨满教资料。同时，许多著作本身在各自的领域中就很重要，它们也为从人类学、社会学和心理学视角研究萨满教（或准确地说，一种特定的萨满教）开辟了道路。但是，众多研究萨满教的著作竟然都没有在宗教史的框架下解释这一复杂现象，只有几部著作例外，尤其值得我们注意的是霍伯格关于阿尔泰萨满教的研究。这一次，我们是作为宗教史学家来尝试探索、理解和展现萨满教的。我们决不认为那些从心理学、社会学及民族学角度进行的研究没有价值；相反，我们认为这些研究对于全面理解萨满教必不可少。但我们相信，还可以通过另外一种方法来探索萨满教，在接下来的研究中我们就采用这种方法。

　　心理学家研究萨满教时，首先必定将萨满教看成是危机心理甚或退行心理的表现，并总会将其与某种异常的精神表现形式进行比较，或将其归为癔症或癫痫一类的精神疾病。

　　我们无法接受将萨满教视为任何一种精神疾病的观点，对此我们会做出解释。但需要指出一点（这是很重要一点），像其他圣召一样，萨满教的圣召也表现为一种危机，即准萨满短暂的精神错乱。在这一点上，所有的观察和分析都很有价值，因为通过这些观察和分析，我们可以了解圣召过程中所谓的"圣显辩证法"在灵魂深处产生的影响，亦即世俗与神圣的彻底分离以及由此产生的世界的分隔。这样说，就表明这类研究在宗教心理学中是非常重要的。

社会学家关注的是萨满、教士以及巫师的社会功能，进而研究魔力给他们带来的社会声望以及这种声望在社会结构中的作用，还有宗教界领袖与政治领导人之间的关系，等等。对关于首个萨满的神话进行社会学分析，将会揭示出在远古社会最早期某些萨满的显著地位。这有待于更多萨满教的社会学研究成果问世，这些内容将会成为宗教社会学最重要的研究之一。宗教史学家必须将这些研究及其结论考虑在内，并结合心理学家揭示出的心理条件和最广泛意义上的社会条件，在要求他处理的文献中，突出人和历史的具体性这一元素。

民族学家的研究更强调这种具体性。研究萨满教的民族学专著的任务是把萨满置于其特定的文化背景之中加以研究。比如，如果我们对楚科奇人（Chukchee）的生活和传统一无所知，仅仅读到过有关楚科奇萨满的功绩的内容，就有可能误解楚科奇萨满的真实个性。此外，民族学家还需要穷尽对萨满服饰和萨满鼓的研究，描述降神会的情景，记录萨满祷文和乐曲，等等。在确立萨满教某一构成元素（比如萨满鼓或降神会上使用的麻醉剂）的历史发展进程时，在研究需要的情况下，民族学家可以邀请比较文学家和历史学家加进来，一起成功地揭示这一主题元素在时空上的传播情况。民族学家要尽可能地确定这一元素的中心起源点以及向外传播的阶段和顺序。简而言之，无论是否采用格雷布纳-施密特-科伯斯文化循环的方法，民族学家都会变成一位"历史学家"。无论如何，除了一些令人叹服的纯描述性人类学文献外，还有许多历史民族学著作可资我们参考：在来源于所谓的"没有历史记载"的民族的文化资料中，有一个势不可挡的"灰色硬块"，我们从中看到了应该努力的方向；我们开始在过去习惯于只能发现"自然民族"、"原始人"和"野蛮人"的地方区分出了"历史"。

在此，我们没有必要详述历史民族学对宗教史的巨大帮助。但是，我们认为历史民族学不能代替宗教史，后者的使命是要综合民族学、心理学和社会学的研究成果，在此过程中，它绝不会舍弃自己的研究方法和其区别于其他学科的观点。例如，文化人类学或许已经阐明萨满教和一些文化轮回之间的关系，或某一种复杂的萨满教现象的传播情况，但其目标并不是揭示这些宗教现象所蕴含的深层意义，也不是说明它们的象征意义，更没有将其置于普通宗教史当中加以探究。归根结底，宗教史学家不仅要综合萨满教各个方面的研究成果，还要提出一种综合性的观点，一种关于这一复杂宗教现象的形态和历史的观点。

但是，在这类研究中，我们在对于"历史"的重视程度这个问题上必须达成一致意见。正如我们不止一次地在其他地方提到，历史条件在宗教现象中很重要（因为每一个人的经历归根结底就是一份历史资料），但不能穷尽宗教现象。关于这一点，我们将在《比较宗教范型》的补充部分再做详细阐述，这里，我们只举一个例子。阿尔泰萨满在仪式上会攀爬白桦树，树上刻出了梯阶，白桦树代表"世界之树"，梯阶代表着萨满在通往天国之巅的癫狂之旅中途经的各级天国，这一宗教仪式中蕴含的宇宙图式极有可能起源于东方。古代近东的宗教思想深入中亚和北亚后，对形成中亚和西伯利亚萨满教现有特征起了很大作用。这充分说明，"历史"可以告诉我们宗教思想和宗教技术是如何传播的。但是，正如上文所说，一种宗教现象的"历史"，不能仅凭其历史表现就向我们展示全部内容。有人猜想阿尔泰人的升天观念及仪式受到东方宇宙观和宗教的影响，但我们无法确定这种假设是否合理。类似的观念出现在世界各地，包括一些按照推理东方的宇宙观和宗教根本影响不到的地方。更有可能的一种情况是，东方思想仅仅改变了升天这种宗教仪式的形式及其宇宙含意；升天看起来是一种初始现象，它不属于作为历史存在的人，而属于人本身；撇开任何历史的或其他的条件，世界各地均能找到有关升天的梦境、幻觉和意象的描述。心理学无法完全解释所有这些关于升天的梦境、神话以及怀旧情绪；总有一个核心的东西无法解释，也许这个无法界定、难以归纳的因素正好揭示出人在宇宙中的真实状况，我们会不厌其烦地重申，这种状况不仅仅是"历史的"。

所以，宗教史学家在考虑历史－宗教事实时，要尽自己最大的努力从历史的视角组织材料，这是唯一能确保材料具体性的视角。但是，他切不可忘记，他所关注的现象说到底是要揭示人类的分界状况，我们需要理解这些状况，这些状况也需要被人理解。这项解释宗教现象深层含意的任务就责无旁贷地落在了宗教史学家的肩上。当然，心理学家、社会学家、民族学家，甚至是哲学家和神学家都会从各自适宜的观点和角度来评论这些宗教现象，但只有宗教史学家才会把宗教现象当作"宗教现象"做出最多、最有效的陈述，而不是当作心理的、社会的、民族的、哲学的甚至神学的现象来陈述。在这一点上，宗教史学家也区别于现象学家，现象学家基本上不愿做任何比较。在面临某种宗教现象时，他仅限于"处理"这一现象并挖掘其意义，而宗教史学家要将这一现象与成千上万的与之相似或不相似的、在时空上都分离的现象进行比较，并将这一现象置于这些现象之中，才会理解这一宗教现象。同样，宗教史学家不会仅限于宗教材料的分类和形态，他知道"历史"无法阐释一种宗教现象的全部内容，但他同样也没有忘记，一个宗教事实正是在最广义的"历史"上得以全面发展，并显示出其全部意义的。换言之，宗教史学家利用一种宗教现象的所有历史表现形式，旨在发掘这种现象一定会揭示出的内容。一方面，他要坚守历史的具体性；另一方面，他努力发掘一个宗教事实在历史发展过程中展现的超越历史的内容。

这里，我们没有必要再详述这些方法论的思考了，若将他们逐一列出，要占据很大空间，一个前言远远不够。然而，我们说"历史"一词有时会让人困惑，因为它既可以指撰史（即"撰写"某一事物历史的行为），也可以指世界上"已经发生的事情"。该词第二个含义本身又包含了几种特殊的意思，既可以指特定时空界限内（即某一民族，某一时期的历史）所发生的事情，亦即一个连续体或某种结构的历史；也可以指从普遍意义上讲的历史，像"人类的历史存在"、"历史情境"、"历史时刻"中的"历史"都是这个意思，这一意思甚至在一些存在主义者的表述中也有体现，如"处于情境中"的人也就是"处于历史中"的人。

宗教历史并不总是宗教的历史编纂。在撰写某一宗教或特定宗教现象（如闪米特人的祭祀、赫拉克勒斯的神话等）的过程中，我们不会按照年代顺序将发生的所有事情记录下来。当然，若文献允许，我们也可以这样做，但我们不能仅仅为了记录宗教历史而撰史。"历史"这一术语的多义性很容易引起学者误解，事实上，哲学和普遍意义上的历史概念最贴近我们宗教史研究。从事宗教史研究就是要研究宗教事实本身，即在宗教事实特定的显示平面上研究宗教事实。即使已显示的宗教事实不能总是完全归结为历史，这一特定显示平面也总是"历史的"、具体的和存在的。从最基本的圣显，如圣灵在石头或树木中显现，到最复杂的圣显（先知或宗教创始人"看见"一种新的"圣显物"），一切都在具体的历史中显现，同时又在某种程度上受到历史的限制。但是，即使在最卑微的圣显中也存在"永恒的新的开始"，一次向一个泛时时刻的永恒回归，一种舍弃历史、忘记过去、重塑世界的愿望。所有这一切都"显现"在宗教事实中，而非宗教史学家的主观臆造。一个仅仅想做一名历史学家的史学工作者有理由忽略一个宗教事实的超越历史的具体意义；一个民族学家、心理学家或社会学家也可以这样做。而宗教史学家是不能对此视而不见的，熟悉了大量的圣显后，他的眼睛已经学会了如何合理解释某一事实的宗教含义。回到我们的出发点，尽管没有按年代顺序撰写，严格地说，本书也应该被称为宗教史领域的一项研究。

不管某些历史学家有多注重编年体的视角，其重要性仍远不及我们给予它的重视程度。因为，就像我们在《比较宗教范型》中所尝试阐述的那样，神圣的辩证法倾向于无限期地重复一系列的原型，所以某一"历史时刻"的圣显在结构上和一千年之前或一千年之后的圣显是一样的。圣显就是把现实反复地神圣化为相同的似是而非的东西，这种趋势正是我们能够理解一种宗教现象并"撰写"其历史的主要原因。换言之，正是凭借不断重复的圣显，我们才得以区分并成功理解宗教事实。在人的意识里圣灵"自己现身"，但人只关注其一个方面或一小部分，而圣显试图全面地展现圣灵。在最基本的圣显中，一切都昭然若揭。圣灵在石头中和树上的显现，与在一个"神"身上的显现同样神秘而崇高。现实神圣化的过程也是一样的，在人的宗教意识中，这一过程采用了不同的"形式"。

这与宗教编年体视角的理念不无关系。尽管存在宗教"历史"，但如同其他历史一样，宗教历史不是不可逆的。一神教的宗教意识并不一定从始至终都是一神论的，因为一神论只构成了一神教"历史"的一部分，而且就我们所知，在这段历史中，当信徒了解并践行一神教后，他不可以再信奉多神教或其他异教。相反，一个人完全可以成为一名多神论者或成为一名沉溺于图腾崇拜的宗教实践者，但他可以同时认为并声称自己是一神论者。神圣的辩证法允许各种可逆性的存在，所有"形式"无一例外最终都会退化和解体，但历史不会终结。一个群体，不论是有意识还是无意识地，可以信奉多种宗教，而且同一个人也可以有无限多的宗教体验，上自"最高级"，下至最不发达和反常的。从相反的观点看也是这样：任何文化时期都能为人类可以接受圣灵提供最充分的启示。世界各地历史差异巨大，但一神教先知的宗教体验会反复出现在"最落后"的原始部落中，唯一的要求就是"实现"一位天神的圣显，这位天神被证实在世界各地存在，即使他在当地现行宗教实践中没有显现。任何一种宗教形式，不管受到怎样的破坏，都能产生纯粹的和连贯的神秘主义。如有例外情况，而数量上又不足以多到给观察者留下深刻印象，这不能归因于神圣的辩证法，而应归因于人类实践这种辩证法的行为。宗教史这一领域的背后是对人类行为的研究，这也是社会学家、心理学家、道德家、哲学家所关心的问题。作为宗教史学家，我们能够发现神圣辩证法有可能使任何宗教立场发生自发逆转，这就足够了。这种宗教立场的可逆性非常重要，并非哪里都能找到，这也是我们往往不受历史－文化民族学研究成果影响之原因所在。当然，各种类型的文化都和某些宗教形式有机结合，但是这绝不排除自发性，归根结底，也不排除宗教生活的非历史性。因为整个历史在某种程度上就是一个圣灵的降临、受限和衰减的过程。但是，圣灵总会不断地显现自身，随着每一次新的显现，他都会重新完全地展现自己。诚然，在一个社会的宗教意识里，圣灵无数次的显现就是在这些社会的过去，即它们的"历史"中，圣灵无数次显现的重复。但是，这一历史并不能阻碍自发性的圣显，在任一时刻圣灵都有可能更完整地显现。

宗教立场的可逆性在远古社会的神秘体验中甚至更加显著，这又将我们带回对宗教史的年代顺序的讨论上。我们将反复提及，在任何一种程度的文明和宗教形式中，都可能存在始终如一的宗教体验。也就是说，处于危机中的某些宗教意识可能会发生历史性的跳跃，从而使它们获得原本无法获得的宗教立场。当然，"历史"，即所在部落的宗教传统，会使某些特权人士的癫狂体验受制于部落的教规。不过，同样确定无疑的一点是，这些体验与东方和西方伟大的神秘主义者的体验一样的精确而高尚。

严格地讲，萨满教是一种古老的癫狂术，它同时是玄想、巫术和最广泛意义上的"宗教"。我们寻求展现其文化和历史的各个方面，甚至努力概述中亚和北亚萨满教的发展史。但是，我们认为更重要的是呈现萨满教现象本身，分析其意识形态，探讨其技术、象征意义和神话。我们相信，专家和有学养的人都对这一研究颇感兴趣，而本书主要是针对后者写的。例如，我们可能援引过有关中亚萨满鼓在北极传播的事实，但只有少数专家对此感兴趣，可能无法激起大多数读者的兴趣。然而，当我们探讨萨满教及其蕴含的癫狂术这一浩瀚莫测的精神世界时，情况就会发生变化，或者说至少我们期望会发生这样的变化。这时，我们研究的是萨满教的整个精神世界，尽管这个世界不同于我们的精神世界，但它仍然是持续的和有趣的。我们大胆地认为，每一位真正的人文主义者都有必要了解萨满教的精神世界，因为很长一段时间以来，人文主义已经不再被认为是西方精神传统了，尽管这一精神传统伟大而丰富。

本着这样的精神，本书不可能穷尽自身所探讨过的内容。我们没有对萨满教进行全面的研究，我们缺少必要的人力和财力，也没有意愿这样做。我们一直是以比较文学家和宗教史学家的身份研究这一课题的。这样说，就等于我们提前承认，在这样一部说到底旨在综合的著作里，难免有漏洞和不足。我们既不是阿尔泰学家，也不是美洲学家和大洋洲学家，所以有可能一些专门研究没有注意到。

即使这样，我们依然认为本书没有改变描绘萨满教全貌的整体结构：很多研究是重复最早时期观察者对萨满教的记述，只是稍做改动而已。波波夫早在 1923 年就出版了萨满教研究的书目，但仅限于西伯利亚的萨满教，列举了俄国民族学家的 650 本著作。北美和印度尼西亚萨满教研究文献同样广泛，谁也不可能将这些书全部读完。我们一再重申：我们无意取代民族学家、阿尔泰学家或美洲学家的地位，但是，我们在书中通篇都提供了引注，列出一些主要著作，以资读者参考并获取补充信息。当然，我们也可以增加大量的参考文献，但这样做的话，本书就写成了有几卷本的巨著了，我们认为这样做没有价值。我们的目标不是提供一系列研究各种萨满教专著，而是为非专业读者提供对萨满教的整体研究。许多主题，在本书中仅仅简单提及一下，我们将在其他著作（如《死亡与加入式》《死亡神话》等）中加以更详细的阐述。

在撰写本书的五年中，我们得到了罗马尼亚前总理尼古拉·勒代斯库将军，法国国家科学研究中心（巴黎）、维金基金会（纽约）和波林根基金会（纽约）的帮助和鼓励。在此，向他们表达我们最诚挚的谢意。没有他们的帮助和鼓励，本书不可能完成。我们很冒昧地将本书献给我们在法国的东道主和同仁们，以聊表我们的感激之情，感谢他们自我们到法国以后一直给予的慷慨无私的鼓励。

在一些文章中，我们已经部分地阐述了我们的研究成果，例如"萨满教问题"（《宗教史杂志》，1946年，CXXXI，5~52页）、"萨满教"（《被遗忘的宗教》，弗吉利亚斯·弗姆编，1949年纽约出版，299~308页）和"对萨满教的初步思考"（《文化之魂》，1951年，第五期，88~97页），以及1950年3月很荣幸地在R. 佩塔佐尼和G. 图奇教授的邀请下，在罗马大学和意大利"中东和远东研究所"所做的讲座。

米尔恰·伊利亚德

巴黎，1946年3月–1951年3月

第一章
几点总体思考　征选萨满的方式
萨满教和神秘的职业

　　自20世纪初，民族学家已养成一种习惯，即互换使用"萨满""巫医""巫师""术士"几个词，来指那些在所有"原始"社会中发现的拥有巫术－宗教能力的人。上述术语甚至被用在"文明的"民族的宗教历史研究中，例如，有许多关于印度、伊朗、德国、中国甚至巴比伦萨满教的论述，这些论述均与这些国家宗教中证实的"原始"元素有关。出于各种原因，这种术语混乱只会妨碍对萨满教现象的任何理解。如果用"萨满"来指各种宗教历史上的和宗教民族学中的术士、巫师、巫医或癫狂师，那么我们就会得出一个极其复杂和模糊的概念。此外，这一概念似乎也没有用处，因为我们已经有"术士"或"巫师"来表达像"原始巫术"或"原始神秘主义"这样意义不同而又界定不清的概念。

　　我们认为限定"萨满"和"萨满教"二词的使用是有好处的，确定地说，不但可以避免误解，还可以更加清楚地了解"魔法"和"巫术"的历史。当然，萨满既是术士也是巫医，所以人们相信他既可以像医生一样给人们治病，也可以像原始或现代的术士一样创造苦行僧般的奇迹。除此之外，他还是神的信使，也可能是牧师、玄想者甚至诗人。作为一个整体来考虑，远古社会的宗教生活是模糊和"混乱"的，在这样的宗教生活中，严格和精确意义上的萨满教已显现出自己的结构，并暗示着一段我们有充分理由要去澄清的"历史"。

严格意义上的萨满教主要指西伯利亚和中亚的一种宗教现象。萨满（šaman）这个词是通古斯语，经俄语传到西方国家。在其他中亚和北亚的语言中，相应的术语分别是：雅库特语的"奥尤那"，蒙古语的"博格"、"博"和"奥德根"（也可对照布里亚特语的"乌达彦"和雅库特语的"乌多彦"，即"女萨满"），突厥-鞑靼语的"卡姆"（即阿尔泰语的"卡姆"、"嘎姆"，蒙古语的"卡米"等）。人们一直寻求用巴利语中的"沙门"（samaṇa）来解释通古斯语的"萨满"这一术语，我们在本书的最后一章①将会再次提到这种可能的词源（这是印度对西伯利亚宗教影响问题的一部分）。在广袤的中亚和北亚大地，社会的巫术-宗教生活是以萨满为中心的。当然，这并不意味着萨满是唯一的专司神职者，也不是说宗教活动由萨满一手把持。在很多部落里，祭祀牧师和萨满同时存在，更不用说每个家族的族长同样也是族内祭祀的首领。然而，萨满居于主导地位，因为在整个地区，入迷体验被认为是宗教体验的最高境界，而唯独萨满才是入迷大师。对这一复杂现象的首个也是最保险的定义就是：萨满教＝入迷术。

中北亚各国最早期的游历者就是这样记录和描述萨满教的，后来，他们在北美、印度尼西亚、大洋洲和其他地方也观察到类似的巫术-宗教现象。正如我们很快会看到的那样，这些后来出现的现象完全是萨满教性质的，所以我们有

---

① 参见 499 页。

充分的理由将其与西伯利亚萨满教一起研究。然而，有一点必须在一开始就讲清楚：一个地区出现复杂的萨满教现象，并不意味着当地人们的宗教生活就以萨满教为中心。当然，也会出现这种情况（比如，在印度尼西亚的一些地区），但通常不会这样。一般来说，萨满教是与其他形式的巫术和宗教共同存在的。

正是在这一点上，我们看到了使用严格而恰当意义的"萨满教"的全部好处。如果我们费心将萨满与原始社会中的其他巫师和巫医区分开，鉴定某个地区萨满教的复杂现象一下子就有了确定的意义。我们在世界各地都会或多或少地找到巫术和巫师，而萨满却显示出一种特殊的巫术专长，如"驾驭火焰""巫术飞行"等，对此我们将在后面的部分详细论述。基于这一事实，尽管萨满除了其他技能之外也会行巫，但并不是每一个巫师都可以被称为萨满。同样道理，每一位巫医都会治病，但萨满行医却有其独一无二的方法。萨满入迷术无法穷尽宗教历史上和宗教民族学中记载的种种入迷体验，因而不能把任何入迷术都看作萨满的专长。我们认为，萨满的专长是在一阵恍惚之中，他的灵魂离开躯体，或飞上天空，或潜入地下。

要确定萨满与"神灵"的关系，也需要做出类似的区分。从原始社会到当代世界，我们都会找到一些通灵的人，他们称自己与"神灵"保持联系，他们或是被"神灵附体"，或是驾驭"神灵"。仅就"神灵"及其与人类可能的关系这一点，就有许多相关联的问题，要充分研究这些问题，需要几卷本的内容，因为"神灵"既可以是死者的灵魂、"自然神灵"，也可以是神话中的一种动物，等等。但是，萨满教的研究并不要求将这些内容全部包括进去，我们只需确定萨满与辅助神灵的关系就可以了。例如，我们会很容易看出萨满不同于"神灵附体"的人：作为一个人，萨满可以与死者、"魔鬼"和"自然神灵"进行交流，却并未由此变成他们的工具；正是在这个意义上说，萨满驾驭他的"神灵"。当然，有时也会发现萨满被"神灵附体"，但这些是特殊情况，对此有专门的解释。

上面谈到的这为数不多的几点，已经指明了我们主张按照怎样的过程来充分理解萨满教。鉴于这种巫术－宗教现象在北亚和中亚体现得最完全，我们将这些地区的萨满作为典型例子。我们并非没有意识到，中亚和北亚的萨满教，至少在其现在的形式下，并不是一种不受外界因素影响的原始现象，相反，这是一种具有悠久"历史"的现象。关于这一点，我们将在后面努力说明。但是，中亚和西伯利亚的萨满教具备这样的优势：它呈现出一种结构，世界其他地方独立存在的元素在这一结构中与一种特定的意识形态统一起来，并使特定的宗教技术产生效力。这些元素包括与"神灵"的特殊关系、能进行巫术飞行的癫狂能力、飞升上天、潜入地下和对火的控制等。

这种严格意义上的萨满教并不局限于中亚和北亚，我们会在后几章中指出尽可能多地分布在世界各地的这种萨满教。另一方面，某些萨满教元素是以古代巫术和宗教的各种形式孤立存在的。这些元素的研究价值相当大，因为它们展现了萨满教自身在多大程度上保留了"原始的"信仰和技术，又在多大程度上进行了革新。我们一直在努力确定萨满教在原始宗教中的地位（包括下面这些元素所隐含的一切：魔力、对上帝和神灵的信仰、神话概念、入迷术等），在这一过程中，我们将不得不经常或多或少提及一些类似的现象，但这并不意味着这些现象具有萨满教性质。比较并指出一种类似于萨满教元素的巫术－宗教现象，在不同文化整体中，在不同的精神导向下产生了什么，这总是大有裨益的。①

　　尽管萨满教在中亚和北亚人民的宗教生活中占主导地位，但它并不是这一广袤地区的唯一宗教。只是为求方便或由于混淆，一些研究者才会把北极地区或突厥－鞑靼人的宗教统一看作萨满教。中亚和北亚在哪个方向上都不是只有萨满教一种宗教，就像任何宗教都不可能仅仅是有特权信徒的神秘经历一样。萨满是"上帝的选民"，因此他们有权利进入其他群体成员无权进入的那块圣地。萨满的入迷体验已经对宗教意识形态的层理、神话以及宗教仪式产生了强大的影响，并且仍在产生着影响。但是，北极、西伯利亚和亚洲各民族的意识形态、神话故事和仪式都不是由他们的萨满创造的，早在萨满教出现以前，这些元素就存在了，或者说，这些元素是"普通的"宗教经历的产物，而不是源于特权阶层，即入迷师。从这个意义上讲，这些元素和萨满教是并行存在的。相反，正如我们接下来将会看到的那样，我们经常会发现萨满的（即入迷的）体验试图通过一种意识形态表达出来，而萨满教本身是不认可这种意识形态的。

　　为了不过多涉及后面几章的内容，这里我们只做一简要概述：萨满具有一些特征，这些特征在现代社会中是一种职业的标志，或至少是一种宗教危机的标志；萨满正是由于具有这些特征而在各自生活的社会中显得与众不同。他们由于自己强烈的宗教体验而不同于社会中其他人。换句话说，与

---

　　① 　在这个意义上，也仅在这个意义上讲，我们认为在一个高度发达的宗教或玄想中确定"萨满教"元素是有价值的。只有在将萨满教看作一种界定清晰的宗教现象时，发现古代印度或伊朗的一种萨满象征符号或仪式才会有意义；否则，我们只能永远谈论"原始元素"，这些元素在任何宗教里都能找到，无论其有多么发达。印度和伊朗的宗教，就像古代和现代东方的所有其他宗教一样，展现出许多"原始元素"，而这些元素不一定是萨满教性质的。我们甚至不能认为在东方发现的每一种癫狂术都是萨满教性质的，无论其有多么"原始"。

其把萨满教称为一种宗教，不如更准确地将其归类为玄想。我们可以在大量宗教中发现萨满教，因为它总是一种某一精英支配下的入迷术，可以说是代表了那种特定宗教的玄想。人们马上会想到将萨满与和尚、玄想者以及基督教堂里的圣人进行比较，但千万别过多地进行这样的比较。与基督教情况不同，那些信奉萨满教的人极其重视萨满的癫狂体验，因为这些体验与他们个人直接相关。正是萨满通过自己的神智昏迷治愈他们的疾病，陪伴死者去"阴间"，充当他们与天堂的或阴间的、或大或小的神灵之间的中介。这些小小的神秘精英不仅引导着社会群体的宗教生活，还守护着它的"灵魂"。萨满是治疗人类灵魂最伟大的专家，只有萨满才可以"看到"灵魂，因为只有他通晓灵魂的"形式"和定数。

如果灵魂的当前命运没有争议、没有疾病（疾病＝灵魂的丢失）或死亡、没有发生不幸的事情、不举行涉及癫狂体验（上天入地的神秘之旅）的大型祭祀仪式，其他时候是不需要萨满的。大部分宗教生活是在没有萨满参与的情况下进行的。

北极、西伯利亚及中亚的民族主要以打猎、捕鱼、放牧和饲养动物为生，而一定程度的游牧是所有这些民族共同的典型生活方式。尽管民族不同、语言各异，他们的宗教却大体一致。这里只提几个最重要的族群，楚科奇人、通古斯人、萨摩耶德人和突厥－鞑靼人都知晓并敬畏一个伟大天神，即一个正在成为"隐退上帝"[①]的全能造物主。有时，伟大天神的名字甚至意为"天空"或"天堂"，例如，萨摩耶德语的"纳姆"、通古斯语的"博格"或是蒙古语的"腾格里"（参看布里亚特语"腾格里"、伏尔加鞑靼语"坦盖里"、

---

① 这种现象对宗教史尤为重要，也绝不仅限于中亚和北亚。世界各地都发现有这种现象，但仍然没有得到完全的解释。参见伊利亚德《比较宗教的范型》46 页后内容。希望本著作有助于间接地说明这一问题。

巴尔迪尔语中的"廷吉尔"、雅库特语的"坦加拉"等）。即使没有能够具体表达"天空"的名称，我们也可以发现，所使用的名称中包含着天空最显著一个特点，即"高耸"、"巍峨"、"明亮"，等等。例如，额尔齐斯河流域的突斯加克语中天神的名字源于"桑克"（sänke）一词，其最初的意义为"明亮、闪耀和光"。雅库特人称之为"世界之父"，阿尔泰的鞑靼人称其为"白光"，而科里亚克人称之为"高高在上的人"或"天空之主"。与其北方和西北相邻的民族相比，突厥－鞑靼人在宗教事务中使用的天神称谓更多，该民族称天神为"首领"、"主宰者"、"神"或者"天父"。①

高居天空之巅的这个天神有众多"儿子"和"信使"，他们都服从于天神，占据着天堂的低层。每个部落中，这位天神的儿子和信使的名字各异、数量不同，但一般是七个或九个儿子或女儿，萨满与这个天神的某些儿子和女儿保持着特殊的关系。天神的这些儿子、信使或仆人担负着监视和救助人类的职责。在布里亚特族、雅库特族、蒙古族当中，神灵的种类和数量众多：布里亚特族有55个"善良"之神、54个"邪恶"之神，而且这些神灵永远处在无休止的敌对冲突中。我们会在后面提到，② 我们有理由相信，众神数量增加、敌对频发，可能是新近宗教革新的结果。

在突厥－鞑靼族中，女神扮演着很小的角色，③ 大地女神一点都不突出。例如，雅库特人没有大地女神的雕像，也不向她献祭。④ 突厥－鞑靼族和西伯利亚各民族知晓几位女神，但她们是专为女性服务的，她们的管辖范围仅限于帮助生孩

---

① 参见伊利亚德《比较宗教的范型》，66 页后的内容，以及 J. P. 鲁克思《腾格里——关于阿尔泰各民族天神的评论》。
② 参见下文，183 页后的内容。
③ 参见伊芙琳·洛特－法尔克《关于阿塔甘》。
④ 参见乌诺·哈瓦（原名霍姆伯格），《宗教观念》，247 页。

子和为孩子治病。① 在某些萨满教传统中，尽管神话中还保留着女性角色的痕迹，但也都是些特别小的角色。在阿尔泰人眼中，继天空之神或大气之神②后，最大的神灵就是萨满熟知的地府之神厄利克可汗（Erlik = Arlik Khan）。我们将在后面多次提到，非常重要的火崇拜、狩猎仪式和死亡观念简要勾勒出了中亚和北亚的宗教生活。大体上讲，中亚和北亚的宗教在形态上与印欧地区的宗教相似。比如，天空之神和大气之神在这些地区都占有重要的地位，而女神常常被忽略（尤其在印欧地区），他们的"儿子"和"信使"们发挥着相同的作用，对火有着相同的热情。在社会和经济层面，史前时期的印欧人和古代的突厥－鞑靼人有更惊人的相似之处：两者都是父系社会，家族首领享有很高的威望，基本上靠打猎、游牧和饲养动物为生。人们很早就注意到，马在突厥－鞑靼人和印欧人的宗教中非常重要。最古老的希腊人的祭祀，即祭献奥林匹亚，也拥有与突厥－鞑靼人、乌戈尔人和北极人相同的祭祀特征，更准确地说，就是原始狩猎者、游牧者和动物饲养者的典型祭祀。这些事实与我们关注的问题相关。考虑到古印欧人和古突厥－鞑靼人（或更准确地说，原始土耳其人）③ 之间在经济、社会和宗教方面并行存在的一些共同特征，我们必须确定不同历史时期的印欧人在多大程度上保留了可以和突厥－鞑靼人的萨满教相比较的萨满教元素。

有一点怎么强调都不过分，那就是世界上没有任何一

---

① 参见古斯塔夫·兰克《玛德－玛卡族的拉普兰女神》，尤其是 48 页之后的内容。

② 对于中亚来说，我们也发现了这种有名的从天神向大气神或风暴神的过渡；参见伊利亚德《比较宗教学的范型》，91 页及后面的内容。

③ 有关突厥人的史前史和最早期的历史，参见雷恩·格鲁塞特令人钦佩的集大成之作《草原帝国》，也可参见 W. 科波斯《从民族通史的角度看原始突厥和远古日耳曼民族》；W. 巴托尔德《中亚突厥人的历史》；卡尔·耶特马尔《突厥部落的起源》；《突厥人前的阿尔泰人》；《内亚细亚的史前史》，153 页及后面的内容。

个地方，历史上没有任何一个时期会存在完全"纯粹的"和"原始的"宗教现象。我们现在掌握的古民族学和史前资料也仅能推及古石器时代。我们假设早在石器时代之前的成百上千年间，人类的宗教生活并没有后来各时期那样强烈和丰富多彩，这是没有任何依据的。但是，几乎可以肯定的一点是，前石器时代人类的一部分巫术 - 宗教信念保留到了后来的宗教观念和神话中。极有可能的一种情况是，由于史前民族和原始民族之间大量的文化接触，这种前石器时代的精神遗产经历了持续的变化，所以在宗教历史中我们从未遇到"初始的"宗教现象。历史无处不在，并在不断地改变、重铸、充实或磨灭宗教概念、神话创造、宗教仪式和入迷术。显而易见，每一种宗教在经历长时间的内部转化过程后，最后都形成了一种自主的结构，展现出一种独特的"形式"，这种形式也被后来的人类历史接受下来。但是，任何宗教都不可能是完全"新的"，任何宗教信息都不可以完全摈弃过去。相反，一种不朽的宗教传统的元素，即那些最基本的元素，一直在被重铸、更新、重估和整合着。

我们暂且就这样寥寥评述几句，以此来界定萨满教的历史背景。后面我们还会提到，萨满教的一些元素显然是很古老的，但这并不意味着这些因素是"纯粹的"和"原始的"。突厥 - 鞑靼族的萨满教，就我们现在看到的形式而言，毫无疑问有着受东方影响的印记，而其他的萨满教，尽管没有这样明确的最近影响，也不是"原始的"。

在北极、西伯利亚和中亚的宗教中，萨满教已实现了最高程度的整合。我们可以说，这些地区的宗教有两个特点：一是人们几乎感觉不到大天神的存在；二是狩猎仪式和祖先膜拜，后者暗示着完全不同的宗教取向。正如本书后面会提到的那样，萨满或多或少会直接参与到每一个这样的宗教领域中，但人们觉得，他更擅长其中的某个领域。萨满教由入迷体验和巫术构成，它或多或少成功地适应了先于其存在或与其同时代的宗教结构。如果把萨满教的某种表现放回到有关人的一般宗教生活的框架中（比如，我们会想到大天神和有关他的传说）加以描述，有时我们会感到很惊讶，竟然感觉到两个完全不同的宗教世界。但这种印象是错误的，两者的不同之处不在于宗教世界的结构，而在于萨满教的表现所产生的宗教体验的强度不同。萨满的降神几乎依赖于萨满的癫狂，而宗教历史告诉我们，任何其他的宗教体验都没有像萨满的癫狂那样更易失真和畸变。

这里，我们对上述的初步讨论做一总结：在研究萨满教的过程中，我们必须记住，萨满教重视一定数目的、特殊的甚至是"私有的"宗教元素，同时，萨满教远不能穷尽其他社会成员的宗教生活。正如我们很快会看到的那样，萨满是通过"分离"，即一种精神危机，来获得他真正的新生的，而这种精神危机不乏悲剧的伟大和美。

获得萨满才能

在中亚和东北亚地区，征选萨满的主要方法包括：（1）萨满教职业的世袭继承，（2）自发的圣召（"召唤"或"挑选"）。也有个人出于自己的意愿（比如阿尔泰人）或出于宗族（像通古斯人等）意愿成为萨满的情况。但是，人们认为这些"自制的"萨满与那些通过继承或遵从神和圣灵"召唤"的萨满相比，能力稍逊一筹。① 至于宗族挑选萨满，主要是依据

---

① 有关阿尔泰人中萨满的情况，参见 G. N. 波塔宁《东北蒙古印象》，第四章，57 页；V. M. 米海洛夫斯基《西伯利亚和俄罗斯欧洲部分的萨满教》，90 页。

候选者的癫狂体验，如果不遵循这一原则，那么被选定的代替已逝萨满的年轻人将被取消资格。①

　　无论是以何种方式选拔，只有受过以下两种训练的人才会被人们称为萨满：（1）入迷训练（如梦幻、迷离恍惚，等等）；（2）传统的训练（如萨满技能、神灵的名称和职司，氏族的神话与宗谱、神秘语言，等等）。这两种训练是由神灵和年长的大师级萨满教授的，相当于萨满的加入式。有时，加入式是公开进行的，并形成了一种自主的仪式。但是，没有举行仪式，绝不意味着没有加入式，因为在新征萨满的梦境或入迷体验中也可以完美地实现加入式。关于萨满教梦幻的现有文献清楚地显示，这些梦幻都涉及加入式，且加入式的结构也为各种宗教的历史所熟知。在任何情况下，都没有出现杂乱无章的幻觉、纯粹是个人的图谋和刻意编排情节等问题。幻觉和导致幻觉的周围环境都符合传统的模式，这些模式不但前后高度一致，而且具有非常丰富的理论内容。

　　我们相信，这一事实为解释萨满精神变态问题提供了更加可靠的基础，我们很快会再次谈论这个问题。无论是不是精神变态者，人们都期望准萨满经历加入式的磨难并接受一种训练，这种训练有时特别复杂。正是加入式的双重经历，即癫狂体验和接受说教训练，才将萨满候选人从一个可能的精神病患者变为特定的社会所认可的萨满。萨满能力的来源同样如此，获得这些能力的起点（遗传、圣灵赋予、自愿追求）并不重要，重要的是通过加入式传递的技艺及其基础理论。

　　这一观点似乎很重要，因为不止一个学者研究这一宗教现象（即加入式）的结构甚至历史，都试图得出相关的重要

---

　　①　参见下文，15 页。

结论，而他们的探究正是基于这样一个事实：某种萨满教不管是通过继承的还是自发的，或者是"召唤"的方式决定萨满职业，看起来都是以（或不是以）萨满的精神病体质为条件的。我们后面会再次探讨这些方法论问题。在这一章里，我们只限于回顾一些西伯利亚和北亚地区有关"征选"萨满的文献，但不尝试会将其归类（世袭、召唤、宗族任命、个人决定），因为我们很快会看到，我们研究的大部分民族都有不止一种征选萨满的方法。[①]

西伯利亚西部和中部地区萨满的征选

据 N. L. 冈代蒂报道，在沃古尔人中，萨满是世袭的，而且也会传给女性。但是，准萨满从青春期开始就展现出了超凡的特征，他在很小的时候就开始变得紧张不安，有时甚至会发作癫痫，这些表现均被认为是与诸神的会面。[②] 在东奥斯蒂亚克，情况似乎就不同了。根据 A. A. 杜宁－科卡维奇的描述，在那里，萨满能力不是通过学习获得的，而是出生时上天赠予的一种天赋。在额尔齐斯地区，萨满能力是天神赐予的天赋，准萨满在刚出生的最初几年中就明显表现出这种能力。瓦休甘人也认为萨满是天生的。[③] 但是，如凯乔利宁所言，[④] 无论世袭的还是自发的，萨满能力都是神灵赐予的一种天赋。若从某一角度来看，萨满能力只在表面上是

---

① 关于萨满能力的获得，参看乔治·尼欧拉泽《西伯利亚萨满教中的国家》，54~58 页；利奥·斯腾伯格：《原始宗教中的神圣征选》，全文可见；同一作者的《西伯利亚萨满教中的征选》，全文可见；哈瓦：《阿尔泰民族的宗教观念》（简称《宗教观念》），25 页及后面的内容；阿克·奥赫马克斯：《萨满教问题研究》，25 页及后面的内容。厄休拉·诺尔格雷林：《萨满的圣召与经历》。
② K. F. 卡尔亚莱宁：《乌戈尔各民族的宗教》第三章，248 页。
③ 同上书，248~249 页。
④ 同上书，250 页及后面的内容。

世袭的。

一般来说，获得萨满能力的这两种方法是共存的。比如，在沃加克人中，萨满能力既是世袭的，也是由最高的神授予的，最高的神会在梦里或幻觉里引导准萨满。[①] 这种情况同样在拉普人中存在，萨满能力是一种家族世袭的天赋，但是，神灵也会将萨满能力授予他们认定的人。[②]

在西伯利亚萨摩耶德和奥斯加克地区，萨满能力是世袭的。当一位萨满去世时，他的儿子会用木头刻成一个类似他父亲手的模型，并通过这个象征模型来继承父亲的能力。[③]但是，要想成为一名萨满，单凭萨满儿子的身份是不够的，他还必须得到神灵的认可和接受。[④] 在尤拉克－萨摩耶德人中，准萨满一出生就与众不同，那些出生时身着"衣衫"（胎膜）的孩子注定要成为一名萨满（而出生时"衣衫"只盖住头部的孩子会成为一名能力较低的萨满）。随着这些萨满候选人慢慢步入成熟，他们开始幻想，在睡梦中吟唱，喜欢独自发呆，等等。经过这样一个初始阶段，准萨满会向老萨满请教学习。[⑤] 在奥斯加克人中，通常是父亲在儿子中亲自挑选他的继承者，在挑选的时候，父亲考虑的并不是长子身份而是他们的能力。选定继承者以后，父亲就会把萨满教传统的神秘学识传授给他。如果老萨满没有孩子，那他会将这一位置传给他的一个朋友或追随者。然而，无论是哪种情况，那些注定成为萨满的人会在他们青年时期掌握萨满这一

---

① 米海洛夫斯基：《西伯利亚和俄罗斯欧洲部分的萨满教》，153 页。
② 同上书，147～148 页。T. I. 伊特科宁：《芬兰拉普人的异教和之后的迷信》，116 页，117 页，n. 1。
③ P. I. 特列季亚科夫：《图鲁汉斯克区的自然与居民》，221 页；米海洛夫斯基：《西伯利亚和俄罗斯欧洲部分的萨满教》，86 页。
④ A. M. 卡斯特伦：《北欧游记和研究》第四章，191 页；米海洛夫斯基：《西伯利亚和俄罗斯欧洲部分的萨满教》，142 页。
⑤ T. 莱赫蒂萨洛：《尤罗克－萨摩耶德神话的概述》，146 页。

职业的教义和技能。①

W. 谢罗谢夫斯基写道，② 雅库特人中，萨满能力并不是世袭的。但是，当一位萨满离世后，他的守护神并不会消失，而会具体体现在同一家族的另外一个成员身上。N. V. 普里普佐夫③补充了以下的细节：注定成为萨满的人会变得疯狂，然后突然失去意识，脱离社会，隐居森林，以树皮为食，纵身于水火之间，并常常用刀割伤自己。然后，他的家人会向年长的萨满求助，年长的萨满便开始教授这个发疯似的年轻人关于各种不同神灵的知识，并教授他如何去召唤和控制这些神灵。这只是加入式的开始，还有一系列后续仪式，这些我们稍后会提到。④

在外贝加尔地区的通古斯人中，想要成为萨满的人会声称已逝萨满的灵魂显现在他的梦中，并且命他来继承萨满一职。但想让这一说法令人信服，这位候选者在做出这样的声明后必须显现出高度的精神错乱。⑤ 根据图鲁汉斯克通古斯的信仰，注定成为萨满的人会梦到一个名为"卡吉"的恶魔表演萨满法式，通过这一方法，他学会了这一职业的秘密学识。⑥ 这些秘密是完成萨满领神的关键元素，而领神会出现在萨满病态的梦里和精神恍惚的时候。关于这一问题，之后会进行论述。

通古斯人中的萨满征选

在中国东北的满族和其他说通古斯语的民族中，有两类

---

① 米海洛夫斯基引自比尔亚夫斯基，86 页。
② 《雅库特信仰背后的萨满教》，321 页。
③ 由米海洛夫斯基引用，85 页及后面的内容。
④ 参见下文，113 页及后面的内容。
⑤ 米海洛夫斯基，85 页。
⑥ 特列季亚科夫，211 页；米海洛夫斯基，85 页。

"伟大的"萨满——由宗族认定的萨满和独立于宗族的萨满。① 前一种情况是，萨满天赋通常是由祖父传给孙子的，儿子不能成为萨满，因为他要为父亲服务，满足父亲的需求。在满族人中，儿子可以继承萨满一职，但是，如果萨满没有儿子可以继承，那么孙子就会继承萨满天赋，也就是萨满死后的"灵魂"。当萨满家族里没有人来继承这些"灵魂"时，问题就产生了。在这种情况下，通常会召唤一个陌生人会来做萨满。对于独立于宗族的萨满而言，他没有什么原则要遵守。② 我们认为他听从的是自己的神召。

史禄国描述了萨满神召的几种情况。似乎每种情况下都会有情绪异常激动或类似的心理危机，随后会有一段时间接受教导，在此期间，一位人们认可的萨满会使这个有意接受召唤的人通过加入式成为萨满。③ 在大多数情况下，这种心理危机发生在成年时期。但是，只有在经历第一次心理危机几年之后，一个人才会成为一名萨满。④ 只有得到整个社会群体的认可，并经历了加入式的种种磨难之后，这个有志于成为萨满的人才会成为一名真正的萨满。⑤ 不曾有过这种经历，萨满就不能行使他的职能。若宗族认为候选人不具备成为萨满的资格，很多人就会放弃成为萨满。⑥

一个人想要成为萨满，老萨满的教导发挥着重要作用，但是这种教导直到第一次癫狂体验之后才会开始。比如，在中国东北的通古斯人中，宗族会选择并培养一个孩子，目的是让他做一名萨满。但是，具有决定性作用的是第一次癫狂

---

① 史禄国：《通古斯人的精神心理情结》，344 页。
② 同上书，346 页。
③ 同上书，346 页及后面的内容。
④ 同上书，349 页。
⑤ 同上书，350～351 页。就这类领神，参考下文，111 页及后面的内容。
⑥ 同上书，350 页。

体验，如果没有癫狂体验发生，那么宗族将会取消这个孩子成为萨满的资格。[1] 有时候，年轻的萨满候选人的表现会决定并加快他成为萨满的进程。因此，可能会发生这样的情况：萨满候选人跑进山里，在那里待上七天或者更长时间，"用牙齿捕获"动物为食，[2] 当他们返回村庄时，浑身泥土、遍体鳞伤、衣衫褴褛、头发蓬乱，"如同野人"。[3] 仅十天之后，他开始喋喋不休地说一些前言不搭后语的话，[4] 然后，一个老萨满会慎重地问他一些问题。这时，这个萨满候选人（更确切地说，附在他身上的"灵魂"）会很生气，最后会指定由这个老萨满来祭拜天神，准备加入式和献祭的仪式。[5]

布里亚特和阿尔泰人中萨满的征选

在桑德斯彻研究的阿拉斯科布里亚特人中，萨满能力是由父亲或母亲传承下来的，但有时也是自然产生的。在这两种情况下，神召都体现为由祖先灵魂激起的梦幻和抽搐。萨满神召是强制性的，没人可以拒绝。如果没有合适的候选人，祖先的灵魂会折磨孩子们，这些孩子在睡梦中哭闹，变得紧张恍惚，到十三岁就被指定为萨满的继承者。之后的准备阶段还包括一系列的入迷体验，这些体验同时也是加入仪式。祖先灵魂会出现在候选人的梦中，且有时会带他们到地下世界。与此同时，年轻的候选人要在老萨满和长者的引导下继续学习，他要了解宗族的宗谱和传统，萨满教神话和用语。传授这些技艺的人一般被称为萨满之父。在癫狂期间，

---

① 史禄国：《通古斯人的精神心理情结》（Psychomental Complex），350 页。
② 这意味着萨满变成一只野兽，也就是与祖先的一种重新融合。
③ 所有这些细节都具有加入式的意义，之后将会对此进行解释。
④ 神灵引导的领神仪式就是在这段沉默期间完成的，对此，通古斯和布里亚特萨满提供了很有价值的细节。见下文，75 页及后面的内容。
⑤ 史禄国，351 页。关于真正仪式的继续，参见下文，111 页及后面的内容。

候选人会唱萨满圣歌。① 这也标志着他最终与神界建立了联系。

在西伯利亚南部的布里亚特人中，萨满教通常是世袭的，但有时被神选定或经历一次意外事故，一个人也可以成为萨满。比如，天神经常通过雷击某人来把他选定为准萨满，或通过从天而降的石子向他表达他们的意愿，② 谁碰巧喝了有这样石子的"塔拉森"（tarasun），就会成为一名萨满，但是，这些被神选定的萨满也必须接受老萨满的指导和传授。③ 在指定萨满的过程中，闪电的作用很重要，因为被雷击表明了萨满能力源自上天。无独有偶，这种情况在索乔特人中也很常见，被雷电击中的人同样会成为一名萨满，④ 有时，萨满的衣服上就画着闪电。

如果萨满是世袭的，祖先萨满的灵魂会在家族中选择一个年轻人。这位年轻人会变得神智游离，爱幻想，喜欢独处，并具有预见性，有时还会突发癫痫。在这段时间，布里亚特人相信这位年轻人的灵魂被神灵带走了：如果朝东带走，他注定成为一名"白"萨满；如果朝西带走，他就会成为一名"黑"萨满。⑤ 他的灵魂被带到诸神的大殿上，祖先萨满向其传授萨满教的秘密、诸神的外形和名称、神灵的祭仪和名称等内容。经过这样的初次领神，年轻萨满的灵魂才回归他的身体。⑥ 我们将看到，领神之后加入式还会持续很长一段时间。

---

① 嘎马·桑德斯彻：《阿兰－布里亚特人的世界观和萨满教》，977～978页。
② 关于从天而降的"雷石"，见伊利亚德《范型》，53页及后面的内容。
③ 米海洛夫斯基，86页。
④ 波塔宁，第四章，289页。
⑤ 对于这两种萨满的差异，见下文，184页及后面的内容。
⑥ 米海洛夫斯基，87页；W. 施密特：《起源》第十章，395页及后面的内容。

对于阿尔泰人来说，萨满天赋是遗传的。当他还是一个孩子的时候，准萨满或"卡姆"就体弱多病、性格孤僻、喜欢沉思，但他父亲会给他一段足够长的准备时间，教他部落的歌曲以及传统。当家族中一个年轻人患有癫痫病时，阿尔泰人会认为这个家族中的一位祖先曾经是萨满。一般来说，人们认为与其他类型萨满相比，那些毛遂自荐成为萨满的人能力略低。①

在哈萨克-吉尔吉斯人中，萨满职位是由父亲传给儿子的，在特殊情况下，父亲也可能将萨满职位传给他的两个儿子。但是，人们还记得在古代原始时期，新萨满是由老萨满直接选定的。"很久以前，为了让他们早早地加入萨满这一行列中，老萨满有时会挑选非常年轻的哈萨克-吉尔吉斯人，尤其是孤儿作为萨满候选人。但是，这个被选定的人想要成功继承这一职位，很重要的一点是他有精神错乱的倾向性。那些打算成为萨满的人有着与常人不同的特征，比如状态的突然转变，时而易怒时而正常，一会儿忧郁一会儿焦虑不安。"②

萨满能力的继承与探寻

迅速浏览一下西伯利亚和中亚的萨满教资料，我们可以得出两个结论：（1）萨满教有世袭继承和神灵直接授予这两

---

① 波塔宁，第四章，56~57页；米海洛夫斯基，90页；W. 拉德洛夫：《西伯利亚人》第二章，16页；A. V. 阿诺欣：《阿尔泰萨满教资料》，29页及后面的内容；H. 冯·兰坎诺：《萨满与萨满制度》，278页及后面的内容；W. 施密特：《起源》第九章，245~248页（阿尔泰-鞑靼族），687~688页（阿巴坎鞑靼族）。
② J. 卡斯塔内：《哈萨克吉尔吉斯人和其他东突厥语民族的巫术和驱鬼术》。

种方式，（2）上述两种情况都伴有准萨满的病态表现。现在，我们来看一下西伯利亚、中亚和阿尔泰之外其他地区的萨满教又是什么情况。

术士或巫医的遗传继承或自然圣召问题，我们没有必要进行详尽的讨论。总的来说，获得巫术－宗教能力的这两种方式并行存在，哪里都一样。几个例子足以说明这种情况。

在祖鲁人、南非的贝专纳人、① 苏丹南部的恩伊纳人、② 马来西亚群岛的内格里托斯和贾卡恩人、③ 巴塔克和苏门答腊的其他民族、④ 德贾克人、⑤ 以及新赫布里底斯群岛、⑥ 一些几内亚湾和亚马孙部落（希皮博、科比诺、马库西等）⑦ 的巫师中，巫医的职业是世袭的。"在科比诺人眼中，任何一个通过继承成为萨满的人，都比一个通过自身的探寻获得萨满这一称谓的人更有能力。"⑧ 在北美洛基山脉部落中，也可以通过继承获得萨满能力，但这要发生在入迷体验（梦幻）中。⑨ 正如威拉德·Z. 帕克所言，⑩ 萨满能力更倾向于遗传给孩子和其他亲戚，因为他们与萨满有相同的血脉。玛丽安·史密斯提到，在皮阿拉普人中，萨满能力

---

① 马克斯·巴特尔斯：《原始民族的医学》，25 页。
② S. F. 纳达尔：《努巴山脉地区萨满教的研究》，27 页。
③ 艾弗 H. N. 埃文斯：《英属北部婆罗洲和马来西亚半岛的宗教、民俗及习俗的研究》，159 页，264 页。
④ E. M. 勒布：《苏门答腊》，81 页（巴塔克北部），125 页（米南加保），155 页（尼亚斯岛）。
⑤ H. L. 罗思：《砂拉越英属北部婆罗洲的土著人》，第一章，260 页；同样在恩加迪尤迪雅克地区，参见 H. 沙勒《南婆罗洲恩加迪尤迪雅克的天神观念》，58 页。
⑥ J. L. 马多克斯：《巫医：萨满教特征及进化的社会学研究》，26 页。
⑦ 阿尔弗雷德·梅特罗克斯：《南热带地区美洲印度的萨满教》，200 页及后面的内容。
⑧ 同上书，201 页。
⑨ 《美洲西北部的萨满教》，22 页。
⑩ 同上书，29 页。

只在本家族中遗传。① 萨满在有生之年会将萨满能力传授给他的孩子，我们已经知道许多这样的事例。② 在一些高原部落（汤普森、舒斯韦普、那根南部和克拉兰、内兹佩尔塞、克拉马斯、特奈诺）以及加利福尼亚北部部落（沙斯塔，等等）中，萨满能力必须是继承的，在胡帕、奇马里科、温图和莫诺西部，情况亦是如此。③ 这种萨满能力的继承，一直是以萨满"精神"的转移为基础的，而这与大部分北美部落普遍使用的方法截然不同，在这些部落中，萨满"精神"是通过自发体验（梦境等）或有意的探寻而获得的。因纽特人中，萨满能力有时是通过遗传获得的。曾经有一个伊格鲁利克人，他被海象咬伤之后成了萨满，但在某种意义上讲，他是继承了其母亲的资格，他的母亲因一火球进入其体内而成为一名女萨满。④

在很多原始民族中，巫医并不是世袭的，在这里，我们没必要一一列举这些民族了。⑤ 这就意味着，在世界各地，巫术－宗教能力都可以通过两种方式获得，即自发的体验（如生病、梦幻以及巧遇"能力"源，等等）和有意探寻。应该注意的一点是，通过非世袭的方式获得巫术－宗教能力，其表现形式不计其数，变体也五花八门，这些形式和变体是普通宗教史而不是萨满教的系统研究所关注的内容。通

---

① 马塞尔·布代耶引自《具有"神秘意识"的"萨满"》，243 页。"我们熟知的一个女孩儿从一位年长的女邻居那里获得治愈烧伤的能力，这位已故的邻居传授她治愈的秘密，因为这个女孩儿没有家人，而是被一位年长的亲属所指导"。

② 帕克，30 页。

③ 同上书，121 页。也可参见布代耶《北美印度地区的萨满教及其对生活的适应》）。

④ 库纳德·拉斯姆森：《伊格卢里克因纽特人的知识文化》，120 页及后面的内容。在迪奥米得群岛的因纽特族中，萨满有时直接将他的能力传授给他的一个儿子；见 E. M. 小韦伯《因纽特人》，429 页。

⑤ 赫顿·韦伯斯特：《巫术》，185 页及后面的内容。

过这种方式获得巫术－宗教能力包含两种可能性：一是自发或有意获得这种巫术－宗教能力，从而成为一名萨满、巫医或巫师；二是出于个人安全和利益的考虑而获取萨满能力，在远古时代各地均是如此。第二种获得巫术－宗教能力的方法意味着，这些人在宗教和生活实践中与社团的其他成员没有区别。他们运用一些基本而传统的技术来提升自己的巫术－宗教潜力，以此来确保粮食富足，保护自己不受邪恶势力侵害等，但并不想通过增强自己为神灵服务的潜能来改变其社会－宗教地位，成为一名巫医。他不过是希望增强自身的生存能力和宗教能力而已。因此，这种适度而有限的对巫术－宗教能力的探寻，应该归入人类在神灵面前最典型和最基本的行为。我们在《比较宗教范型》中已经讲过，原始人以及所有人类的内心都渴望与神灵沟通，但又因害怕不得不放弃做普通人的自由而成为圣显（神、灵魂和祖先等）顺从的工具。[①]

接下来，我们将只关注有意地探寻巫术－宗教力量或神灵赋予巫术－宗教力量的情况，这两种情况都使一个人获得了巨大的巫术－宗教能力，这样的能力注定使他的社会－宗教实践发生巨变，而这个人也发现自己成了一名专业的宗教人员。即使在这种情况下，我们也发现某种对"神圣选举"的抗拒。

萨满教与精神病理学

据说北极和西伯利亚的萨满教与神经紊乱尤其是与北极的各种癔症有关系，现在，我们仔细研究一下这些关系。自

---

① 对于神圣摇摆不定的态度的意义，见伊利亚德《范型》，459 页及后面的内容。

克里沃沙普金（1861，1865）、V. G. 博戈拉兹（1910）、
N. Y. 维塔谢夫斯基（1911）以及 M. A. 查普里卡（1914）
的时代起，西伯利亚萨满教的精神病理学就一直被强调。①
A. 奥赫马克斯是最后一位支持用北极癔症来解释萨满教的
研究者，他甚至根据萨满代表的精神病变程度，区分出了北
极萨满教和亚北极萨满教。在他看来，萨满教最初仅是北极
地区的一种现象，这首先是由于北极的环境造成当地居民精
神不稳定。极度的严寒、漫长的黑夜、荒芜的孤寂、维生素
的匮乏等情况都影响到北极民族的神经构成，引发精神疾病
（北极癔症、梅亚克、梅纳里克）或萨满的精神恍惚。萨满
和癫痫病患者的唯一差别是癔症患者不能自主地进入精神恍
惚状态。② 在北极地区，萨满癫狂是一种自发和有机的现象，
只有在这一地区，人们说有"伟大的萨满教化"，也就是以
真正的全身僵硬的精神恍惚结束的仪式，才是合适的。在此
期间，人们认为萨满的灵魂离开身体，升上天空或潜入地
下。③ 但是，在亚北极地区，萨满不再是自然环境的受害
者，不能自发获得真正的精神恍惚，不得不借助麻醉品来
诱发半恍惚状态，或者以戏剧的形式模仿出灵魂的旅程。④

　　这种将萨满教等同于精神错乱的观点，不但在北极的萨

---

① 奥赫马克斯：《萨满教问题的研究》，20 页及后面的内容；尼奥拉泽：
《萨满教》，50 页及后面的内容；M. A. 查普里卡：《西伯利亚土著
人》，179 页及后面的内容（楚科奇语）；V. G. 博戈拉兹（弗拉基米尔
G. 博戈拉兹）：《东北亚各民族的萨满教心理研究》，5 页及后面的内
容。也可参见 W. I. 乔吉尔森《科里亚克人》，416 ~ 417 页；《尤卡吉
尔人和尤卡吉尔通古斯人》，30 ~ 38 页。
② 《研究》，11 页。见伊利亚德《萨满教的问题》，9 页及后面的内容。
可参见哈瓦《宗教观念》，452 页及后面的内容。也可见 D. F. 阿伯利
《"北极癔症"和蒙古的惊愕 – 模仿综合征》。就癫狂作为北极地区宗
教典型特征而言，参见克里斯琴森《癫狂术和北极宗教》。
③ 关于这些旅程，见后面的章节。
④ 奥赫马克斯：《萨满教问题的研究》，100 页及后面的内容，122 页及后
面的内容等。

满教中存在，在其他形式的萨满教中也同样存在。早在七十年以前（以本书写作时间计算），G. A. 威伦就曾断言印度尼西亚的萨满教是一种真正的疾病，只是到了后来，人们才开始夸张地模仿真正的精神恍惚状态。[①] 此外，研究者们成功地发现，南亚和大洋洲地区的萨满的不同形式与精神不稳定之间存在着显著的关系。据勒布所言，纽埃岛萨满是癫痫病患者或是精神高度紧张的人，来自有精神不稳定遗传病史的家族。[②] 基于查普里卡的描述，J. W. 莱亚德认为西伯利亚萨满和马拉库勒的"布威利"非常相似，[③] 明打威群岛的"斯克雷"[④] 和马拉库勒"布威利"[⑤] 也是癔症患者。在萨摩亚群岛，癫痫者变成了占卜者。苏门答腊岛的巴塔克以及其他印度尼西亚的民族喜欢推选那些生病的或虚弱的人成为术士。在棉兰老岛的苏巴纳，最好的术士通常都精神衰弱或行为古怪。其他地区情况也是如此：在安达曼群岛，人们认为癫痫患者是伟大的术士；在乌干达的洛塔科，体弱多病或精神不正常的人通常是巫术的候选人（但是，在成为合格的司职人员之前，他们必须要经历长期的加入式）。[⑥]

据法瑟·豪斯所言，在智利的阿劳干人中，萨满的候选人"通常是有病的或病态的敏感，他们心脏功能不强，消化系统紊乱，总是头晕目眩。他们说，神灵的召唤是无法抗拒的，如果抗拒神灵对他们的召唤，不忠于神灵，他们定会早

---

① 《Het Shamanisme bij de Volken van den Indischen Archipel》，全书。
② 《纽埃岛的萨满》，395 页。
③ 《萨满教：在与马拉库勒骗子对比基础上的分析研究》，544 页。勒布也做了同样的评述，《萨满与先知》，61 页。
④ 勒布：《萨满与先知》，67 页。
⑤ 珍妮·居齐尼埃：《吉兰丹州的音乐舞蹈》，5 页及后面内容。
⑥ 还有很多地方可以被列入其中；参见韦伯斯特《巫术》，157 页及后面的内容。也可参见 T. K. 厄斯特赖希的神话分析——《附体》，132 页及后面的内容，236 页及后面的内容。

早地死去。"① 有时，就像在希瓦罗人②中一样，准萨满只是
性格保守，沉默寡言而已；在塞尔克南人和火地岛的亚马纳
人中，准萨满更倾向于冥思和苦行。③ 鲍尔·雷丁揭示出大
多数巫医的癫痫或癔症的心理结构，并引用这种结构来支持
他的巫师和牧师精神病理学起源的观点。鲍尔·雷丁还提
到，正是从威尔肯、莱亚德、奥赫马克斯的意义上讲："这
样，最初生病在心理上的一些表现，变成了想要担任神职或
是想成功地接近超自然之物的人必须履行的机械的程序。"④
奥赫马克斯宣称北极地区是世界上精神疾病分布最广泛、最
泛滥的地区，并引用了俄国人类学家 D. 吉列宁的评述："北
方地区的精神疾病患者要比其他地方多很多"。⑤ 虽然，在
无数其他原始民族中也会得出类似的观点，但这些观点并不
能帮助我们理解一种宗教现象。⑥

我们的研究只关注"人的宗教"这一视域，在这一视域
下，精神病患者被证明是不成功的玄想者，或者充其量是模
仿的玄想者。尽管精神病患者的经历与宗教经历很相似，但
并没有宗教内容，如同自慰和性行为有着相同的生理结果

---

① 《一部印度的英雄史诗》。《智利的阿劳干人》，98 页。
② 梅特罗克斯引自 R. 卡斯滕《南热带地区美洲印度的萨满教》，201 页。
③ M. 古兴德：《火地岛的印第安人》，第一卷《塞尔克南人》，779 页及
　后面的内容；第二卷《亚马纳人》，1394 页及后面内容。
④ 《原始宗教》，132 页。
⑤ 《研究》，15 页。
⑥ 甚至奥赫马克斯都承认（同上，见 24，35 页），不能简单地把萨满教
　看作是一种精神疾病，萨满教现象本身很复杂。梅特罗克斯在研究南
　美萨满时，更清楚地看到了问题的核心，他写道：气质型精神病患者
　或宗教从业人员"感觉被拉入一种新的生活状态，这种生活能够让他
　们更加亲密地与超自然世界接触，并允许他们自由地释放他们的精神
　力量。那些感到不安的人、精神不稳定的人或仅仅爱冥想的人，都在
　萨满教中找到一个适宜的氛围"（《南热带地区美洲印第安人的萨满
　教》，200 页）。对于纳达尔，萨满教能够稳定精神性神经病的问题仍
　然是一个没有定论的问题（《努巴山萨满教研究》，36 页）；但见下文，
　29 页，他对苏丹萨满的精神健康所做的结论。

（确切地说是射精），但由于缺乏具体的性伙伴，自慰只是对性行为的模仿。同样，最早期的人种学家也可能在许多情况下，由于观察不完善，将精神病患者趋同于被神灵附体的人，而人们认为这种"趋同"在远古时代是很常见的。在纳达尔最近研究的苏丹部落中，癫痫是很常见的。但是，部落居民认为癫痫和其他精神疾病都不是真正的神灵附体。[①] 无论具体情况如何，我们都不得不总结出这样的结论：所谓的萨满教的北极起源并不一定因为靠近极地地区居民的精神不稳定，也不一定是由某一纬度之上的北方特有的流行病引发的。正如我们所看到的那样，几乎在世界各地都能找到类似的精神变态现象。

由此可见，这类精神疾病的出现总是与巫医这种职业相关联，就一点也不奇怪了。如同病人一样，从事宗教职业的人被置于一种生死攸关的境地，使其感受到人类生存的基本境况，即孤独、危险以及与周遭环境的敌对。但是，原始术士、巫医或萨满不仅仅是个病人，最重要的是，他是一个成功治愈自己的病人。通常，当对萨满或巫医的圣召通过疾病或癫痫的发作而显现时，候选人的领神就相当于一种治愈方法。[②] 著名的雅库特萨满图斯普特（意思是"从天而降"）在二十岁时生了一场病，之后他开始唱圣歌，感觉好转起来。当谢罗谢夫斯基见到他的时候，他已六十高龄，精神矍铄。"如果需要，他还可以彻夜击鼓、舞蹈和跳跃。"此外，他曾经游走过许多地方，甚至在西伯利亚的金矿上工作过。但是，他偶尔也需要进行萨满法事，如果长时间没有参加法

[①]　《萨满教研究》，36 页；参见下文，29 页。

[②]　居齐尼埃，5 页；J. W. 莱亚德：《马勒库拉：飞行的骗子、鬼魂、天神和癫痫者》，由保罗·雷丁引用《原始宗教》，65～66 页；纳达尔，36 页；哈瓦：《宗教观念》，457 页。

事的话，他就感觉浑身不适。"①

赫哲族（阿穆尔河地区，即黑龙江）的一位萨满告诉利奥·斯滕伯格，"老人们说，几代人之前，我们的宗族有三位伟大的萨满。但是，离我最近的祖先中没听说过有萨满。我父母身体都非常健康。我现在 40 岁，结婚了但没有孩子。二十岁之前我一直很健康。后来，我感觉浑身不舒服，开始头疼。萨满们试图用各种方法治愈我的病，但都没用。当我自己开始把自己变成一个萨满时，身体就越来越好了。我做萨满已经十年了，但起初我只是治疗我自己，就在三年前，我开始治疗其他人。萨满治疗非常耗费体力。"②

桑德斯彻曾结识过一位布里亚特人，此人年轻时是一位"反萨满主义者"。但是，在生病后，他四处寻医（甚至远赴伊尔库茨克去找好的医生），都毫无效果，于是他尝试信奉萨满教，很快就痊愈了，之后他成了一名萨满。③ 斯滕伯格同样注意到，萨满的征选是通过被选人一场相对严重的疾病体现出来的，且往往是在他刚开始性成熟的时候。但是，准萨满会在神灵的帮助之下痊愈，这些神灵日后会成为他的引导者和指路人。有时，治愈准萨满疾病的这些神灵是他的祖先，他们希望将自己身上尚未安置的辅助神灵传递给他。从这些情况可见，萨满能力具有一定的遗传性。疾病只是征选萨满的一个标志，而且是暂时的。④

萨满教的实践中总会有治愈、控制和平衡。比如，因田特或印度尼西亚的萨满并不是因为易于患癫痫，而是因为能控制癫痫才拥有力量和声望的。表面上看，"默

---

① 谢罗谢夫斯基，310 页。
② 《原始宗教的圣选》，476 也及后面的内容。这位赫哲族萨满的重要自传的剩余部分将会在下文出现，71 页及后面的内容。
③ 桑德斯彻：《阿兰－布里亚特人的世界观和萨满教》，977 页。
④ 《圣选》，474 页。

贾克"或"默纳里克"的现象学与西伯利亚萨满的精神
恍惚之间的相似之处显而易见，但两者存在本质的区别：
只有西伯利亚的萨满才可以做到想在什么时间出现癫痫
状的精神恍惚状态，就在什么时候出现。更重要的是，
尽管萨满与癫痫病患者和精神失常者存在明显的相似性，
萨满显示出不同寻常的神经构造，达到了一般人无法企
及的集中程度，能坚持做特别累人的事情，能控制自己
的癫狂行为，等等。

　　根据卡尔亚莱宁收集的由别利亚夫斯基和其他人提供的
证据，沃古尔萨满思维敏捷，身体灵活，拥有无限的精力。
为了日后的工作，新萨满们都会强健身体，提升智力水平。[1]
谢罗谢夫斯基熟知一位名叫米什尔的萨满，尽管他年岁已
高，但在一次法事中他的跳跃高度和动作力度都超越了最年
轻的萨满。"米什尔变得充满活力，浑身洋溢着智慧和生机。
他用刀子划自己，吞咽棍棒，吃燃烧的煤。"[2] 对于雅库特
人来说，完美的萨满"一定要严肃、有机智、能说服邻里，
最重要的是，他不能自负、傲慢、脾气乖戾。人们肯定能感
受到他内心并不使人反感的一种强大力量，并意识到这种力
量的作用"。[3] 根据这样的描述，很难在脑海里构想出一个
符合这样条件的癫痫病患者。

　　中国东北驯鹿通古斯人的萨满在帐篷里表演癫狂舞蹈的
时候，穿着佩戴着30多磅重的盘子或其他形状的铁制品的服
装，帐篷里挤满了观众，表演空间十分有限，但萨满在表演
时不会触碰到任何一位观众。[4] 哈萨克－吉尔吉斯人的萨满

---

[1]　卡尔亚莱宁：《乌戈尔各民族的宗教》，第三章，247～248 页。
[2]　《萨满教》，317 页。
[3]　同上书，318 页。
[4]　E. J. 林格伦：《满洲驯鹿通古斯人》，由 N. K. 查德威克引用，《诗和
　　预言》，17 页。

在神智昏迷时，"紧闭双眼，朝各个方向猛扑，但他仍然会找到所有他需要的东西。"[1] 这种癫狂运动的惊人控制力诠释了萨满卓越的神经构造。总的来说，西伯利亚和北亚萨满并没有精神分裂的迹象。[2] 他的记忆力以及自控能力都超出一般水平。凯·多纳[3]认为："可以这样讲，在萨摩耶德、奥斯加克和其他部落中，萨满通常身体健康，智力上超过他周围的人。"在布里亚特人中，萨满是丰富的口头英雄文学的传承者。[4] 一位雅库特萨满的诗歌词汇量达到 12000，但是群体其他成员所掌握的唯一的普通语言只有 4000 词。[5] 在哈萨克 - 吉尔吉斯人中，萨满是"歌者、诗人、音乐家、圣人、牧师和医生，看起来是宗教与世俗传统的传承人，是几个世纪以来古老传奇的保护者"。[6]

对其他地区的萨满，也有相似的评述。据 T. 科赫 - 格伦伯格，委内瑞拉陶利潘人的萨满一般都是很聪明的人，尽管有时会狡猾一点，但总是个性鲜明，因为在训练中以及履行职责时他们必须展示出活力和自控能力。[7] 梅特罗克思曾这样提到亚马孙萨满，"身体或生理的反常或特质，看起来并没有被看作是具有做萨满潜质的一种表现"。[8]

在加利福尼亚的温图族中，思辨思维的传播和完善掌握在萨满手中。[9] 迪雅克人的先知 - 萨满脑力活动量巨大，展

---

① 卡斯塔内：《巫术与癫狂》，99 页。
② 参见 H. M. 和 N. K. 查德威克《文学的发展》，第三章，214 页；N. K. 查德威克：《诗与预言》，17 页及后面的内容。拉普萨满肯定十分健康（伊特科纳恩：《异教》，116 页）。
③ 《西伯利亚》，223 页。
④ 桑德斯彻，983 页。
⑤ H. M. 和 N. K. 查德威克：《文学的发展》，第三章，199 页。
⑥ 卡斯塔内，60 页。
⑦ 由梅特罗克斯引用，《南热带地区美洲印度的萨满教》，201 页。
⑧ 同上书，202 页。
⑨ 科拉 A. 杜波依斯：《温图民族学》，118 页。

示出远远高出群体的思维能力。[①] 非洲萨满也是如此。[②] 如，纳达尔所研究的苏丹部落，"在日常生活中，萨满并没有任何异常，也不是精神病患者或妄想症患者，否则人们会把他归类为疯子，他就不会像牧师那样受人敬仰。我们也不能最终把萨满教和早期或潜在的精神异常联系在一起。在我的记载中，还没有一位萨满职业性的病态兴奋恶化成精神错乱。"[③] 在澳大利亚，情况就更加明了，巫医通常都是非常健康的正常人。[④]

我们也必须考虑到这样一个事实：萨满加入式本身不仅包括癫狂体验，也包括一个复杂的理论学习与实践的过程，这一过程相当复杂，一位神经质患者是无法掌握的。无论萨满、术士和巫医是否真的易患上癫痫或癔症，一般来讲，都不能断定他们仅仅是生病了，他们的精神异常体验有理论内容。如果他们治愈了自己并且能够治愈他人，除了别的原因之外，主要是因为他们通晓疾病的机制，或更确切地说，疾病的"原理"。

所有这些例证都以某种方式呈现了社会上巫医的非凡特性。不管他们是由神灵征选成为代言人，还是由于身体缺陷倾向于履行这一职能，或是通过相当于巫术－宗教圣召的继承来从事这一职业，巫医都有别于世间凡人，这是因为他们与神灵有更直接的关系，更有效地掌控着神灵的显现。体弱、神经错乱、自发神召或继承，这些都是"选择"和

---

① N. K. 查德威克：《诗和预言》，28 页及后面的内容；H. M. 和 N. K. 查德威克：《文学的发展》，第三章，476 页及后面的内容。

② N. K. 查德威克：《诗和预言》，30 页。

③ 《一项研究》，36 页。那么，我们就不能说"萨满教……一般说来都吸收了精神异常"或"萨满教依赖非常普遍的精神错乱倾向；人们不可以把萨满教仅仅解释为一种要么用来实现精神异常、要么用来探索精神错乱的文化机制"（同上）。

④ A. P. 埃尔金：《高地的土著人》，22 ~ 25 页。

"征选"萨满的外在表现。有时，这些表现是身体上的（如先天或获得性疾病），有时甚至是最普通的事故（如从树上摔落或被蛇咬伤）造成的。一般来说，萨满的选定是由不同寻常的意外事故或重大事件体现的，如闪电、特异景象、梦境等，在后面的章节里我们会详细地看到这些。

不同寻常或异常的经历赋予了萨满独特的个性，指出这一点很重要。如果对这种独特性本身加以适当考虑，就会发现它正是取决于神圣的辩证法。也就是说，最基本的圣显物就是在本体上与周围环境彻底分离的某物。某棵树、某块石头或者某个地方正是因为它而"揭示出是神圣的"，也可以说，它已经被"选作"体现神圣之物的载体，它才从本体上与其他的石头、树木或地方分离，并具有与众不同的超自然地位。我们在其他地方①已经分析过圣显和力显（力量显现），亦即巫术 - 宗教现实显现的结构和辩证法。现在，很重要的一点是，我们要注意到物体、生物和神圣的标志等这些圣显物的独一性与那些通过"征选"或"选择"成为萨满的人的独一性之间的相似之处。这些被选为萨满的人比群体的其他成员更加强烈地感受到神圣之物，正是他们使神圣之物具体化，因为他们的生活丰富地体现了这些神圣之物，或更准确地说，他们是为选择他们的某一宗教"形式"（天神、灵魂、祖先等）而生活的。当我们研究了训练准萨满和萨满加入式的各种方法之后，上述的为数不多的几点评述才会派上用场。

———————

① 见伊利亚德《范型》，各章节内容。

第二章
加入式疾病与梦境

疾病－加入式

正如我们之前所见，病理性疾病、梦境和癫狂或多或少都是成为萨满的多种途径之一。有时，这些非凡的体验只是上天的一个"选择"，仅仅是为萨满候选人接受新的启示做准备。但通常情况下，疾病、梦境和癫狂本身也构成了一场加入式，也就是说，这些疾病、梦境和癫狂把提前被"选定"的世俗之人变为神圣的技师。[①] 不用说，在任何地方，这种癫狂体验总是伴随着老萨满的理论和实践指导，但是，老萨满的指导并不会削弱癫狂体验的决定性意义，因为正是癫狂体验彻底改变了"被选"者的宗教地位。

我们很快会看到，所有这些决定准萨满职业的癫狂体验都采用加入仪式的传统模式：受难、死亡和重生。从这一角度来看，任何"疾病圣召"都发挥着加入式的作用，因为疾病圣召所带来的痛苦相当于加入式的磨难，"被选者"心灵的孤寂就如同加入式的隔绝和仪式的孤独，病人感受到的迫

---

① 参见伊利亚德《神话，梦境和玄想》，79 页及后面的内容。

近的死亡（痛苦，失去意识等）使人们想到出现在几乎所有加入仪式中的象征性死亡。接下来的例子将会向我们展示疾病与加入式在多大程度上是相似的。一些身体上的痛苦和（象征性的）加入式死亡是完全对应的——比如，候选者（病人）的躯体分割这种癫狂体验，它既等同于"疾病圣召"所带来的痛苦，也可以通过某些宗教仪式来体现，最后，还可以在梦境中实现。

这些最初的癫狂体验内容虽然丰富，但总是包含以下一个或多个主题：躯体的分割，伴随着身体内部器官和脏腑的更新；升天，与天神和各种神灵进行沟通；入地，与神灵和已逝萨满的灵魂交谈；各种宗教和萨满教的启示（萨满这一职业的秘密）。所有这些主题都明显具有加入式性质。一些文献证实了以上所有的主题，而另一些文献只提及了其中一两个主题（身体分割、升天）。然而，某些加入式主题的缺失可能是由于或至少部分是由于我们信息的匮乏，因为最早期的民族学家满足于总结性的数据。

不管怎样，这些主题的存在或缺失也表明了相应的萨满教技艺的一种特定的宗教取向。"升天"的萨满教加入式和另一种加入式确实存在差异，我们保守地将后一种称为"地狱式"的加入式。天神在赐予准萨满癫狂恍惚时所起的作用，或者相反，赋予已逝萨满神灵或"恶魔"的重要性揭示了不同的价值取向。这些不同的价值取向很可能源于相异的，甚至是敌对的宗教观念。无论是哪种情况，这些不同都意味着一个漫长的演化过程，当然也暗含着一段历史，而目前的研究只能对这一演化过程和这段历史进行暂时和假设性的概括。现在，我们无须关注这些类型的加入式的历史。此外，为了不让我们的论述复杂难懂，我们将会阐述每一个这样伟大的神话－宗教主题：候选人躯体的分割、升天及入地。但是，我们不应忘记，这样一种划分与现实并不相符，正如我们将会看到的那样，在西伯利亚萨满中，加入式的这三大主题有时在同一个人的癫狂体验中同时体现出来，而且任何情况下，在任何一种宗教中这三大主题都是共存的。最后，我们应该谨记的是，尽管这些癫狂体验构成了加入式本身，它们也还是构成（老萨满对准萨满的）传统教导复杂体系的一部分。

我们将从癫狂体验的类型开始描述萨满教的加入式，这样做有双重原因：在我们看来，癫狂体验是最早的也是最完整的加入式的表现形式，因为癫狂体验包含了以上列举的所有神话－宗教主题。接下来，我们会举出西伯利亚地区和邻近的东北亚地区同一类型加入式的若干例子。

雅库特萨满的加入式癫狂和幻想

在上一章节中，我们列举了一些以疾病形式展现的萨满圣召的例子。有时，确切地讲，并没有真正的疾病，而是行为上一种逐渐的变化。萨满候选人总是变得爱沉思，喜欢独处，嗜睡，心神不定，做预言性的梦，有时还会发作癫痫。[①]所有这些症状仅仅是候选人新生活的前奏，而他本人对等待着他的这种新生活却毫不知情。补充一点，候选人的行为表现出了神秘圣召的最初迹象，这些迹象在所有宗教中都是一样的。人们对此已经十分了解，我们就不做详述了。

然而，也有一些"疾病"、癫痫发作、梦境和幻觉能在短时间内决定一位萨满的职业。我们并不关注萨满候选人是真的经历了还是仅仅想象到这些病态的癫狂体验，抑或后来民俗丰富了这些癫狂体验，并最终将它们融合到传统的萨满

---

① 参见恰普利茨卡《西伯利亚土著人》一些楚科奇和布里亚特的例子，
　　179、186 页等，以及我们之前的章节。

教神话结构中。关键的一个事实是：这些癫狂体验会证明萨满这一职业及萨满的巫术－宗教力量的合理性，而且还被提出来证明萨满候选人在宗教实践中的根本性变化。

例如，雅库特萨满索芙朗妮·扎塔耶夫说，按照规定，准萨满先要"死去"，躺在蒙古包里三天三夜，不吃不喝。在此之前，萨满候选人要经历三次仪式，把他的身体分割成块。另一位萨满普沃特·勒瓦诺夫则提供了更详细的细节：用铁钩把候选人的肋骨勾出并使彼此脱节分离，把骨头清洁，剃掉上面的肉，流干血液，从眼窝中挖出眼球，之后，将这些骨头集中在一起，用铁钩绑起来。据另一个雅库特萨满季莫费·里马诺所言，分割躯体的仪式持续三到七天。[①]在这期间，候选人就像死人一样躺在一个寂静的地方，几乎没有呼吸。

雅库特加夫·阿列克谢耶夫里说，每一位萨满都有一位"捕食鸟母亲"，长得像一只长着铁喙、勾爪、长尾的大鸟。这只神鸟只会出现两次，一次是在萨满灵魂诞生时，一次是在萨满去世时。它把准萨满的灵魂带入地下，留在油松枝上让其成熟。当准萨满的灵魂成熟之后，神鸟会将其带回地上，将其躯体切成块并分给疾病和死亡的邪恶神灵。每一位神灵都会吞食分到的那部分躯体，这样准萨满就会获得治愈相应疾病的能力。吞食完准萨满整个身体之后，这些邪恶神灵就离开了。"捕食鸟母亲"就把候选人的骨头收集起来，各归其位，候选人就会从深睡中醒来。

另一位雅库特人说，邪恶神灵将准萨满的灵魂带入地下，在一间房子里关三年（对于那些能力较弱的萨满，他们的灵魂只关一年）。就在这个房子里，准萨满完成他的加入

---

① 在中亚的宗教和神话中，这些神秘的数字发挥着重要的作用（参见下文，274 页及后面的内容）。也就是说，为了证实癫狂体验，在中亚存在一个包含萨满癫狂体验的传统理论框架。

仪式。神灵将准萨满的头颅砍下，放在旁边（因为萨满要亲眼看到躯体被分割的过程），并将身体切成小碎块，分发给各种疾病的神灵。只有经历了这种磨难，准萨满才会获得治愈疾病的能力。然后，这些神灵给准萨满的骨头覆上新肉，在某些情况下，还给他注入新的血液。①

克谢诺丰托夫②收集的另一雅库特传说记载，萨满出生在北方，那里长着一棵参天的冷杉树，树枝上散布着许多巢穴，杰出的萨满占据最高的树枝，中等萨满落居中间的树枝，低级萨满则位于最低的树枝。③ 一些讲述者说，长着鹰头和铁羽的"捕食鸟母亲"停落在这棵树上，并在这棵树上下蛋、孵蛋。"捕食鸟母亲"分别用三年、两年和一年的时间来孵化高级、中级和低级的萨满。准萨满灵魂从蛋里诞生后，就被托付给一个邪恶女萨满来教化，这位邪恶的女萨满只有一只眼睛、一条胳膊和一根骨头。④ 她把准萨满的灵魂

---

① G. V. 克谢诺丰托夫：《雅库特，布里亚特和通古斯的萨满教传奇》（第二版），44 页及后面的内容（也可见阿道夫·夫里德里克和乔治·巴德勒斯的德文译本《西伯利亚的萨满教》，136 页及后面的内容）；T. 赖赫蒂萨洛：《未来萨满的死亡和重生》，13 页及后面的内容。

② 《雅库特，布里亚特和通古斯的萨满教传奇》，60 页及后面的内容（《西伯利亚萨满教》，156 页及后面的内容）。

③ 另一则雅库特传奇（《雅库特，布里亚特和通古斯的萨满教传奇》，63 页；《西伯利亚的萨满教》，159 页）描述了出生在德佐库山上一颗冷杉树上的萨满的灵魂。另一个传说则讲述了伊雅克-马斯树，它的树峰可以到达第九级天国。这棵树没有树枝，但是萨满的灵魂居于它的树节中（同上）。显然，这是一个宇宙之树的例子，它长在世界的中心，连接阴间、世间、天堂三界。这一象征物在所有北亚和中亚的神话中占有一定的地位。参见下文，269 页及后面内容。

④ 这是西伯利亚和中亚神话中经常出现的邪恶人物；参见阿纳克海，布里亚特族中一只眼睛的恶魔（U. 哈尔瓦：《阿尔泰民族的宗教观念》，378 页），楚瓦什族的阿萨瑞（一只眼睛，一条胳膊，一只脚等；同上，39 页），西藏女神铁葛新玛（Ral gcing ma）（一只脚，一个干瘪的乳房，一颗牙齿，一只眼睛，等）天神利布英哈拉（Li byin ha ra）等（内贝斯基·沃杰科维茨·雷内：《西藏的通神者与恶魔》，122 页）。

放在铁摇篮里摇晃，用凝血块喂他。然后，出现三位黑色的"魔鬼"，将萨满的躯体切成碎片，用一根长矛刺穿他的脑袋，把他的肉块作为贡品扔向各个方向。另外三个"魔鬼"则切碎准萨满的下颌骨，每块代表一种他被召唤去治愈的疾病。如果一块骨头不见了，他家里的一位成员就得以死补偿。有时，准萨满的九位亲人会因此而死。①

根据另一项记载，这些"魔鬼"一直看管着萨满候选人的灵魂，直到他学到他们所有的智慧。在整个这段时间里，候选人一直生病躺着，他的灵魂被转变成一只鸟或其他动物，甚至一个人，他的"力量"被安全地保存在隐藏于树叶中的一个巢穴里。当这些萨满以动物的形态彼此打斗时，他们都试图摧毁对手的灵魂。②

通过以上例子，我们会发现加入仪式的中心主题：新萨满躯体的分割和器官的更新以及死亡－重生的仪式性表达。同时，我们也注意到了大鸟这一主题，它在"世界之树"的树枝上孵化萨满。这一主题也广泛地存在于北亚神话，尤其是萨满教神话中。

萨摩耶德萨满的加入式梦境

据莱赫蒂萨洛的尤拉克－萨摩耶德信息提供者描述，加入式本身从候选人学习击鼓开始，只有在这种情景下，候选人才可以看到神灵。萨满加尼卡告诉莱赫蒂萨洛，一旦他击鼓，神灵就会从天而降，把他切成碎片，砍下他的双手。他四肢伸展躺在地上七天七夜，不省人事。在此期间，他的灵

① G. V. 克谢诺丰托夫：《雅库特，布里亚特和通古斯的萨满教传奇》，60～61页（《西伯利亚的萨满教》，156～157页）。
② 莱赫蒂萨洛：《死亡和重生》，29～30页。

魂在天上与雷神一同遨游，并拜访米库莱神。①

　　A. A. 波波夫这样描述阿范 - 萨摩耶德族中一个萨满：②
准萨满患上天花，三天没有意识，几乎像死了一样，第三天
时，他差一点被埋掉。他的加入式就发生在这个时期。他记
得被带入大海中央，听到他的病（也就是天花）对他说：
"从水神那里，你将获得萨满才能，你的萨满名字叫作霍塔
里（潜水者）。"紧接着，天花病神掀起海浪，翻动海水。
候选人从海中出来，爬上了一座山。在山上，他看到了一个
一丝不挂的女人，开始吮吸她的乳汁。这个女人可能就是水
女神，对他说："你是我的孩子，所以你才能吮吸我的乳汁，
你将会经历很多磨难，疲惫不堪。"水女神的丈夫，即地下
之神，给他指派了两个向导，一只白鼬和一只老鼠，带他到
地下。当他们来到一处高地时，这两位向导向他展示了七顶
顶部破损的帐篷。他走进第一顶帐篷，看到了地下的居民及
患有严重疾病（梅毒）的人们，他们掏出萨满的心并扔到一
口锅里。在其他的帐篷里，他不但见到了邪恶萨满，还见到
了疯狂之神，掌控神经错乱的各路神灵。就这样，这个准萨
满了解了各种折磨人类的疾病。③

　　在两个向导的带领下继续前行，这个萨满候选人来到了
女萨满圣地，女萨满们帮他加强了喉咙和嗓音。④ 接着，他
又被带到了九片海的岸边，其中一片海的中间是一座岛屿，
在岛屿的中间是一棵高耸入云的白桦树，就是大地之神树。
树的旁边长着九株草，它们是地上所有植物的祖先。这棵树

---

① 莱赫蒂萨洛：《尤拉茨语萨摩耶德人的神话简述》，146 页；《死亡和重
　生》，3 页。
② 《恩加纳桑人：阿瓦姆与瓦捷耶夫恩加纳桑人民族学资料》，84 页及后
　面的内容。也可参见莱赫蒂萨洛《死亡和重生》，173 页及后面的内
　容；E. 爱姆斯海默：《萨满鼓和鼓树》，173 页及后面的内容。
③ 也就是，他学习了解并治愈疾病。
④ 或许，教他唱歌。

四周被海包围，每一片海中央都有一种鸟带着它的幼鸟在游动。还有几种鸭子，一只天鹅和一只雀鹰。准萨满游历了所有这些海，有的海水是咸的，有的海水特别热，萨满都无法靠近岸边。在游历完海之后，萨满抬起头，在树的顶端看到各民族的人们，[1] 有塔弗吉萨摩耶德人、俄罗斯人、多尔干人、雅库特人以及通古斯人。他听到有人说："已经决定，你必须用这棵树的枝干做一个鼓（也就是鼓身）。"[2] 然后，他开始与海洋上的鸟一起飞翔。当他离开海岸时，树神对他喊道："我的树枝刚刚掉落，你把它捡起来，做成鼓，这个鼓会服务你一生。"这个树枝有三个分叉，树神指示他用这三个分叉做三个鼓，并分别交由三个女人保管，每个鼓都会用在一种特定的仪式上，第一个用于向正在分娩的妇女传授萨满教教义，第二个用于治愈疾病，第三个用于寻找雪中迷路的人。

树神还把树枝分给树顶端的所有其他人。但是，当他以人形（从脚到胸）从树里出现时，却补充说："只有一根树枝我不能给萨满，因为我要把它留给其他人。人们可以用这根树枝建造居所，并用于其他需要，我是全人类的生命树。"当这名萨满候选人紧握着这根树枝，准备继续飞行时，突然又听到一个人的声音，这次是告诉他七种植物的药用疗效，并指导他传授萨满教教义的技艺。但是，这个声音又补充到，他必须娶三个女人（实际上，与他结婚的三个女人是他治愈的患有天花的孤儿）。

之后，他又来到了一片无边无际的大海，在那里，他发现了很多树和七块石头。石头一块接一块地跟他说话。第一

---

① 坐落在天树树枝上的这些人是各个民族的祖先，之后，我们会在其他地方遇到这一神话（参见下文，272 页及后面的内容）。

② 关于萨满鼓的象征意义 = 天树，以及萨满技艺的结果，参见下文，167 页及后面的内容。

块石头有着熊齿一般的牙齿和篮子形状的一张嘴。这块石头告诉他，它是大地的承重石，用它的重量压着大地，地面才不会被风吹走。第二块石头用来融化铁。他和这些石头待了七天，了解了怎样用这些石头来帮助人们。

然后，这位萨满候选人的两位向导，即那只白鼬和那只老鼠，把萨满带到了一座又高又圆的山上。他看到面前的一个入口，通过这个入口他进到一个明亮的洞穴中，这个洞穴四周都是镜子，中间有像火一样的东西。他看到洞穴里有两个女人，赤身裸体，但头发覆盖在身上，像一头驯鹿。① 然后，他看清洞中并没有燃烧的火焰，光从上面的入口投射下来。其中一个女人告诉他，她怀孕了，将会生下两只驯鹿作为祭祀动物，② 一只为多尔干族和鄂温克族，另一只为塔弗吉人。这个女人给了他一根头发，他在给驯鹿作萨满教法事时会用到这根头发。另一个女人也生出两只驯鹿，象征着那些帮人类干各种活并作为人类食物的各种动物。这个洞穴有两个出口，一个朝南，另一个朝北。这两个女人从每个出口派一头驯鹿去服务森林中的人们（多尔干族和鄂温克族）。第二个女人也给了萨满一根头发。在逐渐信奉萨满教的过程中，他的精神转向这个洞穴。

紧接着，这个萨满候选人来到一片沙漠，看到远处一座山。经过三天的跋涉，他终于来到山脚下，从一个入口进去，看到一位裸体男子正在拉风箱。火上支着一口大锅，这口锅"好像有半个地球那么大"。这位裸体男子看见他，就用一把巨大的钳子夹住了他。他这个新手萨满想了一下，"我死了!"，这个男人就砍掉了他的头颅，将他的身体剁成碎块，都放进这口大锅里。这个男人将他的身体煮了三年。

---

① 这些是动物母亲的拟人化，她是一个神话人物，在北极和西伯利亚地区占有重要地位。

② 也就是说，病人会释放这只驯鹿，使其获得自由。

山洞里还有三个铁砧，这个裸体男人在第三块铁砧上锻造候选人的头颅，这块铁砧是用来锻造最出色的萨满的。旁边放着三个罐子，他的头颅被扔进其中一个罐子里，这个罐子里的水是最凉的。这时，这个裸体男人告诉萨满候选人，当他被召唤去治愈某人的疾病时，若仪式罐中的水非常热，让病人信萨满教是没用的，因为他已经死了；如果水是温的，那么这个人只是生病，可以恢复健康；如果水是冷的，那就意味着这个人是健康的。

这个萨满候选人的骨骸在河里漂浮着，一个铁匠把它们捞上来，拼在一起，再次覆上血肉。铁匠数了数候选人的骨头，告诉他，多出了三块，因此他会获得三套萨满服饰。铁匠重新锻造了候选人的头颅，教他如何阅读头脑中的文学作品。铁匠还更换了候选人的眼睛，这就是为什么候选人在成为萨满的过程中，不用原生的眼睛，而是用这双神秘的眼睛去观察。铁匠还刺穿了候选人的耳朵，使他可以理解植物的语言。接下来，候选人突然发现自己在一座山顶上。最后，他在帐篷里醒来，身边围绕着他的家人。现在，他可以不停地唱歌，进行萨满仪式，而且永远不会累。[①]

我们之所以重复讲述了这一经过，是因为它极富神秘和宗教色彩。如果我们花费同样的精力来收集其他西伯利亚萨满的陈述，没有哪一个萨满的经历可以归纳成甚至是这样一个特别简单的程式：候选人持续几天没有意识，梦到自己被神灵切成碎片，带上天空，等等。显而易见，上述加入式的癫狂体验严格地遵循着一些典型的主题：准萨满会遇到几位神圣的人物（如水女神、地下之神以及动物之神），然后白

---

① 莱赫蒂萨洛认为，铁匠在萨摩耶德神话，尤其在刚刚提及的降神会中占据次要地位，而且展现了外来文化的影响（《死亡和重生》，13 页）。并且在布里亚特的信仰和神话中，冶金学和萨满教的关系的确非常重要。参见下文，473 页后面的内容。

鼬和老鼠将他带到宇宙山巅的"世界中心"，这里生长着宇宙树，居住着宇宙之神。按照宇宙之神的旨意，准萨满用宇宙树的树枝制作他的鼓；半人半兽的恶魔教授准萨满所有疾病的本质和相应的治愈方法；最后，其他的恶魔会把准萨满的身体切碎，放入锅里煮，给他更换更好的器官。这个加入式故事中的每个元素都是一致的，并且在宗教历史上熟知的象征或仪式系统中占有一席之地。我们之后会一一论述这些元素。准萨满通过上天入地的方式实现死亡和神秘再生，这是萨满教一个永恒的主题。将上述这些元素组合在一起就以一种有序的方式实现了这一主题。

通古斯、布里亚特以及其他民族的加入式

其他西伯利亚民族也有同样的加入式模式。一位名叫伊凡·乔尔科的通古斯萨满说，准萨满必须要生病，并让邪恶神灵（saargi）切碎他的身体、喝他的血。这些邪灵就是已逝萨满的灵魂，他们将准萨满的头颅扔进一口大锅里，在锅里准萨满的头颅和一些金属块融化在一起，这些金属之后会成为萨满仪式服饰的一部分。① 另外一位通古斯萨满说，自己病了整整一年，在这段时间，他唱圣歌会感觉好受一些。他的萨满祖先降临，并引导他成为一名萨满。他们用箭刺穿他，直到他失去意识倒在地上。他们割下他的肉，撕出他的骨头并清点其数量，如果少了一根骨头，这位准萨满将不能成为一名真正的萨满。在这段时间里，准萨满整个夏天都不吃不喝。②

① 克谢诺丰托夫：《雅库特，布里亚特和通古斯的萨满教传奇》，102 页（《西伯利亚的萨满教》，211 页）。
② 《雅库特、布里亚特和通古斯的萨满教传奇》，103 页（《西伯利亚的萨满教》，212～213 页）。

尽管布里亚特人把萨满就任圣职的公共仪式搞得非常复杂，但他们也了解"疾病－梦境"这种加入式类型。谢诺丰托夫讲述了米克哈尔·斯捷潘诺夫的经历。斯捷潘诺夫了解到，准萨满需要生病很长时间才会成为萨满，祖先萨满的灵魂会围绕着他、折磨他、击打他，用刀子切割他的身体，等等。在此期间，准萨满没有生命体征，他的脸和手呈蓝色，心脏几乎不跳动。① 据另一位布里亚特萨满布拉加特·布查切耶夫讲述，祖先神灵会将候选人的灵魂带到天上的"聚神殿"，在这里候选人接受教导。加入式之后，这些神灵会在锅里煮萨满的肉体，以此来教授他萨满法式的艺术。正是在这段加入式折磨中，萨满像死人一样保持昏死七天七夜。这时他的亲属（女人除外）会来到他的身边吟唱："我们的萨满正在重获新生，他会帮助我们！"在祖先切割和熬煮准萨满的身体时，陌生人不能触碰他的身体。②

世界其他地方也存在同样的经历。③ 一位铁列乌特妇女在成为一名女萨满之前，曾幻想一些不认识的男人们将她的身体切成块，放在一口锅里煮。④ 依照阿尔泰萨满的传统，他们的祖先灵魂会吃她的肉、喝她的血、剖她的腹，等等。⑤ 哈萨克吉尔吉斯萨满说："天上有五位神灵，他们用刀子将

---

① 《雅库特、布里亚特和通古斯的萨满教传奇》，101 页（《西伯利亚的萨满教》，208 页）。

② 《雅库特、布里亚特和通古斯的萨满教传奇》，101 页（《西伯利亚的萨满教》，209 ~ 210 页）。

③ 参见 H. 芬德森《萨满教》，36 页及后面的内容。

④ V. I. 普罗普引自 N. P. 德连科瓦《神奇故事的历史根源》，154 页。在布哈加和龚德地区，原始萨满指导他的儿子，兄弟和随从者将他自己的身体煮在锅里十二年；参见鲁道夫·拉赫曼《北印和中印的萨满教及相关现象》，726 ~ 727 页。

⑤ A. V. 阿诺欣：《阿尔泰萨满教资料》，131 页；莱赫蒂萨洛：《死亡和重生》，18 页。

我分解，用四十根钉子刺戳我的身体，"① 等等。

因纽特人也了解切分躯体，伴随着更新器官这一癫狂体验。因纽特人都会谈及一种动物（如熊、海象等），它会伤害萨满候选人，把他的身体撕成碎片或吞食他的身体，然后萨满候选人的骨头上会长出新肉。② 有时，这些折磨萨满的动物成了他的辅助神。③ 通常情况下，这些自发圣召如果不是通过疾病，至少也是通过一场不同寻常的意外（如与海兽斗争、滑落冰川之下，等等）显现出来的，且萨满在这次意外中严重受伤。但是，大部分的因纽特人会自己探寻这种癫狂加入仪式。这期间他们会经历许多痛苦，这些痛苦与西伯利亚和中亚的分割准萨满躯体非常相近。在这些情况下，准萨满注视着自己的骨架，经历一场死亡与重生的神奇之旅。我们很快会再次讨论这一点。接下来，我们将列举一些与刚才回顾的文献一样的加入式体验。

澳大利亚术士的加入式

最早期的观察者很早以前就记录下了澳大利亚巫医的一些加入仪式，这些加入式包括候选人仪式性的死亡和器官的移除，这一行为是由神灵或已逝萨满的灵魂完成的。因此，柯林斯上校（在 1798 年说出了他的印象）说在波特·杰克逊部落中，一个人如果在墓地上睡过，他就会成为一名巫医。"死者的灵魂会拜访他，掐住他的喉咙，切开他的腹部，

---

① W. 拉德洛夫：《南西伯利亚和准尔大草原突厥部落民间文学样本》，第四章，60 页；《西伯利亚人》，第二章，65 页；莱赫蒂萨洛：《死亡和重生》，18 页。
② 莱赫蒂萨洛《死亡和重生》20 页及后面的内容。
③ 同上书，21～22 页。

取出并替换他的肠子，然后伤口便愈合了。"①

最近的研究已全面地证实和补充了这些说法。根据霍威特的研究，沃特乔巴鲁克部落的人们相信一个超自然的人，也就是纳加特贾（Nagatya），会圣化巫医，纳加特贾会打开巫医的肚子，然后将具有魔力的石英石放进去。② 尤阿赫拉伊部落圣化术士的程序如下。族人们会把选定的年轻人带到坟地去，把他绑在那里几天几夜。只要这个年轻人周围没有人，一些动物就会发现他，舔他，用爪子挠他。接着走来一位拿着棍子的人，他用棍子刺穿了这个年轻人的脑袋并将一块柠檬大小的魔石放进伤口里。然后神灵显现，并庄重地唱着神秘的加入式圣歌来教授这位巫医治愈伤口的技艺。③

在沃伯顿山脉的原始部落中（位于西澳大利亚），加入仪式按照如下的方式进行。想成为术士的人会走进一个洞穴，两个图腾英雄（野猫和鸸鹋）会杀了他，然后切开他的身体，并将他所有的器官都换成具有魔力的器官。它们还会取出他的肩胛骨和胫骨，将其晾干，同样赋予其神秘的魔力，然后再放回身体里。在这一痛苦的过程中，他的加入式大师监督着这个有志成为巫医的人，让火一直燃烧着，并观察着候选人的癫狂体验。④

澳大利亚的阿兰达人了解三种造就巫医的方法：（1）通过伊隆塔利尼亚神（Iruntarinia）或"神灵"；（2）通过伊拉恩查（Eruncha）（也就是澳大利亚土著神话中的黄金时代的伊拉恩查人的神灵）；（3）通过其他巫医。使用第一种方法的时候，候选人走到一个洞口睡着了。然后，一位伊隆塔利

---

① A. W. 霍威特引自《澳大利亚东南部土著部落》，405 页；也可参见 M. 毛斯《澳大利亚部落神奇能力的起源》。
② 《澳大利亚巫医》，48 页；《澳大利亚东南部土著部落》，404 页。
③ K. 郎格卢·帕克：《尤阿赫拉伊部落》，25～26 页。
④ A. P. 埃尔金：《澳大利亚土著人》，223 页。

尼亚神出现，"将一根无形的长矛射向他，从后面刺穿颈部，穿过舌头，在上面留下一个大洞，最后从嘴里出来"。这位候选人的舌头上一直留着这个洞，人的小指可以轻易地穿过这个洞。这位伊隆塔利尼亚神用第二根长矛砍下候选人的脑袋后，这位候选人就死了，神把其尸体扛到一个山洞中。据说，这个洞穴非常深，人们认为伊隆塔利尼亚神一直生活在光照下，靠近清凉的泉水（事实上，这个洞穴就是阿兰达人的天堂）。在洞穴里，伊隆塔利尼亚神掏出了他的内脏，给他换上一副全新的器官。然后，这位候选人复活过来，但有一段时间他却像一个疯子一样。除了候选人巫医，其他人都看不到伊隆塔利尼亚神。接着，伊隆塔利尼亚神将巫医带回他的村庄。按照习俗，候选人在一年内禁止行医，在此期间，如果他舌头上的洞闭合了，那这位候选人便会放弃成为巫医，因为人们认为他所具备的神奇能力已经消失了。这一年，他向其他巫医学习这一职业的秘密，尤其是学习伊隆塔利尼亚神放在他体内的石英石块①的用法。②

　　第二种造就巫医的方法和第一种很相似，唯一的不同就是伊拉恩查神并不是把巫医带入洞穴，而是把他带到地下。第三种方法是在一个僻静的地方持续很长时间的一个仪式，在这一过程中候选人必须要静静地服从两位老巫医的操控。老巫医用石英石摩擦候选人的身体，直至皮肤擦伤，并将石英石压入他的头皮，在其右手的一个指甲盖下穿一个洞，还要在他舌头上切一个切口，最后在他的额头上刻一个伊拉恩奇尔达的图案，字面意思就是"恶魔之手"，因为伊拉恩查是阿兰达人的邪恶神灵。候选人的身上装饰有另外一个图

---

① 关于这些神奇的石头，参见 46 页注释②。
② B. 斯宾塞、F. J. 吉伦：《中澳大利亚的北部部落》，522 页及后面的内容；《阿兰达：一个石器时代民族的研究》，第二章，391 页及后面的内容。

案，图案中间的一条黑线代表伊拉恩查，黑线周围的线条明显象征着其体内的魔法水晶石。这次加入仪式后，候选人就服从于一种包含无数禁忌的制度。①

阿恩玛特耶拉部落中一位著名的术士伊尔佩鲁尔科纳（Ilpailurkna）告诉斯宾塞和吉伦：

> 在他成为巫医的过程中，一天来了一位老巫医，用投矛器向他投掷了一些石英石。② 有些石头击中了他的胸脯，有些石头正好穿过他的脑袋，还有些石头穿过两耳，将他杀死。然后，这位老人切除了他体内所有的东西，肠、肝、心脏以及肺——事实上，身体的所有内部器官，并让他整夜躺在地上。早晨，这个老人来看了看他，并在他的躯体里、胳膊里和腿里放了更多的石英石，用树叶盖住他的脸。接着，这个老人站在他的身边，唱起歌来，直到他身体鼓起来，老人才停了下来。这时，老人会赋予这位巫医一副新的内脏，并放入更多的石英石，拍拍他的头，这样他就复活了。然后，老巫医会让他喝一些水，吃一些含有石英石的肉。他醒来时，完全不知道自己在哪里，嘴里一直念着"特鸠，特鸠——我觉得我迷失了"。当他环顾四周时，他看到了站在身边的老巫医。这位老者对他说："不，你没有迷失，很久以前我杀了你。"伊尔佩鲁尔科纳完全不记得他是谁以及他之前的一切。一段时间后，老巫医把他送回到他的部落，指给并告诉他哪个女人是他的妻子，而

---

① B. 斯宾塞、F. J. 吉伦：《中亚土著部落》，526 页及后面的内容；《阿兰达》，第二章，394 页及后面的内容。

② "这些石英石是一些晶状结构的石头，每个巫医应该能够随意地从体内产出这些石头，这样，人们就会相信这些石头是被放置在巫医体内的。事实上，正是巫医拥有的这些石头赋予了他自身的特征"（斯宾塞和吉伦：《中澳大利亚的北部部落》，480 页，注释1）。

他早已经忘记了她。通过这种方式的回归和奇怪的行为，他向族人展示他已经被练成一名巫医。①

瓦拉马恩加族的加入式由庞恩蒂迪尔（Puntidir）神执行。庞恩蒂迪尔神相当于阿兰达的伊隆塔利尼亚神。一位巫医向斯宾塞和吉伦讲述，两位神灵追了他两天，告诉他他们是"他的父亲和哥哥"。第二天晚上，两位神灵再一次找到他，并杀了他。"当他像死人一样躺着的时候，他们将他身体切开，掏出他的内脏，为他换上一副新的内脏。最后，他们将一条小蛇放入他的体内，这条蛇赋予他巫医的能力。"②

瓦拉马恩加族在第二次加入式中也有类似的经历。根据斯宾塞和吉伦所言，③ 这一次更加神秘。候选人被迫一直行走或站立，直到他们体力耗尽，失去意识。然后，"他们的身体从侧面被切开，和往常一样，他们的内脏被取出，并换上一副新的内脏"。在他们的头里放入一条蛇，用具有魔力的物体"卡皮特亚"（kupitja）刺穿他们的鼻子，这个神奇的物体之后会帮助候选人治愈疾病。人们相信这些物体是在神话黄金时代由一些能力强大的蛇创造的。④

宾宾加人认为马恩达吉神（Mundaji）和马恩卡宁吉神（Munkaninji）（父亲和儿子）圣化了巫医。术士克库特吉（Kurkutji）讲述了有一天他如何进入一个洞穴，遇到年长的马恩达吉神，马恩达吉神抓住他的脖子，将他掐死。

那位马恩达吉神把他的身体从中间切开，取出内脏，并将自己的内脏换给这位术士。同时，马恩达吉神

① 斯宾塞、吉伦：《中澳大利亚的北部部落》，480～481页。
② 同上书，484页。
③ 同上书，485页。
④ 同上书，466页。

将很多神奇的石头放到他的体内。这一切结束之后，较年轻的神灵马恩卡宁吉神出现，他让术士复活。马恩卡宁吉神告诉他，他已经成为一名巫医，并且向他展示如何从人类体内取出骨头和其他形式的邪恶魔力。然后，马恩卡宁吉神将候选人带上天空，又带到地上，来到靠近他营地的地方。在那里，他听到族人正在哀悼他，他们认为他已经死去了。他很长一段时间内都处于晕眩状态，但慢慢恢复了，族人便明白他已经被练成一名巫医。当他在给人治病时，马恩卡宁吉神应该会在他的身边看着他，而平常人看不到马恩卡宁吉神。帮病人取出骨头的这一过程通常在黑暗的掩护下进行。克库特吉首先用力吮吸病人的胃，然后放一些血。之后，他会敲击和吮吸病人，直到骨头被移出。旁观者们还没看清怎么回事，克库特吉将骨头扔向马恩卡宁吉神静坐观望的地方。然后，克库特吉告诉族人他必须要离开，他要向马恩卡宁吉神询问是否允许他向众人展示那根骨头。得到马恩卡宁吉神的允许后，克库特吉走向之前扔骨头的地方，然后带着这根骨头返回，而那根骨头可能就是他先前放在那里的。①

在玛拉部落，加入式的技艺几乎一样。希望成为巫医的人会点一把火，将肥肉扔进火里燃烧，以此来吸引两位名叫明南加拉（Minnungarra）的神灵。神灵接近并鼓励候选人，并向候选人保证不会完全杀了他。"首先，他们使他失去知觉，像通常那样切开他的身体，取出他的内脏，换上其中一位神灵的内脏。然后，候选人苏醒过来，神灵告诉他已经是一名医生了，并向他展示如何从人体内取出骨头，揪出邪恶

---

① 斯宾塞、吉伦：《中澳大利亚的北部部落》，487~488 页。

的魔力。接着，神灵将他带入天空。最后，他被放在靠近自己营地的地方，部落中一直为他哀悼的朋友们发现了他。玛拉巫医所具备的一种能力就是夜晚顺着绳子爬至天空，与星际的人们交谈，而普通人是看不见这根绳子的。①

澳大利亚－西伯利亚－南美和
其他有相似加入式的地方

正如我们在前面看到的那样，西伯利亚萨满和澳大利亚巫医的加入式非常相似。在这两种加入式中，半神或祖先都要对候选人实施手术，切开他的身体，更新他的内脏和骨头。这个手术都在"阴间"进行，或涉及潜入地下这一过程。人们相信神灵会在澳大利亚巫医体内放一些石英块或其他有魔力的东西，② 而这对于西伯利亚人来说一点都不重要。正如前文所见，我们几乎没有提及在已经放入准萨满的肉和骨头的大锅里放入铁块熔化。这两个地区还有一个差别：在西伯利亚地区，大部分的萨满由神灵或天神选定；在澳大利亚，巫医这一职业似乎出于候选人的自愿探寻，以及神灵及半神灵的自发"征选"。

我们必须补充一点，澳大利亚术士的加入式所采用的方法并不局限于我们提及的几种类型。③ 尽管加入式的重要元素是切开身体，替换内部器官，但仍有其他圣化巫医的方法，尤其是升天的癫狂体验，包括接受天神的教导。有时候，加入式既包括切开候选人的身体，也包含他的升天体验（我们刚刚讲过的宾宾加和玛拉族中萨满加入式的情况）。在

---

① 斯宾塞、吉伦：《中澳大利亚的北部部落》，488 页。关于澳大利亚巫医加入式的其他方面，参见下文，135 页及后面的内容。
② 关于澳大利亚巫医赋予石英石的重要性，参见下文，137 页及后面的内容。人们相信这些石块是最高神灵从天上扔下来的，或者是从这些天上神灵的座椅上滑落下来的；因此，这些石块都具有原始的巫术－宗教能力。
③ 参见下文，135 页及后面的内容。

其他地方，加入式发生在神奇的入地过程中。在西伯利亚和中亚萨满教中都可以找到所有这些加入式类型。相距甚远的远古先民所拥有的这两组神秘技艺很相似，这和萨满教在普通宗教史上所占有的地位不无关系。

无论如何，澳大利亚巫医和西伯利亚萨满的相似性明显证实了萨满教加入式的真实性和古老性。澳大利亚巫医加入仪式中洞穴的重要性使加入式古老性这一点更具说服力。在旧石器时代的宗教中，洞穴的作用看起来非常大，起决定性作用。① 此外，在其他远古文化（如在马勒库拉中）的加入式中，洞穴和迷宫现在还发挥着最重要的作用，二者也是通往另一个世界——地府世界的具体象征。根据对智利阿劳干萨满的最早记录，他们也是在洞穴中接受加入仪式的，洞穴中通常装饰有动物的头。②

史密斯海峡的因纽特人中，有志成为萨满的人必须在夜里走到一个有洞穴的悬崖，而且必须在黑夜里径直前行。如果他注定会成为一名萨满，那么他就会走进一个山洞；如果不是，他就会撞到悬崖上。一进入山洞，他身后的洞穴就会关闭，一段时间之后才会打开。候选人必须抓住洞穴再次打开的时间，迅速冲出山洞，否则他就会被永远地关在山洞里。③ 在北美萨满加入式中，山洞也发挥着重要作用。正是在山洞里，有志成为

---

① 参见格特鲁德 R. 莱维最近出版的《号角之门：石器时代宗教概念的研究及其对欧洲思想的影响》，尤其 46 页及后面的内容，50 页及后面的内容，151 页及后面的内容；约翰内斯·马林格：《史前宗教》，148页及后面的内容。

② A. 梅特罗克斯：《阿劳干族的萨满教》，313 页。在澳大利亚也存在彩画洞穴，但它们被用在其他仪式中。就我们现在掌握的知识来说，很难决定南非的彩画洞穴是否曾经被用于萨满教加入式当中。参见莱维，38～39 页。

③ A. L. 克罗伯：《史密斯海峡的因纽特人》，307 页。那些门只为萨满打开，而且只打开一小会儿，这些门的主题也经常会在萨满教和其他神话中见到；参见下文，485 页及后面内容。

萨满的人拥有梦境并遇到他们的辅助神灵。①

　　神灵和实施加入式者将水晶石放入候选人的体内这一点，上述各地都相似。值得注意是，在其他地方也存在类似的观念，例如马来半岛的塞芒族。② 但这是南美萨满教最显著的特点之一。"科比诺萨满把水晶石放入准萨满的头颅中，这些水晶石吞噬他的大脑和眼睛，进而取代这些器官的位置，成为他的'力量'"。③ 在其他地方，水晶石象征着萨满的辅助神灵。④ 一般来说，对于热带南美萨满而言，神秘的力量在一种无形的物质中具体体现出来，萨满大师们要把这种物质传给新萨满，有时是嘴对嘴地传递的。⑤ 一团无形但可触摸到的神奇物质与箭、刺和塞在萨满体内的水晶石之间没有本质区别。这些物体物化了萨满的能力，在很多部落中，萨满的能力通常被构想成一种神奇物质，但是更加模糊、更加抽象。⑥

　　这种古老的特征很重要，它把南美萨满教与澳大利亚魔法联系起来。我们稍后会发现，这一古老特征并非二者之间唯一的关联。⑦

---

① 威拉德·Z. 帕克：《美洲西北部的萨满教》，27 页及后面的内容。
② P. 舍贝斯塔：《侏儒人》，154 页。参见艾弗 H. N. 埃文斯《舍贝斯塔关于塞芒人的僧侣－治疗》，119 页；哈拉是塞芒的巫医，他借助石英石治愈疾病，这些石英石可能从塞诺伊那里直接得到。塞诺伊是天上的神灵，有时他们也住在石英石内，在这种情况下，他们会听从哈拉的指令；在他们的帮助下，哈拉透过石头看到折磨病人的疾病和治愈疾病的方法。注意这些石英石的上天的起源，这个起源已经表明巫医能力的根源。参见下文，137 页及后面的内容。
③ 梅特罗克斯：《南热带地区美洲印度的萨满教》，216 页。
④ 同上书，210 页。
⑤ 同上书，214 页。
⑥ 同上书，215 页；参见 H. 韦伯斯特《巫术》，20 页及后面的内容。
⑦ 关于澳大利亚和南美文化联系的问题，参见 W. 科伯《南美洲最南端和澳洲东南部可能存在古老文化关系的问题》。也可参见保罗·里韦特《马来群岛人和美洲澳大利亚人》，51～54 页（巴塔哥尼亚人和澳大利亚人语言的相似性，52 页）。参见下文，135 页及后面的内容。

北美、南美、非洲和印度尼西亚的
加入式的躯体肢解

与澳大利亚和西伯利亚地区一样，在南美，无论是自发圣召，还是寻求加入式均会涉及一种神秘的疾病，或者一种或多或少具有象征意义的神秘死亡仪式，有时这种仪式表现为躯体的肢解和器官的更新。

在阿劳干族中，突然生病往往是挑选萨满的依据；年轻的妇女突然病倒，如同死了一般，并且在身体恢复期间她说她要成为麻吉（女萨满）。[①] 一位渔夫的女儿告诉法瑟·豪斯："当我在礁上拾贝壳时，感觉胸上挨了一击，内心一个非常清晰的声音说：'成为萨满！这是我的意愿！'同时，由于内脏剧烈的疼痛，我失去了意识。一定是人类的主宰恩杰内琴（Ngenechen）降临在我的体内了。"[②]

梅特罗克斯观察到，萨满候选人的魔力渐渐变得微弱，人变得无精打采、昏昏欲睡，这些都是他象征性死亡的表现。[③] 火焰岛的亚马纳萨满不停地揉搓他的脸，直到第二层甚至第三层皮肤长出来为止。"新皮肤"只有实施加入式者（萨满）才能看到。[④] 在巴卡里人、图皮人和加勒比人中，

---

① 梅特罗克斯：《阿劳干族的萨满教》，315 页。
② 同上书，316 页。
③ 《南热带地区美洲印度的萨满教》，339 页。
④ M. 古辛得：《火焰岛亚马那巫医的时代》，2162 页："旧的皮肤必须消失，给一层新的，半透明的，精致的皮肤腾出空间。如果新皮肤在摩擦和涂画阶段的第一周被人们看到一根据耶卡玛什（＝巫医）的想象和幻想一至少老萨满不再怀疑候选人的能力。从那时起，候选人必须加倍努力认真地摩擦他的脸颊，直到第三层，甚至更细嫩、更精致的皮肤出现为止；这层新皮肤如此敏感，以至于人们一触碰，候选人就会感到巨大的疼痛。当学习者最终到达这一阶段时，一般性的教导，例如尔瓦玛巫医提供的教导，就会结束"

候选人的"死亡"（烟汁导致）和"重生"都要正式地记录在册。① 在阿劳干族萨满的献祭节日里，萨满大师们和新萨满光着脚在火堆上走，却没有烧伤自己，连衣服也没有着火。人们也看到他们扯下他们的耳朵，挖出他们的眼睛。"实施加入式者要让世俗的观众相信，他扯出他的舌头和眼睛，和接受加入式者进行了交换。他也将一根棒子穿过他的身体，插入胃里，从脊柱穿出，而他却没有流血或疼痛。（罗萨莱斯，《智力地区的普通历史》第一章，186 页）。在托巴人中，整个棒子都插入托巴萨满的胸部，像一个翻转的球一样刺穿他们的身体。"②

　　北美萨满教也证实有类似的加入式。麦杜人实施加入式者把萨满候选人放进一个堆满"药"的洞里，并且用"药毒"杀了他，经过此加入式，新萨满便可以将热烫的石头攥在手里，而不伤到自己。③ 加入波莫族萨满教"幽灵仪式"社团，新入教者要经历磨难、死亡和重生。他们如同死尸一样躺在地上，身上盖着稻草。在由岐人、哈奇诺姆人以及和米沃克海岸人中发现了同样的仪式。④ 对于波莫海岸的萨满而言，一系列完整的加入仪式有着意义重大的名称"切割"。⑤ 在帕特温河流域，人们都相信，想跻身于库克苏（萨满）这个团体的人们会自己用一支矛和一支箭刺穿肚脐；他死后会被一位萨满唤醒。⑥ 路易塞诺萨满用箭互相"射杀"。在特里吉特人中，候选人的首次附体表现为让他精疲

---

① 艾达·卢布林斯基：《南美洲原始民族的巫医》，248 页及后面的内容。
② 梅特罗克斯：《阿劳干族的萨满教》，313～314 页。对瓦劳人萨满实施加入式时，人们会大声哭喊来宣布他的"死亡"（《南热带地区美洲印第安人的萨满教》，339 页）。
③ E. W. 吉福德：《麦都南部宗教仪式》，224 页。
④ E. M. 勒布：《部落加入式和神秘社会》，267 页。
⑤ 同上书，268 页。
⑥ 同上书，269 页。

力竭的一场恍惚。梅诺米尼人实施加入式者会将神奇的物体
"扔向"新萨满，之后这位新萨满就被唤醒了。① 当然，几
乎在北美的任何地方，加入神秘团体（萨满教或其他宗教）
的仪式都包括候选人的死亡和重生。②

在其他地区也可找到对死亡和神秘复活的相同的象征，
不管是以神秘疾病还是以萨满加入仪式的形式。在努巴山脉
的苏丹人中，第一次加入式的圣化称为"头"，据说要"打开
新萨满的头让神灵进入"。③ 但是，也有通过萨满的梦境和不
同寻常的意外事件完成加入式的情况。例如，在大约 30 岁的
时候，萨满候选人会产生一系列意味深长的梦境：他会梦到
一匹红色肚子的马、一只将爪子搭在他肩上的豹子、一条咬
他的蛇——所有这些动物在他的梦境中都具有重大意义。不
久之后，候选人突然开始发抖、失去意识、开始预言。这是
征选的第一个征兆，但他还要等 12 年才能被圣化为一名萨满。
另外一名萨满虽没有梦境，但有一天晚上他的小屋突然被闪
电击中。"正如他所说的那样，'他死了两天'"。④

一位阿玛祖鲁的巫师告诉他的朋友，他梦到正在被一条
河冲走。他梦到了很多东西，梦见他浑身被泥覆盖，成为一
栋梦境的房子。他不停地梦到很多东西，醒来的时候对他的
朋友说："我今天浑身是泥，我梦到很多人杀我，我不知道
怎么逃出来的。醒来以后，我感觉我身体的一部分和其他部
分不一样了，彻底地不一样了。"⑤

---

① 康斯坦斯·戈达德·迪布瓦：《卢西诺印度人的宗教》，81 页；约翰
R. 斯旺顿：《特里吉特印度人的社会条件，信仰和语言关系》，466
页；勒布，270 ~ 278 页。参见下文，317 页及后面的内容。
② 勒布，266 页及后面的内容。
③ S. F. 纳达尔：《努巴山脉萨满教的研究》，28 页。
④ 同上书，28 ~ 29 页。
⑤ Rev. 大教堂教士［亨利］卡拉韦：《阿玛祖鲁的宗教系统》，259 页及
后面的内容，由保罗·雷丁在《原始宗教》中引用，123 ~ 124 页。

　　不管是梦境、疾病或加入仪式，所有这些形式的核心元素是相同的，即新萨满的死亡和象征性的重生。这一过程涉及用各种方式切割身体（肢解、划割、剖腹等）。下面的例子更加详细清楚地讲述了候选人被实施加入式的大师杀死的过程：

　　下面是马勒库拉巫医加入式的第一个阶段。①

　　　　洛尔－纳朗曾经有一位布威利（萨满）。他妹妹的儿子找到他说："我想让你给我一样东西。"这位布威利说："你满足条件了吗？""是，我已经满足条件了。"他再问："你没有和女人睡过觉吧？"他的侄子说："没有。"于是布威利说："好。"

　　　　然后他对他的这位外甥说："来这，躺在这片树叶上。"年轻人便躺在那片叶子上。于是，布威利给自己做了一把竹刀，砍下了年轻人的一条胳膊，将它放在两片树叶上。他冲着他的外甥大笑，年轻人也冲着他大笑。然后他将外甥的另一条胳膊也砍下，放在第一条胳膊旁边的树叶上。他回到年轻人的身边，他们再一次大笑。之后，他从大腿根砍下外甥的一条腿，将其放在胳膊旁边。他再次回到侄子身边大笑，年轻人也大笑。然后，他又砍下外甥的另一条腿并放在第一条腿的旁边。他又回到侄子身边大笑，他看到侄子仍在大笑。最后，他砍下年轻人的头，将其拿到他的身前，他大笑，头也大笑。

　　　　接着，他将外甥的头、切下的胳膊和腿全部放回到它们原来的位置上。

　　这个加入仪式接下来的内容还包括大师和门徒都转变成

---

①　J. W. 莱亚德：《马勒库拉飞行的骗子、鬼魂、天神和癫痫病人》，由雷丁在《原始宗教》中引用，65～66页。

了母鸡，这是萨满和巫医普遍拥有"飞行能力"的众所周知的象征符号，我们在后面的部分还会提及这一点。

依据基瓦巴布亚族的传统，某个人一天晚上被一个奥博罗（一个死人的灵魂）所杀，这个灵魂取出他所有的骨头，换上自己的骨头。当这个人活过来的时候，他就变得像神灵一样，也就是说，他已经成了一名萨满。这位奥博罗给了他一根骨头，他就可以用这根骨头召唤神灵。[①]

在婆罗洲的季亚克族中，马农（萨满）的加入式需要三个不同的仪式，这与季亚克萨满教中的三个等级相符合。第一个等级"贝苏迪"（该词的字面意思是"感觉，触摸"）是最基础的也是花钱最少就能达到的。候选人像病了一样躺在走廊里，另外一位马农整晚都在他身上施催眠术。据说，这样可以教授候选人通过触诊来发现疾病，找到治愈方法。在此期间，老萨满用鹅卵石和其他物体把魔力传授到候选人的身体里。

第二个仪式是"贝克利蒂"（打开），更加复杂，且具有一种明显的萨满教特征。念了一个晚上咒语之后，老萨满将新萨满带到一个拉着窗帘的房子里。正如他们声称的那样，在这里他们打开新萨满的头，取出他的大脑对其进行清洗和修复，并赋予他清晰的头脑来洞察邪恶神灵的神秘和疾病的疑难之处。他们将金粉撒到他的眼睛里，让他拥有足够敏锐有力的眼力，使他能够看到任何地方游荡的灵魂。他们将带刺的钩子刺入他的指端，让他能够快速地抓住灵魂。最后，他们用箭刺穿他的心，让他拥有一颗柔软之心，使他充满怜悯之情。[②] 当然，这些

---

① G. 兰特曼：《英属新几内亚的奇瓦伊巴布亚人》，325 页。

② H. L. 罗思：《砂拉越英属北部婆罗洲的土著人》，第二章，280 ～ 281 页，引用大助祭 J. 佩勒姆发表在《皇家亚洲协会海峡分部杂志》第 19 期（1887）的研究。参见 L. 恩尤阿克《砂拉越地区季亚克人或伊班人的宗教仪式和风俗》，173 及后面的内容；E. H. 戈梅斯：《波罗洲季亚克海的十七年》，178 页及后面的内容；参见维里尔·埃尔温《中印度的神话》中关于诺多勒·龚德人原始萨满躯体分解的神话，450 页。

仪式都是象征性的。如，人们象征性地把一个椰子放在新萨满的头上将其打开等。第三个仪式完成萨满的加入式，内容包括在仪式梯子上进行升天的癫狂之旅。我们将在之后的一章对第三个仪式进行描述。①

很明显，在第二个仪式中，我们再次看到象征候选人死亡和重生的仪式。在仪式中进行内脏的更换，这不一定暗含澳大利亚和西伯利亚萨满候选人的癫狂体验——梦境、疾病或暂时的疯癫。如果更换器官真的是出于人们所声称的理由（赋予更好的视力、慈善的心肠等），那么就表明了人们已经遗忘了这一仪式的最初意义。

因纽特萨满的加入式

在安马撒力克因纽特人中，萨满教的信徒并不去寻求老安加科克（萨满）的帮助，从而成为一名萨满。萨满亲自挑选年幼的候选人。② 在六到八岁的男孩中，萨满会挑选那些他认为最具萨满天赋者，"为了将现在掌握的最强的能力传递给下一代"。③ "只有一些极具天赋的灵魂、做梦者、具有歇斯底里气质的有远见的人才会被选中。一位老安加科克（萨满）找到一个年幼的学生，然后在深山里远离居住小屋的一个最隐蔽的地方教授他的萨满技艺。"④ 老萨满教他如何自己独自一人待在一个僻静的地方——古墓边或湖边，在那里，他一边摩擦两块石头，一边等待重大事件的发生。"然后，从湖里或内陆冰川跑出一只熊，它会吞噬你的肉，直到你只剩下一

① 参见下文，126 页及后面的内容。
② W. 撒尔毕策：《格林兰东部的异教徒神父（巫医）》，452 页及后面的内容。
③ 同上书，454 页。
④ 撒尔毕策：《因纽特术士：他们的世界观，爱好以及生活》，77 页。也可参见 E. M. 小韦耶《因纽特人：他们的环境和民俗》，428 页。

副骨架，然后死去。但是，你还会重获肉身，苏醒过来，然后你的衣服快速冲到你身上。"[①] 在拉布拉多半岛的因纽特人中，是大神（即唐加尔索克，Tongarsoak）自己，以巨大白熊的形象出现并吞噬了想成为萨满的人。[②] 在西格林兰，当神灵出现时，候选人要"昏死"三天。[③]

在这些仪式性的死亡与重生体验中，男孩们有一段时间会失去意识。当然，这些体验都是癫狂性的。至于信徒最后只剩骨架，之后又覆以新肉，这一特征是因纽特加入式所特有的。我们在后面论及另外一种神秘技术时，将再次对此进行描述。新萨满整个夏天甚至连着几个夏天都在摩擦他的石头，直到获得他的辅助神灵。[④] 新萨满为了丰富他的体验（因为每一位老萨满都是某一特定技艺的专家）、集合一批神灵，他每个季节都会找到一位新的大师。[⑤] 他在摩擦石头时，要服从某些禁忌。[⑥] 一位老萨满一次会教授五个或六个信徒，[⑦] 并会获得相应的回报。[⑧]

---

① 撒尔毕策：《因纽特术士》，78 页；《异教徒神父》，454 页。
② 韦耶，429 页。
③ 同上书。
④ 撒尔毕策：《异教徒神父》，454 页；韦耶，429 页。
⑤ 撒尔毕策：《因纽特术士》，78 页。
⑥ 撒尔毕策：《异教徒神父》，454 页。不管在世界什么地方，不管它属于哪一种类型，加入式都包含了许多禁忌，要演绎这些禁忌的巨大形态十分费力。总而言之，这些禁忌与我们的研究调查没有直接的关系。见 H. 韦伯斯特《禁忌：社会学研究》，尤其见 273～276 页。
⑦ 撒尔毕策：《因纽特术士》，79 页。
⑧ 撒尔毕策：《异教徒神父》，454 页；韦耶，433～434 页。关于对有志于成为萨满的人的教导，也可见 V. 斯蒂芬森《麦肯齐氏因纽特人》，367 页及后面的内容；F. 博厄斯：《中部因纽特人》，591 页及后面的内容；J. W. 比尔比：《不知名的因纽特人》，196 页及后面的内容（巴芬岛）。克努·拉斯姆森（《穿过北极美洲》，82 页及后面的内容）讲述了名叫因格朱加久克（Ingjugarjuk）萨满的故事，在他的隐居加入式仪式中，他感觉"有时像死了一样"之后，通过向他的小姨子点燃一个火药桶（他用石头来代替导线），他亲自将他的小姨子变为萨满。第三种加入式提及候选人待在冰水里五天，衣服却没有湿。

在伊格卢里克的因纽特人中，情况看起来就不同了。希望成为萨满的年轻男女会带着礼物去找选定的大师说："我来找你，因为我渴望明白（萨满之道）。"当天晚上萨满就会问他的神灵，"为了'消除所有障碍'"。然后，候选人和他的家人坦白他们的罪过（违反禁忌等），这样就在神灵面前净化了自己。这种学习持续时间并不长，尤其对于男人而言，或许只有 5 天。但是，据悉这样的学习结束后，候选人还要独自继续训练。而在学习期间，候选人早中晚都要学习。在此期间，候选人吃得很少，并且他的家人也不能参与狩猎。①

加入式本身以一场手术开始，对此我们没有充分论述。老萨满从候选人的眼睛、大脑和肠子中揪出他的灵魂，这样就可以让神灵看到候选人最好的品质。② 这样的"灵魂抽离"之后，准萨满自己就能够将灵魂从身体抽出，进行长时间穿越太空与深海的神奇之旅。③ 在某种程度上，这个神秘的手术可能与我们之前研究的澳大利亚的技艺颇为相似。任何情况下，从肠子中抽离灵魂明显地隐藏了内部器官的"更新"。

接着，大师为信徒授予了"安加科克（ankákoq）"，也称为"考马内克（qaumaneq）"，即信徒的"光明"或"启蒙"。安加科克"由一道神秘的光组成，萨满可以在其身体里、头颅中、大脑里突然感受到这种光。这是一个难以解释的探照灯、一团明亮的火焰，能使他看清黑暗（既有字面意思又有隐喻意思），因为他甚至闭着眼睛也可以看透黑暗，可以洞察别人无法知道的事情和即将发生的事件，这样，他

---

① 拉斯姆森：《伊格卢里克因纽特人的知识文化》，111 页及后面的内容。
② 同上书，112 页。
③ 同上书，113 页。

可以预测未来，看透别人的秘密。"①

候选人坐在小屋的长凳上祈求神灵，等待很长时间之后才获得这道神奇之光。当他第一次感受到这道光时，"好像他所在的房子突然升了起来，他可以穿越群山看到前面很远的地方。地球完全像一个大平原，他的眼睛可以看到地球的尽头，将世界尽收眼底。他不仅可以看到很远很远的事物，而且可以发现灵魂，那些被偷走的灵魂被封存在遥远、奇怪的地方，或是被带到死亡之地的上方或下方。"②

这里，我们也发现了升空甚至是悬浮的体验，这是西伯利亚萨满教的特征，但在其他地方也可以找到，因此可以视为一般萨满技术的一个典型特征。后面，我们将不止一次地提到升空技术以及它们的宗教含义。此刻，我们只做出这样的评论：内心之光的体验决定伊格卢里克萨满的职业，这一体验在很多更高级的玄想中也是常见的。这里，我们只举几例。例如，在奥义书中，"内心之光"（antar jyoyih）决定了生命本源的本质。③ 在瑜伽术，尤其是佛学院的瑜伽术中，不同颜色的光表明了特定的冥想成功。④ 同样，西藏《死亡之书》看起来也特别重视这道内心之光，这道光在垂死者生命终结时的剧痛中以及刚刚死亡之后，照耀着他的灵魂。一个人死后的命运（解脱或转世）取决于他在选择圣洁之光时的坚定程度。⑤ 最后，我们千万不可忘记，内心之光在基督教玄想和神学中的重要作用。⑥ 所有这些都会让我们对因纽特萨满的体验做出更加通情达理的判断。我们有理由相信，最久远的远古人类在某一方面有过这样的神秘体验。

---

① 拉斯姆森：《伊格卢里克因纽特人的知识文化》，112 页。
② 同上书，113 页。
③ 参见伊利亚德《内心之光的重要性》，196 页及后面的内容。
④ 参见伊利亚德《瑜伽：永生和自由》，195 页及后面的内容。
⑤ W. Y. 埃文斯·森茨编著《西藏死亡之书》，102 页及后面的内容。
⑥ 参见伊利亚德《内心之光的重要性》，222 页及后面的内容。

凝视一个人自己的骨骼

考马内克是萨满大师有时为信徒从月亮神那儿获得的神秘能力，有时，信徒自己也会在亡者灵魂、驯鹿之母或熊的帮助下直接获得这种能力。[①] 但是，获得这种能力一定要通过信徒的亲身经历，这些神秘的存在物的作用仅仅是让新萨满知道：他已经做好充分准备，有资格期待神灵的昭示。

对于任何萨满，辅助神灵就如同他新的"神秘器官"；因纽特人萨满候选人必须经历一场剧烈的加入式磨难，才能获得一个或多个辅助神灵。要想成功获得这一体验，新信徒要长期不吃不喝、苦思冥想，最终获得"将自己视为一副骨架的能力"。拉斯姆森询问了一些萨满的这种精神锻炼，并对萨满们所给出的相当模糊的答案做了总结："尽管没有萨满能够向自己解释为什么以及是怎样做到的，但他的确可以凭借其大脑从超自然获得的能力，也可以说仅凭意念，从躯体上剥离血肉，仅剩下骨头。随后，他必须说出身体所有部位的名称，提及每一根骨头的名称。其间，他不能用普通人的语言，必须用指导者教授的特殊的、神圣的萨满语。这样，通过看到自己的身体裸露，完全摆脱了易腐烂的、短暂的血肉，他用神圣的萨满语，通过剩下的身体部分，就任萨满圣职。在他死后，他剩下的那部分身体会最长时间地经受风吹日晒以及恶劣天气的侵蚀。"[②]

这种重要的冥想练习也相当于一场加入式（因为获得辅助神灵完全取决于冥想的成功与否）。很奇怪的是，这种冥想不禁让人想起西伯利亚萨满的梦境。两者的不同之处在

---

① 拉斯姆森：《伊格卢里克因纽特人的知识文化》，113 页。
② 同上书，114 页。

062｜萨满教：古老的入迷术

于：在西伯利亚，使身体只剩下一副骨架的手术是由萨满祖先或其他神秘的存在物完成的；而在因纽特人中，这样的手术是在思维中进行的，是通过准萨满的苦行生活和旨在实现专注的个人努力实现的。在这两个地区，这一神秘幻想的基本元素都是身体血肉的剥离与骨头的计数和命名。因纽特萨满要经过长期艰辛的准备才能获得这种想象力，而西伯利亚萨满在大多数情况下都是被神秘人物"挑选"，他们被动地目睹自己的身体被肢解的过程。但是，在所有这些情况下，身体缩减成一副骨架表明跨越了世俗的人类条件，因此也就脱离了世俗。

必须补充说明的是，这种超越并不总会导致同样的神秘结果。后面，我们研究萨满服饰时①会看到：在狩猎者和放牧者的思想里，骨头代表的恰恰是人和动物生命的唯一来源。将自己还原为骨架状态就如同重新回到原始生命的子宫里，也就是完成了一次全新的、神秘的重生。另一方面，中亚的一些冥想在起源上，或至少在结构上具有佛教的和密宗的性质。在这些冥想中，把身体还原成一副骨架状态却具有禁欲主义的和玄学的价值——一是预测时间所起的作用，二是通过思想回归生命的本源，就是在永恒转换中的一种短暂的错觉。②

应该注意的是，这种冥想在基督教的玄想中仍然存在，这就再一次为我们证明了原始人类最早意识到的基本事实没有发生改变。当然，这些宗教体验因内容不同而彼此分立，后面我们联系中亚佛教僧侣把身体还原成骨架的过程就会明白这一点。但从某一角度来看，所有这些冥想体验都是相同的：在每种宗教中，我们都会发现超越世俗和个人条件的意

---

① 参见下文，145 页及后面的内容。
② 参见下文，437 页及后面的内容。

愿，以及获得跨越时间的洞察力的意愿。不管是为了全人类精神重生而重新浸入原始生命状态，还是（如佛教玄想和因纽特萨满教中）把人们从肉体的幻想中解救出来，结果都是一样的，即重获精神存在唯一的来源，这一来源既是"真理"也是"生命"。

部落加入式和神秘社团

我们已经多次评说过伴随候选人"重生"的"死亡"的加入式本质，无论这种加入式以何种形式实现——癫狂梦境、疾病、意外事件或宗教仪式本身。的确，暗示从一个年龄段到另一个年龄段的过渡，或准许加入某一"神秘社团"的庆典活动通常需要举行一系列的仪式，这些仪式可以简要地概括为候选人的死亡和重生。我们将会列举一些最常见的仪式：①

（a）隐居在灌木丛（来世的象征）中一段时期，就如同死者一样；候选人被视为死者，因此他被禁止做很多事情（一个死人不能吃某些菜，或者不能用手指，等等）；

（b）候选人的脸和身体都涂有灰尘和一些石灰质的东西，来获得鬼魂般的苍白面色；葬礼面具；

（c）在庙里或崇拜物屋子里象征性地埋葬；

（d）象征性地入地；

（e）昏昏欲睡；让候选人失去意识的饮品；

（f）痛苦的折磨：击打、脚被绑在靠近火的地方、被悬挂在空中、切断手指，还有其他的酷刑。

_____

① 参见海因里希·舒尔茨《年龄等级和兄弟会》；韦伯斯特：《原始神秘社团：早期政治和宗教研究》（第二版）；A. 范·基尼：《过渡仪式》；勒布：《部落加入式与神秘社会》；伊利亚德：《出生与重生》。在下一章中，即《加入式疾病与梦境》，我们将讨论这一问题。

设计所有这些仪式和磨难的目的在于让候选人忘记他的过去，这也解释了为什么在许多地方新萨满返回村庄时，表现得像失去记忆一样，他要重新学习走路、吃饭和穿衣。通常，新萨满还会习得一种新的语言，获得一个新的名字。在他们隐居丛林期间，群体其他成员都认为候选人死了，被埋葬了或是被野兽、神灵吞食了。当候选人返回村庄时，村民将他们视为鬼魂。

在形态上，准萨满加入式的磨难与进入神秘社团的过渡习俗和仪式这一类活动是差不多的。有时，很难区分部落加入仪式、神秘社团的加入仪式（新几内亚就有这样的情况），① 以及准许进入神秘社团的仪式和萨满教加入仪式（尤其在北美地区）。② 不管怎样，所有的这些情况都包含候选人对能力的"探寻"。

西伯利亚和中亚地区没有特定仪式来表示从一个年龄段向另一个年龄段的过渡。但是，若过分重视这个事实，并从这一事实推断关于西伯利亚萨满加入式的可能起源，是不正确的做法，因为这两大团体仪式（部落加入仪式和萨满加入式）在其他地方也存在，例如澳大利亚、整个大洋洲和美洲地区。的确，和其他地区相比，澳大利亚的情况似乎更加清晰：所有男性都应该通过部落加入仪式来获得部落成员的地位，但有另一种加入仪式是专门为巫医保留的。巫医的加入式赋予候选人的能力不同于部落加入仪式赋予部落成员的能力，这种能力代表着很高水准的操控神灵的专业能力。从两种加入仪式可以看出，差异在于有志于成为巫医的人内心癫狂体验的重要性。不是每一个想要成为巫医的人都可以成为巫医，圣召是必不可少的，而圣召首先表现为不同寻常的癫

---

① 参见勒布《部落加入式》，254 页。
② 同上书，269 页及后面的内容。

狂体验能力。我们在后面还会继续讨论萨满教的癫狂体验，我们认为它独具特点，并且最终把部落加入仪式或神秘社团加入仪式与萨满加入式本身区别开来。

最后，我们要注意：这种通过火、烧煮或切割身体的方式来获得新生的神话还在继续困扰着萨满教精神领域之外的人们。美狄亚成功地说服了珀利阿斯的女儿把她们的父亲杀掉，美狄亚说当她把珀利阿斯作为祭品供奉时，[①] 珀利阿斯就会重获新生。坦塔罗斯将他的儿子杀死，并在神灵的圣宴上奉上他的儿子，神灵把他放在一口大锅中烧煮，以此来让他复活;[②] 唯独肩膀不见了，是得墨忒耳无意间把它吃掉了。[③] 这种通过躯体分割或烧煮的方式获得重生的神话在西伯利亚、中亚和欧洲民俗中流传下来，耶稣或其他圣人在这样的神话中扮演着铁匠（复原者）的角色。[④]

---

① 阿波罗多罗斯：《藏书》第一章，第九章，27 页。
② 品达：《奥兰普》第一章，26 页（40 页）及后面的内容。
③ 关于这一主题，参见下文，160 页及后面的内容。
④ 参见奥斯卡·覃哈特《自然史底国民童话》第二章，154 页；J. 博尔特和 G. 波利卡夫《格林儿童和家庭故事集备注》，第三章，198 页，注解 3；S. 汤普森《民俗文学的主题索引》（简称《主题索引》），第二章，294 页；C. M. 埃德斯曼《火神：火作为重生和永生的方式》，30 页及后面的内容，151 页及后面的内容。埃德斯曼也引用了马斯特兰德记载完整的文章《两篇爱尔兰故事》，而博尔特、波利夫卡以及汤普森都没有注意到这篇文章。

第三章
获得萨满才能

　　我们已经注意到，征选准萨满最常见的一种方式就是候选人在梦境中、生病时或其他情况下与一位神灵或半神灵的相遇，这位神灵或半神灵告诉他已经被"选中"，并激励他从此开始按照一种新的规则来生活。更多的时候，是准萨满的萨满祖先的灵魂将此消息传达给他的。人们一直认为，萨满的征选与祖先崇拜有关。但正如 L. 斯滕伯格指出的那样，① 准萨满的祖先们本身必须在创世之初被一位神灵"选中"，这种说法是正确的。根据布里亚特传统，② 古时候，萨满直接从天神那里获得他们的萨满神权；只是到了现在，他们才从祖先那儿获得这种权利。这种观念部分地解释了人们为什么普遍认为萨满能力衰退了，在北极和中亚都有萨满能力衰退的相关记载。根据这一观点，"最早的萨满""确实"骑马在云层中穿梭，施展一些现在他们的后代萨满无法再现的神迹。③

---

① 《原始宗教中的神灵征选》，见 474 页及后面内容。

② 同上书，475 页。

③ 参见 K. 拉斯姆森《伊格卢里克因纽特人的知识文化》，131 页；穆罕默德·福阿德·科普鲁卢扎德《图尔科 - 蒙古萨满教对神秘穆斯林戒律的影响》，17 页。

关于萨满起源的西伯利亚神话

　　某些传说把现在萨满能力的衰退归因于"首位萨满"的骄傲，人们认为他曾和上帝竞争过。布里亚特族的相关版本是这样的："首位萨满"卡拉·吉尔甘（Khara-Gyrgän）宣称拥有无边的法力，上帝就测试他。上帝夺走了一个女孩的灵魂并将它关在一个瓶子里。为了不让灵魂逃跑，上帝把手指伸入瓶颈。萨满正坐在他的鼓上从天空飞过，发现了女孩的灵魂，为了还它自由，萨满把自己变成一只蜘蛛，叮咬了天神的脸。天神立刻把手指拿了出来，女孩的灵魂便逃走了。一怒之下，上帝限制了萨满的法力，从此以后，萨满的魔法能力就明显地下降了。[①]

　　根据雅库特传统，"首位萨满"拥有超凡的能力，他的身体由许多蛇构成。由于傲慢，他拒绝承认雅库特人的最高神灵。上帝便放火烧他，但是一只蟾蜍出现在火焰中，由它生出许多"恶魔"，这些魔鬼反过来也为雅库特人创造了杰出的萨满和女萨满。[②] 但是，图鲁罕斯克的通古斯族有一个不同的传说。凭借自己的能力和恶魔的帮助，"首位萨满"创造了自己。他从自己的圆顶帐篷上的洞飞出去，之后又在天鹅的陪伴下返回。[③]

　　这里，我们有一个二元论观念，这一观念可能源于伊

---

① S. 沙斯科娃：《西伯利亚的萨满教》，81 页；V. M. 米海洛夫斯基：《西伯利亚与欧俄萨满教》，63 页；U. 哈瓦：《宗教观》，543～544 页。在安达曼和塞芒族中也可以找到萨满－术士与最高神灵之间冲突的神话主题，参见 R. 佩塔佐尼《全知全能的神》，见 441 页及后面内容，458 页及后面内容。

② N. V. 普里帕佐娃，被米海洛夫斯基引用，64 页。

③ P. I. 特列季亚科夫：《图鲁汉斯克边疆的自然与居民》，见 210～211 页；米海洛夫斯基，64 页。我们稍后将会注意这些传奇中的某些细节（穿过帐篷孔的飞行、天鹅等）。

朗的影响。很有可能，这一类传说是关于"黑"萨满起源的，这些"黑"萨满被普遍认为只和地下世界以及"恶魔"有关系。但是，大多数关于萨满起源的神话都假定萨满的起源与上帝或他的代表——鹰，即太阳之鸟的介入有直接关系。

布里亚特人讲述了这样一个故事：起初只有西方众神和东方恶鬼。众神创造了人，人类愉快地生活着，直到恶鬼们在大地传播疾病和死亡。众神决定派一个萨满到人间，与疾病和死亡对抗，于是就派去一只鹰。但是，人类听不懂鹰的语言；此外，人类也不相信仅凭一只鸟就能够战胜疾病和死亡。这只鹰便回到天神那里，请求神赐予他讲话的能力，要不然就给人类派一个布里亚特萨满。于是，众神将鹰派回地面，并命令它将实施萨满教化的能力赋予它在地上看到的第一个人。回到地面后，这只鹰看到一个睡在树底下的女人，便与她发生关系。不久之后，那个女人生下一个儿子，这个孩子便成了"首位萨满"。根据其他版本，那个女人与鹰发生关系之后看到了幽灵，于是自己成了一名女萨满。[1]

这也就是为什么在其他传说中，鹰的出现被解释为神召的一种迹象。有个故事讲的是，一个布里亚特的女孩看到一只鹰正在猎杀羊，她明白这意味着什么，她不得不成为一名女萨满。她的加入式持续了七年，死后成为一个"魔鬼"或"神"，继续保护着孩子们不受恶鬼的伤害。[2]

在图鲁罕斯克的雅库特人中，鹰同样也被认为是"首位萨满"的创造者。但是，这只鹰与上帝有同样的名字——

---

[1] N. N. 阿加皮托夫和 M. N. 汉加洛夫：《研究西伯利亚萨满教的资料》，见 41~42 页；米海洛夫斯基，64 页；哈瓦：《宗教观念》，见 465~466 页。其他的版本也可以见 J. 柯廷《南西伯利亚之旅》，105 页。类似的神话在南非蓬多地区也有记载；见 W. J. 佩里《原始大洋》，143~144 页。

[2] 嘎马·桑德斯彻：《阿兰－布里亚特人的世界观和萨满教》，605 页。

"创造者"（Ai）或"光的创造者"（Ai Toyon）。在树上栖息的鸟神灵代表着"光的创造着"的孩子。在天树的顶端有一只两头鹰"鸟之神"（Toyon Kötör），这可能是"光的创造者"的化身。① 与大多数的西伯利亚人一样，雅库特人也在鹰和神圣树，尤其是白桦树之间建立了一种关系。当"光的创造者"创造了萨满，他会在他的天空住所种植一棵八根树枝的白桦树，树上住着创造者的孩子。除此之外，他还在地上种植了三棵树；萨满为纪念天神，也有一棵树，他的生命与这棵树存在某种依存关系。② 在加入式的梦境中，萨满会被带到宇宙树前。宇宙树顶端居住着世界之神，有时候最高神灵由鹰代表，树杈上住着准萨满的灵魂。③ 这种神话可能具有东方原型的特征。

同样，在雅库特族中，鹰还与铁匠相关联；人们认为铁匠和萨满有相同的起源。④ 据叶尼塞奥斯加克，铁列乌特、鄂伦春和其他西伯利亚民族传统，"首位萨满"出生时就是一只鹰，或至少是鹰教会他萨满的技艺。⑤

---

① 利奥·斯滕伯格：《西伯利亚的鹰崇拜》，130 页。参见凯特或叶尼塞奥斯加克相似概念。B. D. 希姆金：《凯特或叶尼塞奥斯加克的概述》160 页及后面内容。

② 斯滕伯格：《鹰崇拜》，134 页。关于宇宙树、灵魂、蒙古出生和西伯利亚信念之间的关系，参见佩斯塔洛扎《东方和西方的摩尼教》，487 页及后面内容。

③ 参见 E. 埃姆斯海默《萨满鼓与鼓架》，174 页。

④ 斯滕伯格：《鹰崇拜》，141 页。

⑤ 同上书，参见 143 ~ 144 页。关于雅库特信仰中鹰的角色，见 W. 谢罗谢夫斯基《雅库特信仰下的萨满教》，218 ~ 219 页；关于鹰在西伯利亚各民族的宗教和神话中的重要性，参见哈瓦《宗教观念》，465 页及后面内容；H. 芬德森《北亚地区和北极圈美洲的鹰文化传播者》。关于鹰的象征意义，见 F. 阿尔特海姆和汉斯－威廉·豪西希《东欧的匈奴人》，54 页及后面内容。一些部落有时用生肉喂食鹰（参见 D. 泽列宁《西伯利亚对家神的崇拜》，182 页及后面内容），但这一习俗间断性出现而且出现晚。在通古斯族中，对鹰的"狂热"（转下页注）

我们或许也回想起在萨满领神故事中鹰扮演的角色，[1] 以及在萨满服饰上的鸟类元素，这些元素神奇地将萨满转化为鹰。[2] 这些事实揭示了一个复杂的象征意义，具体化为一个天神以及到世界中心（世界之树）的巫术飞行，我们在后面的章节中会再次提及这一象征意义。但是，这里要强调的是，在萨满征选中，祖先的各种灵魂并没有我们想的那么重要。祖先只是神话里"首位萨满"的子嗣，这位萨满是由鹰代表的最高天神直接创造。由祖先灵魂决定的萨满神召有时仅仅是继承自神话里"彼时"的一种超自然信息的转化。

赫哲族和雅库特族的萨满征选

赫哲族人清晰地区别守护神（*ayami*）和辅助神灵（*syvén*），守护神灵选择萨满，而辅助神灵服从于守护神灵，并由守护神赐予萨满。[3] 根据斯滕伯格记载，赫哲族人通过一种复杂的性感情解释萨满与他的守护神灵之间的关系。下

（接上页注⑤）并不重要（见 S. M. 史禄国《通古斯族的精神症状》，298 页）。斯滕伯格（《鹰崇拜》，131 页）记述道纳莫伊宁是芬兰神话传统中的首位萨满，他同样也是一只鹰的后代；见《卡勒瓦拉》，第一卷，vv. 270 页（参见卡勒尔·科洛恩《卡勒瓦拉研究》关于这一主题的分析。V：《维纳莫伊宁》，见 15 页及后面内容）。芬兰天神中的最高神灵乌戈（Ukko）也被称为 Aïjä（拉布兰语 Aijo, Aije），斯滕伯格将这个名字与 Ajy（Ai）相联系。像雅库特的 Ajy 一样，芬兰的 Aïjä 也是萨满的祖先。雅库特人称"白"萨满 Ajy Ojuna（Ai Oyuna），根据斯滕伯格所言，"白"萨满和芬兰的 Aija Ukko 很相似。我们应该在德国神话中再次提及鹰和宇宙树（Yggdrasil）这一主题；有时，欧丁神也被称为"鹰"（参见 E. 莫克《德国神话》，342 页，343 页）。

① 前文，见 36 页。
② 下文，见 156 页及后面内容。
③ 斯滕伯格：《神灵征选》，475 页。

面是一位赫哲族萨满的描述：①

　　一次，我在病床上睡着了，突然一个神灵向我走来。那是一位漂亮的女人，她的手指纤细，身高仅仅半阿尔申（一阿尔申约71厘米），黑色长发披肩。她的脸和穿着与我们赫哲族女人一样。其他萨满也说他们曾经看到过一个女人，脸一边是红色另一边是黑色。她说："我是你萨满祖先的守护神。我教授过他们萨满技能，现在我打算教授你。老萨满一个个相继死去，没有人能够治愈人们的疾病，你将会成为一名萨满。"

　　接下来她说："我爱你，我现在没有丈夫，你将会成为我的丈夫，而我则会成为你的妻子。我会赐予你辅助神灵，你会在他们的帮助下治愈人们的疾病，而且我也会亲自教授并帮助你。人们会给我们提供食物。"

　　我感到惊愕，努力拒绝。她说："如果你不服从我，你会承担严重后果。我会杀了你。"

　　从那以后，她时常与我相见，我像和妻子那样与她睡在一起，但是我们没有孩子。她独自一个人住在一座山上的小屋里，没有任何亲戚，但她经常更换她的住所。有时她以一位老妇人的形象出现，有时则以狼的样子出现，所以她看起来很糟糕。有时她以一只长有翅膀的老虎的形象出现。我骑上她，她带着我周游不同的国家。我看到一些山，那里只生活着男人和女人，还看到一些村庄，那里除了年轻男女，你什么也看不见，他们看起来像赫哲族人，讲着赫哲族语，有时这些人会变成

---

① 他自述的开头在第一章节中曾被引用，26 页。

老虎。①

现在我的图腾神不会那么频繁地与我相见。之前教我的时候她通常每个晚上都来，她给我三个辅助者——jarga（豹）、doonto（熊）、amba（老虎），它们在梦里与我会面，我以萨满的身份召唤它们时，它们便会出现。如果它们其中一个拒绝出现，守护神灵便会让它们服从。但是也有些甚至不服从"守护神"的辅助者。当我进行萨满法事的时候，守护神和辅助神就会附在我的体内。不管大小，它们都像烟或水蒸气一样穿过我的身体。当图腾神附在我体内时，正是她通过我的嘴说话做事。当我吃贡品、喝猪血的时候（猪血只能被萨满一个人喝，其他人不允许触碰），并不是我而是守护神在享用。②

毫无疑问，在萨满传记里，性元素有着重要的作用。但是，值得注意的是，"守护神"并不仅仅通过与她"丈夫"发生性关系而使他获得萨满术的能力；"守护神"在几年里对他的秘密传授以及他的癫痫体验改变了"丈夫"的宗教体验，逐渐使他做好行使萨满职能的准备。正如我们不久就会看到的一样，任何人都可以和女神灵发生性关系，但并不是每个人都可以获得萨满的巫术宗教能力。

相反，斯滕伯格认为萨满教中最基本的元素就是性情

---

① 所有这些癫狂之旅的细节都非常重要。在亚洲北部和最南端，年轻候选人加入式的神灵指引者以一只熊或一只老虎的形象出现。有时，候选人骑在这些动物能力的背上被带入丛林之中（超凡之地的象征）。自身变为老虎的人都是加入者或"死去的人"（在神话中，有时二者是相同的）。

② 斯滕伯格：《神灵征选》，476 页及后面内容。一些绍沃劳萨满和女萨满的自传在下面章节中被提及，这些萨满和女萨满与地下世界神灵的婚姻与斯滕伯格所收集的文献十分相似，421 页及后面内容。

感，在此基础上又增加了神灵继承的思想。[①] 斯滕伯格还列出很多其他的数据，在他看来，所有这些数据都支持他的理解：据史禄国观察，一位女萨满在加入式磨难中会经历性体验；斯滕伯格认为在守护神进食时（人们认为在此期间守护神进入萨满体内），赫哲族萨满所跳的仪式舞有性爱的意义；在 V. F. 特罗什钱斯基所研究的雅库特民俗中，连续提到了年轻的天神（太阳、月亮和昴宿星等的孩子们）来到凡间并与凡间的女子结婚，等等。所有这些事实似乎都没有决定性的作用。对于史禄国所观察的女萨满以及赫哲族萨满而言，性感情明显位于第二，因为在正常情况中，很多其他的记载并没有提到这样的性爱恍惚；在雅库特民俗中，性爱恍惚解释了一个普遍流行的看法，这种看法恰恰无法解决我们所关心的问题，比如，为什么在众多被神灵"附体"的人当中，只有一些才能被召唤成为萨满呢？所以，与神灵发生性关系似乎并不是萨满神召中本质的、关键的因素。但是，斯滕伯格也举出了一些关于雅库特、布里亚特和铁列乌特族的一些未公开的信息，这些信息本身就很有趣，并且值得我们深思。

根据一位雅库特受访人 N. M. 斯利厄普佐娃的描述，阿巴锡（神灵），不管是年轻人还是女孩，都会进入异性年轻人的体内，使他们昏睡并与他们发生关系。一个被神灵附体的小伙子再也没有与任何女孩子发生过关系，他们其中一些人后半生都保持单身。如果一个阿巴锡爱上一个已婚男人，这位已婚男人对妻子就会失去性能力。斯利厄普佐娃将这一切总结为雅库特的常事。更不用说，同样的事情也发生在萨满当中。

但是，后一种情况牵扯到一种不同的神灵。斯利厄普佐

---

① 斯滕伯格：《神灵征选》，480 页。

娃说："天上和地下的男主人和女主人，即'守护神'，出现在萨满的梦境中，但并不是他们个人主动地与萨满发生性关系。这是由神灵的儿子和女儿们安排的。"① 这一细节很重要，并且与斯滕伯格关于萨满教性爱起源的假说相背离。因为，经斯利厄普佐娃本人证实，她总结萨满神召是由天上或地下神灵的显现决定的，并不取决于神灵所唤起的性情感。在萨满被神灵的癫狂梦幻圣化后，他才会与神灵发生性关系。

同样正如斯利厄普佐娃自己所言，在雅库特地区，年轻人与神灵的两性交往非常频繁，这在许多其他民族中一样频繁，但这并不证明两性关系构成了产生像萨满教这样复杂的宗教现象的初始体验的断言。事实上，在雅库特民族中神灵占据次要地位。根据斯利厄普佐娃的记述，如果萨满梦到一个神灵，并与她发生性关系，那么他醒来会感觉良好。他确定在同一天会被神灵召唤去医治病人，他也确定这次出诊会成功。相反如果他梦到神灵满身鲜血，吞食病人的灵魂，那么他明白这个病人无法救治；如果他在第二天被召唤去治愈病人，他就会极力拒绝出诊。最后，如果在没有任何梦境的情况下被召唤，他会变得手足无措，不知道该做什么。②

布里亚特族和铁列乌特族的萨满征选

对于布里亚特族萨满教的研究而言，斯滕伯格主要参考他一个学生 A. N. 米哈伊洛夫提供的信息，A. N. 米哈伊洛夫本身是一位布里亚特人，并且之前也参加过萨满教的仪式。③ 据米哈伊洛夫所言，萨满职业始于一位萨满祖先带来

① 斯滕伯格：《神灵征选》，482 页。
② 同上书，483 页。
③ 同上书，485 页。

的信息，萨满祖先将萨满的灵魂带入天空并教授他萨满术。途中，他们停下来拜访了世界中心的天神，尤其是泰卡·萨拉·马茨卡拉，即舞蹈、繁殖、财富之神，这位神灵与黎明之神，即索尔波尼的九个女儿住在一起。这些神灵对于萨满而言很特别，只有萨满会给他们提供祭品。这位年轻准萨满的灵魂与泰卡的九个妻子发生了性关系。萨满教导结束后，他的灵魂在天上遇到了他未来的天上妻子，并与她也发生了关系。在这次癫狂体验之后的两三年，真正的领神仪式才会发生；它包括升天，紧接着就是持续三天稍有纵情的盛宴。在仪式之前，准萨满会游历临近的所有村庄，而且村民们会赠送他具有新婚意义的礼物。米哈伊洛夫说，领神仪式中所用的树和一对新婚夫妇房子里的那棵树很相似。这棵树代表着天上妻子的生命，连接这棵树与萨满之树的那条细绳象征着萨满与他灵魂妻子的婚姻连接。此外，据米哈伊洛夫所言，布里亚特萨满的领神仪式代表了他与天上未婚妻的婚礼。斯滕伯格陈述了一个事实，人们在领神仪式上跳舞，饮酒，唱歌，如同在婚礼上一样。①

　　也许所有这些都是真实情况，但这并不能解释布里亚特萨满教。我们已经了解，和其他民族一样，布里亚特民族萨满的选择涉及了一个极其复杂的癫狂体验。人们相信候选人在此期间饱受折磨、身体被肢解、死去然后重生，而恰恰是这种加入式的死亡与重生圣化了萨满。神灵和年长大师之后的教导补充了这一首次圣化，而领神本身在于候选人成功的升天之旅。对此我们会在之后的章节中再次论述。在这一场合，广受人们欢迎的节日自然会与婚礼活动相似，因为可能的集体欢庆的活动并不多。但是天上新娘的地位只是次要的，她们仅仅是萨满的辅助者或激励者。我们将会了解到，

① 斯滕伯格：《神灵征选》，487页。

对这一角色的诠释必须基于其他的现实情况。

关于铁列乌特萨满教的研究，斯滕伯格使用了 A. V. 阿诺欣的相关数据，据斯滕伯格讲述，[①] 每一位铁列乌特萨满都有一位住在第七级天国的天上妻子。在前往贝－乌尔干（Bai Ülgän）的癫狂体验中，萨满遇到了他的妻子，她让萨满留下来陪她；她已准备了丰盛的晚宴。"我亲爱的年轻卡姆！（她唱到）/我们将会一起坐在蓝色桌子前……/我亲爱的丈夫，我年轻的卡姆/让我们藏在窗帘的影子中/让我们尽享鱼水之欢的乐趣/我的丈夫，我年轻的卡姆！"[②] 她向萨满保证通向天国的路已被封锁。但是，萨满不相信她，并重申了他继续前往天国的决心："我们将会登上'达布蒂'（'tapti'）（刻在萨满树上螺旋状的沟壑）/赞美满月"[③]（这代表萨满在升天旅途中停下来敬仰月亮和太阳）。在返回大地之前，萨满什么也不吃。萨满将天上妻子称为"亲爱的，我的妻子，"并且又说道："我地面上的妻子/不可以把水倒在你的手上。"[④] 在萨满工作时，萨满的天上妻子和各种女性神灵都会帮助他。在第十四级天国里住着乌尔干的九个女儿；是她们赐予了萨满巫术能力（吞下火炭等）。当一个人死了，她们会来到地面上，将死者的灵魂带入天国。

这个记载中的几个细节很有趣。萨满天上妻子邀请她的丈夫享用食物的情节是对著名宴请神话主题的回顾。为了让萨满忘记世俗生活，永久在她们的掌控之中，每位超凡女性神灵都会给到达自己领域的凡人提供一顿饭菜。这一情节在半女神和超凡女性人物故事中都是现实存在的。在升天过程中，萨满和他的妻子的对话构成了一个漫长而又复杂的戏剧

① 斯滕伯格：《神灵征选》，487 页。
② 同上书，487 页。
③ 同上书，488 页。
④ 同上书，487 页。

场景，对这一问题的研究我们之后再作论述。不管怎样，这些都不是关键元素。我们之后会看到，每个萨满升天旅途中的关键元素是他与乌尔干最后的对话。降神会有时会很无聊，因此人们认为他与妻子的对话只是降神会中调动观众兴趣的生动戏剧元素。但萨满与妻子的对话也保留了所有加入式的特点。天上妻子在第七天堂为他准备饭菜并与他共眠，这一事实在某种程度上也证明了他作为一个半神圣物所具有的特征，即他是一个经历了死亡与重生、能在天堂中享受第二次生命的英雄。

斯滕伯格还引用了一个尤利安克黑"首位萨满"，博-可汗的传奇。[1] 博-可汗爱上了一个天国少女。当发现萨满已经结婚时，这位仙女来到地面，吞噬了萨满和他的妻子。然后，她生下了一个男孩儿，并将其抛弃在一颗白桦树下，以树液为食。从这个孩子开始，便有了萨满一族。

仙女为一个凡人生下一个男孩后便离开了他的凡间丈夫，这个中心思想在全球范围内普遍流传。丈夫寻找仙女的故事有时体现了领神场景（上天、入地等）。[2] 仙女对凡间妻子的嫉妒也是民俗神话的一个常见主题：女神、仙女、半女神嫉妒世俗妻子的幸福，便偷走或杀死她们的孩子。[3] 另一方面，人们也认为女神是英雄的母亲、妻子或是老师。这些英雄是那些在人类社会中成功超越人类限制的人，即使他

---

① 斯滕伯格：《神灵征选》，487 页。

② 毛利英雄塔瓦基的妻子是一位从天而降的仙女，一直和他待在一起直到他们第一个孩子出生，然后她爬上一个小屋的屋顶，消失了。塔瓦基顺着一条藤蔓爬上天空，之后又成功地返回地面（乔治·格力先生：《波利尼西亚神话》，见 42 页及后面内容）。根据其他版本，这位英雄通过攀爬一棵椰子棕榈树或是一根绳子，一张蜘蛛网，又或是一个风筝达到天堂。在夏威夷群岛，据说他爬上了彩虹，在塔希提岛，他爬上了一座高山，在路上遇到了他的妻子；参见 H. M. 和 N. K. 查德威克《文学的发展》，第三章，273 页。

③ 参见 S. 汤普逊《主题索引》，第三章，44 页及后面内容（见 320 页）。

们没有获得神圣的永生，至少也获得一个有特权的来世。许多神话和传奇都体现了仙女、女神和半仙女在英雄冒险活动中的重要地位，正是她教导了英雄，在困境中（这些困境通常是加入式的磨难）帮助他们并向他们展示如何拥有永生或长寿的象征物（神奇的草药、有魔力的苹果、青春之泉等）。对"女性神话"区分的目的在于表明：总是一个女性帮助萨满获得永生或是帮助他成功战胜加入式的磨难。

这里，我们并不讨论神话主题，但是，它确实保留了晚期"母系"神话的痕迹，在这一神话中，"男性"（英雄）反抗女性全能的迹象已非常明显。在一些神话中，仙女在英雄探寻中的作用已微乎其微；因此，在吉尔加梅什古老传说的版本中，英雄向仙女西达利直接索要永生，而仙女西达利在经典文本中并没有被注意到。有时，尽管半神女子邀请英雄与她共享幸福生活，以此分享她的永生，但英雄不情愿地接受并且试图尽快逃离，以便和他凡间的妻子和伙伴们（尤利斯和仙女卡吕普索）团聚。对于英雄而言，这样一位半神女性的爱就变成了一种阻碍而不是帮助。

萨满的女性守护神

正是在这样的神话视角下，我们必须摆正萨满与他们"天上妻子"之间的关系，更准确地说，不是她们圣化了萨满，而是她们在萨满的学习或癫狂体验中帮助了他。在萨满神秘体验中，天上妻子的介入会自然伴随着两性情感，每一次癫狂体验都会有这种倾向。人们非常了解神秘的爱与性爱之间的转换机制，因此不会误解两者的紧密关系。同样我们也注意到，展现在萨满仪式中的色情元素超出了萨满与他"天上妻子"关系本身。在托木斯克地区的库曼丁族中，马的祭祀活动包括木质面具和阴茎的展示。三个年轻人戴着面具，两腿之间夹着生殖器"像一匹种马"一样飞驰，并且触碰观众。这时候唱的歌曲也具有明显的色情特征。[①] 在铁列乌特地区，当萨满爬树爬到第三阶梯时，女人、女孩和孩子都会离开场地，萨满就会像库曼丁族一样开始吟唱色情的歌曲，目的在于增强男人的性能力。[②] 在其他地区也有类似的仪式。[③] 这一祭祀活动的宇宙作用（世界与生命的更新）也为人所知，它构成了马的祭祀活动的一部分，所以意义更加明确。[④]

　　再次回到"天上妻子"的角色：我们将会惊奇地发现，正如我们之前提到过的神话后续版本中，萨满似乎也受到他的守护神的帮助和阻碍。因为，尽管守护神保护萨满，但她试图将萨满留在第七级天国里并且阻止他继续前往升天之路。她同样用天上的饭菜来诱惑萨满，这样就阻止了他重返人类社会，与凡间妻子团聚。

　　总而言之，守护神被看作是萨满天上的妻子，并在西伯

---

① D. 泽莱尼：《阿尔泰突厥民族祭祀中的性爱仪式》，88～89 页。

② 同上书，91 页。

③ 高加索、古代中国、美国等；参见同上书，94 页及后面内容。

④ 在马祭和其他类似仪式中的性元素，见 P. E. 杜蒙《马祭》，276 页及后面内容；W. 科伯《印度日耳曼人的马匹祭祀和马匹崇拜》，344 页及后面内容，401 页及后面内容。在这种联系中，我们也许会提到另外一种萨满教的繁衍仪式，这种仪式是在一个完全不同的宗教层面进行的。雅库特族崇拜一位繁衍和生殖女神埃西特，她住在东方，夏天太阳升起的地方。供奉她的节日在春季和夏季举办，并且在名为"夏天萨满"或"白萨满"的特殊萨满的管理下进行。为了获得孩子，尤其是男孩子，人们召唤埃西特。萨满唱歌，击鼓，领着九个童男童女，引领着前进的队伍。这些童男童女手拉着手跟在萨满的后面，同声合唱。"萨满以这种方式，带领着年轻夫妇升上天空；但是埃西特的仆人站在大门口，手持银鞭：他们将一切腐败的，邪恶的，危险的人遣回大地；那些过早失去贞操的人也被拒之门外"（W. 谢罗谢夫斯基：《雅库特信仰下的萨满教》，336～337 页）。但是，埃西特是一个多变的女神；参见 G. 兰克《曼德－阿卡群体的拉普兰女性神灵》，56 页及后面内容。

利亚萨满教中扮演着重要但并非决定性的角色。决定性元素
是我们之前见到的仪式性死亡和重生的加入式戏剧情节（疾
病、肢解、上天入地等）。萨满与他的守护神之间的两性关
系并不是萨满圣召的基础。因为一方面，梦境中神灵的性占
有并不局限于萨满；另一方面，某些萨满仪式中体现的性元
素超越了萨满与守护神的关系，构成有名的增强团体性活力
仪式的一部分。

正如我们所看到的，守护神给予西伯利亚萨满的保护就
如同在教导英雄和英雄领神过程中仙女和女次神所起的作用
一样。这类保护无疑反映了"母系"的概念。动物的伟大母
亲——西伯利亚和北极萨满最符合这一条件——是古代母系
社会中一个非常清晰的形象。我们有理由相信，在某一时
期，动物的伟大母亲接管了最高神灵的职能，但是这一问题
已超出了我们的研究范围。① 我们只会观察到，正如动物的
伟大母亲赐予人类——尤其是萨满捕猎以及用动物的血肉来
维持生命的能力一样，"女性"守护神也给予萨满辅助神灵，
在某种程度上，这些辅助神灵在萨满的癫狂之旅中是必不可
少的。

逝者灵魂的作用

我们已经了解到，通过偶然遇到半神人、祖先或一位动

① 参见 A. 加斯《驯鹿民族的头骨和长骨祭祀仪式》，241 页（萨摩耶德
等）、249 页（虾夷）、255 页（因纽特）。参见 U. 哈瓦《亚洲和欧洲
北方民族的狩猎仪式》；E. 洛特－法尔克《西伯利亚民族中的狩猎仪
式》；伊瓦尔·保尔森《亚欧大陆北部的守护灵和野兽神灵（猎物和
鱼）》；B. 博内吉《美洲土著居民的狩猎迷信》；奥托·策里斯《南美
洲的野兽灵和树的灵》。在高加索地区也可以找到鸟的母亲；参见 A.
迪尔《高加索的野兽神和猎神》，146 页。H. 鲍曼已经探索了非洲的
萨满领域，《非洲的兽灵和树灵》。

物的灵魂或一些奇异事件（电击、致命事故等）的发生，准
萨满的圣召会出现在梦中、癫狂或发病期间。通常这样的一
个偶遇使萨满与决定其职业的神灵建立起"亲密关系"。我
们之后将会集中讲述这种亲密关系。此刻我们会更加详细地
研究逝者灵魂在准萨满招募中的作用。正如我们之前所见，
通常，逝者亡灵在某种程度上会"附"在年轻人的身上，并
指导他成为一名萨满。反抗是徒劳的，这种提前征选的现象
在北亚和北极地区也很普遍。①

一旦萨满被这种首次"附体"圣化并伴随领神的发生，
那么他就变成了一个其他神灵可以自由进入的容器；但是，
这些神灵通常是已逝萨满的灵魂或其他为老萨满服务的神
灵。雅库特著名的萨满塔斯普特告诉谢罗谢夫斯基，"一天，
我正在山上闲逛，一直走到北边，停在一堆木头前准备生火
做饭，这时，一位埋葬在柴堆下的通古斯萨满就把他的灵魂
附在我的身上。"② 这也就是为什么塔斯普特在降神会期间
讲的是通古斯语。但是，他也接受了其他的神灵——俄罗斯
的，蒙古的等等——并且说他们的语言。③

在西伯利亚之外的其他地区，逝者灵魂在准萨满的选
择中起重要的作用。例如在因纽特地区和澳大利亚地区以
及其他地区，想要成为巫医的人会躺在坟墓边，这一习俗
甚至在一些历史民族（如凯尔特族）中保留下来。在南美
地区，虽然已逝萨满指导的领神不是唯一的领神方式，但

① 当然，其他地方也存在相同的现象。例如，在苏门答腊的巴塔克地区，
被神灵"选中"而拒绝成为萨满的人难逃一死。没有一个巴塔克人能
自主成为萨满（E. M. 勒布：《苏门答腊》，81 页）。
② 《萨满教》，314 页。
③ 相同的观念在通古斯和赫哲族中也颇为流行，见哈瓦《宗教观念》，
463 页。尽管一位海达萨满平时不懂特里吉特语，但是，当他被一位
特里吉特的神灵附体，他便讲这种语言（J. R. 斯旺顿，由韦伯斯特在
《巫术》中引用，213 页）。

这却是相当常见的方式。"不管属于 *aroettawaraare* 阶级还是 *bari* 阶级，波罗罗萨满都是由逝者亡灵或一个神灵选择的。属于 *aroettawaraare* 阶级的情况下，圣显会以下面的方式发生：准萨满走进森林，突然看到一只鸟栖息在他的手边，然后就消失了。一群群鹦鹉向他俯冲飞来，然后又神奇地消失了。准萨满回到家里全身发抖，说一些别人无法理解的话。他的身体散发出一种腐臭①和胭脂树的味道。突然的一阵风让他步履蹒跚，像死人一样跌倒。此刻他成了一个神灵的容身之处，神灵借他的口说话。从现在起，他便成为一名萨满。"②

在阿皮纳热人中，萨满由一位亲属的灵魂选定，灵魂使萨满与各种神灵建立联系；但是，正是各种神灵将萨满知识和技术传授给萨满。在其他部落中，一个人通过自发的癫狂体验成为萨满——比如，看到火星，等等。③ 在坎帕人和安哈埃卡人中，萨满候选人由一位活着的或死去的萨满来指导。④ "乌卡亚利和科尼波的萨满学徒从一位神灵那里习得了医学知识。为了建立与这位神灵的联系，萨满要喝烟草汁，在一个密闭的房间里尽可能多地抽烟。"⑤ 卡西那瓦人中的萨满候选人在丛林里接受教导；各种灵魂赐予他必备的巫术物质，而且将这些物质植入他的体内。尽管雅鲁罗人萨满是从其他萨满那里学习真正的技术，但他们还是由天神教授。但是，他们认为只有在梦里遇到一位神灵的时候才可以实践这些技艺。⑥ "在阿帕波库瓦的瓜拉尼部落中，成为一

① 仪式性地说，他已经是一个"死去的人"。
② A. 梅特罗克斯：《南热带美洲印第安人的萨满教》，203 页（参见下文，89 页及后面内容）。
③ 同上。
④ 同上。
⑤ 同上书，204 页。
⑥ 同上书，204～205 页。

名萨满的前提就是要学习巫术歌曲，这是由一位梦中死去的亲属教授的。"① 但是，不管这些萨满启示的来源是什么，他们都会遵照部落的传统规定来实践。梅特罗克斯总结道：②"换句话说，萨满们遵守规则，学习萨满技术，而这些规则和技术只有到有经验的人的学校里才可以学到。"这在任何其他萨满教中也是一样的。

　　正如我们所见，如果已逝萨满的灵魂在萨满职业发展中具有重要的作用，也只是让候选人为接下来的启示做好准备。已逝萨满的灵魂将萨满与神灵联系起来，或将他带到天上（如西伯利亚、阿尔泰和澳大利亚等）。这些初期的癫狂体验之后便是老萨满的教导。③ 在塞尔克纳姆人中，自发圣召是通过年轻人奇怪的表现体现出来的：在睡中吟唱等。④但是，这种状态也可以自愿获得，但所有这些的必要条件就是要看到各种神灵。⑤

　　不论是自发的还是自愿的，在梦中或醒着的时候"看到神灵"就是萨满圣召的决定性标志。因为，在一定程度上，和死者灵魂的联系表明本身已经死去。这也就是为什么在整个南美地区，⑥ 萨满必须要死掉才可以遇到死者的灵魂并接受他们的教导；因为死者通晓一切。⑦

　　正如我们之前所说，南美的萨满征选或领神有时保留了仪式性死亡与重生的完整图式。但是死亡也可以通

① A. 梅特罗克斯：《南热带美洲印第安人的萨满教》，205 页。
② 同上。
③ 参见同上书，见 206 页及后面内容；M. 吉森德：《南美洲印度的巫医》，293 页；《印第安纳火地群岛，第一章：赛尔克纳姆人》，782 ~ 786 页等。
④ 吉森德：《赛尔克纳姆人》，779 页。
⑤ 同上书，781 ~ 782 页。
⑥ 参见伊达·卢布林斯基《南美洲纳塔尔沃尔肯的巫医》，249 页；也可见之前的章节，52 页及后面内容。
⑦ 卢布林斯基，250 页。用与逝者的往来解释预言性天赋的观念很普遍。

过其他方式显现：极度疲劳、折磨、戒斋、击打等。当一位希瓦罗的年轻人决定成为一名萨满时，他要寻得一名大师并支付大师一定费用，开始一段极其严格的生活。那些天他不接触任何事物，喝一些具有催眠（麻醉）作用的饮料，尤其是烟草汁（在南美萨满教领神中占有重要地位）。最终一位神灵帕舒卡会以一个战士的形象出现在候选人面前。这时大师立刻敲打候选人直到他倒在地上失去意识为止。当候选人醒来的时候，他的整个身体感到疼痛，这就证明了神灵已经附在他的体内。事实上，那些导致他失去意识的痛苦、麻醉、敲打在一定程度上类似于一场仪式性死亡。①

不论死者的灵魂在加速准萨满的圣召或领神中扮演着什么样的角色，它们都无法仅凭显现（是否附体）来创造圣召，但却给萨满候选者提供了一种与神灵或半神灵接触的方法（通过升天入地的癫狂之旅），或者能让准萨满分享死者的存在模式。通过与由超自然启示赋予的澳大利亚巫师的巫术能力联系起来，马瑟·牟斯很好地阐释了这种现象。② 同样在这里（澳大利亚），死者的作用经常与"纯神灵"的作用重叠。即使在一位死者的灵魂直接显现神灵启示的时候，死者也的确暗指杀死萨满候选者再让其重生③或升天的癫狂之旅的加入式仪式，这个仪式是萨满教的一个独特主题，祖先灵魂在其中扮演着信使的角色，这个仪式本身的结构排除了"附体"。看来，死者在赋予候选者萨满能力方面的主要作用并不是在其身上"附体"，而是帮助他成为一名"死者"，简言之，是帮助他成为一位"神灵"。

---

① M. W. 斯特林：《希瓦罗萨满教》；韦伯斯特：《巫术》，213 页。
② 参见《澳大利亚社会巫术能力的起源》，见 144 页及后面内容。
③ 见之前章节。

"看到各种神灵"

"看到各种神灵"解释了在各种不同萨满教领神中"神灵幻影"的重大意义。在梦境中或清醒时"看见"一个神灵一定程度上是一个人已获得"神灵身份"的一个明确标志，也就是说，那个人已经超越了人类的世俗限制。这也解释了在门特韦安斯人中不管是自发产生的"幻影"（神灵的）还是通过努力获得的"幻影"，都立即赋予萨满巫术能力（kerei）。[①] 例如，安达曼术士为了获得这种"幻影"隐退丛林，而那些只有梦境的人获得的巫术能力较弱。[②] 在苏门答腊的米南佳保人中，准萨满与外界隔绝，在山上完成他们的萨满学习。他们在山上学会了隐身，学会在夜里看见死人的灵魂，[③] 这也意味着他们"变成"了神灵，他们死了。

哈拉尔德部落（墨累河下游）的一位澳大利亚萨满极妙地描述了伴随着看到神灵和死者幻象的加入式的恐怖，"当你躺下来看到规定的幻象时，你确实看到了它们，不要害怕，因为你一害怕，它们将会更恐怖。很难描述这些幻象，尽管它们在我脑海中，存在于我的心灵力量中；在你接受良好的培训之后，我会把这一体验投射给你。"

"然而，有些神灵是邪恶神灵，有些像蛇，有些像长着人头的马，而有些是恶人的神灵，像燃烧的火。你会看到你的营地在燃烧，血水喷涌而出，电闪雷鸣，大雨倾盆，地动山移，流水旋转，依然矗立的树木摇摆不定。不要害怕，如果你坐起来，你将看不到这些场景。但如果你再次躺下，你

---

① 勒布：《萨满与先知》，66页。
② A. R. 布朗：《安达曼岛民》，177页；参见勒布《萨满与先知》中其他例子（迪雅克海等），64页。
③ 勒布：《苏门答腊》，125页。

就会看到这些，除非你变得非常害怕。如果你害怕了，你就会打破悬挂着各种场景的网络（线）。你可能会看到死去的人会向你走来，你会听到他们的骨头发出咯吱咯吱的响声。如果你看到和听到这些而不害怕，那么你从此就不会害怕任何东西。这些死去的人也不会再出现在你的面前，因为你的心灵力量现在已经足够强大了。你现在很强大，因为你已经看过了这些死人。"① 事实上，巫医能够在死人的坟墓周围看到他们的灵魂，而且可以轻松地抓住它们。这些灵魂会成为他们的助手，在萨满进行治疗时，巫医可以派遣这些灵魂去很远的地方将他们正在治疗的病人的游离的灵魂带回来。②

还是在门特韦安斯人中，"神灵通过身体诱拐一个男人或女人，将其培养成一位先知。根据西塔基加盖洛（Sitaki-gagailau）的故事，年轻人被天上的神灵带入天堂，这些神灵赐予了他和他们一样精致的身体。当他返回地面时，他就是一位先知，天上的神灵在他治愈疾病时会助他一臂之力。然而，男孩和女孩成为先知最通常的方式就是通过疾病、梦境或暂时的异常得到召唤。而这些疾病和梦境是由天上的神灵或丛林中的神灵所引起的。做梦者可能幻想到他升入天堂或走进森林去寻找猴子。不管是梦境还是疾病，灵魂都会暂时迷失。"③

预言大师开始着手教导这个年轻人成为一名萨满。两个人一起到森林里采集神奇的植物。预言大师唱道："守护的神灵，你们显现吧！擦亮这个年轻人的眼睛，让他能够看到各种神灵。"当他们返回到大师的住所后，大师会召唤神灵："让你的眼睛明亮，让你的眼睛明亮，这样我们就可以看到低一级天国里我们的父亲和母亲。"祈祷之后，教导者用草

---

① A. P. 埃尔金：《高地的土著人》，70～71 页。
② 同上书，117 页。
③ 勒布：《萨满与先知》，67 页及后面内容。

药擦拭年轻人的双眼。两个人相对而坐三天三夜，吟唱并摇铃。直到年轻人的眼睛变得明亮，他们才去睡觉。第三天结束时，两个人再一次走进森林去收集更多的草药。如果在第七天的末尾年轻人看到山林的神灵，那么这个仪式就结束了。否则，整个七天的仪式必须重新再来一遍。"① 这个仪式时间经历时间长，也很累人，其目标就是将新术士加入式短暂的癫狂体验（"选举术士"的体验）转变为永久的条件，这样，新术士可能"看到神灵"，也就是享有他们"神灵的"本质。

辅助神灵

在萨满的领神或引起其癫狂体验方面，其他类型的神灵也起到一定作用。通过对这些神灵的研究，新术士拥有"神灵的"本质这一点就更加清晰了。上面我们曾说过，萨满与他的"神灵"建立了一种"亲密"关系。事实上，在民族学中，人们称他们为"亲密"、"辅助"或"守护"神灵。但是，我们必须谨慎地区分人们熟悉的神灵本身与更加强大的神灵，即守护神灵。同样，我们也必须对这些神灵与萨满在降神会召唤的神灵加以区分。萨满是一位与天神和各种神灵有直接具体体验的人。他可以与他们对面而视，与他们交谈，向他们祈祷，向他们哀求，但他只能"控制"有限的神灵。在萨满降神会上被召唤的天神或神灵都不是萨满的"密友"或"辅助者"。伟大天神也会被召唤，例如在阿尔泰例子中，在他准备开始癫狂之旅前，萨满邀请贾基克·坎（海神）、凯拉·坎、贝·乌尔干和他的女儿们以及其他神话人

---

① 勒布：《萨满与先知》，70～71 页。

物出席。① 萨满召唤上面的神灵时，天神、半天神和各种神灵都会参加这一仪式。这就像牧师在祭祀仪式上召唤吠陀神灵时，他们也会下界出席一样。萨满们也有自己专属的神灵，其他人并不知晓这些神灵，萨满独自供奉他们。但是萨满并不能像控制他的亲密神灵一样控制这些神灵。那些帮助过萨满的神灵或半神灵不能被归类为亲密或辅助或守护神灵一类。

然而，这些帮助过萨满的神灵都在萨满教中有着重要的作用；研究萨满教降神会时，我们将会看到他们的职能。同时，我们也必须注意到，大部分的亲密神灵和辅助神灵都有各自动物的形象。在西伯利亚和阿尔泰地区，这些神灵常以熊、狼、雄鹿、野兔，各种鸟（尤其是鹅、鹰、猫头鹰、乌鸦，等），以及各种蠕虫的形象出现，也经常显现为鬼魂、丛林之神、大地之神、壁炉之神，等等。这里，我们没有必要将其全部列出。② 他们的形式，名称和数量在每个地区都不一样。根据卡亚雷宁的研究，一位瓦休甘萨满的辅助神的数量是变化不定的，但通常是七个。除了这些"亲密神灵"，萨满也受到其他神灵的保护，如"头之神灵"在萨满癫狂体验中保护他；"以熊的形象出现的神灵"陪萨满入地；萨满驾着一匹灰马升天；还有其他神灵。在其他地方，这些陪伴瓦休甘萨满的各种神灵卫队会被一位神灵所取代——在北奥斯加克地区是一只熊，这只熊是特赖姆休甘人和其他民族的"信使"，它带来天神的答复；它也是天上神灵（鸟，等）

---

① W. 拉道夫：《西伯利亚人》，第二章，30 页。
② 见 G. 尼奥拉泽《西伯利亚沃尔肯的萨满教》，26 页及后面内容；哈瓦《宗教观念》，334 页及后面内容；A. 奥尔马克思《萨满教问题的研究》，170 页及后面内容。对于辅助神灵以及他们在萨满教降神会中的作用，他给出了详尽但是相当冗长的描述。W. 施密特：《天神观念的起源》，第十二章，669～680 页、705～706 页、709 页。

的"信使"。① 萨满在每个地区都会召唤这些神灵，他们一个接一个地到来，通过萨满的声音来表达他们的想法。②

在雅库特民族中，一个以动物形态显现的亲密神灵和严格的萨满守护神有着明显的差别。每个萨满都拥有并封存着一个动物母亲。它是一种动物辅助神的神话形象。能力较弱的萨满的动物母亲是一条狗，法力较强的是一头公牛、一匹小马、一只鹰、一头麋鹿或是一头棕熊。拥有狼或狗的萨满是最不受人们喜爱的。但守护神的形象完全不同。通常守护神是一个已逝萨满的灵魂或是低一级的天神。雅库特萨满塔斯普特告诉谢罗谢夫斯基，"萨满只能通过他的守护神来听和看，我可以听到和看到三个"诺斯莱格"（*nosleg*）的距离，但其他萨满可以听到和看到更远的地方。"③

我们已经注意到，因纽特萨满被启蒙后，必须要通过自己的努力获得辅助神灵。这些神灵通常是以人的形象出现的动物；如果新萨满表现出其天赋，神灵也会做出他们的选择。狐狸、猫头鹰、熊、狗、鲨鱼以及各种山上的神灵都是强大而有效的辅助者。④ 在阿拉斯加因纽特人中，一位萨满拥有的辅助神越多，他的能力就越强大。在格陵兰北部地区，一位萨满的辅助神可以多达十五位。⑤

① K. F. 卡亚雷宁：《乌戈尔各民族的宗教》，第三章，282~283 页。
② 同上书，311 页。萨满通常用鼓召唤神灵（同上书，318 页）。萨满可以将辅助神灵送给他们的同行（同上书，282 页），萨满甚至可以卖掉辅助神灵（例如，在尤罗克和奥斯加克）见米海洛夫斯基《西伯利亚萨满教》，137~138 页。
③ 《萨满教》，312~313 页；参见 M. A. 恰普利兹卡《西伯利亚土著人》，182 页、213 页等。
④ 拉斯姆森：《伊格卢里克因纽特人的知识文化》，113 页；也可参见韦耶《因纽特人》，425~428 页。
⑤ 韦伯斯特：《巫术》，231 页，注释36。神灵通过萨满显现自身，发出奇怪的噪音和无法理解的声音等；参见撒尔比策《格陵兰东部的异教徒教父》，460 页。关于拉普兰的辅助神灵，见米海洛夫斯基，149 页；伊特科宁：《芬兰拉普人的异教和之后的迷信》，152 页。

　　拉斯姆森描述了一些受到启蒙的萨满，这些都是他对萨满口述的记录。萨满奥阿在他的身体和头脑中感受到了一道天上的光，也可以说这道光在他的整个身体内穿行。尽管人类无法观测到，但大地、天空、大海的神灵可以看到，所以他们找到他，成了他的辅助者。他告诉拉斯姆森："我的第一个辅助神灵和我同名，是一个小奥阿。当他走向我的时候，我感觉走廊和屋顶被掀起来一样，我感受到一种透视的能力，我完全可以透过房子看到外面，看到大地、天空。正是小奥阿带给我所有这些内在光亮。只要我一唱歌，这道光就盘旋在我的上空。小奥阿将自己放置在走廊的一个角落里，其他人看不到它。只要我一召唤，他便会出现。"① 第二个神灵鲨鱼的是在他泛舟大海时出现的，它游向他并直呼其名。奥阿用一首单调的歌曲召唤他的两个辅助神：

　　　　快乐，快乐；快乐，快乐；
　　　　我看到一个海滩神灵；
　　　　一只小奥阿；
　　　　我自己也是奥阿，与海滩神灵同名；
　　　　快乐，快乐！

　　他不断重复，直到泪流满面，之后他便感觉到无尽的欢乐。② 从这个例子中我们看到，启蒙的癫狂体验与辅助神灵的出现存在着一定的联系。但这个癫狂也存在着神秘的畏惧成分。"当一个人被神灵侵袭时"，他会感到一种"无法解释的恐惧"，拉斯姆森③强调了这种恐惧之感，他将这种恐惧与领神的死亡危险联系在一起。

① 拉斯姆森：《伊格卢里克因纽特人的知识文化》，119页。
② 同上书，119~120页。
③ 同上书，121页。

尽管所有类型的萨满都拥有辅助神灵和守护神灵，但守护神灵在本质和影响力方面存在显著的差异，雅贡·鄱阳有一位亲密神灵，这位神灵出现在他的梦里，或者是从另一位萨满那里继承而来。① 在热带南美地区，萨满在领神的最后获得了守卫神灵；这些神灵"直接进入"萨满身体或以落入他包里的石英石的形式"进入"他的体内……在巴拉马加勒比人中，与萨满有关的每一类神灵都由不同种类的鹅卵石体现出来。萨满将这些鹅卵石放入他的拨浪鼓里，这样他就可以随时召唤他们。② 像其他地方一样，在南美，辅助神灵种类众多：萨满祖先的灵魂，植物或动物的神灵。博罗罗根据萨满获得能力的神灵，将萨满分为两类：一方面是本性邪恶的恶魔或已逝萨满的灵魂，另一类是祖先灵魂。③ 但是，这种情况下，尽管很难将辅助神与守护神区分开，我们讨论更多的是守护神而非辅助神。

术士或巫师与他的神灵之间的关系涵盖了从捐助者到门生再到奴隶与主人的关系范围，但他们依然很亲密。④ 神灵很少接受祈祷和祭品，但是，一旦他们被冒犯，术士也会遭受痛苦。⑤ 在澳大利亚和北美以及其他地区，动物形象的亲密神灵和守护神占据主要的地位，在某种程度上可以被比作

① 艾弗 H. N. 埃文斯：《英属北婆罗洲和马来半岛的宗教、民俗、习俗研究》，264 页。
② 梅特罗克斯：《南热带美洲印第安人的萨满教》，210～211 页。澳大利亚宗教中石英石的宇宙意义也在上文提及，当然，这个意义在现在南美洲萨满教是难以理解的，但是它指出了萨满能力的来源。
③ 同上书，211 页。
④ 韦伯斯特：《巫术》，215 页；也可参见同上书，39～44 页、388～391 页。关于欧洲中世纪巫术的辅助神灵，参见马格利特·爱丽丝·默里《女巫的天神》，80 页及后面内容；G. L. 基特里奇：《古老英格兰和新英格兰巫术》，613 页，s. v.：《亲密者》；S. 汤普森：《主题索引》，第三章，60 页（F403），215 页（G225）。
⑤ 例如见韦伯斯特《巫术》，232 页，注释 41。

西非的"灌木灵魂"和中美以及墨西哥的守护神。[①]

在萨满降神会的序曲中，也就是升天入地癫狂体验的准备活动中，以动物形象出现的辅助神有着重要的作用。通常，萨满模仿动物的叫声或行为，这就代表了辅助神的显现，以蛇作为辅助神灵的通古斯萨满试图在降神会上模仿蛇的动作。另一位萨满以旋风作为辅助神，也表现出相应的行为。[②] 楚科奇和因纽特萨满变成狼；[③] 拉普兰萨满变成狼、熊、驯鹿、鱼；[④] 塞芒，[⑤] 萨凯[⑥]和吉兰丹的萨满可以变成一只老虎。[⑦]

表面上看，萨满对动物动作和声音的模仿可以理解为"附体"，但更准确地说，应该是"萨满附身于他的辅助神。"正是萨满"自己将自己变成"动物，如同戴上一副动物面具就可以达到的相同效果。或者我们也可以说这是萨满的"新身份"，萨满成为一只动物，像动物和鸟一样"说话"、"唱歌"、"飞行"。我们稍后会讨论神秘的萨满语言。

但是，我们首先要注意下面的一点：辅助神以动物的形

---

① 参见韦伯斯特《巫术》，215 页。关于北美守护神灵，参见福雷泽《图腾信仰和异族通婚》，第三章，370～456 页；鲁斯·本尼迪克特《北美守护神灵的概念》。也可见下文，见 98 页及后面内容，305 页及后面内容。

② 哈瓦：《宗教观念》，462 页。

③ 弗拉基米尔·博戈拉兹：《楚科奇》，437 页；拉斯姆森：《科珀因纽特人的知识文化》，35 页。

④ 莱赫蒂萨洛：《尤罗克－萨摩耶德神话概述》，114 页、159 页。伊特科宁：《异教》，116 页、120 页及后面内容。

⑤ H. N. 埃文斯：《塞芒萨切尔多疗法的舍贝斯塔》，120 页。

⑥ H. N. 埃文斯：《宗教研究》，210 页。在死后的第 14 天，灵魂变成一只老虎（同上书。211 页）。

⑦ J. 丘齐尼耶：《吉兰丹的巫术舞蹈》，38 页及后面内容。这一观念被广泛流传。对于古代欧洲和现在欧洲，见基特里奇《古老英格兰和新英格兰巫术》，174～184 页；S. 汤普森《主题索引》，第三章，212～213 页；莉莉·魏瑟尔－奥尔《施法》；阿恩·鲁内贝里《女巫、恶魔与繁殖巫术》，212～213 页。也可参见蒙塔古·萨莫尔斯所著的令人费解的却又详尽记录的著作《狼人》。

象显现，萨满用神秘的语言和他对话，或化身为这样一位动物神灵（面具、行为、舞蹈等），这是另一种表明萨满可以放弃人类条件的方式，总之，能够"死去"。自远古时代，所有动物就被想象为能够伴随灵魂出界的信使或者是死者新的形象。不管动物是"祖先"还是"加入式主导"，它都象征着与世俗之外真实且直接的联系。在世界各地很多的神话和传奇里，英雄都被一只动物带到世俗之外。① 是动物将新萨满驮在后背上，带他进入灌木丛（地下世界），或将他叼在嘴里，或"吞噬"他，将他"杀掉并让他重生"，等等。② 最后，我们必须考虑人和动物的神秘一致性，这在古代狩猎者的宗教中是一个主要特征。鉴于这一点，某些人可以变成动物，或理解动物语言，或在他们的预知和神秘力量中分享动物的先知能力和超自然能力。萨满每次成功地转变为动物形象时，在某种程度上，都重新建立了存在于神秘社会的情境，当时，人类世界和动物世界并没有分离。③

布里亚特萨满的动物守护神名"库比尔甘"（*khublil-gan*），可以理解为"元形态"（这个词源于"库比尔库"，即"改变自己"呈现其他形式）。④ 换句话说，动物守护神不仅能使萨满转变自己，在某种程度它也是萨满个性的另一面，他的第二自我。⑤ 第二自我是一个萨满的灵魂，即"以

---

① 天空、地下或海底世界、不可穿越的森林、山脉、野外、丛林，等等。
② 参见 C. 亨策《中国早期文化中的青铜器及其含义》，46 页及后面内容，67 页及后面内容，71 页及后面内容等。
③ 见下文，98 页。
④ 哈瓦：《芬兰－乌戈尔和西伯利亚神话》，见 406、506 页。
⑤ 关于埃文基族守护动物，萨满和部落的"蒂尔马特"（*Tiermutter*）之间的关系，参见 A. F. 阿尼西莫夫《鄂温克族关于万物有灵论的观点》，110 页及后面内容；《鄂温克视角及萨满教信仰的图腾起源的萨满精神》，196 页及后面内容。也可参见 A. 夫里德里克《一个原始民族对于家庭和生命起源的意识》，48 页及后面内容；夫里德里克和 G. 布德鲁斯《西伯利亚萨满教》，44 页及后面内容。

动物形象存在的灵魂"，① 或者更准确地说是"生命的灵魂"。② 萨满以动物的形象相互挑战，如果他的第二自我在决斗中被杀死了，萨满自己也会很快死去。③

没有这些守卫和辅助神灵，就没有萨满的降神会，因此，这些神灵被视为萨满升天入地癫狂体验的真实标志。④ 这就充分说明了动物神灵和祖先神灵发挥着相同的作用；动物神灵也带领萨满升天入地，向他展示并教授他神秘力量，等等。在领神仪式、神话以及英雄升天入地的传奇中，动物神灵与（萨满教）加入式"附体"中的死者的灵魂有着相同的功能。但是，为了展示他升天入地的真实能力，萨满无疑是自己变成了死者（或动物神灵，或天神，等）。在这一层面上，似乎可以对所有这些事实做出相同的解释：在某种程度上，这些事实代表了萨满死亡和重生的周期性反复（也就是说，在每次新的降神会上，都会重新开始一遍）。癫狂仅仅是仪式死亡的具体体验；换句话说，是超越人类世俗条件的具体体验。而且，我们将会看到，萨满能够通过各种方式获得这一"仪式死亡"（从麻醉剂和鼓到神灵"附体"）。

---

① 哈瓦：《宗教观念》，478 页。

② V. 季阿斯切吉：《萨满巫师以动物形象的竞争问题》，312 页及后面内容。

③ 关于萨满教信仰和民俗中这一极其常见的主题，参见夫里德里克和巴德鲁斯《萨满教》，160 页及后面内容，164 页及后面内容；W. 施密特《起源》，第十二章，634 页；V. 季阿斯切吉《萨满与公牛以及萨满精神生活的斗争的问题》，全书；"斗争的问题"，各处。在最近发表的上篇文章中，作者陈述萨满的战斗动物最初是驯鹿，他认为自己很有道理，吉尔吉斯的萨伊马利－塔斯（Saymali Tas）的壁画可以追溯先于我们世纪的第一个千年，向我们展示了萨满以驯鹿的形象相互挑战，这一事实似乎也证实了季阿斯切吉的观点；尤其参见 308 页的注释和表格 1。关于匈牙利的非我族类，参见同上书，306 页和注释 19 给出的传记。

④ 对于多米尼克·施罗德，住在其他世界的守护神灵确保萨满能够在世俗之外存在（参见《关于萨满教的结构》，863 页及后面内容）。

"神秘语言" —— "动物语言"

在领神过程中，准萨满必须学习神秘语言，在降神会期间他将使用这种神秘语言与神灵和动物进行交谈。他可以从指导者那里学习这种神秘语言，或是通过自己的努力直接从神灵那里学习到这种语言。例如在因纽特族中，两种学习方式同时存在。[①] 人们已经证实在拉普兰、[②] 奥斯加克、雅库特和通古斯[③]等地区存在一种特定的神秘语言。人们相信在通古斯萨满恍惚期间，他可以听懂所有自然的语言。[④] 在因纽特族中，人们详尽地阐述了这种语言，并将其用作与他们神灵沟通的一种方式。[⑤] 每一位萨满都有自己独特召唤神灵的曲子。[⑥] 例如在阿尔泰族中，尽管有些歌曲没有直接涉及一种神秘语言，但在歌曲令人费解的副歌部分中人们也会找到神秘语言的痕迹。人们会在降神会期间不断地重复歌曲的副歌部分。[⑦]

这一现象并不只出现在北亚和北极地区，几乎所有地方都会发生类似的现象。在降神会上，塞芒人哈拉与各种天神用天神的语言进行交谈；萨满一走出这个做法式的房间，他就假装忘记了一切。[⑧] 在迈塔韦人中（苏门答腊），为了让新萨满听到各种神灵的声音，加入式的长者会用一根竹管刺

---

① 参见拉斯姆森《伊格卢里克因纽特人的知识文化》，114 页。
② 参见伊莱尔·拉格克莱斯《拉普人的秘密语言》。
③ 莱赫蒂萨洛：《约德尔调歌者的观察》，12 页及后面内容。
④ 同上书，13 页。
⑤ 撒尔比策：《格陵兰东部异教徒神父》，448 页、454 页及后面内容；《因纽特术士》，75 页；韦耶：《因纽特人》，435～436 页。
⑥ 拉斯姆森：《伊格卢里克因纽特人的知识文化》，111、122 页。见文章《神秘语言》，125 页、131 页等。
⑦ 莱赫蒂萨洛：《观察》，22 页。
⑧ 舍贝斯塔：《俾格米人》，153 页；埃文斯：《塞芒萨切尔多治疗法的舍贝斯塔》，118 页及后面内容；《研究》，156 页及后面内容，160 页等。

穿新萨满的耳朵。① 巴塔克萨满在降神会上使用"各种神灵
的语言"；② 杜松（北婆罗洲）的萨满教圣歌就是用神秘语
言来传唱的。③ 根据加勒比的传统，首位萨满赤裸地在一条
溪水中潜水，这时他听到溪流中响起一首歌，直到他记住神
灵女性的这首歌并且得到了这些女性赐予他萨满这一职业所
用的工具时，他才从溪流中出来。④

　　通常这种神秘语言实际上是"动物语言"，或是源于动
物的吼叫。在南美，新萨满必须在他的领神期间学习模仿动
物的叫声。⑤ 北美地区情况也是如此。波莫和梅诺尼米萨满
模仿鸟的叫声。⑥ 在雅库特族、尤卡基尔、楚科奇、赫哲族、
因纽特和其他民族中，人们在降神会上都能听到动物的喊叫
声和鸟的鸣叫声，⑦ 卡斯塔内这样描述吉尔吉斯 – 鞑靼萨满：
他们在帐篷四周奔跑、跳跃、呼啸，"像狗一样吠叫，嗅闻
观看仪式的人；像公牛一样躬下身子吼叫、叫喊；像山羊一
样咩咩叫；像猪一样咕哝；像马一样嘶鸣；像鸽子一样咕咕
叫；除了动物的叫声和鸟的歌声，他还极其准确地模仿它们
飞行的声音等等。所有这一切都让观看的人印象深刻。"⑧
"神灵的降临"通常以这种显现。在圭亚那的印度地区，
"沉静突然被一阵无法言语的极其恐怖的吆喝声、怒吼声、

---

① E. M. 勒布：《萨满与先知》，71 页。
② 勒布：《苏门答腊》，81 页。
③ 埃文斯：《研究》，4 页。也可参见 H. L. 罗思《砂拉越英属北部婆罗洲的土著人》，第一章，270 页。
④ 梅特罗克斯：《南热带美洲印第安人的萨满教》，210 页。
⑤ 同上书，206、210 页等；艾达·卢布林斯基：《巫医》，246 页及后面内容。
⑥ 勒布：《部落加入式与神秘社会》，278 页。
⑦ 莱赫蒂萨洛：《约德尔调歌者的观察》，23 页及后面内容。
⑧ 卡斯塔内：《哈萨克吉尔吉斯人和其他东突厥语民族的巫术和驱鬼术》，93 页。

喊叫声打破，叫声响彻整个房子，震撼墙壁和屋顶，有时吼叫声低沉到在远处都可以听到，六个小时从未停歇。"①

　　这样的叫喊声表明了神灵的显现，也通过动物般的行为表现出来。② 在降神会上使用的很多词都源于鸟类和其他动物的叫喊声。③ 正如莱赫蒂萨洛观察到的一样，④ 萨满使用他的鼓和"约尔德唱法"进入癫狂，到处吟唱巫术篇章。"巫术"和"歌曲"——尤其像鸟类的歌曲——经常用一个术语来表达。描述魔力的德语词是"幻奏歌"（galdr），源于动词"唱歌"（galan），这一术语尤其会被用来形容鸟类的叫声。"⑤

　　在世界各地，学习动物的语言，尤其是鸟类的语言相当于了解自然的神秘，因此就拥有预知未来的能力。⑥ 萨满一般要通过吃蛇或一些其他据说具有巫术能力的动物来习得鸟类的语言。⑦ 这些动物可以显现未来的神秘，因为人们认为它们是装有死者灵魂或天神显现的容器。学习动物的语言，模仿它们的声音就等于能够与世俗之外和天国进行交流。后面，当我们讨论萨满的服饰和巫术飞行时，将会再次提及萨满与某种动物，尤其是鸟类的紧密联系。鸟类是信使。作为

① 埃弗拉德 F. Im·特恩：《圭亚那印第安人》，336 页。梅特罗克斯在《南热带美洲印第安人的萨满教》中引用，326 页。

② 见上文，88 页。

③ 莱赫第萨洛：《约德尔调歌者的观察》，25 页。

④ 同上书，26 页。

⑤ 让·弗里斯：《古日耳曼宗教史》（第二版），第一章，304 页及后面内容；莱赫蒂萨洛：《约德尔调歌者的观察》，27 页及后面内容；参见巫术歌曲《卡门》、《施法》；罗马尼亚的《驱魔》。

⑥ 见安蒂·阿尔内《懂兽语的男人与他好奇的妻子》；N. M. 彭泽编著，C. H. 托尼译，《故事溪流的海洋》，第一章，48 页；第二章，注释107；S. 汤普森：《主题索引》，第一章，314 页及后面内容（B215）。

⑦ 菲洛斯特拉托斯：《泰安那的阿波罗尼的生活》第一章，20 页等。见L. 桑代克《巫术和实验科学的历史》，第一章，261 页；彭泽和托尼《故事溪流的海洋》，第二章，108 页，注释 1。

一个活着的人，萨满自己变成一只鸟或由一只鸟陪伴着，这表明萨满具有升天和出界的癫狂能力。

对动物声音的模仿以及降神会上神秘语言的使用，这些也是萨满能够在三界——天上、地下、地上自由活动的另外一个标志。这也就是说，在只有死人或神灵可以进入的地方，萨满也可以安全地出入。降神会上萨满表现得像一只动物，这与其说是一种附体，不如说是萨满向动物的神奇转变。这样的转变也可以通过其他方式实现，比如穿戴萨满服饰或佩戴萨满面具。

但这并不是全部。在很多传统中，与动物的友谊以及对动物语言的理解都是人与动物关系的美好表现。起初，即远古神话时代，人与动物和平相处并了解它们的语言。直到发生与《圣经》中人的堕落相比照的原始灾难，这人类才变成了今天的样子——不能永生，有性欲，不得不工作来养活自己，还与动物敌对。当萨满在准备癫狂体验时或在癫狂体验中，他抛弃现有的人类条件，暂时恢复远古时代的样子。与动物建立友谊，了解它们的语言，转变为一只动物，这些都标志着萨满重新建立了远古神话时代的"美好"情境。[1]

北美萨满能力的探寻

我们之前已经提到，北美洲有很多获取萨满能力的方法。萨满能力的源头或是储存在神圣物上，或是寄存在萨满祖先灵魂中，或是神话动物，最终也可能是在某些物体或宇宙空间中。萨满可以自发地获得萨满能力或是通过有意探寻获得这一能力。在两种情况中，准萨满都必须要经历某些具

---

[1]　参见伊利亚德《神话，梦境与神秘》，59 页及后面内容。

有加入式本质的磨难。①

萨斯瓦普是英属哥伦比亚境内撒利希家族的一个部落，其中，萨满经历磨难的过程如下所述：

> 萨满受到动物的点化，这些动物成了他的守护神。勇士和萨满的加入仪式似乎是相同的，目标都是仅仅获得超自然的帮助来得到一直想拥有的物体。正值青春期的男性，在触碰女人之前，必须要到山上去经历很多仪式。他不得不建立一所汗房，而且他每晚都要待在这里。早晨，他可以回到村庄。晚上，他必须在汗房里把自己洗干净，整夜跳舞，唱歌。这有时会持续几年，直到他梦到他渴望的守护神动物出现并承诺给他帮助为止。这只动物一出现，准萨满就昏倒在地。"他感觉像喝醉一样，不知道是白天还是黑夜，也不知道他正在做什么。"② 这只动物让他想想是否需要帮助，赐予他一首歌，用这首歌可以召唤它。因此，每一位萨满都有自己的歌，除了在尝试发现一位男巫师的情况下，其他人都不能唱这首歌。有时，神灵是以一道闪电的形式显现的。③ 如果一只动物点化萨满，那么也会教他这种动物的语言。
>
> 据说尼古拉山谷的一位萨满在念咒语时，可以说

---

① 参见约瑟夫·黑客尔《北美洲西部寻找守护灵仪式和成年仪式》。

② 这是一次真正癫狂体验的著名标志；参见因纽特新萨满在面对他们辅助神出现时"无法解释的恐惧"（上文，见89页及后面内容）。

③ 我们已经看到（19页）在布里亚特族中，一个被雷电击中的人像一位萨满一样被埋葬，而且他的至亲有权利成为一名萨满；因为，在一定程度上，他已经被天神"选中"（米海洛夫斯基：《西伯利亚萨满教》，86页）。除此之外，索牙特和堪察加人认为当闪电在一场暴风雨中闪现时，一个人成为一名萨满（同上书，68页）。一个因纽特萨满在被一个"火球"击中后，获得他的能力（拉斯姆森：《伊格卢里克因纽特人的知识文化》，见122页及后面内容）。

"草原狼的语言"……

　　在一个人获得守护神以后，他就刀枪不入。如果被一支箭或一枚子弹射中，他的伤口并不会流血，但是，血会流到他的胃里。然后，他把血吐出来，就好了……

　　人们可以获得不止一个守护神，能力强大的萨满通常有不止一个辅助者……①

　　在这个例子中，萨满是在有意探寻之后获得萨满能力的。在北美的其他地区，候选人退居山洞或僻静的地方，集中注意力寻求能独自决定萨满生涯的洞察力。通常候选人必须对他所追求的"能力"类型进行界定。② 这是一个重要的细节，因为这一细节表明萨满获取这一能力的过程涉及获取巫术－宗教能力的一般技艺，而不仅仅是获得萨满能力的技艺。

　　这是帕克收集并发表的关于一位派尤特族萨满的故事。在五十岁时，这个人决定成为一名"医生"。他走进一个洞穴并祈祷"我的人民都病了，我想拯救他们……"他努力想睡着，但总受到奇怪噪声的干扰；他听到动物（熊、山上的狮子、鹿等）的呼噜声和嗥叫声。最后，他睡着了，在睡梦中，他看到了一个萨满治疗病人的降神会。"人们都在山脚下，我可以听到他们的声音和歌曲。然后，我听到了病人在呻吟。一名医生边唱歌，边给病人治病。"最终，这个病人死了，候选人听到了他的家人在为他哀悼。岩石开始崩裂。石缝中出现一个男人，他又高又瘦。他手上拿着鹰尾巴的羽

---

① F. 博厄斯：《萨斯瓦普人》（选刊），93 页及后面内容。我们之后将回顾汗房的萨满教意义。

② 威拉德·Z. 帕克：《美洲西北部的萨满教》，27 页。也可参见玛赛尔·布泰勒《萨满教与北美印第安人生活的适应性》，全书；《萨满教及巫术治愈》，57 页及后面内容。

毛，命令候选人获取相似的羽毛，他还教候选人如何治愈疾病。当候选人早晨醒来的时候，那里并没有人。[1]

如果候选人没有遵循梦里接收到的指示或传统模式，他注定会失败。[2] 在一些例子中，已逝萨满的灵魂会在他的继承者的第一个梦里出现，但地位较高的神灵也会在接下来的梦里出现，并授予他"能力"。候选人如果没有获得这种"能力"，就会生病。[3] 我们已经在几乎所有地方发现了类似情况，这一点将会被永远记住。

在派尤特族人、肖松尼族人和吃种子族人（the Seed Eaters）以及再往北地区的里勒俄特族人和汤普森印第安人中，人们认为死者的灵魂是萨满能力的一个来源。[4] 在加利福尼亚北部地区，这种赋予萨满能力的方法广为流传。尤罗克族萨满会梦到一名死者，通常是一名萨满，但并不总是。在辛克扬族中，萨满能力有时是在梦境里获得的，候选人已逝的亲属会在梦境中出现。温图族人在做了这样的梦，尤其是梦到自己死去的孩子以后，便会成为萨满。在沙斯塔部落中，梦到已逝母亲、父亲或祖先，是获得萨满能力的最初体现。[5]

但在北美地区，对于萨满来说，也存在其他的"能力来源"，以及逝者灵魂和守护动物之外其他类型的指导者。在

---

[1] 帕克：《北美西部的萨满教》，27~28 页。

[2] 同上书，29 页。

[3] 帕克：《北美西部的萨满教》，30 页。

[4] 同上书，79 页；J. 泰特：《利卢埃特印第安人》，287 页；《英属哥伦比亚汤普森印第安人》，353 页。利卢埃特新教徒在坟墓上睡觉，有时，一睡就是许多年（泰特：《利卢埃特印度人》，287 页）。

[5] 帕克，80 页。在阿楚格威族，北部麦都族、克劳族、阿拉族以及格罗斯文特族等都有同样的传统，在这些部落中的一些和其他地方的部落中，准萨满通过躺睡在坟墓边获得萨满能力；有时（例如在特里吉特族）会使用更为印象深刻的方法；新萨满会在已逝萨满尸体边度过一整夜；参见弗雷泽《图腾信仰和异族通婚》，第三章，439 页。

大盆地地区，我们听说过一个"小绿人"。他的身高只有两英寸，背着弓和箭。他住在山间，谁要说他的坏话他就向谁射箭。这个"小绿人"是巫医的守护神，也是那些仅凭超自然帮助成为术士的人的守护神。[①] 小矮人作为守护神赐予萨满能力的这一观念在落基山脉西部高原印第安族（汤普森人、萨斯瓦普人）和北加利福尼亚地区（沙斯塔族、阿楚格威族、北部麦都族和尤基族）十分普遍。[②] 有时萨满能力直接源于最高神灵或其他神圣物，例如在南加利福尼亚的科阿韦拉沙漠地区，人们认为萨满从造物主玛卡特那里获得能力。但这种能力是通过守护神（猫头鹰、狐狸、草原狼、熊等）传递的，这些动物是天神与萨满之间的信使。[③] 莫哈维族人和尤马族人中，萨满能力源于神话人物，他们在创世时将能力传递给萨满。[④] 能力的传递一般发生在梦境中，并且是包含着加入式情节的梦境。尤马族人萨满生活在神话时代，见证了世界最初的形态。[⑤] 在马里科帕族人中，加入式梦境遵循一种传统的模式：神灵将准萨满的灵魂带走，带他走过一座又一座的山，每次都向他展示歌曲和治愈之法。[⑥] 在瓦拉佩族人中，神灵引导的旅程是萨满梦境的本质特征。[⑦]

我们已不止一次看到，传授萨满技艺通常是在梦境里进

---

① 帕克：《北美西部的萨满教》，77 页。

② 所有部落的名单，见同上书，77 页及后面内容。参见同上书，111 页，"小绿人"在准萨满的青春期就出现了。

③ 同上书，82 页。

④ 同上书，83 页。

⑤ A. L. 克罗伯：《加利福尼亚印第安人手册》，754 页及后面内容，775 页；C. D. 福德：《尤马族印第安人的民族志》，201 页及后面内容。萨满神秘的加入式也涉及回归世界之初的神话时间，那时，伟大的天神向最初的"伟大医生"展示秘技。我们将会看到，这些加入仪式中包括与创世时所确立的天地之间的交流相同的交流。

⑥ L. 斯皮尔：《希拉河的尤马部落》，247 页；帕克，115 页。

⑦ 帕克，116 页。

行的。正是在梦里，萨满进入了纯粹神圣的生活状态，并与天神、神灵和祖先灵魂重新建立直接关系。正是在梦里，时间概念总是被摒弃，神话时间被重新获得——这可以使未来的萨满目睹世界的开端，并由此不仅可以与宇宙的产生还可以与原始神话启示属于同一时代。有时，加入式梦境是无意识的，甚至始于萨满童年时期，比如在大盆地部落，情况就是这样。① 尽管这些梦境并没有遵循一个严格的范型，但它们都具有一定的模式；候选人梦到神灵或祖先，或听到他们的声音（歌曲或教导）。通常在梦里，候选人接受加入式的规则（严格的饮食规则，禁忌等）并了解萨满治疗病患时所需的物体。② 同样，在东北部的麦都族人中，一个人因梦到了神灵而成了萨满。尽管萨满是世袭的，但是只有当一个人在梦中看到神灵后才具备成为萨满的资格；然而，在某种程度上，这些梦境是一代一代传承下来的。虽然神灵没有特定的存在形式，有时他们会以动物的形象出现（在这种情况中，萨满不能吃那种特定动物的肉），但是他们也以岩石、湖泊等形式存在。③

　　动物神灵或自然现象是萨满能力的来源，这种观念在整个北美普遍流行。④ 在英属哥伦比亚的萨利希部落中，只有少部分萨满继承了亲属的守护神。几乎所有的动物都可以成为神灵，就像大部分的物体——与死亡有关的物体（例如坟墓、骨头、牙齿等）和任何自然现象（蓝天、西方、东方等）都可以成为神灵一样。但是，如同在其他例子中一样，我们这里触及了超出萨满教范围的巫术宗教－体验，因为勇

---

① 参见帕克，110 页。
② 帕维欧族，同上书，23 页；南加利福尼亚部落，同上书，82 页；可以听到的梦境，同上书，23 页等。在南部的奥卡纳冈族人中，准萨满看不到守护神灵，他只能听到他们的歌声和教导（同上书，118 页）。
③ R. 狄克逊：《北部的麦都族人》，274 页及后面内容。
④ 参见帕克著作中部落清单和传记参考文献，76 页及后面内容。

士也有自己的守护神，它们存在于勇士的盔甲和野兽中；狩猎者从山、水和所捕获猎物等那里获得他们的守护神。①

据一些派尤特族萨满所言，他们的能力源于"黑夜之神"。这一神灵"无处不在，他没有名字，也找不到一个词语来称呼他。"鹰和猫头鹰仅仅是从黑夜之神那里带来指示的信使。"水宝宝"或一些其他动物也可以是它的信使。"当黑夜之神赐予治愈能力时，它会告诉萨满向'水宝宝'、鹰、猫头鹰、鹿、羚羊、熊或一些其他的鸟类或动物寻求帮助。"② 尽管草原狼是派尤特族神话故事中一个重要的角色，但它从来都不是萨满能力的来源。③ 赐予萨满能力的神灵是看不到的；只有萨满可以感受到它们。④

"苦痛"既被看作是能力的源泉，也被看作疾病的原因。这些"苦痛"栩栩如生，有时甚至有一种特定的个性。它们并没有人类的形态，但它们总是具体的。⑤ 例如在胡帕地区，每种"苦痛"都有颜色，有的苦痛像一片生肉，有的像螃蟹、小鹿、箭头等等。⑥ 在北加利福尼亚各部落中，这种"苦痛"观念普遍存在，⑦ 而在北美其他地区却很少见或者前所未闻。⑧

艾可玛维人的"达马戈米"（*damagomi*）既是守护神也

---

① F. 博厄斯：《英属哥伦比亚内部的萨利希部落》，222 页及后面内容。
② 帕克引用到的帕维欧族信息提供者，17 页。"黑夜之神"可能是与最高神灵最近的神话模型，它是"隐退上帝"的一部分，通过"信使"帮助人类。
③ 同上书，19 页。
④ 同上。
⑤ 克罗伯：《手册》，见 63 页及后面内容，111 页，852 页；狄克逊：《沙斯塔》，见 472 页及后面内容。
⑥ 帕克，81 页。
⑦ 同上书，80 页。
⑧ 同上书，81 页。

是"苦痛"。一位女萨满老迪克西叙述了她是如何获得圣召的："那时，我已经结婚了。一天我的第一个'达马戈米'来找我，我现在仍然拥有它。它是一个小小的黑乎乎的东西，你几乎看不到它。第一次出现时，它发出了很大的噪声，那是在晚上。它告诉我，我必须到山上去见它。我去了，感到非常害怕。我几乎不敢走。后来我拥有了其他的达马戈米，我抓住了它们。"① 这些达马戈米曾属于其他萨满，被派出来毒害人们或做其他萨满教的差事。老迪克西派出了她自己的一位达马戈米并抓住了它们。这样，她就有五十多个达马戈米，但是，一位年轻的萨满仅有 3 个或 4 个。② 萨满用在治疗过程中吮吸的血来喂养达马戈米。③ 据杰米·安古洛所言，④ 这些达马戈米既是真实的（有骨骼，有血肉），也是虚幻的。当萨满想要毒害某一个人时，他会派出一个达马戈米"去找一找。进入他的身体。让他生病，不要马上杀死他，让他一个月后再死。"⑤

正如我们在萨利希部落的例子中看到的一样，任何动物或宇宙之物都可以成为能力的来源或守护神灵。例如，在汤普森–印第安地区，水被看作萨满、勇士、猎人和渔民的守护神灵，太阳、雷电或雷鸟、山峰、熊、狼、鹰、乌鸦都是萨满和勇士的守护神灵。有些是萨满和猎人或萨满与渔民的共同守护神。有一些守护神灵只有萨满拥有，例如黑夜、雾、蓝天、东方、西方、女人、少女、人的手和脚、两性的性器官、蝙蝠、灵魂之地、鬼魂、坟墓、骨头、头发以及死

---

① 杰米·安古洛：《艾可玛维族的心理宗教》，第四章："萨满教"，565 页。
② 同上。
③ 同上书，563 页。
④ 同上书，580 页。
⑤ 同上。

人的牙齿等等。① 但是萨满"能力的源泉"远不止这些。②

我们已经注意到，不论对萨满还是普通人而言，任何神灵、动物或实物都可以成为能力的来源或守护神。对于我们来说，这对萨满能力的起源问题有重要的影响：萨满能力具有独特性，这绝不是由于能力的来源问题（通常，来源对于所有其他巫术－宗教能力都是一样的），也不是因为某些动物守护神将萨满能力具体化。任何一个印第安人，如果他准备好努力集中精力，就可以获得他的守护神。③ 然而，部落的加入式常以获得守护神而结束。从这一点上看，探寻萨满能力是探寻更广泛的巫术－宗教能力的一部分。我们在前一章已经了解到，萨满不会因为对神圣的探寻而有别于集体的其他成员，因为对神圣的探寻是正常且普遍的人类行为。他们与众不同之处在于具有癫狂体验的能力，在一定程度上，这等同于圣召。

因此，我们可以得出这样的结论，守护神和神话动物辅助者并不是萨满教独有的特征。人们可以在整个宇宙中收集到这些守护神灵和辅助神。任何愿意经受磨难的人都可以获得它们。这就意味着在宇宙世界中，远古人类能够辨认出一种巫术宗教源头。根据神圣辩证法，任何宇宙物质都可以上升为一种显圣物。④ 能够将萨满与宗族中其他人区分开来的不是拥有一种能力或是获得守护神灵，而是他的癫狂体验。正如我们之前所见，而且我们之后会更加清晰看到，守护神灵和辅助神灵也不是这种癫狂体验的执行者，它们只是一位神灵的信使，或是体验的辅助者，这场体验除它们之外还有

---

① 泰特：《汤普森印第安人》，见354页及后面内容。
② 参见帕克，18页、76页及后面内容。
③ H. 黑伯林和 E. 巩特尔：《普吉桑印第安部落的人种学》，见56页及后面内容。关于萨满独有的神灵，同上书，65页、69页及后面内容。
④ 参见伊利亚德《比较宗教范型》，2页及后面内容。

其他神灵的显现。

另一方面，我们知道"能力"通常是由祖先萨满的灵魂（这些灵魂相应在神话时代之初也获得了这种能力）显现出来，或是由神灵或半神灵的人物得以体现，有时，最高神灵也向萨满显现这一能力。这里，我们也获得这样一种印象，即守护神和辅助神仅仅是萨满体验不可或缺的工具，就如同萨满在完成加入式后获得新的器官一样，这样，他就可以在新的巫术－宗教世界里更好地控制自己，而且从此以后，他便可以进入这一新的巫术－宗教世界。在下面的章节中，守护神和辅助神作为"神秘器官"的角色将会变得更加清晰明了。

正如在其他地区一样，北美萨满通过自发或有意探寻获得守护神灵和辅助神。对于北美萨满而言，圣召总是通过有意探寻得到的；而亚洲萨满的圣召在某种程度上会受到神灵的影响。[①] 人们通过这一点来区别北美萨满与西伯利亚萨满的领神。博戈拉兹利用本尼迪克特[②]的一些发现对北美萨满能力的获取做出如下总结：为了与神灵取得联系或获得守护神灵，有志成为萨满的人隐退到荒僻之地，将自己置身于自我折磨的严格管理体制当中。当神灵以动物的形象显现时，人们相信这个人将自己的肉体贡献给了这些神灵。[③] 但是，将自己作为食物供奉给神灵的这一动作通过分解肢体完成，[④] 它只是肢解候选人躯体的癫狂仪式的一个平行模式。我们在之前的章节中已经分析过这个仪式了，它包含了加入式的一个模式：死亡与重生。除此之外，在其他地方例如澳大利

---

① 博戈拉兹：《亚洲北部和美洲北部的萨满召唤和加入式时期》，尤其见443页。

② 参见《朴实文化的幻影》。

③ 《萨满召唤》，442页。

④ 例如在阿西尼布旺族中，（同上）。

亚①或者西藏②也可以找到这个仪式。人们认为这个仪式是在恶魔神灵操纵下，候选人癫狂肢解的一种替代物或者一种平行模式。尽管在一些地区这种仪式不再存在，但将自己身体供奉给动物神灵（在阿西尼博因人当中）或邪恶神灵（西藏）的模式有时却代替了肢体分解和器官更新的自发癫狂体验。

如果"探寻"确实是北美萨满教的中心，那么探寻就不是获得能力的唯一途径。我们已经看到自发圣召的几个例子，③但这样的例子还有很多。我们只需记住，在萨满教能力的遗传继承中，萨满的选定归根结底取决于神灵和祖先灵魂。我们也可能记得，准萨满的预兆性梦境，据帕克所言，如果萨满不能正确地理解并虔诚地遵照这些梦境，那么这些梦境将会成为对萨满致命的疾病。通常需要一位老萨满来解释这些梦境；他命令病人要遵循引起梦境的神灵所下的命令。"通常一个人不愿成为一名萨满，只有当其他萨满告诉他如果不这样做，就会死去时，他才会展现他的能力并遵照神灵的命令。"④ 对于西伯利亚、中亚和其他地方的萨满而言，情况亦是如此。正如我们谈到的一样，人类对待神圣的矛盾态度解释了对"神灵征选"的抵抗。

在亚洲也存在对萨满能力的自愿探寻，尽管这一情况并不常见。在北美洲，尤其在加利福尼亚南部，萨满能力的获得通常与领神仪式相联系。在卡瓦尔苏人、卢伊赛诺人、朱亚内诺人、贾布里厄利诺人、迪埃格诺人、科科帕人和阿克

---

① 在澳大利亚隆加和和德贾拉部落中，有志成为巫医的人进入一个居住着很多恐怖的蛇的大池塘。这些蛇"杀"了他，经过这次仪式性死亡，他获得了巫术能力；见 A. P. 埃尔金《澳大利亚西北蛇彩虹神话》，350 页；参见埃尔金《澳大利亚土著人》，223 页。

② 在密教仪式 chöd（即 gchod）。

③ 例如在上文中提到的古迪克西例子，104 页及后面内容。

④ 帕克，26 页。

瓦阿拉人中，被曼陀罗（一种野草）麻醉后，有志成为萨满的人等待守护神灵幻影的出现。[1] 这里的加入式是某一神秘团体的仪式而不是一种萨满体验。博戈拉兹提到，尽管在北美地区人们很难准确地界定神秘社团和萨满教这两种宗教仪式，但是有志成为萨满的人所经受的磨难更像是一位候选人加入神秘社团而必须经受的严酷磨难，而非萨满教本身。

---

[1]　克罗伯：《手册》，604 页及后面内容，712 页及后面内容；帕克，84 页。

第四章
萨满领神

通古斯人和满洲人的萨满领神

在北亚和世界其他地方，癫狂征选之后通常要接受一段时间的训导，在此期间，老萨满为受选的新手适时地举行领神仪式。这时，准萨满理应当掌握他的神秘法术，并学习所属部落的宗教和神话传说。准备阶段通常以一系列一般被称为新萨满领神的仪式结束，但并不总是这样。[①] 但是，正如史禄国对通古斯人和满洲人正确评述中指出的那样，我们把这样的仪式看作领神并不合适，因为早在被大师级萨满和群体认可前，这些萨满候选人事实上已经"被实施了领神仪式"。[②] 在西伯利亚和中亚的任何地方，几乎都是这种情况；即使有一个公共的仪式（例如，在布里亚特人中），这也仅仅确认了真正癫狂和神秘的领神并使其合理化，正如我们之前所见，这是神灵（疾病、梦境等）的职责，是通过向大师

[①] 关于西伯利亚和中亚萨满指导和领神的概要，见 W. 施密特《天神观念的起源》，第十二章，653～668 页。

[②] 《通古斯的心理情结》，350 页。

级萨满学习来完成的。①

但是，依然会有大师级萨满对候选者的一个正式认可。在外贝加尔山脉通古斯人中，一个孩子从小被选中并被培养成一名萨满。经过一定的准备，他开始经历第一次考验。他必须解析梦境，展现他的占卜能力等等。最具戏剧性的时刻出现在处于癫狂中的萨满描述神灵会送给他什么样的动物，这样他就可以用它们的皮毛做一件萨满服装。很久以后，人们捕获了这些动物并做好服装后，就会举行一个新的集会；一只驯鹿会被祭献给已逝的萨满，候选人穿上他的萨满服饰，表演一场"盛大的萨满教化仪式"。②

在满洲的通古斯人中，这个过程有点儿不同。孩子被挑选出来并得到训导，但决定他能否成为萨满的是他的癫狂能力。③ 经过上述一定时期的训练之后，才举行真正的"领神"仪式本身。

两棵图罗树（大枝杈被砍掉，保留树冠）被立在一座房子前面。

> 两棵图罗树由交叉的横梁连接，横梁有九十或一百厘米长，个数是奇数，如5、7或9。第三棵图罗树被立在南面的几米远的地方，通过一根线或窄皮带——绳子与东面的图罗树连接在一起，30厘米处悬挂着丝带和各种鸟的羽毛，可能是用中国的红丝绸或者是染成红色的皮筋做成的。这就是神灵移动的"道路"。细绳上还挂着一枚木戒指，可以在两棵图罗树之间自由移动。当"指导者"给萨满派送神灵时，神灵就寄住在木戒指表

---

① 参见，例如 E. J. 林格伦《满族通古斯的驯鹿》，221 页及后面的内容；N. K. 查德威克：《诗与预言》，53 页。
② 史禄国：《心理情结》，351 页。
③ 参见上文，16 页及后面的内容。

面上。每棵图罗树附近都放着三个人神同形物（an'akan），形体异常巨大：每个大约长 30 厘米。

候选人坐在两棵图罗树中间击鼓。老萨满把神灵一个一个叫到南边图罗树上，然后用戒指将它们送到候选人那里。每次指导者都会派遣一位神灵，并收回这枚戒指。如果不进行这一过程，神灵就会进入候选人的体内，不会再离开他……

在神灵附体的这段时间，老萨满对候选人进行测试，候选人必须详尽地说出神灵的全部历史，例如它曾经是什么；它住在哪里（在哪一条"河流"）；它以前做过什么；它以前跟随哪位萨满；那位萨满是在什么时候去世的等等。这样做是为了说服观察者，让他们相信神灵确实在候选人的体内。每晚表演之后，萨满都会爬到顶端的横梁上，并且在那里待上一段时间。萨满将萨满服饰挂在图罗树的横梁上。①

这个仪式要持续三、五、七或九天。如果候选人成功了，就要向部族神灵献祭。

现在，我们将"神灵"在准萨满圣祝仪式中的作用放在一边，事实上，通古斯萨满教似乎是由神灵引导者主导的。我们只考虑两个细节：（1）被称为"道路"的绳子；（2）攀爬仪式。这两个特征的重要性马上会变得很明显：绳子象征连接大地与天空的"道路"（尽管如今在通古斯族中，"道路"更多地代表了与神灵的沟通）；爬树最初预示着萨满升天。正如可能的那样，如果通古斯族是从布里亚特族那里获得了这些领神仪式，那么通古斯族很有可能将这些仪式应用到他们自己的意识形态中，同时摈弃这些仪式原有的意义；在其他

---

① 史禄国，352 页。

思想意识形态的影响下，原有意义的摒弃最近才发生。无论
情况如何，虽然这一领神仪式是从布里亚特族借引过来的，
它也或多或少与通古斯萨满教的整体意识相一致；因为，正
如我们之前已经看到的那样，通古斯和所有其他北亚和北极
民族都相信萨满的升天，后面我们会更加全面地看到这一点。

在满族（Manchu）人中，之前公开的萨满教领神仪式
还包括候选人在灼热的火炭上行走，如果候选人已经掌控了
他拥有的神灵，那么他就在走灼炭时不会受伤。但是，今天
这样的仪式已经相当罕见了，[①]
这正与现在北亚萨满教普遍衰退的观点不谋而合。

满洲人中还存在另一个领神磨难。冬天，人们在冰上凿
出九个洞；萨满候选人必须要跳进第一个洞，从第二个洞里
出来，依次反复，直到第九个洞为止。满洲人声称这种极度
严酷的磨难是受中原的影响。[②] 而且事实上，这一磨难与一
些西藏的瑜伽 – 密教磨难相似，在这些西藏磨难中，在冬天
下雨的晚上，有抱负者会把一些湿的床单披在赤裸的身体上
来烘干。因此，瑜伽修行者学徒证明了他可以在体内产生
"身体的热量"。我们也记得在因纽特人中也存在抵御寒冷的
相似情境，这被视为萨满教征选的特定标志。事实上，随时
产生热量是原始术士和巫医的一个重要技艺；对此，我们之
后会再次提及。[③]

雅库特人、萨摩耶德人和
奥斯加克人的领神

关于雅库特族、萨摩耶德族和奥斯加克族的领神仪式，

---

① 史禄国：《心理情绪》，353 页。
② 同上书，352 页。
③ 参见上文，58 页，注释⑧；下文，475 页及后面的内容。

我们只掌握了一些不确定并且过时的信息。这些记载给出的描述极有可能是肤浅并且不准确的，因为十九世纪的观察者和民族志学者常常视萨满教为邪教。对他们来说，经历过领神的准萨满就是将自己置于"恶魔"的掌控之下。下面就是 N. V. 普里普萨夫描述的雅库特族的领神仪式：神灵"征选"之后，① 老萨满把他的门徒带到一座山上或一片空地上，给他萨满的服饰以及鼓和鼓槌，在右边安置九个童子，左边安置九个童女。然后，老萨满穿上自己的服饰，从受选新手的后面经过，让他重复一些萨满教信条。老萨满首先要求学习者放弃对上帝的敬仰以及一切珍惜的东西，要求他承诺将一生奉献给"恶魔"，这样恶魔就会实现他的所有愿望。然后大师萨满告诉他恶魔的住所、他可以医治的疾病以及如何安抚恶魔等。最后，候选人杀死祭祀动物；他的服饰上溅满祭祀动物的鲜血，肉则被祭祀参与者吃掉。②

根据克谢诺丰托夫从雅库特萨满那里收集的信息，老萨满会带着新手的灵魂经历一场长时间的癫狂之旅。这次癫狂之旅从爬山开始，在爬山的过程中，大师萨满给新手指出路上出现的分叉口，可以从这些分叉口的其他小径通向山顶；折磨人的疾病就居住在山顶上。之后，这位大师萨满带着他的学徒进入一所房子，在那里他们穿上萨满服饰，并在一起进行萨满教化。大师萨满向新手展示如何识别并治愈侵袭身体各个部位的疾病。大师萨满每说出身体的一个部位时，都

① 参见上文，73 页及后面的内容。

② 《雅库特萨满教研究资料》，64~65 页；参见米海洛夫斯基《西伯利亚和欧洲俄罗斯萨满教》，85~86 页；U. 哈瓦《阿尔泰民族的宗教观》，485~486 页；V. L. 普里克隆斯基，在 W. 施密特《起源》，第十一章，179 页，286~288 页。这里，我们或许提到"黑"萨满的领神，他们无一例外地服务于地府神灵和神圣物，在其他西伯利亚民族中也可以找到他们的存在；参见哈瓦《阿尔泰民族的宗教观》，482 页及后面的内容。

会在学徒的嘴里吐一口唾沫，而这个学徒必须要咽下这口水，这样他或许就能知道"地狱恶魔的道路"。最后，老萨满把他的学徒带到上层世界的天神中间。此后，萨满就拥有了一个"被圣祝的躯体"，就可以行使萨满的职能了。①

据 P. I. 特列季亚科夫所言，图鲁汉斯克地区的萨摩耶德和奥斯加克族按照如下的方式使新萨满领神：候选人面朝西方，大师萨满祈求黑暗之神帮助这个新手，并且赐予他一位引导者。接着大师萨满向黑暗之神吟唱一首圣歌，候选人重复这首歌曲。最后，这个新手要经历神灵强加于他的磨难，神灵向他索要他的妻子、儿子和物品等。②

和通古斯族和布里亚特族一样，赫哲族也公开进行领神仪式。候选人的家人和很多客人会参加这一仪式，人们会唱歌、跳舞（必须至少有九个舞者），并且要祭祀九头猪；萨满会喝掉它们的血，进入癫狂状态，进行很长一段时间的萨满法式。这一节日会持续几天③并成为一种公众的庆祝活动。

显然，这样的盛事直接关系到整个部落，仪式的花销显然不总是由候选人家族独自承担的。在这个方面，领神在萨满教的社会学中扮演着重要的角色。

布里亚特人领神

布里亚特族的领神仪式是最复杂的；多亏了汉加洛夫以及由 A. M. 波兹涅耶夫出版、J. 帕特宁翻译"手册"，布里

---

① G. V. 克谢诺丰托夫、A. 夫里德里克和 G. 巴德勒斯：《西伯利亚萨满故事》，169 页及后面的内容；H. 芬德森：《萨满教》，68 页及后面内容。

② 《图鲁汉克斯地区的自然与居民》，210～211 页，参见米海洛夫斯基，86 页。

③ 哈瓦：《宗教观》，486～487 页，引用 I. A. 洛帕京。

亚特领神仪式才成为最著名的领神仪式。① 即使在这里，真正的领神也是在新萨满的公开圣祝前发生。在他最初癫狂体验（梦境、幻想、和神灵的对话等）之后的许多年里，这个学徒要在孤独中做准备，接受年老的萨满大师，尤其是为他实施领神仪式被称为"父萨满"者的训导。在此期间，他逐渐变成真正的萨满，召唤天神和神灵，学习这一职业的秘密。同样，在布里亚特族中，"领神"是候选人神秘能力的公开展现，紧接着就是大师萨满对他的圣祝，而不是真正地揭示神秘。

圣祝的日期决定之后，要举行一个净化仪式。理论上，这个仪式需要重复三到九次，但实际上只进行两次。"父萨满"和被称为"儿子"的九个年轻人，从三个喷泉取水，向喷泉神灵举行名为"塔拉森"（tarasun）的奠酒祭神仪式。返回的路上，他们拔一些新嫩的小枝丫带回屋子。把水烧开，为了净化水，要往锅里放野生百里香、杜松、松树皮，还要往水里加几根从雄性山羊耳朵割下的毛发。然后人们将山羊杀死，滴几滴血到锅里。山羊肉被拿给女人们进行烹饪。用山羊的肩胛骨占卜之后，"父萨满"召唤候选人的萨满祖先，向他们献上酒和"塔拉森"。"父萨满"将桦树细

---

① N. N. 阿加皮托夫和 M. N. 汉加洛夫：《西伯利亚萨满教及伊尔库茨克州布里亚特萨满教研究资料》，46～52 页，由 L. 斯季达翻译并收集，《布里亚特人中的萨满》，250 页及后面的内容（领神仪式，287～288 页）；米海洛夫斯基，87～90 页；哈瓦：《宗教观念》，487～496 页；W. 施密特：《起源》，第十章，399～422 页。他是位在伊尔库斯克的学校老师，他自己是布里亚特族的后代，汉加洛夫给阿加皮托夫提供了一份非常丰富的关于巫术萨满教仪式和信仰的第一手资料。也可见约尔马·帕尔塔宁《布里亚特萨满教描述》。《手册》是由 A. M. 波兹涅耶夫在 1879 年的一个布里亚特村庄发现的一份手稿，并且由他发表在《蒙语读本》，293～311 页。文本是蒙古语，却带有现代布里亚特族的痕迹。作者似乎是一位半喇嘛布里亚特人（帕尔塔宁，第三页）。不幸的是，这份资料只报道了仪式的外延。一些由汉加洛夫记载的细节在这个资料中有所丢失。

枝编成的扫帚浸泡在锅里，然后用它触碰候选人裸露的后背。"子萨满"们依次重复这个仪式性动作。当"父亲"说："当穷人需要你的时候，要的少一些，接受他们给你的东西。为穷人着想，帮助他们，向天神祈祷保护他们免受邪恶神灵的侵害；当富人召唤你的时候，不要因你的服务而索取很多。如果一个穷人和富人同时召唤你时，先去帮助穷人，之后再去帮助富人。"① 学徒承诺要遵守这些规矩，并重复大师背诵的祷文。经过洗礼之后，再一次向守护神灵供奉"塔拉森"，准备仪式就此结束。用水净化的仪式对于萨满来说是强制的，这个仪式如果不是每个月新月的时候举行，至少也会一年一次。此外，每次招致污染的时候，萨满会以同样的方式净化自己；如果污染特别严重，萨满也会用血来净化。

领神结束后一段时间会举行首次圣祝仪式（*Khärägä-khulkhä*），所有群体成员平摊仪式的费用。萨满和他的助手（"儿子们"）骑马列队到各村收集祭祀物。这些祭祀物通常是方巾和丝带，很少人会给钱。另外，他们还会买木制的杯子、"马棍"上用的铃铛、丝绸、酒和其他物品。在巴拉甘斯克地区，候选人、"父萨满"和九个"子萨满"会待在一个帐篷里，在那里戒斋九天，只喝茶，吃一些煮熟的面粉。一根由马毛做成并绑有小动物皮毛的绳子会绕帐篷三圈。

仪式前夕，萨满和他的九个"儿子"砍倒大量粗壮笔直的桦树，一般都是在埋葬着村庄居民的森林里。为了安抚森林神灵，他们献祭山羊肉和"塔拉森"，这样，节日那天早晨，桦树就各就其位。首先，一颗矮粗的桦树立在蒙古包

---

① 哈瓦（《宗教观念》，493 页）将这次净化仪式描述为接下来的领神本身。正如我们稍后可见，在仪式性攀爬白桦树之后，人们会立即举行一次类似的仪式。在任何情况下，加入式情节随着时间的蔓延有可能产生大量的变化；不同部落之间也存在明显的变化。

中，树根扎在灶台里，树冠从烟囱穿出。这棵桦树被称为
"门卫"（或者"门神"），因为它为萨满打开了通往天空的
道路。作为一个区分萨满住所的标志物，这棵桦树被永久地
保留在帐篷里。

其他的白桦树要远离蒙古包，立在将要举行领神仪式的
地方，而且种植的时候要按照特定的顺序：（1）下面放有
"塔拉森"和其他供品以及用丝带（"黑"萨满要用红色和
黄色的丝带，"白"萨满用白色和蓝色的丝带，如果新萨满
要服务于各种好的和坏的神灵，那么他会用四种颜色的丝
带）将树枝绑起的白桦树；（2）绑着一个铃铛和一匹祭祀
马的皮毛的白桦树；（3）第三棵白桦树，粗壮而且结实地种
在地面上，这位新手将会攀爬这棵树。人们通常会把这三棵
连根拔起的树称为"柱子"（*särgä*）。然后接下来是（4）九
棵白桦树，三棵一组，用白色马毛做成的绳子绑起来，并以
特定的顺序系有不同颜色的丝带——白色、蓝色、红色、黄
色（这些颜色或许象征着各级天国）；在这些白桦树上，有
九只祭祀动物的皮毛以及各种食物；（5）绑有九只祭祀动物
的木桩；（6）按顺序摆放的高大白桦树，祭祀动物的骨头，
用稻草捆起来，稍后会挂在这些白桦树上。① 主要的白桦
树——蒙古包里的那一棵——通过两条丝带，一条红色，一

---

① 由帕尔塔宁翻译的文本为我们提供了许多关于仪式性白桦树和标杆仪
式的许多细节（10～15 页）。"在北边的那棵树被称作母亲树。在树的
顶端用丝绸和棉花绑着一个鸟巢，在鸟巢里，即棉花上，或柔软的白
羊毛上放着九颗蛋，用白天鹅绒制成的月亮的图像被粘在一个圆形的
白桦树皮上……南边的那棵矮小的树被称为父亲树，在树的顶端粘着
（一片）带有红色天鹅绒的白桦树皮，人们称之为太阳"（10 页）。
"在母亲树的北边栽了七棵白桦树，它们面朝帐篷；在帐篷的四个方向
种着四棵树，在每一棵树的底端刻有一个壁架，用来燃烧杜松和百里
香（用作香料）。人们称这为梯子（*šita*），或者楼梯（*geskigür*）"（15
页）。我们会在 W. 施密特的《起源》第十章 405～408 页找到一份所
有这些白桦树资料的详细分析（除了由帕尔塔宁翻译的文本）。

条蓝色，与外面其他的白桦树连接起来；这些丝带象征着"彩虹"，是萨满到达神灵领地，天空的道路。

　　一切准备就绪之后，新萨满和"子萨满们"都穿上白色的衣服开始圣化萨满用具。为纪念"马棍"神和女神，人们会献祭一只绵羊和"塔拉森"，有时棍子上涂抹着祭祀动物的鲜血，那根"马棍"随即就富有生命，成为一匹真正的马。

　　圣祝萨满所需物品之后，是一个漫长的仪式，其中，要将"塔拉森"供给守护神灵——西方的可汗们和他们的九个儿子——以及"父萨满"的祖先们、当地的神灵、新萨满的守护神灵、一些著名的已逝萨满、不尔罕（burkhan）和其他小神灵。[①] "父萨满"会再一次给各天神和神灵念一段祷文，候选人会重复他的话；按照某些传统，候选人手中要握一把剑，这样就有了保护，他要爬上立在蒙古包里的那棵白桦树，爬到顶部，从烟洞出来，大声喊叫来召唤神灵的帮助。在此期间，蒙古包里的所有人和东西要不停地被净化。之后，四个"子萨满"唱着歌把候选人带出蒙古包带到一块平展的毯子上。

　　"父萨满"领着候选人和九个"儿子"走在最前面，一整群亲属和观众们列队向竖立成排的桦树前进。走到某处，一颗桦树附近，队伍停下来。人们献祭一只雄性山羊，候选人脱光上衣，在头上、眼睛上涂抹鲜血，其他萨满在一旁击鼓。九个"儿子"将他们的扫帚浸入水中，击打候选人的裸

---

　　① 关于可汗和布里亚特相当复杂的万神殿，见 G. 桑德斯彻《阿兰－布里亚特人的世界观和萨满教》，939 页；W. 施密特：《起源》，第十章，250 页及后面的内容。关于不尔罕，见史禄国（在米罗诺夫和史禄国合编的《沙门－萨满》，120～121 页）反对 B. 劳弗（《不尔罕》，390～395 页）观点的长注释。劳弗反对阿穆尔和通古斯族中的佛陀遗迹。关于不尔罕在突厥族中后来的含义（反过来，它又应用于佛教、嘛呢和拜火教等），见 U. 佩斯塔洛扎《土耳其东西部的摩尼教》，456 页，注释 3。

露的后背，进行萨满教化。

然后，人们会祭献九只或更多的动物，准备肉的时候，会进行升天仪式。"父萨满"爬上一棵白桦树，在树的顶部刻出九个凹槽。他下来并坐在"儿子们"之前放在白桦树下的毯子上。然后是候选人爬树，接下来是其他萨满。爬树期间，他们进入癫狂状态。在巴拉甘斯基的布里亚特族中，坐在毯子上的候选人会被抬着绕白桦树转九圈；他会攀爬每一棵树，在每一棵树顶上刻九个凹槽。爬到每棵白桦树的树顶时，他会做萨满法事；同时，"父萨满"在地上也会绕着树走，进行萨满法事。据波塔宁所言，这九棵白桦树相隔很近，坐在毯子上被人抬着的候选人在最后一棵白桦树之前跳下来，爬到树顶，重复在每一棵树上做同样的仪式，就像那九个标记一样，象征着九级天国。

这时肉也准备好了。向天神供奉祭品之后，宴会开始。萨满和他的"儿子们"退回到帐篷里，客人们的宴席则要持续一段时间。人们用稻草将祭祀动物的骨头包裹起来挂在九棵桦树上面。

早期有好几次领神。汉加洛夫和桑德斯彻①分别提及了九次，B. E. 佩特里提到了五次。② 根据波兹涅耶夫发表的文章，第二次和第三次领神分别在三年和六年后举行。③ 相似的仪式在西波族（与通古斯族相关的民族）和阿尔泰鞑靼族中得到了验证，在某种程度上，雅库特族和赫哲族中也存在类似的仪式。④

但是，即使在这种类型的领神不为人所知的地方，我们仍发现了依赖于类似观念的萨满升天仪式。通过研究降神会

① 《世界观》，979 页。
② 哈瓦：《宗教观念》，495 页。
③ 帕尔塔宁，24 页，37 页。
④ 哈瓦：《宗教观念》，498 页。

技艺，我们发现中亚和北亚萨满教表现出基本的统一性。我们到时会对所有这些萨满教仪式的宇宙结构进行阐释与说明。例如，桦树显然象征着宇宙树或世界轴，因此人们认为桦树占据着世界的中心，通过攀爬桦树萨满开始通往世界中心的癫狂旅程。在讨论加入式梦境时，我们就已经讨论了这个重要的神话主题。讨论阿尔泰降神会和萨满鼓的象征意义时，这个主题就会变得更加清晰明了。

　　此外，我们将会看到，在其他萨满教类型的领神中，通过一棵树或一个木桩升空也有重要的作用；它被认为是升天的神话宗教主题（这一主题也包含"巫术飞行"、"箭头链"、绳子和桥等的神话）的一个变体。升空同样的象征意义通过绳子（桥）得到了证实，这条绳子连接了白桦树并挂着不同颜色的丝带（彩虹的分层，不同的天国地域）。这些神话主题和仪式，尽管有别于西伯利亚和阿尔泰宗教，但并不是这些文化所特有的，因为它们传播的范围远远超出了中亚和东北亚。人们甚至怀疑像布里亚特萨满教领神这样复杂的仪式是否会是一个独立的创新。因为，正如哈瓦 25 年前记录的一样，布里亚特族的领神会令人奇怪地想起密特拉神教理的一些仪式。候选人脱光上衣，通过一只山羊的血得到净化，这只山羊有时在萨满的头顶上被杀掉；在一些地方，候选人甚至要喝祭祀动物的血。[①] 这一仪式和密特拉神教理中的主要仪式很相似。[②] 而且这一教理也使用一个七阶梯子，

---

① 参见哈瓦《生命之树》，140 页及后面的内容；《宗教观念》，492 页及后面的内容。

② 在我们这个时代的第二个世纪（《司祭》第十章，1001 页及后面内容）蒲顿修就巨大母亲神话描述了这一仪式，但是我们有理由相信佛里几亚"密特拉神的教理的一些仪式"是从波斯人那里借鉴过来的；参见弗朗茨·屈蒙《罗曼异教徒中的东方宗教》（第三版），63 页及后面的内容，229 页及后面的内容。

每一梯阶都是由不同的金属制成。据塞尔苏斯①所言，第一阶由铅做成（对应是土星这一天国），第二阶是锡（金星），第三阶是青铜（木星），第四阶是铁（水星），第五阶是"货币合金"（火星），第六阶是银（月亮），第七阶是金（太阳）。塞尔苏斯说第八阶代表了固定的恒星所在的那层梯阶。通过攀爬这个上天的梯子，加入者通过了"七级天国"，到达天神居处。② 其他伊朗元素或多或少以变体的形式出现在中亚的神话中。③ 古索格迪亚纳人在我们这个时代的第一个千年中一方面沟通了中国与中亚，另一方面连接了伊朗和近东地区，④ 若我们将这些伊朗元素考虑在内，谨记古索格迪亚纳人的重要角色，那么，芬兰学者的假设似乎合情合理。

现在我们已经表明伊朗对布里亚特仪式的影响很小，对此我们不会继续讨论。当我们讨论南亚和西亚对西伯利亚萨

---

① 奥利金：《驳塞尔索》，第六章，22 页。

② 关于通过梯阶、梯子、山脉等方式的升天，参见 A. 迪特里克《一种密特拉宗教仪式》（第二版），183 页，254 页；参见下文 490 页及后面的内容。我们也可能回忆起数字 7 在阿尔泰和萨摩耶德民族中占有重要地位。世界之柱有七个等级（哈瓦：《芬兰 - 乌戈尔和西伯利亚神话》，338 页及后面的内容），宇宙树有七个树枝（同上，《生命之树》，137 页；《宗教观念》，51 页及后面的内容）等。数字 7 在密特拉神的象征意义中占主导地位（七级天国、七颗星星、七把刀子、七棵树或七个祭坛等，在华丽的纪念碑中），数字 7 源于早期影响伊朗神话（参见，例如 R. 佩塔佐尼《神秘 1》，231 页，247 页等）的巴比伦的影响。关于这些数字的象征意义，参见下文，274 页及后面的内容。

③ 我们将会提及几个：gaokērēna 的神话，它长在 Vourukasha 湖（或海）的一个小岛上，在它的周围潜伏着由恶灵创造的蜥蜴怪兽（《Vidēvdat》，二十章，4 页；《Bundahišn》，十八章，2 页；二十八章，4 页；等），在 Kalmyk（一条盘踞在神奇树 zambu 附近海洋里的龙），布里亚特（盘踞在"奶湖"神秘树旁边的 Abyrga 蛇），和其他地方（哈瓦：《芬兰 - 乌戈尔和西伯利亚神话》，356 页及后面的内容）也存在这样的神话。但是印度影响的可能性也必须考虑在内；参见下文，226 页及后面的内容。

④ 见凯多恩《栗特文名词"法律"和萨摩耶德名词"天神"》，1 ~ 8 页。

满教的贡献时，所有这一切都会显示出自身的重要性。

阿劳干女萨满的领神

　　寻找所有可能与布里亚特萨满教领神类似的仪式并不在我们打算的研究范围内。我们将只提及其中最显著的，尤其是那些作为一场重要仪式、涉及爬一棵树或一些多少有升天意义的象征手段。我们将从"马基"（machi），即阿劳干女萨满的一次圣祝仪式开始论述。① 这个领神仪式以仪式性的爬树，或更准确地说，以爬一棵被剥去树皮、叫作"雷弗"的一棵树为中心。"雷弗"也是萨满职业独特的象征，每位阿劳干女萨满都会无限期地将这棵树放在她的房子前。

　　一棵九英尺高的树被刻成梯子形状，坚固地立在女准萨满的房前。"稍微向后倾斜一点，这样人们更加容易攀爬"，有时"高处的树枝会被插在'雷弗'周围的地上，形成一个六十平方米的包围圈"。② 当这个神圣的梯子立起来后，候选人脱掉衣服，只穿着她的内衣躺在一个由羊皮和毛毯制成的睡椅上。年长的女萨满用卡内洛叶子擦拭她的身体，留下神奇的痕迹。与此同时，参加仪式的女人们手摇铃铛一起合唱圣歌。人们会多次重复这个仪式祷文，之后"年长女萨满就用力吮吸女候选人的胸部、肚子和头部直到鲜血喷出"。③ 在第一次准备仪式结束后，候选人起来穿上衣服，坐在一个椅子上。歌声和舞蹈会持续整整一天。

　　第二天，庆祝活动达到高潮，大批的客人会到来。老阿

---

①　我们将会用到梅特罗克斯的描述（《阿劳干萨满教》），梅特罗克斯充分利用了所有之前的资料，尤其是 E. 罗布莱斯·罗德里"Guillatunes, costumbres y creencias araucanas"，和弗瑟·豪斯：《印第安史诗》、《智利的阿劳干族》。

②　梅特罗克斯：《阿劳干萨满教》，819 页。

③　同上书，321 页。

劳干女萨满围成一个圈，一个接一个地击鼓、跳舞。最后，她们和候选人走到树梯那里，开始一个接一个地升天。根据莫斯巴赫的信息提供者，候选人最先爬树。这个仪式以献祭一只羊结束。

我们已经总结了梅特罗克斯引用罗伯斯·罗德里格斯的描述。弗瑟·豪斯提供了其他的细节。随同者围绕祭坛形成一个圆圈，祭坛上摆放着女萨满家族祭献的羊羔。一个阿劳干女萨满这样召唤天神："哦，人类的神和父亲，我向您撒去您所创造的动物的鲜血，愿您慈爱我们。"人们杀掉一只动物，它的心脏被挂在卡内洛树的一根树枝上。音乐响起，所有人聚集在"雷弗"的周围。然后开始宴会，跳起舞蹈，这样持续一整夜。

黎明时分，候选人又出现了，带着萨满鼓的阿劳干女萨满又开始跳舞。她们中的几位会进入癫狂。其中的一位将自己的双眼蒙住，摸到一把白石英刀子，在候选人的手指上和嘴唇上划了几道口子；然后，她又在自己的身上划了相似的伤口，并把自己的血与候选人的血混起来。其他仪式之后，年轻的加入者"爬'雷弗'、跳舞、击鼓。年长的女人们跟着她，在梯阶上稳站着不动；在梯阶上，她的两个引领人站在她的两边。她们拿掉了她绿色植物的项链，脱掉了她沾满血的绒毛织物（不久之前，她是用这些东西装扮自己的）并把这些东西挂在灌木枝上。因为它们是神圣的，所以或许只有时间会毁掉它们。然后，一大批术士又下来了，最后下来的是他们的新伙伴，但都向后移动并很守时。她的脚一碰到地面，人群中就发出喧嚣声，这是巨大的成功、疯狂、一次真正的混战，每个人都想贴近看她，触摸她的手，亲吻她。"[1] 紧接着是一场盛宴，那些参加仪式的人都参加这场盛宴。候选人的伤口一星期后就会愈合。

---

[1]　豪斯，上文引用，325 页。

根据莫斯巴赫收集的文章，新阿劳干女萨满的祷文似乎是说给父神的。她祈求父神赐予她第二视野（看到病人身体里的疾病）和击鼓的艺术。除此之外她祈求得到一匹"马"，一头"牛"和一把"刀"——这些都是某些神灵力量的代表——最后祈求一块"有条纹和颜色的石头"（这是一块神奇的石头，它可以投射到病人的体内净化病人；如果石头出来时布满鲜血，那么预示着病人处于死亡的危险中；萨满正是用这块石头消除疾病的）。年长的阿劳干女萨满向观众许诺，年轻的新萨满不会练习黑巫术。虽然罗伯斯·罗德里格的文本中并没有提及天神，但是用"维洛"（*vileo*）指代天上的阿劳干女萨满，也就是指天上伟大的萨满（*vileo* 的意思是住在"天空的中间"）。

事实上，不论哪里有领神的升天仪式，这一仪式在萨满治愈病人的过程中都是要被重复的。[1]

我们应该注意一下这个领神仪式的中心主题：象征着天堂之旅的爬树梯癫狂升天；站在梯台上向最高天神或宇宙伟大萨满祈祷的祷文，人们相信他们会赐予阿劳干女萨满治愈能力（预见力）和治愈疾病所需的神奇物品（有条纹的石头等）。治愈疾病能力的起源是神圣的或至少源于上天，这在很多远古民族中得到了证实——例如，在赛芒·俾格米人中，哈拉在杰诺伊（最高天神塔·佩登和人类的中介）的帮助下治愈病人，或者同样在天神的帮助下用石英石治愈病人，因为人们认为这些天上神灵寄住在这些石英石中。[2] "有条纹和颜色的石头"同样也源于上天。我们已经引用了许多南美和其他的例子，[3] 我们之后将返回

---

[1] 梅特罗克斯：《阿劳干萨满教》，336 页。

[2] 参见下文，337 页及后面的内容。

[3] 参见上文，43 页及后面的内容。

讨论这个主题。[1]

仪式性爬树

在北美，仪式性的爬树也是萨满教领神的一个仪式。在波莫族中，进入神秘社团仪式要持续四天，其中一整天都要攀爬二十到三十英尺长、直径为六英寸的树干。[2] 我们也应当记得西伯利亚准萨满会在圣祝仪式期间或之前爬树。我们将会看到，[3] Vedic 祭祀者也会攀爬一个仪式上的木桩达到天国并接触天神。攀爬一棵树、一种藤本植物或一根绳子都是流传极为广泛的神话主题；在下一章，我们会发现相关的例子。[4]

最后引用一个例子：砂拉越 manang[5] 第三级别和最高级别萨满的领神包括了一个爬树仪式。一口大缸放在走廊，两个小梯子斜靠在缸边。两位领神大师面对面，让候选人整个晚上都爬上一个梯子再从另一个梯子下来。首批观察这个仪式的一位执事长描述了 1885 年的仪式，他无法解释这个仪式。[6] 然而它的含义似乎相当清晰，它一定代表了象征性的

---

① 我们也必须注意到在阿劳干族中，是女性来练习萨满教。早期，萨满教是男性的专属，在楚科奇族中，也可以找到类似的情况：大多数的萨满是同性恋，有时，她们甚至拥有丈夫，尽管她们在性别上是正常的，他们的神灵指引者也要求他们必须扮成女性；参见博戈拉兹《楚科奇》，450 页及后面的内容。是否两种萨满教具有血缘关系，这个问题似乎很难回答。

② E. M. 勒布：《波莫民俗》，372～374 页，参见伊利亚德的《出生与重生》中的其他北美和南美的例子，77 页。也可参见约瑟夫·黑客尔《西北美洲部落神话和崇拜中的宇宙树和柱子》，77 页及后面的内容。

③ 参见下文，405 页及后面的内容。

④ 参见下文，490 页及后面的内容。

⑤ 参见上文，见 56 页及后面的内容。

⑥ 由 H. L. 罗思引用的文章，《砂拉越英属北部婆罗洲的土著人》，第一章，281 页。也可参见 E. H. 戈梅斯《在迪雅克海的十七年》，178 页及后面的内容。

升天，升天仪式之后是萨满返回地面。同样的仪式也出现在马勒库拉地区，一个更高级别的梅基（萨满）领神仪式被称为"阶梯"，① 而且爬上一个平台是仪式的重要环节。② 但这并不是对萨满领神的全部描述。萨满和巫医能够像鸟一样飞翔并且栖息在树枝上，更不用说其他的潜行者。匈牙利萨满（talos）"能够跳上一棵柳树并坐在一根脆弱到连鸟都落不住的树枝上。"③ 人们经常看到伊朗圣人 Qutbud-din Haydar 坐在树的顶端。④ 丘珀蒂诺的圣约瑟夫飞到一棵树上，并在一根树枝上待了半个小时。人们看到这根树枝在摇晃，就像一只鸟落上去一样。⑤

澳大利亚巫医的体验竟然这么有趣。他们声称拥有一种神奇的绳子，可以用这根绳子来爬到树顶。"医生平躺在树底下，把他的绳子扔了上去，顺着绳子爬到了树顶的巢穴中，然后又穿过其他树，日落时，再从这棵树上下来。"⑥根据 R. M. 伯恩特和 A. P. 埃尔金收集到的信息，"一个汪盖邦族聪明的男人平躺在树底下，把他的绳子径直扔上去，然后往上爬，头朝后仰，全身舒展，两腿分开，胳膊放在身体两侧。当到达 40 英尺高的顶部时，他朝下面的人挥了挥胳膊，然后，又以同样的方式下来，当他再次平躺着的时候，绳子重新回到了他的身体。"⑦ 这种神奇的绳子成功地暗示了印度的"绳子游戏"，我们稍后会研究其中的萨满教

---

① 关于这一仪式，参见 J. W. 莱亚德《马勒库拉的石头人》，ch. xiv。
② 也可参见 A. B. 迪肯《马勒库拉：新赫布里底群岛的一个正在消失的民族》，379 页及后面的内容；A. 里森费尔德《美拉尼西亚的巨石文化》，59 页及后面的内容等。
③ G. 罗海姆：《匈牙利萨满教》，134 页。
④ 参见下文，404 页，注释①。
⑤ 参见下文，485 页及后面的内容。
⑥ 埃尔金：《高地的土著人》，64～65 页。
⑦ 同上书，64 页。

结构。[1]

加勒比萨满的升天之旅

尽管荷属圭亚那的加勒比萨满的领神也以新萨满的升天癫狂之旅为中心，但却以不同的方式进行。[2] 一个年轻人如果没有成功地看到神灵并与神灵建立直接的联系，那么他不能成为一名"pujai"（萨满）。[3] 与其说是"附体"，不如说是一次癫狂幻觉使萨满与神灵之间进行交流与对话，而这种癫狂体验只发生在升天之旅的过程中。但是如果新萨满没有学习萨满教的传统意识形态，没有在身体上和心理上为恍惚做好准备，那么他就不能开始升天旅程。正如我们之前所见，候选人的学习历程是极其严格的。

通常六位年轻人会同时成为萨满。他们住在一所与世隔绝的房子里，这所房子布满棕榈树叶，是专门为萨满领神建造的。他们必须要做大量的体力工作；他们照看领神大师的烟草地，用雪松的树桩做一条钝吻鳄形状的长椅并把它放在房子前面。他们每晚要坐在长椅上听大师的指导或等待幻觉的出现。此外，他们每个人要做自己的铃铛和一个六英尺长的"神奇物体"。六个女孩儿在一位年长女指导者的监督下服侍这些候选人。女孩们向候选人提供每日必需的，大量的

---

① 参见下文，431 页及后面的内容。

② 我们跟随着夫里德里克·安德烈斯的研究《加勒比巫医的升天之旅》。这个研究使用了荷兰民族学家 F. P. 和 A. P. 佩纳尔、W. Ahlbrinck 和 C. H. de 胡耶的研究。参见 W. E. 罗思《圭亚那印度泛灵论和民俗传说的调查》；梅特罗克斯：《南热带美洲印第安人的萨满教》，208 ~ 209 页。也可参见 C. H. de 胡耶《圭亚那印度河周边国家的哲学、领神和神话》，尤其见 60 页及后面的内容（巫医的领神），72 页（恍惚作为升天之旅的一种方式），82 页（升天的梯子）。

③ Ahlbrinck，称他为 puyei，并将术语译为"神灵驱逐者"（安德烈斯，330 页）。参见 W. E. 罗思，326 页及后面的内容。

烟草汁，而且这些女孩儿每晚都要用一种红色的液体擦拭每位候选人的全身；这会让他变得帅气，有资格接触神灵。

领神仪式要持续 24 个白天和 24 个夜晚，分为五个部分：每个三天三夜的指导之后就是三天的休息。教导一般在夜里帐篷内进行，人们围成圈唱歌跳舞。之后候选人会坐在钝吻鳄长凳上听取大师关于好的和邪恶的神灵的描述，尤其是关于"祖父秃鹫"的讲述。秃鹫在领神中扮演着重要的角色，它拥有一位裸体印度人的容貌，萨满正是在它的帮助下通过一个旋转梯子到达天国。这位神灵是"印度祖父"的代言人，他是创造者和最高神灵。① 仪式上的舞蹈模仿了大师在教授过程中讲到的一些动物的动作。白天，候选人都躺在小屋的吊床上。其他时间他们躺在长凳上，眼睛涂抹上红辣椒汁，一边思考着大师教授的内容一边努力地看到神灵。②

在整个指导期间，候选人要几乎绝对禁食；学徒们要不停地抽烟，咀嚼烟草叶子，喝烟草汁。晚上，精疲力竭的舞蹈、戒斋和过量的麻醉之后，学徒们准备他们的癫狂之旅。在第二个阶段的第一个晚上，大师会教他们变成美洲豹和蝙蝠。③ 在第五个晚上，完全禁食（甚至烟草汁都不能喝）之后，大师会将长短不同的绳子挂起来，学徒们轮流在绳子上跳舞，用手紧握着绳子在空中摇摆。④ 这时，他们拥有了第一次的癫狂体验；他们遇到一位印第安人，他真的是一位仁慈的神灵（Tukajana）。"来吧，新萨满。你将通过祖父秃鹫的梯子到达天空。这并不远。"学徒"爬上了一种螺旋梯，到达了天空的第一阶，在这里，他经过了印度村庄和白人居

---

① 安德烈斯，336 页。我们应该注意到在加勒比民族中萨满教最终源于天空和最高神灵。我们也或许会想到鹰在西伯利亚萨满神话中的角色：首位萨满的父亲、太阳之鸟、天神的信使、天神与人类之间的联系人。

② 同上书，见 336~337 页。

③ 同上书，337 页。

④ 同上书，338 页。

住的城市。然后，候选人遇到了一位水神（阿玛纳），她是一个非常漂亮的女人，她力劝候选人跟她一起潜到溪水中。在那里，她将魔法和神奇的咒语传授给候选人。之后，候选人和他的引导者来到了更远的岸边，达到了"生与死"的十字路口。准萨满要在前往'光明之地'和'黑暗之地'中做出选择。指引他的神灵此时告诉他灵魂死后的命运。突然候选人被一种剧烈的疼痛感带回大地。大师将 maraque 放在了他的皮肤上，maraque 是一种编织的垫子，在它的缝隙中放了大量有毒的蚂蚁。"①

在第四阶段教导的第二天晚上，大师轮流将候选人放在"帐篷顶部通过扭绳连接悬垂下来的平台上，当他们松开扭绳时平台就会加速旋转起来。"② 新萨满唱道："pujai 坛将会带我上天，我将看到 Tukajana 的村庄。"他在幻觉中一个接一个地进入各级天国，见到各种神灵。③ 大师使用羚牛麻醉候选人，麻醉引发高烧，新萨满手脚颤抖，人们相信邪恶神灵已经进入他的体内，正在撕裂他的身体（在这里人们很容易能识别出这个众所周知的领神主题——肢体分解）。最终，候选人感觉他被带入天空，沉浸在天上的景色中。④

加勒比民俗保留了萨满拥有伟大能力的记忆；据说萨满们可以用肉眼看到神灵，甚至可以让死者复活。曾经，一位 pujai（萨满）升入天空并威胁天神；天神拿着一把弓刀，赶走了这个无礼的凡人；自从那个时候，萨满只能在癫狂时升

---

① 梅特罗克斯：《南热带美洲印第安人的萨满教》，208 页，对安德烈斯的观点进行总结，338～339 页。也可见 Alain·Gheerbrant《遥远的亚马孙之旅》，115 页，128 页，也配有 maraque 的图片。
② 梅特罗克斯：《南热带美洲印第安人的萨满教》，208 页。
③ 安德烈斯，340 页。在同一书中，注释3，作者引用了 H. Fuhner《茄属植物作为麻醉品》关于月桂树引发的癫狂。西伯利亚和其他萨满教中麻醉品的作用，参见下文，401 页及后面的内容。
④ 安德烈斯，341 页。

天。① 我们必须强调这些神话与一些北亚观念存在相似之处，这些观念讲述了萨满最初的伟大以及他们后来的堕落，如今后者更加明显。我们可以在金银丝饰品中了解原始时代的神话，在那个时候，萨满与天神的交流更加直接和具体。由于首批萨满们的傲慢与违抗，天神禁止他们直接接触神灵；他们再也不能用肉眼看到神灵，而且只有在癫狂时才可以升天。正如我们不久会看到的一样，这一神话主题将会变得更加丰富。

梅特罗克斯②引用了早期游历者关于西印度加勒比领神的记载。例如，据拉伯德报道，大师们"也用橡胶擦拭新萨满的身体，用羽毛覆盖萨满身体使他能够飞翔，到达泽门（Zemeen）的住所。"这一点也不奇怪，因为鸟类结构的服饰和巫术飞行的其他神奇之旅的象征性符号都是西伯利亚、北美和印度尼西亚萨满教中不可或缺的一部分。

在南美的其他地方也可以找到加勒比领神的一些元素。烟草的麻醉是南美萨满教的特征；小屋中仪式性的隐居以及新萨满经历的严峻的磨难是火地岛领神（Selk'nam 和 Yama-na）一个重要的方面；同样，大师的教导以及神灵的"形象化"是南美萨满教的组成元素。但是，升天的癫狂之旅的准备技艺似乎是加勒比 pujai（萨满）独有的。应该注意的是，我们在这里论述了典型领神中一次完整的降神会：升天，遇到一位女性神灵，浸在水中，秘密的揭示（最重要的是，人类死后命运的揭示），另外世界的旅途。尽管癫狂只能以异常的方法获得，但是 pujai 竭尽一切努力获得这一领神范式的癫狂体验。在我们的印象中，加勒比萨满使用各种方法获得一次精神条件具体体验，就其本质而言，这一体验无法以

---

① 安德烈斯：《加勒比巫医的升天之旅》，341～342 页。
② 梅特罗克斯：《南热带美洲印第安人的萨满教》，209 页。

人类条件的方式被"感受。"我们应该铭记这一观念；稍后，我们会再次提及并把它与其他萨满教技艺联系起来完整论述。

通过彩虹的升天

澳大利亚森林河流域巫医的领神即包含了候选人象征性死亡和重生也包括了候选人的升天。下面是升天的一般方式：大师以一副骨架的形象出现，背着一个小包，包里装着候选人，大师的巫术将候选人缩小到婴儿般大小。然后大师跨坐在彩虹-蛇之间，如同攀绳一样用胳膊将自己拉起。靠近顶端时，他将候选人扔向天空"杀死"他。一旦他们在天空时，大师便将一些小彩虹蛇 brimures（如同小的淡水蛇）和一些石英水晶石（与彩虹蛇拥有相同的名字）嵌入候选人的身体。这一系列操作之后，候选人被带回大地，但他仍然在彩虹蛇的后背。大师通过肚脐再一次将神奇物体放入候选人的体内。大师用一块神奇的石头触碰候选人将其唤醒，候选人恢复了正常的身高。在第二天，人们会以同样的方式重复彩虹蛇方式的升天仪式。①

我们早已熟悉澳大利亚领神的一些特征：候选人的死亡和重生，在体内放入神奇的物体。我们注意到领神大师神奇地将自己变为一副骨架，并将候选人缩小到一个新生儿的大小，这很有意思，这两个技艺都象征着脱离世俗，回归神话时代，即澳大利亚的"梦幻时代。"升天通过彩虹完成，彩

---

① A. P. 埃尔金：《澳大利亚西北部彩虹蛇神话》，349～350 页；《澳大利亚土著人》，223～224 页；《高地土著人》，139～140 页。参见伊利亚德《出生与重生》，160 页。关于彩虹蛇以及它在澳大利亚巫医领神中的作用，参见 V. 兰泰尔纳里，"Il Serpente Arcobaleno e il complesso religioso degli Esseri pluviali in Australia"，120 页及后面的内容。

虹在神话里被想象成一条巨大的蛇，大师像爬一根绳子一样
爬上了它的后背。我们已经提及了澳大利亚巫医的升天，很
快，我们会看到更加明确的例子。

至于彩虹，很多民族会在彩虹中看到连接天与地的桥
梁，尤其是天神的桥。① 这也是为什么人们将暴风雪后彩虹
的出现看作是天神息怒的一个标志。② 神话英雄也总是通过
彩虹到达天国，③ 例如波利尼西亚毛利英雄 Tawhak 与他的家
人以及夏威夷英雄 Aukelenuiaiku 经常通过攀爬彩虹或风筝造
访高一级的领域，护送逝者的灵魂或者与他们的神灵妻子相
会。④ 在印度尼西亚、马来西亚和日本也可以找到彩虹相同
的神话功能。⑤

尽管这些神话间接性地指向了天与地可能交流的那个时
代，但由于某一事件或一个仪式性的错误，这种交流中断
了；然而，英雄和巫医们能够重新建立这种交流。由于人的
"堕落"，这种突然消失的天国时期的神话在我们学习过程中

① 参见 L. 弗罗贝尼乌斯《原始民族的世界观》，131 页及后面的内容；
P. 埃伦赖希《普通神话学以及人种学依据》，141 页；R. T. 克里斯琴
森：《神话、隐喻和比喻》，42 页及后面的内容。关于芬兰－乌戈尔人
和鞑靼族的数据，见哈瓦《芬兰－乌戈尔和西伯利亚神话》，443 页及
后面的内容；关于中世纪，参见 C. 雷内尔让人失望的研究《古老传统
宗教中天空的拱门》，58～80 页。
② 例如，在俾格米族中，见伊利亚德《比较宗教的范型》，49 页。
③ 埃伦赖希，133 页及后面的内容。
④ 参见 H. M. 和 N. K. 查德威克《文学的发展》，第三章，273 页及后面
的内容，298 页等；N. K. 查德威克：《波利尼西亚神话的注释》；在同
一书中，《风筝：波利尼西亚传统的研究》。关于中国的风筝，见 B.
劳弗《史前飞行术》，31～43 页。波利尼西亚传统经常提及十个阶层
的风筝；在新西兰提及十二种风筝。（这些宇宙观点更可能源于印
度。）正如我们看到布里亚特萨满做的那样，英雄从一个民族流传到另
一个民族。他遇到女性神灵（经常是他的女祖先），她帮助他找到他
的道路；参见女性神灵在加勒比 pujai 领神中的作用，西伯利亚萨满中
天上妻子的角色等。
⑤ H. T. 费希尔：《印度尼西亚的天堂神话》，208 页、238 页及后面的内
容；F. K. 纳玛扎瓦：《日本神话中的世界起源》，155 页。

将会不止一次地吸引我们的注意；这一神话以某种方式与某些萨满教观念相联系。澳大利亚巫医和各地的萨满、术士一样，暂时并且为了自己，恢复了天空与大地之间的"桥梁"，但是曾经所有的凡人都可以接触这座桥。[①]

在日本的传统中也可以找到把彩虹看作天神的道路或天与地之间的桥梁的神话。[②] 毫无疑问，这种神话也存在于美索不达米亚的宗教观念中。更进一步说，彩虹的七种颜色等同于七级天国，这一象征意义不仅存在于印度和美索不达米亚，[③] 也存在于犹太教中。在巴米扬的壁画上，佛坐在七色的彩虹上。[④] 这也就是说，佛超越了宇宙，就如同在他诞生的神话中一样，他向北跨了七步，到达了世界中心和宇宙的顶点，即他超越了七级天国。

最高天神的王位被彩虹包围着，[⑤] 同样的象征意义也存在于文艺复兴时期的基督教艺术之中。[⑥] 巴比伦的庙塔有时表现为七种颜色，象征着七级天国领域；爬上庙塔台阶的人会达到宇宙世界的顶端。[⑦] 印度[⑧]也存在相似的观念，更重要的是，这一观念也存在于澳大利亚神话中。Kmilaroi, Wiradjuri 以及 Euahlayi 的最高天神住在天空的最顶端，坐在水晶王位上；库林的天神，Bundjil，居住在云层之上。[⑨] 神话

---

① 关于民俗中的彩虹，参见 S. 汤普森，《主题索引》，第三章 22（F152）。

② 参见 R. 佩塔佐尼《Mitologia giapponese》，42 页，注释 1；Numazawa，154~155 页。

③ A. 耶利米亚：《古老东方灵魂文化手册》（第二版），139 页及后面的内容。

④ 本杰明·罗兰德，Jr.：《Bamiyan（巴米扬）佛教艺术的研究：E 族的菩萨》；参见伊利亚德《神话、梦境和神秘》，110 页及后面内容。

⑤ Rev. 4：3。

⑥ 罗兰德，46 页，注释 1。

⑦ 伊利亚德：《范型》，101 页。

⑧ 罗兰德，48 页。

⑨ 伊利亚德：《范型》，41 页及后面的内容。

中的英雄和巫医除了其他方式也通过彩虹来完成升天，见到天神。

我们要记住，布里亚特领神中用到的丝带被称为"彩虹"，通常它们象征着萨满的升天之行。① 萨满鼓会用一些彩虹的图案进行装饰，这时彩虹代表着升天的一个桥梁。② 确实，在突厥语中，彩虹这个词也有桥的含义。③ 在尤罗克萨摩耶德族中，萨满鼓被称为"弓"，萨满巫术将萨满像箭一样射向天空。更进一步说，我们有理由相信突厥人和维吾尔人将鼓视为一个"天上的桥梁"（彩虹）。④ 萨满通过爬上桥梁或彩虹完成他的升天之旅。这一观念是鼓和桥复杂象征意义中的一部分，它们是同一癫狂体验——升天的不同形式。正是通过鼓的音乐巫术，萨满才能到达最高天国。

澳大利亚人的领神

我们将会记得澳大利亚巫医的领神的一些论述，尽管这些论述以候选人的死亡和重生为中心，但都指的是他的升天。⑤ 但澳大利亚也存在其他的领神形式，其中，升天扮演着重要的角色。在 Wiradjuri 族，领神大师将岩石块放入新萨满的体内，并让他喝下放有这些石块的水；之后，新萨满就可以成功地看到神灵。然后，大师会将他带到一处坟墓，接下来死者给予他神奇的石头。候选人也会遇到一条蛇，这条蛇会成为他的图腾并带他进入地下深处，在那里有很多种

① 哈瓦：《生命之树》，144 页及后面的内容；《宗教观念》，489 页。
② 《宗教观念》，351 页；马尔蒂·拉萨宁：《通往天堂的彩虹桥》，7~8 页。
③ 马尔蒂·拉萨宁：《通往天堂的彩虹桥》，6 页。
④ 同上书，8 页。
⑤ 参见上文，49 页及后面内容。

蛇，这些蛇用自己的身体擦拭候选人，以此传授给他神奇的能力。在这次象征性的入地仪式之后，大师准备将候选人带到最高神灵，即 Baiame 的营地。为了到达这个地方，他们会爬一条粗绳子直到他们见到 Baiame 的鸟 Wombu 为止。一位新萨满讲述，"我们穿过云层"，"另一边就是天空。我们穿过医生走过的地方，这个地方打开和关闭的速度都非常快"。任何被门触碰的人都会失去巫术能力，并且一回到地面，他一定会死去。①

这时我们可以得出一个几乎完整的领神图式：降到较低的地方，之后升入天空，最高神灵在天空授予其萨满能力。②进入较高领域的旅途既困难又危险。候选人必须在门关闭之前走进那道门。（这一特殊领神主题我们之前在一些地方已经见过。）

在霍威特记载的另一个描述中，被眼罩蒙住双眼的候选人通过一条粗绳被带到了一块岩石上，在这里，他发现同样具有魔力，而且开关速度都非常快的门。候选人和他的领神大师走进这块岩石，候选人摘下了眼罩。他发现自己在一个明亮的地方，墙上闪耀着水晶石。大师给了候选人几块这样的水晶石，并告诉他如何使用它们。然后，仍悬挂在绳子上的候选人通过空气被带回营地，并被放在一棵树的顶端。③

---

① W. 霍威特：《关于澳大利亚巫医》，50 页及后面的内容；《澳大利亚东南部的土著部落》，404～413 页。

② 关于澳大利亚巫医的领神，参见埃尔金《高地土著人》；海尔姆特·佩特里：《澳大利亚巫医》；伊利亚德：《出生于重生》，96 页及后面的内容。也可见 E. 斯蒂格美《澳大利亚萨满教》。

③ 霍威特：《关于澳大利亚巫医》，51～52 页；《土著部落》，400 页及后面的内容；马塞尔·莫斯：《澳大利亚社会巫术能力的起源》，159 页。读者也会想起萨摩耶德族的加入式洞穴和北美、南美的加入式洞穴。

　　巫医通过一根绳子、① 一条方巾②或者仅仅通过飞行③或是攀爬一个螺旋状的梯子等方式到达天堂，而这些领神仪式和神话都构成了萨满升天能力更为普遍的观念。一些神话提到第一个升空的人是通过爬一棵树的方式到达天空，所以玛拉的祖先都习惯用攀爬树的方式到达天空，并且以同样的方式回到地面。④ Wiradjuri 族的传说中，最高天神 Baiame 创造的第一个人是通过一座山上的小径到达天空，然后通过一个阶梯来到 Baiame 的住所。⑤ Daramulun 授予巫医治愈之法。⑥

　　一个 Euahlayi 神话讲述了巫医们是如何接触到 Baiame 的。他们朝北走了几天直到他们来到高山 Ubi-Ubi 的山脚下，这座山的山峰消失在云层之中。他们通过旋转梯爬上了这座山，在第四天结束时，他们来到了山顶。在那里，他们遇到了 Baiame 神灵的使者；使者召唤了神灵仆人，这些仆人通过一个洞将巫医带入天空。⑦

　　于是当他们高兴的时候，巫医们能够重复第一位巫医（神话人物）在世界之初曾经做过的动作——到达天空和返回大地。由于升天的能力（或神奇飞行）在巫医职业生涯中极其重要，所以萨满领神会包括一个升天的仪式。即使没有直接提到这样的仪式，但是在某种程度上它也会以一种含蓄的方式表现出来。石英石块在澳大利亚巫医的领神中占有重要地位，这些石块都源于上天。尽管有时这种关系并不直

---

① 参见莫斯，149 页，注释 1。
② R. 佩塔佐尼：《Miti e leggende 第一章：非洲与澳大利亚》，413 页。
③ 莫斯，148 页。巫医变成秃鹫并飞翔（B. 史宾塞和 F.G. 吉伦：《The Arunta》，第二章，430 页）。
④ A. 梵·亨讷普：《澳大利亚传奇与神话》，注释 32，49；也可参见注释 44。
⑤ 霍威特：《土著部落》，501 页及后面的内容。
⑥ 佩塔佐尼：《Miti》，416 页。
⑦ 亨讷普，注释 66，92 页及后面的内容。

接，但至少与天空有关。Baiame 坐在一个透明的水晶石王位上。[①] 在 Euahlayi 族的传说中，正是 Baiame 自己将水晶石碎片扔向大地。[②] 毫无疑问，这些石英石碎片是从他的王位上分离出来的。Baiame 的王位就是天空的拱顶。从他的王位分离出来的石英石就是"凝固的光"。[③] 同其他医生一样，巫医也会从各个方面将 Baiame 想象成一个人，"除了 Baiame 眼里会放出亮光。"[④] 换句话说，他们感觉到超自然神灵的条件和无限光芒之间存在一种关联。Baiame 通过向年轻巫医喷洒一种"神圣有魔力的水"完成他们的领神，人们认为这种水应该是液化的石英石。[⑤] 所有这些都足以说明，当一个人体内充满"凝固之光"，也就是石英石块时，他才可以成为一名萨满。这一仪式通过使加入者与天空具备神秘的相似性，改变他的存在形式。吞下一块这样的岩石块，人会飞上天空。[⑥]

在马来半岛的 Negritos（矮小黑人）族中，我们也会发现类似的观念。[⑦] 在治疗中，哈拉会使用石英块，这些石块或是从大气之神那里获得，或是萨满自己用神奇"凝固"之水制造，或是从天神抛下来的碎石上切割下来的。[⑧] 这也就是为什么这些水晶石可以折射出地面上所发生的事情。[⑨] 砂拉越（婆罗洲）的海洋迪雅克族的萨满拥有"光石"，这些石头可以折射出病人灵魂发生的任何事情，因此可以反映出

---

① 霍威特：《土著部落》，501 页。
② K. L. 帕克：《Euahalayi 部落》，7 页。
③ 参见伊利亚德《内心之光的重要意义》，195 页。
④ 埃尔金：《土著人》，96 页。
⑤ 同上。
⑥ 霍威特：《土著部落》，583 页。
⑦ 参见上文，51 页，注释②。
⑧ 参见佩塔佐尼《L'onniscienza ui Uio》，469 页，注释 86（埃文斯和萨撒贝斯塔之后）。
⑨ 参见下文，337 页及后面的内容。

灵魂迷失在哪里。① Ehatisaht 努特卡部落（温哥华岛）的一位年轻首领一天遇到一些正在移动并相互撞击的岩石块。他将他的衣服抛在了一些岩石块的上面并带走了四块。② 夸扣特尔族萨满通过石英石块获得他们的能力。③

我们已经看到，石英石与彩虹－蛇有着密切的关系，它们都赋予了萨满升天的能力。在其他地方，同样的石头也给予萨满飞行的能力，例如鲍斯④记载的美国神话中，一位年轻人爬上一座闪闪发光的山，他的身上满是水晶石块，他立刻就开始飞行，而一个坚固的上天拱顶概念也解释了陨星和雷石的特征。它们从天而降，充满着巫术－宗教特征，人们可以利用、交流、传播这一特征。也可以说它们在地上形成了一个新的宇宙圣化中心。⑤

在与宇宙象征主义进一步的联系中，我们必须提及石英山的主题，或英雄在神话冒险中拜访宫殿的主题，这一主题在欧洲民俗中也有所保留。最后，同一象征意义后期的创作展现了 Lucifer（恶魔），前额里有石块陨落的鹰（在一些说法中，当鹰降落时，石块会分离），以及头里和下颚里有钻石的蛇，等等。当然，这里我们拥有极其复杂的观念，尽管已被推敲过许多次，但这些观念的结构仍然非常明显：一块石英石或神奇的石头经常从天上掉下来，尽管它们落在了地面上，但还继续散发着宇宙的神圣，即洞察力，智慧，神圣能力，飞行能力，等等。

石英石块在澳大利亚巫术和宗教中发挥着重要的作用，

---

① 佩塔佐尼：《宗教历史的文章》，42 页。
② P. 德鲁克：《北部和中部努特卡部落》，160 页。
③ 沃纳·穆利：《夸扣特尔印第安人的世界观和崇拜》，29 页，注释 67（在鲍斯之后）。
④ 《北太平洋海岸的印第安人传说》，152 页。
⑤ 参见伊利亚德《锻造与严酷的考验》，20 页及后面的内容；《范型》，53 页，225 页及后面的内容。

它们在整个大洋洲和南北美洲有着同等的重要性。石头的宇宙起源虽然没有分别在各自观念中得到证实，但遗忘原始意义却是宗教历史学中一个普遍的现象。对于我们来说，重要的是向人们展示，澳大利亚和其他地区的巫医以某种模糊难懂的方式将他们的能力与出现在他们体内的石英石联系起来。这意味着他们感受到是因为同化，更具体地说是因为与宇宙神圣物质的同化使他们与众不同。

升天仪式的其他形式

为了全面理解复杂的宗教思想和以萨满教意识形态为基础的宇宙观，我们必须要回顾一系列完整的升天神话和仪式。在下面的章节中，我们将会研究一些最重要的仪式，但在这里我们不会全面讨论整个问题，稍后我们会再次提及这一问题。眼下，我们将只满足于增加一些萨满教领神升天形态更多方面的信息，而不宣称这是这一主题的全部。

在 Niassans（苏门答腊）族，注定成为一名预言占卜者的人会突然消失，被神灵带走（也许年轻人被神灵带到天上）。三天或四天之后，他会回到村庄。如果三到四天没有回来，村民就会展开搜索行动。人们通常会发现他在树顶上与神灵对话。他似乎神志不清，所以人们会供上祭品，以此使他恢复正常。领神包含前往墓地、河道和山脉的仪式。[1]在 Mentaweians，神灵们将准萨满带到天上，赐予萨满一副和他们一样神奇的躯体。通常准萨满会生病，想象自己升上天空。[2] 这些初次征兆之后，一位大师会举行领神仪式。有时候候选人在仪式期间或仪式之后立即失去意识，他的灵魂乘

---

① E. M. 勒布：《苏门答腊》，155 页。
② 勒布：《萨满与先知》，66 页；《苏门答腊》，195 页。

着一条被鹰载着的小船升上了天空。在天上，准萨满的灵魂与天上神灵们沟通交流并向他们寻得治愈疾病的方法。①

正如我们稍后会看到的一样，领神的升天赋予准萨满飞行的能力。的确，在全世界，人们普遍认为萨满可以飞行，可以在眨眼间行走很长距离，也可以让别人看到他们。人们很难判断是否所有相信自己可以通过空气飞行的术士在学徒期间都具有癫狂体验或都能感受仪式性飞行——也就是说，很难判定是否由于象征萨满教圣召的一次癫狂体验或一次领神，他们才获得了飞行的巫术能力。人们或许认为至少他们中的有些人的确在领神之后或通过领神获得了这一巫术能力。证实萨满和巫医飞行能力的很多资料并没有说明这些能力是如何获得的；但是，这种沉默很可能是由于我们资料来源的不完整。

不管怎样，萨满圣召或领神在许多例子中都与升天有着直接的联系。我们只列举一些例子进行说明，例如一位巴苏陀预言家在一次癫狂之后获得了圣召。在癫狂期间他看到自己的房顶在他头顶被掀开，感觉自己被带到天空，在那里他遇到众多神灵。② 在南非也记载着很多这样的例子。③ 在努巴地区准萨满幻想到："'神灵从上面抓住他的头'或者进入他的头部。"④ 大部分神灵是天上的神灵。⑤ 人们或许推测出"附体"在升天恍惚中也有所体现。

升天的加入式之旅或在非常高的山上进行的加入式之旅在南美地区发挥着重要的作用。⑥ 例如，在阿劳干族中，决定马基（萨满）职业的疾病之后，就是一场癫狂灾难，在此

---

① 勒布：《萨满与先知》，78 页。
② N. K. 查德威克：《诗与预言》，50~51 页。
③ 同上书，94~95 页。
④ S. F. 纳达尔：《努巴山脉萨满教的研究》，26 页。
⑤ 同上书，27 页。
⑥ 艾达·卢布林斯基：《南美原始民族的巫医》，248 页。

期间，准女萨满会升入天空并遇到天神。在这次升天的旅途中，超自然神灵会向她展示治病所需的治疗方法。① 玛纳斯的萨满教仪式包括天神降临小屋，然后是升天；天神将萨满带入天国。"伴随着离开他的是圣殿墙壁的震动。几分钟之后，这一神灵将萨满带回地面，或者让他头朝下，掉落庙宇之中。"②

最后我们举一个北美领神升天的例子。一位温尼巴戈的巫医感觉自己被杀死了。经历了许多冒险之后，他被带到天上，在那里他与最高天神进行了对话。天神们对他进行了试探，他成功地杀死了一头据说战无不胜的熊，然后通过向熊吹气使它复活。最后他返回到地面，获得了第二次生命。③

就像所有具有神秘行为的大部分预言家一样，鬼魂——舞蹈宗教的创始人也拥有决定其职业的癫狂体验。他在恍惚中爬上了一座山并遇到了一位身着白衣的漂亮女子，这位女子告诉他生命大师在山顶上。这位预言家听从了这个女子的建议，他脱掉衣服，跳进溪流中，并且仪式性赤裸地出现在生命大师面前，大师给他下了各种指令——不再允许领地的白人抵制酗酒，不允许他们宣战和实行一夫一妻制，等等，然后赐予他一段祷文，要求他向世人传达。④

沃瓦卡是鬼魂舞宗教最著名的预言家，他在十八岁时得到他的启示。他在大白天进入睡梦之中，感觉自己被带到另外一个世界。他看到了天神与已经死去的人，他们都很快乐而且永远年轻。天神通过他向世人传达一道神谕，要求他们

---

① 梅特罗克斯：《阿劳干萨满教》，316 页。

② 梅特罗克斯：《南热带美洲印第安人的萨满教》，338 页。

③ P. 雷丁：《原始宗教》，115～116 页。在这个例子中，我们得到一个完整的领神：死亡和重生（＝重获新生），升天、磨难等。

④ J. 穆尼：《鬼魂舞宗教和 1890 年苏人暴乱》，663 页及后面的内容。

诚实守信，辛勤劳作，仁慈仁爱等等。① 另一位普吉·桑德的预言家约翰·斯洛克姆"去世了"并看到自己的灵魂离开了他的身体。"同时我看到一道耀眼的光，一道伟大的光，我看到我的身体没有灵魂，再看看我的身体已经死去了。我的灵魂离开了我的身体，升空来到天神的审判之地。在那片圣洁的土地上我看到了我灵魂中的那道光芒。"②

预言大师的这些首次癫狂体验对于鬼魂——舞宗教的所有内行来说是一个典范。在长时间持续的唱歌、跳舞之后，这些大师也会进入恍惚状态并参观另外的世界，在那里，他们遇到了死者的灵魂、天使，有时也会遇到天神自己。因此，鬼魂——舞宗教的创建者和预言大师的首次启示成为后来所有对话和癫狂的范型。

Midewiwin 是奥吉布瓦族极富有萨满教特征的神秘社团，升天也是它的典型特征。作为一个典型的例子，我们或许会列举一个小女孩的幻想。小女孩听到一个声音在呼唤她，于是她跟随这个声音，爬到一条狭窄的通道，最后到达天空。在那里她遇到宇宙神，天神委托她向世人传递一条讯息。③ Midewiwin 社团的目标就是将天空与大地的通道恢复到创世时的那个样子。④ 正是出于这个原因，社会的成员会时常进行升天的癫狂旅途。通过这样的方式，他们在某种意义上打破了现存宇宙与人类之间联系衰退的境况，重新恢复原始状态，那时人类可以很容易地进入天堂。

严格来说，萨满教在这里并不存在，因为鬼魂——舞宗教和 Midewiwin 社会都是神秘组织，任何人若经历了一些磨

---

① J. 穆尼：《鬼魂舞宗教和 1890 年苏人暴乱》，771 页及后面的内容。
② 同上书，752 页，参见因纽特萨满的光。关于"天神的审判之地"参见以赛亚升天的幻觉，《阿替拉华夫传》等。
③ H. R. 斯库克拉夫特，由佩塔拉佐尼引用《Dio》，299 页及后面的内容。
④ 参见下文，315 页及后面内容。

难或表现出某种癫狂倾向，或许都可以加入这些神秘社会。然而，这些北美宗教行为展现出很多萨满教独有的特征：癫狂术，神秘的升天之旅，入地，与天神、半神灵、死者灵魂的对话，等等。

正如我们之前所见，升天在萨满领神中扮演着重要的角色。树或杆子攀爬仪式、升天或巫术飞行神话、升空、飞行或天国神秘之旅的癫狂体验等等这些元素在萨满圣召或圣化中都起到一种决定性作用。有时候这种宗教实践和观念情节似乎与远古神话有一定的联系。在远古时代，天空与大地的交流十分容易。从这一角度来说，萨满体验就相当于一种原始神话时代的恢复，而萨满作为有特权的人物独自回归到这世界之初人类幸运的状态。许多神话阐释了这种幸福美好的 illud tempus 状态，萨满也会在癫狂期间断断续续地回归到这个美好状态。我们会在接下来的章节中提到一些这样的神话。

第五章
萨满服饰和萨满鼓的象征意义

初步论述

　　萨满服饰本身是一种宗教的显圣物和宇宙结构学；它不仅揭示了一种神圣的存在，而且还揭示了宇宙象征和心灵的旅程。通过适当的研究，萨满服饰可以像萨满教神话和技艺一样清晰地向我们展现萨满教系统。①

---

① 对萨满服饰的一般性研究：V. N. 瓦西里耶夫：《雅库特萨满的服饰和鼓》；卡伊·唐纳：《头饰和头发》，尤其 10 ~ 20 页；乔治·尼奥拉泽：《沃尔肯西伯利亚萨满教》，60 ~ 78 页；K. F. 卡尔亚莱宁：《乌戈尔各民族的宗教》，第二章，255 ~ 259 页；汉斯·芬德森：《叶尼塞部落艺术中的人及人体的部分》，尤其 311 ~ 313 页；E. J. 林格伦：《N. W. 满洲地区的达格尔人、梭伦人和纳明琴人的萨满服饰》；U. 哈瓦：《萨满服饰及其象征意义》；同上，《宗教观念》，499 ~ 525 页；约尔马·帕尔塔宁：《布里亚特萨满教的概述》，18 页及后面的内容。见 L. 斯季达《布里亚特萨满教》，286 页；V. M. 米海洛夫斯基：《西伯利亚和欧俄萨满教》，81 ~ 85 页；T. 莱赫蒂萨洛：《尤罗克 - 萨摩耶德神话的概述》，147 页及后面的内容；G. 桑德斯彻：《阿兰 - 布里亚特人的世界观和萨满教》，979 ~ 980 页；A. 奥尔马克斯：《萨满教问题的研究》，211 ~ 222 页；唐纳：《西伯利亚》，226 ~ 227 页；同上，《叶尼塞 - 奥斯加克（在图鲁汉斯克地区的神话注解）》，尤其见 78 ~ 84 页；W. I. 乔吉尔森：《尤卡基尔和尤卡基尔通古斯族》，169 页及后面的内容，176 - 186（雅库特），186 - 191（通古斯）；同上，《雅库特族》，107 ~ 118 页；S. M. 史禄国，《通古斯族的心理情结》，（转下页注）

冬天，阿尔泰萨满会在衬衣外穿上他的萨满服饰；夏天，他会直接裸露身体。通古斯族不论冬夏，只使用第二种方法（裸露身体）。尽管从严格意义上来说[1]，东北西伯利亚和大部分因纽特部落并没有萨满教服饰，但其他北极民族[2]的萨满不论冬夏都会裸露身体。萨满赤裸着躯干并且（比如，在因纽特族中）仅剩一条腰带作为衣服。北极寓所普遍的温暖本身足以解释萨满准裸露这个习俗，但这一习俗可能包含一种宗教意义，无论如何，不管是否存在仪式裸露（例如在因纽特萨满中）或萨满教体验的特定服饰，重点是如果萨满穿着世俗的、日常的衣服，这种体验就不会发生。就算一个民族没有一整套萨满服饰，人们也会用帽子、腰带、鼓或其他具有魔力的东西来代替，这些东西构成了萨满的神圣长袍并代替了萨满服饰本身。例如，拉道夫[3]论述黑鞑靼族、掸族、铁列乌特族并没有萨满服饰；

（接上页注①）287~303页；W. 施密特：《天神观念的起源》，第十一章，616~626页；第十二章，720~733页；L. 巴赫达：《关于萨满教惯用语的地位》，473页，注释2（参考文献）。

在 S. V. 伊万诺夫的对比研究《十九世纪至二十世纪初西伯利亚人民造型艺术资料》中也可找到西伯利亚萨满服饰仪式性物品和鼓的大量资料，尤其见66页及后面的内容。关于萨摩耶德的萨满服饰与萨满鼓（图表47~57，61~64，67）；98也及后面的内容。关于多尔甘通古斯和满族（图表36~62；在鄂温克民族的萨满服饰，萨满物品和萨满鼓上的图案）；407页及后面的内容。关于楚科奇和因纽特等第四章和第五章集中记了突厥民族（见533页及后面的内容）和布里亚特民族（见691及后面的内容）。最有趣的是雅库特的图画（图表15及后面内容），萨满鼓上的图形（例如，图表31），阿尔泰鼓（见607页及后面内容，图表89等），尤其许多布里亚特偶像（ongon）的描绘（图表5~8，11~12，19~20；关于ongon，参见701页及后面内容）。

① 它缩减为一条绑有许多北美驯鹿皮和小型骨头图案的皮带；参见 K. 拉斯姆森《伊格卢里克因纽特的知识文化》，114页。因纽特萨满最主要的仪式用具仍然是鼓。

② 参见哈瓦《宗教观念》，500页。

③ 《西伯利亚族》，第二章，17页。

但是（比如在列别德鞑靼族①中），萨满经常将一条布带围在头上，没有这条布带，他就无法成为萨满。

萨满服饰本身代表着一种宗教的微观宇宙特征（宗教的微观世界），与周围的世俗空间有着本质的区别。一方面，它构成了一个近乎完备的符号体系；另一方面，它的神圣化赋予它各种各样的精神力量，尤其是"神灵"（spirit）。仅凭穿戴服饰或操作各种法器，萨满就可以穿越世俗空间，并准备与神灵世界联系。通常，这个准备过程几乎等于被引入那个世界的具体过程，因为萨满在许多预先准备之后，恰好在神灵附体前夕，穿上这套服装。

萨满候选人被期望在梦中看到一个能找到他未来服饰的准确地点，并亲自去寻找。② 然后，他会用一匹马从已逝萨满的亲属那里买下这套服饰（比如，在毕拉尔族中）。但是，人们不允许这套服饰离开宗族。③ 因为从某种意义上讲，这套服饰关乎整个宗族——不仅因为它是由整个宗族倾力制作并带来的，主要是因为它孕育着"神灵"，那些无法控制它的人不可以穿它，如果穿了神灵将危害整个群体。④

与有"神灵"居住的其他东西一样，萨满服饰也同样使人感到害怕和恐惧。⑤ 如果服饰变得破旧不堪，就会被悬挂在森林里的一棵树上。居住在服饰里的"神灵"便会离开旧的服饰并依附在新的服饰上。⑥

---

① 哈瓦：《宗教观念》，501 页。
② 在仪式性制作服饰中有一些逐渐衰退的例子；之前叶尼塞萨满自己杀死驯鹿，用驯鹿的皮做自己的服饰；现在，他们从俄国人那里购买驯鹿皮（尼奥拉泽：《萨满教》，62 页）。
③ 史禄国：《心理情结》，302 页。
④ 同上。
⑤ 同上书，301 页。
⑥ 同上书，302 页。

在常驻的通古斯族中，萨满死后，他的服饰会留在他的房子里；住在服饰中的"神灵"通过让服饰颤抖、移动等来表明生命的迹象。和大部分西伯利亚部落一样，游牧的通古斯族会把服饰放在萨满坟墓边。① 在很多地方，如果萨满用服饰医治一位病人，然而这个人死了，那么这一服饰就会变得不干净。萨满鼓也是如此，如果无法治愈疾病，它也会变得不干净。②

西伯利亚萨满的服饰

根据 S. 沙什科夫（他早在一个世纪前就曾记录下），每一个西伯利亚萨满必须拥有以下东西：（1）挂着铁盘和画着代表神话动物图案的长袍大褂；（2）一张面具（在塔迪贝萨摩耶德族，萨满用方巾将眼睛蒙住，以便能够通过自己内心之光进入神灵世界）；（3）一枚铁质或钢制胸针；（4）一顶帽子，作者认为帽子是萨满的主要特征之一。在雅库特族中，长袍衣衫的背部中央挂有许多代表"太阳"的盘子，这些盘子中有一个被刺穿了。根据 W. 谢罗谢夫斯基，③ 这个盘子被称为"太阳之口"（*oïbonküngätä*），但通常人们认为它代表着中间有开口的大地，通过这个开口，萨满可进入地下世界。④ 长袍衣衫后面带有一个新月标志和一个代表着萨满能力和抵抗力的铁链。⑤ 据萨满所言，

① 史禄国，301 页；哈瓦：《宗教观念》，499 页等。

② 唐纳：《饰品》，10 页。

③ 《雅库特信仰下的萨满教》，302 页。

④ 参见尼奥拉泽，图表 16；哈瓦：《宗教观念》，图表 1。我们将会看到这样一个标志暗指着一个什么样的连续的宇宙观。关于雅库特萨满服饰，也可见 W. 施密特《起源》，第十一章，292~305 页（在 V. N. 瓦利西耶夫、E. K. 佩尔卡斯基和 M. A. 恰普利茨卡之后）。关于"月亮"、"太阳"，参见同上书，300~304 页。

⑤ 米海洛夫斯基，81 页。"铁"和"铁链"的双重象征意义更加复杂。

这些铁盘用来保护萨满免受邪恶神灵的打击。缝在衣服表面的丛毛装饰象征着羽毛。[1]

谢罗谢夫斯基论述，[2] 一套精致的萨满服饰必须配有三十到五十磅重的金属饰品，其主要作用是利用它们的噪声将萨满舞蹈转变为地狱的萨拉邦德舞曲。这些金属饰品都有"灵魂"；它们不会生锈。"顺着胳膊是一些代表胳膊骨头（*tabytala*）的棍子。在胸脯的周围缝有代表肋骨的小叶子；再往高一点，一些大的圆盘子代表一个女人的胸部、肝脏、心脏以及其他内脏。通常也会增加一些神圣动物和鸟类的图像。最后，还贴有一块小的金属阿马伽（'疯狂之神'），形象是一艘承载着一个人的小木筏。"[3]

在北部通古斯族和外贝加尔山各族中，两种服饰占主导地位。一种是鸭子形状的服饰，另一种是驯鹿形状的服饰。[4] 棍子末端被刻成马头形状。长袍衣衫背后挂着一英尺宽三英尺长的彩带，人们称其为"库林"（蛇）。[5] 在进入地府的路程中萨满会用到"马"和"蛇"。据史禄国[6]记载，通古斯服饰中的铁质物品如"月亮"、"太阳"、"星星"等，都是从雅库特族借鉴过来的。"蛇"是从布里亚特族和土耳其族借鉴来的，"马"是从布里亚特族借鉴过来的。（我们应该熟记这些细节，因为它们与西伯利亚萨满教的南方影响问题有一定联系。）

---

[1] 米海洛夫斯基：《西伯利亚和俄罗斯欧洲部分的萨满教》，81 页（N. V. 普里普斯夫之后）。

[2] 《萨满教》，320 页。

[3] 同上书，321 页。这些物品的意义和作用之后会更加明显。关于阿玛迦（*ämägät*），参见 E. 法兰克《关于 Ätügän》，190 页及后面内容。

[4] 关于通古斯服饰，参见史禄国《心理情结》，288~297 页。

[5] 在比拉尔人中，长袖衣衫被称作"大蟒蛇"（*tabjan，tabyan*）（同上书，301 页）。因为北部国家民族对这一爬行动物并不了解，我们这里有一个很重要的证据，证明中亚对西伯利亚萨满教概念产生影响。

[6] 同上书，290 页。

布里亚特萨满的服饰

P. S. 帕勒斯在十八世纪后半叶描述了一名布里亚特女萨满的外表：她有两根棍子，末端刻有马头，周围绕着铃铛；黑白毛皮做成的三十条"蛇"悬挂在她的肩膀上，一直垂到地上；她的帽子是一顶铁盔，上面有象征鹿角的三个点。[①] 但对布里亚特萨满做出最全面描述是 N. N. 阿皮托夫和 M. N. 汉加洛夫。[②] 萨满必须有：（1）一副皮毛（*orgoï*），"白"萨满（即受助于善良的神灵的萨满）拥有白色皮毛，"黑"萨满（以邪恶神灵作为辅助者）拥有黑色皮毛；在皮毛上缝有很多代表马、鸟等的金属制图像；（2）一顶猞猁形状的帽子，在第五次洗礼之后（这会在加入式一段时间之后发生），萨满会得到一顶铁盔，[③] 两端弯曲代表两个角；（3）一根木制或铁制的"马棍"；木制马棍在萨满首次加入式前夕就已经准备好，值得注意的是，制作马棍的白桦树不能枯死；萨满会在第五次加入式之后得到另一根铁制的马棍，它的一端刻成一个马头，并饰有很多铃铛。

下面是布里亚特萨满"手册"给出的描述，这一手册是帕尔塔宁从蒙语翻译过来的：

> 有一顶铁盔，其王冠由很多铁条制成并饰有两个角；后面是一个九环的铁链，靠近链子末端有一个矛一

---

① 《穿越俄罗斯帝国不同省份的旅行》，第三章，181～182 页。参见 J. G. 格梅林给出的其他靠近泰伦津斯克的布里亚特萨满的服饰描述，《穿越西伯利亚的旅行，从 1733 年到 1743 年》，第二章，11～13 页。

② 《西伯利亚的萨满教研究资料·伊尔库斯克省的布里亚特萨满教》，42～44 页；参见米海洛夫斯基，82 页；尼奥拉泽：《萨满教》，77 页；W. 施密特：《起源》，第五章，424～432 页。

③ 参见阿加皮托夫和汉加洛夫《资料》，表格 3，PI. Ⅱ。

样的铁片，这叫作脊骨（*nigurasun*；参见通古斯 *niki-ma*，*nikima*，*vertebra*）。这顶铁盔的两边的边撑上有三个一弗索克（*veršok*，=4.445 厘米）锻造成弯曲形状的铁环，被称为"戈尔巴加斯"（*qolbugas*）（=连环，成双成对；带子，领结，纽带）。丝绸、棉花、宽布带以及各种猎物和家畜颜色的丝绒带被扭成蛇的样子，挂在帽子的两侧和后边；此外，帽子上挂着依照松鼠和黄鼬皮毛颜色剪成的棉花条。这（头饰）被称为"遮挡物"（*naiqabči*）。

1.5 拃宽的一条棉花做成一条带子系在衣领上，衣领上还系着各种形状的蛇的图形和兽皮。这叫作"翅膀"（*dalabči* 或 *žiber*）……①

两根大约两埃尔长腋杖似的窄板（大致进行了雕刻），上端代表马头；在两根棍子的颈部都系有带着三个连环一个环形饰物，代表了马鬃；棍子下端绑着相似的连环，代表马尾巴；棍子前面同样绑着一个连环、（缩小版的）马镫、一支矛、一把剑、一把斧头、一个大锤、一条小船、一个船桨、一个鱼叉等，这些东西都是铁制的；棍子下面和上面一样也系着三个连环。这四个连环被称作脚，这两根棍子被叫作"索尔比"（*sorbi*）。

一根鞭子缠了八圈的麝鼠的皮毛，在这根鞭子上绑着三个连环、一个铁锤、一把剑、一支矛、一根击棍（所有这些都是缩小版的）；这根鞭子被叫作"活物"的鞭子。做萨满法式时，萨满手里拿着鞭子和一根"索尔比"；但当他必须在蒙古包里做萨满法式时，他可能

---

① 《布里亚特萨满教的描述》，18~20 页。

只使用这根鞭子。①

其中一些细节会在后面内容中再次出现。此刻，我们关注的是布里亚特萨满"马"的重要性；马是中亚和北亚完成萨满之旅的典型方式之一，我们在其他地方也会发现这一方式。② 此外，奥尔克杭斯科（Olkhonsk）布里亚特萨满的胸脯上挂有神奇的物品（鼓、马棍、皮毛、铃铛等），并经常饰有太阳和月亮图形。亚罗斯拉维尔（Yaroslavl）的大主教进一步提及了两件布里亚特萨满的工具："阿巴加尔德"（abagaldei），即一张用兽皮、木头或金属制成的怪异面具，上面画着一圈巨型胡须；另一件是"托利"（toli），一个镶着十二只动物的金属镜子，挂在胸前或后背上，有时也直接缝在长袖衣服上。据阿加皮托夫和汉加洛夫③所言，人们实际上已经不再使用这两件物品了。④ 我们稍后会再次提到它们在其他地方的运用以及它们复杂的宗教意义。

阿尔泰萨满服饰

波塔宁关于阿尔泰萨满的描述给人一种印象，阿尔泰萨满服饰比其他西伯利亚萨满服饰更加完整，而且保存得更加完好。阿尔泰萨满的长袍衣衫是由山羊或驯鹿的皮制成的。缝在袍子上的许多彩带和方巾代表着蛇，有时这些彩带和方巾被剪成长着双眼和下颌张开的蛇头。那些较大的蛇的尾巴是交叉的，有时三条蛇共享一颗头。据说一个经验丰富（富

---

① 《布里亚特萨满教的描述》，19 页，23 ~ 24 页。

② 参见下文，326 页及后面的内容，467 页及后面的内容。

③ 《资料》，44 页。

④ 关于布里亚特萨满的镜子，铃铛和其他巫术物品，见帕尔塔宁，26 页。

有的）的萨满服饰上有 1070 条蛇。① 服饰上也有许多铁质物品，中间是一张弓和一支箭的图形，用来吓唬神灵。② 衣衫后面缝着动物的皮毛和两个铜盘。衣领边缘装饰着一撮黑色和棕色的猫头鹰羽毛。一个萨满也可以在他的衣领上缝七个玩偶，每个玩偶头上都有一根棕色的猫头鹰羽毛。据萨满说，这七个玩偶代表着七个天上童女，七个铃铛的响声是七个童女召唤神灵的声音。③ 在其他地方童女的数量最多为九个，人们相信她们就是白·乌尔干的九个女儿。④

萨满服饰上还有其他物品，每一个都有各自的宗教意义。比如，阿尔泰族中，有两个小怪物，"朱特巴"（*jutpa*）和"阿尔巴"（*arba*），它们是埃尔利克可汗王国的居民，一只用黑色或棕色的布做成，另一只用绿色的布做成，都长着4 只脚，一条尾巴和张开的下巴。⑤ 在西伯利亚更北部的民族中，我们发现了一些水鸟图案，比如海鸥和天鹅。这些水

---

① 更北部地区这些丝带蛇类的象征意义正在消失，而支持一种新的巫术－宗教评估。因此，例如某些奥斯加克萨满告诉凯伊·唐纳，丝带和毛发（《头饰与头发》，12 页；同上，14 页，表格 2［奥斯加克萨满的服饰上挂着大量垂到脚的丝带］；参见哈瓦《宗教观念》，表格 78）有着相同的特征。雅库特萨满称丝带为"毛发"（同上书，516 页）。我们面对的是一种含义的转变，宗教历史中的普遍进程；西伯利亚各民族并不知晓蛇的价值，但蛇的巫术－宗教价值正在被替换，在其他地区，同样代表蛇的物品也被"毛发"的巫术宗教价值所替。因为长头发被简单地赋予了一种强大的巫术宗教能力，正如我们期盼的那样，这种巫术宗教能力集中在术士身上（例如：《吠陀梵经》的穆尼（*muni*），第五章，136 页，7），国王（例如巴比伦国王），英雄（大力士），等。但是唐纳问及的萨满证据或多或少显得有些单薄。

② 另外一个改变意义的例子，弓和箭首先是巫术飞行的一个象征物，于是它构成了萨满升天的一个工具。

③ G. N. 波塔宁：《蒙古西北纲要》，第四章，49～54 页；参见米海洛夫斯基，84 页；哈瓦：《宗教观念》，595 页；W. 施密特：《起源》，第四章，254 页。关于阿尔泰和阿巴坎以及鞑靼民族的萨满服饰，见同上，251～257 页，694～696 页。

④ 参见例如哈瓦《宗教观念》，505 页。

⑤ 同上书，表格 69 - 70（A. V. 阿诺欣之后）。

鸟象征着萨满沉浸在海底世界中，这一观念在我们了解因纽特信仰时会再次被提及；很多神话中的动物（据叶尼塞人①所言，熊、狗以及脖子上有一个环的鹰，这只鹰象征着威严的鸟为萨满服务）；甚至人类性器官②的图画也有助于圣化服饰。③

萨满的镜子和帽子

在满洲北部不同的通古斯部落（通古斯族、兴安族、毕拉尔族）中，铜镜具有重要作用，④ 它们明显源于中国满洲，⑤ 但是它们的巫术意义却因部落而不同。据说铜镜可以帮助萨满"看到世界"（即入定）、"辨认神灵"，或者"反映人类的需要"，等等。根据 V. 季阿斯切吉，满－通古斯语中"镜子"（*Pańaptu*）这个词源自"灵魂、精神"（*paná*），或更准确地说是指"灵魂影子"。因此，镜子是一个装"灵魂影子"的储藏器。从镜子里萨满能看到逝者的灵魂。⑥ 有些蒙古萨满可以在镜子中看到"萨满的白马"，⑦ 骏马是具有明显萨满教性质的动物，骏马的奔驰与飞疾的速度是"飞行"，即癫狂的传统（最原始的）表达。⑧

―――――――

① 参见，尼奥拉泽，70 页。
② 同上。
③ 有人好奇如果两性象征物（例如见尼奥拉泽，表格 32，V. I. 阿努钦之后）同时在一个装饰中出现，并不暗指仪式性雌雄同体的一种模糊记忆。也可参见 B. D. 希姆金《凯特或叶尼塞"奥斯加克"的概述》，161 页。
④ 参见史禄国《心理情结》，296 页。
⑤ 同上书，299 页。
⑥ 参见《通古斯满洲萨满》，尤其见 367 页及后面的内容。关于通古斯萨满的镜子，也可参见史禄国，278 页，299 页及后面的内容。
⑦ W. 海西希：《库伦旗的萨满与通灵者》，46 页。
⑧ 参见下文，470 页及后面的内容。

　　在一些部落（比如，尤罗克－萨摩耶德），人们认为帽子是萨满服饰中最重要的部分。"根据这些萨满的论述，他们的很多能力都藏在帽子中。"[①] "这也就是为什么在俄国人的要求下进行萨满教展示时，萨满通常都不用他的帽子"。[②] "当我问他们这件事的时候，他们告诉我，如果在萨满加入式上不用帽子，他们就失去了所有真正的能力，因此，整个仪式仅仅是娱乐观众的拙劣模仿。"[③] 在西伯利亚西部地区，帽子由围在头上包伤口的宽布带构成，上面挂着蜥蜴或其他守护动物以及大量的丝带。在凯特的东部，帽子"有时和装饰着铁制驯鹿角的王冠一样，有时，这些帽子由熊的头颅制成，并嵌有这头野兽头颅皮肤的主要部分。"[④] 尽管在通古斯东部地区，一些萨满坚持认为他们帽子上装饰的铁制角模仿的是牡鹿角，[⑤] 但最常见的是代表驯鹿角的帽子。[⑥] 在其他地方，北部地区（正如萨摩耶德族中）以及南部地区

---

① 唐纳：《装饰物》，11 页。

② 唐纳：《西伯利亚》，227 页。

③ 唐纳：《装饰物》，11 页。"帽子所赋予的重要性似乎可以从青铜时代古老岩石画中体现，那时萨满用帽子武装，似乎非常明显，但是所有其他指代萨满尊严的特征似乎很少"（唐纳：《西伯利亚》，277 页）。但是卡尔亚莱宁并不相信在奥斯加克和沃古尔民族萨满帽子的本地特征；他更愿意视其为一种萨摩耶德影响的结果（参见《乌戈尔各民族的宗教》，第三章，256 页）。在其他情况中，问题似乎没有得到解决，吉尔吉斯斯坦的 baqca "穿着传统的 malakhai，它是一种羊皮或狐狸皮的尖头帽，一直垂到后背，某些 baqca 穿着一件非常奇怪的毡帽，帽子上覆盖着红色的骆驼皮；其他萨满，尤其是在靠近 Syr Dayra 和 Chu 以及咸海地区，带着一条女用丝巾，这条丝巾总是蓝色的"（J. 卡斯塔内：《哈萨克吉尔吉斯人和其他东突厥民族的巫与驱鬼术》，66 ~ 67 页）。也可参见 R. A. 斯坦《西藏铠甲与史诗的研究》，342 页及后面的内容。

④ 唐纳：《西伯利亚》，228 页。也可参见哈瓦《宗教观念》，514 页及后面的内容，表格 82，83，86。

⑤ 关于戴着牡鹿鹿角的萨满教帽子，参见迪奥兹策吉《那乃人萨满的头饰》，87 页及后面的内容，以及表格 3 ~ 4，6，9，11，22 ~ 23。

⑥ 同上页，516 页及后面的内容。

（如阿尔泰族中），萨满的帽子用天鹅、鹰、猫头鹰的羽毛装饰。例如，阿尔泰族①使用金色鹰或棕色猫头鹰的羽毛，索娅特、卡拉加斯以及其他民族使用猫头鹰的羽毛。② 铁列乌特的一些萨满用棕色猫头鹰的皮做帽子，将羽翼作为装饰物，有时把猫头鹰头也作为装饰物。③

鸟类学的象征意义

显而易见，萨满服饰通过所有这些装饰物想要以动物的形象赋予萨满一个全新充满巫术的身体。萨满服饰三种主要的动物形象为鸟、驯鹿（牡鹿）和熊，但鸟更为显著。我们之后会讨论驯鹿形态和熊形态服饰的象征意义，此刻我们只考虑鸟形态的萨满服饰。④ 在描述萨满服饰时，所有地方或多或少都会提到羽毛。更重要的是，这种鸟类形态的萨满服饰在结构上尽可能忠实地模仿鸟的外形。因此阿尔泰、米努辛斯克、鞑靼尔、索娅特和卡拉加斯族的萨满尽量让他们的服饰与猫头鹰的外形相似。⑤ 索娅特族萨满服饰甚至被认为是一只完美的鸟的外形。⑥ 鹰是萨满最常模仿的鸟类。⑦ 在赫哲族中萨满最主要的服饰是一种鸟形象的服饰。⑧ 在西伯

---

① 波塔宁：《纲要》，第四章，49 页及后面的内容。也可参见阿诺欣对于阿尔泰帽子的详尽研究《阿尔泰的萨满教资料》，46 页及后面的内容。

② 哈瓦：《宗教观念》，508 页及后面的内容。

③ 米海罗夫斯基，84 页。在一些地区，萨满不能圣化之后立即戴棕色的猫头鹰帽子。降神会期间，当新萨满毫无危险地穿戴帽子和更高级的徽章时，神灵才会显现（同上书，见 84～85 页）。

④ 关于萨满和鸟以及服饰上的鸟类象征物之间的关系，参见 H. 基什内尔《关于萨满教史前史的考古学研究》，255 页及后面的内容。

⑤ 哈瓦：《宗教观念》，504 页及后面的内容。

⑥ 同上书，表格 71～73，87～88，507～508 页，519～520 页。也可参见 W. 施密特《起源》，第十一章，430～431 页。

⑦ 参见莱奥·斯滕博格《西伯利亚民族的鹰》，145 页。

⑧ 史禄国，296 页。

利亚更北的民族，如多尔甘族、雅库特族和通古斯族中，情况亦是如此。在尤卡吉尔族中，萨满服饰包含羽毛元素。[1]一位通古斯萨满的靴子模仿了一种鸟的爪子。[2] 在雅库特族中，人们找到了形式最为复杂的服饰，他们的服饰展示了一副完整的鸟类铁骨架。[3] 根据史禄国记载，鸟类型服饰的传播中心是现在的雅库特民族居住的地区。

尽管萨满服饰并没有显现出我们可以看到的鸟类结构，比如，在深受中国佛教文化[4]影响的满族中，帽子是由皮毛制成并模仿一只鸟。[5] 蒙古族萨满在肩膀上有"翅膀"，并感觉他一穿上萨满服饰，就变成了一只鸟。[6] 早期时代，阿尔泰族普遍更加重视鸟类形象。[7] 如今，猫头鹰羽毛仅用来装饰哈萨克吉尔吉斯萨满的棍棒。[8]

关于他的通古斯受访者的权威性，史禄国补充道：鸟类服饰是去往另一个世界飞行中必不可少的。"他们说当服饰很轻时，飞往另一世界的旅程会更加容易。"[9] 基于同样的原因，传说一位女萨满只要获得巫术翅膀，她就可以飞入天空。[10] 奥尔马克斯[11]认为这个观念源于阿尔泰，应该将它与

---

① 乔吉尔森：《雅库特》，169～176 页。

② 哈瓦：《宗教观念》，511 页，表格 76。

③ 史禄国，296 页。

④ 同上。

⑤ 同上书，295 页。

⑥ 奥尔马克斯：《研究》，211 页。

⑦ 哈瓦：《宗教观念》，504 页。

⑧ 卡斯塔内：《巫术与驱鬼术》，67 页。

⑨ 《心理情结》，295 页。

⑩ 奥尔马克斯，212 页。在鸟羽毛帮助下飞行的民俗主题传播非常广泛，尤其在北美地区；见 S. 汤普森《主题索引》，第三章，10，381。更常见的一个主题是鸟仙女，它嫁给了一个凡人，它一有能力获得鸟的羽毛，便立即飞走了，羽毛由它的丈夫长期保管。参见哈瓦《芬兰-乌戈尔和西伯利亚神话》，501 页。也可参见布里亚特女萨满的传奇，她乘着神奇的八腿马升上天空，见下文，469 页。

⑪ 《研究》，211 页。

"辅助神灵"观念联系起来，这些辅助神灵能够帮助萨满完成飞天之旅。但是，我们早已了解到，而且我们之后将会再次看到，我们或多或少可以在全世界范围内找到相同的天空象征意义，这种象征意义恰恰与萨满、巫师以及由巫师人格化的神话人物相联系。

但是，我们也必须考虑到鹰和萨满之间的神话关系，人们认为鹰是首位萨满的父亲，它在萨满的加入式中扮演着重要角色，最后，它也占据着包含天树和萨满癫狂之旅观念的中心位置。尽管鹰以最常见的方式存在，但我们绝不能忘记，鹰在一定程度上代表了最高天神。所有这些元素似乎都相当精确地界定了萨满服饰的宗教意义：穿上萨满服饰就是回到一种神秘状态，这种状态在萨满领神的长时间体验和加入仪式中得以展现和确立。

骨架的象征意义

萨满服饰都装饰着一些铁质物品，这些物品仿照骨头的形状，并且准备赋予或至少部分地赋予萨满服饰一副骨架的形象。[①] 包括哈瓦[②]在内的一些作者之前认为它是一只鸟的骨架，但是早在 1902 年特罗斯钱斯基已经表明，至少在雅库特萨满中，这些铁"骨头"旨在模仿人类的骨架。一位叶尼赛人告诉凯伊·唐纳，这些骨头是萨满自己的骨头。[③] 尽管 E. K. 佩卡尔斯基与此同时提出了另外一种假设，认为萨

---

① 例如，参见 H. 芬德森《叶尼塞部落艺术中的人及人体的部分》，表格 37~38（阿努钦之后，表格 16 和 37）。也可参见芬德森《萨满教》，86 页及后面的内容。

② 《萨满服饰》，14 页及后面的内容。

③ 唐纳：《叶尼塞－奥斯加克人起源问题的论文集》，15 页；《叶尼塞－奥斯加克民族学注释》，80 页。最近，这位作者似乎改变了他的观点：见《西伯利亚》，228 页。

满服饰更像人类和鸟类骨架的结合物，但是哈瓦①也转变了
他的观点，认为它是一副人类的骨架。在满族，这些"骨
头"由铁和钢制成，萨满说（至少在我们这个时代）它们
代表着翅膀。② 但是，大多数情况下，这些骨头被认为是人
类的骨头，我们现在对此观点没有任何怀疑。芬德森重新创
造了③一个完全仿照人类胫骨的铁质物品。④

　　不管怎样，这两种假说基本上都可归结为相同的基本概
念；通过试图模仿一副人或鸟的骨架，萨满服饰表明了身着
这套服饰的人的独特地位，某种程度上，这个人已经死去并
已获得新生。在雅库特族、布里亚特族以及其他西伯利亚民
族中，我们已经了解到，人们相信萨满已被萨满祖先的神灵
杀掉，祖先在"烧煮"萨满的身体之后，数他们的骨头，替
换这些骨头，用铁丝将它们绑在一起并覆盖上新的肉体。⑤
现在在狩猎民族中，骨头代表人类和动物生命的最终根源，
这一根源的物种可以被随意重组。这就是为什么人们不会折
断猎物的骨头，而是根据习俗小心翼翼地将其收集并处理，
将它们埋葬，放在平台上或树上，或扔进海里，等等。⑥ 从
这一点来看，埋葬动物的确采用了处理人类遗体的方法。⑦

---

① 《宗教观念》，514 页。
② 史禄国，294 页。
③ 《人及人体的部分》，表格 39。
④ 藏于柏林人类学博物馆。
⑤ 参见 H. 纳奇蒂加尔《萨满变成骨架艺术史根源》，全书。关于北欧亚
　　民族将骨头视为灵魂的居所，参见伊瓦尔·保尔森《亚欧大陆北部民
　　族原始灵魂观念》，137 页及后面内容，202 页及后面的内容，236
　　页及后面的内容。
⑥ 参见哈瓦《亚洲和欧洲北部的狩猎仪式》，34 页及后面的内容；《宗教
　　观念》，344 页及后面的内容；阿道夫·弗里德里克《北亚想象中的世
　　界中的骨头和骨架》，194 页及后面的内容；K. 穆利《高处安葬》，
　　234 页及后面的内容，它包含了非常丰富的参考文献；纳奇蒂加尔
　　《北亚和高亚西亚在高处安葬的习俗》，全书。
⑦ 哈瓦：《宗教观念》，440~441 页。

因为，在这两种类似的情况中，人们相信"灵魂"居住在骨头里，因此，人们期待从骨头里获得个人的重生。

现在出现在服饰中的骨架概括了并重现了萨满领神的情节——死亡与重生。它是否代表人类骨架或动物骨架，这并不重要。不管是哪种情况，它都包含着神话祖先保存的生命实质和原始事物。人类骨架在某种程度上代表着人类的原型，因为人们认为它代表着祖先萨满相继出生的家族（家族血统有"骨头"代表；N 的骨头代表他是"N 家族的后代"）。① 鸟的骨架也是这个相同概念的一个变体：一方面，首位萨满是一只鹰和一个女人的结合；另一方面，萨满自己希望可以转变成一只鸟飞翔。的确，某种程度上，他像一只鸟一样可以飞到更高一级的领域。骨架或面具将萨满转变成为某种其他动物（牡鹿），也是基于这样一个相似的理论。② 人们认为这位神秘的动物祖先是物种生命永不枯竭的母体，而这个母体是在动物的骨头里找到的。人们不愿意说这是图腾主义，其实这更像人与猎物之间的神秘关系，这种关系对狩猎社会很重要，弗里德里克和穆利最近都对这个问题有所阐述和说明。

"从骨头中重生"

捕获到的或家养的动物可以从骨头中获得新生，这一观念也存在于西伯利亚以外的地区。弗雷泽已经记载了一些美

---

① 参见 A. 弗里德里克和 G. 巴德勒斯《西伯利亚萨满教》，36 页及后面内容。
② 例如通古斯萨姆纳服饰上展现的一只牡鹿，几片铁片代表它的骨架，它的叫也是铁制的，根据雅库特传奇，萨满以公牛的形象由一个领域飞向另一个领域等，参见同上，212 页；也可见上文，93 页及后面的内容。

国的例子。① 据弗罗贝纽斯所言，这一神话－仪式主题在阿
兰达、南美内部各部落、非洲丛林民族以及哈姆族中仍然存
在。② 弗里德里克已经增加并完善了非洲的数据，③ 并正确
地将这些数据当作田园灵性的表达。此外，相同的神话－仪
式情结已经在更加发达的文化中保存下来，无论是在宗教传
统自身当中，还是以神话的形式。④ 一个加高齐（南比萨拉
比亚和北多布罗加）传奇讲的是，亚当为了给他的儿子们找
到妻子，收集了不同动物的骨头并祈求天神赋予它们生命。⑤
在一个亚美尼亚神话中，一位狩猎者目睹了森林神灵的婚
礼。他被邀请参加宴席，他不吃东西，但一直保留着神灵给
他的公牛的肋骨。后来，当神灵们将公牛所有的骨头收集起
来，赋予它们生命时，不得不用一根胡桃树枝来代替那根丢
失的肋骨。⑥

---

① 许多米尼塔里印度人"相信他们杀害并剥去肉的野牛的骨头会再次覆盖
着新的肉体，立马变得有生命力而且壮实，很适合下个六月进行屠杀"
（《玉米神灵与野外神灵》，第二章，256 页）。在达科他族和巴芬岛的因
纽特族和哈得逊海湾族，玻利瓦尔的尤拉卡尔族和拉普兰族等中也可找
到相同的服饰，174 页及后面的内容，303 ~ 304 页；L. 施密特：《欧洲
和欧亚大陆一些传说中的动物的主人》，525 页及后面的内容。也可参见
埃米尔·诺利《佩罗的故事》，39 页及后面内容。C. M. 埃德斯曼：《火
神灵：火作为重生与永生的一种方式》，151 页及后面的内容。

② 《非洲文化史》，183 ~ 185 页。

③ 《非洲司祭》，184 ~ 189 页。

④ 沃尔德马·永曼（《从幼发拉底河到莱茵河的传统迁移》，第二章，
1078 页）列举了一个事实，禁止破坏动物的骨头，在犹太和古老德
国、高加索、特兰西瓦尼亚、澳大利亚、阿尔卑斯各国、法国、比利
时、英国和瑞典的神话中都可以找到。但是，由于它的东方－传播理
论，瑞典学者认为所有这些观念都比较新，并且具有东方起源。

⑤ C. 菲林厄姆·考克斯韦尔同著并编辑的《西伯利亚及其他民俗神话》，
422 页。

⑥ 同上书，1020 页。T. 莱赫蒂萨洛（《准萨满的死亡和重生》，19 页）
引用了波格丹英雄格塞尔·可汗相似的冒险：一只被宰杀和吃掉的小
牛从它的骨头里获得重生，但是它的一根骨头丢失了。

在这一点上我们可以引用《冰川诗集》中的一个事例，这个故事发生在雷神的一只山羊身上。一次雷神驾着四轮马车，赶着一群羊外出旅行。他寄宿在一位农夫的家里。"那天晚上，雷神将两只公羊都抓起来并把它们杀死，他们剥去山羊的皮将其放到一口大锅里，当山羊肉做好之后，雷神和他的同伴坐下来享用晚餐，他邀请了农夫和他的妻子以及儿子一起享用。雷神将那张羊皮放在远离火的地方，他告诉农夫和他的仆人将骨头扔到羊皮上。农夫的儿子拿着一根羊骨股，用刀子将骨头的肉剃下来，为了获得骨髓，他折断了这根骨头。"

"雷神在那里逗留了一整晚；天亮前一段时间，他起来，穿上衣服，拿着锤子（Mjöllnir），向上挥舞，并圣化了羊皮；公羊径直站起，然后，其中一只羊的后腿有一点瘸。"①

这个故事情节见证了古代德国人中由游牧和狩猎民族保持的一种古老的观念。它并不一定是"萨满教的"精神性的一个特征。但是，虽然我们现在引用了这一概念，要进一步考查印度－雅利安萨满教的遗留部分，我们必须先对萨满教理论和实践有一个全面了解。

与从骨头中的重生进一步关联，我们或许会列举伊齐基尔著名的幻想，尽管它与我们之前列举的例子属于完全不同的宗教视野。"天神的手搭在我身上，本着天神的精神带我离开，并把我放在满是骨头的山谷之中……天神对我说，人类的儿子，这些骨头可以活下来吗？我回答，噢，天神，你最了解了。他又对我说，预言这些骨头，对它们说话，把这

---

① 冰川诗集，ch. 24 章（由 A. G. 布罗德翻译，57 页）这个史诗是被 C. W. 冯·塞多进行大量记载的一个主题，"Tors fard dill Utgard. I; Tors bockslaktning"，埃德斯曼引用在《火神灵》，52 页及后面的内容。也可参见 J. W. E. 曼哈特《德国神话》，57～75 页。

些骨头晾干，你就可以听到天神的话。因此，天神对这些骨头说：看着，我会把气吹到你的身体里，这样，你就会活过来了：…你会知道我是天神。所以，正如天神让我做的那样，我预言了：当我预言时有一阵噪声，还有震动声，而且骨头一起过来了，骨头回到了各自的位置。当我再看的时候，骨头上已经有了肌腱和血肉……"①

弗里德里克也提到了格伦威德尔在桑吉马格希兹 (Sängimäghiz) 的一座庙的废墟里发现的一幅描绘人的画像。这幅画描绘了一个人通过一位佛教僧侣的祈祷，从他的骨头中获得重生。② 这里我们并不深究伊朗对印度佛教影响的细节，也不对仍未被全面研究的西藏与伊朗传统的相似性问题进行讨论。正如 J. J. 莫迪③ 不久前观察到的那样，西藏和伊朗暴露骨头的习俗存在着一个明显的相似点，两者都将尸体留给狗和秃鹰啃食。对于西藏人而言，最重要的是尸体应该尽可能快地变成一副骨架。而伊朗人将骨头放在"骨头的地方"（astodan）。在那里，骨头等待着重生。④ 我们可以将这种习俗视为一种幸

① Ez. 37：1~8 及后面内容。也可参见《死亡之书，ch. cxxv：在埃及》，骨头也为了重生而被保存起来。参见《古兰经》R：259。在一个阿芝特克传奇中，人是从地下领域带回的骨头而出生的；参见 H. B. 亚历山大《拉丁美洲神话》，90 页。

② A. 格伦威德尔：《阿维斯托经的恶魔及其与中亚佛教的佛像学之间的关系》，第二章，68~69 页，表格 62；A. 弗里德里克：《骨头和骨架》，230 页。

③ 参见《西藏处理死者的方式》，见第 1 页及后面内容；弗里德里克，227 页。参见《Yast》，11 页，13 页；《Bundahišn》，220 页（予骨重生）。

④ 参见大俄罗斯传奇中（考克斯韦尔《西伯利亚和其他民俗神话》，682 页）骨头房子。基于这些事实，重新检验伊朗二元论似乎很有趣，伊朗二元论表达了一个相反的"精神"，它用 ustana 术语指代"骨感的"。除此之外，正如弗里德里克评述的那样（245 页），Astovidatu 恶魔意为骨头破坏者，与折磨雅库特通古斯布里亚特萨满的邪恶神灵有关。

存的田园灵性。

在印度的巫术民俗中，人们相信一些圣人和瑜伽修行者能够让死者从骨头或骨灰中站起；比如，戈拉克纳就做过此事，[1] 在这一点上值得注意的是，这一著名术士被认为是一个瑜伽－密宗派即坎法塔派（Kānphatā）瑜伽修行者的创始人，在这一宗派中，我们会找到一些其他的萨满教遗留物。最后，我们列举一些佛教冥想，这很有启发意义，这些冥想旨在获得身体变为一副骨架的幻想；[2] 喇嘛教和密教中人类头盖骨和骨头的重要作用；[3] 西藏和蒙古的佛教冥想，骨架舞；[4] 额缝（brāhmarandhra）在西藏－印度癫狂术和喇嘛教中所发挥的作用；[5] 等等。所有这些习俗和观念似乎都向我们展示了，尽管它们现在已经融入了丰富多样化的体系中，在骨头中发现重要原则这种古代传统不会完全从亚洲的精神视野中消失。

但骨头在萨满神话和仪式中也发挥着其他作用。例如，当一位瓦休甘－奥斯加克萨满出发去寻找病人灵魂时，他坐在一只由胸骨制成的船上，用一根肩胛骨作船桨划到另一个世界。[6] 在这一点上，我们也应该提到人们用公羊或绵羊的肩胛骨进行占卜的例子，这一方法在卡尔梅族、吉尔吉斯族、蒙古族中广

---

① 参见乔治 W. 布里格斯《戈拉克纳和坎法塔派瑜伽修行者》，189，190 页。

② 参见 A. M. 波兹涅耶夫《蒙古喇嘛教的禅定和三摩地》，24 页及后面的内容。关于道教中的"死亡冥想"，参见鲁塞尔《中国的冥想类型》，尤其见 30 页及后面的内容。

③ 参见 Robert · Bleichsteiner《年轻的黄色教堂》，222 页；弗里德里克，211 页。

④ Bleichsteiner，222 页；弗里德里克，225 页。Bleichsteiner，222 页；弗里德里克，225 页。

⑤ 伊利亚的：《瑜伽：永生与自由》，321 页及后面的内容，419；弗里德里克，236 页。

⑥ 卡尔亚莱宁：《乌戈尔各民族的宗教》，第二章，335 页。

泛使用。[①] 在科里亚克族中，人们用海豹的肩胛骨进行占卜。精神现实是萨满教的基础，而占卜术自身是一种适用于实现这些精神现实或有助于与邪恶精神现实取得联系的特定技术。这里再一次提到，动物的骨头象征着轮回中生命的神秘，因此从本质上说，它本身包含一切属于过去和将来的事物。

我们相信，列举所有这些实践和观念并不会太偏离我们的主题——萨满教服饰代表的骨架。几乎所有这些实践和观念都属于文化中相似的或可以对应的层面，列举这些实践和观念，我们就已经指出了狩猎者和游牧者广袤文化领域中某些基准点。但是，让我们把这一点讲清楚：所有这些遗迹不会同样地表示一个"萨满教的"结构。我们要补充这样一点，对于西藏、蒙古、北亚，甚至北极的习俗中所存在的一些相似点，有必要考虑来自南亚，尤其是印度的影响。我们在后面会再次回到这些问题上来。

萨满面具

记得在布里亚特萨满拥有的物品中，雅罗斯拉夫尔大主

---

① R. 安德烈在"Scapulimantia"中已经给出关键的细节。也可见弗里德里克，214 页；加在他的参考文献中：G. L. 吉特里奇《古代和现代英国的巫术技能》，144 页，462 页，注释 44。这个占卜术技能的重点似乎是中亚（参见 B. 劳弗《哥伦布和中国以及美洲对东方的意义》，99 页）；在史前中国的商代也经常使用（见 H. G. 克里《中国的诞生》，21 页及后面的内容，185 页及后面的内容）。在彝族也盛行同样的技艺；参见 L. Vannicelli《彝族宗教》，151 页。北美 Scapulimancy 仅限于拉布拉多半岛和魁北克部落，它具有亚洲的起源；参见乔 M. 库伯《阿尔冈纪北部用水晶球占卜和 Scapulimancy》，劳弗，99 页。也可参见 E. J. 艾森博格《根据肩胛骨进行占卜》，全书；H. 霍夫曼：《西藏苯教的文献资料来源》，193 页及后面的内容；利奥波德·施密特：《派罗普斯和榛木女巫》，72 页，注释 28；弗里茨·勃姆：《Spatulimantie》，全书；F. 阿尔特海姆《匈奴史》，第一章，268 页及后面的内容；C. R. 鲍登：《蒙古族中 Scapulimancy 的练习》。

教尼尔提到了一张巨大的面具，① 我们会记住这一点。如今，布里亚特族已经不再使用面具了。事实上，萨满面具在西伯利亚和北亚地区也相当少见。史禄国仅举出一例，一位通古斯萨满临时准备了一个面具"来向众人展示玛鲁（malu）神灵在他体内"。② 在楚科奇族、科盖克族、堪察加族、尤卡吉尔族和雅库特族中，面具在萨满教中并没有任何作用，反而萨满偶尔用它去吓唬小孩子（如在楚科奇地区），在葬礼中用它来避免死者灵魂认出他（尤卡吉尔地区）。在因纽特各民族中，主要是阿拉斯加因纽特萨满使用面具，因为这个民族深受美洲印第安人文化的影响。③

在亚洲，为数不多的几个被证实的事例几乎都来自南部部落。在黑鞑靼族中，萨满有时会使用白桦树树皮制作面具，面具上的胡须和眉毛都是由松鼠的尾巴做成的。④ 在托木斯克的鞑靼族中，情况依然如此。⑤ 在阿尔泰和赫哲族中，当萨满带领死者的灵魂到阴影之国时，为了不让神灵认出，他把牛脂涂在自己脸上。⑥ 其他地方也存在同样的习俗，并且在熊的祭祀中也被用于同一目的。⑦ 我们很容易由此联想起在"原始民族"中广为流传的肥油涂抹在脸上的习俗，这种习俗的意义似乎没有看起来那么简单。我们一般不讨论躲避或防御神灵的问题，它只是进入神灵神奇世界的一种基本技艺。所以，我们发现在世界很多地方，面具代表祖先，而

---

① 参见上文，150 页及后面的内容。
② 《心理情结》，152 页，注释 2。
③ 奥尔马克斯，65 页。
④ G. N. 波塔宁：《蒙古西北纲要》，第四章，54 页；哈瓦：《宗教观念》，524 页。
⑤ D. 泽列宁：《阿尔泰突厥人祭祀中的性爱仪式》，84 页及后面的内容。
⑥ 拉德洛泽夫：《西伯利亚》，第二章，55 页；哈瓦：《宗教观念》，525 页。
⑦ 尼奥拉泽：《萨满教》，77 页。

且人们相信佩戴者可以使面具具体化。[1] 把肥油涂抹在脸上是掩盖自己，即让死者灵魂具体化最简单的一种方式。在其他地方，面具与人类的神秘社团和祖先祭仪相关联。历史－文化研究认为，由面具、祖先崇拜以及加入式神秘社团组成的这一观念属于母系文化圈，按照这一阐释，神秘社团是对女性主导的反抗。[2]

我们不应该对萨满面具稀少的情况感到惊讶，哈瓦曾做过正确的评论，[3] 萨满服饰自身就是一张面具，而且人们认为萨满服饰最初可能源于面具。面具在东南亚地区更加常见，然后变得越来越稀少，最后在更北的地区消失了。[4] 除了其他方式之外，最近人们通过引用这一事例来尝试证明西伯利亚萨满教起源于东方。这里我们不能讨论西伯利亚萨满教的"起源"问题，但我们也许应该注意到，在北亚和北极萨满教中，对萨满服饰和面具的评价并不一致。在一些地区[5]人们相信面具可以帮助萨满集中注意力。我们已经知道，萨满用手帕遮住自己的眼睛，甚至整个脸，在一些具体的例子中面具发挥着类似的作用，有时准确地说，人们即使没有提到面具，但也会提到与面具有相同本质的物体，例如赫哲族和索娅特族用来遮住萨满头部的皮毛和手帕。[6]

---

[1] K. 穆利：《面具》；《瑞士的面具》，44 页及后面的内容；A. 斯拉维克：《日本人和日耳曼人祭祀的秘密联盟》，717 页及后面内容；K. 兰克：《印度日耳曼文化中的图腾崇拜》，第一章，117 页及后面的内容。

[2] 例如参见，乔治·蒙唐东《民族文化之旅》，723 页及后面的内容。见 A. L. 克罗伯和凯瑟琳·霍尔特《面具和部分作为一种文化观念》，以及 W. 施密特的回复《文化历史学方法和北美洲民族学》，553 页及后面的内容。

[3] 《宗教观念》，524 页及后面的内容。

[4] 参见 A. 加斯在 W. 施密特《起源》，第三章，336 页及后面的内容；关于相反的观点，霍尔马克斯，65 页及后面的内容。参见下文，500 页及后面的内容。

[5] 例如，在萨摩耶德族中（卡斯特伦，由霍尔马克斯引用，67 页）。

[6] 哈瓦，表格 86 ~ 88。

基于这些原因，考虑对癫狂仪式和癫狂术中面具的各种评价时，我们或许可以这样总结：面具和萨满服饰有着相同的作用，而且人们认为这两个因素可以互换。因为不论面具用在哪里（确切地说，萨满教思想以外），它明显是一个神话人物（祖先、神话动物、天神）的化身。[1] 就服饰而言，它转换了萨满，在众人面前，服饰将萨满变成一位超人。服饰想展现的主要特征是一个死而复生的人（骨架）的威望或飞行的能力（鸟）或成为"上天配偶"丈夫的条件（女人的裙子，女性特征），等等，所有这些服饰对萨满来说作用都是一样的。

萨满鼓

萨满鼓在萨满教仪式中占据最重要的地位。[2] 它的象征意义很复杂，巫术功能也丰富多样。萨满鼓是实施萨满教降神会必不可少的一部分。无论是携带萨满进入"世界中心"，还是使萨满飞上天空，或是召唤精灵并将其"囚禁"，还是击鼓使萨满入定并与其正准备进入的神灵世界重新建立联

---

[1] 关于史前术士的面具以及它们的宗教意义，参见 J. 马林格《史前宗教：石器时代的欧洲宗教》，184 页及后面的内容。

[2] 除了参考文献给出的 145 页的注释 1，参见 A. A. 波波夫《铃鼓与奥斯加克人萨摩耶犬的复苏仪式》；J. 帕尔塔宁：《布里亚特萨满教描述》，20 页；W. 施密特：《起源》，第九章，258 页及后面的内容，696 页及后面的内容（阿尔泰，阿巴坎鞑靼尔）：第十一章，306 页及后面的内容（雅库特），514 页（叶尼塞）；第十二章，733～745 页（摘要）；E. 埃姆斯海默：《萨满鼓》；同上，《拉普人法鼓的思想》；同上，《西伯利亚中与拉普人法鼓相似的物体》；E. 曼克：《拉普人的法鼓·Ⅱ鼓作为精神生活的证明》，尤其见 61 页及后面的内容；H. 芬德森：《萨满教》，148～161 页；拉兹茨洛·法伊达：《关于萨满教惯用语的地位》，475 页，注释 3；V. 迪奥兹策吉：《赛尔库普族萨满教鼓的类型和民族之间的关系（奥斯加克－萨摩耶德）》；E. 洛特－福尔克：《活力鼓》；同上，《关于通古斯萨满的活力》。

系，无一例外。

人们会记得，准萨满的几个加入式梦境包含到"世界中心"——宇宙树和宇宙天神座邸的神秘之旅。天神命人砍倒这棵宇宙树，萨满正是用这棵树的树枝做出萨满鼓的外形。[1]从它所属的观念中看，这一象征意义似乎相当明显：凭借天树，即凭借穿过"世界中心"的轴实现天与地的交流。萨满鼓的鼓架的确是由宇宙树的木材制作而成，通过击鼓，萨满神奇地来到了宇宙树附近，来到了"世界中心"，借此他就可以升入天空。

鉴于这一点，萨满鼓与带有凹槽的萨满树很相似。萨满顺着树上的凹槽向上爬，象征性地爬上天空。萨满通过攀爬白桦树或击鼓，一点一点地靠近天树，然后爬上天树。西伯利亚萨满也有他们自己的树，这些树只是宇宙树的代表，有些萨满也会使用"反转树"，[2]也就是说，这些树扎根于天空，众所周知，它也是天树最古老象征中的一种。结合我们早已注意到的萨满与宇宙桦树的关系，整个一系列的事实都向我们展示了宇宙树、萨满鼓和升天之间的紧密联系。

甚至萨满选择哪一棵树来做萨满鼓也完全依赖于"神灵"或一个超人类的意愿。奥斯加克－萨摩耶德萨满拿着他的斧子，闭着眼睛走进一片森林，随便触碰一棵树；第二天，萨满的同伴砍下这棵树的树枝来做鼓。[3] 在西伯利亚的另一端，即阿尔泰族中，神灵自己告诉萨满森林的位置以及种植这棵树的准确地点，萨满派助手去找这棵树并砍下它的

---

① 参见上文，39 页。

② 参见 E. 卡加罗夫《倒置的萨满树》；也可见哈瓦《生命之树》，17 页，59 页及其他地方；《芬兰－乌戈尔和西伯利亚神话》，349 页及后面的内容；R. 卡斯滕：《塞迈克宗教》，48 页；A. 库马拉斯瓦米：《反转树》；伊利亚德：《比较宗教范型》。

③ 波波夫：《Seremonia》，94 页；埃姆斯海默：《萨满鼓》，167 页。

树枝做萨满鼓。① 在其他地区，萨满自己将所有的碎片收集起来。在其他地方，通过给树涂抹血和伏特加酒来祭祀这棵树。下一步就是用烈酒洒鼓的表面来"使其附有生命力"。② 在雅库特族中，一棵被闪电击中的树是最好的选择。③ 所有这些仪式性的习俗和防范都清楚地表明了超人类的启示已经改观了这棵树，使它不再是一棵世俗之树，而是代表真正的天树。

"激活萨满鼓"是最有趣的仪式。当阿尔泰萨满在鼓上喷一些啤酒，鼓的外壳就会"复活"，并通过萨满的声音向人们讲述它之前属于的那棵树在森林里长什么样（怎样长出来的）；它是如何被砍下来带到村庄的；等等。然后萨满在鼓皮上也喷一些啤酒，鼓皮也"复活"了，它也讲述了它的过去。通过萨满的声音，那只皮毛被做成鼓皮的动物也向人述说了它的出生、父母、童年以及直到它被猎人捕获的那一刻的全部过往生活。在仪式结束时，鼓向萨满保证，它会为萨满提供许多服务。在阿尔泰的塔巴莱尔斯部落中，萨满不仅模仿复活的动物的声音，而且还要模仿它的动作。

正如 L. P. 波塔波夫以及 G. 布德鲁斯④所表明的那样，萨满"重新赋予生命"的动物就是他的密友，是他最有能力的辅助神；进入萨满身体时，它就会变成神话中的兽类祖先。这也就更清楚地说明为什么在"赋予生命"的仪式期间，萨满必须要论述鼓－动物的生命史：他歌唱他的典型的模型，即其部落起源的远古动物。在神话年代，部落的每一位成员都可以变成一只动物，也就是说，他能够分享祖先所

---

① 埃姆斯海默，168 页（L. P. 波塔波夫和门杰斯：《阿尔泰突厥人民俗学材料》之后）。
② 同上书，172 页。
③ W. 谢罗谢夫斯基：《雅库特信仰下的萨满教》，322 页。
④ 《西伯利亚萨满教》，74 页及后面的内容。

拥有的条件。如今，只有萨满才有特权与神话中的祖先有这样亲密的联系。

在降神会期间，萨满仅为自己重新建立起一个曾经很普遍的场景。我们研究完其他例证后，恢复远古人类条件更深层的意义就会变得更加明显。此时，上述的一切足以向我们展示，鼓架与鼓皮两者构成了巫术宗教器具，凭借这些器具，萨满能够进行去往"世界中心"的癫狂之旅。在许多传统中，神秘兽形祖先住在地下世界，靠近宇宙树的根部，而宇宙树的顶部可以接触到天空。[①] 这里只展示了一些零碎但却相互联系的观点。一方面，萨满通过击鼓飞向宇宙树。马上我们将会看到，那只鼓包括大量升天的标志；[②] 另一方面，由于他与"重新具有生机"的鼓皮的神秘关系，萨满享有了兽形祖先的本质。换句话说，他可以摈弃时间，重新建立神话故事的原古场景。不管哪种情况，我们前面都存在着一种神秘的体验，这种体验能够使萨满穿越时间与空间。向动物祖先的转变和萨满升空癫狂，两者都是同一体验的不同表达，但两者又属于同一体系。这种体验超越了世俗的条件，重新创建一种遗失在神话时代深渊的"美好""天堂般"的存在情景。

萨满鼓通常是椭圆形的；鼓面由驯鹿皮、麋鹿皮或马皮做成。在东西伯利亚的奥斯加克和萨摩耶德族中，鼓面没有任何图案。[③] 据 J. G. 格奥尔基[④]所言，通古斯的萨满鼓装饰有鸟、蛇和其他动物的图形。因此，史禄国描述了他在外贝加尔通古斯萨满鼓上看到的一些图形：陆地（*terra firma*）

---

① 弗里德里克：《原始民族对家庭和生命起源的认识》，52 页。
② 参见下文，170 页及后面的内容。
③ 凯伊·唐纳：《西伯利亚》，230 页；哈瓦：《宗教观念》，526 页及后面的内容。
④ 《1772 年俄罗斯帝国游记》，第一章，28 页。

的象征符号（因为萨满把鼓作为穿越海洋的一艘船，因此他指出这片海的海岸）；从左到右几组人、形似神灵的图案；还有很多动物。鼓的中间没有画任何图形；所画的八对双线象征着将大地从海洋中托起的八只脚。[1] 在雅库特族中，有很多象征人和动物的红黑相间的神秘标志。[2] 叶尼塞奥斯加克族的鼓上画有各种各样的图案。[3]

鼓的背面有一个垂直的木质或铁质手柄，萨满用左手将其握住。水平的金属线或木质楔子上挂着神奇的叮当作响的金属、拨浪鼓、铃铛以及代表着神灵的铁质多种动物图案等，还有一些常见的武器，例如一支箭、一张弓或者一把刀子。[4] 每一个物件在萨满准备和表演其癫狂之旅或是其他的神秘体验中都有各自的象征含义，并发挥着各自的作用。

鞑靼部落和拉普兰族装饰萨满鼓面的一些图案很特别。在拉普兰族中，鼓的前后两面都画有图案。即使这些图案总是最重要的象征，比如天树、太阳、月亮、彩虹以及其他东西，图案的种类相当繁多。简言之，萨满鼓构成了一个缩影：天地之间的分界线，以及在其他地方大地与地下的分界线。天树（即萨满攀爬的用于祭祀的白桦树）、马、祭祀动物、萨满的辅助神灵、萨满在癫狂期间去过的太阳和月亮，以及当他下到死者领域时进入的埃尔利克可汗的地下世界（包括死亡之神的七个儿子和七个女儿，等等）——所有这些元素在一定程度上总结了萨满的旅程和探险，而且都体现在了他的鼓上。我们没有足够的空间来记录所有的标志以及

---

① 《心理情结》，297 页。

② 谢罗谢夫斯基，322 页。

③ 唐纳：《西伯利亚》，330 页。

④ 同上书，230 页；参见哈瓦《宗教观念》，527 页，530 页；W. 施密特：《起源》，第九章，260 页等。

图画，并评论这些标志和图画的象征意义。① 我们将只注意萨满教描绘了三界的缩影——天空、大地和地下——同时，萨满鼓表明了一种方式，通过这种方式萨满实现了从一个阶段到另一个阶段的突破以及建立天上世界和地下世界的沟通。正如我们已经看到的那样，祭祀白桦树（天树）的图形并不是唯一的，我们还找到了彩虹；萨满通过攀爬彩虹到达更高的领域。② 我们也会发现桥梁的图形，萨满在桥梁上从宇宙的一个领域走到另一个领域。③

　　萨满鼓上的图案主要表达的是癫狂之旅的象征意义，即暗示穿越三界，并由此到达一个"世界中心"的旅程。降神会开始时的击鼓是为了召唤神灵并将其"锁"在鼓里，同时也构成了癫狂之旅的前奏。这就是为什么萨满鼓被称作"萨满马"（雅库特族、布里亚特族）。阿尔泰族的鼓面上画着一匹马的图案，萨满击鼓时，人们相信他骑在马背上升空。④ 同样，在布里亚特族中，用马皮制成的鼓代表了马这种动物。⑤ 根据 O. M. 安成－赫尔芬所言，索娅特萨满的鼓被视为一匹马，并被称为"卡姆－阿特"（Khamu-at），字面意思"萨满马"。⑥ 一些蒙古族部落中，萨满鼓被称为"黑色的雄鹿"。⑦ 在一些地区，鼓皮是用一只雄獐的皮制成的，

---

① 参见波塔宁《纲要》，第四章，43 页及后面的内容；阿诺欣：《阿尔泰萨满教资料》，55 页及后面的内容；哈瓦：《宗教观念》，530 页及后面的内容（表格 89 ~ 100 等）；W. 施密特：《起源》，第九章，262 页及后面的内容；697 页及后面的内容；尤其是 E. 曼克《拉普人的法鼓》，第二章，19 页及后面的内容，61 页及后面的内容，124 页及后面的内容。

② 参见马尔蒂·拉萨宁《通往天堂的彩虹桥》。

③ H. 冯·兰克瑞：《萨满和萨满教制度》，279 页及后面内容。

④ 拉德洛夫：《西伯利亚》，第二章，18 页，28 页，30 页以及到处。

⑤ 米海洛夫斯基：《西伯利亚与欧俄萨满教》，80 页。

⑥ 《亚细亚图瓦之行》，117 页。

⑦ W. 海西希：《库伦旗的萨满与通灵者》，47 页。

所以鼓是"萨满的雄獐"（卡拉加斯族，索娅特族）。雅库特传奇详尽地讲述了萨满乘着萨满鼓飞过七级天国的情景。卡拉加斯和索娅特萨满唱道："我正在用一只雄獐穿行！"在阿尔泰族中，敲鼓的那根棍子被称为"鞭子"。[1] 不可思议的飞行速度是匈牙利萨满"塔尔托斯"（*táltos*）的一个特征。[2] 一个"塔尔托斯""将芦笛夹在腿间飞驰而去，来到一个坐在马背上的人面前。"[3] 所有这些都是与"飞行"、"骑行"或萨满"速度"有关的观念，图形和符号都是癫狂体验的象征性表达，也就是通过超越人类的方式，在人类无法接触的地域进行的神秘旅程。

从塔恩德拉－尤罗克萨满给他们鼓起的名字中也会找到癫狂之旅这一思想：弓或唱歌的弓。据莱赫蒂萨洛以及哈瓦[4]所言，萨满鼓最初被用来驱逐邪恶神灵，[5] 一张弓也可以用来驱逐神灵。萨满鼓有时确实是用来驱逐邪恶神灵的，但在这种情况下，我们就忘记了萨满鼓的独特用处，我们有一个用萨满鼓的"噪音魔力"来驱赶恶魔的例子。像这样一些萨满鼓的功能有所变化的例子在宗教史中出现得也相当频繁。但是，我们并不认为萨满鼓最初的功能就是驱赶神灵。正是因为萨满鼓可能引发一次癫狂体验，它才不同于所有其他具有"噪音魔力"的工具。不管这种癫狂体验在开始时是击鼓所产生的"神灵之声"的魔力引发的，还是由长时间击鼓使萨满高度入定所引发的，这都不是我们现在关心的问题。但是，有一个事实是确定的：正是音乐魔力（*musical magic*）而不是驱逐恶魔的"噪音魔

---

① 哈瓦：《宗教观念》，536 页。
② G. 罗海姆：《匈牙利萨满教》，142 页。
③ 同上书，135 页。
④ 《宗教观念》，538 页。
⑤ 同上书，537 页。

力"决定了鼓的萨满教功能。①

　　甚至在一些用弓代替萨满鼓的地方,如在列别德鞑靼尔和阿尔泰一些地区,我们也可以证明,总会看到一个可以产生巫术音乐的乐器,而不是抵抗恶魔的武器。这里没有箭,而弓只是被用作一个单弦乐器,吉尔吉斯萨满(baqça)在准备恍惚时并不使用鼓,而是使用"科布兹"(kobuz),这是一种弦乐器。② 正如在西伯利亚萨满中,恍惚是由跟随"科布兹"巫术乐曲的舞蹈引起的。我们之后将会更加全面了解到,这种舞蹈再现了萨满的升天癫狂之旅。我们足可以说,与萨满鼓一样,萨满服饰和萨满舞蹈的象征意义是一样的。这种巫术音乐是进行癫狂之旅或确保其成功的许多方法之一。布里亚特人称为"马"的马头棍也证实了同样的象征意义。③

　　在乌戈尔民族中,萨满鼓没有任何装饰。另一方面,拉普兰萨满甚至比鞑靼萨满更加自由地装饰他们的鼓。曼克关于拉普兰魔力鼓大量的研究重新描述并分析了大量的图案。④要给神话角色下定义并呈现所有这些有时相当神秘的图像的意义,并不是一件易事。总的来说,拉普兰鼓代表了由分界线分割的宇宙三界。在天空中,太阳和月亮清晰可辨,如同天神和女天神(或许受斯堪的纳维亚神话影响)、⑤ 鸟(天

①　同样,箭在一些萨满教降神会中也扮演一些角色(参见,例如同上,555页)。箭包含了双重巫术–宗教意义;一方面,它是速度"飞行"的典型代表;另一方面,它是最突出的武器(箭具有远距离的杀伤力)。箭被用在净化仪式或驱赶恶魔仪式当中,它既"杀死"也"赶走"和"驱逐"邪恶神灵。参见 Rene de Nebesky-Wojkowikz《西藏圣人与恶魔》,543 页。关于箭同时作为"飞行"和"净化"的一个象征物,见下文,388 页。
②　卡斯塔内:《哈萨克吉尔吉斯人以及其他东突厥语民族的巫术和驱鬼术》,67 页及后面内容。
③　哈瓦:《宗教观念》,538 页及后面的内容,表格 65。
④　《拉普人的法鼓 I:鼓作为物质文化的纪念物》;II:鼓作为精神生活的证明。也可见 T. I. 伊特科宁《芬兰拉普人的异教和之后的迷信》,13页及后面的内容,以及表格 24～27。
⑤　E. 曼克:《拉普人的法鼓》,第一章,17 页。

鹅、布谷鸟等）、鼓、祭祀动物等等；宇宙树、很多神话角色、船只、萨满、追捕的天神、马、人等等，人处在中间的空间（大地）；在地府层还发现了地府神、萨满、死者，蛇和鸟以及其他的图像。

拉普兰萨满在占卜时也使用他们的鼓。[1] 其他突厥部落并不知晓这种习俗。[2] 通古斯人进行一种受限制的占卜，就是将鼓槌扔向天空，鼓槌落下的位置就是所占卜问题的答案。[3]

北亚萨满鼓的起源和分布问题极其复杂，还没有得到解决。几种东西指明萨满鼓最初是由南亚散布过来的。不容置疑，喇嘛鼓不仅对西伯利亚的萨满鼓有影响，还对楚科奇和因纽特萨满鼓有影响。[4] 这些事实对如今中亚和西伯利亚萨满教的形成非常重要，稍后，当我们试图描述亚洲萨满教发展过程时，我们会再次提及上述事实。

全世界的仪式性服饰以及魔力鼓

我们无法对比全世界巫师、巫医和神父的服饰、使用的鼓或其他仪式用具。[5] 这个主题更适合民族学，它只是宗教历史

[1] 伊特科宁，121 页及后面的内容；哈瓦：《宗教观念》，538 页；卡斯滕：《塞迈克宗教》，74 页。

[2] 阿尔泰库曼丁可能的例外，参见布德鲁斯在弗里德里克和布德鲁斯的著作《萨满故事》，82 页。

[3] 哈瓦：《宗教观念》，539 页。

[4] 参见史禄国《心理情结》，299 页。

[5] 参见 E. 达劳利《穿着、饮品和鼓：野人和性别的进一步研究》，159 页及后面的内容，233 页及后面的内容；J. L. 马多克斯《巫医》，95 页及后面的内容；H. 韦伯斯特《巫术》，252 页及后面的内容。关于比尔族的鼓，见威廉·科珀《印度中部的比尔人》，223 页；朱昆族，艾弗，H. N. 埃文斯：《宗教研究》，265 页；马来族，W. W. 斯基特《马来巫术》，25 页及后面的内容，40 页及后面的内容；512 页及后面的内容；在非洲，海英茨、维施绍夫《非洲鼓以及其与非洲之外的关系》；A. 弗里德里克《非洲司祭》，194 页及后面的内容，324 页等。也可参见 A. 谢夫纳《巫术乐器的起源》，166 页及后面的内容（皮鼓）。

学的一个附加兴趣。然而我们也要提到这样一个事实，我们对西伯利亚萨满服饰的象征意义的解释在其他地区也存在。我们找到了一些面具（从最简单的到最精致的）、动物的皮和皮毛甚至鸟的羽毛，无须再强调它们的升天象征意义了。我们同样也发现了一些巫术棍棒、铃铛和种类繁多的鼓。

　　H. 霍夫曼研究了苯教牧师的服饰和鼓与西伯利亚萨满的服饰和鼓之间的相似性，这很有用。[1] 西藏预言法师的服饰上除了配有其他东西，还包括鹰的羽毛、系有宽丝带的头盔、一个盾以及一支矛。[2] V. 戈拉贝夫已经将在唐格森（Dongson）挖掘出来的鼓和蒙古族萨满的鼓进行了对比。[3]最近，H. G. 夸里奇更加详细地描述了唐格森萨满教结构，他将仪式中戴着羽毛头巾的队伍比作饰有羽毛、假装是鸟的海迪雅克萨满。[4] 尽管如今对印度尼西亚萨满的击鼓有各种解释，但它有时还是象征着升天之旅或被认为是为癫狂升天的准备。[5] 杜松（婆罗洲）巫师治愈病人时，他会穿戴一些神圣的饰品和羽毛；[6] 门特维安（苏门答腊）萨满使用一套包括羽毛和铃铛的仪式性服饰；[7] 非洲的巫师和治愈者用野兽的皮毛、动物的骨头和牙齿以及类似的东西包裹他们自己。[8] 尽管南美热带地区的仪式性服饰相对较少，但萨满的一些配件会代替这种服饰，比如有"响葫芦"（maraca）或拨浪鼓，"拨浪鼓由装有种子和石头的葫芦做成，并镶嵌一

---

① 《西藏苯教的文献资料来源》，201 页及后面的内容。
② Nebesky-Wojkowitz：《西藏神使与恶魔》，401 页及后面的内容。也可参见多米尼克·施罗德《西宁地区土族的宗教（青海）》，最后的艺术，235 页及后面的内容，243 页及后面的内容。
③ 参见 V. 戈拉贝夫的《蒙古族巫术鼓》和《金属鼓的起源与传播》。
④ 《亚洲东南部的史前史和宗教》，82 页及后面的内容。
⑤ 参见同上中的一些例子，86 页。
⑥ 埃文斯：《研究》，21 页。
⑦ 勒布：《萨满与先知》，69 页及后面的内容。
⑧ 韦伯斯特：《巫术》，253 页及后面的内容。

个把手"。人们认为这一工具是神圣的，图皮南巴人甚至会给拨浪鼓带一些食物祭品。[1] 鲁罗萨满在拨浪鼓上进行表演，拨浪鼓是萨满在恍惚期间拜访主要神灵的典型代表。[2]

北美萨满有一套具有象征意义的仪式服饰，它由鹰和其他动物的羽毛、一支拨浪鼓、一支鼓和一个装着石英石、石头和其他巫术物品的袋子组成。人们认为被拔取羽毛的那只鹰是神圣的，所以将其放飞。[3] 装着配饰的袋子从来不会离开萨满，在夜晚，萨满将其藏在枕头或者床底下。[4] 特里吉特和海达萨满会使用一套所谓真正的仪式服饰（一个长裙、一个毛毯、一顶帽子等），他们依据守护神的指示为自己制作服饰。[5] 在阿帕契族，除了鹰的羽毛，萨满还拥有一个菱形体、一条巫术绳带（这可以让萨满变得无坚不摧，也可以让萨满看到未来的事情等）和一个仪式帽子。[6] 与桑泊伊尔和内斯皮勒姆地区一样，其他地区萨满服饰的巫术能力也体现在一个缠绕在胳膊上的红色布条上。[7] 鹰的羽毛这个装饰物在所有北美部落都得到了证实。[8] 除此之外，在加入式中，它们被拴在棍子上，（例如在麦都族中），而且人们将这些棍子插在萨满的坟墓上，[9] 预示着已逝萨满灵魂游走的方向。

---

① A. 梅特罗克斯：《图皮南巴宗教以及图皮 - 瓜拉尼人其他部落的关系》（简称《图皮南巴宗教》），72 页及后面的内容。

② A. 梅特罗克斯：《南热带美洲印第安人的萨满教》，218 页。

③ 威拉德·Z. 帕克：《美洲西北部的萨满教》，34 页。

④ 同上。

⑤ J. R. 斯旺顿，由 M. 布泰勒引用《萨满教及巫术治愈》，88 页。

⑥ J. G. 伯克：《阿巴契巫医》，476 页及后面的内容（菱形；参见表格 430 ~ 431），533 页及后面的内容（羽毛），556 页及后面的内容以及表格 435 ~ 439（"药绳"），589 页及后面的内容以及 Pl. 第五章（"医帽"）。

⑦ 帕克，129 页。

⑧ 帕克，134 页。

⑨ 同上。

　　和其他大部分地区一样，在北美，[1] 萨满也使用鼓或拨浪鼓。要是仪式鼓找不到的话，会使用锣或贝壳代替（尤其在锡兰、[2] 南亚、中国等地区）。但通常某种工具会以某种方式与"神灵世界"建立联系。我们必须最广义地理解最后这种表述，它不仅包含与天神、神灵以及恶魔的联系，也包含与祖先灵魂、死者以及神话动物的联系。这一与超感世界的联系肯定暗示了之前的入定，而萨满或术士"进入"其仪式服饰以及仪式音乐加速了这种入定。

　　神圣服饰的相同象征意义在一些更为发达的地区也有保留：如中国的狼和熊的皮毛、[3] 爱尔兰占卜者[4]的鸟的羽毛等等。我们在古老东方教父和君王的袍子上也发现了微型宇宙的象征意义。这一系列事实都符合一条宗教历史都熟知的"法则"，即一个人想成为他所展示出来的样子。戴面具的人就是面具描述的真正神话祖先。不同的标志和象征物有时仅仅体现在服饰上或直接体现在身体上，人们从这些标志物和象征物中期待着相同的结果，即个人向其他事物的转变，因此一个人通过穿戴鹰的羽毛或者一幅极具这种羽毛风格的图画来设法获得巫术飞行能力等等。鼓和其他巫术音乐乐器的使用并不局限于降神会。许多萨满为了愉悦自己也会击鼓吟唱。然而这些动作的意义仍没有改变，就是升天、入地去拜访逝者。由巫术音乐的乐器实现的这种"自主"构成了一种音乐，这种音乐即使不是"世俗的"，那么它一定也比纯粹的宗教音乐更加自由和生动。在萨满歌曲的问题上我们也观察到了相同的现象，这

---

① 帕克：《美洲西北部的萨满教》，34 页及后面的内容，131 页及后面的内容。
② 参见保罗·惠兹《锡兰的驱鬼术和治疗术》。
③ 参见 C. 亨策《中国早期文化中的青铜器及其含义》，34 页及后面的内容。
④ 参见 N. K. 查德维克《诗歌与先知》，58 页。

些歌曲描述了癫狂的升天之旅和危险的入地之行。经过一段时间，这种冒险行为成为各自民族的民俗神话，并用新的主题和人物丰富了民间口述文学。①

———————————

① 参见 K. 穆利，Scythica，151 页及后面的内容。

第六章
中亚和北亚的萨满教：
Ⅰ 升天入地

萨满的职能

　　不论萨满在中亚、北亚的宗教生活中扮演多么重要的角色，它本身还是存在一些局限。[①] 萨满并不是一位祭祀者，"萨满的职能并不包括参加在特定日期举行的，供奉水神、森林和家族祖先的祭祀活动"。[②] 正如 W. 拉道夫评述的那样，在阿尔泰族中，萨满并不参与出生、结婚和死亡仪式，除非这些仪式中有不寻常的事情发生，如不孕不育或难产时，人们会召唤萨满。[③] 在更北的地区，为了防止死者的灵魂再次回来，萨满有时会被邀请参加葬礼，为了保护新婚夫

---

① 同样，西伯利亚萨满有最高的社会地位，但在楚科奇族，情况却不是如此，楚科奇萨满似乎并没有享有很多的尊敬；参见 V. M. 米海洛夫斯基《西伯利亚和欧俄萨满教》，131～132 页。据说在布里亚特族中，萨满是第一批政治领导人（G. 桑德斯彻：《阿兰－布里亚特人的世界观和萨满教》，981 页及后面的内容）。

② 凯伊·唐纳：《西伯利亚》，222 页。

③ 《西伯利亚》，第二章，55 页。

妇免受邪恶神灵的侵扰，萨满也会出席婚礼。[①] 但是，显而易见的是，在这种情况中，萨满的作用仅限为巫术防御。

另一方面，萨满在任何关乎人类灵魂体验的仪式中是必不可少的，也就是说，作为一个不确定的精神单位，灵魂往往会离开身体，被恶魔和巫师捕获。这就是为什么在亚洲和北美以及其他地区（例如印度尼西亚）萨满总发挥着医生和治愈者的职能。他得出诊断结果，追寻病人逃亡的灵魂，捕获灵魂并将其带回，使身体恢复生机。因为萨满是最出色的信使，所以他也总是引导逝者的灵魂进入地府世界。

萨满是治愈者及信使，因为他掌握了癫狂术——也就是说，他的灵魂可以安全地离开身体，游荡很远，可以穿越地府，升入天空。通过萨满个人的癫狂体验，他知道地球之外的道路。他既可以上天，也可以入地，因为他已经去过那里。他在这些禁地迷路的风险仍很大，但是，他得到了领神的圣化，受到守护神的保护，因此是唯一能够挑战这一风险并冒险进入一片神秘之地的人。

我们很快会看到，正是这种癫狂能力使萨满能够跟随马的灵魂。阿尔泰人会定期举行向天神供奉马的祭祀活动，在这种情况下，正是萨满自己向天神供奉马，但他这样做的原因不是因为他是一位祭祀神父，而是因为这是他的任务，他要在动物灵魂去往贝·乌尔甘（Bai Ülgän）宝座的升天之旅中指导它们。相反，在阿尔泰鞑靼族中，萨满却取代了祭祀神父这一职责，因为在原始突厥部落（匈奴、图库），卡齐纳人和贝尔特里人向最高天神祭马的仪式中，萨满没有任何

---

① K. F. 卡尔亚莱宁：《乌戈尔各民族的宗教》，第三章，295 页。根据 W. 谢罗谢夫斯基，雅库特萨满出席所有重要的事件（《雅库特信仰下的萨满教》，322 页）；但是这并不意味着萨满主导"正常"宗教生活；萨满主要是在生病的情况下变得必不可少（同上）。在布里亚特族中，年龄到达十五岁的孩子受到萨满的保护，免受邪恶神灵的侵害（桑德斯彻，594 页）。

作用，然而在其他祭祀活动中萨满却发挥着积极的作用。①

乌戈尔族也存在相同的情况。在芬兰－乌戈尔和额尔齐斯河的奥斯加克族中，萨满会在治愈疾病前进行祭祀，但这一祭祀似乎是一个后来发展的结果，显而易见，在这些情况下，寻找病人游离的灵魂是最基本的也是最重要的事情。②同样在乌戈尔族中，萨满会出席赎罪祭祀，例如在额尔齐斯河地区，萨满甚至也进行祭祀，但并不能从这一事实中得出任何结论，因为任何人都可以祭祀天神。③ 即使乌戈尔萨满参加祭祀，他也不会杀害动物，但也可以说，他会接替仪式中"神灵"的角色，表演烟熏、祈福，等等。④ 在特雷姆朱甘（Tremyugan）族的祭祀中，萨满被称为"祈福者"，但是他并不是必不可少的。⑤ 在瓦休甘族中，人们在向萨满咨询一种疾病后，会按照萨满的指示举行一场祭祀活动，但是房子的主人会杀掉患者。在乌戈尔族集体的祭祀活动中，萨满自己会祈福并引导病人的灵魂到各自神灵那里。⑥ 总而言之，即使萨满参加祭祀活动，他更多地也是充当"神灵"的角色，⑦ 他只关心祭祀动物的神秘旅程。原因很简单：萨满知道这条道路，此外，他有能力控制并护送一个人或祭祀病人的"灵魂"。

在北方，萨满的宗教作用似乎变得越来越重要和复杂。在北亚的远北地区，当猎物变得稀少时，人们会寻求萨满的

---

① 参见 W. 施密特《天神观念的起源》，第九章，14 页，31 页，63 页（匈奴、图库等），686 页（卡齐纳，贝尔特里人），771 页及后面的内容。
② 卡尔亚莱宁：《乌戈尔各民族的宗教》，第三章，286 页。
③ 同上书，287 页及后面的内容。
④ 同上书，288 页。
⑤ 同上。
⑥ 同上书，289 页。
⑦ 观察吠陀仪式中婆罗门的相似功能。

介入。① 在因纽特②和一些北美部落③中也是一样。但是，我们并不认为这些狩猎仪式具有真正萨满教性质。如果萨满在这些仪式中似乎发挥着一定的作用，那总会归因于萨满的癫狂能力：他可以预见大气的变幻，享有异常的洞察力，可以看到远处事物（因此他能够找到猎物）。此外，他还与动物建立起了具有巫术－宗教本质的紧密关系。

占卜以及洞察力也是萨满神秘技艺的一部分。因此，人们会请教萨满去找寻在苔原或雪地里走失的人和动物，去找回一件丢失的东西，等等。但这些微小的英勇行为只是女萨满以及其他阶层的巫师和女巫师的特权。相似的是，伤害主顾的敌人并不是萨满的一个专长，尽管有时他也会这么做。但北亚萨满教是一种历史悠久极其复杂的现象，尤其是因为萨满在历史长河中积累了声望，萨满教吸收了大量的神秘技艺。

"黑萨满"，"白萨满"，"二元"神话论

至少在一些民族中，两者的差别很难定义，最显著的特殊之处就是"黑萨满"与"白萨满"的区分。M. A. 恰普利茨卡④提到，对于雅库特人来说，白萨满（*ai oyuna*）会祭祀天神，黑萨满（*abssy oyuna*）与邪恶神灵有一定关系。但是，正如哈瓦所说，⑤ 白萨满并不一定是萨满，他也可以是

① 哈瓦：《宗教观念》，542 页。
② 例如，参见 K. 拉斯姆森《伊格卢里克因纽特人的精神文化》，109 页及后面的内容；E. M. 韦耶：《因纽特》，422 页等。
③ 例如帕维奥佐人（Paviotso）的"咒语"；参见 W. Z. 帕克《美洲西北部萨满教》，62 页及后面的内容，139 页及后面的内容。
④ 《土著的西伯利亚人》，247 页及后面的内容；也可参见 W. 施密特《起源》，第十一章，273～278 页，287～290 页。
⑤ 哈瓦：《宗教观念》，483 页。

一位祭祀神父。据 N. V. 普里普佐所言，同一个雅库特萨满
既可以召唤高一级（天上的）神灵，也可以召唤低一级神
灵。① 在图鲁汉斯克通古斯族中，萨满并没有"黑""白"
的区分，但是他们并不向天神祭祀，天神的祭祀仪式总是在
白天进行，而萨满教的仪式在晚上进行。②

　　布里亚特族提及了"白萨满"（*sagani bö*）和"黑萨
满"（*karain bö*），清楚地描述了二者的区别，白萨满与天神
有关，黑萨满与神灵有关。③ 他们的服饰也不同，前者穿白
色的衣服而后者穿黑色的衣服。布里亚特神话本身呈现出一
个显著的二元论观点：许多半神灵被分为黑可汗和白可汗，
二者因为强烈的憎恨而相互分离。④ 黑萨满服从黑可汗，尽
管黑萨满也有自己的作用，但人们并不喜欢他们，因为他们
只充当了黑可汗的中介者。⑤ 然而，这一情况并不是原始的；
根据神话，第一位萨满是白萨满，黑萨满后来才出现。⑥ 我

---

① 哈瓦：《宗教观念》，由哈瓦（Harva）引用 W. 谢罗谢夫斯基（Sieroszewski），根据萨满的能力将萨满分类并区分：（a）"最后的"
（*kennikï oyuna*），更确切地说，这一类萨满是占卜者和梦境的解析者，
他们只能治愈一些小病；（b）"普通"萨满（*orto oyuna*），这类萨满通
常是普通的治愈者；（c）"伟大"萨满，即有能力的术士，伟大神灵
乌卢 - 图瓦永（Ulu-Toyon）亲自派遣一位辅助神灵给这类萨满（"萨
满教"，315 页）。正如我们稍后所见，人们用二分法区分了雅库特的
万神殿，但这并没有在萨满区分的差别中有类似的体现。更准确地说，
是祭祀神父与萨满之间的对立。然而，这里也提及"白"萨满或"夏
天"萨满，后者专攻女神埃希特（Aisyt）的仪式；参见上文，79 页，
注释④。
② 哈瓦：《宗教观念》，483 页。
③ N. N. 阿加皮托夫和 N. M. 汉加洛夫：《研究西伯利亚萨满教的资料·
布里亚特伊尔库兹克省的萨满教》，46 页；米海洛夫斯基，130 页；哈
瓦：《宗教观念》，484 页。
④ 桑德斯彻，952 页及后面的内容；参见 W. 施密特《起源》，第十章，
250 页及后面的内容。
⑤ 桑德斯彻，952 页；
⑥ 桑德斯彻，976 页。

们也已经了解到，① 是天神派鹰将萨满教的天赋赐予它在大地上见到的第一个人。萨满的这一二分法或许是次要的，甚至是很晚才出现的现象，这要么是受伊朗的影响，要么是由于对地府和地狱圣显的消极评价，这些圣显在时间的长河中逐渐表明了"恶魔"的能力。②

我们一定不能忘记，许多地上和地下的神灵以及他们的能力并不一定都是邪恶的或恶魔性质的。他们一般代表着土著神灵和甚至当地的显圣物，由于万神殿的变化，这些显圣物的排名下降了。有时天上神灵和地府神灵的这种二分法只是一种简便的分类，并没有包含任何对后者的轻蔑含义。我们已经了解到布里亚特族中白可汗与黑可汗之间明显的对立。雅库特族人也知晓这两大类天神："那些'居上'的神与'居下'的神，即腾格拉（天上的）神灵与"地下的"神灵"，③ 不过他们之间没有明显的对立，④ 更多的是对不同宗教形式和能力的分类和专门化。

尽管"天上"神灵可能很仁慈，但不幸的是，他们很被动，因此，他们在人类存在的整个过程中几乎没有给予什么帮助。他们住在"天空较高的领域，很少参与人类的事情，与地下的神灵相比，他们对生命进程的影响要少得多，而这些地下神灵心怀恨意，更靠近大地，通过血缘纽带以及进入宗族更加严格的组织与人类联合。"⑤ 天神的首领是世界的"首席父神"（Art Toyon Aga），他住在九级天庭，能力超凡，

---

① 参见上文，68 页及后面的内容。

② 关于神灵世界的二元结构与可能的二元社会结构之间的关系，参见劳伦斯·克里德《布里亚特宗教与社会》，338 页及后面内容。

③ 在任何情况下，"上面"和"下面"都是相当模糊的术语；它们也可以指坐落在河流上游的和下游的区域（谢罗谢夫斯基，300 页）。也可参见 W. I. 乔吉尔森《雅库特》，107 页及后面内容；B. D. 希姆金"凯特或叶尼塞'奥斯加克'的概述"，161 页及后面的内容。

④ 谢罗谢夫斯基：《雅库特信仰下的萨满教》，300 页及后面的内容。

⑤ 同上书，301 页。

但并不积极，他如他的象征物太阳般闪耀，以雷的嗓音说话，但很少参与人类的事情。我们徒劳地向他祈祷我们的日常需求，我们或许只在极其特殊的情况下才会打扰他的休息，即使这样，他也不情愿参与人类的事情。①

　　除了"首席父神"之外，天上还住着七个其他伟大的天神和许多小天神。但它们天上的居所并不一定暗示着天国的结构。例如，我们发现"白造物神"（Ürün Ai）住在四级天国，她的旁边住着"温柔母亲造物女神"、"出生温柔女神"和"大地女神"（An Alaï Chotoun），狩猎神贝·巴伊亚既住在天空的东边，又住在田野和丛林中。要向他献祭黑色水牛——表明他来源于陆地。②

　　"地下"一类神灵包括以"无极全能神"（Ulū-tuyer Ulū-Yoyon）为首的八位大神以及无数的"恶魔。"但"无极全能神"心肠并不坏，"他只是离地面特别近，地面上的事情会引起他很大的兴趣……'无极全能神'像人一样鲜活地存在着，充满痛苦、欲望、斗争……人们会在西方第三级天国找到他。但是，人们不能没有目的地召唤他的名字，他脚一落地，大地就会摇晃和颤抖。那些敢于直视他面容的凡人内心充满恐惧，因此没人见过他。然而，他是天空中唯一一个落入这个充满眼泪的苦难人间的能力超凡者……是他赐予人类火，创造萨满，教萨满战胜不幸……他是鸟、森林中的

―――――――――――

①　谢罗谢夫斯基：《雅库特信仰下的萨满教》，302 页（在 I. A. 邱佳科夫之后）。关于天上最高神灵的被动性，见伊利亚德《比较宗教范型》，46 页及后面的内容。

②　"当狩猎者失败或者其中一个狩猎者生病，人们会供奉一只水牛，萨满焚烧水牛的肉，内脏和肥肉。在仪式期间，一个巴伊亚的木制雕像，用野兔皮包裹，在血中清洗。当融雪化成水域时，在毛发绳连接的木桩上挂着杂色的衣服，浓浓的毛发沿着水边立起来；除此之外，人们将黄油、蛋糕、糖和银子扔进水里"（谢罗谢夫斯基，303 页）。这是一个非常典型的混杂祭祀仪式；参见 A. 加兹《驯鹿民族的头骨和长骨的祭祀仪式》，全书。

动物以及森林本身的创造者"。① "无极全能神"并不服从
"首席父神"，他视其与自己是平等的。②

很重要的一点是，人们用白色或花毛色动物向几个"地
下"神献祭。Kahtyr-Kaghtan Bourai-Toyon 是一位只臣服于
"无极全能神"的很有能力的天神，在祭祀时它只接受白脸
的灰色马。"白色小马女神"的祭祀动物是一匹白色的小马，
剩下的天神和地下神灵接收长有白色或白色头的花毛色母马
和斑纹母马的动物祭品等。③ "地下"神灵自然也包括某些
有名的萨满。其中最著名的就是雅库特族的"萨满王子"。
他住在天空的西部，属于"无极全能神"家族。他曾是纳姆
汗国（ulus of Nam）、博蒂涅（Botiugne）的诺斯莱格人
（nosleg）以及查基族（Tchaky）的一个萨满……他的祭品是
一只猎狗，长着钢筋色白点的毛，眼睛和鼻子之间是白
色的。④

这很少的几个例子足以说明划分"天堂"和"地狱"
神灵，以及划分人们所认为的"善良的"和"邪恶的"宗
教力量很困难。可以清楚看出的是，天上的至高神是一位退
隐上帝（deus otiosus），雅库特的万神殿情况以及诸神的层
级已经不止一次地被改变过，更不用说被篡夺了。基于这一
复杂而又模糊的"二元论"，我们理解了雅库特萨满如何为
"天上"神灵和"地下"神灵服务，因为"地下"并不总意
味着"邪恶神灵"。萨满和其他牧师（"祭祀者"）本质上的
区别不在于仪式性，而在于癫狂。赋予萨满特征并能界定其
在宗教群体中（包括牧师和一般信徒）独特情况的并不是他

---

① 谢罗谢夫斯基，306 页及后面的内容。
② 这一描述展示了在乌卢－图瓦永"次要的""地下"神灵中归类的不足。
　　事实上，它融合了动物之神，即一位造物主和一位繁衍神灵的特性。
③ 谢罗谢夫斯基，303 页及后面的内容。
④ 同上书，305 页。

可以提供某种祭祀这一事实，而是他与那些"天堂的"和
"地狱的"神灵之间关系的独特本质。我们稍后会更清楚地
看到，与祭祀牧师或一般信徒的关系相比而言，这些关系更
加"熟悉"，更加"具体"，因为就萨满而言，不论是什么
样的神灵唤起了这次癫狂体验，宗教体验在结构上都是癫狂
性的。

　　尽管阿尔泰萨满的区分没有布里亚特族那样明显，但是
同样的分法也存在于阿尔泰萨满中。A. V. 阿诺欣[1]提到了
白萨满（*ak kam*）和黑萨满（*kara kam*）。拉道夫和波塔波
夫两人都没有记录这一区分。根据他们的信息，同一个萨满
既可以升天也可以入地。但是，这些都无法自圆其说。阿诺
欣[2]也提到存在黑－白萨满，可以进行上天入地两种旅程。
俄罗斯民族学家发现了六个白萨满和三个黑萨满和五个白－
黑萨满。也许拉道夫和波塔波夫碰巧只遇到最后一类萨满。

　　白萨满的服饰没有那么精致，长袖衣衫（*manyak*）看起来
并不是必不可少，但是，他们有一项白色羊皮帽，还有其他徽
章。[3] 女萨满通常是黑萨满，因为她们从不进行升天之旅。总
之，阿尔泰人了解三种萨满——那些只对天神和能力感兴趣的
萨满，那些专注于癫狂、崇拜地下神灵的萨满，那些与两种神
灵有神秘关系的萨满。最后一种萨满的数量相当多。

马祭祀以及萨满的升天（阿尔泰）

　　人们为了各种目的举行降神会：马祭祀和升天，寻找疾
病的治疗方法，护送已逝灵魂进入地府，净化房子等。等我

---

① 《阿尔泰萨满教资料》，33 页。
② 同上书，108 页及后面的内容。
③ 同上书，34 页；哈瓦：《宗教观念》，482 页；W. 施密特：《起源》第
　　九章，244 页。

们描述完几个萨满降神会，这一切都会变得更加清晰明了。
现在，我们只描述降神会，而不去研究萨满恍惚本身，我们
只局限于参考验证这些癫狂之旅的宗教和神话观念的集中资
料。后面我们将会讨论萨满癫狂体验的神话和神学基础这个
终极话题。但有一点必须要提一下：尽管结构相同，降神会
因部落不同而形态各异。我们没有必要提及所有这些不同，
这些不同只对细节有所影响。这一章中，首先我们尝试对最
重要类型的萨满教降神会做出尽可能全面的描述。我们从拉
道夫对阿尔泰仪式的典型描述开始，他的描述不仅基于自己
的观察，也基于一些记录的祷文和歌曲文本的研究。这些材
料是十九世纪初由去往阿尔泰的传教士记录的，之后由神父
V. L. 韦尔比茨基编写而成。① 每个家庭都会时不时地举行这
种祭祀活动，仪式持续两个或三个晚上。

　　第一个晚上用来准备仪式。"卡姆"（即萨满）已经在
牧场选了一块空地，在那儿搭起一个蒙古包，里面放一棵小
白桦树，稍低的树枝都被剥去了皮，树干上刻有九个梯阶
（*tapty*）。白桦树的顶端是一面旗子，高一点的树叶伸出了蒙
古包顶部的开口。一个用白桦树枝叶做的小木栅栏围在蒙古
包周围，一根系有马毛结的白桦树树枝立在入口处。② 然后，

---

　① 拉道夫：《西伯利亚》，第二章，20~50 页。韦尔比茨基 1870 年在托
　　木斯克的一本杂志上发表了一篇描述鞑靼族的文章；他提供了 1858 年
　　仪式的描述。鞑靼歌曲和圣召以及它们在仪式中的融合的翻译工作由
　　拉道夫完成。米海洛夫斯基对这部经典的描述做了总结，74~78 页；
　　也可参见哈瓦《宗教观念》，553~556 页；最近 W. 施密特在他的
　　《起源》（278~341 页）的第九章中使用了一整章节来描述和分析拉道
　　夫的文本。
　② 根据波塔宁（《西北蒙古概要》，第四章，79 页）两根顶端带有木鸟的
　　杆子被立在祭祀桌子的旁边，它们之间通过一条绳子连接，绳子上拴
　　着绿色的树枝和一张野兔皮。在多尔甘民族中，顶端带有木鸟的杆子
　　代表着宇宙柱；参见哈瓦《生命之树》，16 页，表格 5 - 6；《宗教观
　　念》，44 页。至于那只鸟，它当然代表萨满的巫术飞行能力。

挑选一匹浅色的马，在确定神灵对这个动物很满意之后，萨满将它托付给在场的一个人，因此，这个人被称为"头颅看护者"（*baš-tut-kan-kiši*）。萨满在马背上摇晃一根白桦树树枝来迫使马的灵魂离开躯体，准备飞向贝·乌尔甘。萨满在"头颅看护者"的身上重复同样的手势，因为看护者的"灵魂"在整个升天之旅中都伴随着马匹的"灵魂"，所以，他的"灵魂"必须受萨满的控制。

　　萨满返回到蒙古包中，向火堆扔了一些树枝，用烟熏烤他的鼓。他开始召唤他的神灵，命令它们到他的鼓里，在升天途中他会用到每一位神灵。每召唤一位神灵的名字时，神灵回答："我在这，卡姆"，然后萨满就像在捕捉神灵一样移动着他的鼓。收集完他的神灵辅助者（这些都是天上的天神）之后，萨满走出蒙古包。在几步远的地方有一只鹅形状的稻草人，萨满跨坐在上面，像飞一样迅速地挥动着他的手并唱道：

> 在白色的天空下，
> 在白云之上；
> 在蓝色的天空之下，
> 在蓝云之上，
> 飞向天空，鸟儿！

　　听到了祈祷，这只鹅咯咯地回答："Ungaigakgak ungaigak，kaigaigakgak，kaigaigak。"当然，这是萨满自己模仿鹅的叫声。卡姆跨上鹅去寻找马的灵魂（*pûra*）——人们认为灵魂已经离开——像一匹战马一样地嘶鸣。

　　在在场的人的帮助下，他将那只动物的灵魂关到一个栅栏里，费力地表演出捕捉的动作；萨满像马一样嘶鸣、暴跳，假装那个扔出去捕捉动物的套索紧紧地套在了自己的喉咙上。有时萨满会把鼓掉落在地上，以此来表明他让动物的灵魂逃跑了。最后这只动物的灵魂又被捕捉回来，然后萨满用杜松烟熏烤灵魂，并释放了那只鹅。然后萨满便赞美那匹马，在一些观众的帮助下，以一种残酷的方式将马杀死。他们打断了马的脊椎，却没有让一滴血落在地上或祭品上。人们将皮和骨头挂在一根长杆上暴露在外面。① 祭品供奉完祖先和蒙古包的守护神灵之后，人们把肉准备好并仪式性地吃掉，而萨满会吃到最好的肉。

这一仪式中第二个也是最重要的环节发生在第二个晚上。就是在这个时候，萨满在前往白·乌尔甘的天上住所的癫狂之旅中展现他的萨满教能力。蒙古包里点着火。萨满把马肉供奉给鼓大师们，也就是将其家族的萨满能力人格化的神灵，并唱道：

拿着它，嗷！凯拉·坎，
有六处凸饰的鼓的主人！
叮当响着朝我走过来吧！
如果我喊："科克！"你要鞠躬！
如果我喊："马！"你就拿着它！……

萨满同样对着火大师做了类似的吟唱，象征着蒙古包主人，即节日组织者的神圣能力。举起酒杯，萨满要用他的嘴唇模仿出无形客人共同举杯饮酒的嘈杂声，然后将马肉切成

① 同样，祭祀马和羊的方式在其他阿尔泰部落和铁列乌特族中也盛行；参见波塔宁，第四章，78 页及后面内容。头和长骨的祭祀活动是特殊的，它们是在北极民族中找到的最纯洁的形式；参见 A. 加兹《驯鹿民族的头骨和长骨的祭祀仪式》；W. 施密特：《起源》，第三章，334 页、367 页、462 页及后面的内容；第六章，70～75 页、274～281 页及到处；第九章，287～292 页，《内亚细亚牧马民族祭天的祭品》也可参见 K. 穆利《希腊的祭祀习俗》，283 页及后面的内容。

碎片，分散给那些出席的人（他们代表着各位出席的神灵），大家嘈杂地吃掉马肉。① 接下来他用烟熏烤挂在绳子上的几套服饰，作为房子主人向白·乌尔甘供奉的祭品，并且吟唱道：

> 没有马能驮运的礼物，
> 唉，唉，唉！
> 没有人能抬起，
> 唉，唉，唉！
> 有三个衣领的衣服，
> 三次转头看向这些礼物！
> 让它们成为打猎者的毛毯，
> 唉，唉，唉！
> 乌尔甘王子，您是个快乐的人！
> 唉，唉，唉！

　　卡姆穿上他的萨满服饰，坐在一条长凳上，当他用烟熏他的萨满鼓时，他开始召唤许多神灵，包括大神灵以及小神灵，这些神灵反过来答道："我在这里，卡姆！"他是以这种方式召唤神灵的：易克·坎、大海之神、凯拉·坎、佩欣·坎，然后是贝·乌尔甘的家人（母亲，母亲的右边是九个女儿，左边是七个女儿），最后是阿巴坎和阿尔泰的大师们和英雄们（莫多·坎、阿尔泰·坎、奥克图·坎，等等）。长时间的祈祷之后，卡姆对"马库特"（Märküt）天国之鸟们说道：

---

① 关于这个仪式的古老神话和宗教的暗含之意，参见穆利，244 页及后面的内容以及全书。

天国之鸟，五位马库特，

长着强有力的铜爪，

铜是月亮的爪子，

冰是月亮的喙；

你的双翼宽阔，扇动有力，

你的长尾像一把扇子，

遮住了月亮，用你的左翼，

遮住了太阳，用你的右翼，

您，九只鹰的母亲，

你翱翔于易克（Yaik）之间，并不是最孤单的，

关于埃迪尔（Edil），你最不会感到疲倦，

到我这儿来，唱着歌！

来我右眼这里，玩耍，

落在我的右肩上！……

    萨满模仿鸟的叫声，以此向人们宣称鸟的出现："卡扎克、卡克、卡尔，我在这儿，卡姆！"，这样做的时候，萨满放低自己的肩膀，就好像有一只巨大的鸟落在肩上，使他的肩膀下沉一样。

    卡姆继续召唤着神灵，萨满鼓变得沉重起来。被配给了大量的、能力超凡的保护者（神灵），萨满围着蒙古包里的白桦树绕了几圈，① 跪在门前祈求守门人神灵的指导。得到了满意的回答，他又返回到蒙古包的中心，击鼓，抽搐身体，碎碎念一些别人无法理解的话。接着，从这个房子的

---

①   这棵白桦树象征了天树，它矗立在宇宙的中心，宇宙轴连接了天空、大地和地下世界等三界，树上刻着的七道、九道或十二道刻痕代表着"各级天国"以及天上的阶层，我们应该注意的是，萨满的癫狂之旅经常发生在"世界的中心"的附近。我们已经了解到（117 页）在布里亚特族中，萨满教的桦树被称为乌德西 - 厄尔汗，意为"门神"，因为它向萨满打开了通过天空的入口。

主人开始，他用鼓圣化了集会中的所有人。这是一个很长又很复杂的仪式，结尾时，萨满处于兴奋的状态。这也是升天本身的标志，因为不久之后，卡姆会突然出现在白桦树的第一个梯阶上，大声地击鼓并喊道"科克！科克！"他也会通过移动表明他正在升天。在癫狂之中，他围着白桦树和火堆转圈，模仿雷的声音，然后冲到盖有一张马皮的长板凳边，这张马皮代表着祭祀用的马的灵魂。萨满跳上长凳喊道：

> 我已爬上了一个台阶，
> 哎哈，艾哈！
> 我到达了一个阶层，
> 萨加巴塔（Šagarbata）！
> 我已经爬到了天国的顶部，
> 萨加巴塔！
> 我已经爬上了满月，
> 萨加巴塔！①

　　萨满变得越来越激动，继续击打他的鼓，并命令"头颅看护者"行动快一点，因为"头颅保护者"的灵魂在祭祀用马的灵魂离开的同时也离开了自己的身体。"头颅保护者"抱怨路途的艰辛苦难，萨满鼓励他。升到第二梯阶时，就意味着萨满进入了第二天国，于是萨满喊道：我已经穿过了第二层大地，我已经爬上了第二层阶，看那块土地分散地摊开！然后在此模仿打雷和闪电的声音，他宣称：萨加巴塔！萨加巴塔！现在我已经爬上第二层了……

---

①　由于早已打破第一个宇宙阶层的麻醉，所有这些显然是一种夸张。事实上，萨满只到达了第一层天国，他并没有爬到最高的那道刻痕，他更没有到达满月（满月在第六层天国）。

在第三级天国，马非常疲惫，为了缓解疲惫感，萨满召唤来一只鹅。这只鹅现身说："卡加克！卡加克！我在这儿，卡姆！"萨满骑着鹅，继续他的升天之旅。他描述升天的过程并模仿鹅的叫声，这次轮到这只鹅抱怨旅途的艰辛。他们会暂时停留在第三级天国。现在，萨满讲述了他的马以及他自己的疲惫感，也讲述了未知的天气、传染病、威胁他的不幸事情以及集体的祭祀活动。"头颅守护者"休息好之后，继续他的旅途。萨满一节一节地爬上白桦树的树节，因此相继地进入其他层的天国。为了活跃整个表演，他引入各种插曲，其中一些是很荒唐的：卡姆将烟草赐予为萨满服务的黑鸟"卡拉库什"，"卡拉库什"赶走了布谷鸟；卡姆给马喂水，模仿一匹马喝水的声音；第六级天国是宇宙插曲最后一个情境：猎捕一只野兔。[1] 在第五级天国，萨满与能力超凡的"最高创造者"（Yayutši）进行长时间的交谈，"最高创造者"向他揭示了未来的一些秘密，有些秘密会讲得很大声，有些会低声细语地讲。在第六级天国，萨满向月亮鞠躬；在第七级天国，他向太阳鞠躬。他一级一级地穿过天国直到第九级，如果他真的能力出众，他可以到达十二级甚至更高的天国，升天完全依赖萨满的能力。当他攀登到能力极限的高度时，他停下来，谦逊地对贝·乌尔甘说：

> 王子，三把梯子升向您，
> 贝·乌尔甘，三个畜群的主人……
> 蓝色的斜坡已经显现，
> 蓝色映入眼帘！

---

① 这只野兔是月亮上的动物，自然而然，萨满在第六层天国上，也就是在月亮上捕捉到它。

蓝色的云彩正在飘散，

无法触及的蓝色天空，

无法触及的白色天空，

流年逝水！

乌尔甘父亲，您非常尊贵，

月弦为您闪耀，

您策马奔驰！

您，乌尔甘，创造了全人类，

创造了我们周围嘈杂的一切。

您，乌尔甘，赋予我们所有人畜群！

不要带给我们不幸！

让我们能够抵抗恶人！

不要向我们呈现邪恶神灵

不要将我们置于他的手中！

您已经使布满繁星的天空旋转了

成千上万次！

不要谴责我的过错！

　　萨满从贝·乌尔甘那里了解到祭品是否已经被接受，并收到关于天气和马上来临的丰收的预言；他也了解到其他神灵期望什么样的祭品。这个阶段是"癫狂"的高潮：萨满瘫倒在地上，精疲力竭。"头颅守护者"接近萨满，从他手里拿起鼓和鼓槌，萨满仍保持静止不动，不发出一点声音。经过一段时间，萨满揉揉他的眼睛，好像是从一场深度睡眠中醒来一样，像是好长时间不在场一样，与出席者打招呼。

　　有时，这一仪式标志着节目的结束，通常，尤其对于富人而言，这一节目会再持续一天，向天神祭酒并举办提供大量酒精饮品的盛宴。①

贝·乌尔甘以及阿尔泰萨满

针对刚才分析的仪式，我们将做一些补充评论。很明显，这个仪式由两个不同的部分组成，而且这两个部分绝不是不可分离的。仪式包括了（a）向天神的祭拜，（b）萨满象征性的升天②和他与祭祀动物在贝·乌尔甘面前的出现。以一种19世纪仍能被证实的形式，阿尔泰马的祭祀仪式与亚洲更北地区的天上最高神灵的祭拜仪式很相似，这种仪式在最古老的地区的其他地方也为人所知，且绝不需要一位萨满祭祀者在场。因为我们已经说过，一些说突厥语的民族也举行同样的向天神供奉马的祭祀仪式，但是，他们并没有向

---

① 哈瓦（《生命之树》，557页，表格105）通过一位阿尔泰萨满在马祭祀仪式中重现了代表升天的图景。阿诺欣发表了一些文本（诗歌和祷文）讲述了萨满与祭祀小马灵魂的升天，这个祭祀仪式是为卡舒特准备的，他是贝·乌尔甘儿子中最受欢迎的一个（《阿尔泰萨满教资料》，101~104页；参见W. 施密特《起源》，第九章，357~363页的译文和注释）。W. 阿姆谢尔重现了维日比兹基在阿尔泰特林吉特民族中的马祭祀仪式的研究；参见"西伯利亚阿尔泰地区特林吉特人的动物祭品（尤其是马祭品）"。D. 泽莱宁描述了阿尔泰库曼丁族的马祭祀仪式，这个仪式与拉道夫描述的一个仪式非常的相似，除了仪式缺少萨满陪同马的灵魂前往苏尔塔可汗（＝贝·乌尔甘）的癫狂之旅之外；见《阿尔泰突厥人祭祀中的性爱仪式》，84~86页。在列别德的驮鞑族中，人们在夏至之后的满月时，向天神供奉一匹马，其目的是保佑农业（"保佑麦子从地上长出"）而且很有可能一个近来的替代物也包含在其中（哈瓦，577页，在K. 希尔登之后）。同样的"农业"的马祭祀仪式在铁列乌特（六月二十日的祭祀活动，"在田野里"，同上）中也可以找到。布里亚特族也举行马祭祀仪式，但是萨满却不参加，他们的仪式是养马民族的一个仪式性特征。最详尽的祭祀描述是耶利米·柯庭在《西伯利亚南部之旅》中给出的一个描述，44~52页。哈瓦提供了其他的细节，574页及后面的内容（在S. 沙什科夫之后）和W. 施密特《起源》，第十章，226页及后面的内容。
② 关于这个主题，也可参见W. 施密特，第十一章，651~658页。

萨满寻求帮助。除了鞑靼族，大部分印欧民族①也举行这种马祭祀仪式。通常他们总是向天空之神或风暴之神供奉祭品。所以我们得出一个合理的推测，即阿尔泰仪式中萨满的角色是近期出现的，而且服务于从向最高天神祭祀动物开始的不同目的。

第二个补充评论关于贝·乌尔甘自己。尽管他具有天上神仙的特征，但我们也有充分的理由相信他并非过去一直都是，现在也不是与众不同的天上的至高神。相反，他拥有"大气"之神和丰收之神的特征，因为他有一个妻子和无数的后代，他掌管兽群的繁衍和农作物的收成。阿尔泰族的真正天神似乎是"腾格里凯拉可汗"②（仁慈的天国帝王），这是根据他的结构判断出的，他的结构与萨摩耶德的纳姆和特科－蒙古族的"腾格里"，即"天空"的结构更接近。③ 正是"腾格里凯拉可汗"在宇宙和世界末日的神话中发挥着重要的作用，然而，贝·乌尔甘却从未出现在这些神话中。引人注目的是，贝·乌尔甘没有指定的祭品，但供给他和埃尔利克的那些祭品数不胜数。④ 然而，"腾格里凯拉可汗"从人们的膜拜中隐退几乎是所有天上神灵的宿命。⑤ 起初，马匹祭祀可能是为"腾格里凯拉可汗"准备的；因为正如我们之前所见，阿尔泰仪式属于祭祀头和长骨的那一类祭祀，而

① 参见 W. 库伯《印度日耳曼的马祭品与马崇拜》；《从民族学通史的角度观察原始突厥民族与原始日耳曼民族》。
② 关于这个名字，参见保罗·佩利奥《腾格里》："天空"的名字在阿尔泰语言中是被最早证实的名字，因为它早已在关于基督教时代的匈奴语中为人所知，165 页。
③ 参见伊利亚德《范型》，60 页。也可见 J.－P 鲁《腾格里·关于阿尔泰民族中天神的分析》，全书；N. 帕利森《蒙古人的古老宗教和成吉思汗崇拜》，尤其 185 页及后面的内容。
④ W. 施密特：《起源》，第九章，143 页。
⑤ 参见伊利亚德《范型》，46 页及后面的内容。

这是北极和北亚天神的特征。① 在这一点上，我们或许回想起在吠陀文化中，马祭祀（aśvamedha）最初是供给"伐楼拿"（Varuna，印度天神，掌管法律和秩序）或"帝奥斯"（Dyaus，印度天神）的，但最终供给了造物主（Prajāpati），甚至是因陀罗（Indra，古印度神话中印度教的主神，主管雷雨）。② 大气之神（在农业领域，是丰收之神）逐步取代天神的这一现象在宗教历史中相对很频繁。③

就像普通的大气之神和繁衍之神一样，贝·乌尔甘并不遥远，也没有其他纯宇宙神灵那么被动。他对人类的命运很感兴趣，并且为人类日常生活提供帮助。他的"存在"更加具体，与他的"对话"更加"人性化"和"戏剧化"。我们可以合理地假定，正是由于结构上更加丰富和具体的宗教体验，萨满成功地取代了早期马祭祀仪式的祭祀者，就像贝·乌尔甘取代了早期的天神一样。这种祭祀仪式成了一种"精神物质"，它促成了天神和萨满之间的戏剧化相遇和一次具体的交流（有时萨满走到很远的地方，目的就是为了模仿天神的声音）。

我们很容易理解，在各种宗教体验中，为什么尤其被"癫狂"形式吸引的萨满在阿尔泰马匹祭祀中能成功行使重要的职能。他的癫狂术让他能够放弃身体，进行升天之旅。因此对他来说，重复升天之旅很容易，他随身携带着祭祀动物的灵魂以便将它直接并具体地呈现给贝·乌尔甘。这种替代或许是后来发生的，这在轻度的"恍惚"中进一步得到体现。在拉道夫描述的祭祀活动中，"癫狂"显然是一次模仿。萨满费力地以哑剧的形式表演一次升天（在传统仪式之后，鸟类飞行、骑行等），仪式吸引人的地方并不是它的癫狂性

---

① 参见 A. 加兹《驯鹿民族的头骨和长骨的祭祀仪式》。

② 伊利亚德：《范型》，96 页。

③ 同上，96 页及后面的内容。

而是它的戏剧性。这绝不意味着阿尔泰萨满不能"恍惚"，只是这些恍惚发生在其他的萨满降神会中而非马匹祭祀中。

入地（阿尔泰）

阿尔泰萨满的入地之旅与他的升天之旅极其相似，但这种入地仪式更加艰难。尽管黑萨满和白萨满都可以进行这种仪式，但从本质上说，它是黑萨满的专长。拉道夫没能设法现场观摩任何入地的萨满降神会。阿诺欣收集了五个升天仪式的文本，只找到一个叫马姆普伊（Mampüi）的萨满愿意向他重述降神会的模式，这位信息提供者是一位"黑－白"萨满，也许这也可以解释为什么在向埃尔利克可汗的祈祷中他提及了贝·乌尔甘。阿诺欣[①]只给出了仪式的文本，却没有提供任何关于仪式本身的信息。

据这些文本，萨满似乎垂直下连续七层的"梯阶，"或叫"帕达克"（pudak，意为"阻碍"）地下领域。他的祖先和辅助神会陪伴着他。每当通过一道"阻碍"时，他都会看到一个新的地下神灵显现；"黑"这个词几乎出现在每一篇诗文中。在第二道"阻碍"中，他明显听到了金属声；在第五道，海浪声和风声作响；最后，在第七道，九条地下河都长着嘴，他看到了埃尔利克可汗的宫殿，由石头和黑泥建成，四面八方都有防卫。萨满向埃尔利克说了一长串的祷告（他还提及了贝·乌尔甘，"上面的他"），然后返回蒙古包并告诉观众旅行的结果。

波塔宁提供了入地仪式的详尽描述（但是没有文本），他的描述基于一位正统的牧师奇瓦尔科夫提供的数据。奇瓦

---

① 《阿尔泰的萨满教资料》，84～91页；参见 W. 施密特的注解《起源》，第九章，384～393页。

尔科夫在年轻的时候参加过一些仪式，并且曾经加入了唱诗会。[1] 但波塔宁的仪式描述和阿诺欣收集的文本有一些出入。毫无疑问，来自不同部落的资料导致了这些不同，但这也由于阿诺欣只提供了祈祷和祈求文本而没有提供对仪式的任何解释的原因。两者最明显的不同之处在于癫狂之旅的方向，阿诺欣提到的是垂直方向，而波塔宁提到的是水平和垂直两个方向（升天之后接着入地）。

黑萨满从自己的住所（蒙古包）开始旅程。他走向朝南的大路，穿过附近的地域，攀爬阿尔泰山并在途中描述了中国的红沙沙漠。然后他穿越一片喜鹊都无法飞过的黄色大草原。"凭借歌曲的力量，我们穿过了沙漠！"萨满向观众叫喊，然后哼唱一首歌，观众合唱。在他前面展现的是另一片乌鸦也无法飞越的灰白的草原。萨满再一次寻求歌曲的神奇魔力，观众陪着他合唱，最终，他到达了铁山（*Temir taixa*），山峰直碰触到了天际。这次攀爬很危险，萨满用哑剧表演出来这次艰难的升天，到达山顶时，他深呼吸，筋疲力尽。

山上密布着其他萨满和他们的马的白骨，这些萨满没有足够的力气到达山顶。一旦越过这座山，萨满就开始了另一旅程。这个行程将萨满带到一个洞前，这个洞就是进入另一个世界的入口，叶尼赛人也称其为"地球的下颚"或"地球的烟洞"。走进山洞，萨满首先来到一片平原，然后发现了一片海洋，一座一根头发宽度的桥横跨在海面上。他走上这座桥，为了让观众对他走过这种危险的桥的情形有一个深刻的印象，他步履蹒跚，几次摔倒。在海底他看到了无数落入海中的萨满的骨头，他们从桥上跌落海中，因为有罪之人是无法走过这座桥的。他经过了一些折磨罪人的地方，花了

---

① 《纲要》，第四章，64～68 页；米海洛夫斯基《西伯利亚萨满教》的总结，72～73 页；哈瓦：《宗教观念》，558～559 页；W. 施密特：《起源》，第九章的注释，393～398 页。

一些时间看这些罪人受刑，他看到一个平生喜欢偷听的人现在通过耳朵被钉在了一个标杆上；另一个诽谤别人的人通过他的舌头被悬挂起来；还有一个贪吃的人被各种最精致的美食围绕，却无法吃到这些美食；等等。

萨满过了桥，前往埃尔利克可汗的住所。门口有守卫房子的狗，以及最终被礼物（因为在萨满出发前往地下世界之前，就已经为这种可能的情形准备好了啤酒、煮熟的牛肉、艾鼬的皮毛）打动的看门人，收到礼物之后，看门人允许萨满进入埃尔利克的蒙古包（住所）。最戏剧性的一幕现在上演了：萨满走向了正在举办仪式的帐篷的门，假装在接近埃尔利克，他向死亡之主鞠躬，用他的鼓触摸他的额头并重复"默古（mergu）！默古！"萨满试图吸引埃尔利克的注意力。现在萨满开始大喊，表明神灵已注意到并且非常生气。萨满逃出了这扇门，这一仪式重复了三次。最后埃尔利克可汗对他说：

> 长翅膀的生物在这里不能飞，
> 爬行生物在这里不能爬，
> 你这个黑乎乎的臭甲虫，
> 你是从哪里来的？

萨满告诉埃尔利克可汗他的名字以及祖先的名字，并且邀请埃尔利克饮酒。他假装在他的鼓里倒酒，并将其献给地下世界之王。埃尔利克接受了他的进献，开始饮酒。萨满模仿了所有的声音，甚至天神的打嗝声。然后他向埃尔利克献上一头公牛（之前被杀死的）和一些服饰和挂在一条绳索上的皮毛。在萨满供奉这些东西的时候，他一一触碰这些物体。但是皮毛和服饰仍是原来主人的财产。

与此同时，埃尔利克醉得一塌糊涂，萨满费力地用哑剧表演着喝醉的场景。天神变得仁慈，保佑萨满，向他承诺会有更多的牲畜等。萨满高兴地回到大地，骑的不是一匹马而是一只鹅，他踮着脚围着蒙古包走好像飞一样，并模仿鸟的叫声："内恩加克（Naingak）！内恩加克！"降神会结束了，萨满坐下，有人从他手中拿过鼓并敲击三次。萨满揉了揉眼睛，像刚睡醒一样。别人问他："你的旅途怎么样？你取得了什么成就？"他回答："这次旅行很成功，我受到很好的招待！"

这些入地旅程尤其是为寻找或带回生病之人的灵魂而举行的。我们之后将会进一步找到许多在对西伯利亚的记述中关于这样旅程的记载。萨满的入地之旅自然也因为一个相反的原因而举行，也就是护送逝者的灵魂到达埃尔利克的领地。

稍后，我们会对比这两种癫狂之旅——升天和入地，并指出它们暗含的宇宙范式。此刻，我们更严格地验证了波塔宁所描述的入地。一些细节是下入地府独有的特征——比如，守卫死亡入口的狗和看门人。这是地狱神话中一个著名的主题，我们后面会不止一次地遇到这一主题。相比而言，和一根头发一样细的桥的主题并没有那么明显的地狱特征。桥象征通往另外世界，但不一定是通往地下世界的小道；只有罪恶之人无法跨越桥梁并坠入深渊。跨越一座连接两个宇宙地域的极其狭窄的桥梁意味着从一种形态过渡到另一种形态——从未领神到领神，或从"生"到"死"。①

波塔宁的记述中有一些不合理的地方。萨满骑在马背上出发，向南前进，爬上一座山，然后通过一个洞进入地下世界，骑着鹅而不是骑着马从那个洞口返回。最后这个细节有点让人怀疑，人们产生疑惑并不是因为人们难以想象到从洞

---

① 参见下文，486 页及后面内容。

口进入地下世界的飞行旅程，① 而是因为骑在鹅背上的飞行预示着萨满的升天。也许升天和入地主题之间有一定的混杂。

关于萨满先朝南骑行，爬上一座山，然后降落到地下世界的入口，人们认为这一行程包含关于印度之旅的模糊记忆，并且人们也曾试图用在中亚或西藏洞穴庙宇中找到的图景来验证地狱中的一些场景。② 中亚神话和民俗中确实存在南部的影响，最后是印度的影响。然而，这些影响传递的是一种神话的地形，而非一个真实地貌的模糊记忆（山丘、行程、庙宇、洞穴等）。或许埃尔利克的入地有着伊朗－印度的影子；但是对这一问题的讨论会让我们偏离得太远，在后面的研究中，我们会提到这一问题。

作为灵魂引导者的萨满（阿尔泰族，赫哲族和尤罗克族）

北亚民族认为冥界是现世的一种倒置的形象。现世发生的一切都会在冥界发生，但是以相反的方式发生。现世是白天的时候，冥界则是黑夜（这也是死人仪式在日落之后举行的原因，因为那时他们刚醒来开始一天的生活）；现世的夏天就是冥界的冬天，地上猎物或鱼的缺少意味着冥界食物的充足，等等。贝尔特里人将缰绳和一瓶酒放在死者的左手，因为死人的左手相当于地上人的右手。在地下世界，河流流

---

① 在西伯利亚民俗中，英雄总是被一只鹰或一些其他类型的鸟从地下世界的深渊带到大地的表面。在赫哲族中，萨满没有一只鸟神灵（koori）的帮助无法进行去往地下世界的癫狂之旅，这只 koori 可以确保他返回大地，萨满在他的 koori 背上走过了返回旅程中最困难的那部分（哈瓦：《宗教观念》，338 页）。

② N. K. 查德维克：《中亚鞑靼族中的萨满教》，111 页；《诗歌与先知》，82 页，101 页；H. M. 和 N. K. 查德维克：《文学的发展》，第三章，217 页。

回它的源头。任何地上颠倒的事物，在逝者的世界里都是正常状态。这就是供奉在坟墓上的东西都是翻转过来的原因，除非这些物品是破碎的，因为这些破碎的东西在冥界是完好无损的，反之亦然。[①]

地下各梯阶（萨满在入地过程中跨越的"障碍"）的观念中也可以找到倒置的形象。西伯利亚鞑靼族了解七个或九个地下区域；萨摩耶德族提及了海下的六个梯阶。通古斯族和雅库特族并不了解这些地狱的梯阶，鞑靼族的观念或许源于异国。[②]

中亚和北亚各族葬礼的结构布局十分复杂，因为它们不断受到起源于南部宗教观念的影响，逝者向北出发或向西出发。[③] 但是，我们也发现了这一概念，好人向上升天，狡猾的人向下进入地下世界（例如，在阿尔泰鞑靼族中），[④] 但对死后旅程的道德评价似乎完全是一个后来出现的创新。[⑤]雅库特族相信不管是好人还是坏人都可以升天，在那里灵魂以鸟的形式存在。[⑥] "灵魂鸟"有可能栖息在天树的树杈上。我们也将会在其他地方找到这个神话形象。但是，因为雅库特人同样认为邪恶神灵（abassy）是死人的灵魂，也住在地下世界，所以很显然我们处在一种双重宗教传统中。[⑦]

---

① 参见哈瓦《宗教观念》，343 页及后面的内容。关于所有这些，见我们的正在准备的作品，《死亡神话》。
② 哈瓦，350 页；参见下文，275 页及后面的内容。
③ 哈瓦，346 页。
④ 拉道夫：《西伯利亚》第二章，12 页。
⑤ 哈瓦，360 页及后面的内容。
⑥ 同上。
⑦ 根据谢罗谢夫斯基，一些雅库特人将逝者的国度"向北放置在第九层天国之外，这个国度由永久的黑夜统治，那里永远吹着冰冷的风，北方苍白的太阳照耀着这个世界，女孩和年轻人永久地保持着贞洁"；然而根据其他民族，也存在另一个地下世界，这个世界和我们的世界是一样的。可以通过入口进入这个世界，地下领域的居民也可以通过这个入口像气孔一样离开（《萨满教》，206 页及后面的内容）。也可参见 B. D. 希姆金《凯特或叶尼塞"奥斯加克"的概述》，166 页及后面的内容。

另一种观念认为，一些特权人士的身体被焚烧，他们伴
随着烟雾升入天空，在那里过着地面上人类的生活。布里亚
特族相信他们的萨满也是这样，在楚科奇和科里亚克族中也
发现了同样的观念。① 火保证了人死后上天的命运，这一想
法被一种观念证实，即那些被闪电击中的人飞上天空。不管
哪种 "火" 都把人变成 "神灵"；这也就是为什么萨满被认
为是 "火的主导" 并对灼炭毫不敏感。"火的主导" 或被焚
烧在一定程度上等同于领神。一个类似的想法强调的是英雄
和那些壮烈牺牲的人会升入天空；② 人们将他们的死亡视为
领神。相反，由于疾病而死亡的只能入地，因为疾病是由死
亡的邪恶神灵引起的。生病时，阿尔泰人和铁列乌特人会说
"他正在被 "科莫斯"（körmös，即 "死者"）吞噬。对于刚
死的人，他们会说他已经被 "科莫斯" 吞噬了。"③

葬礼之后将逝者带走时，赫哲人要祈祷逝者不要将他的妻
子和孩子带走，就是这个原因。裕固族人对死者这样说："不要
带走你的孩子，不要带走你的牛，也不要带走你的东西！" 如果
一个男子的遗孀、孩子或朋友在他辞世之后不久也去世了，那
么铁列乌特人认为是死者把他们的灵魂也一起带走了。④ 人们对
于逝者的情感总是很矛盾的。一方面，人们尊敬他们，邀请他
们到葬礼的宴会中，他们到来的时候，人们视其为家族的守护
神灵；另一方面，人们害怕他们，采取所有措施阻止他们再次
出现在活人的中间。事实上，这种矛盾的观点都可以归结为两
种对立却又连续的行为：人们害怕刚刚去世的人，却尊敬去世
时间很长的人，期望他们成为自己的保护人。对逝者的恐惧源
于以下事实：首先，没有一个逝者愿意接受新的存在方式；他

---

① 参见下文，249 页及后面的内容。
② 哈瓦：《宗教观念》，362 页。
③ 同上书，367 页。
④ 同上书，281 页；也可参见309 页。

不能放弃"活着"，他要回到家人中间。正是这种倾向打破了社会的平衡。在还未加入逝者世界之前，刚去世的人努力将他的家人和朋友甚至他的群体带走；他想要继续这种突然被中断的生活方式，也就是要在他的家族亲人中间"活着"。所以让人害怕的远不是逝者的恶意，而是逝者对自己所处的新环境视而不见，拒绝放弃"他的世界"。

因此，人们会采取一切措施阻止死者返回村庄：葬礼仪仗队从墓地回来时会走另外一条路来迷惑死者，他们迅速远离坟墓并且一回到家立刻净化自己；他们在墓地会摧毁很多交通工具（雪橇、卡车等，死者会在新的国度使用所有这些工具）；最后，几个晚上都会有人守卫通往村庄的路，而且会点着火把。[1] 所有这些措施都无法阻止死者的灵魂在他们的房子里徘徊三天或七天。[2] 另一想法与这一信念相关联：即直到葬礼宴会之后，死者才可以最终踏上通往冥界的路，这一宴会是为了纪念死者，在他们离世后的三天、七天或四十天后举行。[3] 在宴会上，人们把向死者提供的吃喝都扔到

---

[1] 哈瓦：《宗教观念》，282 页及后面的内容。

[2] 同上，287 页及后面的内容。

[3] 也许这些阿尔泰观念已经受到了基督教和伊斯兰教的影响，铁列乌特族称逝者死去七天，四十天或一年之后举行的葬礼宴会为 *üzüt pairamy*；*pairam* 这个词自身透漏了它起源于南方（波斯的拜兰，"节日"；同上，323 页）。逝者去世四十九天之后举行纪念仪式的习俗也在许多中亚各民族中存在，这个习俗证实了一种喇嘛教的影响（同上，332页）。但是，我们有理由相信这些南方影响早已嫁接在一种古老死亡节日之上，它在某种程度上改变了古老节日的意义。因为"守护死亡"是一个广泛流传的习俗，它最初的目的是象征性地陪伴逝者进入另外世界，或者为了不在道路中迷失，演练逝者必须遵循的地府旅途，从这一意义上说，西藏的死亡之书表明了一种比喇嘛教更早的一种事物的状态：不是护送死者前往其他世界的旅途（像西伯利亚或印度尼西亚萨满），喇嘛提醒死者所有可能的路线（像印度尼西亚女性哀悼者等；参见下文，见 441 页及后面内容）。关于中国西藏和蒙古的神秘数字 49（7×7），见 R. A. 斯坦，《辽志》（《通报》，XXXV，莱登，1940，1~154 页），118 页及后面的内容。

火里，参与者要参观墓地，而且死者最喜欢的马匹也要作为祭祀品，在坟边要被吃掉，马头要挂在直接插在坟墓里的木桩上（阿巴坎族、鞑靼族、贝尔特里族、沙凯族、卡基兹族等）。[①] 接下来就是萨满对死者的房子进行"净化"。在众多事务中，这一仪式包括戏剧性地搜寻死者的灵魂，萨满最终将这个灵魂驱逐出去（铁列乌特族）。[②] 一些阿尔泰萨满甚至会护送死者的灵魂到地下，为了不让地府的居民认出他们，他们会把油烟涂在脸上。[③] 图鲁汉斯克的通古斯族中，只有当死者在葬礼之后继续纠缠他之前的家庭的情况下，人们才会召唤萨满。[④]

　　上面习俗的描述清晰地展现了萨满在阿尔泰和西伯利亚葬礼观念中的作用。当逝者渐渐地放弃凡界时，萨满就变得必不可少了。在这种情况下，只有萨满具有通灵的能力。一方面是因为他自己已经多次穿越许多地下梯阶，所以完全熟悉通往地下世界的道路；另一方面是因为只有他才能够捕捉到无形的灵魂，将其带到它的新居所。事实上，通灵的旅程一般发生在葬礼宴会和"净化"仪式上，而不是在逝者死亡之后立刻进行。这似乎预示着灵魂会在逝者的墓地停留三天、七天或四十天，只有经过这段时间之后，人们才认为他该启程前往地下世界了。[⑤] 不管怎样，在一些民族中（例如阿尔泰、赫哲、尤罗克族），萨满在葬礼宴会结束时会护送逝者去往另外的世界，但在一些其他民族中（通古斯族），

---

① 哈瓦：《宗教观念》，322 页及后面的内容。

② 同上书，324 页；阿诺欣：《资料》，20 页及后面的内容。

③ 拉道夫：《西伯利亚》第二章，55 页。

④ 哈瓦：《宗教观念》，541 页。

⑤ 然而，我们必须铭记在心，对于大多数的突厥－鞑靼和西伯利亚各民族来说，一个人有三个灵魂，这三个灵魂中至少一个总是留在坟墓里。参见伊瓦尔·保尔森《欧亚大陆北部民族的原始的灵魂观念》，尤其见 223 页及后面的内容；A. 弗里德里克，"原始民族对家庭和生命起源的认识"，47 页及后面的内容。

只有当逝者在规定的时间之外不断打扰活人领地的时候，人们才会召唤萨满完成信使的职责。如果我们认为在其他践行某种萨满教的民族中，萨满必须无一例外地引领所有逝者前往他们的最终住所，那么我们有理由得出这样的结论：起初这种情形在整个北亚地区普遍流行，某些新的情况（如通古斯族中的）是后来发展的结果。

这里，拉道夫描述了一场降神会，举办这场降神会是为了护送死后四十天的一个女人的灵魂。这一仪式发生在夜晚。萨满开始围着蒙古包转，击鼓；然后他走进帐篷，走向火堆，唤醒死者。突然，萨满的声音变了；他开始用高声调，用假声讲话，因为这正是死去的女人在讲话。她抱怨找不到路，她害怕离开她的亲戚，等等，但最终同意让萨满带着她一起出发前往地府之国。到达的时候，萨满发现以前死去的人拒绝接受新来的人进入他们的领地。祈祷也没有用，而且还给他们提供了白兰地酒；降神会逐渐变得更加生动，甚至有一点荒唐，因为已逝者的灵魂通过萨满的声音开始争吵并一起唱歌；最后，他们同意接受这个死去的女人。这一仪式的第二部分代表返程；萨满跳舞并大喊直至倒地，失去意识。[1]

赫哲族有两个葬礼仪式，一个是"尼姆甘"（nimgan），在逝者去世的七天或更长（两个月）的时候举行；另一个是"卡扎托里"（kazatauri），在第一个仪式结束很长时间后举行的盛大庆祝仪式，仪式结束时，逝者的灵魂会被引领到地下世界。在"尼姆甘"期间，萨满手持鼓走进逝者的房子，寻找逝者的灵魂，并将其捕捉放在一个垫子里（*fanya*）。[2]

---

[1] 《西伯利亚》，第二章，52~55页。

[2] Fanya 这个词最初意为"影子"，但是最后也可以表示灵魂的物质容器；参见保尔森《原始的灵魂观念》，120页及后面的内容（在 I. A. 洛帕金：《黑龙江、乌苏里江和松花江的戈尔迪》）。也可参见 G. 兰克《欧洲东北部和亚洲北部家庭祭拜中神圣的后屋角落》，179页及后面的内容。

逝者的所有亲戚和朋友都会参加这个葬礼宴会，并且出现在这块垫子前面。萨满向这个垫子供奉白兰地。"卡扎托里"也以同样的方式开始。萨满穿上他的服饰，拿着他的鼓，在逝者帐篷附近寻找逝者的灵魂。这段时间里萨满都会跳舞并叙述通往地下世界路途的艰辛。最后他抓住逝者的灵魂并将其带进屋子，在屋里使灵魂进入垫子里。宴会持续到深夜，萨满将宴会剩下的食物倒进火堆里。女人把一张床搬进帐篷里，萨满将垫子放在床上，用一块毯子盖在上面，并且告诉逝者入睡。然后萨满躺在帐篷里，一个人睡着了。

第二天，他又穿上衣服，用鼓声唤醒了死者。紧接着是另一场盛宴，晚上（因为这一仪式或许会持续好几天）他把垫子又放到床上，并给逝者盖上毛毯。最后一天早晨，萨满开始唱歌，跟死者说话，建议他要吃好但要少喝一点，因为对于一个喝醉的人，入地之旅特别困难。日落时，萨满和死者已经做好了出发的准备。萨满唱歌，跳舞并把油烟涂在脸上。他召唤他的辅助神灵并祈求他们冥界给他和死者带路。他离开蒙古包几分钟，爬上了一棵早就立在那里有刻痕的树；从这棵树，他可以看到通往地下的道路。（事实上，他已经爬上了通天树并处在世界的顶端。）同时，他看到很多其他的东西：大雪、成功的狩猎和捕鱼，等等。

回到蒙古包里，萨满召唤他的两位能力强大的守护神灵来帮助他。一位是"巴特丘"（butchu），一个长着人脸和羽毛的单腿怪物，另一位是"科里"（Koori），它是一只长脖颈鸟。① 没有这两位守护神灵的协助，萨满无法从地下世界返回。他坐在"科里"的背上走过了返程中最艰难的部分。

完成萨满教化之后，他精疲力竭，面朝西坐在一块代表

---

① 存在这些神话人物的木制小雕像，参见哈瓦《宗教观念》，表格39～40，339页。萨满在入地之旅中带着它们。

西伯利亚雪橇的宽板上，旁边放着装有死者灵魂的垫子和一篮子食物。萨满让神灵们把狗套在雪橇上并向神灵索要一位"仆人"在旅途中陪伴他。几分钟之后，他"出发"前往死亡之地。

萨满吟唱着歌曲，在与"仆人"的对话中继续前行。起初路途轻松，随着越来越接近死亡之地，路途变得越来越艰难，一条大河挡住了前进的道路，而且只有好萨满才能让他的队伍和雪橇通过，到达对岸。一段时间之后，萨满看到了人类活动的迹象：足迹、灰、木块——逝者的村庄已经不远了。现在，确实可以听到不远处的狗叫声，看到帐篷里的炊烟，第一只驯鹿出现了。萨满与逝者已经到达了地下世界。死去的人立刻聚集起来，要求萨满告诉他们他的名字和新来者的名字。萨满很谨慎，并没有告诉他们他的真实名字。他在神灵群中寻找与自己引领的灵魂有亲密关系的亲戚，这样他就可以将灵魂托付给他们。事情完成之后，萨满迅速返回大地。回来之后他向人们讲述了许多，述说了他在死亡之地看到的一切和他对自己护送的逝者的印象。他给每一位观众都带回了他们死去亲戚的问候，甚至分发死去亲人给予的小礼物。在仪式的结尾，萨满将垫子扔进火堆。生者对死者严格履行的义务现在完成了。①

中西伯利亚的森林尤罗克族，一个与赫哲族相隔甚远的民族也举办类似的仪式。萨满寻找死者的灵魂并带他一起进入地下。这个仪式包括两个部分：第一天就完成了进入死亡之地的旅程；第二天萨满独自返回地面。萨满的歌曲让他的

----

① 哈瓦：《宗教观念》，334～340 页、345 页（洛帕金之后，《戈尔迪》和 P. P. 西姆克维奇：《研究戈尔迪萨满教的资料》）。在西姆克维奇的书中关键信息早已在 W. 格鲁贝的《赫哲族的萨满教》中被压缩。一个类似的仪式也在通古斯族中盛行；参见史国禄《心理情结》，309页。关于西藏将死者的灵魂"映射"到一个雕像的仪式，这一仪式为了防止灵魂投生到低一级的世界，参见下文，442 页及后面的内容。

冒险成为可能。他来到一条满是木片的河流；他的鸟神灵"乔拉"（yorra）为他披荆斩棘开辟了道路，这些阻碍物很可能是神灵们旧的、破损的滑雪板。第二条河里都是旧萨满鼓的残留物。由于"乔拉"为萨满开辟了道路，萨满便来到了大水域，其外部可以一直延伸到阴影之地。在那里，死者继续过着在地面上的生活；富人仍然很富有，穷人依然很穷。但所有人再次变得很年轻，并等着投胎转世。萨满带着灵魂来到他的一些亲戚那里。当他看到死者父亲时，这位父亲大哭，"看，这是我的儿子！"萨满沿着另外一条充满险阻的路返回。描述他的返程整整花费了一天的时间。一个接一个，他遇到一条狗鱼、一只驯鹿、一只野兔和其他动物；萨满追逐它们并把狩猎的好运带回地面。①

　　一些萨满教的入地主题已经流传到了西伯利亚各民族的口头文学中。因此，我们可以找到布里亚特英雄穆－莫顿叙述的冒险经历。他代替父亲来到地下世界，在返回地上的途中，他描述了罪人的刑罚。② 在萨扬草原的鞑靼族中，A. 卡斯特伦得知了库贝科的故事。库贝科是一位勇敢的女孩，她进入地下世界将被怪兽斩首的哥哥的头带回大地。经过许多冒险，见证了许多罪恶的刑罚之后，库贝科发现自己来到地下世界之王埃尔利克可汗的面前。如果她能够在一次磨难中获胜，埃尔利克可汗就同意她将哥哥的头带回大地。这次磨难就是她必须在地上画出一只七角公羊，这只羊被深深埋在

---

①　T. 莱赫蒂萨洛：《尤罗克－萨摩耶德的神话概述》，133～135 页；同上，135～137 页（萨摩耶德萨满的仪式歌曲）。尤罗克人认为一些人死亡之后会升上天空，但是他们为数不多，只限于那些在他们地上的生活中一直保持虔诚和纯洁的人。死亡之后升天也在一些故事中得到验证：一位名叫 Vyriirje Seerradeetta 的老人告诉他的两位年轻妻子，天神（Num）已经召唤他，第二天一根线就会从天而降，他会顺着那根线爬到天神的住所（同上，139 页），参见通过一根藤蔓，一棵树，一块方巾等升天的主题，参见下文，490 页及后面的内容。

②　哈瓦：《宗教观念》，354～355 页。

土里面，只有它的角露在外面。库贝科成功地完成了这个技艺，并将哥哥的头带回大地，同时她也带回了天神赐予的可以使哥哥起死回生的神奇水。①

关于这个主题，鞑靼族也有大量的文学记载；但这些记载是关于主人公的系列英雄事件的，作为众多磨难之一，主人公必须要下到地下。② 这样的入地在结构上并不总具有萨满教性质——也就是说，基于萨满能够结交免于惩罚的死者，在地府寻找一个病人的灵魂，或在那里陪伴一位死者的能力。鞑靼族的英雄必须要从一些磨难中胜出，正如我们在库贝科的故事中看到的一样，这些磨难包括英雄领神的范式，挑战胆量，勇气以及主人公的力量。然而，在库贝科的传奇中，一些元素具有萨满教的性质：女孩儿深入地下带回她哥哥的头颅，③ 也就是他的"灵魂"，就如同萨满将病人的灵魂从地下带回一样；她目睹了地狱里的折磨，对其进行描述。尽管这些折磨受到来自南亚或古老近东的影响，但也包含一些地下地貌的描述；在全世界，萨满们是将这些地貌传达给生者的第一人。我们稍后会更加清楚地看到，一些为了解人死后命运而进行的地下之旅在结构上具有"萨满教"性质，在某种意义上，这些旅途采用了萨满教的癫狂术。这一切对于理解史诗文学的"起源"特别重要。在试图评价萨满教的文化贡献时，我们将会展示在何种程度上萨满教体验有助于形成最初伟大的史诗主题。④

---

① 《北欧旅行和研究》，第三章，147 页及后面内容。

② 参见 H. M. 和 N. K. 查德维克在《文学发展》第三章，81 页及后面的内容中的精辟的总结（拉道夫的可卡斯特伦的文章之后）。也可参见 N. 波普《喀尔喀蒙古族英雄史诗》，尤其 202 页及后面的内容（搏洛可汗的丰功伟绩）。

③ 同样地，"俄耳甫斯主题"也在满族、波利尼西亚人以及北美印第安人中找到；参见下文，238 页，310 页及后面的内容，367 页及后面的内容。

④ 参见下文，510 页及后面的内容。

第七章
中亚和北亚的萨满教：Ⅱ巫咒，作为来世灵魂引导者的萨满

  中亚和北亚萨满的主要作用是进行巫术治疗。关于生病的原因，这个地区有几种观念，但"夺魂"的观念是流传最广泛的。[①] 生病是由于灵魂迷途或被窃，治疗之法也主要是寻找、捕捉并迫使灵魂重新回到病人体内。在亚洲一些地区，生病的原因可能是神秘物体进入病人体内或者病人被邪恶神灵"附体"。在这种情况下，治愈的关键是驱邪降魔。有时生病的原因是双重的：灵魂被窃，外加恶神附体加重病情。萨满教的治愈即包括寻找灵魂和驱逐恶魔。

  显而易见，这一切因为灵魂多样性而变得愈加复杂。像很多其他的"原始民族"，尤其是印度尼西亚的民族一样，北亚民族认为一个人可以有多达三个，甚至七个灵魂。[②] 死后，一个灵魂待在坟墓里，另一个下到地府，第三个灵魂升

[①] 参见福里斯特 E. 克莱门茨《疾病的原始概念》，190 页及后面的内容。也可见伊瓦尔·保尔森《欧亚大陆北部民族的原始的灵魂观念》，337 页及后面的内容；劳里·洪科：《疾病投射：原始的疾病解释研究》，27 页。

[②] 关于所有这些，参见保尔森，全书。

入天堂。相同的观念在其他一些民族，如楚科奇族以及尤卡基尔族①中得到证实，但这一观念只是众多关于人死后三个灵魂归属的观点之一。在其他民族中，至少一个灵魂在人死后会消失，或被恶魔吃掉，诸如此类。② 在后面几种观念的情况下，人死后，如果灵魂被恶神吃掉或下到逝者的土地上，那么这个灵魂肯定在地上生活期间由于逃亡引发了疾病。

只有萨满才能进行这样的治疗，因为只有他能"看见"神灵，知道怎样驱赶它，因为萨满能够辨别出灵魂是否已经逃走，他也能够在癫狂体验中制服它，使它回到病人的身体。这样的治疗通常涉及各种各样的祭祀，是否需要祭祀以及举行什么形式的祭祀活动是由萨满决定的。身体健康的恢复极大程度上依赖于精神力量的平衡，正是人们没注意到或忽略地府的恶魔而引起疾病的，而地府恶魔也属于神圣领域。不管是在地上还是在冥界，任何与灵魂和灵魂冒险有关的事情，都是萨满专属的领域。通过自身领神前或领神时的体验，萨满了解人类灵魂的戏剧性，了解它的不稳定性和不安全性；除此之外，他了解威胁灵魂的力量和灵魂会被带去的地方。如果萨满治疗涉及癫狂体验，正是因为人们认为疾病是灵魂的堕落或离去。

在下面的论述中，我们将会描述很多治疗的降神会，但并不声称会穷尽大量已经被收集并且到目前为止已经出版的

---

① 参见博戈拉兹《楚科奇》，332 页；W. I. 乔吉尔森：《尤卡基尔和尤卡基尔通古斯》，157 页。

② 关于布里亚特的三个灵魂，参见 G. 桑德斯彻《阿兰－布里亚特人的世界观和萨满教》，578 页及后面的内容，933 页以及到处。第一个灵魂寄住在骨头里；第二个灵魂也许寄住在血液里，它可以离开身体，以黄蜂或蜜蜂的形式到处游荡；第三个灵魂与人极其相像，是一种鬼魂。死亡时，第一个灵魂留在骨架里，第二个灵魂被神灵吃掉，第三个灵魂以鬼魂的形式出现在人面前（同上，585 页）。关于凯特的七个灵魂，参见 B. D. 希姆金《凯特或叶尼塞"奥斯蒂亚克"概述》，166页。

文献。为了减少单调性（因为大体而言，大部分描述非常相似），我们自行将数据进行分组，而没考虑地理或文化的持续性。

召唤和寻找灵魂：鞑靼族，布里亚特族和哈萨克吉尔吉斯人

铁列乌特族萨满用这些话语来为生病孩子招魂："回到你住的地方，寻着明火回到蒙古包，回到你的父亲和母亲身边。"① 在一些民族中，招魂是萨满治疗的一个阶段。只有在灵魂拒绝返回或无法返回身体的时候，萨满才会去寻找它，甚至最后下到逝者的领地将其带回。例如，布里亚特萨满既要招魂也要寻魂。

在阿拉斯加地区的布里亚特族中，萨满坐在病人旁边的垫子上，周围是一些物品，其中还有一支箭。肩头上的一根红色丝绸绳通向种在蒙古包外，庭院里的一棵白桦树。人们认为病人的灵魂会沿着这根绳子重新回到病人的体内；因此，蒙古包的门一直开着。白桦树旁，有人牵着一匹马；布里亚特人认为，马可以首先感知灵魂的返回，并通过抖动告诉人们灵魂回来了。蒙古包的一个桌子上放着蛋糕、塔拉森（*tarasun*）、白兰地酒、烟草等。如果病人是位老人，主要是邀请老人参加降神会；如果病人是一位年轻人，那么参加者主要是成年男子；如果病人是一个孩子，那么主要是孩子们来参加降神会。萨满通过祈求灵魂开始降神会："你的父亲是 A，你的母亲是 B，你自己的名字是 C。你在哪里游荡呢？你是否已经走了？……坐在帐篷里的人都很悲伤……"那些在场的人开始痛哭。萨满传达了家人的悲伤以及房子里所有

---

① 哈瓦：《宗教观念》，268 页。

人的难过。"你的妻子和你那意外成为孤儿的孩子都在呼唤你，无望地抹眼泪、哀号、哭泣。'爸爸，你在哪里？'听听，可怜可怜他们，回到他们身边吧……你那有无数匹马的马群也在召唤你，大声嘶鸣并悲痛地哭泣：'我们的主人，你在哪里？回来吧！'"等等。①

通常这只是第一个仪式。如果第一个仪式没有成功，萨满就会重新尝试其他仪式。根据 G. N. 波塔宁所言，布里亚特萨满会举行一个预备降神会，通过这次仪式来确定病人的灵魂是失窃了，还是被犹尔利克偷走，成了他的囚徒。于是萨满开始寻找病人的灵魂，如果他在村庄附近找到灵魂，那么灵魂很容易就能重新回到病人体内；如果没有找到，他会搜索森林、草原，甚至海底。如果没有找到，这说明灵魂成了犹尔利克的一名囚徒，唯一可用的解决方法就是供奉昂贵的祭品。犹尔利克有时要求萨满用另外一个人的灵魂来替换被囚禁的这个灵魂。之后的问题就是找到可用之人的灵魂。在病人的许可下，萨满决定谁是那个受害者。在那位受害者睡着之后，萨满变成一只鹰，进入他的体内，揪出他的灵魂，将它带到地府献给犹尔利克，这样犹尔利克就会允许萨满带回病人的灵魂。那位受害者不久之后就会死去，而那位病人则会苏醒过来。但是病人只得到短暂的缓解，因为三年、七年或九年之后病人便会死去。②

---

① 哈瓦，267～272 页（P. P. 巴塔罗夫之后）；参见桑德斯彻，582～583 页。关于雅库特萨满教降神会，也可见 L. 斯季达《布里亚特萨满教》，尤其见 299 页及后面的内容，316 页及后面的内容；N. 梅尔尼科夫：《伊尔库茨克地区布里亚特人的以前的人祭品和萨满教》；W. 施密特：《起源》，第五章，375～385 页；L. 克雷德：《布里亚特宗教与社会》，330～333 页。

② 《西北蒙古概要》，第四章，86～87 页；参见 V. M. 米海洛夫斯基，《西伯利亚与欧俄萨满教》，69～70 页；桑德斯彻，580 页及后面的内容。关于各种各样的布里亚特治愈技艺，也可以见米海洛夫斯基，127 页及后面的内容。

在阿巴坎的鞑靼族中，降神会或许持续 5 个或 6 个小时。除了其他元素之外，降神会还包含萨满到遥远地区的癫狂之旅。但这一旅程总体上讲是象征性的。卡姆做很长时间的萨满法事，并为病人的健康向天神祈祷，然后离开蒙古包。刚返回他便点着了一个烟斗，说为了找到救治病人的方法，他跋山涉水，走到中国那么远。① 这里，我们讲的是一种混合的萨满降神会，其中，寻找病人游离的灵魂变成了寻找救治方法的一次伪癫狂之旅。西伯利亚地区最东北部也存在同样的降神会程序。在楚科奇族中，萨满模仿一场持续 15 分钟的入定，在此期间，人们相信萨满在进行癫狂之旅，询问神灵们的建议。② 在乌戈尔族中，人们也发现萨满为治愈疾病，在仪式性入睡中与神灵进行交流。③ 但相比之下，楚科奇族的萨满教技艺近期有些衰退。我们不久会看到，"老萨满们"为寻找灵魂进行真正的癫狂之旅。

在这种混合的方法中，萨满治疗早已转化为一种癫狂的仪式。这种混合方式就是吉尔吉斯巴克卡（baqça），即萨满的治疗方式。降神会一开始，萨满就向安拉和穆斯林圣人祈祷，接下来萨满便恳求神灵，并威胁恶神。巴克卡不停地吟唱。在某一时刻，神灵占据了他的身体。在这段恍惚期间，萨满"赤脚走过烧红的铁"，有时将燃烧的烛芯放入嘴里。萨满用舌头去触碰烧红的铁，"用锋利得像剃刀一样的刀子敲打脸部，但却没有留下任何伤痕"。这些英勇的行为之后，萨满又一次开始祈求安拉："哦！天神，赐予极大的欢乐！

①　H. 冯·兰克瑞：《萨满和萨满教制度》，281 页及后面的内容。对于铁列乌特的仪式性歌曲，见米海洛夫斯基，98 页。
②　博戈拉兹：《楚科奇》，441 页。
③　参见下文，219 页。

哦，请您屈尊看看我的眼泪！我向您祈求帮助！"① 向最高天神的祈祷与萨满治疗并不矛盾，我们也会在西伯利亚最东北地区的一些民族中再次找到它的痕迹。但是，在哈萨克吉尔吉斯人中，治疗最主要的部分是驱逐占据病人身体的邪灵。为了实现这个目标，巴克卡将自己置身于萨满教状态之下，获得刀枪不入的能力，也就是说具备一名"神灵"的条件，这样他就有力量恐吓并驱走疾病恶魔。

乌戈尔族和拉普兰族中的萨满降神会

当人们召唤特雷姆尤甘（Tremyugan）萨满治疗病人时，他开始击鼓并弹奏吉他，直到进入癫狂状态。他的灵魂离开身体，进入地下世界，找寻病人的灵魂。他向死去的人承诺给他们一件衬衫或其他东西作为礼物，以此来说服他们让他将灵魂带回大地；但有时候，他不得不使用一些暴力。当他从癫狂中醒来时，萨满将病人的灵魂紧握在右手中，并通过右耳将灵魂重新放入病人体内。②

在额尔齐斯河的奥斯蒂亚克萨满中，治疗技艺明显不同。当萨满被召唤到一座房子里，他便表演烟熏，并向最高天神桑克（Sänke）献上一块布。③ 经过一整天禁食，在夜幕降临时萨满洗一个澡，吃三或七朵蘑菇，然后就去睡觉。几

---

① 卡斯塔内：《哈萨克吉尔吉斯人以及其他东突厥语民族的巫术与驱鬼术》，68 页及后面的内容，90 页及后面的内容，101 页及后面的内容，125 页及后面的内容。参见米海洛夫斯基 98 页：萨满长时间地骑马跨过草原，在他返回时，他用他的鞭子抽打病人。

② K. F. 卡尔亚莱宁：《乌戈尔各民族的宗教》，第三章，301 页。当人们为了狩猎或决定神灵想要什么祭品而举办萨满降神会时，同样引起癫狂的方式（鼓，吉他）也被用在这些仪式当中（同上书，306 页）。关于寻找灵魂，参见同上书，第一章，31 页。

③ 桑克，这个词的最初含义为"发光的，闪耀的，明亮的"（同上书，第二章，260 页）。

个小时之后，他突然醒来，全身发抖，述说神灵通过他们的"信使"向他讲述的东西：必须要向其供奉祭品的神灵，以及狩猎失败的人，等等。之后，萨满再次进入深度睡眠状态。接下来的一天里要供奉规定的祭品。①

在整个西伯利亚地区，人们都知道蘑菇的麻醉可以带来癫狂。在世界其他地方，麻醉剂或烟草也会引发癫狂，后面我们将会再次提及毒素的神秘能力这一问题。同时，我们或许会注意到刚才所描述的仪式中的一些反常现象。人们只献给最高神灵一块布，但要与各种神灵交谈，而且向他们献祭；萨满癫狂本身是通过蘑菇的麻醉引发的，这种麻醉也是让女萨满们进入类似入定状态的一种方式，不同的就是女萨满们直接将天神称为桑克。这些矛盾表明，在这种隐含着癫狂技艺的思想中存在一种混合性。正如卡尔亚莱宁②曾评述的一样，这种乌戈尔萨满教相对来说是最近才出现的，且是派生而来的。

在奥斯蒂亚克瓦休甘族中，萨满技艺更为复杂。如果病人的灵魂被一位逝者带走，那么萨满会派遣他的一位辅助神灵去寻找。这位辅助神灵会以一位逝者的形象呈现并进入地下世界。当找到偷盗灵魂的人时，从辅助神灵的胸部突然出现一位神灵，这位神灵以熊的形象显现。偷盗者很害怕，于是让病人的灵魂从他的喉咙或拳头中逃了出来。辅助神灵抓住病人的灵魂将其带给地上的萨满。在整个过程中，萨满一直弹奏吉他，讲述信使的冒险经历。如果病人的灵魂是被一

---

① 卡尔亚莱宁：《乌戈尔名民族的宗教》，第三章，306 页。在青加拉（Tsingala）族（奥斯蒂亚克）中，一个类似的习俗也得到证实。人们会向桑克供奉祭品，萨满吃掉三朵蘑菇，然后进入恍惚状态。女萨满也使用类似的方法，通过食用蘑菇进行麻醉实现癫狂。他们拜访桑克，他们在那里揭示他们从最高神那里学习到的东西并吟唱歌曲（同上，307 页）。也可参见乔吉尔森《科里亚克》，第二章，582～583 页。

② 卡尔亚莱宁：《乌戈尔各民族的宗教》，第三章，315 页及后面的内容。

位恶神带走的，那么萨满必须亲自进行重新抓捕灵魂的旅程，这个旅程会更加艰难。①

瓦休甘族存在另外一种实施萨满教化的方法。萨满自己坐在房子最黑暗的角落开始弹奏吉他。他左手拿了一把用来占卜的勺子。现在，他召唤他的七个辅助神灵。他有一个法力强大的信息传达者，即一个"手持有把手的棍子的严厉女人"，萨满派这位信息传达者从空中飞过去召唤他的辅助神灵。这些神灵一个接一个地出现了，接着，萨满用歌曲讲述他们的旅途。"在梅－琼恩－坎的天空领地，他的小女儿被赠给我；我感受到她从地球的六层之下而来，我听到了正从大地第一层之下而来的'大地球长毛野兽'要去第二层喝水。"（此刻，萨满开始摇动勺子。）同样，他描述了神灵从第二、第三层地下地区到第六层地下地区，每一次神灵的降临都会通过勺子显现出来。之后，来自不同天国领域的神灵都会显现。信息传达者会从四面八方一个一个地把这些神灵召唤过来："从驯鹿萨摩耶德的空中地区，从北方民族的空中地区，从萨摩耶德神灵王子和他们妻子所居住的城市……"然后所有这些神灵（通过萨满之口）与萨满对话，这一仪式会持续整个晚上。

第二天晚上，萨满在辅助神灵的陪伴下完成了他的癫狂旅程。萨满详尽地向观众描述了在这次艰难而又危险的旅程中听到的一切。这次旅程与萨满引导祭祀马灵魂升天的旅程极其相似。② 萨满绝没有被他的辅助神灵"附体"。根据卡尔亚莱宁的研究，③ 辅助神灵在萨满的耳边轻声细语，就好像"鸟儿"在激励伟大的史诗诗人一样。北奥斯蒂亚克人说："术士听到了神灵的呼唤。"乌戈尔人说：神灵"触碰"

① 卡尔亚莱宁：《乌戈尔各民族的宗教》，3078 页及后面的内容。
② 卡尔亚莱宁：《乌戈尔各民族的宗教》，310～317 页。
③ 同上书，318 页。

了萨满。①

在乌戈尔族中，萨满癫狂与其说是入定，不如说是一种"神灵感应状态"；萨满可以看到、听到神灵，他可以"灵魂出窍"，因为他正进行癫狂之旅，穿越遥远的地区，但是他并不是毫无意识。萨满是一位有远见卓识、能力超群的人。但是，他的基本体验还是癫狂体验，与其他地区一样，获得癫狂体验的主要方式就是巫术－宗教音乐。蘑菇引发的中毒也可以与神灵建立联系，但是以一种被动且原始的形式。然而，正如我们已经提到过的一样，这一萨满技艺出现较晚，而且是派生而来的。中毒是再现"癫狂"和"灵魂出窍"的一种机械而又腐朽的方法；中毒尽力模仿一种更早的模式，这一模式属于另外一个参照层面。

在叶尼赛奥斯蒂亚克族中，治疗需要两次癫狂之旅。第一次更像一次快速调查。正是在第二次以入定结束的旅程期间，萨满进入冥界。一如往常，萨满以召唤神灵并将它们一个接一个地置于鼓内作为仪式的开始。在整段时间里，萨满又唱又跳。神灵到来时，他开始跳跃，这意味着他已经离开地面升向云端。在某一时刻，他喊道："我现在在高高的空中，我看到一百俄里远处的叶尼赛。"在途中他还遇到其他的神灵，并且告诉观众他看到的任何东西。辅助神灵驮着他穿过天空，他对神灵辅助者说："哦，我的小飞行物，升得再高一点，我想看到更远的地方……"不久之后，在一群神灵的围绕下他返回到蒙古包里。他似乎没有找到病人的灵魂，或者他已经在遥远的逝者的土地上看到了灵魂。为了抓住它，萨满再次起舞，直到入定为止。仍然是他的神灵带着，他离开自己的身体进入冥界，并最终从冥界带回病人的

---

①　卡尔亚莱宁：《乌戈尔各民族的宗教》，318 页。

灵魂。①

　　就拉普兰萨满教而言，我们将仅局限于参考，因为它在十八世纪就消失了；此外，拉普兰宗教传统中可以发现斯堪的纳维亚神话和基督教的影响，这使我们不得不在欧洲宗教史的框架之下来研究它。据十七世纪的作者所言，也被民间传说所证实，与其他北极民族一样，拉普兰萨满也完全裸露着举行降神会，并进入全身僵硬的入定状态，人们相信在萨满入定期间他的灵魂是下到地下护送死者或寻找病人的灵魂去了。② 就像阿尔泰族一样，下到阴魂之地从前往一座山的癫狂之旅开始；③ 正如我们所了解，这座山象征着宇宙轴，因此它位于"世界的中心"。今天的拉普兰术士仍记得他们祖先的奇迹，祖先们可以在空中飞行，等等。④ 降神会包括歌曲以及神灵的祈祷；我们已经注意到，与阿尔泰鼓有相似图案的鼓在产生入定上有重要的作用。⑤ 有人曾试图解释斯堪的纳维亚 seidhr 是从拉普兰萨满教那里借来的。⑥ 但是，

①　A. 霍尔马克斯：《萨满教问题的研究》，184 页，引用 V. I. 阿努钦：《叶塞尼河奥斯加克人萨满教随笔》，28～31 页；也可参见希姆金《凯特概述》，169 页及后面的内容。关于这个民族的文化历史，参见卡伊·唐纳的全面的研究《关于叶尼塞奥斯蒂亚克人的起源问题的概述》。关于居住在叶尼塞地区的索牙恩族的萨满教，见 V. 迪奥兹策吉《东北部索牙恩萨满的成长过程》；同上，《图瓦萨满教》。

②　参见霍尔马克斯，34 页，50 页，51 页，176 页及后面的内容（入地），302 页及后面的内容，312 页及后面的内容。

③　希尔达·R. 埃利斯：《地狱之路：关于古老斯堪的那维亚文学中死亡概念的研究》，90 页。

④　霍尔马克斯，57，75 页。

⑤　参见米海洛夫斯基，144 页及后面的内容。关于通过鼓形式的占卜，见同上，148～149 页；关于现在拉普兰术士和民俗神话，T. I. 伊特科宁：《芬兰拉普兰人的异教和之后的迷信》，116 页及后面的内容；关于巫术治愈的仪式，J. 奎斯塔：《拉普兰人的治疗术》；R. 卡斯滕：《萨梅克的宗教》，68 页及后面内容。

⑥　由约翰·弗里茨内（《拉普兰人神话与巫术》），早在 1877 年，并且最近（1935）由达格·斯特龙巴克（《北欧比较宗教文本研究》）；参见在霍尔马克斯中关于这个论文的讨论，310～350 页。

正如我们将要看到的那样，古代日耳曼人的宗教保留了足够
多的被认为"具有萨满教性质"的元素，就没有必要假定其
受拉普兰巫术的影响了。[①]

奥斯蒂亚克、尤罗克和萨摩耶德人的降神会

特列季亚科夫记录了奥斯蒂亚克与尤罗克 – 萨摩耶德萨

---

① 匈牙利萨满教已经吸引了心理分析民族学家格扎·罗海姆的兴趣，并
且在他去世的两年前，他发表了"匈牙利萨满教"的文章。匈牙利萨
满教问题在他死后出版的书《匈牙利和乌戈尔神话学》（尤其见 8 页
及后面的内容，48 页及后面的内容，61 页及后面的内容）中有所研
究。罗海姆认为马扎尔萨满教有明显的亚洲起源。"十分好奇，在萨摩
耶德和蒙古（布里亚特）以及突厥西部部落和拉普兰族中存在最明显
的相似之处，但与马扎尔乌戈尔第一个侄子（乌戈尔和奥斯蒂亚克）
没有相似之处"（《匈牙利萨满教》，162 页）。作为一位优秀的心理分
析学家，罗海姆无法抵挡对弗洛伊德术语中的萨满教飞行和升天进行
解释的诱惑，"飞行的梦是勃起的梦，［i. e.］，在这些梦中，身体代表
着阴茎。我们假设性地得出这样的结论：飞行的梦是萨满教的核心"
［罗海姆的斜体字］（同上书，154 页）。罗海姆认为"没有直接的证
据证明塔尔托斯（táltos）［也就是说匈牙利萨满］会进入一种恍惚状
态"（同上书，147 页）。迪奥兹策吉直接反对这个陈述，见《在匈牙
利民俗文化中的萨满教残余》，122 页及后面的内容。在这个研究中，
作者总结了大量的文献记载，研究了同样的问题，他以匈牙利语发表
了这个研究《A sámánhit emléki a magyar népi müveltségben》。迪奥兹策
吉向我们展示了匈牙利塔尔托斯与在匈牙利附近国家得到证实的明显
相似人物之间存在多大的不同，例如，罗马尼亚的 *solomonar*，波兰的
planetnik 以及塞尔维亚和克罗地亚的 *garabancias*。只有塔尔托斯经历了
一种萨满性质的疾病（《残余》，98 页及后面的内容）或者"长久地
入睡"（例如，一次仪式性的死亡）或者"加入式的肢体分解"（同上
书，103 页及后面的内容，106 页及后面的内容）；只有塔尔托斯经历
了一次领神，拥有独特的服饰和一只鼓，并且进入癫狂（同上，112
页及后面的内容，115 页及后面的内容，122 页及后面的内容）。因为
所有这些元素都在突厥、芬兰－乌戈尔和西伯利亚民族中存在，作者
得出结论，萨满教代表了一种属于马扎尔原始文化的巫术宗教元素。
匈牙利人在他们从亚洲来到现在居住的领地时，带来了萨满教。（在一
个匈牙利萨满癫狂的研究中，"一位马扎尔萨满 réülete"，雅诺什·巴
拉日强调了"神奇热量"的体验）。

满在治疗降神会上的仪式歌曲，这些歌曲里都详细地记述了为了治愈病人而进行的癫狂旅程。但是，与治疗本身相比，这些歌曲已经获得了某种自治。萨满炫耀自己在最高天堂的冒险历程，我们就会有这样的一种印象：寻找病人的灵魂——这样一次癫狂之旅的主要目的——已经退居次要地位，甚至被人遗忘。这些歌曲的主题更多的是萨满自己的癫狂体验，不难看出这些探索中一种典型模式在不断重复，尤其是萨满升天入地的领神之旅。

萨满讲述他如何借助专门为他放下来的绳子爬上天空，以及如何用肩膀将挡在路上的星星顶到一边。在天空上，他坐到一艘船里，然后急速降落到地面，以至于风从他身体穿过。在长着翅膀的恶魔的帮助下，他下到地下；那里特别冷，以至于他向黑暗之神阿玛（Ama）或他自己母亲的神灵要一件外套。（萨满在自述中讲到这一点时，观众中会有人往他肩上扔一件外套。）最后，他返回地面，在预言了人群中每一位的未来之后，他告诉病人让他生病的恶魔已经被赶跑。①

显然，这不再是一个暗示着具体的升天入地的萨满癫狂的问题；这是一种充满神话回忆的叙述，这一叙述的确从先于治疗本身的一次经历开始。塔兹河地区的奥斯蒂亚克和尤罗克萨满谈及他们在盛开的玫瑰花中奇妙的飞行；他们在空中升得很高，看到七俄里长的苔原；在很远处，他们看到他们的大师萨满在很久之前制作鼓的地方。（实际上，他们看到了"世界中心"。）最终他们到达了天堂，经过了许多冒险旅程之后，他们走进一个铁帐篷内，在那里他们在紫色云朵上进入梦乡。他们顺着一条河回到地面。歌曲以赞美所有

---

① P. I. 特列季亚科夫：《叶尼塞河畔的自然与居民》，217 页及后面的内容；米海洛夫斯基，67 页及后面的内容；希姆金，169 页及后面的内容。

神灵的圣歌结束，以赞美天神开始。[1]

癫狂之旅通常是在幻想中进行的。萨满看到他的辅助神灵以驯鹿的形象进入其他世界，他歌唱他们的冒险。[2] 与其他西伯利亚民族相比，萨摩耶的萨满的辅助神灵发挥着更具有"宗教性质"的作用。在治愈病人之前，萨满要和他的神灵们取得联系，了解造成疾病的原因；如果这一疾病是由至高神纳姆（Num）引发的，萨满会拒绝给病人治病。然后，是他的神灵们升天去寻求纳姆的帮助。[3] 但这并不意味着所有萨摩耶德萨满都是"善良的"；尽管他们没有"黑""白"之分，但是人们知道一些萨摩耶德萨满实施黑巫术并带来的伤害。[4]

我们现在看得到的对萨摩耶德降神会的描述给我们留下这样的印象：癫狂之旅是萨满辅助神灵要么"吟唱"，要么表演出来的。有时，萨满与神灵的对话是为了告诉他"神的意志"。这在卡斯滕参加的托木斯克萨摩耶德降神会中十分明显。卡斯滕这样描述这次降神会：观众聚集在萨满周围，小心地将门的位置空出，萨满盯着门口。他的左手握着一根棍子，棍子的一头刻着神秘的图标和图案。他的右手拿着两支箭，箭头向上，箭头上系着一个铃铛。降神会以萨满吟唱的一首歌曲开始，伴随着萨满有节奏地用两支拴有铃铛的箭敲击棍子。这是在召唤神灵。神灵一到，萨满就起身跳舞，舞蹈的动作既难又有创意。但他继续吟唱，继续敲击棍子。歌曲中再现了他与神灵的对话，歌曲的强度随着对话的戏剧

---

① 米海洛夫斯基，67 页。

② T. 莱赫蒂萨洛：《尤罗克 - 萨摩耶德的神话概述》，153 页及后面的内容。

③ A. M. 卡斯滕：《北欧旅行：1845—1849 年的游记和书信》，194 页及后面的内容；关于萨摩耶德萨满教，也可参见 W. 施密特《起源》，第三章，364 ~ 366 页。

④ 米海洛夫斯基，144 页。

性而变化。当歌曲进入高潮时，观众开始齐声合唱。从神灵那里获得所有问题的答案后，萨满停下来向大家宣告神的意志。[1]

当然，有很多伟大的萨满入定后就开始寻找病人灵魂癫狂之旅，莱赫蒂萨洛所观察的尤罗克-萨摩耶德萨满甘吉卡就是其中一位。[2] 但是，包括这些大师在内，我们发现相当一部分"幻想者"是在梦中收到神和神灵的命令，[3] 或利用蘑菇产生的中毒学习治疗方法。[4] 不管怎样，很明显的是，真正的萨满入定相对罕见，大多数降神会仅涉及一次神灵进行的癫狂之旅或者对冒险的令人难以置信的叙述，而这些冒险的神话原型早已为人们所知。[5]

萨摩耶德萨满也通过一根刻着某些符号的棍子进行占卜。萨满将棍子扔向天空，通过棍子落地的位置预知未来。他们也同样展现了一些特别的萨满技艺。萨满让人把自己绑起来，然后召唤神灵（人们在蒙古包中会听到动物神灵的声音），在降神会结束的时候，人们发现他们摆脱了捆绑。他们还用刀子划割自己，粗暴地抽打自己的头部等等。[6] 研究其他西伯利亚甚至亚洲之外的民族的萨满时，我们将会不断地碰到相同的萨满技艺，这些技艺与苦行僧（托钵僧）的技艺有许多共同之处。所有这些不仅仅是萨满的一种自我炫耀或为获得声誉的一次表演。这些"奇迹"与萨满教降神会有着不可分割的关系，通过消除世俗的条件实现了的另外一种

---

① 卡斯滕，172 页及后面的内容。

② 《概述》，153 页及后面的内容。

③ 同上书，145 页。

④ 同上书，164 页及后面的内容。

⑤ 对于萨摩耶德文化概念，参见卡伊·唐纳《萨摩耶德人和突厥人之间最早的接触》；A. 加兹：《驯鹿民族的头骨和长骨的祭祀仪式》，238 页及后面的内容；W. 施密特：《起源》，第三章，334 页及后面的内容。

⑥ 例如参见，米海洛夫斯基，66 页。

状态。萨满的体验使这些"奇迹"成为可能，萨满借此证明自己这些体验的真实性。

雅库特和多尔甘人的萨满教

在雅库特和多尔甘族中，萨满教降神会通常包括四个阶段：（1）召唤辅助神灵；（2）发现疾病的根源，通常是窃走病人灵魂或进入病人身体的邪恶神灵；（3）用威胁、噪声等驱赶邪恶神灵；最后是（4）萨满的升天。① "最困难的就是找出生病的原因，了解是什么神灵在折磨病人，确定它的来源、等级地位以及能力。因此，这一仪式经常有两部分：首先，萨满要召唤来自天空的守护神，它们会帮助他找出疾病的原因；然后对抗敌人神灵或鬼魂（üör）。"紧接着是强制性的升天之旅。②

与恶神的斗争是危险的，最终也会让萨满精疲力竭。"我们注定要在神灵的力量前倒下，"塔斯普特萨满告诉谢罗谢夫斯基，"神灵憎恨我们，因为我们保护人类……"③ 事实上，为了驱赶病人体内的恶神，萨满通常被迫将恶神引入自己的体内，之后，他要比病人本身进行更多的斗争，承受更多的痛苦。④

现在，我们给出谢罗谢夫斯基对雅库特人一次降神会的经典描述。这次降神会于晚上在蒙古包里举行，邻居们被邀

---

① 哈瓦：《宗教观念》，545～546 页（在 N. Y. 维塔舍夫斯基之后）；乔吉尔森，《雅库特》，120 页及后面的内容。

② W. 谢罗谢夫斯基：《雅库特信仰下的萨满教》，324 页。在维塔舍夫斯基的论述（四个阶段的降神会）和谢罗谢夫斯基的论述（天上之旅之后的"两部分"）之间只有一个似乎矛盾的点；事实上，两位观察者讲的是同一件事。

③ 同上书，325 页。

④ 哈瓦：《宗教观念》，545～546 页。

请来参加。"有时，房子的主人会准备两条用结实的皮条做成的绳套；萨满将这两条绳套牢固地拴在肩上，其他在场的人抓住绳套的末端把萨满拉回来，以防神灵试图把萨满带走。"① 萨满凝视着壁炉前的火堆；他间歇性地打哈欠、打嗝，偶尔由于紧张的哆嗦而全身颤抖。他穿上他的萨满服饰开始抽烟。很快，他脸色变得惨白，头垂在胸前，眼睛半闭着。一匹白色母马的皮毛在蒙古包的中间被摊开。萨满喝了凉水，朝四个基本点跪拜，朝左边、右边喷水。蒙古包里一片寂静。萨满的助手把一些马毛扔到了火里，然后，又用灰土将火完全盖住。现在，房间里一片漆黑。萨满面朝南坐在马皮上并做梦。所有人都屏住呼吸。

突然，不知从哪里响起一阵惊悚的尖叫声，像钢筋发出的尖锐声音一样。然后一切恢复寂静。又一尖叫声，在萨满的上面、下面、前面和后面响起神秘的声音，这声音让人感到紧张、害怕，还有打哈欠声、歇斯底里的打嗝声，人们好像听到天鹅哀鸣混杂着猎鹰的啼鸣，然后一切被丘鹬啭鸣声打断；这些都是萨满改变嗓音发出的声音。

突然，他停下来，又恢复了平静，除了有一丝微弱的，像蚊子一样的嗡嗡声。萨满开始击鼓，他哼唱一首歌。歌声和鼓声达到高潮。很快萨满在大声喊叫。"我们听到了鹰的叫声，混杂着凤头麦鸡的哀鸣声、丘鹬刺耳的叫声以及杜鹃鸟的吟唱。"音乐的声音越来越大，达到了高潮，然后又猛地停止，以至于除了蚊子嗡嗡声什么也听不到。鸟叫声和寂

---

① 谢罗谢夫斯基，326 页。这一实践活动在一些西伯利亚和北极民族中有所发现，尽管它们有着不同的含义。有时，萨满被绑起来，所以他不会飞走；相反，在萨摩耶德和因纽特族中，萨满允许自己被绑起来，以此来展示他的巫术能力，因为在降神会期间，他总是能"在神灵的帮助下"成功地为自己松绑。

静声来来回回交替几次。最后，萨满改变了鼓声的旋律，并
唱起圣歌：

> 大地上强壮的公牛，草原上的马，
> 强壮的公牛已咆哮！
> 草原上的马已发抖！
> 我在你们众人之上，我是一个人！
> 我是一个拥有所有天赋的人！
> 我是万能之神创造的人！
> 来吧，草原上的马，教授吧！
> 出来吧，宇宙神奇的公牛，回答啊！
> 力量之神，下命令吧！……
> 哦，母亲之神，指出我的错误，为我指明道路，
> 我必须走的路！在我前面飞吧，沿一条宽阔的路；
> 为我准备我的路！
> 哦，住在南边九座木山上的太阳的神灵，哦，光
> 的母亲，你知道嫉妒，我恳求你：你的三个阴影要停
> 留在非常高的地方，非常高！你在西方，在你的山上，
> 哦，神哪，我那拥有可怕能力、强壮的脖子的祖先，
> 和我同在！……

音乐重新变得激烈起来，达到最高强度。然后萨满开始
召唤阿马迦（ämägät）和他熟悉的神灵来帮助。它们不会立
刻到来，萨满恳求它们，它们闪烁其词。有时，它们会突然
间猛烈地到来，以至于萨满向后倒地。然后观众在萨满身上
敲击铁器，并默念："锵锵的铁器声，反复无常的云漩涡，
许多迷雾已经升起。"

阿马迦一来，萨满就开始跳跃，做快速剧烈的动作。最
后，他在蒙古包找到他的位置，又重新点燃火堆，开始击鼓

并跳舞。他跳到空中，有时可以高达 4 英尺。[①] 他狂野地喊叫，接着又是一阵停顿；然后，他用低沉、严肃的声音哼唱一首庄严的圣歌。接下来是一段轻快的舞蹈，其间，他的歌曲变得很好笑或很糟糕，这要取决于他模仿谁的声音。最后，他走向病人，召唤引发疾病的原因离开；"或者他抓住纠缠病人的困扰，把它带到房子的中间，并且一直念咒语，赶走它，从嘴里把它吐出来，踢它，用手和呼吸赶走它。"[②]

现在萨满开始进行护送祭祀动物灵魂上天的癫狂之旅。三棵砍去树枝的树干立在蒙古包外面，中间那一棵是桦树，它的顶端拴着一只死去的翠鸟（鱼狗）。一根桩子立在这棵白桦树的左边，柱子上挂着一匹马的头盖骨。三棵树用一根带有几撮马毛的绳子连接。在树和帐篷之间摆着一张桌子，桌子上放着一个装有白兰地的酒壶。萨满开始模仿鸟飞行的动作，一点一点地升上天空。升天的路途上有九个需要停留的地方，在每个停留的地方萨满都会向当地的神灵供奉祭品。从癫狂之旅中返回途中，萨满需要通过火炭净化身体的一些部位（脚、大腿等）。[③]

当然，雅库特的萨满教降神会有很多种形式。这里是谢罗谢夫斯基关于升天之旅的描述。"接着，一排提前就选好

---

① 这是一个明显的癫狂性"升天"；哈巴库克爱比基序（Habakuk Eskimo）萨满同样也试图通过仪式性的跳跃到达天空（K. 拉斯姆森，由霍尔马克斯在《研究》中引用，131 页）。在吉兰丹州中，巫医一边唱歌，跳跃在空中，一边将一面镜子或一串项链扔向家令——最高天神（艾弗·H. N. 埃文斯：《塞芒族中祭司‑疗法的舍贝斯塔》，120 页）。

② 谢罗谢夫斯基，326 ~ 330 页。一些学者就谢罗谢夫斯基记载的关于仪式性文章的真实性表示怀疑；参见乔吉尔森《雅库特》，122 页。

③ 哈瓦：《宗教观念》，547 页。这一仪式的意义很模糊。卡伊·唐纳讲述道，萨摩耶德同样在降神会的结尾用燃烧的火炭净化他们的萨满（哈瓦，同上）。净化仪式大概也可运用到身体的某一部位，通过净化这一部位来"吸收"折磨病人的邪恶神灵；但是在这种情况下，为什么萨满会在从天上之旅返回时净化自己呢？难道这不是古老的萨满教"掌控火"的仪式吗？（参见下文，475 页及后面内容）。

的小冷杉被小心翼翼地放下来，上面装饰着白色的马毛花环（只有萨满才使用这种花环）。然后他们把三个木桩立成一列，木桩的顶部都有鸟的象征物：第一个木桩顶上是两头的奥克索克乔（öksökjou），第二个上面是基粒努尔（grana nour，又名kougos）或一只乌鸦，第三个上面是一只杜鹃鸟（kögö）。祭祀牲畜要绑在最后一个木桩上。从木桩上伸下来的一条绳子象征着通往天国的路，'鸟会沿着这条路飞，动物们也会沿着这条路走'。"①

在每个停止的地方，萨满都会坐下来休息，如果他重新站起来，说明他开始了新的旅程。通过舞蹈动作和模仿鸟飞行的动作萨满再次开始他的旅程。"舞蹈通常描述了神灵陪伴下的空中旅行。当护送赎罪动物的灵魂完成时，舞蹈也是必不可少的。根据传说，不久之前有些萨满确实可以飞入天空，观众看到一只动物在云间飞行，后面跟着萨满的鼓，萨满全身穿戴着铁，跟在队伍的最后。"萨满说："鼓是我们的马。"②

祭祀动物的皮毛、角和蹄子都被挂在了一棵枯死的树上。谢罗谢夫斯基总会在空无一人的地方找到这些祭祀品的残留物。在附近的地方，有时在同一棵树上，"人们或许会看到一支长长的木箭被插到干枯的树干上。这支箭与之前仪式中有很多马毛的绳子有相同的功能，指向病人要前往的天空的一部分"。③还是根据谢罗谢夫斯基所言，萨满过去总是用手撕裂祭祀动物的心脏并将它抛向天空。然后，他把血涂在脸上、衣服上、他的阿马迦图案上以及神灵们的小木制雕塑上。④

---

① 《萨满教》，332页。
② 同上书，331页；参见上文，173页及后面的内容。
③ 同上书，332~333页。
④ 同上书，333页。我们这里得到一个严重混杂的祭祀仪式：向最高天神仪式性供奉心脏和向"地下"有权势的神灵（斯贾际阿代等）供奉血液的祭酒仪式。在阿劳干民族中也可找到同样残忍的仪式；参见下文，330页。

在其他地方，人们在一根柱子附近直立九棵树，这根柱子的顶端挂着一只鸟，树桩和树之间用一根象征着升天的升空绳连接。[1] 多尔甘族也会用到九棵树，每棵树的顶部都有一只木质的鸟，也同样意味着萨满升天的道路和祭祀动物的灵魂。同样，对于多尔甘萨满而言，攀登九级天国是为了治愈疾病。据这些萨满所言，在每级天国入口前面都有守护神灵把守，他们的职责就是监视萨满的旅程，同时阻止邪恶神灵升入天空。[2]

在雅库特族中漫长而栩栩如生的降神会中，只有一点令人费解。如果病人的灵魂被恶魔带走，雅库特萨满为什么必须要进行升天之旅呢？V. N. 瓦西耶夫给出了下列的解释：萨满将病人的灵魂带入天空，净化邪恶神灵带给它的污秽。[3] 然而，特罗先斯基坚持主张，在他所认识的萨满中，没人进行地下之旅；毫无例外，他们所有人在治愈病人时都只使用升天之旅。[4] 这表明萨满教技艺的多样化和我们信息的不确定性；入地很有可能更加危险，更加神秘，因此欧洲观察者更不容易获得这一旅途的信息。但毫无疑问，雅库特萨满，至少他们中的一些人，对入地之旅也很熟悉。因此他们的服饰象征着"大地的入口，"这准确地被称为"神灵们的洞"

---

① 哈瓦：《宗教观念》，548 页。
② 同上书，549 页。其他雅库特萨满教降神会的描述，见 J. G. 格梅林《1733—1743 穿越西伯利亚的旅行》，第二章，349 页及后面内容；V. L. 普里克隆斯基：《贾库腾的萨满教》（《雅库特信仰下的萨满教》的德语译本）。威廉姆·G. 萨姆纳对谢罗谢夫斯基的庞大的资料进行了一个英语的长篇总结，《雅库特，从俄罗斯人谢罗谢夫斯基中的简本》，102～108 页，主要讲述了萨满教（在《雅库特》之后，621 页及后面的内容）。参见乔吉尔森《雅库特》，120 页及后面的内容（维塔舍夫斯基之后）。见 W. 施密特在《起源》，第六章，322～329 页的讨论；关于妇女不孕不育参见同上，329～332 页。
③ 参见哈瓦《宗教观念》，550 页。
④ 同上书，551 页。

（*abassy-oibono*），萨满可以通过这个洞进入地下。此外，在萨满的癫狂之旅中，一只水栖鸟（海鸥，䴙䴘）会一直陪伴着他，这只鸟象征着沉入水中，即深入地下。① 最后，雅库特萨满使用两个技术性词汇来表明神秘旅途的方向：*allara kyrar*（前往"地下神灵"的方向）和 *üsä kyrar*（前往"天上神灵"的方向）。② 同样，瓦西耶夫也观察到在雅库特和多尔甘族中，萨满搜寻被恶魔带走的病人灵魂，表现得好像他在潜水一样；通古斯族、楚科奇族和拉普兰族认为萨满入定就是一次在水中"沉浸"。③ 我们将会在因纽特萨满中找到同样的行为和癫狂技艺；因为很多民族，尤其是更多的海洋民族都位于海洋深处的彼岸。④

要理解雅库特萨满升天的治愈之旅的必要性，我们必须考虑两点：（1）他们的宗教和神话观念的复杂性与混乱；（2）整个西伯利亚和中亚萨满教升天的威望。正如我们之前所见，这种威望可以解释为什么在入地癫狂中（将病人的灵魂从犹尔利克可汗的势力下解放出来），阿尔泰萨满最终会借鉴某些升天技艺的典型特征。

因此，就雅库特人而言，我们或许多少会设想下面的情境：人们会向天神祭奉动物，一些明显的标志（箭、木鸟、升天的绳子等）表明了病人灵魂游走的方向，这一事实最终让人们雇佣萨满来引导动物灵魂的升天之旅；并且因为萨满在治疗中一直陪伴着动物的灵魂，人们相信萨满升天的主要目的就是"净化"病人的灵魂。无论如何，目前存在的萨满治疗仪式是一种混合物；给人们的印象是这一仪式是在两种

---

① 哈瓦：《宗教观念》。

② 同上书，552 页。

③ 同上。

④ 但是我们之后将会看到，从来不具有排他性，某些"精选的"和"有特权的"人死亡之后会升上天空。

不同技艺的影响下建立起来的：（1）搜寻病人游离的灵魂或驱赶邪恶神灵，（2）升天。

但是，我们也应该考虑到另外一个事实，除了少数只有"入地专长"（仅限于入地）的萨满之外，西伯利亚萨满既能升天也能够入地。我们已经了解到，这种双重技艺在某种程度上源于萨满领神本身，因为准萨满领神梦境既包括入地（仪式性折磨和死亡）也包括升天（重生）。在这样的背景下，我们可以这样理解：在与邪恶神灵斗争或进入地下世界重新获得病人灵魂之后，雅库特萨满感觉有必要通过重复升天重新建立自己的精神平衡。

这里，我们必须再次注意：雅库特萨满的能力和威望仅仅来自他的癫狂能力。萨满在向最高神灵的献祭中取代了牧师的地位；但是，就像阿尔泰萨满那样，这种替换改变了仪式固有的结构：祭祀已转换成一个精神隐斜（psychophoria），也就是一个基于癫狂体验的戏剧性仪式。萨满能够发现并战胜抓住病人灵魂的恶神，他仍将这一能力归功于他的神秘能力。萨满不但赶走那些恶神，还将它们带入自己的体内，"掌控"它们，折磨并驱逐它们。所有这一切都是因为萨满也具有邪恶神灵的本质，即他可以自由离开身体，去很远的地方，入地，升空等等。这一"灵魂的"灵活性与自由在萨满的癫狂体验中得到加强，同时也让萨满变得脆弱。由于他经常与邪恶神灵斗争，萨满最终处于它们的能力控制之下，也就是说，他最后被真正地"附体"了。

通古斯人和鄂伦春人的
萨满教降神会

萨满教在通古斯民族的宗教生活中占据着重要的地

位。① 我们要记住，不管"萨满"（šaman）的词源可能是什么，它本身具有通古斯语的性质。② 正如史禄国已经显示的那样，我们也将有机会再次看到，通古斯萨满教，至少其现在的形式可能受到了中国－喇嘛思想和技艺的强烈影响。正如我们之前几次提到，南部对西伯利亚与中亚普通萨满教的影响也得到证实。我们也将在其他地区看到，南方文化观念以什么样的方式扩展至北亚和东北亚地区。③ 无论什么情况，今天的通古斯萨满教都呈现出一个复杂的面貌。在通古斯萨满教中，人们可以观察到一些不同的传统惯例。它们的结合有时产生了具有区别性特征的混合形式。这里我们也观察到萨满教的某种"衰退"，这种状况在北亚任何地区都可以得到验证。通古斯人尤其将"古老萨满"的力量与勇气与现在萨满的懦弱进行比较，在一些地区，现在的萨满再也不敢进行危险的入地之旅了。

　　通古斯萨满被召唤去各种仪式上施展他的能力。无论是找寻病人的灵魂，还是驱赶恶魔，萨满在治疗过程中担任的一个不可或缺的角色就是冥界使者（psychopomp）；他将祭品送到天空和地下；尤其是，确保整个社会的精神平衡也是他的职责。如果疾病、不幸或贫瘠威胁了宗族，那么萨满的职责就是要诊断原因并更正这一状况。与其邻居相比而言，通古斯人往往更重视神灵——不仅是地府的神灵、世俗世界的神灵，还有各种混乱的真正始作俑者。这也就解释了除了

---

① 参见 J. G. 格梅林《西伯利亚的旅行》，第二章，44～46 页，193～195 页等；米海洛夫斯基，64～65 页，97 页等；S. M. 史禄国：《通古斯族中的萨满教普遍理论》；《在远东（赫哲族以及与他们有密切民族的民族）的北部通古斯民族的迁移》；《通古斯人萨满制度基础初探》；尤其是这位作者的包罗万象的研究《通古斯心理情结》。也可参见 W. 施密特《起源》，第五章，578～623 页。

② 参见下文，499 页及后面的内容。

③ 参见下文，503 页及后面的内容。

出于一些传统的原因（疾病、死亡、向天神献祭）外，通古斯萨满为什么还要出于多种原因举行降神会，尤其是最初的"小型降神会"，不过所有这些降神会都暗含了解和控制"神灵"的需要。

通古斯萨满也参加一些祭祀活动。除此之外，一年一度的萨满神灵的祭祀活动对于整个部落都是一场大型的宗教盛事。① 当然在狩猎和捕鱼仪式中，萨满也是必不可少的一部分。②

或许是因为下列原因，萨满才会举行包括下入地下世界的降神会：（1）要向祖先和冥界的死者提供祭品；（2）寻找一位病人的灵魂以及灵魂的回归；（3）护送不愿离开这个世界的死者，并将他们安置在冥府。③ 尽管这样的场合很多，这一仪式却相当不同寻常，因为人们认为入地仪式很危险，而且很少有萨满敢于面对这些危险。④ 入地仪式的专业名称叫作"奥吉斯基"（*örgiski*），字面意思是"奥吉（*örgi*，更低的或'西方的'地区）"的方向。只有在预先举行一场"小萨满教"的降神会之后才会进行"奥吉斯基"。例如，在部落中，人们会看到一系列的困难、疾病或不幸；萨满想努力确定造成这些困难、疾病与不幸的原因，他化身为一位神灵并了解为什么地下神灵、死者以及祖先灵魂会造成这种社会的不平衡；他还要了解什么样的祭祀可以安抚他们。然后，群体决定举办包含萨满入地的祭祀活动。

在"奥吉斯基"仪式的前一天，萨满开始收集癫狂体验中使用的物品。这些物品有：一条载着萨满穿越海洋（贝加尔湖）的小筏，一支碎石用的长矛和一些代表着两只熊和两

---

① 史禄国：《心理情结》，322 页及后面的内容。
② 同上。
③ 同上书，307 页。
④ 同上书，306 页。

只野猪的小物品，发生海难时这些物品会撑起了船只，并且在冥界的茂密森林里为萨满开辟一条道路；游在船前的四条小鱼；一个代表着萨满辅助神灵的"偶像"，它帮助萨满驮运祭品；各种净化用的工具和其他物品。降神会当晚，萨满穿上服饰，击鼓唱歌并且召唤他将要供上祭品的神灵"火"、"大地母亲"和"祖先们"。火熏仪式之后是占卜。萨满闭着眼睛将他的鼓槌扔向天空；如果鼓槌凸面朝上，那么这就是一个好征兆。

　　这一仪式的第二部分以动物祭祀开始，祭祀物通常是一只驯鹿。所用的物品都被涂上了动物的血。人们将一些杆子带进"拱形顶草棚"（wigwan），杆子的顶部通过烟洞伸了出去。一根长长的绳子将杆子与外面平台上所用的物品连接起来；这根绳子是神灵们的"道路"。① 所有这些准备完毕之后，观众会聚集在"拱形顶草棚"内。萨满开始击鼓、唱歌、跳舞。他在空中跳得越来越高。② 他的助手们和观众们以合唱的方式重复着萨满歌曲的副歌部分。萨满停了一会儿，喝了一杯伏特加，抽了几口雪茄，又开始跳舞。他一点一点地兴奋起来，直到像死了一样倒在地上进入了癫狂状态。如果他没有恢复意识，人们会向他喷洒三次血。他起来并开始大声地讲话，回答一些由两三个对话者提出的或唱出来的问题。萨满的身体里现在住着一个神灵，正是这位神灵代替萨满回答了这些问题。因为此刻萨满本人处于冥界。当他返回时，每个人都高兴地叫喊来迎接他从死亡世界的回归。

---

① 显然，这与萨满教天空之旅有一定的混杂部分，例子我们之后将会给出，因为正如我们之前所见，从烟洞穿出的杆子象征着宇宙轴，顺着这根轴，祭品被送上天空的最高处。

② 对上天之旅感到困惑的另外一个暗含之意：跳入空中意味着"巫术飞行"。

仪式的第二部分大约持续两个小时。休息两到三个小时之后，也就是在黄昏的时候，仪式进入最后阶段。最后阶段与第一阶段很相似，萨满答谢各位神灵。[①]

满洲的通古斯族中，举行祭祀活动不需要萨满的任何帮助。但只有萨满能够进入地下，带回病人的灵魂。这一入地仪式也有三个部分。当"小萨满教"的第一部分呈现出病人的灵魂真的被囚禁在地下时，萨满要给神灵们（séven）提供祭品，这样，他们才会帮助萨满入地。萨满会喝掉祭祀动物的血，吃它的肉，将祭祀动物的灵魂放入自己的体内，随即进入了癫狂。第一阶段完成，第二阶段开始；这个阶段是萨满的神秘之旅。他到达西北部的一座山上并从这座山下到冥界。接近冥界时，危险越来越多。他见到神灵们和其他萨满们，用鼓躲开了他们的箭。萨满唱出了旅途中所有的曲折，这样观众才能一步一步地跟着他。他穿过一个狭窄的洞，走了下去并穿过三条溪流，才见到地府世界的神灵们。最后，他到达了黑暗世界，观众用枪火石擦出火星，也就是"闪电"，萨满正是借此才看清他的路。他找到了病人的灵魂，在与神灵们长时间的斗争和协商之后，他经历了一千种磨难将灵魂带回大地，并将它放归病人体内。这一仪式的最后一部分发生在第二天或几天之后，是一个感谢萨满神灵的活动。[②]

满洲驯鹿通古斯族仍然记得，"很久以前"萨满"在地上施展萨满能力"，但是现在没有一个萨满敢这样做了。在漫科娃游牧通古斯族中，这个仪式却是不同的。晚上人们会祭献一只黑色雄性山羊，却不吃它的肉。当萨满进入冥界时，他突然倒地，一动不动地躺在地上一个半小时。在此期

---

① 史禄国：《心理情结》，304 页及后面的内容。
② 《心理情结》，307 页。

间，观众们要从火堆上跳过三次。[1] 同样在满族中，"进入
逝者之地"的仪式也相当罕见。史禄国长期与他们待在一
起，但却只参加过三次这样的降神会。萨满召唤所有的神灵
（中国的满族和其他说通古斯语的民族），向它们诉说举行降
神会的原因（在史禄国分析的例子中，举行降神会是因为一
位八岁孩子的疾病），并向它们寻求帮助。然后萨满开始击
鼓，当特定神灵进入他的体内时，萨满倒在地上。他的助手
便开始询问他，他的回答说明他早已进入地下世界。因为
"附体"的神灵是一只狼，所以萨满的相应表现像狼一样。
萨满的语言很难理解。尽管如此，询问者得出结论，疾病并
不是由一位去世的人造成的，而是由某一位神灵造成的。人
们在降神会之前认为是一位逝者引发了这场疾病。作为治愈
疾病的酬谢，这位神灵要求人们为它建立一座小庙并且时常
向它供奉祭品。[2]

　　满洲诗歌《尼桑萨满》（*Nišan šaman*）讲述了一场与前
往"逝者之地"类似的仪式，史禄国认为这首诗是满洲萨满
教唯一的文字记载。这首诗的内容如下：在明朝时期，一位
出身富贵的年轻人去山里打猎，死于一场意外。一位女萨满
尼桑（Nišan）决定带回这个年轻人的灵魂，下到"逝者之
地"。她见到很多灵魂，其中还有她死去丈夫的灵魂，在经
历很多曲折之后，她成功地将这个年轻人的灵魂带回大地。
这个年轻人复活了。所有满洲萨满都了解这首诗，但很遗憾
的是，这首诗只提供了极少的对降神会仪式的描述。[3] 这首
诗最终成为一篇"文学"作品，与相似的鞑靼族诗歌不同，
因为它是在很久以前记录下来的，并以书面的形式流传。然
而，这首诗也相当重要，因为它展现了"俄耳浦斯的入地"

---

① 史禄国：《心理情结》，308 页。
② 同上书，309 页。
③ 同上书，308 页。

主题与萨满教的入地仪式是多么接近。①

　　同样出于治病的目的，这里也存在反方向的癫狂之旅，即包含了升天的癫狂之旅。在整个癫狂之旅中，萨满立起 27（9×3）棵小树苗和一张象征性的梯子，萨满通过梯子开始他的升天之旅。在所展示的仪式用物品中有大量鸟的小雕像，它们都是众所周知的升天象征的例子。萨满或许出于众多原因进行升天之旅，但史禄国描述的降神会是为了治愈一位生病的孩子。降神会的第一部分与进入冥界的降神会的准备阶段相似。"小萨满教"的集会揭示了天神达贾钱（Day-achan）打算接受祭品的时间，萨满恳求达贾钱归还生病孩子的灵魂。在这个例子中，祭祀动物是一只羊羔，人们仪式性地将其屠杀，摘除它的心脏，用一个特殊的器皿将血液收集起来，这过程中不允许在地上掉一滴血。动物的皮毛被悬挂起来。降神会的第二部分完全用来使萨满进入癫狂状态。萨满唱歌、击鼓、跳跃，时不时地靠近生病的孩子。然后将鼓槌递给他的助手，他开始喝伏特加、吸烟，一直跳舞，直到精疲力竭地倒在地上。这一迹象表明萨满已经离开身体，飞上天空。所有围绕在萨满周围的人和他的助手，正如在入地的例子中那样，用敲击燧石制造火花。这样的仪式既可以在白天举行，也可以在夜晚举行。萨满穿着的服饰一点也不精致，史禄国相信，包含升天的这类降神会是通古斯族从布里亚特族借鉴过来的。②

　　这一降神会混杂的本质似乎很清楚。尽管树、梯子和鸟的雕像都恰当地代表了升天的意义，但萨满的癫狂之旅却呈现了一个相反的方向（火星必须照亮"黑暗"）。同样，萨满

---

① 也可参见欧文·拉铁摩尔《来自满洲的神话》，273 页及后面的内容；A. 胡尔特克兰茨：《美洲印度北部俄耳浦斯传统》，191 页及后面的内容。

② 《心理情结》，见 310～311 页。

不会把祭祀动物带到布加（Buga），即至高神那里，而是带到天庭的神灵那里。在外贝加尔和满洲的驯鹿通古斯族中也发现了这一类型的降神会，但在满洲北部的通古斯族中，[①] 这种降神会却不为人所知，这也就证实了布里亚特起源的假说。

除了这两大类型的萨满教降会之外，通古斯族还知晓一些其他形式的降神会。它们与天界或冥界没有特别的关系，但是与凡界的神灵有关。这些降神会的目的是为了控制这些凡界神灵，驱赶邪恶神灵，祭祀那些可能充满敌意的神灵等等。很显然，人们因为疾病的原因会举办许多降神会，因为人们相信一些神灵会引发疾病。为了找出麻烦的始作俑者，萨满化身为他的熟知神灵，假装入睡（拙劣地模仿萨满入定）或试图唤醒折磨病人的神灵并使它显现。[②] 有时灵魂的多样性[③]与不稳定性使萨满的任务变得很艰难。萨满必须确定哪一个灵魂离开了身体，并去寻找它；这种情况下，萨满用固定不变的话语或歌曲召回灵魂，通过有节奏的手势尝试让灵魂重新进入身体。但有时神灵早已进入病人体内，萨满则要在熟悉的神灵的帮助之下将它们驱赶出去。[④]

在严格意义上的通古斯萨满教中，癫狂有重要的作用；唱歌、跳舞[⑤]都是用来引起癫狂最常用的方式。在整个西伯

---

① 史禄国：《心理情结》，325 页。
② 同上书，313 页。
③ 存在三个灵魂（同上，134 页及后面的内容；I. 保尔森：《原始灵魂观念》，107 页及后面的内容）。
④ 史禄国：《心理情结》，318 页。通古斯萨满也同样践行吮吸的治愈方式：参见米海洛夫斯基，97 页；史禄国，313 页。
⑤ 根据亚西尔（《西伯利亚异教部落萨满教仪式中的音乐时刻》，4～15 页，由史禄国在《心理情结》中引用 327 页），通古斯的乐曲展现了中国起源，这证实了史禄国的中国喇嘛教对通古斯萨满教的重大影响的理论。也可参见 H. 哈斯隆－克里斯滕森、K. 格伦贝克和 E. 埃姆斯海默《蒙古族音乐，第一章：东部蒙古》，13～38 页，69～100 页。关于通古斯族的一些"南部"概念，也可见 W. 库伯《通古斯和苗族》。

利亚其他民族的降神会中，通古斯族降神会的现象学表现为：人们可以听到神灵的声音；萨满变得"很轻盈"，穿着或许重达六十五磅的衣服也可以跳到空中，然而病人几乎感觉不到萨满踩在他的身体上；① 萨满在入定期间感到一阵巨热，因此他可以玩弄灼碳和烫得发红的铁块，而毫无感觉（例如，他深深地戳自己，但并没有流血）；等等。② 我们在后面会更加清楚地看到，所有这一切都构成了古代巫术遗产的一部分，这些巫术遗产在世界上最遥远的地区幸存下来，并且早于对通古斯萨满教现在的面貌做出重大贡献的南部影响。现在，我们已经简要地指出通古斯萨满教中发现的两个巫术传统：我们或许称为"古代的"的下层以及来自南部的中国－佛教的贡献，这就足够了。当我们尝试概述中亚和北亚的萨满教历史时，这两个传统的重要性将会变得更加明显。

我们在鄂伦春（Orochi）和乌德（Ude）部落中发现一种类似的萨满教形式。I. A. 洛帕廷详尽地描述了乌尔卡（塔姆宁河边）的鄂伦春人的治疗降神会。③ 降神会以萨满向他的守护神灵祈祷开始，因为萨满自己很虚弱（能力低弱），而他的神灵却是全能的，没有什么能够阻挡它。萨满围绕火堆跳了九次舞，然后向他的神灵吟唱："你会到来，哦！是的，你会来到这里，你会怜悯这些穷苦的人民……"他向神灵承诺向它们供奉鲜血。在萨满给出的少许提示中，他的神灵似乎是伟大的雷神鸟："展开你的铁翅！……在你飞翔时，你的铁翅叮当作响……你强有力地准备好抓住你的

---

① 史禄国：《心理情结》，364 页。巫术漂浮能力以及"飞行"可以解释这一问题（同上，332 页）。
② 史禄国：《心理情结》，365 页。
③ 《为一位生病的男孩进行的萨满教表演》；参见史禄国《获神灵喜爱的一次萨满教表演》；也可参见布罗尼斯拉夫·皮尔祖德兹基《库页岛艾奴部落的萨满教》。

敌人！"这样的祈祷会持续半个小时，以萨满的精疲力竭结束。

突然，萨满用一个不同的声音大喊："我在这儿；我来帮助这些穷人，我要看一看这个孩子。"萨满接近癫狂；他围着火堆跳舞，伸开胳膊，手持他的棍子和鼓，再次大喊："我正在飞，我正在飞，我会超过你。我会抓住你。你无处可逃。"就像洛帕廷后来被告知的那样，这支舞代表萨满飞到了神灵们的世界，在那里，他捕获了带走生病男孩儿灵魂的恶神。然后是不同声音之间的一个对话，都是无法理解的语言。最后，萨满大喊："我抓到它了！我抓到它了！"他合住双手好像他抓住了什么东西一样，走向生病男孩儿躺着的床边，将他的灵魂还给他。正如萨满第二天向洛帕廷解释的那样，他抓住了这个男孩儿呈麻雀形象的灵魂。

这个降神会的重要性在于这样一个事实：萨满的癫狂并不是在入定中表现出来的，而是在象征着巫术飞行的舞蹈中实现和继续的。守护神灵似乎是雷鸟或鹰，它们在北亚神话和宗教中占有重要的地位。因此，尽管病人的灵魂被一位恶神掳走，但是正如人们期待的那样，这位神灵不是在冥界而是在天界高处被捕的。

尤卡基尔人的萨满教

尤卡基尔族有两个术语来指代萨满：阿尔玛（*a'lma*，来源于"做"这个动词）以及伊尔克（*i'rkeye*，字面意思是"颤抖的人"）。[①] 阿尔玛治愈疾病，提供祭祀，向天神祈求狩猎时的好运，以及维持与超自然世界和地府王国的关系。在古代，阿尔玛的角色毫无疑问更加重要，因为所有的尤卡

---

① 乔吉尔森：《尤卡基尔和尤卡基尔通古斯》，162 页及后面的内容。

基尔部落都将他们的起源追溯到一位萨满。直到 19 世纪，已逝萨满的头盖骨仍然受到尊敬；每个头盖骨都被放在一个木制的小雕像中，这个小雕像被放在一个盒子里。不用这些头盖骨进行占卜，什么事情都做不了。使用北极地区最常用的方法——占卜者询问头盖骨时，如果这个头盖骨对占卜者来说很轻，那么回答就是"是"；如果很重，答案则是"否"。神谕的答复被严格地遵守。已逝萨满剩下的骨头在亲戚中被分配开，他的肉被晒干保存起来。人们也会树立一些"木人"来纪念祖先萨满。①

依照尤卡基尔人的观念，一个人死后，他的三个灵魂就分离了：一个留在尸体里，第二个去了地府王国，第三个升上天空。② 看起来第三个灵魂找到了去往至高神那里的路，这个至高神名叫庞（Pon），字面意思是"某物"。③ 不管怎样，最重要的灵魂似乎是那个成为影子的灵魂。他在路上遇到了一位老妇人，她是来世入口的守卫者。然后它来到一条河流前，坐一艘小船过去。（在地府王国，死人在亲戚的陪伴下，继续过着他们熟悉的地上生活，追捕"动物的影子"。）萨满正是下到这个地府王国去寻找病人的灵魂。

但是，萨满在另外一种情况下也会去地府王国：从那里"偷"一个灵魂，将它放进一个女人的子宫，使它在尘世间降生。这样，死者就返回地面，开始新的生活。但有时，当活着的人忘记他们对死者的职责时，死者就会拒绝送出他们的灵魂——女人们就不再会怀孕。如果没有说服死者，萨满就会下到地府王国，偷走一个灵魂并强行将其放入一个女人的体内。但在这种情况中，生下来的孩子不会活得很久，因

---

① 乔吉尔森：《尤卡基尔》，165 页。
② 同上书，157 页。
③ 同上书，140 页。

为他们的灵魂急着返回地府王国。①

　　我们之前模糊地提及了"好"与"坏"萨满的区分以及如今已经消失的女萨满，这些在尤卡基尔族中都有所保留。在尤卡基尔族中，没有任何迹象表明妇女参加了所谓的"家族萨满教"或"家庭式的萨满教"。在科里亚克和楚科奇族中仍然幸存着这种现象，由家族之长保留着家族鼓。②但以前每一个尤卡基尔族的家庭都拥有自己的鼓，③ 这表明家庭成员会定期地至少举行某些"萨满教的"仪式。

　　在乔吉尔森描述的各种降神会中——并不是所有的降神会都很有趣④——我们将只总结那些旨在获得治愈方法的最重要的降神会。萨满坐在地上，敲了很长时间鼓之后，开始召唤他的辅助神灵，模仿动物的声音："我的祖先，我的祖先们，站在我旁边。为了帮助我，站在我旁边，我的女神灵们……"他又开始击鼓，在助手的帮助下，他站起来，走向门，深深地呼吸，这样就可以吞掉他祖先以及其他他所召唤的神灵的灵魂。祖先们的灵魂通过萨满的声音说："病人的灵魂似乎游荡在通往地府王国的路上。"病人的亲属们鼓励他："要强大起来，不要松懈!"萨满丢掉他的鼓，脸朝下躺在驯鹿皮上；他一动不动，这标志着他已离开他的身体，去了冥界。"他就像穿越一个湖泊一样穿过鼓进入地府王国"。⑤ 他下到地府王国，很长一段时间不挪动身体，所有

---

① 160 页。（在印度尼西亚和其他地方也找到了逝者灵魂的永久回归的同样的概念。）为了了解祖先将自己投生于什么，尤卡基尔族过去常常用萨满的骨头进行占卜。逝者的名字会被提及，当已经投胎的祖先的名字被人想到时，骨头就会变得轻盈，如今，人们在新生婴儿面前列举祖先的名字，当婴儿听到正确的名字时，他笑了（同上，161 页）。

② 参见下文，252 页。

③ 乔吉尔森：《尤卡基尔》，192 页及后面的内容。

④ 同上书，200 页及后面的内容。

⑤ 同上书，197 页。除此之外，鼓也被称成"海洋"（yálgil）（同上书，195 页）。

在场的人都耐心地等着他醒来。他动了几下，表明他回来了。两个女孩儿给他的腿按摩，现在，他完全恢复了，将病人的灵魂重新放入病人体内。然后他走到门那里，让他的辅助神离开。①

在这样一个降神会的最后，萨满向乔吉尔森讲述了他的癫狂旅程的一些细节。在辅助神灵的陪伴下，他走在通往地府王国的路上。他来到一座小房子前，发现了一条狗，那条狗开始吠叫。一位守护道路的老妇人从房子里出来，问萨满是要永远待在那里还是短暂停留一下。萨满没有回答她的问题，而是对他的神灵说："不要听老妇人的话，不要停下来，继续往前走。"不一会儿，他们来到一条溪流前。那儿有一艘船，河对岸看到了蒙古包和人。在神灵的继续陪伴下，萨满坐船渡过了这条溪流。他见到了病人逝去的亲人们，并走进他们的蒙古包，在那里他也发现了病人的灵魂。因为亲人们拒绝将病人的灵魂交给萨满，萨满必须用武力抢夺。为了安全地将病人的灵魂带回地面，萨满将病人的灵魂吸入体内，并将耳朵堵住以防止灵魂从耳朵逃走。

尤卡基尔萨满不需要通过进入地府去偷一个灵魂来治愈病人。他可能举行一场降神会，而并不提及已逝萨满的灵魂。尽管他会召唤他的辅助神，并模仿他们的声音，但他还是亲自与光的创造者和其他天上有超能力的神讲话。② 这一事实表明他的癫狂能力有许多价值。他是天神与人类的中介，正是因为这个原因，他在狩猎中有着最重要的地位；通常是他与神灵进行调解，这些神灵以某种方式掌控着动物世界。因此，当饥荒威胁宗族的时候，萨满会举办一场降神

---

① 乔吉尔森：《尤卡基尔》，196～199 页。读者会识别出入地之旅中典型的场景：门口的守卫、狗、渡过溪流。没有必要列举所有的类似场景，萨满教的或其他类型的；我们之后将会再一次讨论其中的一些主题。

② 乔吉尔森：《尤卡基尔》，205 页及后面的内容。

会，与治疗仪式在各个方面都很相似。只是在这种降神会中，他并没有与光的创造者对话，也没有到地府世界寻找病人的灵魂，而是向上飞到了大地创造者那里。他来到了大地创造者面前，乞求说："您的孩子们将我送给您当作食物。"大地创造者给他一只驯鹿的"灵魂"。第二天，萨满前往靠近溪流的一个特定的地方等着；一只驯鹿跑过，萨满用箭射死它。这标志着那种猎物不再稀少。①

　　除了完成这些仪式，萨满也被雇佣为占卜大师。占卜或是通过神域的骨头，或是通过一次萨满教降神会实施的。②萨满从他与神灵的关系中获得这种占卜能力。但是，人们可能认为尤卡基尔族观念中神灵的重要性极大程度上归因于雅库特和通古斯族的影响。基于这一点，两个事实对于我们来说似乎意义重大：尤卡基尔族意识到他们原始祖先的萨满教已经衰退，尤卡基尔萨满现在的实践活动中雅库特和通古斯族的重大影响清晰可辨。③

科里亚克人的宗教和萨满教

　　科里亚克族知晓一位天上的至高神，"高高在上的神"，他们向这位神灵祭献狗。但是，就像在其他地方一样，这位至高神很被动；人们受到了邪恶神灵卡鲁（Kalau）的侵害，而"高高在上的神"很少会帮助他们。然而，尽管在雅库特族和布里亚特族中恶神相当重要，但科里亚克的宗教还是给予至高神和仁慈的神灵更高的地位。④卡鲁不断地尝试拦截献给"高高在上的神"的供品，而且他总能得逞。因此，当

① 乔吉尔森：《尤卡基尔》，210 页及后面的内容。
② 同上书，208 页及后面的内容。
③ 同上书，162 页。
④ 乔吉尔森：《科里亚克》，92 页，117 页。

萨满在治疗过程中向至高神祭奉一条狗时，卡鲁可能会拦截这一祭品，然后病人就死了；相反，如果供品到达了天空，那么治愈一定会成功。[①] 卡鲁是邪恶的巫师，死神，或许是第一个死者。不管怎样，是他通过吃人们的肉，尤其是肝造成人们的死亡。[②] 现在，在澳大利亚和其他地方，人们还认为术士在病人睡着的时候通过吃掉他们的肝和内脏来杀掉他们。

萨满教在科里亚克的宗教中占有相当重要的地位。但是，我们在这里也发现了"萨满衰落"的主题思想。对于我们来说，更重要的是在科里亚克人的观念中，萨满的堕落是人类普遍衰退的结果。这是发生在很久以前的一次精神悲剧。这似乎对于我们更加重要。在英雄大乌鸦的神话时代，人类可以轻而易举地升上天空，并且轻而易举地进入地下世界，但是现如今却只有萨满可以做到。[③] 在神话时代，人们通过中心入口爬上天空，大地创造者也是通过这个入口向下观察地面的。[④] 或者人们可以沿着一支向上射去的箭的箭痕升上天空。[⑤] 但我们早已从其他宗教传统中得知，这些与天空和地下世界的简单沟通被无情地中断了（科里亚克族没有

---

① 参见乔吉尔森《科里亚克》，93 页，表格 40～41。一幅科里亚克纯真的图画代表了萨满教的两次祭祀。在第一次祭祀中，卡鲁拦截了供品，我们早已陈述了这一结果；在第二次祭祀仪式中，祭祀狗升向天空，病人得救。在向最高天神祭祀仪式中，在祭祀卡鲁时，一个人面朝东，另一个人面朝西。（在雅库特萨摩耶德和阿尔泰族中，也发现了相同的祭祀方向，只有在布里亚特族中，祭祀方向是颠倒的：朝东面向邪恶神灵腾格日，朝西面向天神；参见 N. N. 阿加皮托夫和 M. N. 汉加洛夫《研究西伯利亚萨满教的资料．布里亚特伊尔库兹克省的萨满教》，4 页；乔吉尔森：《科里亚克》，93 页。）
② 乔吉尔森：《科里亚克》，102 页。
③ 同上书，103 页，121 页。
④ 同上书，301 页及后面的内容。
⑤ 同上书，293，304 页；关于这个神秘主题，参见下文，494 页及后面的内容。

提到是什么事件造成这样的结果），从那以后，只有萨满才能重新建立起这些沟通。

但如今，甚至萨满也失去了他们神奇的能力。不久前，非常有能力的萨满可以抓住刚刚死去的人的灵魂并使他复活；乔吉尔森听闻这些都是关于"老萨满们"的壮举，但他们都已经去世很久了。[1] 的确，萨满职业本身在衰落。乔吉尔森只找到两位年轻的萨满，他们很穷，而且人们很少关注他们。他们所参加的降神会都不怎么有趣。人们会听到各种声音，而且从四面八方传来很多奇怪的声音（辅助神灵们），然后突然停止；当再打开灯时，人们发现萨满精疲力竭地躺在地上。他局促不安地宣布神灵们已经向他保证"疾病"会离开村庄。[2] 另外一场降神会同往常的一样以唱歌、击鼓、召唤神灵开始，在这一降神会上，萨满向乔吉尔森要他的刀子，他说神灵命令他要切分自己。但是他并没有这样做。确实，据说其他萨满会打开病人的身体，找出生病的原因，并且吃掉代表疾病的那片肉——伤口立刻就愈合了。[3]

科里亚克萨满的名字是恩恩阿兰（*eñeñalan*），其含义为一个"被神灵激发的人"。[4] 正是神灵决定了一位萨满的职业生涯，而且没有人能够出于自己的意愿成为一名恩恩阿兰。神灵通过鸟和其他动物的形象显现自己。我们很有理由相信，正如我们看到的尤卡基尔和其他萨满所做的那样，"老萨满们"利用这些神灵毫发无损地进入地下世界。他们可能赢得了卡鲁和其他地府神灵的善意，因为人死后灵魂升上天空，到达至高神那里——而影子和逝者自己则进入地府。进入地下世界的入口由一只狗把守。地下世界本身像大

---

① 乔吉尔森：《科里亚克》，48 页。
② 同上书，49 页。
③ 同上书，51 页。
④ 同上书，47 页。

地一样由许多的村庄构成，每个家庭都有自己的房子。通向地府的道路入口就在葬礼的火堆下面。入口只向死者打开，死者有足够的时间进入这个入口。[①]

科里亚克萨满教的衰落很明显，从萨满不再穿一种特殊的服饰可以清楚看出这一点。[②] 他也没有自己的鼓。每一个家庭都有一只鼓，这只鼓会在乔吉尔森和博戈拉兹以及他们之后的作家们所称的"家庭萨满教"中被使用。每个家庭确实在其家庭仪式中会实践一种萨满教——那些定期的或不定期的祭祀和仪式，这些祭祀和仪式构成了群体的宗教职责。据乔吉尔森[③]和博戈拉兹的说法，"家庭萨满教"要早于职业萨满教。而我们将要列举的大量事实却反对这一观点。正如在宗教历史中的其他任何地方一样，西伯利亚萨满教证实了一种观念，即外行试图模仿某些有特权的个人的癫狂体验，而非有特权的人去模仿外行的癫狂体验。

楚科奇人的萨满教

在楚科奇人中也可以找到"家庭萨满教"。这意味着在家族首领举办的庆祝活动中，每个成员甚至是孩子都会尝试

① 乔吉尔森：《科里亚克》，103 页。天空的"开口"在大地的开口中找到了它的对应，通过地上的开口，萨满进入地下世界，这与北亚范式的特征相符；见下文 260 页及后面的内容。迅速打开和关闭的道路是"阶层突破"的一个常见象征，它经常出现在加入式情结当中。参见同上书，302 页及后面内容，一个科里亚克神话故事讲述到（注释112），一个女孩儿让一只食人怪兽吃掉她，这样，她就可以快速地进入地下世界，在"逝者之路关闭之前"和所有其他食人魔的受害者一同返回大地。这个神话故事以惊人的连贯性保留了一些加入式主题：通过一只怪兽的肚子进入地下世界，寻找无辜的受害者以及营救他们，通往另外世界的道路在几秒内迅速打开和关闭。

② 乔吉尔森：《科里亚克》，48 页。

③ 同上。

击鼓，例如在献祭动物以确保全年猎物供应的"秋季屠杀"中。每一位家族成员都拥有自己的鼓，都会击鼓尝试化身为神灵，成为萨满。① 但是，依照博戈拉兹所见，这明显只是对萨满教降神会的拙劣模仿。家庭仪式白天在屋子外面举行，而萨满教降神会是在卧室里并且在夜里完全黑暗的环境中举行的。家庭成员一个接一个地模仿神灵"附体"的动作，打滚、高空跳跃，努力地发出一些含糊不清的声音，这些声音被认为是"神灵"的声音和语言。有时甚至尝试萨满治愈、预知未来，但是没有人会重视这些。② 所有这些特征证明，借助短暂的宗教狂热，门外汉通过模仿萨满的所有动作来获得萨满状态。模仿的模型当然是真萨满的入定。但是，这种模仿大部分局限于入定的外围方面：如"神灵的声音"和"神秘语言"以及假的预言等等。至少现存形式的"家庭萨满教"只是专业萨满教癫狂技艺的一种抄袭与模仿。

严格意义上的萨满教降神会发生在傍晚，在刚刚描述的那些宗教仪式结束的时候；这些降神会由职业萨满实施。"家庭萨满教"在每一方面都如同一种混杂的现象，这可能出于两个原因：（1）很多楚科奇人宣称要成为萨满，③ 因为每个家庭都拥有鼓，因此很多人在冬天的晚上会击鼓、唱歌，有时甚至会获得一种类似的萨满癫狂；（2）定期的节日的宗教紧张氛围激发了任何一种潜在的狂热，并使其蔓延开来。但是，我们重申：在这两种情况下，人们都试图模仿一个之前存在的模型——职业萨满的癫狂技艺。

如同整个亚洲一样，楚科奇族的萨满圣召也是通过一场灾难显现的。这场灾难或是由一次"领神疾病"，或是由一个超自然幻影（一头狼、一只海象，它们出现在非常危难的

---

① 博戈拉兹：《楚科奇》，374 页，413 页。
② 同上书，413 页。
③ 根据博戈拉兹所言，人口将近有 1/3，同上。

时刻，拯救了准萨满）所引起。不管哪种情况，由"迹象"
（疾病、幻影等）引发的危机基本上都在萨满体验本身中被
解决了。楚科奇族将准备阶段比作一场严重的疾病（也就是
完成领神），将"启示"比作治愈。[①] 博戈拉兹遇到的大多
数萨满宣称他们没有指导者，[②] 但这并不意味着他们没有超
人类的指导者。与"萨满性质的动物"见面本身表明新萨满
要接受某种训导。一位萨满告诉博戈拉兹，[③] 年轻的时候，
他听到一个命令："走到丛林中，那里你会找到一只小鼓。
敲一敲它，验证它的质量！"他遵从了那个声音，发现自己
可以看到整个世界，他能够向上飞上天空，甚至在云间搭建
起自己的蒙古包。[④] 因为不管现阶段楚科奇萨满教的一般趋
势是什么（也就是说：正如人类学家在 20 世纪之初评述的
那样），像其他萨满一样，楚科奇萨满能够在空中飞行，一
个接一个地穿过天空，从极星的缺口穿过。[⑤]

　　但是，正如我们已经在与其他西伯利亚民族的联系中注
意到的那样，楚科奇人已经意识到了他们萨满的衰落。例
如，他们经常把烟草当作兴奋剂，这种做法是从通古斯族借
引过来的。[⑥] 楚科奇民间传说详述了老萨满为寻找病人灵魂
的入定和癫狂之旅，今天的楚科奇萨满只满足于一种假入
定。[⑦] 我们有这样一种印象，即癫狂技艺在衰退，萨满教降
神会正在被简化为召唤神灵以及托钵僧的壮举。

　　但是，萨满教词汇本身揭示了入定的癫狂价值。鼓被称

---

① 博戈拉兹：《楚科奇》，421 页。
② 博戈拉兹：《楚科奇》，331 页。
③ 同上书，434 页。
④ 升天的传统尤其在楚科奇的神话中也生动存在。例如见与一位"天
　 空－女孩"结婚的年轻人的故事，这个年轻人通过攀爬一座垂直的山
　 升上天空（博戈拉兹：《楚科奇神话学》，107 页及后面内容）。
⑤ 博戈拉兹：《楚科奇》，331 页。
⑥ 同上书，434 页。
⑦ 同上书，441 页。

为"独木舟"，一位入定的萨满据说要"下沉"。① 所有这些都证明了人们将降神会看作一次通往冥界的海底旅程（例如在因纽特族中），但是，如果萨满期望升空，这次海底旅行也阻止不了萨满升向最高天空。但正如楚科奇民间传说所证实的那样，寻找走失的灵魂暗示着进入地下。如今，治愈降神会按照这样的步骤进行：萨满脱掉他的衬衣，上身裸露，吸烟，开始击鼓唱歌。曲子很简单，没有文字。每位萨满都有自己的曲子，并且时常即兴创作。突然人们从各个方向上听到"神灵"的声音，好像是从地上升起或是从很远的地方传来。一个凯利特（ké'let），即神灵进入萨满的身体，因此萨满快速地摇晃着他的头，开始用假音，即神灵的声音喊叫和说话。② 在此期间，在黑暗的蒙古包里，各种奇怪的现象出现了：物体上升、蒙古包摇晃、石头和木块雨等等。③ 通过萨满的声音，逝者的灵魂与观众进行交谈。④

如果降神会包含大量通灵学的现象，那么萨满入定本身已经变得愈来愈罕见了。有时，萨满倒地后失去意识，人们相信他的灵魂离开身体去寻求神灵的建议。但是，只有当病人足够富有，可以支付一笔可观的费用时，这一癫狂才会发

---

① 博戈拉兹：《楚科奇》，438 页。

② 博戈拉兹（同上书，435 页及后面内容）相信，他可以用口技来解释楚科奇萨满的"分声术"。但是他的留声机记录了与观众听到的一模一样的所有的"声音"，也就是说，声音像从门那里传过来，或者从房间的角落升起，不像萨满发出的一样。录下的声音"展示了一个十分明显的不同，萨满自己的声音听起来像从远方而来，而'神灵'的声音像是神灵直接冲着烟洞说话一样"（436 页）。我们之后会列举一些其他楚科奇萨满的巫术能力的例子。我们之前已经说过，所有这些萨满教现象的"本质"问题超出了现在这本书的研究范围，对这个问题的一个分析和大胆的解释，参见 E. de 马尔蒂诺的《神奇的世界》，到处（楚科奇数据，46 页及后面的内容）。关于"萨满教技艺"，参见米海洛夫斯基《西伯利亚萨满教》，137 页及后面的内容。

③ 博戈拉兹：《楚科奇》，438 页及后面的内容。

④ 同上书，440 页（一位老处女的灵魂的揭示）。

生。据博戈拉兹所言，甚至在这种情况中，也存在模仿。萨满突然停止击鼓，躺在地上，一动不动；他的妻子用一块布盖住他的脸，重新打开灯，开始击鼓。十五分钟之后，萨满醒了，给病人"建议"。[①] 真正搜寻病人的灵魂过去常常是在入定中进行的；如今，这种入定被假入定或睡觉取代了。楚科奇族把梦看作是与神灵的联系；一整晚熟睡之后，萨满醒了，手里握着病人的灵魂，立刻将其放回病人体内。[②]

从这些例子中，我们能够估测出今天楚科奇萨满教的衰退。尽管典型的萨满教模式在民间传说和治疗技艺（升天、入地、寻找灵魂等）中保留下来，萨满体验本身却被简化成一种降神术的"形体化"以及一些托钵僧性质的表演。楚科奇萨满也了解另外一种经典的治愈方法：抽吸。表演完之后，萨满展示生病的原因——一只昆虫、一块卵石、一根刺或是其他类似的物品。[③] 通常他们会进行一次"手术"，这个"手术"依然保留了其所有的萨满教特征。萨满宣称要用一把被某种巫术魔法适当"加热"的仪式刀切开病人的身体，以检查他的内脏并移除病根。[④] 博戈拉兹甚至目睹了这样一场"手术"。一个十四岁的男孩赤裸地躺在地上，他的妈妈是一位有名的女萨满。他妈妈切开他的腹部，血和裂开的肉都清晰可见。女萨满将手深深地插入伤口。这期间，女萨满感觉像在火上一样，不停地喝水。片刻之后，伤口闭合

---

① 博戈拉兹：《楚科奇》，441 页。
② 同上书，463 页。人们相信萨满打开了病人的头颅并且重新放置了灵魂，他刚刚以一只苍蝇形象捕捉到了这个灵魂；但是，萨满也可以通过嘴巴、手指或者大拇指使灵魂进入身体，参见同上，333 页。人类的灵魂一般以一只苍蝇或一只蜜蜂的形象展现自己。但是，像其他西伯利亚民族一样，楚科奇也了解一些灵魂，去世之后一个灵魂随着火葬柴堆的烟飞入天空，另一个灵魂降入地下世界，在那里它继续过着像地上一样的生活（同上书，334 页）。
③ 同上书，465 页。
④ 同上书，475 页及后面的内容。

了，博戈拉兹看不到一丝伤口的痕迹。① 另一位萨满通过长时间击鼓使自己的身体和刀子"热"起来，他说要热到切割自己身体时不会有感觉，接着他将自己的腹部切开。② 这样的壮举在北亚很常见，它们通常与"掌控火"的主题相联系，因为划开自己腹部的那些萨满也能够吞食灼炭和触摸白热的铁。这些"把式"大部分在白天进行。博戈拉兹还目睹了以下表演：一位女萨满摩擦一块小石头，然后一堆的卵石从她的指头间掉落下来，堆积在她的鼓上。在表演的末尾，卵石形成一个大石堆，而在女萨满指间摩擦的石头却完好无损。③ 所有这些形成了萨满沉迷于其中的定期宗教仪式中巫术表演时竞争的一部分，这些表演充满了紧张的对抗。楚科奇民间传说时常会提及这些壮举，④ 这似乎表明"老萨满"拥有更加令人惊奇的巫术能力。⑤

楚科奇萨满教还有一个有趣的方面。有一类特殊的"经历过性别变化的"楚科奇萨满。他们是"阴柔的男人"或"近似女人的"男人，他们在接到凯利特的一个命令后，将男人的衣服和行为都变成了女人似的，甚至最后和其他的男

---

① 博戈拉兹：《楚科奇》，445 页。
② 同上。
③ 同上书，449 页。
④ 同上书，443 页。
⑤ 至于占卜术，萨满和门外汉都可以练习。最常见的方式就是将一个物体悬挂在一根线的末端，正如因纽特人一样。人们也可以通过头或脚进行占卜，尤其是妇女使用这种方法，正如堪察加和美洲因纽特人中一样（博戈拉兹：《楚科奇》，484 页及后面的内容；F. 鲍斯：《巴芬大陆和哈德孙海湾的因纽特》，135 页，363 页）。关于用驯鹿肩胛骨占卜的方式，参见博戈拉兹《楚科奇》，487 页及后面内容。我们要记住，这个方式的占卜在所有中亚地区都是常见的，同样在中国史前也得到证实（参见，上文，162 页及后面的内容）。我们已经研究了一些民族的萨满教传统和技艺，我们没有必要分别去研究每个民族践行的占卜方法。通常它们都很相像。但是，我们可以这样恰当地说，整个中亚占卜术的意识形态基础可以在一种神灵"合并"的信仰中被找到，大部分大洋洲的情况也正是如此。

人结婚。通常，萨满仅部分地服从凯利特的命令：他打扮成
一个女人，但继续与妻子同住，继续生孩子。尽管楚科奇人
都知道鸡奸，但一些萨满却选择了自杀，而不是履行凯利特
的命令。① 仪式性地变为一个女人也发生在堪察加人、亚洲
因纽特人以及科里亚克人中，但在科里亚克族中，乔吉尔森
只找到了这种转变的一个回忆。② 尽管这种现象很罕见，但
并不局限在东北亚地区；例如，在印度尼西亚（海洋迪雅克
族中的玛朗巴厘人），南美（巴塔哥尼亚族和阿劳干族），
以及一些北美的部落（阿拉巴霍族、夏安族、犹特族等）中
也存在异性装扮（癖）和仪式性的性别变化的情况。一种源
于远古社会母权制的意识形态或许可以解释仪式性和象征性
的男人转变成女人。但是，正如我们稍后会显示的那样，这
并不表明早期萨满教中女性的优先权。不管怎样，楚科奇萨
满教中存在这类特殊的"近似女人"的男人——他们在楚科
奇萨满教中的作用很小——并不能归咎于"萨满的堕落"，
"萨满的堕落"是一种在北亚之外延伸很广的现象。

---

① 博戈拉兹：《楚科奇》，448 页及后面的内容。
② 乔吉尔森：《科里亚克》，52 页。

第八章
萨满教与宇宙学

宇宙三界与世界柱

　　萨满教的突出技艺是从宇宙一个领域向另一个领域，从大地向天空或从大地向地下世界的穿行。萨满知晓三界穿越的奥秘。宇宙的结构使宇宙各层之间的交流成为可能。正如我们将会看到的那样，人们一般认为宇宙由三层构成：天空、大地与地下。这三层由一根中心轴连接。表明三界之间的内部联系与沟通的符号体系十分复杂并且存在矛盾，因为这一符号体系已经有一段"历史"，并在时间的进程中不断受到更新的宇宙象征符号的污染与改变。尽管受到诸多影响，我们总是可以看到它的基本图式；宇宙有三大界，这三界由一根中心轴连接，所以萨满可以成功地在三界中穿行。这根轴当然要穿过一个"口"或一个"孔"：正是通过这个孔，天神降临人间，逝者去往地府；正是通过这个洞，萨满的灵魂在入定时能够向上进行升天之旅或者向下进行入地之旅。

　　列举这一宇宙地貌的例子之前，我们需要首先说明一点。"中心"的象征意义并不一定是一种宇宙观念。起初，

"中心"或"可能实现阶层突破的地点"被用来指代任何神圣的空间，也就是出现圣显物的任何地方，因此就能显现不是我们这个世界的，来自其他地方——主要是天空——的现实（或力量、人物等）。这个"中心"的观念源于对超越人类的存在所孕育出来的某个神圣空间的体验：在这个特定的点上，一些源于天上（或地下）的东西显现出来。后来，人们认为神圣物显现本身意味着宇宙阶层的突破。①

如同其他民族一样，突厥－鞑靼族也将天空想象成一顶帐篷，银河是这个帐篷的"接缝"，星星则是光穿过的"洞"。② 在雅库特族看来，星星是"世界的窗户"，是天空各领域的通风口（通常为九个，有时也会是十二个、五个或七个）。③ 天神时不时地撩开帐篷看看大地，这就解释了为什么有流星。④ 天空也被认为是一顶盖子，有时这个盖子与大地的边缘并不合缝，于是大风就从这些缝隙中吹了进来。同样，英雄与其他有特权的人也可以通过这些狭窄的缝隙旋转升上天空。⑤

天空中闪耀着北极星，像一根柱子一样支撑着天空这顶帐篷。萨摩耶德将它称为"天上的钉子"；楚科奇族和科里亚克族称其为"钉子星"。在拉普兰、芬兰和爱沙尼亚族中也存在相同

---

① 关于神圣空间和"中心"整个问题，见伊利亚德《比较宗教范型》，367 页及后面内容；《图像和象征物》，27 页及后面内容；《世界的中心、寺庙、房子》。

② 哈瓦：《宗教观念》，178 页及后面内容，189 页及后面内容。

③ W. 谢罗谢夫斯基：《雅库特信仰下的萨满教》，215 页。

④ 哈瓦：《宗教观念》，见 34 页及后面内容。类似的观点在希伯来（Isa. 40）也盛行，等；参见罗伯特·艾斯勒《世界的外罩和天幕》，第二章，601 页及后面内容，619 页及后面内容。

⑤ 哈瓦：《生命之树》，11 页；《宗教观念》，35 页。P. 埃伦赖希（《普通神话学及其民族学基础》，205 页）评论道，这个神话宗教观念主导着整个北半球。然而，它也是一个广为流传的通过"海峡门"升天象征意义的表述；两个宇宙阶层之间的孔只打开一会儿，英雄（或者加入者、萨满等）必须利用这个间隙进入其他世界。

的形象和术语。突厥－阿尔泰人把北极星看作一根柱子；它是蒙古族、卡尔梅克族、布里亚特族的"金色柱子"，是吉尔吉斯、巴什基尔族、西伯利亚鞑靼族的"铁柱子"，是铁列乌特族的"太阳柱子"，等等。[①] 一幅互补的神话形象就是与北极星无形相连的星星形象。布里亚特族将星星描绘成一个马群，北极星（"世界的柱子"）就是用来拴马的柱子。[②]

正如我们期待的那样，这种宇宙论在人类居住的微型宇宙中可以找到准确的替代物。人们用支撑房子的柱子或被称为"世界柱"的独立的柱子来具体代表世界之轴。例如，对于因纽特人而言，天空的轴与他们住所中心的柱子是同一物体。[③] 阿尔泰－鞑靼、布里亚特和索乔特人将支撑帐篷的柱子等同为天空之柱（擎天柱）。索乔特人把柱子高高耸立在帐篷顶部，柱子的一端装饰着蓝、白、黄色的布条，这些布条代表着天空各个领域的颜色。这根柱子是神圣的，人们几乎视其为神。在柱子的底部摆着一个小的石头祭坛，祭坛上摆放着各种祭品。[④]

中心柱是北极和北美原始民族[⑤]住所中的典型元素；它

[①] 参见哈瓦《生命之树》，12 页及后面内容；《宗教观念》，见 38 页及后面内容。撒克逊人的"伊尔明苏尔"（Irminsūl）被福尔达的鲁道夫（由 S. 亚历山德里翻译）称为"支撑一切的宇宙柱"。斯勘的纳维亚的拉普兰族从古老的日耳曼民族那里获得这个观点；他们将北极星称为"天空的杆子"或者"世界的杆子"。"伊尔明苏尔"已被比作木星的柱子。类似的观点也保留在欧洲东南部的民俗中；例如，参见罗马尼亚的天柱（Coloama Ceri-ului）（A. 罗塞蒂：《罗马颂歌》，见 70 页及后面内容）

[②] 这个观点在乌戈尔和突厥－蒙古民族中也十分常见；参见哈瓦《生命之树》，见 23 页及后面内容；《宗教观念》，见 40 页及后面内容。也可参见乔布，38∶31；印度的 skambha（《阿闼婆吠陀》，第五章，7，35 等）。

[③] W. 萨尔比策：《格陵兰岛的异教狩猎和节日》，见 239 页。

[④] 哈瓦：《宗教观念》，46 页。参见在萨满教仪式和祭祀活动中使用的各色彩布，它们总是预示着天上领域象征性地穿行。

[⑤] 格雷布纳－施密特学院的"原始文化"。

也存在于萨摩耶德和埃努人中，加利福尼亚北部和中部部落（麦都、波莫东部、帕特文）以及阿尔衮琴族中。人们在柱子脚下进行祭祀和祷告，因为这根柱子开辟了通往天上至高神的道路。① 中亚的牧民－栽培者也保留了相同的微观宇宙的象征意义，但因为住所的结构已经发生了改变（从有中心柱子的圆锥形房顶变为蒙古包），柱子的巫术－宗教功能转移到了帐篷上面的开口上，烟可以通过这个口飘出去。在奥斯加克族中，这一开口相当于"天空房子"中类似的孔，楚科奇族认为它是北极星在天空拱顶留下的一个"洞"。奥斯加克族也提及了"天空房子金色的烟洞"或"天神的七个烟洞"。② 阿尔泰族也相信萨满正是通过这些烟洞才从一个宇宙领域到达另一个宇宙领域。同样，为阿尔泰萨满的升天仪式搭建的帐篷也被认为是天上的拱顶，而且像拱顶一样，也有一个烟洞。③ 楚科奇族认为"天上的洞"就是北极星；三个世界由三个相似的"洞"联系起来，正是通过这些洞，萨满和神话英雄才能与天空进行交流。④ 正如楚科奇族一样，在阿尔泰族中，通往天空的路要穿过北极星。⑤ 当一

---

① 参见 W. 施密特在《起源》中收集的材料，第六章，67 页及后面内容，以及同一作者的评论，《房屋中神圣的中心柱》966 页；《起源》，第十二章，471 页及后面内容。

② 例如参见 K. F. 卡尔亚莱宁《乌戈尔各民族的宗教》，第二章，48 页及后面内容。当然，进入地下世界的入口径直位于"世界中心"的下面；参见哈瓦《生命之树》，见 30~31 页以及表格 13（雅库特中心有孔的盘子）。在古老的西部印度、希腊罗马世界等也可找到相同的象征含义；参见伊利亚德《巴比伦的宇宙学与炼金术》，见 35 页及后面内容；A. K. 库马拉斯瓦米，"Svayamātṛṇṇā: Janua Coeli"。

③ 哈瓦：《宗教观念》，53 页。

④ 博戈拉兹：《楚科奇》，331 页；W. I. 乔吉尔森：《科里亚克》，301 页。在黑脚印第安民族中也可找到相同的观点；参见 H. B. 亚历山大《北美［神话］》，见 95 页及后面内容。也可见乔吉尔森在《科里亚克》中北亚和北美的对比性数据，371 页。

⑤ A. V. 阿诺欣：《阿尔泰的萨满教资料》，9 页。

个人打开门时，布里亚特的 *udeši-burkhan* 就为萨满开启了一条路。①

　　当然这个象征意义并不只局限于北极和北亚地区。立在房子中心的神圣柱子也出现在讲闪语的加拉族、哈德耶游牧民族和含米特南帝族及卡西（阿萨姆邦）族中。② 在这些地方，这根柱子底部都供奉着各种祭品。有时这些祭品是向天神供奉的牛奶（正如上面提到的非洲部落）。有些地方，人们也会供奉血作为祭品（例如在肯尼亚的加拉族中）。③ 有时，世界柱出现在远离房子的地方，如古老的日耳曼民族（一幅查理曼大帝在 772 年毁掉的名叫《伊尔明苏尔》的画像中）、拉普兰和乌吉尔民族。奥斯加克族称这些仪式性的标杆为"城市中心强有力的标杆"，青加拉的奥斯加克树枝的名字为"铁质的人柱"，他们会在祈祷中呼喊它们为"人"或"父亲"，并向它们祭献血。④

---

① 哈瓦：《宗教观念》，54 页。

② W. 施密特：《神圣的中心柱》967 页，引用到了他的《起源》，第七章，53、85、165、449、550 页及后面内容。

③ 提出这些观念（例如，根据住所的物质元素构想的宇宙结构，而宇宙结构反过来可从适应环境的必要性得以解释）的经验的"起源"问题是错误的，因此是徒劳的。因为总的来说，对于"原始民族"而言，"自然的"和"超自然的"之间，经验对象和象征符号之间没有明显的不同。一个物体只要加入到一个"象征符号"中就变成了"自身"（也就是价值的载体）；一种行为只要重复一个原型就获得了意义。无论如何，价值"起源"属于哲学问题而非历史问题。仅举一例，最初发现几何原理是出于灌溉尼罗河三角洲的经验需求，这一事实似乎与这些法则的正确性没有任何关系。

④ 卡尔亚莱宁（《朱格拉－沃克尔族的宗教》，第二章，42 页及后面内容）错误地认为这些杆子的作用就是抓住祭祀的受害者。事实上，正如哈瓦表明的那样，这根杆子被称为"分成七个部分的高高在上的人类之父"。天神桑克被这样召唤，"被分成七个部分的高高在上的人啊，桑克，我的父亲；能眼观三个方向的人类之父"等（《芬兰－乌戈尔和西伯利亚神话》，见 338 页）。有时这个柱子标有七 （转下页注）

在一些较发达的文化中，例如埃及、印度①、中国、希腊和美索不达米亚，人们也很熟悉世界柱的象征意义。比如，在巴比伦民族中，一座宇宙山或它的仿制品（庙塔、寺庙、皇家城市、宫殿所代表的连接）象征着天堂与大地之间的联系，这种联系有时被想象成一根天上的柱子。不久之后，我们将会看到同一观念也在其他形象中有所体现：树，桥，梯子，等等。这一整体思想构成了我们称为"中心"的象征主义的一部分。这一象征主义相当古老，在最"原始"的文化中就存在这种思想。

此刻，我们希望强调下面这个事实：尽管萨满体验本身因其三界相互沟通的宇宙观念而被认为是一种神秘的体验，但是这个宇宙观并不仅仅属于西伯利亚和中亚萨满教的意识形态，事实上，也不属于其他任何萨满教。这是一种普遍散布的观念，与相信能与天空直接交流的信念相联系。在宏观宇宙层面，这种交流是通过轴（树、山、柱子等）来象征的；在微观宇宙层面，它是通过房子的中心柱或帐篷顶上的开口体现的，这也意味着：每个人的住所都被投射到了"世

（接上页注⑤）个刻痕，当萨利姆的奥斯加克族用血祭祀时，他们会在一根杆子上划七个刻痕（同上书，339 页）。这根仪式性的杆等同于乌戈尔神话中"被分为七个部分的纯银圣杆"，当天神的儿子们拜访他们的父亲时，他们会把他们的马匹拴在这根杆上（同上书，见339~340 页）。尤罗克族也会向长着七张脸或有七个伤口的木偶（sjaadai）祭祀血；根据莱赫蒂萨洛（《尤罗克 - 萨摩耶德族神话概述》，见 67、102 页等），这些木偶与"圣树"有关（也就是说，与有七根树枝的宇宙树的退化有关）。这里，我们看到一个各宗教历史中人们熟知的替代过程，这一过程也被西伯利亚宗教复合体中的其他例子证实。例如，最初用作向天神纳姆祭祀的那根杆在尤罗克 - 萨摩耶德族中成为一个圣物，人们会向它祭祀血；参见 A. 加斯《饲养驯鹿的民族中的头、颅骨、长骨祭品》，240 页。对于数字 7 的宇宙意义及它在萨满教仪式中的作用，见 274 页后面内容。

① 例如见，《吠陀凡经》，第五章，894 页等。

界中心";① 每个祭坛、帐篷或房子都使阶层的突破成为可能，因此能够实现升天。

在远古文化中，天与地之间的交流通常被用来向天神献祭，而不是为了具体的和个人的升天；个人的升天一直是萨满的特权。只有他们知道如何通过"中心的开口"实现升天；只有他们才能将宇宙－神学观念转换成一次"具体的神秘体验"。这一点很重要。例如，它解释了一个北亚民族的宗教生活与这个民族萨满的宗教体验之间的不同；萨满的宗教体验是一次个人的癫狂体验。换句话说，对于群体的其他成员来说，这是一个宇宙的表意符号，对于萨满（和英雄等）而言，这是一次神秘的旅程。对于群体其他成员来说，"世界中心"是一个允许他们向天神们祷告和供奉祭品的地方，然而，对于萨满来说，"世界中心"这个词从严格意义上来说是开始飞行的地方。只有后者才有可能进行宇宙三界之间"真正的沟通"。

就这一点，读者会想起之前提到的一个天堂般时代的神话，那时人类可以轻而易举地升上天空，并与天神保持亲密的关系。住所的宇宙象征意义与萨满教的升天体验都验证了这个古老神话，不过是在另外一个方面。它们是这样验证的：在世界之初，人类与天神之间可以轻而易举地交流，在这种交流被打断之后，某些有特权的人（首先是萨满）为了自己的人民，保留了能够实现与天界对话的能力，同样萨满也拥有通过"中心开口"飞行和抵达天空的能力，但对于其他人而言，开口只被用作向天神献祭的通道。在这两个相似的例子中，萨满凭借其癫狂体验的能力获得了这种特权地位。

① 见伊利亚德《比较宗教范型》，379 页及后面内容；《永久回归的神话》，76 页及后面内容。

为了揭示蕴含在萨满教中的意识形态，我们已经几次强调过这一点——在我们看来，这是最重要的一点。萨满并没有创造他们各自部落的宇宙学、神话学和神学；他们只是将其内化，"体验"它，并把它用作癫狂之旅的指南。

宇宙山

另外一个可以使大地与天空的交流成为可能的神话形象是宇宙山。阿尔泰－鞑靼族想象贝·乌尔甘住在天空的中央，坐在一座金山上。[①] 阿巴坎鞑靼族称宇宙山为"铁山"；蒙古族、布里亚特族和卡尔梅克族称之为"松布尔"（Sumbur）、"苏木尔"（Sumur）或"苏米尔"（Sumer），这明显体现了印度的影响（＝梅鲁山）。蒙古族和卡尔梅克族将其描绘成三个或四个阶梯的山，西伯利亚鞑靼族将其描绘成七个阶梯。在他的神秘旅程中，雅库特萨满也爬上一座带有七个阶梯的山。山的巅峰穿过北极星，即"天空的中心"，而布里亚特族人认为宇宙山的顶端拴着北极星。[②]

宇宙山是世界中心的观点不一定源自东方，因为，正如我们已经看到的一样，"中心"的象征意义似乎先于原始东方文明的兴起。中亚和北亚的民族知晓"世界中心"和宇宙轴的图景，这毫无疑问，不管这些民族的一些传统是源于美索不达米亚（通过伊朗传播）还是源于印度（通过喇嘛教传播），它们都受到大量东方宗教思想的影响，发生了很多变化。在印度宇宙学中，梅鲁山屹立在"世界中心"，山上闪耀着北极星。[③] 正如印度天神抓住这座宇宙山（＝世界

① W. 拉德洛夫：《西伯利亚族》，第二章，6 页。
② 哈瓦：《生命之树》，见 41、57 页；《芬兰－乌戈尔和西伯利亚神话》，341 页；《宗教观念》，见 58 页及后面内容。
③ W. 基费尔：《印度人的宇宙学》，15 页。

轴）并用这座山来搅动原始海洋，因此诞生了宇宙一样，一个卡尔梅克神话是这样的：天神把苏米尔当作一根棍子搅动海洋，借此创造了太阳、月亮和星星。① 另外一个中亚神话体现出印度因素的渗透：以鹰嘉鲁达（Garide = Garuda）形象出现的蒙古族天神奥奇鲁瓦尼（Ochirvani）（ = 因陀罗 Indra）攻击了原始海洋中的名叫罗散（Losun）的蛇，在苏迷卢山附近啄伤浪臣三次，最后，咬掉了它的头。②

我们没有必要列举东方或欧洲神话中所有其他的宇宙山——伊朗人的 Haraberezaiti（厄尔布尔土山），古日耳曼人的 Himingbjörg 等等。在美索不达米亚人的观念中，一座中心山脉连接了大地与天堂，它是"大地之峰"，它连接了各个地域。③ 但巴比伦人的庙宇和圣塔的名字本身证明了它们与宇宙山的相似之处："房子山"、"所有陆地上的山脉"、"暴风雪的山峰"、"天与地的连接"以及其他类似的名字。④ 恰当地说，古巴比伦的金字形神塔就是一座宇宙山，一个宇宙的象征形象。它的七个阶梯代表了天堂的七个阶层（如在博尔西帕）或代表了世界的颜色（如在乌尔）。⑤ 印尼婆罗浮屠的庙宇是以一座山的形状建造的真正的"想象的世界"，⑥ 在印度也证实有一些这样的假山，在蒙古族和亚洲

---

① 哈瓦：《宗教观念》，63 页。

② G. N. 波塔宁：《西北蒙古概要》，第四章，228 页；哈瓦：《宗教观念》，62 页。对于希腊的硬币而言，一条蛇绕着肚脐绕三圈（同上 63 页）。

③ A. 耶利米：《手册》，130 页；参见伊利亚德《永久回归的神话》，见 13 页及后面内容。关于伊朗的信息，见 A. 克里斯滕森《原始人类的类型以及伊朗历史传奇中的原始国王》，第二章，42 页。

④ T. 东巴特：《宗教中的塔　第一章：神塔》，34 页。

⑤ T. 东巴特：《巴比伦的塔》，见 5 页及后面内容；伊利亚德：《巴比伦的宇宙学与炼金术》，见 31 页及后面内容。关于神塔的象征意义，参见 A. 帕罗特《神塔和巴比伦塔》。

⑥ P. 缪斯：《婆罗浮屠：建立在文本考古批评基础上的佛教历史概述》（简称《婆罗浮屠》），第一章，356 页。

东南部也发现了这样的假山。① 看起来美索不达米亚的影响
很可能远及印度和印度洋地区，尽管"中心"（山、柱子、
树和巨人）的象征意义是最古老印度精神的有机组成部分。②

巴勒斯坦的泰伯山或许象征着"肚脐"（ṭabbūr），即中
心。巴勒斯坦中心的盖里济姆山无疑被授予了"中心"的荣
誉，因为它被称为"大地的中心。"③ 彼得勒斯·科梅斯特
保留的一个传统表明，夏至时太阳不会在雅各布喷泉上（接
近盖里济姆）投下影子。他又说："有人说那个地方就是我
们居住的大地的中心"。④ 巴勒斯坦是最高的陆地。因为它
接近宇宙山的山峰，所以洪水不会淹没这个地方。一篇希伯
来语的文章提到："以色列大地并没有被洪水淹没。"⑤ 对于
早期的基督教而言，耶稣的受难地就在"世界的中心"，因
为这是宇宙山的山峰，同时也是创生和埋葬亚当的地方。因
此，耶稣基督的血滴在了正好埋葬在十字架脚下的亚当的骨
架上，从而拯救了亚当。⑥

---

① 参见 W. 福伊《印度的祭祀建筑作为神山的象征》，213~216 页；哈
　瓦：《宗教观念》，68 页；R. 冯·海涅-盖尔登：《东南亚的世界观和
　建筑形式》，48 页及后面内容；也可参见 H.G. 夸里奇·威尔士《天
　神之山：一项关于早期宗教和亲属关系的研究》全文。

② 参见缪斯《婆罗浮屠》，第一章 117 页及后面内容，292 页及后面内
　容，351 页及后面内容，358 页及后面内容等；J. 普里齐吕斯基：《婆
　罗浮屠的七阶》，见 251~256 页及后面内容；库马拉斯瓦米：《佛教图
　解的元素》，全文；伊利亚德：《宇宙》，见 43 页及后面内容。

③ 《Ṭabbūr eres》；参见士师记 9:37："……在那里看到人们从这岛屿
　的中部［Heb.，中心］……"

④ 艾瑞克·伯罗斯：《巴比伦宗教的一些宇宙范型》，见 51，62 页以及注
　释 1。

⑤ 由 A.J. 文辛克引用《西方闪米特族关于大地中心的观点》，15 页；伯
　罗斯（54 页）提到了其他的篇章。

⑥ 文辛克，22 页；伊利亚德：《宇宙》，见 34 页及后面内容。墓地位于
　"世界中心"的这一观念保留在东方基督教的民族中（例如在小俄罗
　斯族——指居住在乌克兰及其邻近地区的人——译者）中；参见哈瓦
　《生命之树》，72 页。

我们在其他地方已经表明，"中心"这种象征意义在古老的（"原始的"）文化和东方的所有伟大文明中是多么频繁和重要。[1] 简短地总结一下，人们相信宫殿、皇城[2]甚至简单的房屋都被认为处于"世界中心"，处于宇宙山的顶端。我们已经看到了这种象征意义的更深层次的含义；正是在这个"中心"宇宙三界各阶层之间的突破，也就是与天空的交流才能成为可能。

准萨满在领神疾病的梦境中攀爬的正是这样一座宇宙山，后来在癫狂之旅中参观的也是这座山。爬上一座山通常象征着抵达"世界中心"的一次旅程。正如我们已经看到的一样，这一"中心"表现在很多方面，甚至体现在人类住所的结构上——但是，只有萨满和英雄才能"真正攀登"宇宙山，正如萨满通过攀爬仪式树来攀爬一棵天树并借此抵达天空最高处的宇宙顶端一样。因为天树的象征意义是宇宙山象征意义的补充；有时，这两个象征会重合或互补。但二者仅仅是宇宙轴（世界柱等）更发达的神话构成。

世界树

我们在这里没有机会回顾大量世界树的文献记载，[3] 我们将只列举中亚和北亚最常见的一些主题，并指出它们在萨满教意识形态和体验中的作用。宇宙树对于萨满来说非常重

---

[1] 伊利亚德：《宇宙》，34 页及后面内容；《范型》，367 页及后面内容；《永久回归的神话》，12 页及后面内容。

[2] 参见缪斯《婆罗浮屠》，第一章，354 页及后面内容，全文；耶利米：《手册》，113 页、142 页等；M. 格拉内：《中国的观念》，323 页及后面内容；文辛克：《树和鸟是亚洲西部的象征物》，25 页及后面内容；比厄·佩林：《长了翅膀的圆盘》；伯罗斯：《一些宇宙范型》，48 页及后面内容。

[3] 在伊利亚德的《范型》中我们将会找到最关键的元素以及参考文献，273 页及后面内容，327 页及后面内容。

要。萨满用宇宙树的木头制作他的鼓，① 通过攀爬仪式性的桦树成功抵达宇宙树的顶端。在他的圆顶帐篷前面和里面都是宇宙树的复制品，他也会把宇宙树画在他的鼓上。② 从宇宙学角度说，世界树矗立在大地的中心，即大地的"脐"所在的地区，顶部枝杈碰触到了贝·乌尔甘的宫殿。③ 在阿巴坎鞑靼族的传奇中，一棵七个枝杈的白桦树长在铁山的顶部。蒙古族将宇宙山想象成一个四面的金字塔，中间立着一棵树，天神把这棵树当作他们的拴马桩，就像他们把马拴在世界柱之上一样。④

世界树连接了宇宙三界。⑤ 瓦休甘－奥斯加克族相信世界树的树枝可以直入天空，树根深扎于地下。据西伯利亚鞑靼族所言，一个类似于世界树的物体矗立在地下世界；一棵有九个树根的冷杉（或者，在其他民族中，九棵冷杉）生长在埃尔·坎宫殿的前面；死神和他的九个儿子把他们的马拴在冷杉的树干上。赫哲族认为有三棵宇宙树：第一棵在天空中（人们的灵魂像鸟一样栖息在这棵树的树枝上，等待被带

① 见上文，168 页及后面内容。
② 例如在哈瓦的《宗教观念》表格 15 里，我们可以看到阿尔泰萨满鼓上面的图案。萨满有时会使用一棵"倒置的树"，他们将这棵树种在他们房子的附近，人们相信这棵树可以保护萨满；参见 E. 卡加罗《倒置的萨满树》。当然这棵"倒置的树"是宇宙的一个神话图景；参见库马拉斯瓦米《倒置的树》，这篇文章包括了大量的印度文献记载；伊利亚德：《范型》，见 274 页及后面内容，以及 327 也及后面内容。相同的象征意义也保留在基督教和伊斯兰教的传统中：参见，同上，274 页；A. 雅各比：《树根向上，树枝向下的树》；卡尔·马丁·埃德斯曼：《倒置的树》。
③ 拉德洛夫：《西伯利亚族》，第二章，7 页。
④ 参见哈瓦《生命之树》，52 页；《宗教观念》，70 页。同样欧丁神也将他的马匹拴在了宇宙树上（伊利亚德：《范型》，227 页）。关于中国的神话观念马匹—树（杆子），参见 C. 亨策《中国早期文化中的青铜器及其含义》，123～130 页。
⑤ 参见 H. 博加摩《生命树中的圣经故事》，539 页及后面内容。

向大地投胎），第二棵树种在大地上，第三棵树在地下。①
蒙古族知道名为赞布（*Zambu*）的一棵树，这棵树的树根直
入苏米尔山的山脚，树冠延伸到山顶；天神（腾格里）以这
棵树上的果实为食，恶魔（阿苏拉斯）藏在苏米尔山的峡
谷，嫉妒地看着天神们。卡尔梅克和布里亚特族中也存在着
类似的神话。②

　　世界树的象征意义暗含着几个宗教观点。一方面，它代
表着处于不断再生状态中的宇宙、③ 永不枯竭的宇宙生命的
源泉以及神圣物至高无上的载体（因为它是接待天上神圣物
的"中心"）；另一方面，它象征着天空或者现世的天堂。④
因为这个象征意义在中亚和西伯利亚萨满教中占有重要地
位，所以我们今后将再次提及作为现世的天堂象征的天树。
铭记如下这个事实对我们很重要：在许多古老传统中，体现
世界的神圣性、富饶和永久性的宇宙树与创造、繁殖力、领
神的观念有一定的联系，最终与绝对现实和永生的观念相联
系。这样，世界树就成为生命树和永生树。无数神话的成对
物和互补的象征物（女人、泉源、牛奶、动物、水果等）丰
富了宇宙树，使其总是以生命储蓄体和命运掌控者的形象呈
现出来。

① 哈瓦：《宗教观念》，71 页。
② 哈瓦：《芬兰 - 乌戈尔和西伯利亚神话》，356 页及后面内容；《宗教观念》，见 72 页及后面内容。我们已经提及了一个可能的伊朗范型：Gaokērēna 树长在乌卢卡沙湖的一个岛上，这棵树的旁边埋伏着一只恶神创造的巨型蜥蜴（参见上文 122 页，注释③）。当然蒙古族神话源于印度：赞布 *Zambu* = *Jambū*。同样参见中国传统中的生命树（宇宙树），这棵树长在一座山上，而且树根深入地下世界（亨策：《对熊和老虎的崇拜以及饕餮》，57 页；《中国早期文化中的青铜器及其含义》，见 24 页及后面内容）。
③ 参见伊利亚德《范型》，273 页及后面内容。
④ 有时候是银河；例如参见 Y. H. 托伊沃宁《芬兰中盛行的关于粗壮橡树的歌曲》。

这些观念相当古老，在许多"原始"民族当中，这些观念被包含在一个月亮和领神的象征意义中。① 但这些观念一直在不断变化和发展，宇宙树的象征意义几乎无穷无尽。毫无疑问，东南部的影响对中亚和北亚民族的神话现状的形成有很大影响。尤其是宇宙树、灵魂承载处以及"命运之书"的观念似乎是从更发达的文明借引过来的。世界树就是一棵"活着并给予生命"的树。雅库特族认为在"大地的黄金中心点"矗立着一棵有八根树枝的树；它生长在一个原始天堂，在那里诞生了第一个男人，一个从这棵树探出半个身子的女人给他哺乳。② 正如哈瓦评论的那样，③ 很难相信雅库特人在北部西伯利亚恶劣的气候中创造了这样一种形象。我们发现不但在印度（在那里，第一个人阎罗王和天神在一棵神树旁一起饮酒）④ 和伊朗（在那里，伊摩在宇宙山上给予人类和动物永生）⑤ 存在这样的原型，古代东方也同样存在这样的原型。

赫哲多尔甘族和通古斯族人说，在出生之前，孩子们的灵魂像小鸟一样栖息在宇宙树的树杈上，萨满来到宇宙树上寻找这些灵魂。⑥ 我们已经在准萨满的领神梦境中见过这一神话主题，⑦ 但这个主题并不仅仅局限于中亚和北亚地区，

① 参见伊利亚德《范型》，275 页。
② 哈瓦：《宗教观念》，75 页及后面内容；《生命之树》，57 页及后面内容。关于这一神话主题的原始 - 东方原型，见伊利亚德《范型》，见283 页及后面内容。也可参见格特鲁德 R. 莱维《号角之门》，158 页注释 3。关于美国、中国和日本的树 - 女天神（＝第一位女性）的主题，参见亨策《中国早期文化中的青铜器及其含义》，129 页及后面内容。
③ 哈瓦：《宗教观念》，77 页。
④ 《吠陀凡经》，第十章，135 页，1。
⑤ 《耶斯纳》，9 页、4 页及后面内容；《抗魔咒语书》，2，5。
⑥ 哈瓦：《宗教观念》，84 页、166 页及后面内容。
⑦ 哈瓦：《宗教观念》，39 页及后面内容。

在其他地方也得到了证实，例如非洲和印度尼西亚。① 尽管树–鸟（＝鹰），或更准确地说，顶部有一只鸟、根部有一条蛇的树是中亚民族和古日耳曼人的典型宇宙图式，但这一图式很可能源于东方，② 但相同的象征含义在史前的历史遗迹中已经形成了。③

另外一个明显源于异族文化的主题是树–命运之书。在奥斯曼土耳其族中，生命树有一百万片叶子，每一片叶子上都写着一个人的命运；一个人死去时，一片叶子就会掉下来。④ 奥斯加克族相信一个人一出生，一位坐在一座七阶天山上的女天神便在一棵长着七根树枝的树上写下这个人的命运。⑤ 相同的信念也存在于巴塔克族中；⑥ 但由于土耳其和巴塔克的文字都出现得相对较晚，所以这一信念明显源于东方。⑦ 奥斯加克族也相信天神在命运之书中寻找孩子的命运；根据西伯利亚鞑靼族的传奇，七位天神在"生命书"中书写新生婴儿的命运。⑧ 但所有这些形象都源于美索不达米亚人

① 在天空中有一棵树，这棵树上有一些孩子。天神挑选一些孩子并将他们扔向大地（H. 鲍曼：《隆达人：安哥拉内地的农民和猎人》，95 页）。关于人类起源于树的非洲神话，同样参见《非洲民族神话中的造人故事和人类的原始时期》，见 224 页及后面内容；关于对比性的材料，见伊利亚德《范型》，见 300 页及后面内容。迪雅克族相信，他们的男性和女性祖先诞生于生命树（H. 沙勒：《南婆罗洲恩加迪尤迪雅克的天神观念》，57 页；也可见下文，352 页及后面内容）。但是，我们应该注意的是，灵魂（孩子）–鸟–天树的形象在中亚和北亚是独特的。

② 哈瓦：《宗教观念》，85 页。关于这一象征意义的含义，见伊利亚德《范型》，290 页及后面内容。文献记载：A. J. 文辛克：《树和鸟是亚洲西部象征物》。也可参见亨策《中国早期文化中的青铜器及其含义》，129 页。

③ 见乔治·维尔克《史前艺术中的世界树和两种宇宙鸟》。

④ 哈瓦：《宗教观念》，72 页。

⑤ 同上书，172 页。

⑥ J. 沃内克：《巴塔克的宗教》，见 49 页及后面内容。关于印度尼西亚树的象征意义，见下文 284 页及后面内容，357 页。

⑦ 参见 G. 维登格伦《天神传道者的升天和天国之书》；《在古老近东宗教中的国王和生命树》。

⑧ 哈瓦：《宗教观念》，160 页及后面内容。

的七个现世的天堂的观念，这七个现世的天堂被视为一本命运之书。关于这点，本章已有提及，因为萨满爬到宇宙树的顶端时，他就位于最后一个天堂，在某种意义上也询问了群体的"未来"以及"灵魂"的"命运"。

神秘数字 7 和 9

七个树杈的宇宙树与七个现世的天堂有着密切的联系，这最初肯定是受到了美索不达米亚的影响。但是，需要重申的一点是，这并不意味着宇宙树（＝世界轴）的观念是通过东方影响传播到突厥－鞑靼族和其他西伯利亚各民族的。沿着世界轴升天是一个普遍且古老的观念，远早于穿越天上七个阶层（＝七个现世的天堂）的观念，后者在美索不达米亚人推测有七个行星之后很久才在中亚传播开来。众所周知，数字 3 象征着三阶天国，[①] 它的宗教价值的出现早于数字 7 的宗教价值。我们也听说过九级天国（九位天神、宇宙树的九个树杈等），这个神奇的数字 9 可能被解释为 3 乘以 3，因此被认为相对于数字 7 的象征意义而言，它构成了一种更为古老的起源于美索不达尼亚的象征意义的一部分。[②]

---

① 对于以三重范型为基础的宇宙观念的古老性、一致性以及重要性，见库瓦拉斯瓦米《Svayamātṛṇṇā：Janua Coei》，全文。

② 关于数字 7 和 9 的宗教和宇宙暗含之意，参见 W. 施密特《起源》，第九章，91 页及后面内容，423 页等。相反，哈瓦（《宗教观念》，51 页及后面内容等）认为数字 9 是近来发展的。他同样认为九个行星的观念解释了九级天国这一最近的思想，尽管这在印度得到了证实，但它还是起源于伊朗（同上书，56 页）。无论如何，这都涉及两种不同的宗教概念。显而易见的是，在一些数字 9 明显是数字 3 相乘得来的文章中，我们有理由认为数字 9 早于数字 7。也可以参见 F. 罗克《九乘九和七乘七》，全文；H. 霍夫曼：《西藏苯教的历史资料来源》，150，153，245 页；A. 弗里德里克和 G. 巴德勒斯：《源自西伯利亚的萨满故事》，21 页及后面内容，96 页及后面内容，101 页及后面内容等；W. 施密特：《起源》，第十一章，713～716 页。

阿尔泰萨满爬上一棵树或一根刻有七个或九个梯阶的柱子，这七个或九个梯阶代表着天上的七个或九个层级。正如阿诺欣记载，[①] 萨满必须克服的"障碍"（*pudak*）实际上就是他要进入的各级天国。雅库特族用血祭祀时，他们的萨满会在门外立一棵有九个刻痕的树，爬上这棵树并将祭品带给天神艾·图瓦永。正如我们所见，在锡伯族中，萨满领神的现场会有一棵有梯阶的树；另外，萨满把刻有九级梯阶的小一点的树放在他的蒙古包里。[②] 这也是萨满穿越天界进行癫狂之旅能力的又一个体现。

我们已经见过了带有七个切口的奥斯加克宇宙柱，[③] 沃古族相信萨满通过攀爬七级阶梯到达天空。七级天国的概念在整个东南亚地区十分普遍，但不是找到的唯一概念。九个宇宙阶层或十六个、十七个甚至 33 个阶层天国的图像在西伯利亚和东南亚地区也广为流传。我们之后将会看到，天国的数量与天神的数量并不是一一对应的，有时万神殿与天国的数量之间的关联似乎十分牵强。

因此，阿尔泰人不仅提及了七级天国，也提及了十二、十六或十七级天国；[④] 在铁列乌特族中，萨满教的树有十六个刻痕，代表很多天上的阶层。[⑤] 腾格里凯拉·坎住在最高的天国，即"仁慈的皇帝天国"，三位主要的神灵居住在三个较低层的天国，这三位神灵是腾格里凯拉·坎通过某种散发出的精神力量形成的：十六层的贝·乌尔甘坐在一座金山顶上的一个金色王位上；基苏甘腾格里，"非常强壮的神"在第九层（没有关于十五层到十层居民的信息）；默根腾格

① 《阿尔泰萨满教资料》，9 页。
② 哈瓦：《宗教观念》，50 页。
③ 见上文，263～264 页，注释④。
④ W. 拉德洛夫：《西伯利亚族》，第二章，6 页及后面内容。
⑤ 哈瓦：《宗教观念》，52 页。

里，"全知神"住在第七层，这也是太阳居住的地方。其他更低层住着剩下的神灵和半神灵们。①

在相同的阿尔泰鞑靼部落中，阿诺欣发现了一个完全不同的传统。② 最高天神贝·乌尔甘住在天国的最高层，即第七层，而腾格里凯拉·坎却没有任何体现（我们之前已经观察到，腾格里凯拉·坎正在从现存宗教中消失）；乌尔甘的七个儿子和九个女儿也住在天国，但是具体住在哪儿却没有说明。③

天神的七个或九个儿子（或仆人们）的说法也存在于中亚和北亚地区，以及乌戈尔族和突厥 - 鞑靼族中。沃古族知道天神的七个儿子，瓦休甘 - 奥斯加克族提及了住在七个领域的天神们：最高层住的是纳姆 - 托雷姆，其他的天神被称为"天空守护者"或"天空的解释者"。④ 雅库特族也存在七位最高天神。⑤ 相反，蒙古族神话提到了"天神的九个儿子"或"天神的仆人们"，他们同时也是守护神灵（苏勒德 - 腾格里）和勇士神灵。布里亚特族甚至知道天神这九个儿子的名字，但是这些名字因地区而异。数字 9 也出现在了伏尔加地区的楚瓦什族和切列末斯族的仪式中。⑥

除了七个和九个天神群和相应的七级和九级天国的形象

---

① 拉德洛夫：《西伯利亚族》，见 7 页。

② 《资料》，9 页及后面内容。

③ 关于这两个宇宙概念的分析，参见 W. 施密特《起源》，第九章，84 页及后面内容，135 页及后面内容，172 页及后面内容，449 页及后面内容，480 页及后面内容等。

④ 正如卡尔亚莱宁表明的那样（《乌戈尔各民族的宗教》，第二章，305 页及后面内容），这些名字以及七级天国的概念很有可能是从鞑靼族借引过来的。

⑤ 哈瓦：《宗教观念》，162 页（V. L. 普林克朗斯基以及 N. V. 普里普左夫之后）。谢罗谢夫斯基说，雅库特追神贝·贝阿娜（Bai Baiana）有七个随从，其中的三个受猎者欢迎，两个是不受欢迎的（《萨满教》，303 页）。

⑥ 哈瓦：《宗教观念》，见 162 页及后面内容。

之外，人们在中亚还找到了 33 级天国的概念。N. V. 卡塔诺夫也在索乔特族中找到了相同的概念。① 然而，这个数字似乎并不常见，人们认为这可能是近来引入的一个起源于印度的观念。② 在布里亚特族中，天神的数量多达三倍：99 位天神。人们将其分为邪恶神灵和善良神灵，分配到不同的地区：55 位善良神灵住在西南区域，44 位邪恶神灵住在东北地区。这两组天神长期处于斗争状态。③ 蒙古族过去也有 99 位腾格里。④ 但布里亚特和蒙古族都没有讲述任何关于这些神灵的明确信息，他们的名字也很模糊并且不真实。

然而，我们应该记得对至高天神的信仰是自生的，并且在中亚和北极地区历史悠久。⑤ 对于天神儿子的信仰也同样古老，尽管数字 7 代表了一种东方的而且是近期的影响。萨满教意识形态或许在数字 7 的传播中扮演着重要的角色。A. 加斯认为月亮祖先的神话 - 文化观点与有七个伤口的雕像和有七根树枝的树 - 人类有关，并且也和周期性的、“具有萨满教性质的”血祭祀相关，这些血祭祀起源于南部，已经取代了无血的祭祀（供给最高天神的头颅和骨头）。⑥ 不管怎样，在尤罗克 - 萨摩耶德族中，大地神有七个儿子，其他的神（sjaadai）有七张脸，或一张有七个伤口或七个向内的切痕的脸；而且这些神与圣树相关。⑦ 我们已经见过萨满的服

---

① 哈瓦《宗教观念》，164 页。
② 同上书，52 页。
③ G. 桑德斯彻：《阿兰 - 布里亚特的世界观和萨满教》，见 939 页及后面内容。
④ 哈瓦：《宗教观念》，165 页。
⑤ 伊利亚德：《范型》，60 页及后面内容。
⑥ 《驯鹿民族的头骨和长骨的祭祀仪式》，237 页；《阿尔泰放牧民族的血腥的祭品和非血腥的祭品》，见 220 页及后面内容。
⑦ T. 莱赫蒂萨洛：《尤罗克 - 萨摩耶德的神话概述》，67 页、77 页及后面内容，102 页。关于这些有着七张脸的木偶，也可参见凯伊·唐纳，《西伯利亚族》，222 页及后面内容。

饰上有七个铃铛，代表着七位天上仙女的声音。① 在叶尼塞的奥斯加克族中，准萨满退隐到僻静之地，烹饪一只飞着的松鼠，将它分成八块，吃掉七块，把第八块扔掉。七天之后，他返回同一地点并得到决定他圣召的标志。② 很明显，神秘数字7在萨满的技艺和癫狂中有着重要的作用。在尤罗克－萨摩耶德族中，准萨满会无意识地躺七天七夜，其间神灵们将其肢解并使他成为萨满；③ 奥斯加克和拉普兰萨满会吃带有七个点的蘑菇，进入入定状态；④ 拉普兰萨满的大师会给他带有七个点的蘑菇；⑤ 尤罗克－萨摩耶德萨满有一只七个手指的手套；⑥ 乌戈尔萨满有七位辅助神，⑦ 等等。奥斯加克和沃古的例子已经表明，数字7的重要性是由于古老东方的确定的影响，⑧ 毫无疑问，相同的现象也出现在中亚和北亚的其他地区。

　　萨满似乎对这些天国以及居住在天国里的天神和半天神有更多直接的了解，这对于我们的研究十分重要。因为萨满一个接一个进入各层天国的能力部分源于天上居民的帮助。在他召唤贝·乌尔甘之前，萨满要与其他上天神灵进行交谈，获得他们的支持和保护。萨满展示出对一种进入地下世界的类似体验。阿尔泰民族将进入地下世界的入口视为大地的"烟洞"，当然这个"烟洞"位于"中心"位置（根据中

---

① 参见米海洛夫斯基《西伯利亚萨满教》，84 页。

② 唐纳，223 页。

③ 莱赫蒂萨洛：《概述》，147 页。

④ 卡尔亚莱宁：《乌戈尔各民族的宗教》，第二章，278 页；第三章，306 页。T. I. 伊特科宁：《芬兰拉普兰人的异教和之后的迷信》，149 页。在青加拉的奥斯加克族中，病人将一块有七个切口的面包放在桌子上，并且供奉给桑克（卡尔亚莱宁，第三章，307 页）。

⑤ 伊特科宁，159 页。

⑥ 莱赫蒂萨洛，147 页。

⑦ 卡尔亚莱宁，第三章，311 页。

⑧ 约瑟夫·黑克尔：《乌戈尔人的偶像崇拜和双元系统（关于欧亚大陆图腾信仰的问题）》，136 页。

亚神话，"中心"坐落于北方，相当于天空的中心；① 我们
了解到，在整个亚洲地区，从印度到西伯利亚，"北"就相
当于"中心"）。因为某种对称观念，人们认为地下世界与
天空有相同的层数：卡拉加斯族和索乔特族认为有三阶天
国；对于大多数住在中亚和北亚的民族而言，他们认为有七
阶或九阶天国。② 我们已经看到阿尔泰萨满相继穿过七阶地
下世界的"障碍"。确实，正是萨满自己"掌控"着地下世
界的体验，因为，不管升上天空还是降入地下，他都作为一
个活着的人在七阶或九阶天国间穿行。

大洋洲地区的萨满教和宇宙观

对于像中亚和北亚的萨满教以及印度尼西亚和大洋洲地
区的萨满教这样复杂的现象，我们不做比较，下面我们将快
速回顾一下东南亚地区的一些资料来说明两点：（1）这些地
区存在宇宙三界和世界轴的古老的象征意义；（2）印度对这
种土生土长的宗教的底层产生过影响（尤其可以从数字 7 的
宇宙和宗教角色中辨别出来）。在我们看来，中亚和北亚与
印度尼西亚和大洋洲两种不同的文化在这一方面展现出共同
的特点，这是由于两种不同的文化都发现它们的宗教传统确
实都受到过更高层文化辐射的影响。对印度尼西亚和大洋洲
地区进行历史文化分析并不是我们的目的，这一研究将会超
出这本书范围。③ 我们只希望给出一些关键点来表明萨满是

① 哈瓦：《宗教观念》，54 页。
② 在乌戈尔族中，地下世界有七级领域，但是这一想法并不是本族的观念；参加卡尔亚莱宁，第二章，318 页。
③ 皮亚·拉维奥萨 – 赞博蒂对这些要素进行了大胆的简要分析，参见《文明的起源和传播》，337 页及后面内容。关于印度尼西亚最早的历史，参见 G. 康戴斯《印度和印度尼西亚印度教化的国家》，67 页及后面内容；也可参见 H. G. 夸里奇·威尔士《东南亚的史前时代和宗教》，尤其 48 页及后面内容，109 页及后面内容。

从什么思想观念，通过什么技艺在那里得到发展的。

在马来半岛最古老的民族赛芒和俾格米族中，我们找到了世界轴的象征物，一块名叫巴图·里布恩（Batu Ribn）的巨大石头，它屹立在"世界中心"，石块的下面就是地下世界。原先，巴图·里布恩上立着一根直入天空的树干。[①] 根据埃文斯收集的信息，一根名叫巴图·黑雷姆的石柱支撑着天空，它的顶端穿过天顶，从塔珀恩（Tapern）天国穿出，进入一个称为"里格瓦"的地区，希诺娃住在那里并且愉快地生活着。[②] 地下世界、大地中心和天空的"大门"都位于同一根轴上。在过去，人们通过这根轴实现从一个宇宙区域向另一个宇宙区域的穿行。如果我们没有理由相信人们早在史前时代已经描绘了一个类似理论的轮廓，那么人们就会对赛芒和俾格米族的宇宙图式的真实性产生怀疑。[③]

考察赛芒族的治疗术士和他们的巫术技艺的信念时，我们将会注意到一些来自马来半岛的影响（例如：变成老虎形象的能力）。在这些关于灵魂在来世的命运的俾格米思想（下文给出）中，也发现有这样的影响。人死后，灵魂通过

---

① P. 舍贝斯塔《俾格米人》，156 页及后面内容。

② 艾弗 H. N. 埃文斯：《宗教研究、民俗、英属北婆罗洲和马来半岛的习俗》，156 页。中国人（舍贝斯塔将中国人写作：cenoi）同时是灵魂和自然神灵，是神和人的中介（舍贝斯塔，见 152 页及后面内容；埃文斯，见 148 页及后面内容）。关于它们在治愈中的作用，参见 337 页及后面内容。

③ 例如，参见 W. 吉尔特《史前时期图画中的宇宙观：大地山、天上、大地中心、世界河》。W. 施密特和 O. 门金一直坚持研究的关于俾格米族文化的真实性和原始性问题，仍没有解决；相反的观点，参见拉维奥萨－赞博蒂《起源》，132 页及后面内容。不管怎样，毫无疑问，尽管如今的俾格米族受到邻族较发达文化的影响，但是他们仍保留了许多远古的特征。这一保守性尤其存在于他们的宗教信仰中，他们的宗教信仰与邻族中更为发达的信仰不同。因此我们相信，我们应该根据保留下来的真正的俾格米族宗教传统将世界轴的宇宙范型和神话进行分类。

脚后跟离开身体前往东方，去向大海。在接下来的七天，亡人的灵魂会返回村庄；之后，那些曾经生活得很好的死者在马姆普斯（Mampes）的指导下来到一个神奇的岛屿贝利特；为了到达这个岛屿，他们会走过一座跨海的 Z 字形桥。这座桥被称为巴兰·巴钱（Balan Bacham）；巴钱是一种长在桥梁另一端的蕨类植物。在那里，他们遇到了一位希诺娃（Chinoi）女人，希诺娃－萨加尔（Chinoi-Sagar），她用巴钱蕨装扮自己的头，而且死者在踏上贝利特岛之前也必须这样做。马姆普斯是这座桥的守护者，他被想象成一个巨大的尼格利陀人，是他吃掉了给死者的供品。到了岛上，死者们会去马皮克（Mapic）树那里（这棵树很有可能处于这个岛屿的中心），所有其他的死者都被聚在那里。但是，在他们之前来到岛上的死者会把新来者的骨头全部折断，反转眼窝里的眼睛，这样他们就能看到里面，直到此时，新的死者才可以佩戴树上的花，品尝树上的果实。当这些条件都满足之后，新的死者才会成为真正的鬼魂（kemoit），并且可以吃树上的果实。① 当然，这棵树是一棵神奇的树，是生命的起源；树根是充满乳汁的乳房，而且在树根处也有婴儿的鬼魂——②很可能是尚未出生婴儿的灵魂。尽管埃文斯搜集到的神话并没有提及这一点，但死者很可能再次变成了婴儿，因此他们为自己在大地上的另一个生命做准备。

　　这里我们发现了生命树的概念，这棵树的枝条上栖息着婴儿的灵魂，这似乎是一个非常古老的神话，尽管它不同于以塔·佩德恩（Ta Pedn）神和世界轴象征意义为中心的宗教复合

---

① 　将骨头折断，将眼睛反转，这预示着准备将候选人变为"神灵"的加入式仪式。关于赛芒、萨凯和朱昆族的天堂水果岛，参见 W. 斯基特以及 C. O. 布莱格登《马来半岛的异教种族》，第二章，207 页，209 页，321 页。也可参见下文 282～283 页，注释 102。

② 　埃文斯：《研究》，157 页；舍贝斯塔：《俾格米族》，见 157～158 页；《马六甲赛芒人的天国信仰》。

体。在这个神话中，我们一方面看到了人与植物之间神秘的休戚与共，另一方面也看到一种母系氏族意识形态的一些痕迹，两者均非这种古代的宗教复合体所有：乌拉尼亚至高神、宇宙三界的象征意义、原始时代的神话。在远古时代，天空与大地可以进行直接且容易的沟通（"失乐园"的神话）。除此之外，逝者七天返回村庄的细节也显示出更近的印度－马来西亚的影响。

在萨凯（Sakai）族中，这样的影响变得更加明显。他们相信灵魂通过后脑勺离开身体，前往西方。死者试图穿过马来人的灵魂进入天空需要穿过的那扇门进入天空，但失败之后，他们要从横跨在一大锅开水上的门泰格（Menteg）桥上走过去（这一思想源于马来）。① 这座桥实际上是一根被剥去树皮的树干。邪恶之人的灵魂会掉进这口大锅里。耶南（Yenang）抓住这些灵魂并将它们烧成灰烬；然后，他称量这些灰烬；如果灵魂变轻了，他会将它们送上天空；否则，他会继续焚烧这些灵魂，用火来净化它们。②

赛兰甘（Selangan）瓜拉·兰加特（Kuala Langat）地区的贝西西族（Besisi），像伯兰恩（Bebrang）地区的民族一样，提到了一个逝者灵魂会去往的水果岛，这个到被比作赛芒的马皮克树。在那里，人们老去的时候能够重新变成孩子，再一次成长。③ 根据贝西西族的观念，宇宙可分为六个

---

① 埃文斯：《研究》。209 页，注释 1。

② 同上书，208 页。给灵魂称重和用火净化的观念源自东方。萨凯的地下世界观点展现了近来的一些强烈影响，这些影响早已替代了本土的来世观念。

③ 这是一个普遍传播的"天堂"神话，那里的生命永恒飘荡，处于永久的重生状态。参见图马，特洛布尼恩德马来西亚的灵魂（＝逝者）之岛："……当他们（灵魂）发现自己变老了，他们便丢弃松垮的长满皱纹的皮肤，长出一副光滑的身躯、黑色的头发、强健的牙齿，充满活力。因此他们的生命永久处于青春的再生状态，享有热情和欢乐的陪伴。"（B. 马林诺夫斯基，即《野蛮人的性生活》，直译为《西北美拉尼西亚的野蛮人性生活》，435 页）相同的观点也在同一作者的《原始心理神话》中有所体现，80 页及后面内容（《死亡和生命轮回的神话》）。

天界区域、地球和六个地下区域。^① 这种观念展现了古老的三层宇宙观念与印度 – 马来人宇宙观念的结合。

在雅贡（Jakun）族中，^② 一根五英尺高的杆子被立在坟墓上；它有十四个刻痕，一边七个向上，另一边七个向下；这根杆子被称为"灵魂的梯子"。^③ 稍后，我们会讨论这一梯子的象征意义；^④ 此刻，无论雅贡族是否意识到，我们或许会注意到，七个刻痕的存在代表着灵魂必须穿越的七级天上领域，这证明了东方思想甚至渗透到了像雅贡族这样"原始"的民族中。

北婆罗洲的杜松族^⑤将逝者的道路描绘成攀爬一座山和渡过一条河。^⑥ 在葬礼神话中，山的角色常被人们解释为具有升天的象征意义，预示着逝者天空住所的概念。我们在其他地方也可看到，逝者像萨满和英雄在加入式升天仪式中所做的那样"爬山"。此刻我们要指出一个重要点，在我们回顾的所有民族中，萨满教展现了与葬礼观念（山、天堂岛、生命树）和宇宙观念（世界轴、宇宙树、宇宙三界、七级天国等）之间最紧密的依存关系。在行使治愈者或信使的职能时，萨满运用了传统的地府地形学的细节（也可以是天上、海洋或地下世界地形学），这些细节最终以一个古老的宇宙观为基础，尽管这个宇宙观经常受到异族的影响而变得丰富并发生改变。

南婆罗洲的恩加迪尤迪雅克族（Ngadju Dyak）有一个

① 埃文斯：《研究》，见 209 ~ 210 页。
② 根据埃文斯（同上书，264 页），他们属于马来民族，但是却代表了早于马来民族本身的一种更早的浪潮（从苏门答腊岛而来的浪潮）。
③ 同上书，见 266 ~ 267 页。
④ 参见下文，491 页及后面内容。
⑤ 它是最初的马来民族以及马来半岛的土著居民（埃文斯：《研究》，3 页）。
⑥ 同上书，见 33 页。

独特的关于宇宙观念：尽管他们知道一个上层世界和一个下层世界，但他们并没有把我们生活的世界视为第三世界，而是将其视为前两个世界的总和，因为我们的世界同时反映并代表了那两个世界。[①] 然而，所有这些构成了一种古老思想的一部分，这种思想认为大地上的东西仅仅是存在于天空或冥界典型范例的复制品。我们可能要补充的一点是，宇宙三界的观念和世界统一的观点并不冲突。大量的象征意义在表达三个世界和三个世界的交流方式相似性的同时，也表达了它们的统一，即它们在单独一个宇宙中的结合。基于上面列举的原因，我们必须强调：宇宙三分的主题既不排除深远的宇宙统一，也不排除宇宙显著的"二元论"。

恩加迪尤迪雅克族的神话学很复杂，但从中可辨识出一个显著的思想，准确地说，就是"宇宙二元论"。世界树先于这个二元论存在，因为它整体上代表了宇宙，[②] 它甚至象征了两个最高神灵之间的统一。[③] 世界的创造源于两位天神之间的冲突，他们代表了两个极端原则：阴（下层宇宙，以水域和蛇为代表）与阳（上层地区，以鸟为代表）。在阴阳的斗争中，世界树（整个远古时代）被毁坏。[④] 但这种毁坏是暂时的；作为人类所有创造活动的原型，世界树仅仅是在能够重生的情况下被毁坏的。在这个神话中，我们往往会看到天地神婚的古代宇宙范型（通过蛇－鸟的互补对立的象征意义在另一个层面上表达的范型）以及古代月球神话的"二

---

① 参见 H. 沙勒《南婆罗洲恩加迪尤迪雅克的地上世界和地下世界概念》，尤其见 78 页；《印度尼西亚创世神话的民族学研究：东南亚文化分析研究》，尤其见 143 页及后面内容（婆罗洲）；J. G. 罗德尔：《阿拉哈塔拉·塞兰中部内地部落的宗教》，见 33 页及后面内容，63 页及后面内容，75 页及后面内容，96 页及后面内容（赛拉姆）。

② 沙勒：《天神观念》，35 页及后面内容。

③ 同上书，见 37 页及后面内容。

④ 同上书，34 页。

元"结构（矛盾之间的对立、毁灭与创生的交替以及永久回归）。不管怎样，这一点是毋庸置疑的：印度的影响是后来强加于这些古代土生土长的宗教元素中的，尽管通常只局限于对天神的命名。

必须注意的特别重要一点是，世界树出现在每一个迪雅克的村庄和每一所迪雅克的房子里。[①] 这棵树上有七根树枝。世界树象征着世界轴并由此也象征着通往天空的道路，印度尼西亚的"逝者船"上也发现了一棵类似的世界树这一事实也证明了这一点，人们认为这些船将死者运送到天界。[②] 这棵树有六根树枝（若包含簇生的顶部就是七根），树的两边分别是太阳和月亮，有时呈长矛状，上面装饰的符号与代表"萨满梯子"的符号相同，通过攀爬这个梯子萨满到达天空，带回病人逃跑的灵魂。[③] "逝者船"上的树 - 矛 - 梯仅仅是这棵神奇世界树的复制品，这棵世界树矗立在来世，灵魂在前往蒂娃妲·桑吉昂（Devata Sangiang）神的旅途中会经过这里。印度尼西亚的萨满（例如，在萨凯族、古布族以及迪雅克族中）也拥有一棵树，他们在寻找病人灵魂时将这棵树用作到达神灵世界的梯子。[④] 当我们检验印度尼西亚萨满教技艺时，我们将会意识到树 - 矛的作用。顺便补充一句，杜松·迪雅克族在治愈仪式中使用的萨满树有七根树枝。[⑤]

巴塔克族大部分的宗教观点都源于印度，他们认为宇宙分为三个区域：神灵居住的七级天国、人类居住的大地以及

---

① 沙勒：《天神观念》，76 页和 Pls. Ⅰ - Ⅱ。

② 阿尔弗烈德·斯塔曼：《印度尼西亚的祭祀船》，163 页；《南婆罗洲的幽灵船绘画》（选刊），6 页。

③ 阿尔弗烈德·斯塔曼：《祭祀船》，163 页。

④ 同上书，桅杆和树在日本现在也被认为是"通向天神的路"；参见 A. 斯拉维克《日本人和日耳曼人祭祀的秘密联盟》，727 ~ 728 页，注释10。

⑤ 斯塔曼：《祭祀船》，189 页。

恶魔与逝者的地下家园。[1] 这里，我们也发现了天堂时代的神话，那时天空与大地更加接近，天神和人类之间一直保持交流，但是因为人类的傲慢，升天的通道被封锁了。最高神灵穆拉·德贾蒂·纳·博朗（Mula djadi na bolon）（"自己创生自己的神"），即宇宙和其他神灵的创造者，居住在最遥远的天国，就像所有"原始人"的最高天神一样，他似乎已经成为一位"隐退上帝"，人们不向他供奉祭品。一条宇宙蛇住在地下领域，最终它将会摧毁这个世界。[2]

苏门答腊的米南佳保人（Menangkabau）有一种混合宗教，这种宗教基于泛灵论，但深受印度教和伊斯兰教的影响。[3] 宇宙有七级。人死后，灵魂必须穿过横跨在炽热的地下世界之上的一个剃刀的边缘；罪人会掉入火海，好人会升入天空。天空中有一棵大树，灵魂一直待在那里直到最后的重生。[4] 我们很容易看出其中古代的主题（桥，作为灵魂的容器和保护者的生命之树）与外来影响（地下世界之火，最

---

① 但是正如我们期待的那样，许多逝者都到达了天空（E. M. 勒布：《苏门答腊》，75 页）。关于阴间路线的多样性，见下文，355 页及后面内容。

② 勒布：《苏门答腊》，74 ~ 78 页。

③ 正如我们之前已经注意到，之后将更加详细展示的一样，这个现象在整个马来世界中是普遍存在的。例如参见托拉查民族的穆罕默德影响，勒布：《萨满与先知》，61 页；马来复杂的印度影响，J. 居西尼耶：《吉兰丹州的巫术舞蹈》，16、90、108 页等；R. O. 温斯泰特：《萨满、湿婆教徒以及伊斯兰苏菲派：马来巫术的进化研究》，尤其 8 页及后面内容，55 页及后面内容以及全文（伊斯兰教的影响，28 页及全文）；"马来世界的印度影响"；缪斯特伯格：《民族研究》，83 页（印度尼西亚的印度影响）；波利尼西亚的印度影响，E. S. C. 哈迪：《波利尼西亚的宗教》，全文；H. M. 和 N. K. 查德维克：《文学发展》，第三章，303 页及后面内容；W. E. 穆尔曼：《阿里奥伊和玛美雅·波利尼西亚祭祀联盟的民族学、宗教社会学和历史学研究》，177 页及后面内容（波利尼西亚的印度和佛教影响）。但是我们不能忽视这样一个事实，这些影响只改变巫术教生活的表达方式，无论什么情况下，它们都不会创出本研究所关心的宏伟的神秘宇宙范型。

④ 勒布：《苏门答腊》，124 页。

后的重生的观念）的混合。

尼桑斯族（Nissans）知晓孕育所有事物的宇宙树。要升入天空，逝者会经过一座桥；桥下是地下世界的深渊。一位手持盾牌和长矛的守卫者站在天空的入口，一只猫帮他将逝者罪恶的灵魂扔进地府的水域中。[1]

我们已经列举了足够多的印度尼西亚的例子。我们将会再次提及所有这些神话主题（葬礼桥，升天等）以及在某种程度上与神话主题相关的萨满教技艺。我们已经展现了至少在大洋洲部分地区存在的一种非常古老的宇宙和宗教复合体，这一复合体相继受到来自印度和亚洲观念的各种影响。就目前而言，知道这一点已经足够了。

---

[1]　勒布：《苏门答腊》，150 页及后面内容。作者注意到了（154 页）这个尼桑斯地府神话学观念与印度那加各民族观点之间的相似性，这两者之间的对比也可以延伸到其他印度土著民族中；我们现在研究的是被称为东南亚文明的痕迹，前雅利安民族和前印度德拉威民族以及大多数印度支那和马来群岛土著民族共同享有的文明痕迹。关于它的特点，参见伊利亚德《瑜伽：永生和自由》，334 页及后面内容。

第九章
北美和南美的萨满教

因纽特人中的萨满教

不管北亚和北美之间的历史关系的真相是什么，因纽特人与现在亚洲北极各民族，甚至欧洲民族（楚科奇、雅库特、萨摩耶德和拉普兰族）之间的文化连续性都是毋庸置疑的。① 这种文化连续性中一个主要的元素就是萨满教。如同因纽特人的亚洲邻族一样，萨满在因纽特宗教和社会中扮演着相同的主要角色。我们已经了解到，在各种情况下，因纽特人的领神都展现了进入神秘社会加入式的普遍图式：圣召、隐退于荒僻之地、师从一位大师、获得一位或更多的熟知神灵、象征性的仪式性死亡和重生、神秘语言。我们很快会看到，因纽特人的"安格科克"（*angakok*，北美因纽特人的巫医）的癫狂体验包括神秘飞行和深海之旅。这两个探险之旅是北亚萨满教的典型特征。我们也观察到因纽特萨满与之后会取代他的天上神

---

① 参见 W. 沙尔比策《北极各民族文化的相似之处》；K. 伯吉特·史密斯《因纽特人的来源及其在北极圈周围文化发展中的地位》；保罗·里韦特《美洲民族的起源》，105 页及后面内容。人们也试图展现因纽特与中亚语言之间的语言关系，参见奥雷利安·索瓦若《因纽特和乌拉利昂人》，但是这个假设还没有得到学者们的肯定。

灵或宇宙神之间的亲密关系。[1] 但是，因纽特萨满教与东北亚的萨满教之间存在一些细微的差别：因纽特萨满既缺少仪式性服饰，也缺少萨满鼓。

因纽特萨满的主要特权是治愈疾病、为了确保猎物充足前往海兽母亲那里的海下之行、确保晴朗的天气（通过与尸罗接触）以及给予无法生育的女人以帮助。[2] 疾病最有可能是由违反禁忌，也就是造成神圣之物的无序状态造成的，或是由于一位死者偷走了病人的灵魂而引发的。前一种情况下，萨满试图通过集体的忏悔来净化不洁之物；[3] 后一种情况下，萨满进行前往天空或深海的癫狂之旅来寻找病人的灵魂，将它带回病人的体内。[4] "安格科克"通常通过癫狂之旅接近深海里的海兽母亲（Takánakapsaluk）或天空中的尸罗。此外，他也是一位巫术飞行专家。一些萨满拜访过月亮，一些萨满环绕地球飞行过。[5] 根据传统，萨满像鸟一样飞翔，像鸟张开双翼一样伸展双臂。"安格科克"也知晓未

---

[1] 参见 K. 拉斯姆森《北极之行》，145 页及后面内容；萨满们作为人和尸罗（宇宙创造者及宇宙的主宰）之间的中介者，他们对这位伟大天神心存一种特殊的敬仰，并且通过精神集中和冥想试图与他取得联系。

[2] 沙尔比策：《东格陵兰的异教徒司祭》，457 页；拉斯姆森：《伊格卢里克因纽特人的精神文化》，109 页；《科珀因纽特人的精神文化》，见 28 页及后面内容；E. M. 韦耶：《因纽特：他们的环境与民俗习惯》，见 422 页，437 页及后面内容。

[3] 参见例如拉斯姆森《伊格卢里克因纽特人的精神文化》，133 页及后面内容，144 页及后面内容。

[4] 人们相信病人的灵魂穿行到了具有各种神圣品德的地方，也就是伟大的宇宙区域（"月亮"，"天空"），死者徘徊在这些地方，这些地方蕴藏着生命的源头（"熊之地"，正如在格陵兰因纽特族中一样；参见沙尔比策《因纽特术士》，80 页及后面内容）。

[5] 拉斯姆森：《奈特斯利克因纽特人：社会生活和精神文化》（简称《奈特斯利克因纽特人》），299 页及后面内容；G. 霍尔曼：《昂马沙利克因纽特民族概述》，96 页及后面内容。关于中部因纽特族的月球之旅，见下文，292 页。令人十分惊奇的是，科珀因纽特族完全缺失萨满的这些癫狂旅程的传统；参见拉斯姆森《科珀因纽特人的精神文化》，33 页。

来，进行预言，预测大气的变化并且擅长巫术技艺。

然而，因纽特人记得有这样一个时代，那时的"安格科克"远比现在"安格科克"能力强大。① 其中一位"安格科克"告诉拉斯姆森："我自己是一名萨满，但与我祖父 Tit-gatsaq 相比，我什么也不是。在他生活的那个时代，一位萨满可以潜入海底到达海兽母亲那里，可以飞到月球或在太空遨游……"② 值得注意的是，我们在这里发现了现在萨满衰退的观念。我们也在其他地方观察到了这一点。

因纽特萨满不仅可以向尸罗祈求晴朗的天气;③ 他也可以通过一个复杂的仪式结束一场风暴，这个仪式涉及了辅助神灵的帮助，对死者的召唤以及与另一名萨满的战斗，在这场斗争中，另外一名萨满被"杀掉"而且复活了好几次。④不论降神会的目的是什么，它们一般都在晚上，在所有村民面前举办。观众时不时地通过刺耳的歌曲和喊叫声来鼓励萨满。萨满用"神秘语言"唱了很长一段时间来召唤神灵。萨满进入恍惚状态，用一个似乎不是他的、高的、奇怪的声音讲话。⑤ 在恍惚期间即兴创作的歌曲或许揭示了萨满的一些神秘体验。

> 我全身都是眼睛。
>
> 看它！不要害怕！
>
> 我朝四面八方看！

---

① 拉斯姆森：《伊格卢里克因纽特人的精神文化》，见 131 页及后面内容；《奈特斯利克因纽特人》，295 页。

② 拉斯姆森：《奈特斯利克因纽特人》，299 页。

③ 拉斯姆森：《北极之行》，168 页及后面内容。

④ 拉斯姆森：《科珀因纽特人的精神文化》中这类降神会的长篇叙述，34 页及后面内容。参见欧内斯托·马蒂诺在他的《魔法世界》中深刻的评论。

⑤ 例如，参见拉斯姆森《奈特斯利克因纽特人》，294 页；韦耶，437 页及后面内容。

一位萨满这样唱着，① 这无疑是指萨满在进入恍惚前经历的内心之光的神秘体验。

但是，除了出于解决集体问题（暴风雪、猎物稀缺、天气信息等）或是治疗疾病（疾病在某一方面同样威胁着社会的平衡）的需求举行降神会，萨满也"为娱乐自己"进行升天和进入逝者之地的癫狂之旅。像往常准备升天那样，他将自己捆绑起来，然后飞上天空，在天上与逝者进行长时间的对话。在他返回大地时，他描述逝者在天上的生活。② 这一事实显示出因纽特萨满为了自己而进行癫狂体验的需求，同样也解释了他对孤独和沉思的喜爱、他与辅助神灵长长的对话，以及他对安静的需求。

因纽特族通常会区分死者的三种居住地：③ 天空、紧贴地球表面之下的地下世界、另一个深层的地下世界。正如在真正的地下世界（深层地下世界）中一样，在天空的逝者都很快乐，过着幸福和富裕的生活。天上和地上生活唯一的不同就是它们的季节总是相反的；当大地是冬天时，天上和地下是夏天，反之亦然。紧贴地球表面之下的地下世界只留给那些因违背了禁忌而有罪的人以及那些不熟练的狩猎者，在那里，处处是绝望和饥荒。④ 萨满对所有这些领域都非常熟悉，当一个死者因为害怕独自踏上去冥界的道路而诱拐了一个活着的人的灵魂时，"安格科克"就会知道要去哪里寻找这个灵魂。

有时，萨满的冥界之旅发生在一段全身僵硬的恍惚中。在恍惚中，萨满就像死了一样，所有的逝者都出现在萨满的恍惚中。这与一位阿拉斯加萨满的情况正好相符。这位萨满

---

① 沙尔比策：《因纽特术士》，102 页。
② 拉斯姆森：《伊格卢里克因纽特人的精神文化》，129~131 页。
③ 拉斯姆森：《奈特斯利克因纽特人》，315 页及后面内容。
④ 同上。

宣称自己已经死去，他沿着逝者的道路走了两天，这条道路是由那些早于他逝去的人踩踏出来的。在路上行走的时候，他听到不停的抽泣声，他知道这是活人在哀悼他们逝去的亲人。他来到一个大村庄，这个村庄与活人的村庄完全一样。两个影子将他带到一座房子里，房子中间点着一把火，火炭上烧着几片肉，但是这些肉长着活人的眼睛，注视着萨满的一举一动。他的同伴告诉他不要摸那些肉（一位萨满一旦触碰了死人之地的食物，他就很难再返回大地）。在村庄休息了一段时间之后，"安格科克"继续他的行程。他到达了银河，沿着银河走了很长时间，最终回到他自己的坟墓中。当他再次进入他的身体时，他就复活了，他离开墓地，回到自己的村庄，向人们讲述了他的冒险经历。①

这里，我们提及了一次癫狂体验，它的内容超出了萨满教本身的领域；尽管其他有特权的人也可以拥有这一癫狂体验，但这一体验在萨满教领域非常频繁。入地或升天是波利尼西亚、突厥 - 鞑靼族、北美以及其他英雄事迹中的重要部分，这些入地或升天属于在禁区的癫狂之旅，相应的葬礼神话很大程度上利用了这一类材料。

回到因纽特萨满：他们的癫狂能力使他们能够"以灵魂的形式"进行前往任何宇宙领域的旅程。他们总是先将自己捆绑起来，这样他们只能"以灵魂方式"进行旅行，否则他们将会被带到天空，然后永远地消失。被牢固地捆绑之后，有时他们用一块窗帘将自己与其他在场的人分隔开。然后，他们开始召唤他们的辅助神灵，在辅助神灵的帮助之下离开大地，到达月球或进入大地或海洋深处。因此一位巴芬兰因纽特萨满被他的辅助神灵（在这个例子中，辅助神灵是一只熊）带到了月球上。在月球上，他来到一座房子前，房子的

---

① E. W. 纳尔逊：《白令海峡周围的因纽特族》，433 页及后面内容。

门是用海象的下颌做成的，它威胁萨满要将闯入者撕成碎片。（这是非常著名的"艰难入口"的主题，我们之后会对其进行讨论。）萨满成功地进入房子，在那里他发现了月球上的人和他的妻子太阳。经历许多冒险之后，他回到大地，而在癫狂期间一直保持无生命状态的身体显示出生命的迹象。最终萨满将自己从捆绑中释放出来，并告诉观众旅途中发生的一切。①

没有明确的目的而进行的这些探索在一定程度上重复了充满危险的加入式之旅，尤其是穿过一道"海峡门"的通道，那道门只打开一会儿。因纽特萨满认识到这些癫狂之旅的必要性，因为正是在恍惚中，他才真的成为他自己；作为他本质性格的组成部分，这一神秘体验对他很有必要。

但这并不是因纽特萨满的唯一"以灵魂方式"经受领神磨难的旅程。因纽特人时不时会受到邪恶神灵的侵害，萨满则会被召唤去驱赶邪恶神灵。在这种情况下，降神会包含着萨满熟知神灵与邪恶神灵（这些邪恶神灵或是人们违反禁忌而被惹怒的自然神灵，或是一些逝者的灵魂）之间的殊死搏斗。有时萨满会离开小屋，返回时他的手上沾满鲜血。②

马上要进入恍惚状态时，萨满会做一些动作，好像在潜水一样。甚至当他应该入地时，他也给观众这样的印象：他正在潜水，并且正在返回大洋的表面。沙尔比策被告知，一位萨满"永久地沉入海底之前，又浮上来一次"。③ 指代萨

---

① 弗朗兹·博厄斯：《中部因纽特族》，见 598 页及后面内容。萨满从紧紧绑着他的绳子中解脱出来，这一技能与其他技能一起共同构成了一个通灵学的问题，这里我们对此不加以探讨。从我们所采用的宗教历史的角度出发，如同许多其他萨满教的"奇迹"一样，萨满摆脱绳子的束缚象征着"神灵"的状态，人们认为萨满已经通过加入式获得这种状态。

② 拉斯姆森：《伊格卢里克因纽特人的精神文化》，见 144 页及后面内容。

③ 《异教徒司祭》，459 页。

满最常使用的术语是"一个掉进海底的人"。① 正如我们所
见，沉入海底象征性地体现在很多西伯利亚萨满的服饰上
（鸭子的脚、潜水鸟的图案等）。海底是海兽母亲的住所，是
动物伟大女神的神话范型，是所有生命的起源和基体，部落
依赖于海兽母亲的善良意愿而存在。这也就是为什么萨满必
须定期下海与海兽母亲重新建立精神联系。但正如我们已经
注意到的那样，海兽母亲在群体宗教生活中的重要地位以及
萨满的体验并不会影响对天上至高无上的力量，即尸罗的崇
拜，尸罗同样通过带来飓风或暴风雪控制着天气。这也就是
为什么因纽特萨满似乎并不只精通深入海下或升空一种技
能，他的职业在同等程度上要求同时具备这两种技能。

　　萨满应个人请求进入海兽母亲的住所，有时是因为疾
病，有时是因为捕猎中的运气不佳。但只有在后一种情况
下，萨满才收取费用。但是，村庄有时会出现没有任何猎物
或受到饥荒威胁的情况，那么所有的村民都会聚集在举行降
神会的屋子里，萨满以整个群体的名义举行降神会。那些出
席者不允许系腰带和布条，并被要求保持安静，紧闭双眼。
在召唤他的辅助神灵之前，萨满在寂静中深呼吸一段时间。
当他的辅助神灵到来时，萨满开始默念："道路已经为我准
备好了，道路向我敞开！"观众则会齐声回答："诚心所
愿。"现在大地已经打开，萨满与不明力量斗争很长一段时
间之后，最终喊道："现在道路已经打开。"观众齐声欢呼：
"让道路在他面前敞开，为他铺开道路。"首先从床底，然后
从更远的小路之下传来喊声："哈拉拉－呵－呵－呵，哈拉
拉－呵－呵－呵。"这是萨满出发的标志。叫声越来越远，
直到听不见为止。

　　在此期间，观众们齐声合唱，他们双眼紧闭。有时，萨

_____

① 拉斯姆森：《伊格卢里克因纽特人的精神文化》，124 页。

满的衣服——降神会之前他已经将衣服脱掉了——苏醒过来，开始在房子内四处以及观众的头上飞行。人们也可以听到去世很久的人的叹息声和沉重的呼吸声；他们是已逝的萨满，过来帮助处在危险旅程中的同事。他们的叹息声和呼吸声似乎从水下很远的地方传来，就好像他们是海兽一样。

到达海洋的底部，萨满发现自己面对三块巨石，它们挡住了他的去路，他必须冒着被碾碎的危险从它们中间穿过。（这是另外一个"海峡大门"的形象，禁止任何人通过这道门进入更高级存在所在的层级，除了一位"新加入者"，也就是表现得像一位"神灵"一样的人。）萨满成功地通过这道障碍，走上一条小路，来到一个海湾，海兽母亲的房子坐落在一座小山上，这座房子由石头垒成，房子上有一个狭窄的入口。萨满听到海兽在咆哮，却看不到它们。一条牙齿锋利的狗守护着那个入口，那条狗对于任何害怕它的人都是危险的，但那时萨满却越过了它，因为它知道，他是一位非常有能力的术师。（只有真正有能力的萨满才能通过所有这些阻挠普通萨满的障碍来到海底，通过潜入帐篷的底部或雪层的底部，像是从一根管子划过一样直接来到海兽母亲的面前。）

如果这位女神对人类生气了，她的房子前会矗立起一堵高墙。萨满必须用肩膀把这堵墙推倒。有人说海兽母亲的房子没有房顶，所以这位女神能够从她的居所凭借火更清楚地看见人们的行为。各种海洋动物聚集在火堆后边的池子里，人们可以听到这些动物的叫喊声和呼吸声。女神的头发垂到脸颊，她又脏又邋遢；这是人类犯错的结果，这几乎让她生病。萨满必须接近她，把她扛在肩上，给她梳头发（因为女神没有手指来为自己梳头发）。萨满给天神梳头发之前，他要克服另一个困难：海兽母亲的父亲在去往冥界的路上把他当作一个死人，因此努力去抓他，但萨满大喊"我是血肉之躯!"，并由此成功地通过。

在给海兽母亲梳头时，萨满告诉她，人们已经没有海豹了。女神用神灵的语言回答道："女人秘密地流产以及违反食用煮熟的肉的禁忌，阻碍了动物的道路。"现在萨满必须集中全力平息女神的怒气，最后女神打开池塘，释放了动物。观众听到了他们在海底的动静，不久之后萨满好像正从海底浮出水面一样屏住呼吸。之后是一段很长时间的寂静。最终萨满说："我有话要说。"所有人答道："让我们听到，让我们听到。"然后萨满用神灵的语言要求众人赎罪。罪人们一个接一个地坦白了她们的流产罪行、破坏禁忌的罪行以及她们的懊悔。①

正如我们所看到的，入海的癫狂之旅包含一系列连续的与加入式困境很相似的磨难：穿过一个不停关闭的小孔，跨越一座细如发丝的桥的主题，地狱的狗，安抚生气的神灵。这些都是加入式以及前往冥界的神秘之旅的中心思想。这两种情况下都存在同样的本体论层面的突破。这些困难旨在证明英勇无畏的萨满已经超越了人类的条件。也就是，他被认为是"神灵"（一个感知本体论突变的景象：进入"神灵"世界）；否则，如果他不是一位"神灵"，那么萨满将永远不会穿过那么窄的一个小孔。

除了萨满之外，任何因纽特人都可以通过一种名为 *qilaneg* 的方法向天神咨询。病人坐在地上，他的头用一条带子撑起。人们开始召唤神灵，头变得沉重时，意味着神灵来了。然后，人们向神灵问一些问题，如果头变得更加沉重，答案就是肯定的；相反如果头似乎变轻了，那么答案就是否定的。妇女通常用这种占卜方法咨询神灵。有时萨满也用自

---

① 拉斯姆森：《伊格卢里克因纽特人的精神文化》，124 页及后面内容。也可参见厄兰·恩马克《拟人论与奇迹》，151 页及后面内容。

己的脚践行这一简单的方法。①

　　由于对神灵的普遍信仰，尤其是因为人们感觉到的与死者灵魂之间的沟通，这一切都成为可能。一种基本的招魂术在某一方面构成了因纽特族的神秘体验。死者并不会令人感到害怕。因纽特人很乐意与其他人建立关系。除死者之外，还有无数的自然神灵以各自的方式为因纽特人服务。每一个因纽特人都可以受到一位神灵或一个死者的帮助或保护，但这样的关系不足以赐予他们萨满的能力。就像在许多其他文化中一样，这里，只有他是萨满，通过神秘圣召或自愿寻求受教于一位大师，成功地通过加入式磨难，才能具备癫狂体验的能力，而这一体验是其他人无法获得的。

北美的萨满教

　　在许多北美部落中，萨满教主导着人们的宗教生活，或者至少是他们宗教生活的最重要组成部分。但是萨满不会垄断所有的宗教体验。除了萨满之外，还有一些其他的神圣技师，如牧师、巫师（黑术士）；除此之外，我们也看到，②为了自己的利益，每一个人都力求获得大量的巫术－宗教"能力"，通常这些能力等同于某些守护或辅助神灵。但是，由于自己的巫术－宗教体验的激烈性，萨满与他的同事一起和外行人区分开来。每一个印第安人都可以获得一位"守护神灵"或一种"能力"之类的东西，这使得他能够"想象"和提高他的神圣地位，但只有萨满因其与神灵的关系，能够深入地下进入超自然世界。换言之，只有他自己能够成功地获得一种随意进行癫狂旅程的技艺。

----

①　拉斯姆森：《伊格卢里克因纽特人的精神文化》，141 页及后面内容。
②　上文，见 98 页及后面内容。

　　将萨满与其他专职神职人员（牧师和黑术士）区分开来的不同点并不是很清晰。约翰·斯万顿提出了下面的两种分法：牧师为整个国家或部落效力，或者不管怎样也为某一社会而工作，但是萨满的威望完全依赖于他们个人的技能。[①] 但是，帕克准确地观察到，在许多文化中（例如，那些西北海岸的文化）萨满履行着司祭的一些职能。[②] 克拉克·威斯勒赞同传统上以知晓仪式、践行仪式以及超自然力量的直接体验能力来区分二者，前者（知晓仪式、践行仪式）指的是司祭，后者（超自然力量的直接体验能力）是萨满教职能。[③] 总的来说，人们一定会接受这一区分；但我们不能忘记，并再次重申，萨满也被迫学习一些教义和传统体系，有时，萨满师从于一位年老的长者，或在一位"神灵"的帮助下经历一场加入式，这位神灵传授给他萨满教的传统。

　　萨满通过个人的直接体验获得了超自然能力，据此，帕克[④]通过这种超自然能力来定义北美萨满教。"萨满通常在社会其他成员所关心的事件中运用这种能力。治愈疾病或在集体狩猎中对猎物的施咒是萨满教的一个部分，因此，巫术的践行或许与萨满教这一部分同样重要。我们将会用萨满教这个术语来指代所有凡人获得的超自然能力，以及任何好的或坏的能力的实践和所有与这些实践有关的概念和观点。"这个定义十分有用，它涵盖了许多甚至迥然不同的现象。就我们而言，我们倾向于强调萨满的"癫狂能力"，强调与巫师、黑术士的反社会活动相比较而言，萨满的"积极"作用（尽管在许多北美萨满例子中，黑术士像他的同行一样，结合了这两种态度）。

---

① 《萨满和司祭》，522 页及后面内容。
② 威拉德·Z. 帕克：《美洲西北部的萨满教》，9 页。
③ 《美洲人》，200 页及后面内容。
④ 《萨满教》，10 页。

　　萨满的主要职能是治疗疾病，但他在其他的巫术－宗教仪式中也发挥着重要的作用，例如在集体狩猎中，[1] 以及他们所在的秘密社会中或神秘宗派中（鬼魂舞宗教类型）。北美萨满和他们的所有同行一样，宣称拥有掌控天气的能力（他们可以召唤雨，也可以让雨停止，等等）、知晓未来事情的能力、发现小偷的能力，等等。他们保护人类免受巫师巫术的影响；早期，一位帕维奥佐的萨满不得不状告一位巫师的罪行，以至于这个巫师被杀掉，他的房子也被烧毁。[2] 过去，至少在一些部落中，萨满的巫术能力似乎更加强大，更加令人惊叹。这位帕维奥佐萨满还提及了一些老萨满，这些萨满将灼炭放进嘴里并触摸烫得发红的铁块却毫发无损。[3] 如今，萨满更多地成为治疗者，尽管他们的仪式歌曲，甚至是他们自己的陈述都宣称一种近乎神圣的全能。"我的兄弟，"一位阿帕切族萨满告诉里根，"你或许不会相信，但我真的很全能。我永远不会死。如果你向我开枪，子弹不会进入我的身体；或者，如果它进入了我的身体，它也不会伤到我……如果你在我喉咙里插一把刀子，并向上推，它会从我头顶的头盖骨处出来……我是全能的。如果我想杀某个人，我需要做的就是伸出我的手，触碰他，他就死了。我的能力就像一位天神的能力一样。"[4]

　　也许这种欣悦的全能意识和加入式死亡与重生有一定的关系。在任何情况下，北美萨满享有的巫师医学能力既不会消耗他们的癫狂也不消耗他们的巫术能力。我们有充足的理由相信，神秘社会和现代神秘宗派已经在很大程度上接管了

---

① 关于这个仪式，见《萨满教》，62 页及后面内容，139 页及后面内容。
② 同上书，44 页。
③ 同上书，57 页；但也参见下文，316 页，注释①。
④ 艾伯特·B. 里根：《关于阿巴契地区印第安人的说明》，391 页，M. 布泰勒的《萨满教及巫术治愈》中引用，160 页。

这种癫狂活动，而这一癫狂活动之前属于萨满教，例如，创始人和近来神秘运动的预言者进行的癫狂旅程。我们早已提到过，这种癫狂旅程属于萨满教层面。对于萨满教意识形态而言，它深深地渗透进某些北美地区的神话①和民俗之中，尤其是那些关于死后生活和入地之旅的神话与民俗。

北美的萨满教降神会

北美萨满被召唤到一个病床前，他首先集中注意力找到疾病的原因。造成疾病的两个主要原因是迥然不同的：那些由于病原体的进入而产生的疾病，以及那些由于"灵魂的丢失"而产生的疾病。② 这两种疾病的治疗在本质上也是不同的。对于第一种疾病，萨满要努力驱逐疾病的根源；对于第二种疾病，萨满致力于发现并带回病人逃跑的灵魂。在后一种情况下，萨满是绝对必要的，因为只有他能够看到并抓住灵魂。在一些除了有萨满，还有巫医和治疗者的社会中，巫医和治疗者可以治疗某些疾病，但"灵魂丢失"产生的疾病总是由萨满来治疗。当疾病是由于一个有害的、巫术物体进入体内而产生时，萨满通常是凭借他的癫狂能力而不是凭借任何世俗科学领域的理性诊断出疾病的原因；他召唤了很多神灵，这些神灵为他寻找疾病的原因，降神会必然暗含着对这些神灵的召唤。

病人灵魂的逃离可能源于不同的原因，如梦将灵魂吓跑；逝者不愿出发前往冥界，徘徊在营地的周围，他在寻找

---

① 例如参见 M. E. 奥普勒《梅斯卡勒罗阿巴契神话中萨满教的创造性角色》。

② 参见 F. E. 斯莱门特斯《疾病的原始概念》，191 页及后面内容。也可参见威廉姆·W. 埃尔曼多夫《美洲西北部的灵魂丢失疾病》；A. 胡尔特克兰兹：《北部美洲印第安人的灵魂概念》，见 449 页及后面内容。

另外一个灵魂，与他们一同前往冥界；或许最后也是因为病人的灵魂独自游离到离身体很远的地方。一位帕维奥佐的信息提供者告诉帕克："当一个人突然离世，人们就会寻求一位萨满的帮助。如果灵魂没有走远，萨满会将灵魂带回。萨满进入恍惚将灵魂带回。当灵魂行走很长的路到达了逝者之地，萨满就无能为力了。灵魂接下来要做的就是开始前往逝者之地，但是萨满无法追赶上灵魂。"① 在睡觉时灵魂会离开，所以一个人突然叫醒一个熟睡的人，有可能会杀了他。也因此一位萨满一定不能被吓醒。

那些有害的物体通常是由巫师投射给人们的。这些物体是鹅卵石、小动物或者昆虫；术士并不具体介绍它们，而是通过他的思维力量创造这些物体。② 这些东西也可能是神灵派来的，这些神灵有时自己会居住在病人体内。③ 一旦发现疾病的原因，萨满就会用吮吸的方法把巫术物体取出来。

降神会在夜里举行，并且几乎总是在病人的屋子里举行。治疗的仪式性本质非常明显：萨满和病人必须遵守一些禁令（一般情况下，他们不让怀孕或行经妇女参加仪式，通常情况下避免接触任何不纯洁的源头，不去触摸肉或给食物添加盐，萨满用催吐剂进行彻底净化，等等）。有时病人的家人要禁食和节欲。至于萨满，他黎明和黄昏时沐浴，然后投入到冥想和祈祷中。因为降神会是公开举行的，所以它引起了整个社会群体的某种宗教紧张情绪，而且由于缺乏其他宗教仪式活动，萨满教治疗成为整个社会群体最重要的仪式。病人的一个家人向萨满发出邀请，他们决定萨满的费用，这都具有一定的仪式性特征。④ 如果萨满要价太高或是

---

① 帕克：《萨满教》，41 页。
② 同上书，43 页。
③ M. 布泰勒：《萨满教及巫术治愈》，106 页。
④ 帕克，48 页；布泰勒，111 页及后面内容。

不要任何报酬，他都会生病。在任何情况下，不是萨满自己而是萨满的"能力"决定了治疗的费用。[①] 只有萨满自己的家人才有享受免费治疗的权利。

在北美民族文学中，有大量关于降神会的描述。[②] 它们的普遍特征大体相似。因此，我们最好从其中选择一两个降神会进行详细描述。

帕维奥佐族的萨满教治疗[③]

帕维奥佐族萨满同意进行治疗之后，便开始询问病人生病前的情况，以便推测出生病的原因。然后萨满指导人们准备一根棍子，这根棍子直立在病人的脑袋旁边。这根棍子必须有三或四英尺长，由柳木制成，在棍子的顶端必须装饰有萨满提供的鹰的羽毛。第一个晚上，这根羽毛会被放在病人身旁，棍子则由人谨慎地看守，避免被不纯洁之物碰触到。（如果一只狗或一只草原狼触碰了这根棍子，萨满就会生病。）我们或许会顺便注意到鹰羽毛在北美萨满教治愈中的重要性。这个巫术飞行的象征符号可能与萨满的癫狂体验有关。

在其翻译者，即"说话者"的陪伴下，萨满大约晚上九点来到病人的家里，这位"说话者"的工作就是要大声重复萨满默念的话。（翻译者也会得到一笔费用，通常是萨满费用的一半。）有时，翻译者在降神会前会说一段祷文，并直

---

① 帕克，见 48 页及后面内容。
② 例如布泰勒收集的信息，134 页，注释 1。也可见帕克，128 页及后面内容。参见罗兰迪克逊《美洲萨满的某些方面》；弗里德里克·约翰逊：《关于密克马克族萨满教的注解》；M.E. 奥普勒，"关于奇里卡华阿巴契文化的注解。第一章：超自然能力与萨满"。
③ 帕克：《帕维奥佐萨满教》；《美洲西北部的萨满教》，见 50 页及后面内容。

接与疾病讲话，告诉疾病萨满已经来了。到降神会的中间，翻译者再次现身，仪式性地恳求萨满治愈疾病。一些萨满也会雇佣一名舞者（通常是一个女人）。她一定得漂亮而且品行端正；她和萨满一起跳舞，或者当萨满吮吸病人时，她独自跳舞。但是，在巫术治疗中舞者的参与似乎最近才出现，至少在帕维奥佐族中是这样的。[1]

　　萨满裸露着上身，赤脚接近病人，并开始轻声吟唱。观众一动不动地站在墙边，跟着翻译者一首接一首地重复这些歌曲。萨满即兴创作了这些歌曲，在降神会之后便忘记了；吟唱这些歌曲的目的就是召唤辅助神灵。但是，在神灵感应过程中，这些歌曲完全是癫狂的；有些萨满断言，正是他们的"能力"在降神会之前精力高度集中时激发出了这些歌曲。另外一些萨满则宣称，这些歌曲是通过鹰羽毛棍子传递给他们的。[2]

　　一段时间之后，萨满起来，围着房子中间的火堆走。如果有一位舞者，她会跟着萨满。他回到了自己原来的地方，点着了他的烟斗，吐几口烟，然后把烟斗递给那些在场的人，在萨满的邀请下，那些人轮流抽一两口烟。在这期间，歌曲还在继续。疾病的本质决定下一阶段的内容。如果病人没有意识，他明显在遭受着"丢失灵魂"的折磨；在这种情况下，萨满必须立刻进入恍惚。如果疾病是由其他原因引起的，那么萨满或许会进入恍惚来诊断病因或与他的"能力"讨论合适的治疗方法。但是，只有当萨满能力足够强大的时候，他才会使用后一种诊断方法。

　　当萨满的灵魂从寻找病人灵魂的癫狂之旅中凯旋时，萨满会详尽地向观众告知和描述他的旅程。如果进入恍惚的目

---

① 帕克：《萨满教》，50 页。
② 同上书，52 页。

的是为了发现病因，萨满在癫狂期间看到的形象就会向他揭示秘密。如果他看到一阵旋风的形象，那么这就表明疾病是由旋风引起的；如果他看到病人在鲜花丛中行走，疾病就肯定能治愈；但是，如果花朵凋零了，病人肯定会死。萨满通过吟唱从恍惚中恢复过来，直到他完全恢复意识为止。他仓促地讲述他的癫狂体验。如果他看到疾病是由一个侵入病人体内的物体造成的，他就会通过吮吸病人的某个身体部位来驱除这个物体，而这个身体部位就是萨满在恍惚中看到的疾病所在之处。通常，萨满直接吮吸病人的皮肤，但有些萨满是通过一根骨头或一根柳木管子吮吸病人的身体。在整个过程中，翻译者和观众齐声合唱，直到被萨满用力摇铃喝止。吮吸完成之后，萨满将吮吸的血吐到一个小洞里，并再次重复这个仪式——也就是从他的烟斗吸几口烟，围着火堆跳舞，再次吮吸，直到他成功地驱除那个巫术物体（一块鹅卵石、一只蜥蜴、一只昆虫或是一条蠕虫）。他向众人展示这个巫术物体，然后将其扔进一个小洞，并用土盖上。歌曲和仪式性的吸烟斗会一直持续到午夜，这之后萨满会休息半个小时。休息期间，按照萨满的指示会给在场的人食物，但萨满自己不吃。人们小心地享用食物，不会让一点食物渣掉在地上，任何剩下的食物都会埋起来。

这一仪式在黎明前不久就会结束。结束之前，萨满邀请观众和他一起围着火堆跳舞蹈，持续五到十五分钟。他又领舞，又唱歌。然后，他告诉病人家人一些关于病人饮食方面的注意事项，并决定在病人身上画什么图案。[1]

帕维奥佐族萨满也用同样的方式取出子弹和箭头。[2] 预测和操控天气的萨满教仪式没有像治疗疾病的降神会那么频

---

[1]　帕克：《萨满教》，见 55 页及后面内容。
[2]　同上书，59 页。

繁。但人们都知道，萨满仅凭吟唱或摇晃一根羽毛就可以带来雨水、消除云雾、融化冰冻的河流。[1] 正如我们之前所言，他的巫术能力似乎在过去更加强大，他过去常常很喜欢施展这些能力。一些帕维奥佐族萨满可以进行占卜或解析梦境。但他们在战争中没有任何作用，他们服从于军队的长官。[2]

艾可玛维族的萨满教降神会

杰米·德·安古洛对艾可玛维族中的萨满教治疗进行了全面描述。[3] 正如我们很快会看到的那样，降神会绝不神秘，也不使人抑郁。萨满有时会陷入冥想，低声地交谈；他正在和他的"达默戈米"（damagomi），即他的"力量"（辅助神灵）交谈，为的是找到病因。真正诊断疾病的其实是"达默戈米"。[4] 从广义上讲，疾病被分为六类：（1）看得到的事故；（2）违背禁忌；（3）怪物的幽灵引起的恐惧；（4）"坏的血液"；（5）另一位萨满下的毒；（6）丢失灵魂。

晚上，降神会在病人的屋子里举行。萨满跪在病人旁边，病人头朝东躺在地上。

> 萨满左右摇晃着身体，半闭着眼吟唱。一开始，萨满用平实的语言哼唱，好像体内疼痛却要坚持哼唱一样。歌声越来越大，成为一首真正的曲子，但仍然是哼唱。观众开始安静下来，集中注意力倾听。萨满还没有找到他的"达默戈米"，他或许远在山间，或许就在夜晚空气中，很近。歌曲是为了诱惑、邀请，甚至强迫

---

① 帕克：《萨满教》，60 页及后面内容。
② 同上书，见 61 页及后面内容。
③ 《艾可玛维族的宗教心理》，第四章："萨满教"。
④ 同上书，570 页。

"达默戈米"。就像所有的艾可玛维族歌曲一样，这些歌曲只有一行或两行，由两个或三个，或者最多四个乐句组成。歌曲会被不间断地连续重复吟唱十遍、二十遍、三十遍，下一遍歌曲的开头紧接着上一遍歌曲的结尾音节，音乐一直不停。人们齐声合唱这些歌曲。歌曲的节拍是人们用手拍出来的，与曲子的韵律没有任何关系。这个节拍使用另外一种韵律，一种非常普通的韵律，有规则却无重音。通常，刚开始唱一首歌曲时，每个人拍打的节奏稍有不同；经过几次重复，他们的节奏就合在了一起。萨满只独自吟唱几个小节。起初他一个人吟唱，之后几个人一起唱，最后所有人一起唱。接着，萨满停止吟唱，将吸引"达默戈米"的任务交给观众。自然，歌声越大，唱得越齐，效果越好。如果"达默戈米"在很远的地方睡着了，更有可能唤醒他。不仅仅是物理的声音，更多的是热烈的情感唤醒了"达默戈米"。（这不是我的［德·安古洛的］见解，我正在重复许多印第安人告诉我的东西。）至于萨满，他陷入深沉的冥想。他闭着双眼倾听。不久，他感觉到他的"达默戈米"来了，它正在接近，在夜晚的空气中摆动，在灌木丛中、在地下世界、在任何地方，甚至在他的腹部飘荡……然后，萨满突然拍手，在曲子的任意节点上，所有人停止吟唱。场内一片深沉的寂静（在灌木丛中心，在星空之下，伴随着闪烁的火光，这种突然出现在快速轻盈催眠的曲子之后的寂静给人留下深刻的印象）。接着，萨满与他的"达默戈米"交谈。萨满说话的声音很高，就好像是在对一个聋子说话一样。他以一种迅速且不平稳而又单调的声音讲话，用普通语言交谈，语句也很简短，所有人都能理解。不管萨满说什么，他的翻译者都会一字一句地准确重复……萨满变得十分激动，他的话变得有点混乱。如果这个翻译者就是萨满通常使用的翻译者，他就知道萨满习惯性陷入的这种混乱。萨满变得越来越癫狂，他向他的"达默戈米"提问，他的"达默戈米"回答他的问题。他与他的"达默戈米"合二为一，将自己全部投射在他的"达默戈米"身上，以至于他重复"达默戈米"的所有的话，精确无误……①

　　萨满和他的"力量"之间的对话有时非常无聊。大师抱怨"达默戈米"一直让他等着，"达默戈米"给出了理由：他在一条溪流边睡着了，等等。大师让"达默戈米"离开，召唤另一位神灵。"萨满停下来。他睁开眼睛，就像刚从深思中醒悟一样。他看起来有一点茫然。他要他的烟斗。传话者为他填满烟斗，点着并递给他。每个人都伸了伸懒腰，点了烟，人们在说话，开玩笑，也有人在生火。萨满自己也加入玩笑中，但是半个小时，一个小时，两个小时过去后，萨满也渐渐地退出了玩笑活动。他变得越来越专注，面色越来越阴沉。他又开始，然后再一次……有时这会持续几个小时。有时会持续一个小时多一点。有时萨满变得很泄气，放弃了治疗。他的'达默戈米'找不到任何东西。或者他们（萨满们）很害怕。'毒药'是一种能力非常强大的'达默戈米'，比他们自己都强壮……攻击它是没用的。"②

　　找到病因之后，萨满开始治病。除了灵魂丢失的情况外，萨满的治疗方法也包括取出"麻烦"或吸血。通过吮吸，萨满用牙齿扯出一个小物体，"像一条褐色或白色的线，有时也像一块指甲屑"。③ 一位艾可玛维人告诉德·安古洛：

① 《艾可玛维族的宗教心理》，第四章："萨满教"，见 567~568 页。
② 同上书，569 页。
③ 同上书，563 页。

"我不相信从病人体内取出的那些东西。萨满总是在他开始治疗之前已经将这些东西放在他们的嘴里了，但是他会将疾病驱赶到这些物体内，用这些物品捕获毒物。不然他怎样捕获毒物呢？"①

一些萨满直接吸血。一位萨满解释了他是如何做的："这是黑血，是坏血。首先，我把它吐在我的手上，看看疾病是否在里面。然后我听到我的'达默戈米'在争吵。它们都想让我给它们一些东西喝。它们为我工作很卖力。它们帮助了我。现在它们都很热。它们很渴。它们渴了。它们想喝血……"② 如果他不给它们血，"达默戈米"就疯狂地到处乱跑，吵闹着抗议。"然后，我喝了血，咽了下去。我把血给它们。这使它们安静下来，使它们平静下来，让它们恢复了精神……"③

根据德·安古洛的观察研究，"坏血"并不是从病人体内吸出来的，它是"萨满因癫狂行为胃出血的溢出物"。④事实上，萨满在降神会结束时十分疲惫，喝完两杯或两夸脱水之后，"进入深度睡眠"。⑤

不管怎样，吸血似乎是萨满教治疗的一种反常方式。人们会回想起有些西伯利亚萨满同样喝祭祀动物的血，并宣称这真的是他们的辅助神灵所要求的，也是它们喝的。基于热血的神圣价值的这一极其复杂的仪式，只有与其他属于不同巫术－宗教复合体的仪式相结合才具"萨满教"性质，这种"萨满教"性质仅仅是次要的。

如果疾病是由另一位萨满下毒引起的，治疗者长时间吮

① 《艾可玛维族的宗教心理》，第四章："萨满教"，536 页。
② 同上。
③ 同上。
④ 同上书，574 页。
⑤ 同上。

吸病人皮肤之后，用他的牙齿抓住巫术物体并向众人展示。有时下毒的人就在观众当中，萨满将"物体"归还给他，并说："这是你的'达默戈米'，我不想将其占为己有！"[1] 在灵魂丢失的情况下，萨满总是按照他的"达默戈米"提供的信息行动，前去寻找丢失的灵魂，发现它在某一野地游荡，在石头上或其他地方。[2]

入地之旅

艾可玛维族萨满的降神会因其适度性而与众不同。但情况并非总是如此。艾可玛维族中，恍惚看起来相当平淡，而在其他地方，恍惚却伴随着显著的癫狂行为。舒斯瓦普族（Shuswap，不列颠哥伦比亚省内部的一个部落）的萨满一戴上他的仪式性头盔（由两码长、一码宽的草席做成）就"表现得像疯了一样"。他开始唱在加入式期间守护神灵教他的歌曲。他跳舞，直到大汗淋漓，这时神灵过来与他谈话。然后，他躺在病人旁边，吮吸病人疼痛的地方。最后，他取出了一根刺或一根羽毛，这就是疾病的根源，并通过向它吹气使其消失。[3]

至于寻找早已走失或被魂灵诱拐的灵魂，这一过程有时呈现出一个戏剧性的方面。在汤普森印第安人（不列颠哥伦比亚省）中，萨满戴上他的面具，踏上祖先在远古时候使用过的旧路去往逝者之地，开始自己的入地之旅。如果他没有找到病人的灵魂，他就会去埋葬皈依基督教的印第安人的墓地寻找。但是，不论什么情况，在从鬼魂那里强行带走病人的灵魂之前，他必须与鬼魂斗争，当他返回地面时，他向观

---

① 《艾可玛维族的宗教心理》，第四章："萨满教"，574 页。
② 同上书，见 575～577 页。
③ 博厄斯：《舒斯瓦普族》，95 页及后面内容，选刊。

众展示血迹斑斑的棍棒。在华盛顿的塔南印第安人中，入地更加栩栩如生：地表通常被切开，萨满模仿过河的动作，他生动地表演出他与神灵斗争，等等。① 因为努特卡人将"灵魂的偷盗"归咎于海底神灵，所以萨满在癫狂中会潜入海底，返回时全身湿透，"有时鼻子和太阳穴会流血，将被偷走的灵魂放在手中的一小窝鹰中带回来"。②

像其他地方一样，萨满入地带回病人灵魂之旅沿着死者行进的地下路线，因此与相应部落的葬礼神话相一致。在一场葬礼仪式中，一位尤马族妇女失去了意识。几个小时之后，当她苏醒过来时，她讲述了发生在她身上的事情。她突然发现自己骑在马背上，跟在一位已逝多年的男亲戚后面。她周围是一些骑马的人。他们朝南走，来到了一个村庄，村民们都是尤马人。她认出了很多人，这些人在活着的时候都认识她。他们都很高兴地过来和她打招呼，但是不一会儿，她看到了一团厚厚的烟云，好像整个村庄都着火了一样。她开始跑，但被一块木头绊倒了，摔在地上。就在那时，她恢复了意识，看到一位萨满弯腰伏在她身上给她治疗。③ 更罕见的是，北美萨满也被传唤去召回某人的守护神灵，这一神灵已被死者带到了逝者之地。④

但是，主要是在寻找病人灵魂的过程中，萨满运用他对地

---

① 詹姆斯·泰特：《不列颠哥伦比亚的汤普森印第安人》，363 页及后面内容；Rev. 米朗·伊尔斯：《关于华盛顿地区的塔南、科勒姆族和切默卡姆印第安人的几个事实》，677 页及后面内容，弗雷泽在《禁忌和灵魂危险》中引用这一内容，58 页。在太平洋的韦岛上，巫医也列队前往墓地。在马达加斯加也可找到相同的仪式；参见弗雷泽，同上书，54 页。

② 菲利浦·德鲁克：《北部和中部努特卡部落》，210 页及后面内容。

③ C. D. 福德：《尤马印第安人的民族志》，193 页。

④ 参见例如赫尔曼·黑柏林《Sbetctda'q, a Shamanistic Performance of the Coast Salish》。至少有八个萨满一起表演这个仪式，仪式包含一次通过想象船只前往地下世界的癫狂旅程。

府结构的了解及其癫狂洞察能力。这里我们没有必要列举所有
关于灵魂丢失和北美萨满寻找灵魂的信息。① 注意到下面这一点
就足够了：这一观念在北美相当常见，尤其是在西部；南美也
存在这种现象，这就排除了这种现象是相对近期从西伯利亚借
引而来的假说。② 正如我们稍后会向大家展现的那样，尽管因灵
魂丢失引发疾病的理论可能比有害媒介引发疾病的理论出现更
晚一些，但这种理论似乎相对来说很古老，它在美洲大陆上出
现也并非因为后来受西伯利亚萨满教的影响。

　　像在其他任何地方一样，在这里萨满教意识形态（或
者，更精确地说，就是那部分被同化，且主要由萨满发展的
传统意识形态）同样被发现出现在萨满并没有发挥重要作用
的神话和传奇中。比如，所谓"北美俄耳浦斯的神话"就是
如此，这一神话在大部分部落中，尤其在大陆的西部和东部
得到了证实。③ 下面讲一个泰卢姆尼约库特人"北美俄耳浦
斯的神话"的版本。一个人失去了他的妻子。他决定跟着
她，守着她的坟墓。第二天晚上，妻子起来，好像在睡梦中
一样，朝位于西方的（或西北方的）逝者之地走去。她的丈
夫跟着她来到一条河边，河上有一座桥，这座桥不停地颤
抖、移动。妻子转向他说："你在这里做什么呢？你还活着

① 参见罗伯特 H. 洛伊《关于肖肖尼人种学的注解》，294 页及后面内容；帕
　　克：《萨满教》，137 页；斯莱门特斯：《疾病的原始概念》，195 页及后面内
　　容；胡尔特克兰兹：《灵魂的概念》，449 页及后面内容；《北美印第安俄耳
　　浦斯传统》，242 页及后面内容。
② 这是 R. H. 洛伊的假设（《原始宗教》，176 页及后面内容），他之后放弃了
　　这个假设；参见他的《关于某些古老世界和新世界信仰的历史联系》。也
　　可参见斯莱门特斯，196 页及后面内容；帕克：《萨满教》，137 页。
③ 参见 A. H. 盖顿《北美俄耳浦斯神话》，265 页的这个神话地理分布；
　　现参见胡尔特克兰兹《北美印第安俄耳浦斯传统》（分布图，7 页以及
　　部落清单，313～314 页）。因纽特族不了解这一神话，这一事实似乎
　　对我们来说排除了希伯－亚洲影响的理论。也可参见 A. L. 克罗伯
　　《一个卡罗可俄耳浦斯神话》：主人公是两位女士，她们追寻一位前往
　　地下世界的年轻人，但是她们在此过程中彻底失败了。

呢，你不能走过这座桥。你会掉下去，变成一条大鱼。"一只鸟守卫着桥的中部；它的啼叫声使那些过桥的人很害怕，一些人就掉进了深渊。但这个人有一件法宝，即一根神奇的绳子；有这根绳子的帮助，他成功地跨过了这条溪流。在溪流的另一边，他发现他的妻子与一群死人在一起，跳圆圈舞（鬼魂舞的经典形式）。他走近他们，他们开始抱怨他身上有一股难闻的味道。地下之神"蒂皮克尼茨"（Tipiknits）的一位信使邀请他吃一顿饭。信使妻子亲自给他提供了数不胜数的菜肴，他吃这些菜，但这些菜并没有变少。地下之神问他这次来的原因，了解情况之后，向他保证如果他可以整晚醒着，那么他就可以把他的妻子带回大地。圆圈舞又开始了，但为了不让自己感到疲惫，这个人不参加，只是站在那里看着。"蒂皮克尼茨"命令他洗澡。然后，为了确保她真的是这个人的妻子，他召唤了这个女人。这对夫妇在床上聊了一整夜。这个男人在黎明前睡着了，醒来时发现怀里抱着一根腐烂的原木。"蒂皮克尼茨"派他的信使去邀请这个男人吃早餐。"蒂皮克尼茨"又给了他一次机会，这个人睡了一天，这样晚上，他就不会困了。那晚，一切和以前一样，这对夫妇嬉戏直到黎明。然后这个人又睡着了，醒来时又发现怀里抱着一根腐烂的原木。"蒂皮克尼茨"又召唤了他，给了他一些能帮助渡河的种子，并吩咐他离开地下世界。这个人回到了家，将他的冒险经历告诉了他的亲戚，但不让他们往外说一个字，因为如果他不能保守秘密六天，他就会死去。然而，邻居们都知道他消失后又回来了，这个人决定坦白一切，这样他就可以和他的妻子团聚了。他邀请村民来参加一场盛宴，并讲述了在地府的所见所闻。第二天，他就被蛇咬死了。

这个神话所有记录下来的版本展现出了惊人的相似性。桥、英雄、用来渡过地府河流的绳子、热心的人（老妇人或老头，地下世界之神）以及桥上的守卫动物等等——所有这些入地的典型主题几乎都出现在所有版本中。在几个版本中（加布里利诺等）英雄必须经受的磨难是保持贞洁。他必须与妻子保持三个晚上的贞洁。[1] 一个"阿里巴穆"（Alibamu）的版本讲述了两位兄弟跟踪死去妹妹的故事。他们一直向西走，直到到达地平线。在那里，天空并不稳定，时常会移动。两兄弟变成两只动物进入冥界，在一位老妇人或老头的帮助之下，他们在四次磨难中胜出。从冥界的高处向下看，他们看到了他们地下的房子，它就在他们的下面（"世界中心"的主题）。他们看到逝者在跳舞，他们的妹妹也在其中，他们用一个巫术物品触碰她，使她倒在地上，装进一个葫芦里将她带走。但是当返回地面时，他们听到妹妹在葫芦里哭，于是他们急忙将葫芦打开，女孩的灵魂飞走了。[2]

我们将会看到，波利尼西亚证实存在一个相似的神话，但北美的神话更好地保留了隐含在入地中的加入式磨难。在"阿里巴穆"神话中提及的四个磨难，贞洁的磨难，尤其是"保持醒着的状态"的磨难明显具有加入式性质。[3] 在所有这些神话中，具有"萨满教"性质的就是入地将心爱的女人的灵魂带回。人们相信，萨满不仅能够将病人游离的灵魂带回，也能够让死者复活。[4] 于是，那些复活的人在从地下返

---

[1] 盖顿：《北美俄耳浦斯神话》，见 270 页，272 页。

[2] 同上书，273 页。

[3] 在神话祖先乌塔－那匹兹姆的岛屿上，同样吉尔伽美什（传说中的苏美尔国王）也为了获得永生，必须连续观看六天六夜，并且像北美俄耳浦斯传统一样，他失败了；参见伊利亚德《比较宗教范型》，见 289 页及后面内容。

[4] 例如，大药师会使一个男孩重生，对这一功绩的记录也被保留在秘密社团中（W. J. 霍尔夫曼：《奥吉布瓦人的"大药师会"》，241 页及后面内容。也可参见胡尔特克兰兹《北美印第安人的俄耳浦斯传统》，247 页及后面内容）。

回的途中，告诉了活着的人他们所看到的——完全就像那些
"以灵魂的形式"深入地下的人，那些在癫狂中拜访过下界
的世界和天堂、滋养了全世界几千年幻想文学的人一样。如
果将这些神话视为仅仅是萨满教体验的创造，未免言过其
实；但可以肯定的是，这些神话使用并阐释了这些体验。在
"阿里巴穆"版本中，两位英雄用萨满捕捉病人灵魂的方法
捉到他们妹妹的灵魂，从被抓去的逝者之地将其带回这个
大地。

秘密的兄弟会和萨满教

　　萨满教与北美各种秘密社团和神秘运动之间的关系问题
毫无疑问是很复杂的，远未被解决。① 但是，我们可以说，
所有这些基于秘密的宗教教义的兄弟会都有一种萨满教结
构，这些兄弟会在意识形态和技艺上都具有伟大的萨满教传
统。我们很快会举出来自神秘社团（"米德威温"类型，
Midē'wiwin）和癫狂运动（鬼魂舞宗教类型）的例子。这些
例子清晰地展示了萨满教传统的主要元素：涉及候选人死亡
和重生的加入式、进入逝者之地与升天的癫狂旅行、植入准
萨满体内神奇物质、揭示秘密教义、知道萨满教治疗，等
等。传统的萨满教与秘密社团的主要不同在于这样一个事
实：后者向任何表现出一点癫狂倾向的人开放，这些人愿意
支付要求的费用，最重要的是，同意接受必要的学习，并愿
意承受加入式磨难。人们经常可以观察到秘密兄弟会一方面

---

① 一些概括性信息，参见布泰勒的《萨满教》，51 页及后面内容。克拉
克·威斯勒（《萨满教与舞蹈社团的广泛讨论》）研究了一个特定的萨
满教概念从波尼族到其他部落的传播，并且展示了（尤其在 857～862
页）神秘技艺被同化的进程。也可参见沃纳·穆利《夸扣特尔印第安
人的世界观和崇拜》，114 页及后面内容；J. 黑克尔：《北美西北海岸
的加入式和秘密联盟》。

与癫狂运动，另一方面与萨满之间的某种对立，甚至是对抗。正如癫狂运动一样，兄弟会已经被同化成巫术和黑魔法，在这一点上，它与萨满教是对立的。产生对立的另外一个原因是某些萨满教圈子的排外态度；相反，秘密社团和癫狂运动展现出一种十分明显的改变信仰的精神，概括地讲，就是消除萨满特权。所有这些兄弟会和神秘宗派都宣扬整个群体，甚至所有北美印第安部落（鬼魂舞宗教）的精神再生，共同致力于一场宗教革命。因此，他们意识到自己处于与萨满对立的另外一个极端，萨满这一极端则代表了宗教传统中最保守的元素与部落精神中最不具包容性的趋势。

但事实上，情况更加复杂。如果我们上面所述完全真实，也就等于说在北美"被圣化的"人和"世俗的"大众之间的差异与其说是质上的，不如说是量上的；这些差异在于前者同化的神圣者的数量。我们已经表明，每个印第安人都寻求宗教能力，每个印第安人都指挥着一位守护神灵，这位守护神灵是用与萨满获得自己的神灵相同的方法获得的。[1]外行们和萨满的区别有很多；萨满指挥着大量的守护或守卫神灵，掌握更强大的巫术 - 宗教"能力"。[2] 在这一方面，我们几乎可以说每个印第安人"都成了萨满"，即使他并不是有意识地希望成为一名萨满。

如果世俗之人与萨满之间的区别如此明确，那么萨满教圈子与秘密兄弟会或神秘宗派之间的关系就再清楚不过了。一方面，秘密兄弟会或神秘宗派展示出被认为具有"萨满教"性质的技艺和意识形态；另一方面，萨满通常会出席最

---

① 上文，见 98 页及后面内容。

② 除了我们前文已经引用的例子，此处补充莱斯利·施皮尔的精辟的分析，《克拉玛斯民族志》，93 页及后面内容。"能力的探寻"，107 页及后面内容。能力方面大量的不同，249 页及后面内容。（探寻的普遍性）等。

重要的秘密神秘社团的活动，有时会完全接管这些活动。这些关系在奥吉布瓦族的"米德威温"社团中得到了清晰的展现，这个社团一直被错误地称为"大巫术社团"。奥吉布瓦族有两种类型的萨满："黎明之人"或"东方之人"（Wâbĕnō）与预言家和先知（jĕ'sakkīd），也被称为"杂耍之人"和"揭示隐秘事实之人"。两种类型的萨满都能够施展萨满教技艺。"黎明之人"也被称为"火的控制者"，他可以触摸燃烧的炭火而不被烧伤；预言家和先知可以治愈疾病，天神和神灵通过他们的嘴说话，他们是著名的"杂耍家"，因为他们能够立刻解开绑在身上的绳子和链子。① 但是，人们都可以自愿加入"米德威温"社团成为这两类人，他可以成为"黎明之人"，专于巫术医学和咒语；为了提高他在部落中的威望，他也可以成为预言家和先知。当然，这些人只占少数，因为"大巫术"兄弟会向任何对精神问题感兴趣并且有办法支付加入费的人开放。在霍夫曼的时代，默诺默尼族有 1500人，而"米德威温"社团就有 100 个成员。在他们之中有两位"黎明之人"及五位预言家和先知，② 但不是这个社团成

---

① W. J. 霍夫曼：《米德威温》，157 页及后面内容。参见预言家和先知巫术能力的例子（同上书，275 页及后面内容）。但是，需要补充的是，北美萨满的巫术事迹远不止于此。他们被赋予在观众面前使谷物发芽并且生长的能力；能让松树枝在眨眼间从遥远的山上过来；让兔子和孩子们出现，让羽毛和其他物品飞行等。他们也可以从高处跳到小篮子里，让一个兔子骨架变成一只活着的兔子，将各种各样的物品转变成动物。但是最重要的是，萨满们是"火的掌控者"，表演各种各样的"火把戏"；他们将一个人烧成灰烬，但是几分钟之后，那个人却在远处参与到了舞蹈当中；参见埃尔希·克鲁斯·帕森《埃布洛印第安人的宗教》，第一章，440 页及后面内容。在祖尼和凯瑞斯地区存在一些擅长火把戏的秘密社团，它们的成员可以吞火炭，火上行走，触摸烧红的铁块，等等；参见玛蒂尔达·考克斯·史蒂文森（《祖尼印第安人：它们的神话、秘密的兄弟会以及仪式》，503 页、506 页等），也记载了个人的观察（一位萨满将灰烬含入嘴里 30 到 60 秒等）。

② 霍夫曼：《米德威温》，158 页。

员的人当中不可能有那么多的萨满。

这一情况中重要的一方面是"大巫术"兄弟会本身展现了一种萨满教结构。事实上,霍夫曼将这个社团的成员称为"米德"(*midē*),即"萨满",尽管其他作家会同时称他们为萨满、巫医、预言家、先知,甚至是司祭。所有这些称谓部分是合理的,因为"米德"既充当治疗疾病的萨满又充当预言家,某种程度上,甚至还充当司祭。"米德威温"社团的历史起源不为人知,但它的神话传统与西伯利亚"首位萨满"的神话相距不远。这些神话讲述了"米娜波佐"(Mi'nabō'zho),即"德兹·马尼多"(Dzhe Manido,伟大神灵)的信者以及他和人类之间的代理主教,看到生病的、衰弱的人类悲惨的现状后,就向水獭揭示了最庄严的秘密,并在它体内植入"米吉斯"(*mīgis*,"米德"的象征),这样,水獭就获得了永生,能够使人类成为萨满,同时圣化人类。[①]因此,水獭皮制成的育儿袋在"米德"的加入式中扮演着重要的角色;里面放着"米吉斯",也就是人们相信拥有巫术–宗教能力的小贝壳。[②]

候选人的加入式遵循所有萨满教加入式的普通范型,包括揭示神秘(也就是,尤其是"米娜波佐"的神话与水獭的永生)、候选人的重生与死亡、大量"米吉斯"(它使人莫名其妙地想到澳大利亚及其他地区植入术士学徒体内的"巫术石头")嵌入候选人体内。加入式有四个阶段,但后三个阶段只是第一个仪式的重复。被称为"伟大的巫术小屋"的"米德威甘"(midēwigan),即一个25码长、8码宽

---

① 霍夫曼:《米德威温》,166 页及后面内容;《奥吉布瓦人象形文字的使用和萨满仪式》,213 页及后面内容。也可见沃纳·穆利《蓝色的茅屋》,28 页及后面内容,40 页及后面内容;西斯特·伯纳德·科尔曼:《明尼苏达北部奥吉布瓦人的宗教》,44 页及后面内容(关于"米德威温")。
② 霍夫曼:《米德威温》,217 页、222 页及后面内容。

的围场被建起来，柱子之间搭着有树叶的枝条，避免被偷窥。距离"米德威甘"约30码的地方，建起一个供候选人洗蒸汽浴的场所，被称为"威吉瓦姆"（wigiwam）。首领指定一名老师，让他告诉候选人萨满鼓和拨浪鼓的起源和特性，并向候选人展示如何用它们召唤伟大天神（马尼多，Manidou）和驱赶恶魔。候选人也要学习巫术歌曲、医用植物和治疗之法，尤其是神秘教义中的各个元素。从加入式的前六天或五天开始，候选人便每天用蒸气浴净化自己，参加"米德"举办的巫术能力展示。"米德"聚集在"米德威甘"里，他们制作各种各样的木质雕像，他们自己的烟草袋在远处移动。加入式前一晚，候选人只与他的老师一起沐浴，在第二天早晨，再一次净化之后，如果天气晴朗，人们就会举行加入仪式。所有的"米德"聚集在"伟大的巫术小屋"里，他们吸了很久的烟，一言不发，之后他们开始吟唱揭示远古传统秘密方面的仪式歌曲，歌曲的大部分人们都听不懂。在一个特定的时刻，所有"米德"站起来走向候选人，通过用"米吉斯"触碰候选人来"杀死"他。[1] 候选人全身颤抖，屈膝跪地。当一个"米吉斯"被放到嘴里时，候选人躺在地上，像死去一般。被烟草袋触碰之后他"复活"过来。于是，他被赋予了一首巫术歌曲，首领赠送他一只水獭皮育儿袋，用来装放自己的"米吉斯"。为了验证这些贝壳的能力，他一个接一个地触摸这些伙伴，它们就像被雷电击中一样纷纷掉在地上，然后他又用同样的方法碰触这些同伴使它们复活。现在他有证据证明，他的贝壳可以赋予生与死。在结束仪式的宴会上，最年长的"米德"要讲述"米德威温"的传统，最后，这位新成员要唱歌并击鼓。

第二次加入式至少在第一次加入式一年之后举行。由于

---

[1] 参见 W. 穆利《蓝色的茅屋》，52 页及后面内容。

在萨满体内放了大量的"米吉斯"，尤其是在心脏和关节周围，现在他的巫术能力提高了很多。第三次加入式之后，"米德"获得了足以成为预言家和先知的能力，也就是他能够表演各种萨满教"杂耍技艺"，尤其是他现在是一位正式的治疗大师了。第四次加入式还是会在他的体内放更多的"米吉斯"。[1]

　　这个例子充分展示出萨满教本身与北美秘密兄弟会之间的紧密关系，两者都有同样古老的巫术 - 宗教传统。但是，我们在这样一种兄弟会中，尤其在"米德威温"中觉察到一种"回归本源"的尝试。我们这样讲，是因为这一神秘社团寻求重新获得与远古传统的联系，并要消灭巫师。守护神灵与辅助神灵的作用证明非常微小，相反，兄弟会特别重视伟大神灵和升天之旅。他们努力重新建立起黎明之时的天地交流。但是，尽管有其"革新"的方面，"米德威温"却采用最古老的巫术 - 宗教加入式的技艺（死亡与重生;[2] 用"巫术石头"填充身体等）。正如我们所看的那样，"米德"变成了巫医，他们的加入式也教会他们各种巫术治疗技能（驱鬼术、巫术处方［药典］、吮吸治疗法等）。

　　温尼贝戈族的"巫术仪式"略微不同，保罗·雷丁已经发表了其完整的加入仪式的文章。[3] 同样，在这里我们有一个秘密兄弟会，只有经历一个极其复杂的加入式仪式后才能加入其中；这一加入式主要是触碰装在水獭皮育儿袋中的巫术贝壳而使候选人"死亡"与重生。[4] 与奥吉布瓦族和默诺默尼族的"米德威温"的相似性只有这些。很可能，后来

① 霍夫曼:《米德威温》，204 ~ 276 页。
② 关于夸扣特尔人的萨满教特征，"食人社会"，参见沃纳·穆利《夸扣特尔印第安人的世界观和崇拜》，65 页及后面内容;伊利亚德:《出生与重生》，68 页及后面内容。
③ 《生与死的道路：美洲印第安人的一个仪式情节》。
④ 同上书，5 页及后面内容，283 页及后面内容等。

（接近十七世纪末），将贝壳装进候选人体内的仪式被融入富含萨满教元素的更早的温尼贝戈族的仪式中。① 既然温尼贝戈族的巫术仪式与波尼族的"巫医仪式"表现出各种相似之处，而两个部落之间的距离排除了直接借引的可能性，我们或许可以得出这样的结论：两个部落都保留了属于一种起源于墨西哥的文化复合体的古代仪式的遗迹。② 奥吉布瓦族的"米德威温"很有可能仅仅是这一仪式的一个发展。

无论如何，要强调的一点是，温尼贝戈族的巫术仪式要达到的目标就是加入者的永久重生。神话的造物主野兔被上帝派到大地帮助人类，野兔因人类的死亡而备受打击。为了补偿这一罪恶，它建起一个加入式小屋，并将自己变为一个小孩。它宣称："如果有人能够重复我在这里所做的事情，这就是他之后的样子。"③ 但是，上帝却对他赋予人类的重生给予不同的解释：只要愿意，人们可以多次转世。④ 基本上讲，通过揭示人死后要走的道路以及死者必须向冥界的女卫士和上帝本人所说的话，巫术仪式传递了永久性重返大地的秘密。当然，巫术仪式的宇宙创世说和起源也同样得到了展现，因为每个例子都包含着回归神秘起源、消除时间概念，因此也就重申了创造的神奇时刻。

许多萨满教元素也被保留在被称为鬼魂舞宗教的伟大神秘运动中，这种宗教尽管在十九世纪初已经在有些地方流传开，但直到十九世纪末才在所有北美部落中传播开。⑤ 基督

---

① 雷丁：《生与死的道路》，75 页。
② 同上。
③ 同上书，31 页。
④ 雷丁：《生与死的道路》，25 页。
⑤ 参见詹姆斯·穆尼《鬼魂舞宗教和 1890 年苏人暴乱》；莱斯利·施皮尔：《西北部的占卜舞和它的派生物：鬼魂舞的源头》；科拉·A. 杜·博厄斯：《1870 年鬼魂舞》。

教很可能至少影响了这一宗教的一些"预言家"。① 由预言
家和鬼魂舞宗教大师所宣称的救世主式的紧张和对迫近的
"世界末日"的期待都易于与一种最初失败的基督教体验相
协调。但这种重要而普遍流行的神秘活动的实际结构依然是
原生的。其预言家以最纯洁的古老方式看到了他们的愿景；
他们"死去"，升上天空，在那里，一位天上的女人教他们
如何接近"生命大师"；② 他们在恍惚中完成穿越冥界之旅，
得到他们伟大的启示，正常意识恢复之后，他们讲述了他们
所看到的情景。③ 在他们的自愿恍惚中，他们能够被刀子切
割，被火焚烧，却没有任何感觉，④ 凡此种种。

　　鬼魂舞宗教预言了将要到来的宇宙重生：那时，所有的
印第安人，不论死去的还是活着的，都会被召集起来居住在
一个"重生的大地"上；人们也可借助巫术羽毛从空中飞
过，到达这个天堂般的大地。⑤ 一些预言家——像约翰·斯
洛克姆，震教徒运动的创始人——反对古老的印第安宗教，
尤其是巫医。这并没有阻止萨满加入斯洛克姆的运动中，因
为在这个运动中他们找到了升天的古老传统和神秘之光的体
验；同萨满一样，震教徒可以使死者复活。⑥ 这个宗派的主
要仪式在于持久的天空冥想和持续抖动手臂，在古代和现代
近东地区也存在这些基本技能，以更异常的面貌表现出来，
而且总是与"正在萨满教化的"群体联系在一起。其他预言
者公然抨击巫术实践和部落巫医，但他们这样做是为了改造
巫术和巫医，使他们重生。举一个名叫沙瓦诺预言者的例

　① 　参见穆尼《鬼魂舞宗教和 1890 年苏人暴乱》，748 页及后面内容，780
　　　页等。
　② 　同上书，663 页及后面内容，746 页及后面内容，772 页及后面内容。
　③ 　同上书，672 页及后面内容。
　④ 　同上书，719 页及后面内容。
　⑤ 　同上书，777 页及后面内容，781 页，786 页。
　⑥ 　例如，见四个复活之人的例子，同上书，748 页。

子，他在 30 岁的时候被带到天上，得到了生命大师的新启示，使他能够知晓过去和未来的事情。尽管他谴责萨满教，但他宣称已经获得了治愈所有疾病的方法，以及在战争中与死亡本身对抗的能力。① 此外，这位预言者将自己视为"马娜波佐"（Manabozho），阿尔冈昆族第一位"伟大造物主"的化身，他想要改革"米德威温"。②

但是，鬼魂舞宗教令人惊奇的成功，主要是因为简化了神秘技艺。为种族救星的到来做准备，这个群体的成员不停地跳舞，连续五天或六天，由此进入恍惚，在恍惚期间，他们看到死者并与他们交谈。舞蹈是围着火堆的圆圈舞，有歌声但没有鼓声。在舞蹈中，信徒通过给新司祭一根鹰的羽毛来确认他们司祭的身份。信徒只需用这根羽毛触碰其中一个跳舞者，这个舞者就会倒地，失去生命迹象；他会保持这样的状态很长一段时间，在此期间，他的灵魂遇到死者并与他们交谈。③ 这其中并不缺少其他重要的萨满教元素；舞者成了治疗者；④ 他们穿着"鬼魂的衬衫"，上面画着星星、神话人物甚至恍惚期间获得的幻象；⑤ 他们用鹰的羽毛装饰自己；⑥ 洗蒸汽浴，⑦ 等等。他们的舞蹈本身代表一种神秘技艺，正如我们所见，如果这一技艺并非萨满教专有，它也在萨满的癫狂准备中起决定性的作用。

当然鬼魂舞宗教在各个方面都超出了萨满教本身的范围。例如，加入式和传统的秘密训导的缺失足可以将其与萨满教区分开来。但是，我们现在论及的是一种集体的宗教体

---

① 穆尼：《鬼魂舞宗教和 1890 年苏人暴乱》，672 页。
② 同上书，见 675～676 页。
③ 同上书，见 915 页及后面内容。
④ 同上书，786 页。
⑤ 同上书，见 789 页及后面内容，P1. CIII, 895 页。
⑥ 同上书，791 页。
⑦ 同上书，见 823 页及后面内容。

验，这种体验围绕着"世界末日"的迫近而具体化；这种体
验的来源——与死人的交流——对于获得这种体验的人来说，
本身暗示着现时世界的终结和一种"混乱局面"的支配，这
种"混乱局面"尽管短暂，却构成了现时宇宙循环的终结和
一个新的天堂循环辉煌恢复的开始。时间的"开始"与"结
束"的神秘幻象是可以对应的；既然末世论至少在某些方面
与宇宙学相重合，如果每个人都可以和天空、伟大天神及逝
者进行交流沟通，鬼魂舞宗教的末世就再现了神秘的隐退上
帝。这些神秘运动不同于传统萨满教，因为在保留萨满教意
识形态和技艺的同时，他们认为整个印第安民族获得萨满特
权状态，也就是说体验重新建立与上天的"轻而易举地交流"
的时间已经到来，即使这种交流才只是发生在黎明时分。

南美萨满教：各种仪式

　　萨满似乎在南美的部落中发挥着相当重要的作用。[1] 他
不仅是杰出的治疗者，并且在一些地区是带领最近去世之人
的灵魂去往新家的向导，他也是人类与天神或神灵之间的中

---

[1]　A. 梅特罗克斯：《南热带美洲印第安人的萨满教》，见 329 页及后面内
　　容。也可参见 id., 《宗教与萨满教》，见 559～999 页；E. H. 阿克耐
　　特：《巫术实践》；J. H. 斯图尔德：《边缘部落的萨满教》；梅特罗克
　　斯：《莫乔和玛纳斯社会组织》，见 9～16 页（莫乔萨满教），22～28
　　页（玛纳斯萨满教）；W. 马德森：《墨西哥萨满教》；尼尔斯·M. 霍
　　尔默和 S. 亨利·瓦森，合著并编译，《尼雅－爱卡拉：治愈神经错乱
　　的魔法歌曲》；O. 策里斯：《南美洲疾病恶魔和巫医的辅助灵》。关于
　　南美文化圈的问题，见 W. 施密特《南美洲的文化圈与文化层》；罗
　　兰·B. 迪克逊的评注，《文化的建立》，182 页及后面内容，以及库
　　伯的观点，《人类学》，24 章（1929），695～699 页。也可参见拉斐
　　尔·卡斯滕《南美印第安的文明》；id., 《印第安巫医的心理学研究》；
　　约翰·M. 库伯：《南美土著文化的地区与时间方面》。关于南美文化
　　的起源和历史，见厄兰·诺登舍尔德《南美印第安文化的起源》，尤
　　其见 1～76 页；保罗·里韦特：《南美民族的起源》，全文。

介者（例如在玻利维亚东部莫乔族和玛纳斯族，以及大安德烈斯群岛的泰诺族中，等等），[①] 他要确保人们都能遵守仪式禁令、保卫部落免受邪恶神灵侵袭、指明有利可图的狩猎和钓鱼地点、增加猎物、[②] 控制大气现象、[③] 促进繁衍、[④] 揭示未来事件，[⑤] 等等。因此，萨满在南美社团中享有相当高的声望和权力。只有萨满可以变得富有，也就是收集刀子、梳子、短柄小斧子以及其他一些珍宝。人们相信萨满可以展现奇迹（这些奇迹在本质上具有严格的萨满教性质：巫术飞行、吞咽灼炭等）。[⑥] 瓜南尼族人特别尊敬他们的萨满，萨满的骨头都是他们祭仪的对象；那些能力特别强大的术士的遗物被保留在小屋中，人们会在这些小屋中咨询术士，有时还会向他们献祭。[⑦]

　　自然，南美萨满和其他地方的同行一样可以充当巫师的角色；例如，他可以变成一只动物，饮用敌人的鲜血。对狼人的信仰在南美地区普遍流传。[⑧] 但是，南美萨满的巫术－宗教地位和社会威望更多地归功于他的癫狂能力，而不是他

① 梅特罗克斯：《热带南美洲印第安人的萨满教》，337 页及后面内容。
② 同上，见 330 页及后面内容。
③ 萨满阻止猛烈的雨水（同上，331 页及后面内容）。"伊皮尤里纳萨满派遣他的替身进入天空去熄灭具有烧毁宇宙威胁的流星"（同上书，332 页）。
④ 在塔皮雷普族，一个女人无法怀上孩子，除非萨满将一个神灵的孩子带到她体内，其他部落也是如此。在一些部落中，萨满被召唤去辨认已经化身为孩子的神灵（同上）。
⑤ 为了知晓未来，图皮南巴萨满遵守各种各样的禁忌，"退居到小屋里，他们在屋里禁欲九天"（同上书，331 页）。神灵从天而降并且用神灵的语言揭示未来的事情。也可参见梅特罗克斯《图皮南巴宗教》，见 86 页及后面内容。在军事远征的前一天晚上，萨满的梦境尤其重要，《热带南美洲印第安人的萨满教》，331 页。
⑥ 同上书，334 页。
⑦ 梅特罗克斯：《图皮南巴宗教》，见 81 页及后面内容；《奇里瓜诺和南美地区的天神》，66 页等；《南热带美洲印第安人的萨满教》，334 页。
⑧ 梅特罗克斯：《南热带美洲印第安人的萨满教》，335～336 页。

作为一名术士的功绩。除了他通常的治疗疾病的特权之外，他的癫狂能力能够使他神秘升天，直接见到天神，并转达人们的祈祷。（有时，正是天神从天而降进入仪式小屋；玛纳斯族中情况就是如此，天神从天而降，与萨满交谈，最后带着萨满一同升入天空，些许时刻之后，天神让萨满降落回大地。）①

　　萨满可以履行僧侣的职责，对此，我们或许会列举以下例证：阿劳干人定期举行一种名为"恩吉拉特姆"（*ngillatum*）的集体仪式，其目的是要加强天神与部落之间的关系。②"麻吉"（*machi*，即女萨满）在这一仪式中扮演主要的角色。她进入恍惚并将自己的灵魂派往"天空父亲"那里，陈述群体的愿望。这一仪式会在公众的场合举行。以前，"麻吉"会爬上一个由灌木（the *rewe*）支撑的平台，在那里，她长时间凝视天空，产生了她的幻象。观众中有两个人，他们的具有萨满教本质的功能显而易见："他们头绑一块白色手帕，脸涂成黑色，骑一匹木马，手拿一把木剑和他们的小装饰。""麻吉"一进入恍惚，这两位侍从就"使他们的木马腾跃起来，并疯狂地摇晃他们的拨浪鼓"。③（我们可以比较布里亚特萨满的"马"和在一匹木马上跳的穆利亚舞。）④"麻吉"恍惚期间，其他骑士与恶魔斗争，并驱赶邪恶神灵。⑤当"麻吉"恢复意识时，她描述了她的天空之旅，并宣称天空父亲已经答应了群体的所有愿望。人们用长

---

①　梅特罗克斯：《南热带美洲印第安人的萨满教》，338 页。

②　梅特罗克斯：《阿劳干萨满教》，351 页及后面内容。参见雅鲁罗萨满，他是人类与天神的中介者（文森佐·彼得鲁洛：《委内瑞拉卡帕纳帕洛河流域的雅鲁罗人》，249 页及后面内容）。

③　法瑟·豪斯：《一首印第安人的叙事诗》。

④　雅鲁罗萨满在"马"背上穿行到逝者之地，也是伟大母亲的领土（彼得鲁洛，256 页）。

⑤　很可能，恩吉拉特姆节日属于为再生时间定期举行的仪式的复合体；参见伊利亚德《永久回归的神话》。

时间的欢呼声和集体的欢庆来响应"麻吉"的话。当骚动平息一点儿的时候，"麻吉"被告知在她进行升天之旅时，这里所发生的一切，也就是与恶魔的战斗，驱赶恶魔，以及其他事件。

阿劳干仪式与阿尔泰的马祭祀存在一个显著的相似之处，阿尔泰马祭祀仪式之后紧接着是萨满前往"贝·乌尔甘"神殿的升天之旅。在两个例子中我们都看到了一个定期举行的公共仪式，仪式目的是为了向天上神灵表明部落的愿望。两种情况中萨满都发挥了主要作用，仅仅因为他的癫狂能力，他就能够进行神秘的升天之旅并与天神面对面交谈。萨满是天神与人类的中介者，比起阿劳干族和阿尔泰族，南美萨满的宗教职能更为模糊。

我们已经注意到南美和阿尔泰人萨满教的其他相似之处：通过一个由植物编成的梯子升天（在阿劳干民族中）①或通过几根编织的绳子爬到悬挂在举行仪式的小屋天花板上的平台上（在荷属圭亚那的加勒比民族中）、② 天神的作用、木马、疯狂奔驰的马群。总之，我们一定注意到了，正如阿尔泰族和西伯利亚的萨满一样，一些南美的萨满也是灵魂的引导者。在巴卡里族中，前往冥界的旅程对死者来说是难以独自完成的；他需要一个认识路而且之前去过几次的人来帮助他；现在，萨满在转眼间就到达了天空领域；对于他来说，天空就像房子一样高。③ 在"马纳西卡"（Manacica）族中，葬礼仪式一结束，萨满就带领死者的灵魂升入天空。道路极其漫长和艰辛：旅行者穿过一片原始森林，爬上一座大山，穿越海洋、溪流和沼泽，直到他们来到一条大河的岸

---

① 上文，见 123 页及后面内容。
② 上文，130 页。
③ 卡尔·冯·德·斯泰因：《巴西中部的原始民族》，357 页。

边，他们必须要通过一座神守护的桥来跨越这条河。① 没有萨满的帮助，灵魂无法完成这一旅程。

萨满教治疗

正如在其他所有地方一样，南美萨满很重要且纯属个人的职能就是治疗疾病。② 治疗疾病并不总是完全具有巫术性质，南美萨满也知晓一些植物和动物的药用价值，萨满也运用按摩等方法治疗疾病。但是，在他看来，既然绝大多数的疾病都是由于魂灵的原因引起的——也就是说，疾病是由于灵魂的逃离，或神灵或巫师在病人身体嵌入巫术物品而引起的——他不得不诉诸萨满教治疗方式。

疾病产生于灵魂的丢失，不管是灵魂走丢还是被一位神灵或一个鬼魂诱拐，这一观点在亚马孙和安第斯山地区③流传甚广，但在热带南美地区却相当罕见。然而，这一观念也存在于南美的一些部落中，④ 甚至在火地岛的雅甘族中也得到了证实。⑤ 通常，这一观念与放入病人体内的巫术物体的理论共同存在，⑥ 而后一观念似乎流传得更加广泛。

当要去寻找一个被神灵或死者带走的灵魂时，人们相信萨满离开了他的身体，进入了地下世界或诱拐者居住的地域。因此，在阿皮尼（Apinaye）族中，萨满进入逝者之地，

---

① 西奥多·科赫：《南美洲印第安人的泛灵论》，129 页及后面内容（十八世纪来源之后）。

② 参见艾达·鲁布林斯基《南美洲原始民族的巫医》，247 页及后面内容。

③ 参见 F. E. 克莱门兹《疾病的原始概念》，196～197 页（表格）；梅特罗克斯：《热带南美洲印第安人的萨满教》，325 页。

④ 在卡因岗大、阿皮尼人、科卡马人、图卡纳人、希多帕希人、科比诺人、贝孟人、伊托纳玛人和维托托人中（同上，325 页）。

⑤ 例如参见，W. 库伯《火地岛印第安人》，72 页、172 页。

⑥ 例如在阿劳干，情况也是如此；参见梅特罗克斯《阿劳干萨满教》，331 页。

逝者遭受痛苦而逃离，于是萨满抓住病人的灵魂，将它带回病人身体。一个贝孟（Taulipang）族神话讲述道，一个孩子的灵魂被月亮带走，藏在一个罐子下面，萨满历经磨难来到月亮里面，找到了那个装有孩子灵魂的罐子，放走孩子的灵魂。[1] 阿劳干族"麻吉"的歌曲有时也讲述了灵魂的不幸遭遇：一个恶灵让病人在一座桥上行走，或者一个鬼魂已经吓唬过他。[2] 在有些情况下，"麻吉"并没有去寻找灵魂，而仅仅祈求灵魂回来并辨认其亲属，[3] 就像在其他地方一样（例如，吠陀印度）。有时，萨满为治疗疾病进行的癫狂之旅是以某种异常的升天形式进行的，升天的目的已经被遗忘了。因此，我们被告知，"对于贝孟族而言，治愈的结果有时依赖于萨满的幽灵与一位巫师之间的搏斗。为了到达神灵之地，萨满饮用一种由藤本植物泡制而成的浸液，这个藤本植物的形状暗示着梯子"。[4] 梯子的象征意义表明恍惚的升天意义。但是，通常诱拐灵魂的神灵和术士并不住在天界。正如在许多其他情况下一样，贝孟族萨满表现出了一种宗教观念的混乱，而这些宗教观念的深层含义正在逐渐丧失。

即使疾病并不是因为恶魔或鬼魂偷走了病人的灵魂，萨满的癫狂之旅通常也是必不可少的。萨满的恍惚构成了治疗疾病的一部分；不论萨满如何阐释治愈，他总是通过他的癫狂找到引发疾病的确切原因，并使用最佳治疗方法。恍惚有时是以萨满被他熟悉的神灵"附体"而结束（例如，在贝孟族和耶丘阿纳族中）。[5] 但是，我们已经注意到，对于萨满来说，"附体"经常在于他所有的"神秘器官"进入一种

---

[1]　梅特罗克斯：《热带南美洲印第安人的萨满教》，328 页。

[2]　梅特罗克斯：《阿劳干萨满教》，331 页。

[3]　梅特罗克斯：《阿劳干萨满教》，331 页。

[4]　梅特罗克斯：《热带南美洲印第安人的萨满教》，327 页。

[5]　同上书，322 页。

附体状态，这在某种程度上构成了他真正的、完整的精神个性。在大多数情况下，"附体"仅仅是让萨满的辅助神灵听他的摆布，通过所有的可感知的手段实现这些神灵实在的存在；这种存在，由萨满唤起，并不以恍惚结束，而是以萨满和他的辅助神灵之间的对话结束。的确，现实更加复杂；因为萨满可以将自己变成各种动物，而降神会期间所发出的动物叫声在什么程度上属于熟悉的神灵①或代表了萨满自身转变为一只动物的阶段，也就是说，明显地揭示了萨满真实的神秘个性，有时这是一个问题。

　　萨满教治疗疾病的形态几乎在整个南美地区都是相同的。它包括烟熏、歌曲、对身体感染部位的按摩、在辅助神灵的帮助之下确定疾病的起因（在这一点上，出现了萨满的"恍惚"，在恍惚期间观众有时询问萨满一些与疾病没有直接关系的问题），以及最后通过吮吸取出病原物体。② 例如在阿劳干族中，"麻吉"首先召唤"天父"，尽管这一角色不能排除基督教的影响，但它仍然保留了原始的结构（例如，雌雄同体，他被称呼为"父亲天神"、"住在天堂的老妇人……"）。③ 然后"麻吉"对"安奇马伦"（Anchimalen），即太阳的妻子或"心爱之人"以及死去"麻吉"的灵魂说，"据说那些人住在天上，他们向下观看他们地上的同伴"；④ "麻吉"祈求他们帮她呼唤上帝。

---

① 关于南美神灵动物概念，见 R. 卡斯滕《南美印第安人的文明》，见 265 页及后面内容。参见同上，86 页及后面内容（在巫医中，羽毛的作用是仪式性的装饰物），365 页及后面内容（水晶石和石块的巫术力量）。
② 例如参见梅特罗克斯的关于圭亚那加勒比部落降神会的描述（对于这个降神会，存在大量的文献记载），《热带南美洲印第安人的萨满教》，325 页及后面内容和注释 90。
③ 梅特罗克斯：《阿劳干萨满教》，333 页。
④ 同上。

值得我们注意的是，"麻吉"技艺中升天和空中骑行的主题的重要性。在召唤天神和已逝"麻吉"的帮助和保护之后，女萨满马上就宣称"她要和她的辅助者，即看不见的'麻吉'骑上马背"。[1] 在恍惚期间，她的灵魂离开身体，在天空飞行。[2] 为了实现癫狂，"麻吉"使用了最基本的方法：跳舞、晃动手臂与拨浪鼓伴奏。跳舞时，她对天上的"麻吉"说话，让她们在她癫狂期间帮助她。"当女萨满正要无意识地倒地时，她举起胳膊，开始旋转。这时有一个人走向她，支撑着她以免她摔倒。另一个印第安人匆忙过来并表演了一种叫'兰肯'（lañkañ）的舞蹈，目的是要唤醒女萨满。"[3] 通过在圣梯的顶端左右摇摆，萨满进入恍惚状态。

整个仪式期间，大量使用烟草。"麻吉"深吸一口烟，朝天神的方向呼出。她说："我向您供奉这几口烟！"但是梅特罗克思补充道："绝对没有人告诉我们烟草有助于'麻吉'获得癫狂状态。"[4]

根据十八世纪欧洲的旅行者所言，萨满教治疗也包括用一只绵羊献祭，萨满揪出绵羊仍然跳动的心脏。如今，祭祀动物身上一个切口就足够了。但大多数早期和后来的观察者一致认为，通过一种幻觉的把戏，"麻吉"让观众相信她打开了病人的肚子，取出了他的内脏和肝脏。[5] 根据法瑟·豪斯所说，"麻吉""似乎打开了病人的身体，从中摸索，并

---

[1] 梅特罗克斯：《阿劳干萨满教》，334页。
[2] 梅特罗克斯：《阿劳干萨满教》，336页。
[3] 梅特罗克斯：《阿劳干萨满教》，337页。
[4] 同上书，339页。
[5] 参见同上书，339页及后面内容（在一位十八世纪作者纽埃·德·皮纳代·巴斯居南之后），341页及后面内容（曼纽尔·芒基勒夫和法瑟·豪斯之后）。

从中取出一些东西"。然后，她展示了病因：一块鹅卵石、一条虫子、一只昆虫。人们相信"伤口"会自己愈合。但因为通常的治疗并不包括明显的开膛，而只是吮吸神灵指明的病人身体部位（有时，就是流血的地方），这里极有可能反常地应用了众所周知的加入式技艺：① 新萨满身体被以一种巫术方式打开，赋予其一副新的内脏，并让他"重生"。在阿劳干族的治疗中，替换候选人的内脏和取出一个病原物体已经变混淆了，无疑这是因为加入式范型（死亡与重生，涉及内脏的更新）正处于消亡的过程中。

　　然而，这可能是，18 世纪时这种巫术手术伴随着一种全身僵硬的恍惚。萨满（因为在那段时期，阿劳干族中萨满教不是女人的特权，而是男性和行为反常的人的特权）"像死了一样"倒在地上。② 在恍惚期间，萨满被询问带来疾病的巫师的名字等。如今，"麻吉"也同样进入恍惚状态，也以同样的方式得知疾病的原因——但是，在"打开"病人身体之后，她的恍惚并不会立刻发生。在有些情况下，没有这种巫术手术的任何痕迹，只有吮吸，而吮吸是在恍惚之后按照神灵的指示进行的。

　　但是，吮吸与取出病原体仍然是一种巫术 - 宗教操作。因为在大多数情况下，"物体"在本质上是超自然的，被巫师、恶魔或死者以看不见的方式投射到体内。这一物体仅仅是不属于现实世界的"麻烦"的一种合理表现。正如我们在阿劳干族的例子中所看到的一样，萨满在工作中无疑得到了他的熟悉神灵的帮助，也得到了死去的萨满，甚至天神的帮助。"麻吉"的巫术规则是由天神决定的。③ 雅马纳族萨满也用吮吸的方法取出"耶库什"（*yekush*）（通过巫术投射到

---

① 梅特罗克斯：《阿劳干萨满教》，341 页。
② 同上书，340 页。
③ 同上书，338 页。

病人体内的"麻烦"），同时，他也依赖祷文。① 他也控制着
"耶法查尔"（*yefatchel*），一位辅助神灵，只要他被"耶法
查尔""附体"，他就会失去感知能力，② 但是，更确切地
说，这一现象是他的萨满能力，因为他可以赤脚在火堆上行
走，吞咽火炭，③ 就像他大洋洲、北美和西伯利亚的同行
一样。

总而言之，南美萨满教依旧展现出许多极其古老的特
征：候选人仪式性死亡和重生的加入式、候选人体内神奇物
体的植入、在最高天神面前讲述整个社会愿望的升天之旅、
吮吸或寻找病人灵魂的萨满教治愈之法、萨满作为灵魂引导
者的癫狂之旅、天神或动物尤其是鸟展现的"秘密歌曲"，
等等。我们没有必要对所有这些反复出现的相同例子进行对
比。我们将只提及其与澳大利亚巫医的一些相似之处，以此
来展示南美萨满某些观念和技艺的古老性（在候选人体内植
入巫术物体，向天空进行的加入式旅程，吮吸的治疗方法）。
并不要求我们去探讨这些相似之处是否源于以下事实：像澳
大利亚人一样，最古老的南美民族代表着被驱赶到可居住的
地球极地的古老的原始人类；或者是通过南极洲实现的澳大
利亚与南美之间的直接接触，如果这种接触存在的话。后一
种理论是由诸如门德斯·科瑞、W. 库伯、保罗·里韦特等
学者坚持的。④ 其他学者——包括里韦特在内，他认为两种
理论都正确——赞成从马来－波利尼西亚地区后来迁徙到南

① M. 居森德：《火烈岛印第安人，第二章：雅马纳人》，1417 页及后面
内容，1421 页。参见塞尔克南人降神会，同上，《第一章：塞尔克南
人》，757 页及后面内容。
② 同上书，第二章，1429 页。
③ 同上书，1426 页。
④ 参见库伯《美洲南部和澳大利亚南部可能存在的历史文化关系的问
题》。关于语言上的相似点，见里韦特《美洲澳大利亚人》；《美洲民
族的起源》，见 88 页及后面内容。也可参见 W. 施密特《起源》，第六
章，361 页及后面内容。

美洲的理论。①

南北美洲萨满教的古老性

　　南北美洲地区萨满教的"起源"问题远未得到解决。很可能，随着时间的推移，在南北美洲最早居民的观念和实践中加入了一定数量的巫术 - 宗教实践。如果火地岛土著印第安人被认为是最初进入美洲的一次移民浪潮的后裔，那么我们有理由认为，他们的宗教代表了留存下来的古老意识形态。从我们所关心的观点出发，这一古老思想包括对天神的信仰、通过圣召或自愿寻求的萨满教加入式、与已逝萨满灵魂以及与熟悉神灵的关系（有时达到"附体"程度的关系）、疾病是由于在人体内放一个巫术物体或灵魂丢失而引起的观念，以及萨满对火的不敏感性。现在，这些特征的大部分似乎不仅存在于以萨满教为宗教生活主体的地区（北美、因纽特、西伯利亚），也存在于萨满教只是巫术 - 宗教生活构成部分的地区（澳大利亚、大洋地区及东南亚）。因此，我们可以假设，不管萨满教的"起源"是什么，但是随着第一批移民浪潮的出现，某种形式的萨满教在两个美洲大陆传播开来。

---

　①　参见里韦特《美洲马来亚 - 波利尼西亚人》；《起源》，见 103 页及后面内容；乔治·弗里德里希《南洋民族和美洲在哥伦布发现美洲之前的联系研究》；沃尔特·莱曼《南洋和美洲之间的民族学关系问题》；詹姆斯·霍尔内《大洋洲和南美洲民族之间存在哥伦布发现新大陆以前的联系吗?》。按时间顺序来说，里韦特认为，区分构成美洲大陆的三个移民潮——亚洲移民、澳大利亚移民、梅拉诺 - 波利尼西亚移民潮是可能的。他认为梅拉诺 - 波利尼西亚移民比澳大利亚移民绝对更加重要。尽管没有在南美找到任何旧石器时代人的遗址，但是大陆与海洋之间的移民和交流很有可能发生在很久以前。也可见 D. S. 戴维森《澳大利亚与火烈岛文化之间的关系问题》；卡尔舒斯特：《链接标志：美洲、大洋洲和远东文化交流的一个可能的索引》。

毫无疑问，第一批定居者到来之后很长一段时间，北亚与北美之间的长期联系使亚洲对美洲的影响成为可能。① 继E. B. 泰勒、沙尔比策、A. I. 汉龙威尔和其他学者之后，罗伯特·洛伊②早已注意到了拉普兰族与美洲部落，尤其是东北部地区的部落之间的许多相似之处。尤其是拉普兰鼓上的

---

① 关于这个问题，有大量的参考文献。见博戈拉兹《与西北美洲相比之下的东北美洲的民俗》；波特霍尔德·劳弗《哥伦比亚与中国以及美洲对东方学者的意义》；B. 弗莱赫尔·冯·里希特霍芬《北美洲和北亚之间考古学关系的问题研究》；戴尔门德·詹内斯《亚洲到美洲的史前文化潮》；G. 哈特《美洲民俗中的亚洲影响》；R. 冯·海涅盖尔登《亚洲与前哥伦布美洲的文化联系》（关于美洲国际国会，1949年在纽约举行）。海涅－盖尔登已经提出了西北海岸美洲部落艺术的亚洲起源；他认为他在下列地区都发现了同样的风格构成：不列颠哥伦比亚、阿拉斯加南部、爱尔兰北部和马来西亚的一些沿海部落，以及在一些婆罗洲、苏门答腊和新几内亚湾的历史遗迹和仪式性物品中，以及在中国商代艺术之中。他认为这个具有中国起源的艺术形式向南传播到印度尼西亚和马来西亚，向东传播到北美，这种艺术形式传播到这些地区的时间不迟于公元前第一个千年的前段时期。我们只需注意到古老中国和美洲之间的相似性主要在艺术类文献中研究过，这些相似点早已被亨策在《仪式物品、信仰以及古老中国和美洲的天神》一书中引用。关于西伯利亚和中国在史前伊皮尤塔克文化（阿拉斯加西部）中可以辨识的影响暂时追溯到我们这个时代的前100年，参见黑格尔·拉森《伊皮尤塔克文化：它的起源与关系》。也可参见卡尔·舒斯特《现代阿拉斯加因纽特中欧亚动物形式的保留》；R. 冯·海涅－盖尔登：《旧世界和新世界之间在哥伦布发现美洲之前的关系问题及其对于普通文化史的意义》。

② 《欧亚和北美洲地区宗教观念和实践》。也可参见《某个旧世界和新世界观念之间的历史联系》，尤其见547页及后面内容。一位十七世纪末期的旅行者提供了下列关于芬兰习俗的描述：农民们在一个浴室的中央加热一些石头，在这些石头上倒水，农民们在水中待一段时间，以此彻底张开他们的毛孔，然后，他们出来，扎进极其寒冷的泉水中。相同的习俗也在十六世纪的斯坎迪纳维亚得到证实。洛伊（《宗教观点》，188页）引用了这样一个事实，特里吉特和克劳族同样也在蒸汽浴中待很长一段时间之后扎进冰冷的泉水中。我们之后将会看到，蒸汽浴是增加"巫术热量"的一个基本的技艺，有时出汗具有明显的创造性价值，在大量的神话传统中，经过一段时期猛烈地出汗，之后天神创造了人；关于这个主题，参见K. 穆利《锡西厄》，133页及后面内容；以及下文，414页。

图案与因纽特和阿尔衮琴东部地区的象形文字的样式惊人地相似。[1] 罗伯特·洛伊还注意到拉普兰萨满歌曲与北美相同起源的萨满歌曲之间的相似性。[2] 拉普兰萨满歌曲的灵感源于动物，或具体来讲，源于鸟类。但是，我们应该补充一点，南美也发现存在相同的现象——在我们看来，这一事实排除了亚欧近来的影响。洛伊也注意到北美和西伯利亚各民族中灵魂丢失理论、萨满对火的掌控（这在北亚和许多美洲部落，如福克斯族和梅诺米尼族中很常见）、仪式小屋的颤动[3]以及楚科奇和克里、索尔托和夏安各民族中的腹语，以及最后北美和北欧地区加入式蒸汽浴的某些普遍特征之间的相似性——所有这些都使人不仅猜想到西伯利亚-美洲西部文化的一致性，也让人想到它与美洲-斯堪的纳维亚的关系。

　　然而，我们应该注意的是，不仅在南美发现了这些文化元素（寻找灵魂、萨满小屋的移动、腹语、蒸汽浴、对火不敏感），而且在这些元素中（玩火、蒸汽浴、仪式性房子的颤抖、搜寻灵魂）最显著的那些也被证实存在于许多其他的地方（非洲、澳大利亚、大洋洲、亚洲），而且恰恰与普通巫术最古老的形式，尤其与萨满教相关联。在我们看来，南美萨满教中"火"与"热"的作用尤其重要。这类"火"与神秘的"热"经常与进入某种癫狂状态相联系——在巫术和普世宗教最古老的层面也可观察到相同的联系。掌控火、对热不敏感，以及由此产生的可以耐受极度严寒和灼炭温度的"神秘的热"是一种巫术-神秘特征，这一特征伴随着同样神奇的能力（升天、巫术飞行等），把这些特征换一种易

---

① 洛伊：《宗教观点》，186 页。
② 同上书，187 页。
③ 关于这个文化概念，见瑞加娜·弗兰纳里《格罗斯文特摇晃的帐篷》，82 页及后面内容（对比研究）。

懂的说法就是，萨满已经超越了人类的状态，拥有"神灵"的能力。[1]

这些事实数量极少，但足以使我们对美洲萨满教相对最近才起源的理论产生怀疑。从阿拉斯加到火地岛，我们发现了一种相同的萨满教复合体的大致轮廓。北亚或者甚至亚洲－大洋洲的贡献很可能仅仅是强化了，有时仅仅是在细节上修正了一种业已在南北美洲广为传播，而且可以说是自然化了的萨满教意识形态和技艺。

---

① 参见下文，477 页及后面内容。

第十章
东南亚和大洋洲的萨满教

赛芒人，萨凯人和雅贡人的萨满教信念和技艺

人们普遍认为尼格利托人是马来半岛最早的居民。赛芒人的至高神，"卡里"（Kari 或 Karei）或"塔·佩登"（Ta Pedn）具备天神所有的特征（事实上，Kari 的意思是"雷"、"风暴"），但恰当地讲，他并不是人们崇拜的对象；人们仅在发生风暴时通过赎罪的血祭召唤他。[①] 赛芒人的巫医被称作"哈拉"（hala）或"哈拉克"（halak），萨凯人也使用这一术语。[②] 一旦有人生病，"哈拉"和他的助手就会

[①] 伊利亚德：《比较宗教范型》，46 页及后面内容。

[②] W. W. 斯基特和 C. O. 布莱格登：《马来半岛的异教徒种族》，第二章 229 页及后面内容，252 页及后面内容；艾弗·H. N. 埃文斯：《英属北部婆罗洲和马来半岛的宗教、民俗及习俗研究》，158 页。有两种"哈拉"："斯纳哈德"（snahud）来源于动词 sahud，意为"召唤"，只能够诊断疾病；"普托"（puteu）也可以治愈疾病（埃文斯：《舍贝斯塔关于赛芒人的牧师疗法的研究》，见 119 页）。关于"哈拉克"，也可以参见费伊-库伯·科尔《马来西亚的民族》，67、73、108 页；W. 施密特《起源》，第三章 220 页及后面内容；R. 佩塔佐尼《L'onniscienza di Dio》，见 453 页及后面内容，468 页，注释 86；恩格尔贝特·施蒂格迈尔《东南亚尼格利托人的萨满教》，Pt. 1。

回到一间树叶小屋，开始唱歌来召唤"赛诺伊"（cenoi，
"天神的侄子们"）。[1] 一段时间之后，从小屋传来"赛诺伊"
他们自己的声音；"哈拉"和他的助手唱歌并用别人不知道
的语言讲话，当他们离开小屋时，他们声称已忘记了这种语
言。[2] 事实上，"赛诺伊"通过他们的嘴唱歌。小屋抖动表
明这些睿智的神灵降临了。[3] 正是这些神灵指出病因及治愈
方法；也正是在这种情况下，人们认为"哈拉"进入了恍惚
状态。[4]

　　事实上，这种技艺似乎并不像看起来那么简单。"赛诺
伊"的具体存在本身以某种方式暗示了"哈拉"与天空之
间的交流，如果不是与天神本人交流。"如果'塔·佩登'
没有告诉'哈拉'用什么药，什么时间喂病人这种药，以及
他必须要讲的一些话，'哈拉'怎么能治病？"一位赛芒俾
格米人问道。[5] 因为是"塔·佩登"本人释放出这些疾病来
惩罚人们的罪行的。[6] 吉兰丹州的曼里人认为"哈拉"拥有
神圣的能力，因此在暴风雪中不用向天神供奉血祭品，这一
事实证明了天神与"哈拉"之间的关系比相同的天神与其他

---

① "小天神亲切和蔼，聪明睿智；神灵的孩子和仆人"——舍贝斯塔这
　　样描述"赛诺伊"，《俾格米人》，见 152 页。是他们充当人类和
　　"塔·佩登"的中介者。但是他们也被认为尼格利陀人的祖先（埃文
　　斯：《舍贝斯塔关于赛芒人的牧师疗法的研究》，118 页；《研究》，148
　　页。也可参见《关于马来半岛人种学和考古学的论文集》，见 18、25
　　页；科尔，见 73 页）。
② 舍贝斯塔，153 页及后面内容。当然，这是"神灵的语言"，是萨满独
　　有的神秘语言。埃文斯（《研究》，159 页）列出一些祷文并抄写了一
　　些歌曲的文本，这些歌曲的文本非常简单。根据同一作者，在降神会
　　期间，"哈拉"被"赛诺伊"控制（同上，160 页），但是舍贝斯塔的
　　描述更像"哈拉"和他辅助神灵之间的对话。
③ 参见北美萨满的降神会，见上文 335 页，注释③。
④ 埃文斯：《舍贝斯塔关于赛芒人的牧师疗法的研究》，见 115 页。
⑤ 舍贝斯塔，见 152 页。
⑥ 埃文斯：《舍贝斯塔关于赛芒人的牧师疗法的研究》，见 119 页。

尼格利托人之间的关系更加直接。[1] 曼里"哈拉"在仪式中向空中跳跃，吟唱，并向"卡里"扔一面镜子或者一条项链。[2] 现在我们知道，这种仪式性的跳跃象征着升天。

但是，关于俾格米萨满与天空的关系，仍然有更确定的资料。在降神会期间，马来西亚彭亨州的尼格利托人的"哈拉"拿着棕榈树叶做成的线，或根据其他的记载，拿着细绳。这些绳子会到达"邦苏"（Bonsu），即住在天空第七层之上的天神那里（他和他的兄弟"腾"住在那里，天国其他层没有居民）。只要仪式在持续，"哈拉"就可以直接通过天神放下的这些线或绳子与天神直接联系，仪式后，天神就将这些线和绳子收回了。[3] 最后，治疗疾病的过程中一个关键元素就是石英石块（chebuch），我们早先已经注意到石英石块与天上拱顶和天神之间的关系。[4] 可以直接从"赛诺伊"那里获得这些石英石块，也可以及时准备；人们认为"赛诺伊"住在这些神奇的石块中并且听从"哈拉"的命令。据说治愈者可以在这些石块中看到疾病；也就是说，石块中的"赛诺伊"向"哈拉"展示疾病的原因以及治愈的方法。但在这些石块中，"哈拉"也可以看到一只老虎向营地靠近。[5] "哈拉"自己能变成一只老虎，[6] 就像吉兰丹州的"博默"（the bomor）与马来的男萨满和女萨满那样。[7] 这种

---

① 埃文斯：《舍贝斯塔关于赛芒人的牧师疗法的研究》，121 页。
② 同上。
③ 埃文斯：《论文集》，20 页。
④ 见上文，137 页及后面内容。
⑤ 埃文斯：《舍贝斯塔关于塞芒人的牧师疗法的研究》，119 页。
⑥ 同上书，120 页；舍贝斯塔，154 页。
⑦ 珍妮·屈西尼耶：《吉兰丹州的巫术舞蹈》，38 页及后面内容，74 页及后面内容；关于马来萨满教中老虎的作用，见下文 345 页。森格凯镇的萨凯人也相信萨满可以变成一只老虎（埃文斯：《研究》，210 页）。无论如何，在萨满死后的第十四天，他变成一只老虎（同上书，211 页）。

观念表现出马来人的影响。但是，我们千万别忘记，神话中的老虎祖先在整个东南亚地区被视为加入式大师；是他带着新萨满们来到丛林，使他们成为真正的萨满（实际上，就是"杀掉"他们并让他们"复活"）。换句话说，老虎构成了极其古老的宗教复合体的一部分。①

在我们看来，尼格利托人的一个传说保留了一个古老的萨满教加入式的情节。一条名叫"马特·希努瓦"（Mat Chinoi）的巨蛇住在通往"塔佩恩"（Tapern，即 Ta Pedn，"塔·佩登"）的宫殿的路上。这条蛇为"塔佩恩"制作地毯，这些地毯很漂亮，有许多装饰物，悬挂在一根横梁上，这条蛇就住在这些地毯下面。在蛇的腹部生活着 20 或 30 个最漂亮的母"希努瓦"，还有大量的头饰、梳子和其他物品。一位名叫"哈拉克·吉马尔"（Halak Gihmal）的"希努瓦"（"武器萨满"）生活在这条蛇的背部，充当其宝藏的守卫者。当一位"希努瓦"想要进入这条蛇的肚子时，"哈拉克·吉马尔"就会让它经受两次磨难，这两项磨难的结构和意义都具有明显的加入式性质。这条蛇全身舒展地躺在一根横梁下面，横梁上悬挂着七条毯子，毯子一直在移动，不停地相互靠近又相互远离。"希努瓦"候选人必须足够迅速地走过这些毯子而不跌落在蛇的背上。第二项磨难是进入一个烟草盒，这个烟草盒的盖子迅速地开启闭合着。如果候选人成功经历这两项磨难，他就可以进入蛇的体内并挑选一位母

---

① 吉兰丹州地区的一位"博默""贝里昂"（也就是在召唤老虎神灵方面的专家）试图回想他的加入式癫狂，但是他只能记得他游走在丛林中并遇到一只老虎；他爬上老虎的后背，老虎带他前往"卡丹·巴卢克"（Kadang baluk），也就是虎人所居住的神话之地。他消失三年之后返回，从那以后再也没有发作过癫痫病（《屈西尼耶》，见 5 页及后面内容）。当然"卡丹·巴卢克"是"丛林中的地下世界"，在这里会举行加入式（不一定是萨满教的加入式）。

"希努瓦"做他的妻子。①

　　这里，我们再一次发现瞬间闭合、打开的巫术门这一加入式主题，我们在讨论澳大利亚、北美和亚洲时，就已经见过这一主题。同样，我们已经注意到穿过蛇类怪物等同于一次加入式。

　　巴拉望岛的巴塔克族是马来西亚另外一个俾格米民族，它的萨满"贝里昂"（balian）通过跳舞进入恍惚状态。这已经表明了萨满教技艺已经受到了马来西亚的影响。这些影响在俾格米民族的葬礼观念中更加清晰可辨。逝者的灵魂与亲戚相伴四天后穿过一座平原，平原中央立着一棵树。它爬上树，到达天地连接的地方。在那儿，一个巨大的神灵等着它，根据逝者去世前现实生活中的表现，神灵决定让逝者的灵魂继续前行还是将它扔进火堆里。逝者之地有七个阶层，也就是说，逝者之地就是天空。灵魂一个接一个地穿过这七层，当来到最后一级天空时，变成了一只萤火虫。② 正如我们之前所见，③ 数字 7 与用火惩罚都是源于印度的观念。

　　马来半岛的两个前马来民族，即两个土著民族萨凯族和雅贡族，对民族学家提出了诸多难题。④ 从宗教史的角度看，萨满教在这两个民族中比在赛芒的俾格米族中扮演着更加重要的角色，这一点是确定无疑的，尽管三个民族的萨满技艺基本上是相同的。我们再次发现了用树叶做成的圆形小屋，"哈拉"（萨凯人）或"波扬"（poyang）（雅贡人：是马来

---

① 埃文斯：《研究》，151 页。

② 科尔：《马来西亚的民族》，70 页及后面内容。

③ 见上文，229 页后面内容。

④ 参见科尔，92 页及后面内容，111 页及后面内容；埃文斯：《研究》，见 208 页及后面内容（萨凯），264 页及后面内容（雅贡人）。斯基特以及布莱格登试图在《异教徒种族》第二章，174 页及后面内容中界定马来半岛的三个前马来民族——俾格米族、萨凯族和雅贡族——的宗教信仰。

术语"巴望"pawang，即巫师的一个变体）和他的助手们进入这座房子，他们哼唱歌曲来召唤他们的辅助神灵。由一次梦境继承并获得的变得越来越重要，这显示出了马来的影响。在马来，辅助神灵有时会被召唤。小屋里有两个带阶梯的小金字塔，[①] 这是向天空攀爬的象征。在降神会上，萨满戴着一块特殊的由很多丝带装饰的头巾，[②] 这是马来影响的另一个标志。

人们并不埋葬萨凯萨满的尸体，而是保留在他们去世的屋子里。[③] 人们在埋葬肯塔赛芒人的"普托"（Puteu）时会把他们的头从坟墓中露出来，因为人们相信，"普托"的灵魂不会像其他凡人一样向西远去，而是向东出发。[④] 这些特殊之处表明"普托"被认为是有特权的一类人，因此他们享有与部落其他人不一样的死后生活。雅贡人的"波扬"死后会被放在平台上，因为"他们的灵魂要向上升天，而那些普通凡人的尸体会被埋葬地下，他们的灵魂向下进入地下世界"。[⑤]

安达曼群岛和尼科巴群岛的萨满教

根据拉德克利夫·布朗提供的信息，在安达曼群岛北部，巫医（"奥科－朱穆"，oko-jumu，字面意思是"做梦者"或"说梦话的人"）通过与神灵联系获得他的能力。他可以在丛林中直接遭遇神灵，也可以在梦中遇见神灵。但

---

① 埃文斯：《研究》，211 页及后面内容。
② 同上书，214 页。
③ 参见同上书，217 页。
④ 埃文斯：《舍贝斯塔关于赛芒人的牧师疗法的研究》，120 页。
⑤ 《研究》，265 页。关于这些葬礼习俗和信仰的宇宙宗教意义，见下文139 页及后面内容；关于柔佛、斯基特族以及布莱格登的伯努瓦－雅贡人的"波扬"，见《异教徒种族》，第二章，350 页及后面内容。

是，最常见的接触神灵的方式就是死亡；当一个人死去并复活，从那时起，他就是一位"奥科－朱穆"。因此，拉德克利夫·布朗看到一个人病得很严重，并失去意识长达十二个小时，人们都认为这个人已经死了。他还听说另一个人死掉并复活三次。这一传统清楚地表明了候选人死亡之后紧接着重生的加入式范式，但我们找不到关于加入式的理论与技艺的进一步的细节。在 20 世纪初，最后一批"奥科－朱穆"已经死去，因此客观地研究他们很有价值。①

"奥科－朱穆"因治愈疾病的效率和气象巫术（因为人们相信他们可以预见暴风雪）而保持他们的声望。但是，治疗本身在于给出治疗方法，每个人都熟知并且使用这些治疗方法。有时他们也去驱逐引起疾病的恶魔，或者再次承诺在梦中直接治愈疾病。神灵向他们展示了许多物品（矿物质和植物）的巫术特征。他们并不使用石英石。

尼科巴群岛的巫医熟悉通过"取出"带来疾病的巫术物体（一块木炭或一块鹅卵石、一只蜥蜴等）和寻找被邪恶神灵诱拐的灵魂的方法来治愈疾病。在卡尔尼科巴，有一个非常有趣的准巫医的加入式。通常，一个表现出病态气质的年轻人注定要成为一名萨满；新近去世的亲戚和朋友们的灵魂通过晚上在房子里留下一些标志（叶子、脚绑在一起的母鸡等）来做出他们的选择。如果这位年轻人拒绝成为一名萨满，那么他会死去。这次征选之后，有一场标志着见习开始的公开仪式。亲戚和朋友们都会聚集在房子前；在房子里，萨满们让新萨满躺在地上，用树叶和树枝盖着他，把一只鸡的翼羽放在他的头上。（用植物把人盖住被认为是象征性的葬礼，而羽毛被认为是神秘飞行能力的巫术标志。）新萨满

---

① 拉德克利夫·布朗：《安达曼岛民》，175 页及后面内容；也可参见施蒂格迈尔《东南亚尼格利托人的萨满教》，Pt. 2。

站起来时，那些在场的人会给他项链和各种珠宝，他必须在整个见习期间将这些项链和珠宝戴在脖子上；当学徒仪式结束后，他再将这些东西还给它们的主人。

然后，要为他做一个宝座，他坐在这个宝座里被人们抬着走过一个又一个村庄，人们会给他一根节杖和一根长矛来抵抗邪恶神灵。几天之后，大师萨满们将他带入岛屿中间的丛林深处。一些朋友保持一段距离陪伴着他们。他们在进入"神灵之地"的入口前停下来，因为逝者的灵魂可能会被吓跑。神秘训导基本上相当于学习舞蹈，并习得看见神灵的能力。在丛林中（就是逝者之地）待上一段时间之后，新萨满和他的大师们返回村庄。在他学习期间，年轻的学习者每天晚上都会在他的房子前持续跳舞至少一个小时。当他的加入仪式完成之后，大师们会给他一根权杖。当然还有一个将其圣化为一名萨满的仪式，但一直无从获得有关这一仪式的准确细节。①

我们只在卡尔尼科巴找到了这一极其有趣的加入式，在尼科巴群岛的其他地区这一仪式则不为人所知。无疑，有些元素（埋在树叶下面，退居到"神灵之地"）是很古老的，但很多其他元素则表明了印度的影响（新萨满的宝座、矛、节杖、权杖）。我们这里看到的是一种萨满教传统与一种已经详尽阐述了一种高度复杂的巫术技艺的先进文明杂交的典型的例子，这种杂交是文化接触的结果。

马来的萨满教

所谓的马来萨满教拥有着自己独有的特色：召唤老虎神

---

① 乔治·怀特黑德：《在尼科巴群岛上》，128 页及后面内容，147 页及后面内容。

灵与获得"卢帕"（lupa）状态。后者是指萨满进入一种无意识状态，在此期间神灵会降临到萨满身上，"掌控"他，并回答观众提出的问题。不管是治愈个人疾病，还是集体抵抗流行病的仪式（例如吉兰丹州的比莲人的舞蹈），马来的降神会通常包括召唤老虎这一环节。这是因为在整个地区，人们将神秘的祖先以及加入式大师的角色赋予了老虎。

原始－马来伯努瓦部落相信"波扬"在死后第七天会变成一只老虎。如果他的儿子希望继承他的能力，就必须独自守护父亲的尸体，其间要用香熏。第七天，已逝萨满以一只老虎的形象出现，这只老虎准备袭击有志成为萨满的人。后者必须一直焚香致敬，不能表现出丝毫害怕。然后，老虎消失不见了，换成了两位漂亮的魔女；准萨满失去意识，加入式就在他恍惚期间进行。然后，这两个女人成了他的熟知神灵。如果"波扬"的儿子没有进行这一仪式，已逝萨满的灵魂会永久地待在老虎体内，整个群体就无可挽回地失去了他的萨满教"能力"。① 这里我们看到的是一场典型加入式的情景：孤独地隐居在丛林中、看守一具尸体、恐惧的磨难、加入式大师（＝神话祖先）的可怕的幽灵、一位漂亮魔女的保护。

严格意义上的降神会在一个圆形的小屋或一个魔法阵里举行，其目的主要是治病、发现丢失或被盗物品或预知未来。通常，降神会期间，萨满隐藏在一个覆盖物的下面。烧香、舞蹈、音乐和击鼓是任何马来降神会的预备元素。神灵的到来通过蜡烛火焰的颤抖显现出来。人们相信神灵首先进入蜡烛，于是萨满很长时间将目光聚集在蜡烛的火焰上，希

① T. J. 纽博尔德：《关于英国人在马六甲海峡定居的政治和统计记录》，第二章，387～389页；R. O. 温斯泰特：《萨满、湿婆教徒以及伊斯兰苏菲派》，44～45页；《马来地区的亲属关系以及继位典礼》，135页及后面内容（《马来的国王是萨满》）。

望发现生病的原因。治疗通常是吮吸受感染的身体部位，但是当"波扬"进入恍惚时，他同样可以驱赶恶魔并且回答问他的任何问题。①

表演召唤老虎的目的就是召唤并保护神话祖先，即第一位伟大的萨满化身。事实上，斯基特所观察的"巴望"的确将自己变成一只老虎；他用四肢跑，咆哮，就像一只母老虎在舔舐它的幼崽一样，他长时间地舔病人的身体。② 不论人们出于什么原因组织降神会，吉兰丹州的比莲人的"博莫"（bomor）巫术舞蹈必须包括召唤老虎这一环节。③ 舞蹈在"卢帕"的状态中结束，"卢帕"意为"遗忘"或"恍惚"（来源于梵语 lopa，"迷失"，"消失"），在恍惚中，舞者对自己的个性浑然不知，还会化身为某个神灵。④ 然后，恍惚中的舞者与观众开始漫长的对话。如果舞蹈的目的是治疗疾病，那么治愈者会利用恍惚问问题并发现疾病的原因以及治疗的方法。⑤

从术语严格的意义上说，这种巫术舞蹈和治愈似乎不应该被视为萨满教的现象。召唤老虎和恍惚-附体并不仅限于"博莫"和"巴望"，其他许多人也可以看见老虎、召唤老虎或转变成老虎的形象。至于治愈"卢帕"的状态，在马来其他地方（例如在贝西西人当中）任何人都可以获得这种状态；在召唤神灵期间，任何人都可以进入恍惚状态并回答其他人提出的问题。⑥ 这是一种通灵的现象，它是苏门答腊巴塔克人的典型特征。但是根据我们在这本书中一直要证明的

---

① 温斯泰特：《萨满、湿婆教徒以及伊斯兰苏菲派》，96~101 页。
② W. W. 斯基特：《马来巫术》，436 页及后面内容；温斯泰特：《萨满、湿婆教徒以及伊斯兰苏菲派》，见 97 页及后面内容。
③ 屈西尼耶，见 38 页及后面内容，74 页及后面内容等。
④ 同上书，34 页及后面内容，80 页及后面内容，102 页及后面内容。
⑤ 屈西尼耶，69 页。
⑥ 斯基特、布莱格登：《异教徒种族》，第二章，307 页。

观点，"附体"不能与萨满教混为一谈。

苏门答腊的萨满和司祭

苏门答腊巴塔克人的宗教深受印度思想的影响，[1] 它以灵魂（*tondi*）的观念为主导；灵魂通过囟门进入并离开身体。事实上，死亡就是灵魂被一位神灵"贝古"（*begu*）诱拐；如果死者是一位年轻男性，那么女性神灵会带走他，作为自己的丈夫，反之亦然。死者与神灵通过媒介进行交流。

萨满"希巴索"（*sibaso*，"真理"）和司祭"达图"（*datu*）尽管在结构和宗教圣召方面不同，但他们都追寻相同的目标：保卫灵魂不受恶魔绑架，确保凡人的完整。在巴塔克北部，"希巴索"总是一位女性，而且通常是世袭的。这里不存在萨满大师，也就是说一个被神灵"选中"的人直接接受神灵的教导。她能够"看见"神灵且能进行占卜或者被神灵"附体"。[2] 换句话说，她与神灵可以合二为一。"希巴索"降神会在晚上举行，萨满围绕着火堆击鼓跳舞，以此来召唤神灵。每位神灵拥有自己独特的曲子，甚至拥有自己独特的颜色。如果萨满希望召唤几位神灵，那么她就要穿几

---

[1] 见上文，286 页。

[2] 自发的或者是有意引发的"附体"在巴塔克地区是一种常见的现象。任何人都可以成为"贝古"的容器，也就是逝者灵魂的容器；它通过中介者的嘴讲话并揭示秘密。"附体"经常以萨满教的形式发生：中介者拾起灼烧的炭放在嘴里，跳舞并跳跃到最高点等；参见 J. 沃内克《巴塔克的宗教》，68 页及后面内容。T. K. 厄斯特赖希：《附体》，见252 页及后面内容。但是巴塔克的中介者与萨满不同，他不能够控制他的"贝古"（逝者灵魂），而是处在"贝古"（逝者灵魂）的控制之下，或者是在任何想要"附体"于他的死者的控制之下。这种自发的中介关系是巴塔克宗教敏感性的特点，这一关系或许被认为是对某些萨满教技艺的一种模仿。关于普遍的印度尼西亚萨满教，也可参见G. A. 威尔肯《印度尼西亚群岛沃肯人的萨满教》，427～497 页；A. C. 克鲁伊特《印度尼西亚群岛的泛灵论》，443 页及后面内容。

种颜色的服饰。神灵通过萨满讲出的神秘语言即"神灵的语言"来显现，她必须去解读这种"神灵的语言"。与神灵的对话涉及疾病的原因和治愈的方法。"贝古"保证如果病人供奉一些祭品，它就会治好疾病。[1]

巴塔克的司祭"达图"，总是一位男性，享有仅次于部落首领的最高社会地位。但他也是一位治疗师，用一种神秘的语言召唤神灵。"达图"保护人们免受疾病和咒语的影响；为治疗疾病举行降神会，目的是寻找病人的灵魂。此外，他可以驱逐已经进入病人体内的"贝古"；他也能放毒，尽管人们认为他仅仅是一位"白术士"。与"希巴索"不同，"达图"通过大师来实施他的加入式；尤其是向他揭示巫术的秘密，这些秘密被写在树皮做成的"书"里。这位大师有一个印度名字，即"古鲁"（guru）；这位大师特别重视他的魔法权杖，上面饰有祖先的图像，并有一个孔，里面装着巫术用品。借助这一魔法权杖，"古鲁"可以保护村庄，带来雨水。但是，制作这样一个权杖相当复杂，整个过程甚至会涉及把一个孩子作为祭品祭祀，这个孩子被人用融化的铅杀死从而将他的灵魂驱赶到体外，并将灵魂变成一位受控于术士的神灵。[2]

所有这一切都显示出印度巫术的影响。我们可能认为"达图"扮演着司祭-巫术的角色，而"希巴索"只代表癫狂者，也就是"与神灵同在的人"。"达图"并不经历神秘的癫狂体验，他起着术士和"精通礼仪的人"的作用，他驱赶恶魔。他也必须去寻找病人的灵魂，但是他的神秘旅程并不是癫狂性的，他与神灵世界的关系是敌对关系或优势关系——即主仆关系。而"希巴索"是最出色的癫狂者，她与

① 勒布：《苏门答腊》，80～81页。
② 勒布：《苏门答腊》，80～88页。

神灵亲密相处，她允许神灵"附"在她的身体上，拥有洞察
能力，成为占卜者。与神灵和半神灵的征选不同，她没有借
助任何帮助而被选中。

苏门答腊米南佳保人的"达孔"（dukun）是治疗者，
同时也是巫师。这一职位通常是世袭的，男女都可以胜任。
经历加入式之后，也就是在学会隐身术并在夜晚可以看到神
灵之后，一个人便会成为一名"达孔"。降神会在一张毛毯
下进行；十五分钟之后，"达孔"开始颤抖，这标志着他的
灵魂离开身体，在去往"神灵村庄"的路上。人们可以听到
毛毯下面的声音。"达孔"让他的神灵们去寻找病人游离的
灵魂。恍惚是伪造的；"达孔"没有勇气像他的巴塔克同行
那样，在观众的注目下举办降神会。[1] 在尼亚斯岛，人们也
发现了"达孔"以及其他类别的司祭和治愈者。在治愈期
间，他穿着一套特殊的服装；他装饰他的头发，肩上披着一
块布。同样，在这里，疾病一般是由于天神、恶魔或神灵将
灵魂偷走，而降神会的目的在于寻找灵魂。通常，人们发现
灵魂已经被"海蛇"（海洋是冥界的象征）带走了。为了将
它带回，巫医要召唤了三位天神——"宁瓦"（Ninwa）、
"法拉希"（Falahi）以及"尤皮"（Upi）——通过吹口哨的
方式召唤他们，直到与他们取得联系；然后，他进入恍惚状
态。但尼亚斯人的"达孔"也使用吮吸法，当他成功地找到
病因时，他会向观众展示小小的红色或白色石头。[2]

门特韦安（Mentaweian）的萨满也通过按摩、净化、草
药以及类似的方法治病。但是，真正的降神会通常按照印度
尼西亚的模式进行：萨满跳很长时间的舞，倒在地上失去意
识；他的灵魂由一条鹰拉的小船升上天空。在天上他向神灵

---

① 勒布：《苏门答腊》，125～126 页。
② 同上书，155 页及后面内容。

咨询疾病的原因（灵魂逃离、被其他巫师投毒等）并收到治疗的药品。门特韦安萨满从来没有展示出任何"附体"的迹象，他们也不知晓如何将邪恶神灵从病人身体驱赶走。[①] 他更像一位药剂师，在一场升天旅程后找到他的药草。他的恍惚也不具有戏剧性，观众听不到他与天上神灵的对话。他似乎与恶魔没有关系，也没有超越恶魔的"能力"。

库布的萨满（苏门答腊南部）也使用一种相似的技艺：他一直跳舞，直到进入恍惚，然后看到病人的灵魂被一位神灵所囚禁或像一只鸟一样栖息在树上。[②]

婆罗洲西里伯斯岛的萨满教

北婆罗洲的杜松族是马来原始民族，代表着岛上的土著居民。在这个民族中，女祭司发挥着主导性作用。她们的加入式要持续三个月。在仪式期间，她们使用一种神秘的语言。在这种场合下，女萨满穿着一套特殊的服装：用一块蓝布盖着脸，戴一顶圆锥形帽子，上面装饰着公鸡羽毛和贝壳。降神会主要是跳舞和唱歌，男人只负责音乐伴奏。但是，女司祭的特殊技艺是占卜，这种技艺并不属于萨满教本身，而是属于低级巫术。她用一根手指使竹竿平衡，并且说道"如果某某人是一个小偷，希望竹竿可以做出这样那样的动作等"。[③]

在迪雅克内部，有两种术士－治疗师："达亚·贝鲁里"（*daya beruri*），通常是男性，他的领域是治疗，以及"布里

---

① 勒布：《苏门答腊》，198 页及后面内容；《萨满与先知》，见 66 页以及后面内容。
② 勒布：《苏门答腊》，268 页。
③ 埃文斯：《研究》，4 页及后面内容，21 页及后面内容，26 页及后面内容。

奇"（barich），通常从女性中招募，是"处理"水稻田收成的专家。疾病要么被解释为体内有邪恶神灵，要么被解释为灵魂丢失。这两类萨满都拥有癫狂能力，能够看到人的灵魂或丰收的灵魂，即使这些灵魂已经逃离到很远的地方。然后，他们追逐逃跑的灵魂，抓住它们（这些灵魂以一根头发的形式存在），并将它们放回身体（或是尸体）里。如果疾病是由一位邪恶神灵引起的，那么降神会就简化为一个驱魔仪式。[①]

海洋迪雅克的萨满被称为"玛南"（manang），他享有较高的社会地位，仅次于部落首领。通常，"玛南"的职业是世袭的。但两类"玛南"是有区别的：一类在梦境中获得他们的启示，因此受到一个或多个神灵的保护；另一类自愿成为萨满，因此也就没有熟知的神灵。不管怎样，一个"玛南"在受到一位公认的大师教导之后才可能成为一名合格的萨满。[②] "玛南"不仅可以是一个无性（无性能力的）男人，也可以或是男性或是女性。我们之后会讨论后一类"玛南"的仪式重要性。

"玛南"有一个装着大量巫术用品的盒子，其中最重要的就是石英石，即"光石"（bata ilau），通过石英石的帮助，萨满可以找到病人的灵魂。这里，疾病同样是由于灵魂的逃离引起的，降神会的目的是找到灵魂并将它放回身体原位。降神会在晚上举行。人们用石头摩擦病人的身体，然后，观众开始哼唱单调的歌曲，与此同时首席"玛南"一直跳舞，直到筋疲力尽；因此，是"玛南"寻找并召唤病人的灵魂。如果疾病很严重，灵魂会从"玛南"手中逃跑几次。一旦领头的萨满倒地，观众会朝他扔一块毛毯盖住他，等待他癫狂之旅的结果。"玛南"一进入癫狂状态就会下到地下寻找病人的灵魂。最后，他抓住了灵魂，突然站起来，将灵

① H. L. 罗思：《砂拉越英属北婆罗洲部的土著人》，第一章，259～263页。
② 见上文，56页。

魂握在手中，穿过头骨将其放回病人体内。降神会被称为"比兰安"（*belian*），帕哈姆根据降神会的技艺难度区分了十四种降神会。治愈仪式以献祭一只鸡结束。①

海洋迪雅克人现在形式的降神会似乎是一个复杂的复合巫术－宗教现象。"玛南"的加入式（用巫术石头按摩、升天仪式等）和治疗过程中的某些元素（石英水晶石的重要性、用石头按摩）都表明一种相当古老的萨满教技艺。但是假恍惚（被小心翼翼地隐藏在毛毯下面）显示出源于印度－马来的最近的影响。以前，加入式结束时，每一位"玛南"都穿上女性的衣服，他在接下来的生活中也一直穿着这套衣服。如今这样的服饰已经十分罕见。② 但是，一类特殊的"玛南"，即某些海洋部落的"玛南巴利"（*manang bali*）（山地迪雅克族并不知晓这类"玛南"）穿着女人的长裙，从事女人们干的工作。有时，他们会找一位"丈夫"，尽管村里人嘲笑他们。萨满梦中三次得到超自然的命令之后，这种男扮女装以及它所涉及的一切改变就被人们接受了。拒绝这种命令是自寻死亡。③ 各种元素的这种结合表现出明显的

①　参见 H. L. 罗思，第一章 265 页及后面内容；罗思引用阿奇迪肯·J. 佩勒姆：《婆罗洲的玛南主义》，第一章，271 页及后面内容。也可参见沃尔德马·斯托尔《迪雅克人的死亡仪式》，见 152 页及后面内容；也可参见同上，见 48 页及后面内容（萨满陪伴逝者的灵魂前往冥界），125 页及后面内容（葬礼仪式）。

②　H. L. 罗思，第一章，282 页。参见阿劳干萨满中异装癖者和性变态者的消失（A. 梅特罗斯：《阿劳干萨满教》，见 315 页）。

③　H. L. 罗思，第一章，270 页。一位年轻的男性几乎不会成为一位"玛南巴利"。"玛南巴利"一般是一些老人或没有孩子的男性，他们被极其丰厚的物质条件所吸引。关于楚科奇族中异装癖以及性别的变化，参见博戈拉兹《楚科奇》，448 页及后面内容。兰里岛远离缅甸海岸，在这个岛上一些巫师会穿女人的衣服，成为一位同行的"妻子"，然后会给这一同行带来一位妇女作为他的"第二任妻子"。而这两个男人都可以与这个第二任妻子同居（H. 韦伯斯特：《巫术》，192 页）。这很明显是仪式性的异装癖，或服从于神灵的要求，或者是由于女性巫术的威望而得以认可。

女性巫术和母系神话痕迹，以前，女性巫术和母系神话一直主导着海洋迪雅克人的萨满教；"玛南"以"伊尼"（*Ini*）的名义（"伟大母亲"）几乎可以召唤所有的神灵。① 然而，在这个岛屿内部人们却不了解这种"玛南巴利"，这说明整个萨满教复合体（异性装扮、性无能、母权制）来自外部，不过是在遥远的时代。

在南部婆罗洲的"恩加德尤"（Ngadju）迪雅克族中，人类和天神（尤其是"桑吉昂"，sangiang）之间的中介是"巴利安"（*balian*）和"巴齐尔"（*basir*），即女司祭－萨满和无性司祭－萨满（*basir* 这个术语的意思是"无法生育的，性无能的"）。后者是真正雌雄同体的人，穿着和行为像女人一样。② "巴利安"和"巴齐尔"均由桑吉昂"挑选"，没有桑吉昂的召唤，即使一个人拥有一般的癫狂术，即跳舞与击鼓，他也无法成为他们的仆人。"恩加德尤"迪雅克族在这一点上非常明显：一个人除非得到神灵的召唤，否则他不可能产生癫狂。"巴齐尔"的双性以及无性能力都来源于这样一个事实：这些司祭－萨满被认为是两个宇宙层的中介者，也就是大地和天空的中介者，也可能源于他们自身结合了女性元素（大地）与男性元素（天空）。③ 这里，我们有一个仪式性的雌雄同体，即一种人们熟知的关于神的双重统一和对立统一的古老范式。④ 与"巴齐尔"的雌雄同体一样，"巴利安"的滥性同样以其"中介者"身份的神圣价值为基础，基于废除两性对立的需要。

---

① H. L. 罗思，第一章，282 页。

② 关于这一问题，见贾斯特斯·M. 范·德·克罗夫《印度尼西亚的异装癖以及宗教雌雄同体》，全文。

③ H. 沙勒：《南婆罗洲恩加迪尤迪雅克的地上世界和地下世界概念》，78 页及后面内容；《南婆罗洲恩加德尤迪雅克的天神观念》，9 页及后面内容。

④ 参见伊利亚德《范型》，420 页及后面内容。

神（桑吉昂）将自己化身为"巴利安"和"巴齐尔"，并且直接通过他们讲话，但这种化身现象并不是一种"附体"。祖先或死者的灵魂从来不会附在"巴利安"或"巴齐尔"身体上，他们只是神的表达工具。逝者也会利用另外一类巫师"图坎·塔弗尔"（*tukang tawur*）。"巴利安"和"巴齐尔"的癫狂是由桑吉昂引发，或是在"巴利安"和"巴齐尔"升上天空拜访"神的村庄"的神秘之旅之后发生的。

这里有几点值得注意：完全由天神决定的宗教圣召、性行为（性无能，滥交）的神圣特征、癫狂技艺（舞蹈，音乐等）发挥的微小作用、通过体现桑吉昂或通过神秘的升天之旅所带来的恍惚、没有与祖先灵魂的关系并由此没有"附体"。所有这些特征有助于显示这一现象的宗教古老性。尽管"恩加迪尤"迪雅克人的宇宙学和宗教很可能受到了亚洲的影响，我们有理由认为"巴利安"和"巴齐尔"代表了萨满教一种古老的土生土长的形式。

"恩加迪尤"迪雅克人的"巴齐尔"与西里伯斯岛的"塔杜"（*tadu*）或"巴贾萨"（*bajasa*）对应。"塔杜"或"巴贾萨"通常是女性或扮成女人的男性（*bajasa* 原义为"伪装者、骗子"）。他们的独特技艺在于升天与入地的癫狂旅行，"巴贾萨"可以以神灵的形式或者具体的形式进行升天入地的旅程。其中一个重要的仪式就是 *mompanrilangka*，它是女孩的加入仪式，这一仪式一般会持续三天。寻找病人游离的灵魂也是"巴贾萨"的职责。在一位"乌雷克"（*wurake*）神灵（属于大气神灵一类）的帮助之下，"巴贾萨"爬上彩虹来到至高神 Puë di Songe 的房子前，带回病人的灵魂。当"稻谷的灵魂"离开庄稼，任庄稼在冬天枯萎时，"巴贾萨"会去寻找并将其带回。但她的癫狂能力不仅限于上天和在大地上四处的旅行，在大型葬礼节日中，穆姆佩梅特人（*mompemate*）的"巴贾萨"也会引领逝者的灵魂去往冥界。①

　　据 R. E. 唐斯所言，"应答祈祷描述了死者如何被唤醒，给自己穿衣服，穿越地下世界被引导到'迪南恩'（dinang）树那里，他们如何爬上这棵树到达地面，在那里，他们如何从莫里（Mori）（在托拉查人的东部）出来，最后被带到寺庙或宴会小屋。在那里，他们受到亲戚们欢迎，亲戚们和其他参与者通过唱歌跳舞招待他们……第二天，'安加'（angga，即灵魂）被萨满引导到它们最终的栖息地。"②

　　这些少量资料表明，西里伯斯岛的"巴贾萨"是灵魂戏剧性经历方面的专家：他们是净化者、治愈者或引路人。只有灵魂本身的福祉与存在处于危险时，他们才会行使他们的职能。值得注意的是，他们与天空和与天上神灵之间的关系最为频繁。巫术飞行或乘彩虹升天的象征意义很古老，它主导着澳大利亚的萨满教。此外，西里伯斯岛上的人也知晓曾经连接天与地的藤蔓的神话，依然记得人类与神之间轻而易举进行交流的那个美好时代。③

---

① N. 阿德里亚尼和 A.C. 克鲁伊特：《中部西里伯斯岛讲贝尔语（Bare'e）的托拉查人的宗教》，第一章到第二章，尤其见第一章361页及后面内容；第二章85~106页，109~146页及全文；H. H. 久伊恩博尔所做的长篇总结，《印度尼西亚原始民族的宗教》，583~588页。也可参见 R. E. 唐斯《中部西里伯斯岛讲贝尔语（Bare'e）的托拉查人的宗教》，47页及后面内容，87页及后面内容。詹姆斯·弗雷泽：《灾后时期》，209~212页（总结阿德里亚尼和克鲁伊特的研究，第一章，376~393页）；H.G. 夸里奇·威尔斯：《亚洲东南部的史前史和宗教》，81页及后面内容。其他关于将病人的灵魂带回的萨满教降神会的描述，见弗雷泽《灾后时期》，212~213页（南部婆罗洲的迪雅克族），214~216页（砂拉越的卡扬，婆罗洲）。
② 89页（克鲁伊特之后）。
③ 关于塞拉姆居民的萨满教思想及实践，参见 J. G. 罗德尔《阿拉哈塔拉（Alahatala）：塞兰中部内地部落的宗教》，46页及后面内容，71页及后面内容，83页及后面内容，118页及后面内容。

"逝者之船" 与萨满教的船

在严格意义上的萨满教各种场合、葬礼实践以及哀悼中，"逝者之船"在马来西亚和印度尼西亚都发挥着重要的作用。当然，所有这些信念一方面与把死者装上独木舟或扔进海里的习俗有关，另一方面与葬礼神话学有关。在船上暴露死者这种做法或许可以通过对祖先迁移的模糊记忆得到很好的解释；① 这艘船会带着死者的灵魂回到祖先最初出发的家乡。但是，（可能除了波利尼西亚人）这些可能的记忆已经失去了它们的历史意义；"最初的家乡"成了一个神话之地，将这块神话之地与大地分开的海洋被认为是死亡水域。无论如何，这一现象在古老的心态视界范围内是很常见的，在这一范围中，"历史"被不断地转化为神话事件。

在古日耳曼人②和日本人中③也可以找到类似的葬礼观念和实践。但是，在这两个民族中，就像在大洋洲地区一样，除了存在一个海洋或次海洋的另外的世界（"水平的"复合体），也存在一个垂直的复合体：被视为逝者领地的山，④ 或者甚至是天空。（山脉被"赋予"了天空的象征意

① 参见罗莎琳德·莫斯《大洋洲和马来群岛的来生》，4 页后面内容，23 页及后面内容等。关于大洋洲葬礼形式和来生的概念之间的关系，也可见弗雷泽《原始宗教中对死亡的恐惧》，第一章，181 页；埃里克·多尔：《大洋洲的丧葬形式》；卡拉·瓦·维利克：《苏拉威西上的丧葬习俗和对冥界的信仰》；H.G. 夸里奇·威尔斯：《史前史》，90 页及后面内容。

② 参见 W. 戈尔特《日耳曼神话手册》，90 页及后面内容，290 页，315 页及后面内容；O. 阿尔姆格伦：《北方岩画作为宗教证明》，191，321 页等；O. 霍夫勒：《日耳曼祭祀的秘密联盟》，第一章，196 页。

③ 亚历山大·斯拉维克：《日本人和日耳曼人祭祀的秘密联盟》，704 页及后面内容。

④ 霍夫勒，第一章，见 221 页及后面内容等；斯拉维克，687 页及后面内容。

义，这一点将会被记住。）通常只有那些有特权的人（如首领、司祭和萨满、新加入的人等）才能升天，[①] 其他的凡人只能进行"水平的"旅行或进入地下世界。我们需要补充的是，冥界及其方向的问题是极其复杂的，我们不可能通过"最初家园"的观念或埋葬的形式来解决这个问题。归根结底，我们不得不和神话与宗教观念打交道，但是，如果这些神话和宗教观念并不总是独立于物料消耗和实践，它们作为精神结构是自主的。

除了在独木舟中暴露逝者这种习俗之外，印度尼西亚和西亚部分地区存在三类重要的巫术－宗教实践，均涉及使用（真的或象征性的）仪式性船只：（1）用来驱逐恶魔或疾病的船只；（2）印度尼西亚萨满"从空中穿过"，寻找病人灵魂的船只；（3）带领逝者灵魂去往冥界的"神灵船只"。在前两类仪式中，如果不是完全是萨满在起作用，萨满的作用也是主要的；第三类仪式已经超出了萨满的职责范围，尽管它是一场萨满教类型的入地之旅。正如我们很快会看到的那样，这些"逝者之船"是被召唤而不是被操控的，对它们的圣召是在诵读葬礼悼词的过程中进行的，这些悼词是由专业的女性悼念者而不是萨满诵读的。

每年，或者在流行疾病泛滥的时候，人们都会用以下一种方法驱赶疾病恶魔：恶魔被抓住后被关在一个盒子里，或者直接关在船里，人们将船扔进大海。或者另外一种方法：人们准备许多代表疾病的木偶，将它们放在船上，任由海浪

---

① 为了把我们限定在我们所关心的领域，参见 W. J. 佩里《印度尼西亚的巨石文化》，113 页及后面内容（首领在死后会升入天空）；莫斯，78 页及后面内容，84 页及后面内容（天空是一些有特权的阶级休息的地方）；A. 里森费尔迪《美拉尼西亚的巨石文化》，654 页及后面内容。

处置。这种方法在马来西亚①和印度尼西亚②广为流传，由萨满和巫师实施。在流行疾病盛行时驱逐疾病恶魔，很有可能是对更加远古时期新年时普遍举行的驱逐"罪恶"仪式的模仿，那时，一个群体的健康和力量全部恢复了。③

此外，印度尼西亚的萨满在用巫术治疗疾病时也会用到船。在整个印度尼西亚地区，一个主导性的观念就是疾病是由灵魂的逃离引起的。通常，人们都相信灵魂已被恶魔或神灵诱拐，为了寻找它，萨满使用一艘船。例如，杜松人的"贝里昂"就是使用船去寻找灵魂的。如果他认为病人的灵魂已经被一位上天的神灵抓去了，他就会做一艘小型的船，船的一端有一只木鸟。他在这艘船上进行空中穿行的癫狂之旅，左顾右盼，直到他发现病人的灵魂。北部的杜松人以及南部、东婆罗洲也熟知这一技艺。"马昂扬"（Maanyan）萨满也有一艘三到六英尺长的船，他将这艘船放进他的房子里，当他想去拜访天神"萨奥"（Sahor），并寻求他的帮助时，他会乘坐这艘船。④

坐船在空中穿行的观念只是萨满教升天技艺在印度尼西亚的一个应用。船在萨满进入冥界的癫狂之旅（逝者之地或神灵之地）中发挥着重要的作用，这些癫狂之旅的目的是护送逝者去往地下世界，或是寻找被恶魔或神灵绑架的病人灵魂，逐渐地，甚至萨满在恍惚中自己升天也使用这艘船。这两个萨满教象征意义的融合或共存，即水平的冥界之旅和垂

---

① 参见例如斯基特《马来巫术》，427 页及后面内容等；屈西尼耶，180 页及后面内容。尼科巴岛也存在同样的习俗；参见怀特黑德，152 页（阐释）。

② A. 斯塔曼：《印度尼西亚的祭祀船》，184 页及后面内容（北部婆罗洲、苏门答腊、爪哇、摩鹿加群岛等）。

③ 参见伊利亚德《永久回归的神话》，53 页及后面内容。

④ 斯塔曼，190 页及后面内容。萨满教的船只也存在其他地方；例如在美洲（萨满乘船进入地下世界；参见 G. 布尚编《民族学画刊》，第一章 134 页；斯塔曼，192 页）。

直的升天之旅，通过萨满船上的宇宙树体现出来。宇宙树有时以长矛或连接天地的梯子的形式矗立在船的中间。[1] 在这里我们又发现了相同的"中心"象征意义，通过这个"中心"萨满到达天空。

在印度尼西亚，萨满引导死者前往冥界，他常用一艘船来进行癫狂之旅。[2] 我们将会看到，婆罗洲迪雅克的女性悼念者吟唱仪式歌曲来描述死者在一艘船里的旅途，发挥着与萨满相同的作用。在马来尼西亚，我们也发现了睡在尸体旁的习俗；在梦里，睡觉的人陪伴并引导灵魂穿越冥界，他一醒来，就会叙述旅途中的各种事情。[3] 马来西亚的这种方法一方面与萨满或专业的女性悼念者（印度尼西亚）对死者仪式性的陪伴相似，另一方面与波利尼西亚在坟墓所做的葬礼致辞作用相同。在不同的层面上，所有这些葬礼仪式和习俗具有相同的目的：护送死者前往冥界。但在严格意义上讲，只有萨满是护送灵魂的人，只有他具体会护送并亲自引导死者。

---

[1] 斯塔曼，193 页及后面内容；H. G. 夸里奇·威尔斯：《史前史》，见 101 页及后面内容。根据 W. 施密特（太平洋中南部诸岛各民族的宗教和神话学对比的基本原则），印度尼西亚的宇宙树来源于月亮，正因为如此，它在印度尼西亚西部地区（也就是在婆罗洲南部、苏门答腊和马六甲）的神话中更为突出。然而在印度尼西亚东部地区却不存在宇宙树，此处，太阳神话取代了月亮神话；参见斯塔曼，192、199 页。但人们也提出了一些不同观点来反对这一天文神话构造；例如参见 F. 斯派泽，"美拉尼西亚和印度尼西亚"，464 页及后面内容。我们将更进一步注意到，宇宙树承载着更复杂的象征意义，而且只有它的一些方面（例如它的周期性更新）可以被合理地阐释为与月亮神话有关；参见伊利亚德《范型》，296 页及后面内容。

[2] 例如参见克鲁伊特《印度尼西亚人》，244 页；莫斯，106 页。在东部的托拉查族中，一个人死亡八天或九天之后，萨满会进入低一级的世界带回逝者的灵魂，并将它放在一艘船里升入天空（H. G. 夸里奇·威尔斯：《史前史》，95 页及后面内容，在 N. 阿德里亚尼和 A. C. 克鲁伊特之后）。

[3] 莫斯，104 页。

迪雅克人中的冥界之旅

　　海洋迪雅克人的葬礼仪式中这些癫狂的冥界之旅与萨满教有一定的联系，不过这些冥界之旅不是由萨满进行的。一位职业女悼念者非常详细地讲述（有时长达 12 个小时）逝者冥界之旅的变迁，但是，她的圣召是通过一位神在她的梦境中出现决定的。这个仪式会在人死后立即进行。悼念者坐在逝者的尸体旁，用单调的声音吟诵，没有任何乐器伴奏。吟诵的目的是为了避免灵魂在地下旅程中迷失方向。这位悼念者起着将逝者灵魂带到冥界的作用，不过她并没有亲自护送逝者的灵魂，仪式中吟诵的文本为逝者提供了相当精准的路线。首先，悼念者要寻找一位可以进入地下世界的传话者，通告新来者马上到达的消息。寻找无果后，她便亲自向鸟、野生动物、鱼询问，但是它们都没有越过划分生者与死者界限的勇气。最终风神同意去目的地送信。他开始穿过一望无际的平原，因为周围一片黑暗，所以他爬上了一棵树来探寻他的道路。每个方向都有通往地下世界的小路，实际上有 77×7 条通往逝者国度的道路。站在树顶，风神找到了最好的道路，他摒弃了人类的外形，像飓风一样冲向地下世界。冥界的逝者突然受到风暴的惊吓，他们变得惊恐不安，询问风神到来的原因。风神答道：某某刚刚去世，你们必须迅速抓住他的灵魂。神灵们欢快地跳上一艘船，十分有力地划着桨，遇到的鱼都被杀死了。它们在死者的房子前将船停下，冲出船，抓住逝者的灵魂。灵魂奋力挣扎，发出喊叫声。但是，直到到达地下世界的岸边，灵魂似乎一直保持平静。

　　悼念者结束吟诵。她的任务结束了；通过叙述两次癫狂之旅中的所有变迁，她已经真正地将死者带到了他的新家。

在"帕纳"（pana）仪式上，悼念者把供给死者的食物运到地下世界，此时她会再次叙述前面去往冥界的旅途；只有在"帕纳"仪式之后，逝者才会意识到他们的新环境。最后，悼念者邀请死者的灵魂来参加盛大的葬礼节日"加韦·安图"（Gawei antu），逝者去世一到四年之后庆祝这一节日。许多客人聚集在一起，人们相信逝者也在场。悼念者的歌曲描述了逝者高兴地离开地下世界，乘着他们的船，匆忙地赶赴这一盛宴。①

　　显然，不是所有这些葬礼仪式都具有萨满教性质；至少在"帕纳"和"加韦·安图"中，逝者与描述冥界之旅的悼念者之间没有直接的神秘关系。总而言之，我们这里有一部保存入地范式的仪式"文学"，不管它是否具有萨满教性质。但是，我们也要记住，在任何地方，萨满都指导逝者灵魂进入地下世界。而我们已经了解到，"逝者之船"在我们已经总结的葬礼描述中不断地被提到，而且"逝者之船"在整个印度尼西亚地区都是癫狂旅程中最显著的一种方式。悼念者自己尽管没有行使任何巫术－宗教职能，但她仍然不是一个"凡人"。她被天神"选中"，在梦里接受启示。她被以某种方式"激发"，她是一位"先知"，她在幻象中亲眼见证了冥界的旅程，知晓冥界的地形和道路。从形态上讲，迪雅克人的悼念者与印欧世界的女先知和女诗人属于同一层面。从这些被天神选中的女性的"幻象"和"灵感"派生

---

① 迪雅克女性悼念者的大部分文本和吟诵由阿奇迪肯·佩勒姆出版在皇家亚洲学会杂志《海峡分支》（JRAS Straits Branch）（1878 页及后面内容），H. L. 罗思以删减的形式重新出版了《砂拉越英属北部婆罗洲的土著人》，第一章 203 页及后面内容；雷夫·W. 豪厄尔：《海洋迪雅克族的挽歌》（我们并不会接触到这篇文章，我们是通过 H. M. 和 N. K. 查德维克详细的摘录《文学发展》的第三章 488 页及后面内容来了解这篇文章内容的）。关于南部婆罗洲恩加迪尤迪雅克的葬礼信仰和习俗，见 H. 沙勒《恩加迪尤迪雅克的天神观念》，159 页及后面内容。

出某种传统文学创作，她们的梦境和空想是那么多神秘的启示。

美拉尼西亚的萨满教

我们无法回顾构成美拉尼西亚巫医实践的意识形态基础的各种信念和神话。我们在这里只讲：一般来说，美拉尼西亚能区别三种不同类型的文化，对应三个种族群体，每种文化都是由相应的那个种族群体传播的，看起来是他们将这一地区开拓为殖民地（或者只是路过）的。这三个种族群体是：土著巴布亚人；白皮肤的征服者，他们带来农业、巨石，其他形式的文明，然后移居到波利尼西亚；黑皮肤的马来西亚人，他们是最后到达这个岛的人。① 白皮肤的移民传播了一个非常丰富的神话，神话以一位文化英雄（"卡特"Qat，"安巴特"Ambat 等）为中心，他与天界有直接的联系，要么通过与天上的一位仙女结婚，小心地将仙女的翅膀偷走并藏起来，之后通过攀爬一棵树、一根藤蔓或"一串箭头"到达天空寻找这位仙女，要么这位文化英雄本身就是天上的一个居民。② "卡特"神话相当于波利尼西亚的"塔加

---

① A. 里森费尔德：《美拉尼西亚的巨石文化》，665 页及后面内容，680页以及全书。这本书包含大量的参考文献以及早期研究的批判性例证，尤其是里弗斯、迪肯、莱亚德以及斯派泽研究的例证。关于美拉尼西亚和印度尼西亚的文化关系，见斯派泽《美拉尼西亚和印度尼西亚》；关于与波利尼西亚的关系（从"反历史"的角度来看），拉尔夫·皮丁顿编，在 R. W. 威廉森《波利尼西亚人种学的文章》，见 302 页及后面内容；关于史前史的一切以及奥斯特罗尼西亚的第一批移民，这些移民将他们的巨石文化和一种独特的思想（猎头等）从中国的南部传播到新圭亚那，海涅·盖尔登的研究，"太平洋中南部诸岛人的发祥地和最早的迁移"。根据里森菲尔德的调查，《美拉尼西亚的巨石文化》的作者似乎来自一个被中国台湾、菲律宾和北部西里伯斯岛包围的地区（见 668 页）。

② 参见里森费尔德，78 页、80 页及后面内容，97 页、102 页以及到处。

罗"（Tagarao）和"毛伊"（Maui）神话，"塔加罗"和
"毛伊"与天空的天神的关系是众所周知的。巴布亚土著人
可能将"升天之旅"的神话主题运用到了白皮肤的新来者，
但是，通过移民到来和离去的这一历史事件来解释这样一个
神话（不管怎样，全世界都发现有这一神话）的起源，则是
徒劳的。① 重申一下，历史事件完全没有"创造"神话，它
是通过被纳入神话范畴结束的。

　　不管怎样，我们注意到，除了看起来毫无疑问特别古
老的巫术治疗技艺外，美拉尼西亚没有一种严格意义上的
萨满教传统和加入式。萨满教加入式的消失可以归因于以
神秘社会为基础的加入式发挥的巨大作用吗？也许吧！②
无论真实情况如何，美拉尼西亚巫医的基本职能仅限于治
疗疾病和占卜。某些明确具有萨满教性质的能力（例如，
巫术飞行）只是黑术士独自享有的特殊能力。（确实，通
常所说的"萨满教"在任何地方都没有像在大洋洲，尤其
是美拉尼西亚那样被分散在大量的巫术－宗教群体中实践。
在大洋洲，我们可以区分司祭、巫医、巫师、占卜者、
"附体的人"等。）最后，以某种方式构成了萨满教意识形
态的大量主题仅仅保留在一些神话和葬礼观念中，我们认
为这很重要。我们上文③已经提及了文明英雄的主题，英
雄可以通过一条"箭链"或一根藤蔓以及其他的物体与上
天进行沟通。我们之后会有机会再次讨论这个主题。④ 我

① 正如里森费尔德试图在他的其他著作中证明的那样。
② 这个问题对于我们来说太过复杂，以至于我们无法讨论。在所有加入
　式形式中，如年龄组加入式、神秘社会加入式或萨满教加入式，都存
　在一个明显的形态上的相似之处。我们只举一个例子，在马勒库拉，
　候选人要爬上一个平台来献上一只猪才能加入一个神秘的社会（A. B.
　迪肯：《马勒库拉》，379 页及后面内容）；现在我们已经看到，登上一
　个平台或爬上一棵树是萨满教加入式的独特仪式。
③ 见上文，362 页。
④ 见下文，426 页及后面内容。

们也可能注意到这样一个概念，即逝者在到达逝者之地的时候会遭到它的守护神灵的穿耳残害。① 现在，这个行为具有明显的萨满教加入式性质。

在多布岛，新圭亚那东边的一个岛，人们相信巫师是"发热的"，巫术与热和火相关，这一观点属于远古萨满教，甚至在发达的意识和技艺中都保存下来。② 出于这个原因，巫师必须保持身体"干燥"和"发热"；为实现这一点，他尝试喝盐水，吃调过味的食物。③ 多布的男巫师和女巫师在空中飞行，夜晚人们可以看到他们在空中留下的炽热的轨迹。④ 但是，尤其是女巫师擅长飞行，因为在多布，巫术技艺在男巫师和女巫师当中是这样分配的：女巫师是真正的术士，她们在身体处于沉睡状态时，直接通过灵魂践行技艺，并攻击受害者的灵魂（她们可以从受害者的体内揪出灵魂，然后将其毁灭）；男巫师只能通过巫术咒语来践行技艺。⑤ 这里，术士－仪式者与癫狂师在结构上的不同在性别上得以体现。

就像在美拉尼西亚其他地区一样，在多布岛疾病或是由巫术引起，或是由逝者的灵魂引发。在这两种情况下，均是病人的灵魂受到了攻击，即使它并没有被带离身体，仅仅是受到了伤害。在这两种情况下都会传唤巫医，他通过凝视水晶石或水来找到生病的原因。巫医通过病人身体

---

① C. G. 塞利格曼：《英属新几内亚的美拉尼西亚人》，见158页，273页及后面内容（罗罗），189页（科伊塔）。也可见基拉·温伯格－戈贝尔《美拉尼西亚对另外世界的观念》，114页。

② 见下文，477页及后面内容。

③ R. F. 福琼：《多布的巫师》，见295页及后面内容。

④ 同上，见150页即后面内容，296页等。火在神话中源于一位年长妇女的阴道（同上书，见296页及后面内容），这一神话起源似乎暗示了女性巫术早于男性巫术。

⑤ 同上书，150页。

上的某些病态表现得出病人灵魂已被带走的结论；病人神志不清，或是谈论海上的轮船等等，这标志着病人的灵魂已经离开身体。在水晶石中，治愈者看到引起疾病的那个人，无论他是死是活。人们需要向活着的施咒者支付一定的费用，他才会消除他的敌意；或是向引发疾病的逝者供奉一些祭品。① 在多布岛，每个人都可以进行占卜，但占卜不使用任何巫术。② 同样每个人都拥有火山水晶石，人们相信如果把这些水晶石放在视线内，它们可以凭借自己的力量飞行。巫师也用这些水晶石"看见"灵魂。③ 关于这些水晶石的隐秘教导没有保留下来，④ 这表明了多布岛男性萨满教的衰退，因为在其他地区保留着一整套邪恶魔咒教义，由老师传授给学生。⑤

在整个美拉尼西亚，治疗一种疾病以向引起疾病的逝者祭祀和祷告开始，这样他将会"驱除疾病"。但是，如果由家庭成员所使用的这一方法失败了，人们会召唤一位"马内·基苏"（mane kisu），即"医生"。通过巫术方法，这位"医生"发现导致疾病的特定的死者，并恳求他消除引起疾病的原因。如果第一位"医生"失败了，人们会召唤另一位。除了严格意义的巫术治疗，"马内·基苏"还会摩擦病人的身体，使用各种按摩方法。在所罗门群岛的伊莎贝尔和佛罗里达地区，"医生"将某个重物挂在一根绳子上，并叫出那些最近刚去世的人的名字；当他说出带来疾病的死者姓名时，重物开始移动。然后"马内·基苏"问死者想要什么

---

① 福琼：《多布的巫师》，见154页及后面内容。关于瓦达方法（被巫术所杀），参见同上，284页及后面内容；塞利格曼，见170页及后面内容。
② 同上书，155页。
③ 同上书，见298页及后面内容。
④ 同上。
⑤ 同上书，见147页及后面内容。

祭品：一条鱼，一头猪，一个人？当人们说出祭品名称时，死者通过移动那个悬挂的物体来回答这一问题。① 在圣克鲁斯（所罗门），神灵们通过将巫术箭射进病人体内来引起疾病，治愈者通过按摩将箭取出。② 在班克斯岛，萨满通过按摩或吮吸去除疾病；然后，萨满向病人展示一根骨头，一块木头或一片叶子，并让他喝放有巫术石头的水。③ "马内·基苏"在其他情况中也使用同样的占卜方法。比如，渔夫出发前，会问一个廷达洛（tindalo）（神灵）捕鱼是否会成功，船只通过颤抖做出回答。④ 在莫塔拉瓦岛和班克斯群岛的其他岛屿上，通过使用一根住着神灵的竹棍发现盗贼，这根棍子会自动地走向盗贼。⑤

除了这一类型的占卜者和医治者，任何人都可以被一位神灵或者逝者的灵魂附体。当神灵附体时，那个人用一种奇怪的声音讲话并且占卜预测。通常这种附体是非自愿的。这个人和他的邻居在一起，讨论某个问题时，突然开始打喷嚏并且颤抖，"他目光呆滞，四肢扭曲，全身抽搐，口吐白沫。然后人们听到从他的喉咙里发出一种声音，但这个声音并不是他自己的声音。这个声音或是同意或是反对刚刚提出的建议。这样的人并没有使用任何方法召唤灵魂，是鬼魂撞到了这个人，因为鬼魂相信他可以按照自己的意愿，凭借自己的超自然力量压倒这个人。当鬼魂离开

---

① R. H. 科德林顿：《美拉尼西亚》，见 194 页及后面内容。

② 同上书，197 页。

③ 同上书，198 页。在斐济岛，也发现了同样的技艺（同上，第一页）。关于美拉尼西亚术士的巫术石头和水晶石英石，见塞利格曼，见 284 ~ 285 页。

④ 同上书，210 页。

⑤ 同上书。关于科伊塔的巫医，见塞利格曼，167 页及后面内容；罗罗，同上书，见 278 页及后面内容；在巴图湾，同上书，591 页；在米尔恩湾省，同上书，见 638 页及后面内容；在特洛布尼恩德，同上书，682 页。

后，此人已精疲力竭。①

在美拉尼西亚的其他地方，比如新圭亚那，被一位已逝亲戚附体是被自主利用的，在各种情况下都可以发生。当有人生病，或希望发现不为人所知的某个东西时，一个家庭成员会向已逝亲戚寻求建议，将他的照片放在膝盖或肩膀上，让他自己被死者的灵魂附体。②但是，这种自发的灵媒现象在印度尼西亚和波利尼西亚非常普遍，只是在表面上与萨满教本身相关。我们上面列举这些现象，就是为了表明萨满教技艺和意识形态发展的精神环境。

波利尼西亚萨满教

在波利尼西亚，问题变得更加复杂，因为在这里有几类神职人员，所有这些人都或多或少与天神和神灵有直接的关系。广义上讲，我们发现三大类宗教专职人员：神圣首领（ariki）、先知/占卜者（taula）以及司祭（tohunga）。但我们必须再把治愈者、术士、巫师以及那些自发“被附体”的人补充进去。归根结底，所有这些人都或多或少运用同样的技艺：建立与天神或神灵的沟通，得到神灵启示或被附体。也许至少有一些宗教仪式和技艺受到亚洲观念的影响，但波利尼西亚与南亚文化之间的关系问题远未解决。但是，这里

---

① 科德林顿：《美拉尼西亚》，见209页及后面内容。在麻风岛，人们相信，塔伽罗（Tagaro）的灵魂将自己的精神力量融入一个人的身体，这样，这个人就可以发现隐藏的事物并揭示这些隐藏的事物，同上书，210页。美拉尼西亚人并没有将疯狂——也是一种被一位“丁达罗”（tindalo）附体的过程——与附体本身相混淆，附体是有目的的：揭示某一特殊的事情（同上书，219页）。在附体期间，那个人吞下了大量的食物，并且展示了他的巫术能力；他吃灼烧的炭火，托举重量极大的东西并且进行占卜（同上书，219页）。

② J. G. 弗雷泽：《永生信仰和逝者崇拜》，第一章，309页。

可以将其略过不谈。①

我们肯定也同时观察到，萨满教意识和技艺的本质——即沿着一根矗立在宇宙"中心"的轴进行的宇宙三界间的交流，以及升天或巫术飞行的能力——在波利尼西亚神话中得到了充分证实，且仍然存在于关于巫师的普遍观念中。我们在这里仅举几个例子，后面会再回到这个神话升天主题上。在整个波利尼西亚地区都可以找到英雄"毛伊"（Maui）的神话，这位英雄以其升天入地而闻名。② 他以一只鸽子的形象飞行；想去地下时，他会移走房子的中心柱，通过留下的洞去感觉来自地下地区的风。③ 许多其他神话和传奇讲述通过藤蔓、树或风筝的升天，其仪式性含义表明，在整个波利尼西亚地区，人们都相信这一升天的可能性以及人们都有这种升天的愿望。④ 最后，正如其他地方一样，人们相信波利尼西亚的巫师和预言家们能够飞行，并在眨眼间穿行很远的

---

① E. S. C. 汉迪（《波利尼西亚宗教》）试图界定他称为波利尼西亚宗教的两个层次：一层源于印度，另一层的根源在中国。但他的对比研究建立在相对模糊的类比之上；见在 R. W. 威廉姆森《波利尼西亚民族学论文集》中皮丁顿的批判，见 257 页及后面内容（关于亚洲－波利尼西亚的类比，同上，见 268 页及后面内容）。但毫无疑问，某些文化成果能够在波利尼西亚建立起来；因此可能书写文化复合体的历史，甚至展示其可能的来源；参见，例如埃德温 G. 伯罗斯《波利尼西亚的文化区域》，讨论了皮丁顿的批判。见上文，286 页，注释③。然而，我们认为，尽管有一定的趣味性，这样的调查注定不会解决萨满教意识形态以及癫狂技艺的问题。至于波利尼西亚和美洲之间可能的交流，见詹姆斯·霍内尔清晰的总体概括，《大洋民族和南美之间，在前哥伦布时期有联系吗?》。

② 在凯瑟琳·卢奥马拉的《具有千种技艺的毛伊：他的大洋洲和欧洲的传记作者?》中，将会发现所有的神话和大量的文献记载。关于升天的主题，见 N. K. 查德维克，"波利尼西亚神话学的注解"。

③ 汉迪：《波利尼西亚宗教》，83 页。关于以一只鸽子的形象降入地下世界的旅程，见 N. K. 查德维克《风筝：波利尼西亚传统的一个研究》，478 页。

④ 查德维克：《风筝：波利尼西亚传统的一个研究》。也可见下文，481 页。

距离。①

我们必须谈及另外一类神话，讲述的是一位英雄为了带回心爱女子的灵魂而进行的入地之旅。尽管这类神话揭示了一种基础的萨满教主题，但并不属于严格意义上的萨满教意识形态。这样，毛利英雄"胡图"（Hutu）进入地下世界，寻找为了他而自杀的公主"帕尔"（pare）。"胡图"在地下世界遇到了"黑夜大女神"（the Great Lady of Night），她掌管着冥府。"胡图"得到了女神的帮助，女神向他指明将要前往的道路，并送给他一篮子的食物，这样他就不需要触碰地下世界的食物。"胡图"在冥府找到了公主"帕尔"，并成功地将她带回大地。英雄将她的灵魂再次放回她的身体，公主就复活了。在玛贵斯岛上也流传着英雄"基纳"（Kena）心上人的神话，她因为"基纳"的斥责而自杀。"基纳"进入地下世界，将爱人的灵魂装在一个篮子里，并且将灵魂带回大地。在曼加阿（Mangaian）版的神话中，"库娜"（Kura）不小心杀死了自己，并且被她的丈夫从地下世界带回大地。在夏威夷版本中，新西兰的"胡图"和"帕尔"分别被"希库"（Hiku）和"卡韦卢"（Kawelu）取代。由于他的爱人"卡韦卢"因悲痛而死，"希库"通过一根藤蔓进入地下世界，抓住"卡韦卢"的灵魂，并将其放在一个椰子里，然后回到大地。灵魂按照下列步骤重新回到毫无生命的身体："希库"迫使灵魂进入左脚的大拇指，然后通过按摩脚底和小腿，最终使灵魂进入心脏。在潜入地下世界之前，"希库"采取了一些措施，他将腐臭的油涂在身上，这样他就闻起来像一具死尸，而"基纳"忽略了这个步骤，所以地下女神立即发现了他。②

① 汉迪：《波利尼西亚宗教》，164 页。
② 汉迪：《波利尼西亚宗教》，81 页及后面内容。

正如我们所见，这些入地的波利尼西亚神话，更像俄尔浦斯神话，而不像严格意义上的萨满教。而且，我们在北美民俗中也找到了相同的神话。① 但是，我们可能注意到，"卡韦卢"的灵魂根据相应的萨满教程序被放回了身体。抓捕地下世界灵魂本身会让人想起萨满寻找并抓住病人灵魂的方式，不论灵魂已经进入逝者之地还是仅仅在遥远的地方游荡。就"生者的味道"而言，不管是与俄尔浦斯类型的神话还是与萨满教入地相关联，它都是一个广泛传播的民俗主题。

但是，大部分波利尼西亚萨满教是更加特殊的一类，因为很大程度上他们相当于天神或神灵"附体"。通常是司祭或占卜者寻求这样的"附体"，但这种"附体"有时会自主发生。被神附体或得到神的启示是"托拉"（taula），即预言家的专长，但司祭也可以做到这些。在萨摩亚群岛和塔希提岛，所有家族的首领都可以做到这些，家族的主顾神通常借助活着的家族首领的嘴讲话。② 一位名叫"阿图阿"（atua）的"托拉"宣称，他拥有与死去兄弟交流的能力。他宣称自己可以清楚地看到他们，当他们出现的时候，他会失去意识。③ 在"托拉""阿图阿"的例子中，他兄弟的灵魂解释了疾病的原因和治愈疾病的方法，或是告诉他是否病人注定会死去。但人们记得这样的一个时代：萨满只"被天神附体"，不像现在这样被"魂灵附体"。④ 尽管主要代表着萨满教的仪式传统，司祭"托亨加"（tohunga）也并不是没有癫狂体验，他们甚至被迫学习巫术技艺。A. 福南德提到十个夏威夷"司祭团体"：三个专职于巫术，两个专职于妖术，

---

① 汉迪：《波利尼西亚宗教》，见310页及后面内容。
② 汉迪，136页。
③ E. M. 勒布：《纽埃萨满》，见399页及后面内容。
④ 同上书，394页。

一个专攻占卜，一个专攻药学和手术，一个专攻庙宇的修建。[1] 福南德所称的"团体"更像不同类型的专家，但是他的评论表明司祭也接受巫术和医学的教导。在其他地区，巫术和医学指导是萨满的专属。

的确，"托拉"和"托亨加"都践行用巫术治病。毛利人司祭被召唤到病床前之后首先试图找到邪恶神灵从地下世界过来的道路；为此，他将头用力地浸在水中。这条路通常是一种植物的茎，"托亨加"找到它并将其放在病人头上；然后，他背诵咒语，使鬼魂离开病人返回地下世界。[2] 同样，在曼加雷瓦群岛，也是由司祭实施治疗。疾病通常是由维里加家族的一位神附体所引起，亲戚们会立刻咨询一位司祭；他做一艘小独木舟并将它带到病人的房子，恳求天神－神灵乘坐这艘船离开病人身体。[3]

正如我们之前所言，被天神或神灵附体是波利尼西亚癫狂宗教的一个显著特征。只要占卜者、司祭或仅仅是中介者

---

① 汉迪：《波利尼西亚宗教》，150 页。

② 同上书，244 页。

③ 特·兰奇·希罗厄（彼得·H. 巴克）：《曼加雷瓦岛的民族学》，见 475 页及后面内容。然而，我们需要注意的是，在曼加雷瓦岛中，司祭被称为"陶拉"（taura），这个词等同于萨摩亚和汤加的 taula，夏威夷的 kaula 以及玛贵斯的 taua，正如我们所见，这些术语指代"占卜者"（参见汉迪，159 页及后面内容）。但是，在曼加雷瓦岛，宗教的二分法并不是通过司祭（tohunga）和占卜者（taula）这一组词来表达的，而是通过司祭（tuara）和预言者（akarata）表达；参见诺尔·拉瓦尔《曼加雷瓦岛，波利尼西亚民族的古老历史》，见 309 页及后面内容。司祭和预言者都被天神附体。但预言者（akarata）一次突然受到启示之后，紧接着进行短暂的圣化仪式后获得头衔（参见，希罗厄，见 446 页及后面内容）；司祭（tuara）要在一个毛利人集会地，一个神圣的石头围成的圈子中进行长时间的加入式（同上，443 页）。拉瓦尔（309 页）和其他权威人士称预言者（akarata）没有加入式；但希罗厄（见 446 页及后面内容）已经表明就职仪式（这个仪式要持续 5 天，在仪式期间，司祭邀请天神居住在新司祭的身体里）具有加入式的结构。"司祭"和"占卜者"之间最大的不同在于后者强烈的癫狂圣召。

被附体，人们都会认为他们是神灵的化身，并且相应地用对待神灵的方式对待他们。受到神灵启示的人像"容器"一样，天神或神灵进入他的体内。毛利术语"瓦卡"（*waka*，毛利人用的一种独木舟）清楚地表明，受到神灵启示的人体内载着天神，就像小船载着主人一样。[①] 天神或神灵化身的表现形式与任何其他地方观察到的形式一样。平静的集中精力的一个预备阶段后进入一个疯狂的阶段，在此期间，灵媒用假声讲话，声音常因为身体的抽搐而中断，他的话语玄妙深奥，决定着接下来要采取的行动。不仅了解某某天神渴望什么类型的祭品时要请教灵媒，在发动一场战争、开始一次长途旅行以及其他重要事情之前都要请教灵媒。同样的方法也被用于寻找病因和治病之法或寻找偷盗犯等。

我们无须列举早期旅行者和民族学家所收集的材料，这些材料是关于波利尼西亚的启示和附体的现象学。我们会在 W. 马里纳，W. 埃利斯，C. S. 斯图尔特以及其他作者的文献中找到经典的描述。[②] 我们将只注意为个人目的而在夜晚举行的巫术降神会，[③] 这种降神会没有白天举办的盛大公众降神会那么疯狂，后者的目的是要了解天神的意愿。一个自发且暂时被"附体"的人与一位先知的区别在于这样一个事

---

① 汉迪：《波利尼西亚宗教》，160 页。

② 塔希提岛降神会：威廉姆·埃利斯：《波利尼西亚研究》（第三版），第一章，373～374 页 2（抽搐、喊叫，司祭必须解释的无法理解的话语等）。社会岛：同上，第一章，370 页及后面内容；J. A. 莫伦霍特：《大洋洲岛屿的航行》，第一章，70 页。汤加：W. 马里纳：《汤加岛屿土著居民的叙述》，第一章，86 页及后面内容，101 页及后面内容等。萨摩亚，赫维湾岛屿：R. W. 威廉姆森：《波利尼西亚中部的宗教和社会组织》，见 112 页及后面内容。普卡普卡：欧内斯特和珍珠·比格尔霍尔：《普卡普卡的民族学》，见 323 页及后面内容。曼加雷瓦岛：希罗厄：《曼加雷瓦岛的民族学》，见 444 页及后面内容。

③ 见汉迪在《马克塞斯的土著文化》中对这些降神会其中一个的描述，265 页及后面内容。

实：先知总得到同一位天神或同一位神灵的“启示”，并可以随意地化身为这一神灵。一位新的先知只有在得到控制他的神灵的正式证实之后才被圣化；他被问一些问题，而且必须要传达神谕。[①] 直到证明了他的癫狂体验的真实性，他才被认为是一位“托拉”或“阿卡拉塔”（*akarata*）。如果他是一位伟大天神的代表（或更准确地说，是化身），那么他的房子和他自己会成为“塔普”（*tapu*，即禁忌），并享有很高的社会地位，在威望上与政治首领平等，甚至会超过政治首领。有时，获得超自然巫术能力是萨满成为一位伟大天神化身的标志。例如，马克萨斯人先知可以禁食一个月，睡在水下，看到很远处发生的事情，等等。[②]

我们必须将术士或巫师（“塔胡”tahu，“卡卢”kalu等）列入这些伟大的巫术－宗教类型的人物中。他们的专长是控制一个熟悉的神灵，这个神灵是他们从一位死去的朋友或亲人体内取出的。[③] 像先知和司祭一样，他们也是治愈者，人们也向他们请教如何发现小偷（例如在神会岛屿中），不过他们也经常在仪式中使用黑巫术（黑魔法）。（在夏威夷，“卡胡”可以在手指间碾碎病人的灵魂，从而毁灭它；[④] 在普卡普卡，“坦加塔·沃图”［*tangata wotu*］有能力在梦游中看到灵魂，并将其杀死，因为它们可能会引发疾病。）[⑤] 巫师与受到启示的人之间最本质的不同就是：巫师并没有被天神或神灵“附体”，相反，他们控制着一位巫师们施展巫

---

① 在曼加雷瓦岛：希罗厄，444 页；马克萨斯：拉尔夫·林顿：《马克萨斯文化》。

② 林顿，188 页。

③ 关于术士和他们的技艺，见汉迪《波利尼西亚宗教》（夏威夷，马克萨斯），见 235 页及后面内容；威廉姆森，见 238 页及后面内容（社会岛）；希罗厄，见 473 页及后面内容（曼加雷瓦岛）；比格尔霍尔，326 页（普卡普卡）；等。

④ 汉迪：《波利尼西亚宗教》，236 页。

⑤ 比格尔霍尔，326 页。

术的神灵（完整意义上的）。例如，在玛贵斯，人们清楚地区分了（1）仪式司祭、（2）受到"启示"的司祭、（3）被神灵附体的人和（4）巫师。被神灵"附体"的人与特定神灵之间有着固定的关系，但这种关系并没有赋予他们巫术能力。这些巫术能力是巫师特有的，巫师可能由神灵选中，或通过学习和谋杀一位至亲，并使这位至亲的灵魂成为他的仆人，从而获得这些能力。①

最后，应该提及的是，在一些家族中，萨满教能力是通过遗传继承的。最熟知的例子就是在燃烧的炭或炙热的石头上行走，这种能力仅限于某些斐济家族。② 这些超群技艺的真实性毋庸置疑。许多胜任的观察者采取了所有可能的措施确保客观性之后，描述了这一"奇迹"。更加显著的是，斐济萨满可以将耐火的能力赐予整个部落，甚至是外来者。同样的现象在其他地方也有所记载，如印度南部地区。③ 如果我们记得西伯利亚萨满被普遍认为可以吞咽灼热的炭，"热"与"火"是出现在原始社会最古老阶层的巫术特征，在亚洲更高级的巫术系统以及冥想技艺（瑜伽，密教等）中可以找到类似的现象，我们就可以得出如下结论：一些斐济的家族所展现出的"对火的掌控能力"属于真正的萨满教。这一能力绝不仅限于斐济岛。也有对许多波利尼西亚的先知以及那些受到启示的人耐火的记载，不过是在较小的程度上，也没有那么大的规模。

通过回顾以上事实，我们得出这样的结论：严格意义上

---

① 林顿：《马克萨斯文化》，192 页。

② 参见 W. E. 格杰恩，"'特·优木－狄'（Te Umu-ti），或者火上行走仪式"，以及 E. 德·马尔蒂诺在《巫术世界》中对其他的描述所进行的分析，见 29 页及后面内容。关于斐济岛的萨满教，见 B. 汤普森《斐济》，见 158 页及后面内容。

③ 参见奥利维尔·勒罗伊《萨罗曼达人．对人类身体耐火性的研究及反思》，全文。

说，波利尼西亚发现的萨满教技艺或多或少以分散的方式存在（斐济的"走火仪式"，术士与占卜者的巫术飞行，等等），将近一半已被遗忘，剩下的幸存于某些正在演变成仅仅是运动（放风筝）的仪式中。疾病的观念不是严格意义上的萨满教本身的观念（灵魂的逃离）。波利尼西亚人将疾病归因于由神灵或天神植入病人体内的一个物体或被神灵附体。治愈疾病在于取出巫术物体或赶走神灵。植入巫术物体，以及相应的取出巫术物体构成了明显被认为很古老的一种复合体的一部分。但是，正如在澳大利亚以及其他地区一样，在波利尼西亚，治疗疾病并不是巫医的特权。被天神和神灵附体极其频繁，这使治疗者数量有可能激增。正如我们之前所见，司祭、受到启示的人以及巫医、术士都可以进行巫术治疗。事实上，准灵媒的附体很容易，也很频繁，最终拓展得远远超出"从事神圣职业的专家"的范畴和职能；面对这种集体的通灵能力，传统派的和仪式性的神职制度本身已经被迫改变其方法。只有术士一直抵抗附体，很可能在他们的神秘传统中会找到古老萨满教意识形态的遗迹。①

---

① 我们省略了非洲；如果去展现那些可能在非洲宗教和巫术－宗教技艺中识别出的萨满教元素，会让我们脱离主题。关于非洲的萨满教，见 A. 弗里德里克《非洲司祭》，292～325 页；S. F. 纳德尔《一个努巴山脉的萨满教研究》。关于各种各样的巫术意识形态和技艺，除了其他，也可参见 E. F. 埃文斯·普理查德《阿赞德人的魔法、神谕和巫术》；H. 鲍曼：《"里孔杜"（Likundu），法力解剖术》；C. M. N. 怀特：《巴洛瓦勒部落的魔术、占卜和巫术》。

第十一章
印欧民族的萨满教思想和技艺

序 言

　　像所有其他民族一样，印欧民族也有他们自己的术士和癫狂师。与其他地方一样，这些术士和癫狂师在整个社会的巫术－宗教生活中发挥一种确定的作用。此外，术士和癫狂师有时都有一个神话范型。例如，"伐楼拿"（Varuṇa，印度教中的天神，是掌管法律、秩序的神祇，译者注）被视为一位"伟大的术士"，"奥丁"（Odin，北欧神话中的主神，译者注）被视为一种特定类型的癫狂师：不来梅·冯·亚当曾写道，"奥丁，即狂热"（Wodan, id est furor），在这一简洁的定义中我们已经觉察到某种萨满教的弦外之音。

　　我们谈到了一种阿尔泰或西伯利亚的萨满教，但可以说在相同的意义上存在一种印欧萨满教吗？这个问题的答案部分取决于我们赋予"萨满教"这个词的含义。如果我们将其理解为任何的癫狂现象以及任何的巫术技艺等等，不言而喻，我们在印欧民族中发现大量"萨满教的"特征。重申一下，我们同样在任何其他种族或文化群体中也会找到这些萨满教特征。要讨论印欧民族中发现的大量巫术－癫狂技艺的文献记录，即使是以最简洁的方式，也需要专门一卷本，并具有许多学科的知识。幸运的是，我们不需要讨论这个问题，因为它已经远远超出了我们现在的研究范围。我们的研究仅限于发现在何种程度上印欧各民族保留了严格意义上的萨满教意识形态和技艺，也就是那些体现了萨满教基本特征的意识形态和技艺：升天、带回病人灵魂或护送逝者灵魂的入地之旅、为进行癫狂之旅对"神灵"的召唤和化身，以及"掌控火"等等。

几乎所有印欧民族都保留了这些遗迹，我们稍后将会呈现它们；或许会有更多这样的遗迹，我们并不佯装已经穷尽了文献记录。但是，我们需要预先讲清两点。第一，重申我们对其他民族和宗教所讲过的内容，在一种印欧宗教中存在一个或多个萨满教元素，并不能说明这一宗教被萨满教主导或有萨满教结构。第二，必须记住，如果我们关注于区分萨满教与其他"原始"巫术和癫狂技艺，我们或许会在某一种"发达"宗教中处处发现萨满教的遗迹，这绝不意味着这些萨满教遗迹或者这些遗迹所融入的整个宗教没有价值。强调这一点很恰当，因为现代民族志文献倾向于将萨满教视为一种有点反常的现象，不管是将萨满教混淆为"附体"还是选择强调它的退化方面。正如这项研究不止一次表明，在许多情况下，我们发现萨满教现在处于一种瓦解的状态，但没有什么能证明这一晚期代表了萨满教现象整体。

一个调查者一旦开始研究一个在文化交流、革新和创造方面的历史都更加丰富的民族的宗教，而不是研究一种"原始的"宗教，他就会遭遇到另外一种可能的困惑，我们也必须关注这种困惑。有这样一种危险：调查者将不会认识到"历史"对一种古老的巫术－宗教范式产生的影响，即这种巫术－宗教范式的精神内容被改变和重新评价的程度，而且会将这种相同的"原始的"意义加到这种巫术－宗教范型上来。一个简单的例子就足够说明这种困惑的危险性。众所周知，许多萨满教加入式都涉及"梦境"，在梦中准萨满看到自己被折磨，被恶魔和鬼魂切成碎片。如今，在基督教的圣徒传记中也可以找到类似的场景，尤其是在有关圣安东尼所受的痛苦折磨的传奇中：恶魔折磨、擦伤、肢解圣徒，将他们带到高空，等等。归根结底，这些折磨等同于一次"加入式"，因为正是通过这些磨难，圣人超越了人类的身份，将自己与世俗大众区分开来。但是，明查一下就足以分辨出将两种"加入式范型"区分开来的精神内容上的差异，无论这两种范型看起来多么相似，似乎属于同一个类型。不幸的是，如果很容易区分一位基督教圣徒所遭受的恶魔折磨与一个萨满所遭受的恶魔折磨，比起一个萨满所经受的恶魔折磨与一位非基督教圣徒所遭受的恶魔折磨的区别，这种区别就不太明显。现在，必须记住的是，一种古老的范型能够不断地更新自己的精神内容。我们已经遇到大量萨满教升天的实例，而且我们之后会列举其他的升天例子；我们也已经看到，这样的升天代表着一次癫狂体验，而这种癫狂体验本身一点也不"异常"；相反，这种在所有原始部落民族都有记载的非常古老的巫术－宗教范型是特别一致的，"高贵"、"纯洁"，说到底是"美丽的"。因此，就我们将萨满教升天所置于的层面来说，假如我们说穆罕默德的癫狂升天表明了萨满教内容，这没有任何贬义。尽管在类型学上存在相似之处，但我们都不可能将穆罕默德的癫狂升天与阿尔泰或雅库特萨满的升天混为一谈。先知癫狂体验的内容、意义以及精神取向都预设了宗教价值观的某些变化，这些变化使得癫狂体验可以被归类到普遍的升天类型中。[①]

　　本章将要论及的民族和文明比到目前为止引起我们注意的民族和文明复杂得多，因此本章开头预先做出的为数不多

---

① 　关于升天的不同评价，参见伊利亚德《神话、梦境和神秘》，99～122页。

的几点初步观察是很有必要的。关于印欧民族的宗教史前史和原始历史，我们几乎没有确定的了解，也就是说，我们几乎不了解这一种族群体的精神视野大概可以等同于我们已经讨论过的许多民族的精神视野的哪些时期。我们掌握的文献资料构成了已经被阐述、系统化，有时甚至石化的宗教的证据。我们的任务就是从大量的文献资料中识别出或许有萨满教结构的神话、仪式或癫狂技艺。我们稍后会看到，这些神话、仪式和癫狂技艺在所有印欧民族中得到了证实，或多或少以一种"纯净"的形式。但我们认为不可能在萨满教中找到印欧各民族巫术－宗教生活中的主导元素。事实令人更为惊讶，因为从形态上概括讲，印欧民族的宗教与突厥－鞑靼族的宗教很相似——天神至高无上的权力、女天神缺失或不重要、对火的崇拜，等等。

在萨满教占主导地位还是不太重要的地位这一点上，这两个群体的宗教差别可以通过两个事实加以简略地解释，从这两项事实可以推理出最终结论。第一是乔治·杜梅泽尔的研究极好地阐释的印欧民族伟大的革新：神灵的三分法，每一个类型的神灵都有一种特定的职能以及相应的神话，这既对应于社会的一种特定组织结构，也符合巫术－宗教生活的一种系统化概念。这样一种对巫术－宗教生活整体上的重组早在原始印欧民族还没有分裂时期已经基本完成，当然这种重组意味着将萨满教的意识形态和体验也包含进去了。但是，这种包含是以牺牲专门化为代价的，且最终限制了萨满的能力。这些能力与其他巫术－宗教能力以及威望来源并行存在，萨满不再是唯一使用癫狂技艺的群体了，他们也不再统治整个部落的精神世界了。我们认为萨满教各种传统正是以这样的方式通过组织巫术－宗教工作已经"落实到位"的，这项任务在印欧统一时期就已经完成了。为了利用乔治·杜梅泽尔的范型，萨满教传统主要围绕一位令人恐惧的具有最高统治权的神话人物，这位最高统治者的原型似乎是"伐楼拿"，一位巫术大师，伟大的"捆绑者"。当然，这既不意味着所有萨满教元素都是围绕着这位恐怖的统治人物具体化的，也不意味着在印欧宗教中这些萨满元素穷尽了所有巫术或癫狂的意识形态和技艺。相反，当然有完全独立于萨满教结构的巫术和癫狂技艺——例如，勇士的巫术或者与伟大母亲女神和农业神秘主义相关的巫术与癫狂技艺，这些绝不具有萨满教性质。

印欧民族与突厥－鞑靼各族给予萨满教不同的重视度，在我们看来，有助于区分这一差别的第二个因素是属于农业和城市类型的东方和地中海文明的影响。印欧民族接近近东时受到这种影响，他们越深入近东受到的影响越大。各种希腊移民横扫过巴尔干半岛涌入爱琴海，他们的宗教遗产所经历的转变表明一种极其复杂的同化和重新评价现象，这种同化与重新评价源于接触了一种农业和城市类型的文化。

古日耳曼人的癫狂技艺

古日耳曼人的宗教与神话中一些细节可与北亚萨满教的观念和技艺相提并论。我们将举一些最显著的例子。奥丁是一位令人恐惧的最高统治者和一位伟大的术士，[1] 这个人物以及他的神话展现了几个奇怪的"萨满教"特征。为了习得如尼文的神秘知识，奥丁在树上悬挂了九天九夜。[2] 一些日耳曼学者已经看出这其中包含的一种加入式仪式。奥托·霍

---

[1] 关于这一点，参见 G. 杜梅泽尔《日耳曼的神话与天神》，99 页及画面内容，我们在这本书中也会找到重要的参考文献。关于古日耳曼民族的萨满教，参见扬·德·弗里斯《古日耳曼宗教史》（第二版），第一章，326 页及后面内容。

[2] 哈弗马尔，vv，138 页及后面内容。

夫勒①甚至将此行为等同于西伯利亚萨满教的加入式性质的爬树。奥丁"悬挂"自己的那棵树只能是天树，或"宇宙树"（Yggdrasil）。顺便提一下，"宇宙树"这个名字意为"伊格（奥丁）的骏马"。北欧人的传统中，绞刑架被称为"吊死鬼的马"，②某些日耳曼的加入式仪式包括象征性地"悬挂"候选人。这个习俗在其他地区也有大量的记载，③但是，奥丁也将他的马拴在"宇宙树"上，人们也十分清楚，北亚和中亚出现这种神话主题是众所周知的。④

奥丁的骏马"斯雷普尼尔"（Sleipnir）有八个蹄子，是它载着它的主人，甚至其他的天神（比如，"赫姆德赫尔"Hermódhr）进入地下世界。如今，八蹄马是最优秀的萨满马；我们发现在西伯利亚各民族以及其他任何地方（比如穆里亚族中）八蹄马常与萨满的癫狂体验相联系。⑤正如霍夫勒⑥猜想的那样，"斯雷普尼尔"很可能是一种有很多蹄子的竹马的神话原型，这匹马在人类社会的秘密崇拜中起着重要的作用。⑦但这种巫术－宗教现象超越了萨满教的界限。

在描述奥丁随意改变形象的能力时，斯莫里这样写道："他的身体好像睡着或死了一样平躺在地上，然后他变成一只鸟或一头野兽，一条鱼或龙，在顷刻间去往了遥远的国度……"⑧

---

① 《日耳曼祭祀的秘密联盟》，第一章，234 页及后面内容。
② 同上书，224 页。
③ 参见同上著作给出的参考文献指示，225 页，注释 228。
④ 见上文，261 页。
⑤ 见下文，471 页及后面内容。
⑥ 《日耳曼祭祀的秘密联盟》，第一章，46 页及后面内容，52 页。
⑦ 关于铁匠－"马"－神秘社会的关系，参见同上，53 页及后面内容。在日本也发现了同样的宗教观念；参见亚历山大·斯拉维克《日本人和日耳曼人祭祀的秘密联盟》，695 页。
⑧ 《伊林格传奇》，第七章（E. 蒙森和 A. H. 史密斯翻译，第 5 页），参见希尔达·R. 埃利斯的评论《通往地狱的道路：古老斯堪的纳维亚语文学中死者观念的研究》，122 页及后面内容。

奥丁的这种以动物形象进行的癫狂旅程可能被看作萨满转变成动物形象，这是恰当的；就像萨满以公牛或鹰的形象相互打斗一样，北欧的传统也展现了几种术士之间以海象或其他动物形象进行的搏斗；搏斗期间，术士们的身体一直处于无生命状态，就像癫狂期间奥丁的身体那样。[①] 当然，这样的观念在萨满教本身之外的领域也存在，人们经常把它们与西伯利亚萨满教进行对比。其他一些斯堪的纳维亚半岛的观念更是如此，它们讲到只有萨满才能看见的辅助神灵，[②] 这使人们更加清楚地想到萨满教的观念。的确，我们可能会问，奥丁的两只乌鸦"休金"（Huginn，意为"思想"）和"缪宁"（Muninn，意为"记忆"）是否并不以高度神秘化的形式代表两个以鸟的形状存在的辅助神灵，这两个辅助神灵是由大魔法师派遣到（以真正萨满教的方式）世界的四个角落。[③]

奥丁也是巫术的创立者。骑着他的马"斯雷普尼尔"，

① *Saga Hjálmthérs ok Olvérs*，第二十章，埃利斯引用，见 123 页。参见同上，124 页，两位女术士的故事，当这两位女术士在"咒语平台上"毫无生命特征时，人们看到她们在遥远的海面上，骑着一头鲸鱼；她们在追逐一位英雄的船只并试图摧毁它，但是英雄成功地打断了她们的脊骨，在这一紧要关头，女巫从平台上下来并摔断了后背。《勤劳的 Sturlaugs 的英雄传说》，第十二章讲述了两位术士以狗和鹰的形象互相打斗（同上书，126 页）。

② 同上书，128 页。

③ 同上书，127 页。在奥丁神的萨满教特征中，阿洛伊斯·克洛斯（《塞姆诺内斯部族的宗教》，见 665 页及后面内容，注释 62）进一步列数了两匹狼、赋予奥丁的"父亲"之名（*galdrs fadir* = 巫术之父；《巴德尔之梦》，3，3）、"中毒的主题"以及瓦尔基里（北欧神话中奥丁神的婢女之一）。N. K. 查德维一直认为，神话人物更加接近"狼人"而不是天上的仙女；参见埃利斯，77 页。但是，所有这些主题并不一定具有"萨满教性质"。瓦尔基里是灵魂引导者，有时也扮演着西伯利亚萨满们的"天上妻子"或"神灵妻子"的角色；但我们已经知道，后一种观念已经超出了萨满教的范围，并具有女性神话和死亡神话的元素。关于古日耳曼民族的"萨满教"，见克洛斯《从民族学角度观察日耳曼宗教》，296 页及后面内容；霍斯特·基什内尔：《萨满教史前史的考古学研究》，247 页注释 25（参考文献）。

奥丁进入冥界，乞求一位去世很久的女先知从坟墓中站起来回答他的问题。① 之后其他人也践行这一巫术，② 当然，这不是严格意义上的萨满教，但非常接近萨满教。我们也应该提及用"米密儿"③（Mimir，北欧神话里面守卫智慧之泉的巨人）的木乃伊头颅占卜的场景，这使人想起尤卡基尔族用祖先萨满的头颅占卜的方法。④

一个人可以通过坐在坟墓上而成为一名预言家，通过睡在一位诗人的墓地成为一名"诗人"（即受到神启）。⑤ 同样的习俗也存在于凯尔特民族中："菲利"（fili，诗人）吃生的公牛肉，喝公牛血，然后裹在公牛皮里睡觉；睡眠期间"看不见的朋友们"回答一直困扰他的问题。⑥ 或者，一个人睡在一位亲戚或祖先的坟墓上，他就成了一名预言家。⑦ 从类型学上讲，这些习俗与准萨满和术士的加入式或神启很接近，他们都会整晚待在尸体旁或墓地里。两者暗含的观念是一样的：逝者知晓未来，他们可以揭露一些隐藏的事情，等等。有时梦境也会起到类似的作用。吉斯拉莎迦（Gisla Saga）⑧ 的诗人向人们讲述了某些有特权的人死后的命运，这都是他在梦境中了解到的。

这里，我们无法检验凯尔特族和日耳曼族的一些专门讲述在冥界，尤其是进入地下的癫狂之旅的神话与传奇。我们仅仅想说，凯尔特族和日耳曼族有关死后的生活的观念都存在不一致的情况。传统观念提及了逝者的几个目的地，这与

① 《巴德尔之梦》，vv, 4 页及后面内容；埃利斯，152 页。
② 同上书，见 154 页及后面内容。
③ 《旺鲁斯巴》（Völuspa），第五章，46 页；《伊林格传奇》，第四章；埃利斯，见 156 页及后面内容。
④ 见上文，245 页。
⑤ 埃利斯，105 页及后面内容，108 页。
⑥ 托马斯 F. 奥拉伊利：《早期爱尔兰历史和神话》，见 323 页及后面内容。也可参考基什内尔著作中关于凯尔特萨满教中的一些文献，247 页注释 24。
⑦ 参见埃利斯的文章，109 页。
⑧ 22 章及后面内容；埃利斯，74 页。

其他民族认为人死后会有各种不同命运的观点相一致。但根据《格里姆尼尔之歌》（*Grimnismal*）所言，冥界，即地下世界，本身位于"宇宙树"树根下面，即位于"世界中心"。我们甚至听说了九级地下阶层，一位巨人宣称通过穿行"地下的九个世界"获得了智慧。[①] 这里，我们有中亚七个或九个地域的宇宙范型，对应于七个或九个天堂。但对我们来说，意义更重大的是这位巨人的宣言：在一次入地之行之后，他变得"智慧"了，也就是具有了洞察力。通过这个事实，我们有理由将这次入地之旅视为一次加入式。

在《冰洲诗集》（Gylfaginning）[②] 中，斯诺里讲述了天神"赫姆德赫尔"如何骑着奥丁的骏马"斯雷普尼尔"进入冥界去带回"巴尔德"（Balder，北欧的主神奥丁最喜爱的儿子）的灵魂。[③] 这种类型的入地明显具有萨满性质。正如各种各样非欧洲的俄耳浦斯神话版本一样，在"巴尔德"的例子中，入地之行没有获得预期的结果。这种特征被认为是可能的，《挪威编年史》（*Chronicon Norvegiae*）进一步告诉我们：一位萨满正在努力地带回一位突然去世的妇女的灵魂，突然他胃部严重受伤，倒地而死。另一位萨满参与到营救过程中，并使这位妇人复活。于是这位妇人讲述道，她看到第一位萨满的灵魂以一只海象的形象越过一片湖，然后某个人用一种武器袭击了他，击打的伤痕在萨满的尸体上清晰可见。[④]

奥丁本人骑着他的骏马"斯雷普尼尔"进入地下世界，救治渥尔娃女巫（volva），并了解"巴尔德"的命运。我们在萨克索·格拉马提科斯[⑤]（Saxo Grammaticus，丹麦历史学家）

---

① 埃利斯，83 页。

② XLVIII。

③ "赫姆德赫尔"在九个晚上骑马穿过"又黑又深的山谷"，并走过了铺满金子的加拉尔桥（埃利斯，见 85 页，171 页；杜梅泽尔：《洛基》，53 页）。

④ 埃利斯，126 页。

⑤ 《丹麦史》，第一章，31 页。

那里找到了第三个入地的例证，"哈丁加斯"（Hadingus）是入地之旅主人公。[①]"哈丁加斯"吃晚饭时，一个女人突然出现，让他跟随她走。他们进入地下，穿过一个潮湿昏暗的地段，发现一条常走的路，一些衣着讲究的人沿着这条小路行走。然后，他们走进一个充满阳光的地方，这里长着各种花。他们来到一条河流前，通过一座桥渡过了这条河。他们遇到两支战斗中的军队，这个女人说这两支军队永远处于战斗中；他们是倒在战场上的战士，在继续着他们的战斗。[②] 最后，他们来到一堵墙前面，这个女人试图跨过这堵墙；她杀掉她带来的一只公鸡并将它扔过这堵墙；这只公鸡活了过来，因为过了一会儿，他们听到了这只公鸡在墙的另一边啼叫。不幸的是，萨克索就讲到了这儿。[③] 但他所说的已经足够让我们在一位神秘女人指引下的"哈丁加斯"入地经历中找到熟悉的神话主题：死者的道路、河流、桥梁和加入式的障碍（墙）。到墙的另一边就复活的那只公鸡似乎表明一种信念：至少一些有特权的人（也就是，"加入者"）有指望在死后"复活"。[④]

日耳曼神话和民间传说中还保存着其他的入地之旅的记载，在这些记载中我们同样也可以找到"加入式的障碍"

---

① 参见杜梅泽尔《"哈丁加斯"的英雄事迹》。

② 这是"愤怒的军队"，一个神话主题，关于这一神话主题，见卡尔·迈森《愤怒的军队和野蛮猎人的传说》；杜梅泽尔：《神话与天神》，79 页及后面内容；霍夫勒：《祭祀的秘密联盟》，154 页及后面内容。

③ 埃利斯，172 页。

④ 萨克索·格勒麦蒂克斯记载的这一细节可以与一位斯堪的纳维亚首领的葬礼仪式相比较。921 年，阿拉伯的旅行者艾哈迈德·伊本·范德兰在伏尔加河边目睹了这一仪式。一位女性奴隶被宰杀，以此来追随她的主人。在被宰杀之前，这个奴隶表演了以下仪式：男人将她举起三次，这样她就可以看到门外的事物，她讲述了她看到的事物。第一次是她的父亲和母亲；第二次是她所有的亲戚；第三次她看到她的主人"坐在天堂里"。然后人们给她一只母鸡，她砍掉了这只母鸡的头，并将这只母鸡扔进葬礼船中（这艘船很快成为了她自己的火葬柴堆）。参见，埃利斯的文章和参考文献，45 页及后面内容。

（例如越过"火焰墙"等），但是这些磨难并不一定是萨满教的入地之旅。正如《挪威编年史》证实的那样，北欧日耳曼民族也了解萨满教的入地，如果我们将他们其他的伟大事迹考虑在内，那么我们可能会得到这样的结论：北欧萨满教与西伯利亚萨满教之间存在着十分明显的相似之处。

我们将只提及"野兽战士"，即"狂战士"（Berserkir，北欧神话和传说中的狂暴战士），他们以巫术手段盗用动物的"暴怒"并将他们自己变成猛兽。[1] 这一军事的癫狂技艺在其他印欧民族得到了证实，而且我们在欧洲以外的文化[2]中也找到了相似的技艺。这一癫狂技艺与严格意义上的萨满教仅在表面上相关。军事（英雄）类型的加入式因为其独特的结构区别于萨满教加入式。以巫术手段转变为一头野兽这样一种意识形态远远超出了萨满教范围。其根源将在远古西伯利亚民族的狩猎仪式中找到，而且我们将会看到，[3] 从对动物行为的神秘模仿中可以发展出什么样的癫狂技艺。

斯诺里告诉我们，奥丁知晓并使用名为"赛德尔"（Seidhr）的巫术：通过这种巫术，奥丁可以预知未来，带来死亡、不幸或疾病。但斯诺里补充道，这种巫术暗含着"奸恶"，以至于男人们并不"不知廉耻"地练习它。[4] "赛德

---

[1] 杜梅泽尔：《神话与天神》，见 79 页及后面内容；《贺拉斯和古里亚斯兄弟》，见 11 页及后面内容。

[2] 参见杜梅泽尔《贺拉斯和古里亚斯兄弟》，全书；斯蒂·维坎德：《雅利安男人的联盟》，全文；G. 维登格伦：《古伊朗的高神信仰》，见 324 页及后面内容。

[3] 见下文，462 页及后面内容。

[4] 参见达格·斯特龙巴克《"塞日尔"（Sejd.，一种北欧巫术）北欧宗教史文本研究》，33 页，21 页及后面内容；阿恩·鲁内伯格：《女巫、恶魔和繁衍巫术》，7 页。斯特龙巴克相信古日耳曼民族从拉普兰萨满教借引"塞日尔"（110 页及后面内容）。奥洛夫·彼得松持有相同的观点，参见《死者和死者领域：拉普人宗教中死者和死者领域的对比研究》，1168 页及后面内容。

尔"一直是女司祭或"女天神"（gydhjur）实践的一种巫术。在《洛卡塞纳》（Lokasenna）中，奥丁因练习了"不值得男性习得"的"赛德尔"而受到责备。资料中提到了男术士（seidhmenn）和女术士（seidhkonur），而且我们也了解到奥丁是从女神芙蕾雅（Freyia）那里学习的"赛德尔"。①所以我们有理由相信这种类型的巫术是女性的专长，这也解释了它被认为"不值得男性习得"的原因。

无论在什么情况下，文章中描述的"赛德尔"降神会总是由一位"有洞察力的"的女先知（seidhkona，或 spákona）实施。在《埃里克斯传奇罗撒》（Eiriks Saga Rautha）中有对降神会最好的描述。女先知身着特别精美的仪式盛装：一件蓝色的斗篷、珠宝、一个黑色羔羊皮配白色猫皮的头饰；她还拿着一根权杖，在降神会期间，她坐在一个高高的平台上由鸡毛做成的垫子上。② 女先知（或渥尔娃女巫）从一个农场走到另一个农场，去揭示人们的未来，预测天气和收成，等等。与她同行的是一起合唱的十五个女孩和十五个年轻男子。在为癫狂做准备期间，音乐发挥着重要的作用。在恍惚期间，女先知的灵魂离开身体，在空中穿行；正如上面的情节表现的那样，她通常以一只动物的形象出现。③

几个特征把"赛德尔"与传统的萨满教降神会联系在一起：④ 仪式服饰、合唱以及音乐的重要性、癫狂。但是我们

---

① 让·弗里斯：《古日耳曼宗教史》（第二版），第一章，330 页及后面内容。

② 斯特龙巴克，见 50 页及后面内容；鲁内伯格，见 9 页及后面内容。

③ 381 页注释 12。

④ 斯特龙巴克在"赛德尔"中看到了一种严格意义上的萨满教；参见，Å. 奥尔马克斯的评论《萨满教问题的研究》，见 310 页后面内容；同上，《北极地区的萨满教和古老北欧的"赛德尔"》。关于北欧萨满教的遗迹，也可参见卡尔·马丁·埃德斯曼，"Aterspeglar Voluspá 2：5 – 8 ett shamanistak Ritual eller en keltisk Åldersvers?" 在斯堪的纳维亚与巫术观念相关的一切事物，见马格纳斯·奥尔森《古老 （转下页注）

认为没有必要将"赛德尔"视为严格意义上的萨满教；"神秘飞行"是任何地方的巫术，尤其是欧洲巫术的主旨。正如我们之前所见，那些特殊的萨满教主题，例如为了带回病人灵魂或护送逝者灵魂而进行的入地之旅，尽管在北欧日耳曼巫术中得到证实，但并不是"赛德尔"降神会的首要因素，相反"赛德尔"似乎更专注于占卜，也就是说它更属于"微型巫术"的范畴。

古希腊

这里，我们不尝试去研究在古希腊得到证实的各种癫狂传统。① 我们只提及一些文献，这些文献的形态很接近严格意

（接上页注④）挪威的司祭术士和天神术士》。我们或许会补充一点，广义上讲，在洛基极为复杂的形象中，可以辨别一些"萨满教"特征；关于这一天神见杜梅泽尔所做的出色研究，《洛基》。洛基被转变成一匹母马，与种马"斯瓦德希尔凡里"（Svadhilfari）被一起饲养，生下了八蹄马"斯莱普尼贺"（Sleipnir）（见同上的文章，28 页及后面内容）。洛基可以变成各种动物的形象：海豹，鲑等。他创造了狼和世界蛇，他穿上一套猎鹰羽毛服饰之后翱翔天空；但是这一巫术服饰并不属于他，而是属于弗雷娜（同上书，35 页；也可见 25 页，31页）。我们记得弗雷娜教授奥丁神"赛德尔"，我们或许会将一位女天神（或女巫师）教授巫术飞行技艺的这一传统与相似的中国神话相比较（见下文，451 页及后面内容）。弗雷娜是"赛德尔"的女主人，她拥有一套巫术羽毛服饰。这套服饰能够使她以萨满的方式飞行。洛基的巫术似乎是一种更加根深蒂固的变体，其意义通过他的动物转化清楚地表达出来。我们无法查阅 W. 穆斯特的论文，《古老北欧传说与德国习俗、童话及信仰中的萨满教及其痕迹》。

① 参见欧文·罗德《心灵：希腊族中灵魂的狂热以及对永生的信念》，见258 页及后面内容，284 页及后面内容；马丁·P. 尼尔森：《希腊宗教史》，第一章，尤其见 578 页及后面内容。最近，E. R. 多兹认为斯基台萨满教在希腊的精神世界的历史中具有重要的作用；参见《希腊人和无理智的人》，第五章（"希腊萨满们和清教主义的起源"），135 页及后面内容。也可参见 F. M. 康福德《智慧原理：希腊哲学思想的起源》，88页及后面内容；沃尔特·伯克特：《希腊的萨满教研究》。

义上的萨满教。因为古典作家描述了《巴克切》（*Bakchai*）
的冷漠，就没有必要讨论酒神节（Dionysian Bacchanalia），①
也没有必要讨论"着魔状态"（*enthousiasmos*）、各种神谕技
艺、② 巫术或冥府的概念了。当然，在上述所有活动中，我
们都会找到与萨满教的主题和技艺很相似的主题和技艺。出
现这些巧合的原因是古希腊保存了一些几乎是普遍发生的巫
术观念和古代的癫狂技艺。我们也不会讨论人首马身怪物及
最初的神圣治疗师与巫医的神话和传奇，③ 尽管它们的传统
有时表现出某些远古"萨满教"的模糊痕迹。但是，所有这
些传统都已得到解释、阐述和重新评价；它们构成了复杂的
神话和神学有机的一部分；它们预设了与爱琴海，甚至是东
方的精神世界的联系、混杂以及融合，要研究它们，需要比
这部概述更多的篇幅。

　　我们可能注意到，可能与萨满教有关联的治愈者、占卜
者或癫狂师与"狄俄尼索斯"（Dionysus，希腊神话中的酒
神）没有任何关系。酒神节的神秘潮流似乎有着一个完全不
同的结构；酒神的狂热不同于萨满的癫狂。相反，在希腊神
话中与萨满教有可比性的为数不多的神话人物都与阿波罗有
关。据说他们是从北方、极北之地以及阿波罗的出生地来到
希腊的。④ 例如，其中一位"阿巴里斯"（Abaris），"手里拿

---

① 参见罗德所收集的文章，274 页注释 43。
② 希腊古都和阿波罗神的预言主义的神谕并没有"萨满教性质"；见皮
　　埃尔·阿芒德里《德尔菲的阿波罗占卜》中的最新文献和评论。《关
　　于神谕作用的论文》（文章见 241～260 页）。著名神谕的三足鼎可以与
　　德国 *seidhkona* 的平台相比较吗？但是"通常是阿波罗坐在他的三脚鼎
　　上，只有当女巫取代他的位置，成为女巫天神的替代者时，这种情况
　　才会有例外"（阿芒德里，140 页）。
③ 见杜梅泽尔的研究《肯陶洛斯人的问题》，一些在广义上具有"萨满
　　教性质"的加入式都有所提及。
④ W. K. C. 格思里倾向于认为，阿波罗的故乡是亚洲西北部，或许是西
　　伯利亚；参见《希腊人和他们的天神》，204 页。

着黄金箭，证明他的来源和阿波罗一样，肩负着阿波罗的使命。他走过许多地方，通过巫术的祭祀仪式驱赶疾病与瘟疫，为人们提供地震和其他灾难的警告"。① 后来的一个传说讲述了他乘着他的箭像"穆赛欧斯"（Musaeus）一样在空中飞行。② 箭在斯基台的神话和宗教③中起到特定的作用，它是"巫术飞行"的象征。④ 人们由此会想起出现在许多西伯利亚萨满教仪式中的箭。⑤

同样，普洛康奈斯岛（Proconnesus）的阿里斯提亚斯同样与阿波罗有关系；他进入癫狂，神"抓住"他的灵魂。他可以同时出现在相隔很远的地方；⑥ 他以一只乌鸦的形象陪伴着阿波罗，⑦ 这让我们回想起萨满的形象变化。克拉佐门尼岛（Clazomenae）的赫默蒂莫斯拥有"多年"离开身体的能力；在这次漫长的癫狂期间，他游历到很远的地方并带回"许多关于未来的预言的学问与知识。最后，他的敌人们放火烧了赫默蒂莫斯没有灵魂的躯体，灵魂再也没有返回身体"。⑧ 这一癫狂表现出了萨满教恍惚的所有特征。

我们也必须提到克里特岛（Crete）埃庇米尼得斯的神话。他"长眠"于伊季山的宙斯山洞中，在那里禁食并且学

① 罗德：《心灵：希腊族中灵魂的狂热以及对永生的信念》，300 页。
② 同上书，327 页注释 108。
③ 参见卡尔·穆利《斯基台》，161 页及后面内容；多兹，140 页及后面内容。
④ 关于希腊民族中其他类似的神话，见 P. 沃尔特斯《长着翅膀的通灵者》。关于"巫术飞行"也可参见下文，481 页及后面内容。
⑤ 参见上文，216 页。
⑥ 参见罗德，300 页及后面内容；尼尔森，第一章，584 页。关于《阿里玛斯贝亚》这首诗是由阿里斯提亚斯所作，参见穆利《斯基台》，154 页及后面内容。也可参见 E. D. 菲利普斯《阿里斯提亚斯的传奇：东俄西伯利亚和亚洲内部早期希腊观念的事实和幻想》，尤其见 76～77 页。
⑦ 希罗多德，第四章，15 页。
⑧ 罗德，301 页。它的起源，尤其见普林尼《自然史》，第七章，174 页。

习长久的癫狂术。离开洞穴时，他修炼成"狂热智慧"大师，即癫狂技艺大师。"接着，他游历了许多地方，随身携带着给人们带来健康的技艺，像癫狂先知一样预测未来，解读过去发生事情的隐含意义；像卡萨迪克（kathartic）司祭一样驱逐由于过去特别愚蠢的过失招致的恶魔的罪恶。"① 退隐到山洞（等同于进入冥府）是典型的加入式磨难，但也不一定"具有萨满教性质"。埃庇米尼得斯正是在他的癫狂和巫术治愈中以及他的占卜和预测能力上接近萨满。

在讨论俄耳浦斯之前，我们可以看一下色雷斯人和盖塔人，据希罗多德所言，盖塔人是"色雷斯人中最勇敢、最遵守法律的人"。② 尽管一些学者已经在盖塔人的神"扎尔莫克西斯"（Zalmoxis）身上看到"萨满"的影子，③ 我们没有理由接受这样的解释。每隔四年要给"扎尔莫克西斯"派一

① 罗德，301 页。多兹认为，恩培多克勒的一些文章是"一手的来源，根据这些文章我们仍可以形成希腊萨满真实面貌的观念。他是一个种族的最后例证，由于他的死亡，这一种族在希腊世界已经灭绝，尽管这一种族在其他地方仍在繁衍生息"（《希腊人和无理智的人》，145 页）。查尔斯·H. 可汗不认同这一阐释："恩培多克勒的灵魂和赫尔摩底谟以及埃庇米尼得斯的灵魂一样，没有离开他的身体。他和阿瓦雷斯一样并没有骑在一支箭上，或者如同阿里斯提亚斯一样，以一只大乌鸦的形象出现。人们从来没有在同一时间在两个不同的地方看到他，他甚至不像俄耳浦斯和毕达哥拉斯一样，进入地下世界"（《恩培多克勒灵魂准则中的宗教和自然哲学》，尤其见 30 页及后面内容；《萨满中的恩培多克勒》）。

② 第四章，3 页（A. D. 戈德利翻译，93 页）。

③ 参见例如穆利《斯基台》，163 页；阿洛伊斯克罗斯《塞姆诺内斯部族的宗教》，199 页及后面内容。关于这一天神的问题，见卡尔·克莱门《扎尔莫克西斯》；杰·科曼《扎尔莫克西斯》；约恩·I. 鲁苏，"Religia Geto-Dacilor"。最近人们尝试要重新恢复运用波菲利所提倡的扎尔莫克西斯的词源学（"熊天神"或"披着熊皮的天神"）；参见，例如里斯·卡朋特《荷马史诗的民俗神话、小说和英雄事迹》，112 页及后面内容（《沉睡的熊的狂热》）。但是参见阿方斯·内林《印度日耳曼文化和发祥地研究》，212 页及后面内容。

个信使，[①] 他在"地下房间"隐匿三年后又出现，向盖塔人证明人可以永生，[②] 这些绝不具有萨满教性质。只有一个文献资料似乎表明了盖塔人萨满教的存在：斯特拉博对米西亚"卡普诺巴泰"（Kapnobatai）的描述。[③] 与阿里斯托芬的"阿罗巴蒂斯"（aerobates）相类比，"卡普诺巴泰"这一名称被译为[④]"行走在云里的人"，[⑤] 实际上应该被译为"行走在烟雾里的人"。[⑥] 这个烟雾很有可能是大麻烟，这是色雷斯人[⑦]和西赛亚人都熟知的一种基本的癫狂法。"卡普诺巴泰"好像盖塔人的舞者或巫师，他们在癫狂恍惚中使用大麻烟。

在色雷斯宗教中肯定保留了其他"萨满教的"元素，但识别这些元素并不总是很容易的。但是，我们可以举一个例子说明通过梯子升天的观念和仪式的存在。根据波利艾努斯所说，[⑧] 色雷斯两个部落"凯布里诺伊人"（Kebrenoi）和"西凯博埃"（Sykaiboai）的司祭王"科辛加斯"（Kosingas）威胁他的臣民说，他会通过一架木梯升上天空见到赫拉女神，并向她抱怨他们的罪行。现在我们已经了解到，通过阶梯象征性地升天是萨满教的典型特征。我们之后会看到，在其他古老的近东和地中海宗教中，阶梯的象征含义也得到证实。

对于俄耳浦斯，他的神话展现了几个可以被看作萨满教

---

① 希罗多德，第四章，94 页。

② 同上书，95 页。

③ 第七章，3. 3；C296 页。

④ 瓦里西·帕尔万：《Getica·0 protoistorie a Dazaei》，162 页。

⑤ 克劳兹，vv，225 页，1503 页。

⑥ J. 科曼：《扎尔莫克西斯》，106 页。

⑦ 倘若我们这样解释庞波尼乌斯·梅拉的一篇文章（2.21），由罗德引用，272 页，注释39。关于斯基台人，见下文，396 页及后面内容。

⑧ 《Strategematon》，第七章，22 页。

思想和技艺的元素。当然，最显著的就是他下到冥府去带回他妻子欧律狄刻的灵魂。至少这个神话的一个版本没有提到他最后失败了。[①] 阿尔刻提斯的传奇更进一步证实了从冥府抢夺回一个人的可能性。但是俄耳浦斯也展示出一位"伟大萨满"的其他特征：他的治愈艺术、他对音乐以及动物的热爱、他的"咒语"、他的占卜能力。甚至他作为"文化英雄"的角色[②]和最好的萨满教传统也不冲突——难道"第一位萨满"不是天神派下的信使，用来保卫人类对抗疾病，并使其开化吗？俄耳浦斯神话的最后一个细节明显具有萨满教性质。俄耳浦斯的头被酒神－女祭祀切下并扔到赫伯鲁河里，他的头唱着歌漂到莱斯博斯岛。与米密儿的头一样，后来俄耳浦斯的头也起到神谕的作用。[③] 如今，尤卡基尔萨满的头骨在占卜中也有重要作用。[④]

至于俄耳浦斯主义，也许除了坟墓中找到的金盘被长时间以来看作神秘的之外，再没有什么能表明其有萨满教性质。[⑤] 但是，这些金盘似乎是俄耳浦斯式－毕达哥拉斯哲学性质的。[⑥] 无论如何，它们都包含讲述逝者应该在冥界选择

① 参见 W. K. C. 格思里《俄耳浦斯和希腊宗教》，31 页。

② 见科曼收集的文章《奥尔菲，人性的开化者》（音乐，见 146 页及后面内容；诗歌，见 153 页及后面内容；巫术医药，见 157 页及后面内容）。

③ 格思里：《俄耳浦斯》，见 5 页及后面内容。关于俄耳浦斯神话中的萨满教元素，参见多兹《希腊人和无理智的人》，157 页及后面内容；A. 胡尔特克兰兹：《北美印第安俄耳浦斯传统》，见 236 页及后面内容。

④ 参见上文，245 页。

⑤ 维托利奥·马基奥罗（Zagreus. Studi intornon all'orfismo，见 291 页及后面内容）将这一宗教氛围与其他流行的癫狂行为做比较，在这一宗教氛围中，俄耳浦斯主义产生了鬼魂舞宗教，但这一切都只在表面上与严格意义上的萨满教相似。

⑥ 见弗朗茨·屈蒙《卢克斯·佩尔佩图阿》（Lux perpetua），249 页及后面内容，406 页。关于这一普遍问题，参见卡尔（查尔斯）·凯伦依《毕达哥拉斯和俄耳浦斯》（第三版）。

什么道路的文本；[1] 它们代表着一本压缩的"逝者之书"，
与西藏和毛苏人中使用的类似文本之间具有可比性。[2] 在后
面的例子中，在逝者弥留之际诵读的死亡路线等同于萨满－
护送灵魂者的神秘护送。我们并不想强行比较，但我们可以
在俄耳浦斯－毕达哥拉斯盘的葬礼地理学看到萨满教类型的
灵魂护送的替代物。

我们将只提及赫尔墨斯作为灵魂的引导者；天神的形象
太复杂，不能将其归纳为一位通往地下世界的"萨满性质"
的向导。[3] 赫尔墨斯的"翅膀"象征着巫术飞行，一些模糊
的迹象似乎表明，一些希腊巫师宣称给死者的灵魂装上了翅
膀，这样他们就可以飞向天空。[4] 但这只是古代灵魂－鸟象
征意义，后来由于许多源自东方的阐释而受到影响，变得更
加复杂，这一象征意义与太阳崇拜以及升天－范崇拜的思想
有关。[5]

同样，希腊传统中记载的进入冥府之旅，[6] 从最著名的
（构成赫拉克勒斯加入式磨难的进入冥府之旅）到毕达哥拉斯[7]

---

① 参见格思里的文章和评论《俄耳浦斯》，171 页及后面内容。
② 见下文，449 页。
③ P. 兰雅尔：《赫尔墨斯心理》、《关于赫尔墨斯狂热起源的文章》；关
于赫尔墨斯的翅膀，见 389 页及后面内容。
④ 亚挪比乌 Ⅱ，33 页；屈蒙，第 24 页。
⑤ 参见 E. 贝克尔曼《罗马皇帝神圣化》；约瑟夫·克罗尔：《古代的灵
魂升天》；D. M. 皮皮迪：《关于高级狂热的研究》，见 159 页及后面内
容；Id.，"帝国的神化和朝圣者神化"这一问题超出了我们研究的主
题，但是我们在这一过程中也涉及了这一问题，以此来再次表明，在
什么程度上，一些似乎具有创新性的教义重新发现并且重新运用了这
一远古象征意义（这里就是"灵魂的逃离"）。
⑥ 关于所有这一切，参见克罗尔《上帝的房子》，363 页及后面内容。这部作
品还核查了进入冥界的东方的和犹太教－基督教传统，结果仅仅显示出与
严格意义上的萨满教模糊的相似性。
⑦ 参见伊西多尔·利维《巴基斯坦中的希腊毕达哥拉斯的传奇》，79 页
及后面内容。

和琐罗亚斯德①的传奇的进入冥府之旅，均没有任何萨满教结构。我们宁可举出由柏拉图记录的阿米尼奥斯之子厄尔·潘菲利亚癫狂体验。②厄尔·潘菲利亚在战场上"被杀死"，但在第十二天复活了，当时他的身体已经被放在了火葬的柴堆上，复活后他讲述了在冥界看到的一切。在这个故事中，我们可以看到东方观点和信念的影响。③尽管如此，厄尔·潘菲利亚全身僵硬的恍惚与萨满的恍惚有相似之处，他在冥界的癫狂之旅不仅暗指《阿替拉华夫传》，也表明许多"萨满教的"体验。除此以外，厄尔·潘菲利亚还看到了天堂的颜色和中心轴，以及由星星裁定的人类命运。④这种占星术裁定命运的癫狂幻想可以与源自东方的关于生命树或"天书"的神话相比，在生命树的树叶上以及"天书"里记载着人类的命运。"天书"的象征意义十分古老，在东方广为流传，里面写着人类的命运，最高统治者和预言家升天之后，天神要向他们传达这部书的内容。⑤

我们看到，一个古老的神话或象征可以被重新阐释到什么程度：在厄尔·潘菲利亚的幻想中，宇宙轴成了"必要的轴"，并且占星的命运取代了"天书"。然而，我们或许注意到，"人的情况"一直没变；与文明初期的萨满和神秘主义者一样，厄尔·潘菲利亚正是通过一次癫狂之旅获得了控制宇宙和生命原则的启示；通过一次癫狂幻想，他了解了命

---

① 参见约瑟夫·比德兹和弗朗兹·屈蒙《希腊化的魔法师》，第一章，113页；第二章，158页（文章）。
② 《共和国》，614B及后面内容。
③ 关于这一学问的现有地位和有关这一问题的讨论，见约瑟夫·比德兹《Eos，或者柏拉图和东方》，43页及后面内容。
④ 《共和国》，617D—618C。
⑤ 参见G.维登格伦《天神传道者的升天和天国之书》，全文。在美索不达米亚，国王（在他被神选定的品质方面，他可以被称得上国王）在升天之后从天神那里获得了天国的圃或天国之书（同上书，7页）；在以色列，摩西从耶和华那里获得了法则的圃（同上书，22页及后面内容）。

运以及死后存在的奥秘。在认识终极实在上，萨满的癫狂与柏拉图的冥想之间的差别并没有产生任何改变，而二者的差异是随历史和文化的变化逐渐加深的。正是通过癫狂，人们充分意识到了自己在世界中的情况以及最终的命运。我们几乎可以说有一个"获得存在意识"的原型，这一原型既存在于萨满或原始神秘主义者的癫狂中，又存在于厄尔·潘菲利亚以及所有其他古代世界的幻想家的体验中，这些幻想家甚至在尘世间就可以知晓人死后的命运。①

塞亚西族，高加索族，伊朗族

希罗多德②详尽描述了塞亚西各族葬礼的习俗。葬礼之后，人们会举行净化仪式，人们将大麻放在加热的石头上，所有人吸入大麻加热后产生的烟，"塞亚西人因沐浴蒸汽而欣喜喊叫"。③卡尔·穆利④清晰地勾勒出葬礼净化仪式的萨满教结构；对逝者的膜拜、大麻的使用、蒸汽浴以及吼叫，所有这些组成了一个特定的宗教体，其目的仅仅是癫狂。关于这点，穆利⑤列举了拉道夫⑥描述的阿尔泰降神会的例子，在这次降神会上萨满引领一位去世四十天的妇女的灵魂进入地下世界。在希罗多德的描述中没有找到萨满－灵魂引导者，他只提到葬礼之前的净化仪式。但是在众多的突厥－鞑靼民族中，这样的净化仪式与萨满护送逝者进入他的新家

① 威廉·穆斯特（《伊特鲁里亚人的萨满教》）尝试将伊特鲁里亚的来世观念和地狱之旅与萨满教相比较。将"萨满教"这一术语应用到属于普遍巫术和各种死亡神话的观念和现象当中，这似乎并无所获。
② 第四章，71 页及后面内容，
③ 第四章，75 页（由 A. D. 戈德利翻译）。
④ 《斯基台》，见 122 页及后面内容。罗德已经就大麻在斯基台族和马萨格泰族中的癫狂作用作出了评论（《灵魂》，见 272 页注释 39）。
⑤ 《斯基台》，见 124 页。
⑥ 见上文，209 页及后面的内容。

园，即地下世界的仪式有相似之处。

穆利也已经注意到塞亚西族冥界观念的"萨满教"结构，也注意到了神秘的"'女性'疾病"，这些疾病，根据由希罗多德流传下来的传说，[1] 已经将一些塞亚西人变为"埃那列埃斯"（Enareis），这位瑞士学者把这比作西伯利亚和北美萨满的女性化。[2] 穆利还注意到《阿里马斯皮伊厄》（*Arimaspeia*）甚至一般而言的史诗的萨满教起源。我们将把这些理论留给那些比我们更胜任的人去讨论。至少一个事实是可以肯定的：塞亚西族熟知萨满教以及由大麻烟引起的癫狂麻醉。正如我们将会看到的那样，伊朗族也被证实将大麻用于癫狂目的，而且正是伊朗语中指代大麻的那个词被用来指代中亚和北亚的神秘麻醉。

我们知道，高加索各民族，尤其是奥塞梯族保留了大量的塞亚西族的神话和宗教传统。[3] 现在，有些高加索民族的来世观念与伊朗人的来世概念很相近，尤其是有关逝者走过一座细如发丝的桥，以及顶端耸入天空且底部有一口不可思议的清泉的宇宙树神话，等等。[4] 同样，占卜者、先知、巫

---

[1] 见上文，104 页。

[2] 《斯基台》，见 127 页及后面内容。正如穆利评论的那样（同上，131 页注释 3），1910 年，W. R. 哈利迪提出要借助西伯利亚萨满以巫术方式转变成女性来解释"埃那列埃斯"。关于另外一种解释，见杜梅泽尔《Scythican's 'énarées' la grossesse du Narte Hamyc》。

[3] 参见杜梅泽尔《关于纳特人的神话》，全文。一般来说同一作者的四卷，《木星、火星、奎里努斯》。

[4] 罗伯特·布莱西斯泰因内：《高加索各民族死者祭祀中的马祭祀和赛马》，见 467 页及后面内容。在奥塞梯人中，"逝者在离开家人之后会爬上马背。在路途中他很快遇到了各种哨兵，他必须给这些哨兵一些蛋糕，这些蛋糕要和放在坟墓上的蛋糕一样。然后他来到一条小河前，在河上只有一根横梁……在正直的或真诚的人脚下这根横梁会变宽，更加结实，变成一座宏伟壮观的桥梁……"（杜梅泽尔：《关于纳特人的神话》，见 220～221 页）。"毫无疑问，正如亚美尼亚人的'窄桥'，格鲁吉亚人的'头发桥'一样，另外世界的'桥'来自拜火教信仰。所有这些横梁、头发等都有为正直之人的灵魂变宽的能力，也有为罪恶之人的灵魂变得像剑刃的能力"（同上，202 页）。也可见下文，486 页及后面内容。

师－护送灵魂者在乔治山部落中也发挥着某种作用。这些巫师中最重要的是"米苏莱思"（messulethe），其成员大部分是妇女和女孩。他们主要的职能是护送逝者进入冥界，但是他们也可以化身为这些逝者，逝者可以通过他们的嘴讲话。作为通灵者或巫师，"米苏莱思"通过进入恍惚行使他的职能。[1] 这一组特征不禁让人想起阿尔泰萨满教。我们很难说这一现象在什么程度上反映了"欧洲伊朗人"，也就是萨尔马托－塞亚西人的观念与技艺。[2]

我们已经观察到，高加索族和伊朗族的冥界观念之间极其相似。一方面，"塞因瓦特"（Činvat）桥在伊朗葬礼神话学中起着必要的作用；[3] 穿过这座桥在很大程度上决定了灵魂的命运；过桥是一次艰辛的磨难，在结构上等同于加入式磨难。"塞因瓦特"桥就像"一根多面的横梁"，[4] 分成好几个通道；对于正直的人，这座桥有九根长矛那么宽；对于邪恶的人，它就如同刀刃那么窄。[5] "塞因瓦特"桥位于"中心"。在"世界中心"和"一百人摞起来的高度"[6] 处耸立着

---

[1]　布莱西斯泰因内：《高加索各民族死者祭祀中的马祭祀和赛马》，见471 页及后面内容。这些事实应当与印度尼西亚"悼念者"的作用相比（上文见 360 页及后面内容）。

[2]　可以参见 W. 诺勒《伊朗和北亚在萨满教中的关系》；H. W. 豪西格："提奥菲拉克特斯关于斯基台各民族的说明"，见 360 页和注释 313。关于那些早在第一个千年末和第二个千年初进入欧洲的"正在萨满教化的"骑马者，参见 F. 阿尔特海姆《罗马史》，第一章，37 页及后面内容；H. 基什内尔：《萨满教史前史的考古学研究》，见 248 页及后面内容。阿奴尔夫·克兰兹的《阿瓦人的萨满教》由于印刷上的错误几乎不能使用。

[3]　参见，N. 塞德布洛姆《拜火教中来世生活》，见 92 页及后面内容；H. S. 尼伯格：《宇宙起源与拜火教的宇宙学问题》，Pt. 2，见 119 页及后面内容；《古伊朗的宗教》，见 180 页及后面内容。

[4]　《Dātastān i dēnīk》，21，3 页及后面内容（由 E. W. 韦斯特翻译，48 页）。

[5]　《Dīnkart》，第九章，20，3。

[6]　《远古创世（Bundahišn）》，12，7（由 E. W. 韦斯特翻译，36 页）。

"审判峰"（Kakâd-i-Dâitîk），"塞因瓦特"桥从"审判峰"通
向"埃尔布鲁斯"（Elbruz）山——这就等于说这座桥在"世
界中心"连接了天与地。"塞因瓦特"桥的下面就是地狱深
渊；① 传统将这座桥描述成"埃尔布鲁斯"山的"连续体"。②

　　这里，我们找到一个由一根中心轴（柱子、树、桥等）
连接的宇宙三界的"典型"宇宙图式。萨满在三界中自由穿
行，逝者必须在去往冥界的旅程中穿过一座桥。虽然我们已
经多次见过这个葬礼主题，后面还会再次见到。伊朗这一传
统（至少当它在查拉图斯特拉的改革中幸存下来时）的一个
重要特征是，在走过这座桥的过程中，恶魔与守护神灵之间
会进行一场斗争，恶魔努力将灵魂抛向地狱，而守护神灵
（逝者亲人为了这个目的召唤了这些神灵）阻止他们这样做，
这些守护神灵包括"天堂与现世生命的引导者"（Aristat）
与风神"伐由"（Vayu）。③ 在桥上，伐由支持那些虔诚者的
灵魂，逝去之人的灵魂也来帮助过桥。④ "伐由"所扮演的
灵魂引导者的角色也许反映了一种"萨满教"的意识形态。

　　《迦特》（Gāthās，查拉图斯特拉本人写的 17 首赞美诗）
三次提及穿过"塞因瓦特"桥。⑤ 根据 H. S. 尼伯格的阐
释，⑥ 在前两篇文章中，查拉图斯特拉（Zarathustra，拜火教

① 《辟邪经》（vidēvdat），3，7 页。
② 《远古创世》，12，8 页及后面内容。
③ 关于风神（音符风神），见 G. 维登格伦《古伊朗的高神信仰》，188
　 页及后面内容；斯蒂·维坎德：《风神》，第一章；杜梅泽尔：《塔尔
　 皮亚（古罗马侍奉灶神的处女）》，见 69 页及后面内容。我们引用这
　 三本重要的著作来提醒读者，本研究是一次总结概括；事实上，风神
　 的作用并不是十分清楚，他的性格特征也十分复杂。
④ 塞德布洛姆，见 94 页及后面内容。
⑤ 45，10—11；51，13。
⑥ 《宗教》，见 182 页及后面内容。在桥的附近，逝者发现了一位漂亮的
　 女孩儿，旁边有两条狗（《辟邪经》，19，30 页），这种印度 - 伊朗葬
　 礼复合体也在其他地方有所记载。

的创始人）将自己视为一名灵魂引导者。那些在癫狂中和他团结在一起的人会轻松地穿过桥；那些不虔诚的人，即他的敌人将"一直……居住在谎言之屋"。[①] 这座桥不仅是死者的道路；此外，它也是癫狂之路，我们已经频繁见到这种情形。同样是在癫狂状态下，阿替·拉华夫在他的神秘之旅中穿过了"塞因瓦特"桥。据尼伯格的解释，查拉图斯特拉在他的宗教体验中似乎已经成为与"萨满"非常接近的癫狂师。瑞典学者认为偈颂术语"马加"（maga，意为"神圣的空间"）证明了查拉图斯特拉和他的信徒通过在一个密闭的被奉为神圣的空间合唱仪式性歌曲引起一场癫狂体验。[②] 在这一神圣的空间（即"马加"），天地之间可以交流[③]——也就是，与一种普遍传播的辩证法相一致，[④] 这一神圣空间成为一个"中心"。尼伯格强调这一交流具有癫狂性质的事实，并将"歌者"的神秘体验与萨满教本身进行比较。这种解释一直遭到大部分伊朗学学者的反对。[⑤] 但是，我们注意到，

---

① 《迦特（Gāthās）》，46，11（由 D. F. A. 博德和 P. 纳内尤蒂翻译，85页）。

② 《宗教》，见 157 页，161 页，176 页等。

③ 同上书，157 页。

④ 参见伊利亚德《比较宗教范型》，371 页及后面内容。

⑤ 参见奥托·保罗在《伊朗宗教史的研究》中所做的仅仅部分令人信服的评论，见 227 页及后面内容；沃尔瑟·武斯特：《拜火教的原始教徒真的是由专业的癫狂者和从事萨满活动的草原牧人组成的吗?》；W. B. 亨宁：《琐罗亚斯德：政治家或者巫医?》，全文。最近，G. 维登格伦重新研究了波斯拜火教中萨满教元素的资料；参见《伊朗宗教史的研究现状和任务》，Pt. 2，见 66 页及后面内容。也可参见 J. 施密特《波斯文"萨满"一词的词源》；杰·德·梅纳诺：《伊朗的神秘与宗教》，见 135～148 页，尤其见 146 页及后面内容；雅克·杜谢恩－吉耶曼：《琐罗亚斯德. 包含对〈迦特〉评注性翻译的批判性研究》，见 140 页及后面内容。应该注意的是斯蒂·维坎德（《雅利安男人的联盟》，见 64 页及后面内容）和 G. 维登格伦（《高神信仰》，见 328 页及后面内容，342 页及后面内容等）已经完全展现了伊朗加入式和癫狂结构的"人的社会"的存在，这与日耳曼的狂战士和吠陀梵的玛利亚（marya）一致。

查拉图斯特拉宗教中的癫狂和神秘元素与萨满教的思想和技艺很相似，构成了一个更大的复合体的一部分，因此在查拉图斯特拉的宗教体验中并没暗示任何"萨满教"结构。神圣的空间、歌曲的重要性、天地之间神秘或象征性的交流、加入式或葬礼桥等，尽管这些元素是亚洲萨满教不可或缺的一部分，但它们产生于亚洲萨满教之前，并超出了亚洲萨满教的范围。

　　不管怎样，在古代伊朗人们了解大麻引发的萨满教癫狂。《迦特》中并没有提到大麻（Bangha = hemp），但《弗勒瓦希－亚什特》（Fravaši-yašt，琐罗亚斯德教关于个人魂灵的 21 首圣歌）中却提到某一个"大麻所有者"（Pouru-bangba）。[1] 在这 21 首圣歌中，据说阿拉胡·马兹达（Ahu-ra-Mazda，善界的最高神）"没有恍惚，没有大麻"；[2] 在《辟邪经》（Vidēvdat，《波斯古经》中一篇）中，大麻被妖魔化了，[3] 对于我们来说，这似乎证明了对萨满教麻醉完全的抵制。伊朗人或许使用这种麻醉方法，塞亚西人也在同样的程度上使用这种方法。我们可以确定的是，阿替·拉华夫在喝了一种酒和"维什塔斯普（Vishtâsp，琐罗亚斯德教的一个信徒）的麻醉品"的混合物之后会产生幻觉，这种麻醉品使他长睡七天七夜。[4] 他的长睡更像一种萨满教恍惚，因为《阿替·拉华夫书》告诉我们，"阿替·拉华夫的灵魂离开了身体，来到'审判峰'的'塞因瓦特'桥上，然后在

---

① 尼伯格：《宗教》，177 页。

② 19，20；尼伯格：《宗教》，178 页。

③ 尼伯格：《宗教》，177 页。

④ 我们参照 M. A. 巴泰勒米译《阿替·拉华夫书》。（文中引语来自 M. 豪格和 E. W. 韦斯特翻译的英文版本。）也可参见 S. 维坎德《风神》，43 页及后面内容；G. 维登格伦：《状态和任务》，Pt. 2，见 67 页及后面内容。

第七天返回进入他的身体".[1] 像但丁一样，阿替·拉华夫访问了所有拜火教的天堂和冥府，见证了不虔诚之人的刑罚，看到了正义之人的奖赏。从这个角度来看，他的冥界之旅与萨满教入地的叙述具有可比性，正如我们已经看到的那样，有些萨满教入地之旅的描述也提到对罪恶之人的惩罚。中亚萨满的地府图像似乎受到了东方，主要是伊朗观念的影响。但是，这并不意味着萨满教入地是从一种异国影响中发展而来的。东方的影响只是详述了这一戏剧性的惩罚场景，赋予其色彩，而对癫狂入地旅程的描述正是在东方的影响下变得更加丰富的。癫狂远远先于这些影响存在（我们需要记住，在不存在任何东方影响的远古文化中，我们也找到了癫狂技艺）。

因此，尽管查拉图斯特拉本人可能的"萨满教"体验这一问题仍没有定论，但毫无疑问，古代伊朗人知道癫狂以及用大麻引起麻醉的最基本技艺。也没有任何证据可以反驳我们相信伊朗人也知道萨满教的其他组成元素，例如巫术飞行（在塞亚西族也得到了证实吗？）或升天。阿替·拉华夫迈"第一步"到达天空中的星星层，"第二步"到达了月亮层，"第三步"将他带到所谓"最高之最高"的光那里，"第四步"将他带到"天堂之光"（Garôdmân）那里。[2] 不论这次升天可能暗含什么样的宇宙观，有一点很确定："脚步"的象征意义与萨满教树"阶梯"或刻痕的象征意义相当一致——谈到佛祖诞生的神话时，我们会发现相同的象征意义。这一象征意义的复合体与仪式性升天紧密相关。正如我们之前已经见过好多次的，这些升天是萨满教的一个组成部分。

---

[1] 第三章（豪格、韦斯特译）。
[2] 第七章至第十章（豪格、韦斯特译，153 页）。

这个伊朗术语（即 *bangha*，大麻）在中亚地区的广泛传播进一步证实通过大麻麻醉的重要性。在许多乌戈尔语言中，伊朗语中用来指称大麻的这个词已经逐渐用来既指代萨满教蘑菇"捕蝇蕈"（*Agariacs muscarius*，在降神会之前或进行当中被用作一种麻醉方式，也指代麻醉，），① 例如，我们可以比较一下沃古尔语的 *pânkh*，莫德维尼语（Mordvinian）中的 *panga* 和 *pango*，切列未斯语（Cheremis）*pango*，这些词都是"蘑菇"的意思。在沃古尔北部，*pankh* 也可以表示"麻醉，醉酒"。赞美神灵的圣诗提及了蘑菇的麻醉引发的癫狂。② 这些事实证明为实现癫狂而进行麻醉的巫术 - 宗教价值源于伊朗。*bangha* 这个词说明伊朗所取得的高度的宗教威望，我们之后会再讨论伊朗对中亚的其他影响。在乌戈尔各民族中，萨满教麻醉技艺也有可能源于伊朗。但是，就最初的萨满教体验而言，这能证明什么呢？麻醉剂只是"纯粹的"恍惚的一个模糊替代物。我们已经有机会在几个西伯利亚民族中注意到这一事实，麻醉品的使用（酒、烟叶等）只是最近的一个创新，它表明了萨满教技艺的衰退。麻醉品是为了获得对一种状态的"模仿"，如今的萨满已无法获得这一状态了。在古印度和现代印度，事实上贯穿整个东方，一种神秘技艺出现衰退或被通俗化（我们必须加上这一点吗？），我们不断发现实现神秘癫狂或其他决定性体验的"困难方式"和"容易方式"很奇怪地混合在一起。

就伊斯兰化的伊朗的神秘传统而言，很难正确权衡源自民族继承和来自伊斯兰或东方影响所占的比重。但毫无疑问，在波斯圣徒传记中找到的许多传奇和奇迹都属于巫术，尤其是萨满教的普遍范围。我们只需浏览 C. 休厄特两卷本

---

① 本哈特·蒙卡克齐：《"蘑菇"和"恍惚状态"》。这个文献要归功于斯蒂·维坎德的热心帮助。

② 同上书，344 页。

的《行走的托钵僧的圣人》就会在每一个转折点上发现最纯粹的萨满教传统中的奇迹：升天，巫术飞行，消失，治愈，等等。① 同样，我们必须记住伊斯兰神秘主义中印度大麻以及其他麻醉剂的作用，尽管最纯洁的圣人从不依赖这些替代品。②

最终，随着伊斯兰教在中亚土耳其人中的传播，某些萨满教元素被穆斯林神秘主义者同化了。③ Köprülüzadé 教授举了这样一个传奇："艾哈迈德·耶赛维与他的一些托钵僧可以变成鸟，所以他们有飞行能力。"④ 关于贝塔史特圣人的

---

① 参见 C. 休厄特《行走的托钵僧的圣人·波斯译本的记述》，第一章至第二章：古老的事迹（第一章，45 页）；圣人身体前的光（第一章，37 页及后面内容，80 页）；升天（第一章，209 页）；不燃性："聆听酋长的教导并发现奥秘，séyyd［信徒］受到很大的激发，以至于他将双脚放在火堆上的锅里并且用他的手取出燃烧的火炭……"（第一章，56 页；萨满教对火的掌控在这个轶事中得到清晰的展现）；术士将一个男孩儿扔到空中：酋长让那个男孩儿在空中保持不动（第一章，65 页）；他突然间消失（第一章，80 页）；隐形（第一章，131 页）；无处不在（第二章，173 页）；升天和飞行（第一章，345 页）等。巴塞尔的弗里齐·迈耶教授告知我，根据阿明·阿哈默德·拉济在 1594 年编著但尚未发表的自传集中，圣人库特卜对寒冷不敏感；除此之外，人们经常看到圣人坐在屋顶或者树的顶端，当然我们也知晓攀爬树的萨满教意义（见上文，126 页及后面内容）。

② 从 12 世纪开始，在某些波斯神秘组织中，麻醉剂（印度大麻、鸦片）的影响必不可少；参见 L. 马西尼翁《关于神秘穆斯林词汇术语的起源的文章》，86 页及后面内容。Raqs 这个词意为喜悦的癫狂性"舞蹈"，tamziq 意为在恍惚期间"撕扯外套"，nazar ila'l mord 意为"柏拉图式的凝视"，这是一种通过禁欲实现的令人高度怀疑的癫狂形式。以上这些是由麻醉品引发的恍惚；这些构成癫狂的元素既可以与前伊斯兰神秘技艺联系，也可与某些印度异常技艺相联系，而这些印度的异常技艺有可能已经影响了苏菲派禁欲神秘主义（同上书，87 页）。

③ 参见默罕默德·法赫德·Köprülüzadé《奥斯曼蒙古萨满教对穆斯林神秘主义团体的影响》；也可参见 Köprülüzadé 对突厥文学最早期的冥想者著作（土耳其语版）的概述（法语版），这一概述出现在 L. 博瓦的"Kieuprilizade 的批判性分析'土耳其文学的早期神秘'"。

④ 《萨满教的影响》，9 页。

类似传奇也十分盛行。① 在十三世纪，巴拉克·巴巴——一
种祭礼的创立者，这种祭礼的区别性标志是"两角头
饰"——骑着一只鸵鸟出现在公众面前，这个传奇这样讲
道，"在骑行者的影响下，这只鸵鸟也可以飞行一段路
程"。② 很可能，这些细节事实上源于土耳其－蒙古萨满教的影
响，正如博学的土耳其学研究者所证实的那样。但是，变成一
只鸟的能力是各种萨满教的共同特征，不但是土耳其－蒙古族，
而且是北极、美洲、印度以及大洋洲的萨满教特征。关于巴拉
克·巴巴传奇中出现鸵鸟，人们怀疑这并不表明一种南方起源。

古印度：升天仪式

在土耳其－蒙古族的宗教，尤其他们的萨满教中白桦树
在仪式中的重要性将被记住。有七个或九个刻痕的白桦树或
柱子象征着宇宙树，由此被认为位于"世界中心"。通过攀
爬这棵树或这根柱子，萨满到达最高天国并与贝·乌尔甘
（Bai ülgän）面对面站着。

我们在婆罗门的（Brāhmanic）仪式中再次遇到相同的
象征含义，它也涉及去往天神世界的仪式性升天。事实上，
"祭祀只有一个牢固的支撑点，一次逗留：天国"。③ "船只
无障碍地穿越，就是祭祀"；④ "每个祭祀都是通向天堂的大
帆船。"⑤ 这个仪式的进程就是一次"困难的升天"
（dūrohaṇa），⑥ 因为它暗示着攀登世界树本身。

---

① 《萨满教的影响》，9 页。
② 《萨满教的影响》，16～17 页。
③ 《百道梵书》，第八章，7，4，6（由 J. 埃格林译，见 145～146 页）。
④ 《爱他罗氏梵书》，第一章，3，13（由 A. B. 基思译）。
⑤ 《百道梵书》，第四章，2，5，10（由 J. 埃格林译，311 页）。参见希尔
　万·利未收集的许多文章，《梵书中的祭祀教义》，87 页及后面内容。
⑥ 关于 dūrohaṇa 的象征意义，见伊利亚德，《dūrohaṇa 和"清醒着的梦"》。

事实上，祭祀柱子（yūpa）由一棵树做成，这棵树被等同于宇宙树。在伐木者的陪同下，司祭亲自在森林里挑选了这棵树。① 当这棵树被砍倒时，祭祀对这棵树呼叫道："不要擦到天空，不要伤害空气！"② 祭祀柱子成为一种宇宙柱：［Vanaspati，］森林之神，把你自己升到大地的最高点——《梨俱吠陀》（Rg-Veda）③ 这样祈求他。《百道梵书》（Satapatha Brahmana）宣称："你的头碰到天空，你的腰在空中，你的脚踏在地上。"④

沿着这根宇宙柱，祭祀者独自或与他的妻子升上天空。他把一架梯子倚在宇宙柱上，对他的妻子说："来吧，妻子，我们一起升向天空！"她回答："我们升天！"他们说三次这些仪式性的话。⑤ 到达顶端，祭祀者触摸顶柱，张开他的双臂（像鸟张开翅膀一样）喊道："我们已经到达天空，来到天神的面前，我们已经获得永生！"⑥ 事实上，祭祀者给自己做一架梯子或一座桥，以此到达天国世界。⑦

祭祀柱是一根宇宙轴，就像远古民族通过烟洞或他们房子中心的柱子向天国派送祭品一样，吠陀祭祀柱（Vedic yūpa）是"实现祭祀的工具"。⑧ 要向吠陀祭祀柱诵读祷文，它被称为"森林之神"："（噢，树，）将我们的这一祭品呈现给天神们，⑨ 等等。"

我们已经注意到萨满服饰上的鸟类的象征意义和许多西伯利亚萨满巫术飞行的例子。我们在古印度也找到了相似的

---

① 《百道梵书》，第三章，6，4，13 等。
② 同上书（由埃格林译，165 页）；《耶柔吠陀》，第一章，3，5，等。
③ 第三章，8，3（由 R. T. H. 格里菲思译，第二章，4）。
④ 第三章，7，1，14（由埃格林译，171 页）。
⑤ 《百道梵书》，第五章，2，1，10，等（由埃格林译）。
⑥ 《耶柔吠陀》，第一章，7，9，e；等（由基思译，40 页）。
⑦ 同上书，第六章，6，4，2，等（由基思译，550 页）。
⑧ 《吠陀凡经》，第三章，8，3（由格里菲思译）。
⑨ 同上书，第一章，13，11（由格里菲思译）。

观念。《梵书》（*Pañcaviṃśa Brāhmaṇa*）也证实，"祭祀者变成一只鸟，向上飞向天国"。① 大量的文本提到，要到达祭祀树顶端一个人必须拥有翅膀，② 也提及"座位在光芒中的公鹅"，③ 以及以一只鸟的形象驮着祭祀者上天④的祭祀马匹，等等。⑤ 正如我们不久将会看到的那样，已经有极其丰富的对古印度和中世纪印度的巫术飞行传统记载，而且巫术飞行总是与圣人、瑜伽修行者和术士联系在一起。

在婆罗门的文本中，"爬树"变成精神升天的一种常见形象。⑥ 相同的象征意义保留在民俗传统中，不过乍一看，这一象征意义的含义并不是很明显。⑦

在佛陀出生的传奇中，也找到了萨满教类型的升天。《佛经中部》（*Majjhima-nikāya*）⑧ 说："佛陀出生的时候，赤脚站着，面朝北，迈了七步；一道白光罩着他，他扫视了所有的区域，用一头公牛的声音说：'我是世界上最高的人，我是世界上最好的人，我是世界上最年长的人。这是终极诞生，此后再也不会有。'"这七大步将佛陀带到了世界的顶端；就像阿尔泰萨满为了最终到达天国最远处攀爬仪式白桦树的七个或九个刻痕一样，佛陀象征性地穿越与七级天堂相

---

① 同上书，第五章，3，5，由 A. 库马拉斯瓦米引用，"Svayamātṛṇṇā：Janua Coeli"，47 页。

② 《娑摩吠陀梵书》，第三章，13，9。

③ 《卡塔奥义书》，第五章，2。

④ Mahidhara, ad《百道梵书》，第十三章，2，6，15。

⑤ 参见库马拉斯瓦米收集的其他文章，"Svayamātṛṇṇā"，8 页，46 页，47 页等；也可见 S. 莱维《教义》，93 页。当然死后也遵循同样的路线（利未，见 93 页及后面内容；H. 贡特尔特：《雅利安人的世界之主和救世主》，见 401 页及后面内容）。

⑥ 例如，见库马拉斯瓦米提到的文章，见 7 页，42 页等。也可见保罗·缪斯《婆罗浮屠》，第一章，318 页。

⑦ 参见 N. M. 彭泽编辑，C. H. 托尼译《苏摩提婆的故事海》，第一章，153 页；第二章，387 页；第八章，68 页及后面内容等。

⑧ 同上书，第三章，123（由 I. B. 霍内尔译［修订版］）。

对应的七个宇宙阶层。显然，这里萨满（和吠陀）升天的古老的宇宙范型的出现，是印度的千年玄学思辨的结果。佛陀迈出的七步不再指向吠陀的"天神世界"和"永生"，而是指向超越人类的条件。的确，"我是世界上最高的"这种表述意味着佛陀超越了空间，而"我是世界上最年长的"表述意味着他超越了时间。通过到达宇宙顶峰，佛陀来到"世界中心"；因为天地万物都源自"中心"（=顶峰），所以佛陀成为与世界之初同时期的人。①

《佛经中部》暗指的七级天国的概念要追溯到婆罗门教，而且可能代表了巴比伦宇宙观的影响，而巴比伦宇宙观（尽管是间接地）也在阿尔泰和西伯利亚宇宙观念中留下了痕迹。但佛教也了解一种有九级天国的宇宙范型，不过这九级天国已经被极大地"内化"了，因为前四级天国对应着四个禅那（jhāna），后四级天国对应着四个 sattāvāsa，第九级天国，也就是最后一级天国象征着极乐世界（Nirvāṇa）。② 每一级天国都影射佛教万神殿中的一位神灵，同时这位神灵代表了瑜伽冥想的一个特定等级。现在我们知道，在阿尔泰各族中，七级或九级天国里住着各种神灵和半神灵，萨满在升天过程中会遇到这些神灵并与他们交谈；在第九级天国，他发现自己来到贝·乌尔甘的面前。当然，在佛教中，这不再是一个象征性升天的问题，而是一个冥想程度的问题，同时

---

① 这里并不是更加彻底描述对佛陀出生这一细节之处；但我们不得不顺带触及这一点，以此一方面来显示古老象征意义的多价性，而这使得佛陀出生这一点可以有无限多的解释，另一方面来强调"萨满教"图式存在于一个发达宗教中这一事实绝不暗示保留了原始内容。当然，这一评论也适用于基督教和伊斯兰教神秘主义的各种神秘图式。参见伊利亚德，"Sapta padāni kramaki"；同上，《佛陀的七步》。

② 参见 W. 基费尔《印度人的宇宙学》，190 页及后面内容。《广林奥义书》这本书也提到了九级天国，第三章，6，1；参见 W. 鲁本《古印度的萨满教》，169 页。关于宇宙图式与冥想程度之间的关系，参见缪斯《婆罗浮屠》，全文。

也是朝最终的解放"大步迈进"的问题。（似乎佛教僧侣一去世就会到达一个宇宙阶层，这个宇宙阶层正是在他活着的时候就通过瑜伽体验到达的那个宇宙阶层，而佛祖到达了极乐世界。）①

古印度：巫术飞行

　　婆罗门祭祀者通过仪式性攀爬一架梯子的方式升上天空，佛陀通过象征性跨越七级天国来超越宇宙，佛教瑜伽修行者通过冥想实现一种升天，其本质完全是精神性的。从类型学上讲，所有这些行为都有一种相同的结构；每种行为在自身的层面上都表明超越世俗世界，到达天神、上帝和绝对世界的一种特定方式。我们在上面已经表明，这些行为在什么程度上可以被归类为萨满教升天的传统；一个很大的差别在于萨满教体验的强度，正如我们之前所见，萨满教体验包含癫狂和恍惚。但是，古印度也知道使升天和巫术飞行成为可能的癫狂。《梨俱吠陀》中那位长发（keśin）的"癫狂师"（Muni）用了许多文字描述道："在癫狂师的圣洁的鼓舞下，我们已经升到大风之上；看，凡人们，（他们当中）我们的形态！……作为风的战马，伐由的朋友，癫狂师是被神唆使的……"② 我们也许想到阿尔泰萨满的鼓被称为"马"，

---

① 参见鲁本：《古印度的萨满教》，170 页。
② 第十章，136 页 3～5（H. H. 威尔森译，第五章，364 页）。关于这个癫狂师，见 E. 阿尔布曼《鲁德拉·古印度的信仰和祭祀研究》，298 页及后面内容；关于长发的巫术－宗教意义，同上，302 页（参见西伯利亚萨满服饰中的"蛇"；上文，152 页及后面内容）。关于最早期的吠陀癫狂，参见 J. W. 豪尔《瑜伽练习的开始》，116 页及后面内容，120 页；伊利亚德：《瑜伽》，见 101 页及后面内容。也可参见 G. 维登格伦《伊朗宗教史的研究的现状和任务》，Pt. 2，72 页，注释123。

例如，布里亚特族中，马头棍（也被称为"马"）起着一种
重要的作用。由鼓或骑跨一根马头棍（一种竹马）跳舞引发
的癫狂被看作穿越天空的一次奇异飞驰。我们之后将会看
到，在印度一些非雅利安民族中，术士在表演癫狂舞蹈时仍
然使用一匹木马或一根马头棍。①

　　同一首《梨俱吠陀》的圣歌如是说，"他们（癫狂师）
已经具有了天神的（能力）"；② 这里，我们有一种神秘的附
体，这种附体甚至在非癫狂领域也保持着很高的精神价值。③
癫狂师"经常去海洋，东海和西海。像因陀罗天国的女神
（Apsarasas）和乾达婆（Gandharvas）那样漫步……还有野
兽……"④ 因此，阿闼婆吠陀（Atharva Veda）这样称赞这
位已获得升天巫术能力的信徒："他快速地从东海飞向北
海。"⑤ 根植于萨满教癫狂⑥的这种宇宙人的体验保存在佛教
中，并且在瑜伽-密宗技艺中相当重要。⑦

　　升天和巫术飞行在印度流行的观念和神秘技艺中具有一
种主导地位。升入天空、像一只鸟一样飞行、瞬间穿越巨大
的距离、消失——这些都是佛教和印度教赋予阿罗汉、国王

---

① 见下文，470 页及后面内容。
② 第十章，136 页（威尔森译，364 页）。
③ 维特尼斯：《布列哈德奥义书》，第三章，3~7。
④ 《吠陀凡经》，第十章，136 页（威尔森译）。
⑤ 十一章，5，6（格里菲思译，69 页）。
⑥ 例如，参见"弗罗提耶"（vrātya，行乞或漂泊者）（《阿闼婆吠陀经》，
　第十五章，3 页及后面内容）中极其模糊的圣歌。当然，人类身体和
　宇宙的均裂作用远远超出了萨满教体验本身，但是我们可以看到"弗
　罗提耶"和癫狂师都在癫狂恍惚中获得与世隔绝的状态。
⑦ 佛陀在梦中看到自己像一个巨人一样，怀抱着两个大海洋（《增一部
　经典》，第三章，240 页；也可参见 W. 鲁本，167 页）。我们这里无法
　列举所有最早期佛教文本中的萨满教恍惚；例如"跃入空中，如同在
　水里一样再一次一跃而出"的神奇能力（《增一部经典》，第一章，
　254 页及后面内容 [由 F. L. 伍德·沃德，第一章，233 页]；等）。也
　可见下文，见 413 页及后面内容。

和术士的巫术能力。有许多飞行的国王和术士的传奇。[①] 只
有那些具有巫术飞行能力的人才能到达神奇的"阿那婆达
多"（Anavatapta）湖。佛陀和佛教圣人可以在顷刻间到达阿
那婆达多湖，就像印度传奇中的圣人在空中飞行来到北方一
个叫作"白岛"（Śvetadvīpa，主毗湿奴的一个居所）的神圣
的神秘之地一样。[②] 当然，这个概念是一个神秘空间的"纯
洁土地"之一，这个神秘空间同时具有"天堂"和只有加
入者才能进入的"内部空间"的本质。"阿那婆达多湖"、
"白岛"或其他佛教"天堂"都是通过瑜伽、禁欲主义或冥
想获得的存在模式。但是，我们要强调的是超人类体验与在
萨满教中很常见的古老的升天和飞行象征主义之间表达上的
一致性。

　　佛教经文讲述了四种不同的肉身升天（gamana）的巫
术能力，第一种能力便是像鸟一样飞行的能力。[③] 在瑜伽修
行者获得的神功清单中，帕坦伽利列举了在空中飞行的能力
（laghiman）。[④] 在《摩诃婆罗多》（Mahābhārata）中，圣人
纳拉达总是凭借"瑜伽的力量"飞向天空，并到达了梅鲁山
的山巅（"世界中心"）；从那里，他在遥远处乳海中看到了

---

①　参见彭泽编辑，托尼译《苏摩提婆的故事海》，第二章，62 页及后面
　　内容；第三章，27 页，35 页；第五章，33 页，35 页，169 页及后面内
　　容；第八章，26 页及后面内容，50 页及后面内容；等等。
②　参见 W. E. 克拉克《"沙卡迪韦帕"（Sakadvipa）和"白岛"》，全文；
　　伊利亚德《瑜伽》，见 414 页及后面内容。关于"阿那婆达多"湖，
　　参见 M. W. 维瑟《中国和日本的阿罗汉》，见 24 页及后面内容。
③　参见《音尊者的清净道论》，P. M. 丁译，396 页。关于肉身升天，见
　　西格德·林德奎斯特《神功和五神通》，58 页及后面内容。在由艾蒂
　　安·拉莫特所译的《纳佳道纳的伟大贞洁美德论》中，关于五神通有
　　丰富的文献资料，第一章，320 页，注释 1。
④　《瑜伽佛经》，第三章，45 页；参见《格雷达本纪》，第三章，78 页；
　　伊利亚德：《瑜伽》，见 326 页及后面内容。有关《阿那婆达多》和
　　《罗摩耶纳》中的相似传统，见 E. W. 霍普金斯《伟大时代的瑜伽技
　　艺》，337 页，361 页。

"白岛"。① 因为 "有这样一个 ［练习瑜伽的］ 身体，这位瑜伽修行者可以去他想去的任何地方"。② 但是在《摩诃婆罗多》中记载的另一个传统已经把真正的神秘升天与巫术飞行区分开，前者并不能总被说成是 "具体的"，而后者只是一种幻想："我们也可以飞向天国，以各种形象呈现我们自己，但这只能通过幻想（māyayā）。"③

我们看到在什么方向上瑜伽和其他印度冥想技艺阐述了属于远古精神遗产的癫狂体验以及超凡的巫术技能。即使这样，印度的魔力也熟知巫术飞行的秘密。④ 同样的奇迹在佛教的阿罗汉中也十分常见，⑤ 以至于阿罗汉造出一个锡兰语动词 vahatve，意为 "消失"，"从一个地方瞬间穿越到另一个地方"。⑥ 神话女巫师 ḍākinīs 在一些密教流派中占有重要地位，⑦ 在蒙古语中她们被称为 "空中行走的人"，在藏语中被称为 "去往天空的人"。⑧ 通过一架梯子或一条绳子进行的巫术飞行和升天也是西藏常见的主题，但它们并不一定

---

① 《摩诃婆罗多》，第十二章，335，2 页及后面内容。
② 同上书，第十二章，317，6。
③ 《摩诃婆罗多》，第五章，16 页，55 页及后面内容。
④ 伊利亚德：《瑜伽》，见 274 页及后面内容，414 页及后面内容。一位波兰作家（埃米尔·库思老）证实瑜伽修行者 "也可以像鸟一样在空中飞行，但是这似乎也不可能"（同上，276 页）。
⑤ 关于阿罗汉的飞行，见维瑟《阿罗汉》，172 页及后面内容；西尔万·利未和 E. 沙畹：《法律的十六个阿罗汉保护者》，23 页（阿罗汉难提蜜多罗 "升入七棵塔拉树高的空中"，等）；262 页及后面内容（阿罗汉宾头卢的住所是阿耨达池，因为他手持山脉在空中飞行，不恰当地向凡人展现了他的神奇能力，所以受到佛陀的惩罚；当然佛教禁止神功的展示）。
⑥ A. M. 霍卡特，"空中飞行"，见 80 页。霍卡特按照他的王权理论解释了所有这些传奇故事：作为神，国王无法触碰地面，所以人们认为他是在空气中穿行的。但是飞行的象征意义更为复杂，无论如何都不可能是由天神－国王观念衍生而来。参见伊利亚德《神话、梦境和神秘》，99 页及后面内容。
⑦ 参见伊利亚德《瑜伽》，324 页及后面内容。
⑧ 参见 P. J. 凡·杜勒姆《喇嘛教的注解》，374 页注释 2.

是从印度借引而来的，更多是因为它们在苯教传统或从苯教发展而来的传统中有所记载。[①]　此外，我们将会看到，同样的主题在中国的巫术观念和民间传说中也发挥着重要的作用，几乎在远古世界的任何地方都可以找到它们的痕迹。[②]

　　我们仓促中回顾的所有这些实践和信仰，它们不一定都具有"萨满教性质"；为了便于阐释，我们会在内容上进行删减，所以每一个实践和信仰都有它自己特定的意义。但是，我们的目的是展示与这些印度巫术－宗教现象在结构上等同的现象。和术士一样，癫狂师在作为一个整体的印度宗教中并不是以一个独特的形象出现的，除非借助于他神秘体验的强度或在巫术方面的卓越能力；因为，正如我们之前所见，我们甚至在婆罗门祭祀的象征意义中也找到了潜在的理论，即升天。

　　准确地讲，可以区分"穆尼"（muni）的升天与用婆罗门的仪式所实现的升天的是其体验本质。就"穆尼"而言，我们有一种可以与西伯利亚萨满的完全癫狂降神会相提并论的"恍惚"。但是，一个重要的事实是，正如萨满的恍惚完全地融入西伯利亚与阿尔泰的宇宙－神学系统一样，这种癫狂体验与婆罗门的祭祀的普通理论并不对立。而两种升天的主要差别在于体验的强烈性，也就是体验最终是精神性的。但是，不管多么强烈，这个癫狂体验变得可以通过普遍现行的象征体系传播，而且被证实到可以融入现有的巫术－宗教体系的程度。我们之前已经了解到，飞行的能力可以通过许多方式获得（萨满的恍惚、神秘癫狂、巫术技艺等），但是它也可以通过一种严格的心理自律，如帕坦伽利的瑜伽、像佛教中那样严格的禁欲主义，或者通过冶金术的练习获得。

---

① 见下文，434 页及后面内容。
② 见下文，490 页及后面内容。

这种技艺的多样性毫无疑问与各种体验相对应，同样也和不同的意识形态（例如，被魂灵诱拐、"巫术的"和"神秘的"升天，等等）相对应，不过是在更小的程度上。但是，所有这些技艺和神话都有一个共同的特征，即认为空中飞行能力非常重要。这种"巫术能力"并不是一个本身合理、完全基于术士个人体验的孤立元素；相反，它是远比许多萨满教意识形态更具有包容性的神学－宇宙复合体的不可或缺一部分。

苦行（Tapas）和加入式（Dīkṣā）

在与另一个观念，即苦行的联系中同样可以发现仪式和癫狂之间这种相同的连续性。苦行在整个印度的意识形态中有重要的作用：它最初的意义是"极热"，但逐渐用来泛指苦行的努力。《梨俱吠陀》对苦行有明确记载，[①] 其能力在宇宙和精神层面都具有创造性：通过苦行，苦行者变得具有洞察力，甚至可以化身天神。通过苦行，生主（Prajāpati）让"自己热到"一个极限，这样他便创造了世界；[②] 也就是说，他通过巫术出汗创造了世界。"内热"或"神秘的热"都具有创造性：它会产生一种巫术能力，即使这种能力没有直接表现为一种宇宙进化论（例如，生主的神话），它也在一个次要的宇宙层面上进行"创造"；比如，它创造了苦行者和瑜伽修行者无数的幻想和奇迹（巫术飞行、对物理法则的否定、消失，等等）。现在，"内热"构成"原始的"术士和萨满技艺的必不可少的一个部分；[③] 在世界各地，"内

---

① 参见第八章，59，6；第十章，136 页，2；154，2，4；167，1；109，4；等。

② 《爱他罗氏梵书》，第五章，32，1。

③ 见下文，477 页及后面内容。

热"是通过"对火的掌控"来获得的，总的来说，是通过
违背物理法则来获得的——这就等于说，产生适度"加热"
的术士可以表演"奇迹"，可以创造宇宙中新的存在条件，
可以在一定程度上重复宇宙进化论。从这一视角看生主，他
便成了"术士"的原型之一。

　　这种过度的热量或是通过靠近火堆冥想获得——这种苦
行方式受到印度人的格外推崇，或是通过屏息的方式获得。①
毋庸多说：呼吸技艺和屏息在组织苦行实践与巫术技艺、神
秘技艺和玄学技艺的复合体中起着重要的作用，而这些技艺
都被"瑜伽"这个术语概括了。② 就苦行的努力而言，苦行
是每一种瑜伽的重要组成部分，顺便说一下，我们认为很有
必要注意苦行的"萨满教"含义。我们之后将会看到，就术
语的严格意义来说，"神秘热量"在喜马拉雅和西藏密教瑜
伽中极其重要。③ 但是，我们要补充一点，经典瑜伽的传统
将呼吸控制（prāṇāyāma）赋予的"能力"用作一种"反向
的宇宙进化论"，因为这种能力没有产生新的宇宙（也就是
新"幻境"和"奇迹"的宇宙），相反，它使瑜伽修行者能
够将自己与世界分离，甚至在一定程度上破坏世界。因为瑜
伽的自由相当于完全打破与宇宙的所有联系；对于一个"觉
悟的灵魂"（jīvan-mukta）来说，宇宙不复存在，如果他将
自己的进程投射到宇宙层，他会见证宇宙力量完全融入第一
物质（prakṛti）中，换句话说，回归到创世之初的那种无差
别的状态。所有这些都远远超出了"萨满教"意识形态的范
围；但在我们看来有意义的是，为了寻求一种玄学自由的手
段，印度灵修学运用了一种古代巫术的技艺，据说这种技艺
能够打破物理法则，并且在宇宙的构造中起到一定的作用。

---

① 参见《宝陀耶那法经》，第四章，1、24；等。
② 见伊利亚德《瑜伽的技艺》《瑜伽》。
③ 下文，见 440 页及后面内容。

但是，苦行并不是一次只局限于"癫狂术"的苦行练习；它构成了非专业宗教体验的一部分。用动物躯体祭祀要求主祭和他的妻子表演加入式，而加入式是一个涉及苦行的圣化仪式。[①] 加入式包括苦行祈祷仪式、静默中冥想、禁食以及"热"（苦行），圣化的这个阶段可能持续一两天到一年。现在，用动物躯体祭祀是吠陀和婆罗门印度中最重要的仪式之一；这就等于说，直达癫狂尽头的苦行主义必定构成整个印度民族宗教生活的一部分。仪式和癫狂之间的连续性，在外行所表演的升天仪式以及癫狂师的神秘飞行中已经被观察到，在苦行这一层面上也发现了这种连续性。需要探究的是，印度宗教生活作为一个整体，连同它所包含的所有象征意义，是否是一种创造——为了接近世俗在一定程度上"退化了"——由几个有特权的人所表现出的一系列癫狂体验产生的一种创造；或相反，有特权的人的癫狂体验是否仅是"内化"体验之前的某些宇宙－神学范型的结果。这个问题可有不同的答案，但问题本身超出了印度宗教史以及目前的研究主题范围。[②]

印度的"萨满教"象征意义和技艺

关于通过召回和寻找病人逃亡的灵魂进行萨满教治疗，《梨俱吠陀》提供了大量的例子。司祭对垂死之人说："尽管你的魂灵已经远到天堂，或是到达……四季分明的地球，

---

① 关于加入式和苦行，见 H. 奥尔登伯格《吠陀经宗教》（第二版），397页及后面内容；A. 希勒布兰德：《佛教神话学》（第二版），第一章，482页及后面内容；J. W. 豪尔：《瑜伽练习的开始》，55页及后面内容；A. B. 基思：《吠陀经和奥义经的宗教和哲学》，第一章，300页及后面内容；S. 莱维：《梵书中的祭祀教义》，103页及后面内容。也可参见穆利，"西希卡"，134页及后面内容。
② 然而，我们冒昧地希望目前的研究将会展示提出问题的方式。

我们要带回你的魂灵，让它在这里居留，让你活得长久。"①
同样是在《梨俱吠陀》中，婆罗门这样召唤病人的灵魂：
"愿（你的）魂灵……再次回来，完成虔诚的行为、锻炼力
量、活着、长久地看到太阳。愿我们的祖先，愿神的主人修
复（你的）魂灵；愿我们（为你）聚集所有生命的机能。"②
在《阿闼婆吠陀经》的巫术－医学文本中，术士为了让垂死
之人恢复生机，从风那里召回他的呼吸，从太阳那里拿回他
的眼睛，将他的灵魂重新放回到他的身体，并且从死亡女神
罗刹天（Nirṛti）那里释放受难之人。③

　　当然，这些代表的仅仅是萨满教治疗遗迹，如果印度医
学后来使用了一些传统的巫术观念，这些观念并不属于严格
意义上的萨满教意识形态。④ 正如《阿闼婆吠陀经》的术士
表现的那样，从宇宙地域召唤各种"器官"⑤ 涉及一个不同
的观念——即人－微型宇宙的观念——尽管看起来相当古老
（或许源于印欧民族），这一观念并不是"萨满教性质"。但是，
《梨俱吠陀》（最新的版本）保存着召回病人逃跑灵魂的记载；
因为相同的萨满教意识形态和技艺统治着印度的非雅利安民族，
一个这样的问题就出现了：是不是不能假定一种来自下层的影
响。孟加拉奥朗族的术士也穿越山川与河流，进入逝者之地寻
找病人游离的灵魂，⑥ 与阿尔泰和西伯利亚的萨满完全一样。

　　这也不是全部。古印度也知晓灵魂不稳定的学说，这是
萨满教主导的许多文化的一个明显特征。灵魂在梦中远离身

---

① 第十章，58，2—4（威尔森译，第六章，151 页）。
② 第十章，57，4—5（威尔森译，第六章，150 页）。
③ 《阿闼婆吠陀经》，第八章，1，3，1；第八章，2，3；等。关于召回灵
　　魂，也可参见 W. 卡兰《古印度的祖先崇拜》，见 179 页及后面内容。
④ 参见，例如杰·菲约扎《印度巫医的经典教义，它的起源以及它与希
　　腊相似性》。
⑤ 也可见《吠陀凡经》，第十章，16，3。
⑥ 参见 F. E. 克莱门茨《疾病的原始概念》，197 页（在加罗和信印度教
　　的北方民族中，疾病意为"灵魂的丢失"）。

体游荡，《百道梵书》（Śatapatha Brāhmaṇa）① 建议不要突
然叫醒一个熟睡的人，因为他的灵魂可能在返回的路上走
失。打哈欠也会有丢失灵魂的危险。② 苏般度（Subandhu）
的传奇向人们讲述了灵魂是如何丢失和找回的。③

　　术士可以随意离开他的身体——一个严格意义的萨满教
观念，我们已经几次谈到它的癫狂基础——与此观念进一步
相关的是另一种巫术能力："进入另外一个人身体"
（parapurakāyapraveśa）的能力。我们在科技文本和民间传说
中可以找到这种能力。④ 但这一巫术技艺已经具有印度细化
的印记；此外，这种能力在瑜伽神功（siddhis）中很惹人注
目，帕坦伽利也将其⑤与其他巫术能力并列。

　　我们无法对所有在某种程度上与萨满教有关的瑜伽技艺
的各个方面一一回顾。我们称之为"巴罗克瑜伽"的综合体
系吸收了大量属于安雅和土著印度的巫术和神秘传统元素，
基于这个事实，自然就会出现这种情况：人们在这个庞大的
综合体系中处处都可以偶尔识别出一些萨满教元素。但是，
在每一种情况下，都有必要确定这个元素是否具有严格意义
上的萨满教性质，或是属于远远超出萨满教的一种巫术传
统。这里不可能做一个穷尽性的对比研究。⑥ 我们仅仅说，

---

① 第十四章，7，1，12。
② 《Taittiriya Samhita》，第二章，5，2，4。
③ 《娑摩吠陀梵书》，第三章，168~170 页；《二十五梵书》，第十二章，12，5。
④ 参见伊利亚德，《瑜伽》，393 页及后面内容。
⑤ 《瑜伽佛经》，第三章，37 页。
⑥ 参见伊利亚德《瑜伽》，311 页及后面内容；《瑜伽的技艺》，175 页及
　后面内容。然而，我们要澄清的是，在讨论瑜伽的"起源"时，我们
　没有必要提到萨满教。在某一时刻，宗教虔诚，一个流行的神秘传统，
　进入到瑜伽中，但它并不具有萨满教性质。同样，相同的研究也认为，
　神秘驱鬼术或其他巫术实践活动，它们中的一些已经变异（包括食肉
　主义，谋杀等），尽管它们源于前土著安雅民族，但它们并不具有萨满
　教性质。导致这些困惑可能出现的原因是错误地用"原始巫术和神秘
　主义"来定义"萨满教"。

即使帕坦伽利的经典文章也提到了某些萨满教中人们熟知的
"能力"，如空中飞行、消失、变得极其高大或极其矮小，等
等。除此之外，《瑜伽经典》（Yoga-sutras）① 中提到一些药
用植物，这些植物与三昧（samādhi）一样，在同等程度上可
以赋予瑜伽修行者"神奇的能力"，这证明瑜伽领域中使用麻
醉剂就是为了获得癫狂体验。另一方面，"这些能力"在经典
和佛教瑜伽中只起到次要的作用；许多文本警告修行者不要
被无尽能力的巫术感觉诱导，这种感觉是修行者自己产生的，
它可以让瑜伽修行者忘记自己真正的目标——最终解脱。因
此，以物质的手段获得的癫狂不能与真正三昧的癫狂相比。
但是，我们已经看到，在萨满教自身中，麻醉剂已经代表一
种堕落。因为缺少获得真正实质性癫狂的方法，人们转向采
用麻醉品来诱发恍惚。顺便提一下，我们应该注意到，就像
巴罗克（流行的）瑜伽一样，萨满教自身也展现出一些不同
寻常的变体。但是，我们要再一次强调将经典瑜伽与萨满教
区分开来的结构差别。尽管萨满教也有某些集中精神的技艺
（例如，与因纽特加入式等相比较），它的最终目标一直是癫狂
以及灵魂穿越各个宇宙领域的癫狂之旅，而瑜伽追求的目标是
注视自我（enstasis），精神的最终集中以及"逃离"宇宙。当
然源于史前时期的经典瑜伽绝不排除萨满教瑜伽各个中间形式
的存在，这些中间形式的目的在于获得特定的癫狂体验。②

　　或许我们在有关死亡和逝者命运的印度信仰中也会找到
一些"萨满教"元素。③ 就像在许多其他亚洲民族中那样，

---

① 第四章，1。
② 不同观点见菲约扎，《印度神秘技艺的起源》，他讨论了我们对瑜伽技
　 艺的前安雅民族起源的假说。
③ 见基思在《佛陀经和奥义经的宗教和哲学》中所做的清晰全面的阐
　 述，第二章，403 页及后面内容。逝者的世界是一个"反转"的世界，
　 正如在西伯利亚和其他民族中一样；参见赫尔曼·隆梅尔，"天堂中万
　 物之主的神"，101 页及后面内容。

这些信念展现了多个灵魂的痕迹。① 但总的来说，古印度人相信，人死后，灵魂会升入天国，来到阎罗王（逝者之王）② 和祖先们（*pitaras*）的面前。死者被建议不要被阎罗王的四眼狗延迟，要继续赶路，这样，他才可能到达祖先们和阎罗王天神那里。③《梨俱吠陀》没有具体提及死者要通过的桥。④ 但是我们听说一条河⑤ 和一艘船，⑥ 这其实暗指一次地狱之旅，而不是升天之旅。无论如何，我们看到一种古老仪式的痕迹，在仪式中，死者被告知要到达阎罗王领地他必须要走的路。⑦ 人们也知道，死者的灵魂不会立刻离开大地；它会在房子周围游荡一段时间，可能长达一年。这也解释了为什么在祭祀中，萨满要召唤它，而且，人们要向它献祭。⑧

但是，吠陀和婆罗门宗教缺乏任何关于引导灵魂之神的确切概念。⑨ 楼陀罗 - 湿婆（Rudra-Śiva）有时会扮演这样的角色，但这种概念出现较晚，很可能受到前雅利安土著观念的影响。无论如何，在吠陀印度中，不存在任何与阿尔泰和西伯利亚北部各民族的逝者向导相似的概念。逝者只是被告知前行的道路，而没有模仿印度尼西亚和波利尼西亚葬礼挽歌以及西藏《死亡之书》。在吠陀和婆罗门时期，很可能并不需要灵魂引导者，因为逝者是要去往天堂的，前往天堂

---

① 例如，《泰迪黎耶奥义书》，第二章，4。

② 《吠陀凡经》，第十章，58。

③ 《吠陀凡经》，第十章，14，10～12；《阿闼婆吠陀经》，第十八章，2，12；第八章，1，9等。

④ 基思，第二章，406 页，注释9。

⑤ 《阿闼婆吠陀经》，第十八章，4，7。

⑥ 《吠陀凡经》，第十章，63，10。

⑦ 例如，《吠陀凡经》，第十章，14，7～12；关于佛经，参见基思，第二章，118 页，注释6。

⑧ 基思，第二章，412 页。

⑨ 反对 E. 阿尔布曼的论文，《楼陀罗》，全文。

的路途没有前往地下世界的路途那么危险，不过在文献中有许多例外和矛盾之处。

不管怎样，古印度的"地狱之行"非常少。尽管《梨俱吠陀》① 中已经记录了地下世界这一观念，但去往冥界的癫狂之旅却极其罕见。纳西开塔斯（Naciketas）被父亲杀死后，确实去了阎罗王的官邸，② 但这次冥界之旅并没有让人觉得是一种"萨满教"体验；它并不意味着癫狂。唯一明显是前往冥界的癫狂之旅是"伐楼拿"的"儿子""布瑞谷"（Bhṛgu）的旅途。③ 天神让"布瑞谷"失去意识，派他的灵魂去参观各种宇宙领域和地下世界。他甚至目睹了给那些仪式犯罪的人规定的惩罚。"伐楼拿"亲自向"布瑞谷"解释了他失去意识后穿越宇宙的癫狂之旅，以及他所看到的惩罚——所有这些让我们想起《阿替拉华夫传》（Book of Artāy Virāf）。当然，一次能使人完全看到死后报应的冥界探索（正如《阿替拉华夫传》所揭示出的那样）不同于仅仅揭示少数情况的癫狂之旅。但是，在这两种情况中，我们仍可以分辨出一种建立在冥界加入式之旅基础上的范式，这种范式已经被仪式界采纳并做了重新解释。

还需注意的是在诸如"伐楼拿"、阎罗王和"尼利提"（Nirṛti）这样的复杂人物中保存下来的"萨满教"主题。每一位这样的天神都是自己所属层面的一个"约束"天神。④ 许多赞美诗都提到了"伐楼拿的系带"。阎罗王的束缚（yamasya paḍbīśa）⑤ 通常被称为"死亡之乡"（mṛtyupāśaḥ）。⑥

---

① 参见基思，第二章，409 页。
② 《推提利耶梵书》，第三章，11，8。
③ 《百道梵书》，第十一章，6，1；《娑摩吠陀梵书》，第一章，42~44。
④ 参见伊利亚德《图式和象征》，95 页及后面内容，99 页及后面内容。
⑤ 《阿闼婆吠陀经》，第六章，96，2。
⑥ 同上书，第七章，112，2；等。

就"尼利提"而言，她用链子束缚住她要摧毁的人，① 人们祈求天神让他们远离"'尼利提'的束缚"。② 疾病是"系带"，而死亡仅仅是最高的"束缚"。我们在别处已经研究了构成"束缚"巫术背景的极其复杂的象征主义。③ 这里我们有充足的理由说："束缚"这种巫术的某些方面具有萨满教性质。如果"束缚"和"结"真的是死亡之神的突出特征，那么不仅在印度、伊朗，而且在其他地方（中国、大洋洲），萨满同样拥有系带和套索，服务于同样的目的——捕捉那些离开身体的流浪的灵魂。天神和死亡恶神用一只网捕捉逝者的灵魂，例如，通古斯萨满用套索重新捕获病人逃亡的灵魂。④ 但是，"束缚"的象征意义远远超出了萨满教本身的界限，只有在"结"和"束缚"的巫术中我们才会找到一些与萨满教巫术相似之处。

最后，我们也将提及《阿朱那》（*Arjuna*，印度古代梵文史诗《摩诃婆罗多》）中讲到的攀登锡瓦斯山的癫狂之旅，以及这次旅程涉及的所有发光的神灵显现，⑤ 尽管不是"萨满教性质"的，也属于神秘升天的范畴，萨满教升天也属于这一范畴。至于发光的体验，我们可能想到因纽特萨满的 qaumaneq，也就是令萨满不知所措的"闪光"或"光亮"。⑥ 很明显，所有宗教传统都熟知这种"内心之光"，这种光在长时间的精力集中和冥想之后突然迸发出来，在印度，从奥义经（Upa-niṣad）到密教都有大量对这种光的记载。⑦ 我们已经用为数不多的几个例子说明了萨满教体验应该归属的范畴。因为，正

① 《阿闼婆吠陀经》，第六章，63，1~2；等。
② 同上书，第一章，31，2。
③ 见伊利亚德《图式和象征》，92 页及后面内容。
④ S. M. 史禄国：《通古斯的心理情结》，290 页。
⑤ 《摩诃婆罗多》，第七章，80 页及后面内容。
⑥ 见上文，58 页及后面内容。
⑦ 见上文，59 页及后面内容。

如我们在本研究过程中反复提到的那样，总体上来讲，萨满教
并不总是，也不一定是一种变异的、预示着凶兆的神秘主义。①

　　顺便提一下，我们也可以举出巫术鼓及其在印度巫术中
的作用的例子。② 传奇有时讲述萨满鼓的神圣起源，一个传
说记录了蛇精（nāga）在祭雨仪式中教国王迦腻色伽（kan-
iṣka）鼓（ghaṇṭa）的用法。③ 这里，我们怀疑有来自非雅
利安下层的影响——既然在土著印度民族的巫术（尽管在结
构上并不总具有萨满教性质，却处于萨满教边缘）中，鼓占
据相当重要的地位，我们更可以看出这种影响的存在。④ 这
也是我们为什么不研究非雅利安印度的鼓或头颅崇拜的原
因，⑤ 而这在喇嘛教和许多偏向密教的印度宗派中却特别重
要。我们之后会举出一些细节，但不做概括讨论。

印度土著部落中的萨满教

　　感谢威耶·埃尔温的研究，我们对"萨瓦拉"族（Sa-

----

① 也可见 W. 诺勒《性力派中的萨满教思想》。
② 见 E. 达劳利《衣裙、饮品和鼓：野蛮人和性的进一步研究》，236 页
　　及后面内容；克劳迪·马塞尔－迪布瓦：《古老印度的巫术用具》，见
　　33 页及后面内容（铃铛）、41 页及后面内容（鼓框）、46 页及后面内
　　容（两头圆身鼓）、63 页及后面内容（沙漏鼓）。关于鼓在马祭（as-
　　vamedha）中的仪式性作用，参见 P. E. 杜蒙《马祭》，150 页及后面内
　　容。J. 普卢奇奇斯基早已将注意力集中在"达玛鲁"（ḍamaru）鼓印
　　度名字的非安雅人起源上；参见《旁遮普的一个古老民族：优昙波罗
　　人》，34 页及后面内容。关于吠陀梵信仰中的鼓，参见 J. W. 豪尔《弗
　　拉蒂亚人》，282 页及后面内容。
③ 比尔：《玄奘西游记》，第一章，66 页。
④ 参见科佩斯《印度宗教问题》文章中的一些关于桑塔尔人、比尔人和
　　拜加人的事实，805 页和注释 176。也可参见同一作者的著作《印度中
　　部的比尔人》，178 页及后面内容。也可见 R. 拉赫曼《印度北部和中
　　部的萨满教及其相关现象》，735～736 页。
⑤ 关于非安雅印度中的头骨崇拜，见 W. 鲁登《印度的铁匠与恶魔》，
　　168 页、204～208 页、244 页等。

vara，或 Saora），这个具有重要民族学意义的土著奥里萨邦部落的萨满教有了清晰的了解。我们将专门详述"萨瓦拉"男萨满和女萨满的自传；这些自传与上面研究过的西伯利亚萨满的"加入式婚礼"惊人的相似。① 但是，二者存在两个差异：（1）因为"萨瓦拉"族既有男萨满，也有女萨满——有时，女萨满还多于男萨满——两类萨满都会与冥界的伴侣结婚；（2）西伯利亚萨满的"天上妻子"住在天国，有时也住在丛林中，而"萨瓦拉"萨满的灵魂伴侣都住在地下世界，黑暗王国。

"哈提贝迪"（Hatibadi）的一位名叫"金塔拉"（Kintara）的萨满向埃尔温讲述："在我大概十二岁的时候，一位名叫'詹梅'（Jangmai）的守护神女孩在梦中来到我的面前，对我说：'我对你很满意，我爱你，我太爱你了，所以你必须娶我。'但是我拒绝了，然后整整一年她经常来看我，与我寻欢作乐，并且努力赢得我的心。但我总是拒绝她，直到她最后很生气，派她的狗（老虎）咬我。我被吓坏了，同意娶她。但几乎同时，另一位守护神来到我的面前，祈求我娶她。当第一位女孩听到这个消息时，她说：'我是第一个爱你的人，我将你视为我的丈夫，现在你的心在另外一个女人身上，我不会允许这样的事情发生。'所以我拒绝了第二位女孩。但第一位女孩仍处于盛怒和嫉妒之中，她让我发疯，并且将我赶到丛林中，夺走了我的记忆。整整一年她都驱使着我。"最后，这个男孩的母亲请来了隔壁村庄的萨满，第一位守护神灵通过萨满的嘴说："不要害怕，我打算嫁给他……我会帮助这个男孩解决他所有的麻烦。"男孩的父亲很满意，并且安排了婚礼。五年之后"金塔拉"娶了一位同村的女人。婚礼之后，守护神"詹梅"对新娘达舒妮说：

① 见 72 页及后面内容。

第十一章　印欧民族的萨满教思想和技艺 ｜425 ｜

"现在你将要和我的丈夫一起生活。你要给他端水，剥谷，
为他做饭，你要做所有的事情。我不能做任何事，我必须住
在冥界。我唯一可做的就是在他困难时帮助他。请告诉我，
你会尊重我吗，或者你打算和我吵架吗？"达舒妮回答道：
"为什么我要与你争吵呢？你是一位好妻子，我会满足你任
何的需要。""詹梅"很高兴，并说："很好，你和我将会像
姐妹一样共同生活在一起。"然后"詹梅"对"金塔拉"
说："看，像保护我一样保护这位女士。不要打她，不要虐
待她。"说完这些她离开了。"金塔拉"与他地上的妻子育
有一儿三女，与他的守护神育有一男两女，他们都生活在地
下。"金塔拉"继续说："当地下男婴出生时，'詹梅'将他
带给我，告诉我他的名字，她将这个男孩放在我的大腿上，
让我为这个男孩准备食物。我说我会准备，她带着这个男孩
再一次进入地下世界。我把一只山羊献祭给那个男孩，并供
奉了一口罐子。"[1]

　　在那些被"选中"成为女萨满的女孩中，我们也发现了
相同的模式：一位神灵到访、求婚、女孩拒接，陷入严重危
难时期，女孩接受求婚，问题得到解决。

　　　　梦境迫使一个女孩成为女萨满，并以超自然的认可
　　方式确定这一职业；形式就是一位来自地下世界求婚者
　　的到访，这位求婚者用其所有的癫狂和精神影响来向女
　　孩求婚。这位"丈夫"是一个印度人，衣着整齐、外表
　　英俊、腰缠万贯，并且会遵守一些连萨瓦拉族都不知道
　　的习俗。根据传统，他在深夜到来；当他走进房间时，
　　全家人就像中了魔法一样，像死人一样睡着了。几乎每
　　一个女孩起初都拒绝成为萨满，因为萨满这一职业既艰

－－－－－－－－－－

　　① 埃尔温：《印度部落的宗教》，135～137 页。

苦又充满危险。结果，她开始被噩梦折磨：她的神圣爱人将她带入地下世界或者威胁她从高处掉下来。女孩拒接之后一般会生病；有段时间，她甚至可能丢了魂，衣冠不整地游荡在田野和丛林中，着实令人怜惜。然后，她的家人会插手这件事情。因为在大多数情况下，女孩要被训练一段时间，所以每个人都知道她要做什么；而且即使她没有亲自告诉父母发生了什么事情，他们通常也会猜到八九不离十。但是，对这个女孩来说，最恰当的做法还是向父母坦白，承认她被"召唤"了，而她拒绝了，现在处在危险当中。这会立刻将她从自责的包袱中解救出来，她的父母便会采取一些措施，会立即安排这个女孩与她守护神的婚礼……

婚礼过后，女萨满的灵魂丈夫会定期来看她，和她睡在一起，直到黎明。他甚至可能将她带到丛林几天，用棕榈酒来喂她。在既定的时间，女萨满会生一个孩子，为了让女孩给孩子喂奶，鬼魂父亲每晚都会将孩子带来。但是他们之间的关系并不主要是性的关系；重要的就是守护神丈夫会在他年轻妻子的梦里启发她，指引她，当她行使神圣职责时，他会和她坐在一起，告诉她要做什么。①

一位女萨满这样回忆她的守护神灵第一次来看她的情景。守护神"穿着印度服饰"，来到她的梦里。她拒绝了他，所以"他将我带到一股旋风中，把我带到一棵很高的树上，在那里他让我坐在一根脆弱的树枝上，然后他便开始吟唱。他一边唱一边前后摇晃我。我害怕从这么高的地方摔下，于

---

① 埃尔温：《印度部落的宗教》，147～148 页。

是我匆忙地答应嫁给他。"① 读者在这里已经识别出一些典型的加入式主题：旋风、树、摇晃。

另一位女萨满已经结婚，有一个孩子，这时，一位守护神灵来看她，她生病了。"我派人找来一位女萨满，守护神（Rasuno）便上到她身上来了，说：'我要娶她；如果她不同意，她将会疯掉。'"女萨满和她的丈夫试图通过给守护神提供祭品来拒绝这场婚礼，但这一切都是徒劳的。最后，她被迫接受，在梦里学习了萨满教技艺。她在地下世界有两个孩子。②

"萨瓦拉"萨满降神会的关键在于萨满被守护神灵或天神附体。不管哪种神灵被召唤了，它们都通过萨满的嘴详细述说。神灵占据了男萨满或女萨满的身体，向人们揭示疾病的原因并告诉他们接下来要采取的行动（通常是祭祀活动或贡品）。印度的其他地方也知晓以附体形式存在的"萨满教"。③

"萨瓦拉"萨满的"魂灵婚礼"是土著印度的一个独有现象；不管怎样，它并非源于克拉里恩（Kolarian）语。拉德洛夫·拉赫曼进行的比较研究《印度北部和中部的萨满教及其相关现象》有丰富的文献记载，这是其中一个结论。④

---

①　埃尔温：《印度部落的宗教》，153 页。

②　同上书，见 151～152 页。

③　参见爱德华·B. 哈珀《印度南部的萨满教》，关于迈索尔西北部的"萨满教"实践活动。这些都是附体现象，不一定预示着萨满教结构或者意识形态。其他表现为被恶魔或天神附体的例子参见路易斯·杜蒙所著《印度南部的一个次种姓．帕马莱·卡拉尔人（*Pramalai Kallar*）的社会组织和宗教》，见 347 页及后面内容（被天神附体），406 页及后面内容（被恶魔附体）。

④　《人类学》，LIV（1959），681～760 页；参见 722 页，754 页。在第一个描述章节中（见 683～715 页），作者展现了与讲蒙达语的人，或者与科拉尔部落（桑塔尔人、蒙达人、科尔库人、萨瓦拉人、伯奥尔人等），印欧语系部落（布伊亚、贝加、比尔），以及德拉威语系部落（奥朗、孔德、龚德等）的物质联系。关于蒙达的萨满教，也可参见雷夫·J. 霍夫曼《蒙达百科全书》，第二章，422 页以及科佩斯《印度宗教问题》，见 801 页及后面内容。

我们引用这篇文章中一些重要的结论。

1. 在"萨瓦拉"、"邦多"（Bondo）、"伯奥尔"（Birhor）和"贝加"（Baiga）族中，准萨满的"超自然"征选不可缺少。在"贝加"、"冈德"（Khond）和"邦多"族中必须进行"超自然"征选，尽管萨满职业是世袭的。在"朱昂"、"伯奥尔"、"奥朗"（Oraon）和"穆利亚"（Muria）族中，"征选"通常表现出萨满教的精神特点。[1]

2. 在很多部落（如"桑塔尔"［Santal］、"蒙达"［Munda］、"萨瓦拉"、"贝加"、"奥朗"、"比尔"族等）中，对准萨满的系统性指导是强制性的。[2] 许多部落（"桑塔尔"、"蒙达"、"萨瓦拉"、"贝加"、"奥朗"以及"比尔"等）清楚地记载了一个加入式仪式，但这一仪式很有可能也存在于"科尔库"（Korku）和"梅勒尔"（Maler）部落中。[3]

3. 在"桑塔尔"、"萨瓦拉"、"科瓦"（Korwa）、"布雅"（Bhuiya）、"奥朗"、"冈德"以及"梅勒尔"族中，萨满有个人的守护神灵。[4] "因为关于大多数这些部落的报道并不完整，也不够清晰，我们可以很保险地假定，我们已经说到的特征事实上要比我们手头实际掌握的信息可以显示的特征更多，更加明确。但是，已经呈现的资料目前可保证在印度北部和中部的巫术和萨满教中找到下列元素：萨满学校或至少对准萨满的一些系统性训练、加入式、个人守护神灵、神灵或神的召唤。"[5]

4. 萨满的随身用品中，簸箕的作用最重要。"簸箕是'蒙达'各族文化中一个古老的元素。"[6] 就像西伯利亚萨满

---

① 拉赫曼：《印度北部和中部的萨满教及其相关现象》，730 页。
② 同上。
③ 同上。
④ 同上书，731 页。
⑤ 同上。
⑥ 同上书，733 页。

通过击鼓产生恍惚一样，印度北部和中部的术士"试图通过摇晃簸箕中的大米来获得同样的结果"。① 这就说明为什么印度北部和中部的萨满教几乎完全不用鼓。"簸箕有几乎相同的功能。"②

5. 在有些民族中，梯子在萨满教仪式中起着一定的作用。"贝加"族的"巴鲁阿"（Barua）"为自己建造一个小圣祠，并在圣祠前面立两根柱子。圣祠附近他可能还有一架木梯、一个秋千、一根镶嵌着铁钉的绳子、一个带有锋利尖头的铁链、一块立着钉子的木板以及一双刺满锋利钉子的鞋。在恍惚期间，他有时可以不用手触碰梯子就登上梯子，并用上面提到的器具折磨自己。他或是在梯子上或是在布满钉子的木板上回答问题"。③ 莫阿吉尔（Mohaghir）的贡德族也证实存在萨满教梯子。④ 威廉·克鲁克报道说："杜萨德"（Dusadh）族和"德詹加"（Djangar）族的萨满（这些部落是以前印度西北省东部的部落）用木剑的剑刃制成一架梯子，"足底紧贴着利刃边缘，司祭被迫爬上梯子。到达顶端时，他将绑在梯子顶端的白公鸡斩首"。⑤ 在"萨瓦拉"族中，"一根竹竿要从举办仪式的屋子的屋顶穿过，直到竿子立在主室的地上为止，埃尔温称其为'天梯'……女萨满在竿子前面铺一块新的垫子，让一只公鸡栖息在梯子的突出部位"。⑥

6. 拉赫曼正确诠释了"有神圣巴兹尔灌木的土堆"代

---

① 拉赫曼：《印度北部和中部的萨满教及其相关现象》，733 页。
② 同上书，733 页。
③ 同上书，702 页。
④ 参见科佩斯《印度中部的比尔人》，Pl. 十三章，1。
⑤ W. 克鲁克：《印度北部的流行宗教和民俗神话》，第一章，19 页及后面内容，由拉赫曼引用，737 页。彝族的仪式见下文，见 444 页及后面内容。同上，738～739 页。
⑥ 拉赫曼，696 页。

表着宇宙树，"'桑塔拉'的'奥贾'（ojha）和'蒙达'的
'马朗·迪欧拉'（marang deora）把这种土堆放在他们的房
子里……同样，在黏土块中也可以看到世界山或萨满树的象
征主义，我们发现这些黏土块与'奥朗'蛇萨满流派的铁蛇
和三齿鱼叉联系在一起，在'桑塔拉'族萨满预备圣化
（前加入式仪式）时使用的圆柱形石头中、'蒙达'族的旋
转椅中以及'奥朗'族的'索卡'（sokha）在夜间看作湿
婆画像的石头中也发现有这样的黏土块"。①

7. 在许多部落中，②萨满要在逝者死后的三至十天内召
回逝者的灵魂。③但是，没有关于阿尔泰和西伯利亚萨满陪
伴逝者灵魂进入逝者之地的典型仪式的证据。④

总之，拉赫曼认为，"萨满教的本质在于与一位守护神
灵的特定关系，这种关系体现为这位神灵完全控制了萨满，
作为他的中介；或者神灵进入萨满体内，赐予他更高级的知
识和能力，尤其是掌控（其他）神灵的能力"。⑤这一定义
特别适用于印度中部和北部萨满教的特征，但似乎并不适合
萨满教的其他形式（例如，中亚和北亚）。"升天"元素
（梯子、柱子、萨满树、宇宙轴等）——正如我们已经看到
的那样，作者一直关注这些元素——需要一个更精确的萨满
教定义。从历史的视角，作者得出如下结论："性力派"
（Saktism）出现之前，印度肯定出现过萨满教现象，而且我
们不应该认为蒙达族没有受到这些现象的影响。⑥

---

① 拉赫曼：《印度北部和中部的萨满教及其相关现象》，738~739页。
② 见上书的列表，748页，注释191。
③ 同上书，748页及后面内容。
④ 见上文，205页及后面内容。
⑤ 同上书，751页。
⑥ 同上书，753页。

第十二章
中国及远东的萨满教
象征意义和萨满法术

佛教　密教　喇嘛教

受到启发之后，佛陀第一次返回他的出生城市迦毗罗卫，在那里展现出一些"神奇能力"。为了说服他的亲戚相信他的精神能力，并使他们做好转变信仰的准备，他升到空中，将身体切碎，他的头和肋骨从天上落在地上，然后在目瞪口呆的观众面前将骨头重新组合在一起。甚至马鸣（Aśvaghoṣa）也描述了这一奇迹。① 这个奇迹是印度巫术传统中十分重要的一部分，所以它已经成为托钵僧主义的一个典型奇事。托钵僧著名的绳子技艺给人创造了这样一种幻觉：一根绳子升入很高的天空，大师让一位年轻的学习者爬上这根绳子，指导这个年轻人消失在人们的视线中。然后托钵僧将他的刀子扔向天空，然后年轻人的肋骨一根接一根地跌落在地上。②

---

① 《佛行所赞》，vv. 1551 页及后面内容。
② 参见伊利亚德《瑜伽》，321 页及后面内容。也可加 A. 雅各布《印度托钵增的肢解和重生的神技》。无须重申我们并不关心这一巫术技艺的"现实"，我们唯一的兴趣在于，在何种程度上，这样的巫术现象预设了一种萨满教思想和技艺。参见伊利亚德《关于"绳子游戏"的评论》。

　　绳子技艺在印度历史悠久，而且人们将它与两个萨满教仪式进行比较，即准萨满被"恶魔"肢解的加入式仪式以及萨满的升天仪式。人们会想到西伯利亚萨满的"加入式梦境"：候选者目睹了自己的身体被祖先或者邪恶神灵肢解。但是，他的骨头然后又重新聚到一起并用铁固定住，骨头上又重新有了肉，准萨满复活，他就有了一个"新的身体"，他能用刀子剐自己的肉，用剑刺穿自己，触摸炽热的铁块，等等。印度的托钵僧声称可以表演一些奇迹，这显然很引人注目。在绳子把戏中，托钵僧令他们的助手经受他们的西伯利亚同行在梦中所经历的"加入式肢解"。此外，绳子把戏已经成了印度托钵僧的一个专长，但它也存在于中国、爪哇、古墨西哥和中欧这些遥远的地方。摩洛哥的游行者伊本·巴图塔（Ibn Baṭūṭah）① 于十四世纪在中国观察到了这一技艺，E.

---

① 由 C. F. 德弗莱迈里翻译，B. R. 圣奎内蒂编著《伊本·巴图塔之旅》，第四章，291～292 页。（下面的翻译出自 E. 孔兹《佛教》，174 页。）一位巫师"手拿一颗木制的球，在球上有好几个洞，长长的绳子从这些洞穿过，这个巫师抓住其中的一根绳子将它扔向天空。这根绳子被抛得太高了，我们完全看不到它。现在人们可以看到的只是巫师手中那根绳子的末端，他要求一个帮助过他的男孩抓住绳子的末端向上爬。男孩的确这么做了，他顺着绳子往上爬，我们也看不到那个孩子了！然后巫师呼唤孩子三次，但是没有回应。巫师好像特别生气一样，抢夺了一把刀，抓住这根绳子，然后也消失了！接着他扔下这个男孩的一只手、一只脚，然后是另一只手、另一只脚，然后是整个躯干，最后是头颅！然后这位巫师气喘吁吁地自己下来了，他的衣服上沾满鲜血……埃米尔给了（他）一些命令……然后我们的朋友将这位少年的肢体拾起，按照原来的顺序组装起来，并且踢了一脚。转眼间，这个男孩站起来，出现在我们的面前！所有这些都令我十分惊讶，难以置信"。然后伊本·巴图塔回想起他在印度看过类似的仪式，他当时也感觉难以置信。也可参见 H. 尤尔译著《马可波罗之书》，318 页及后面内容。关于穆斯林圣徒传的传奇中的绳子游戏，见 L. 马西尼翁《伊斯兰教神秘的殉道者阿尔－侯赛因－伊本－曼苏尔阿尔－哈拉杰的激情》，第一章，80 页及后面内容。

麦尔登①于十七世纪在巴达维亚看到了这个技艺，而且萨哈冈②在墨西哥也证实了这个技艺，它们几乎使用相同的术语。对于欧洲民族来说，至少从十三世纪开始的一些文献/文章提及了由巫师和术士表演的相同奇迹，这些巫师和术士与萨满和瑜伽修行者一样，也具有飞行和隐身的能力。③

　　托钵僧的绳子技艺只是萨满升天的一个惊人的变体。萨满升天总是具有一定象征意义，因为萨满的身体并没有消失，而且萨满"以神灵的形式"开始升天旅程。和梯子一样，绳子的象征意义必然预示着天与地之间的交流，正是通过一根绳子或一架梯子（同样也可以通过一根藤蔓、一座桥、一个箭链等）天神从天上降至地上，人类升入天空。这是一个古老而又流传甚广的传统，存在于印度和西藏。佛陀通过一个阶梯从忉利天（Trayastrimsa）天堂降到地上"为人类踩出一条道路"；从阶梯的顶部看，所有上面的婆罗门徒和下面的地狱深处都清晰可见，④ 因为梯子是一个真正的世界之轴，它矗立在"宇宙中央"。这个神奇的阶梯在毗卢和山崎（桑吉）的观念中都有描述，在西藏的佛教画作中，它也给予人类接近天堂的机会。⑤

---

① 雅各布的著作中也引用了这篇文章，见 460 页及后面内容。

② E. 塞莱尔：《古代墨西哥的巫术》，见 84~85 页（萨尔贡之后）。

③ 见雅各布收集的大量例子，466 页及后面内容，这些例子也出现在伊利亚德的"评论"中。也可参见伊利亚德的《瑜伽》，323 页。现在我们仍然很难确定，欧洲术士的绳子游戏是否由于或起源于古老的地方性萨满教技艺。一方面，绳子游戏在墨西哥得到了证实，另一方面术士的巫术肢解也存在于澳大利亚、印度尼西亚和南美，这一事实让我们相信，在欧洲，这或许是遗留下来的当地的前印欧时期巫术技艺。关于升天和"巫术飞行"的象征意义，参见阿南达·K. 库马拉斯瓦米《印度教和佛教》，见 83 页注释 269。

④ 参见库瓦拉斯瓦米，"Svayamātṛṇṇā: Janua Coeli," 27 页注释 8；42 页注释 64。

⑤ 朱塞佩·图奇：《西藏画卷》，第二章，348 页，第十二首短歌，Pls. XIV~XXII。关于阶梯的象征意义也可见下文。

在西藏，尤其在前佛教传统中，绳子的仪式和神话功能甚至得到了更加全面的记载。据说，西藏的第一位国王聂赤赞普（Gña-kr'i-bstan-po）通过一根名为达姆－塔格（dmu-t'ag）的绳子从天国下来。[①] 这种神话传说中的绳子也被刻画在皇家坟墓上，标志着统治者死后会升上天空。的确，对于国王来说，天与地的交流从未被中断。西藏人相信，在古代，他们的统治者并没有死，而是升入了天国，[②] 这一概念暗指着对一个特定的"失乐园"的回忆。

苯教的传统也进一步提到另外一个德姆（dMu）宗族，这个名字同时也指代一类天神，这些天神住在天国，逝者通过攀爬一根绳子或一架梯子来到他们的住所。很久以前，大地上有这样一类司祭，他们宣称自己有引领逝者进入天堂的能力，因为他们是那根绳子或梯子的主人。这些司祭们都是德姆。[③] 在那段时间，这根绳子连接了天空与大地，逝者通过这根绳子升到德姆天神的天上住所。但是，现在这根绳子在其他苯教司祭中被神灵的绳子所代替。[④] 在纳西族中，这个象征物也许保留在代表桥梁的布条中，灵魂通过这座桥走到天神的领域。[⑤] 所有这些特征都是萨满教升天和灵魂指引

---

① R. A. 斯坦因：《辽志》，见68注释1。作者提到了一个事实，即 H. A. 雅施克在他的字典中这个词条下引用了卡宝法王·拉布（rgyal·rabs），并表明这个词似乎指代某些西藏国王与他们居住在天神中的祖先之间的超自然交流方式。也可见赫尔穆特·霍夫曼《西藏苯教的文献资料来源》，141页，150页，153页，245页；《西藏宗教》，见19～20页；M. 赫尔曼斯：《神话》，《西藏的巫术和宗教》，见35页及后面内容。

② 图奇，第二章733～734页。作者引用了中国和泰国的天与地交流的神话，我们稍后会提及这一神话。在吉尔吉斯地区，苯教非常盛行，如今仍然存在连接天与地的金链子的传统（同上书，见734页，引用《民俗》，第二十五章［1914］，397页）。

③ 同上书，见714页。

④ 同上书，见716页。

⑤ 同上书，引用 J. F. 罗克；见下文，450页。

观念的一个完整的部分。

如果我们试图用几页纸将出现在苯教神话和仪式①中以及持续存在于印度 - 西藏密教的所有其他萨满教主题列举出来，这简直是妄想。苯教的所有司祭与真正的萨满类似；他们甚至被分为"白"苯教和"黑"苯教，尽管他们在仪式中都使用到鼓。他们中的一些人声称"被天神附体"，大部分人会践行驱鬼术。② 其中一类被称为"天国绳的拥有者。"③ 帕沃（pawo）和尼耶 - 乔莫（nyen-jomo）是中介者，有男有女，佛祖将他们视为苯教的典型代表。他们与锡金和不丹的苯教寺院毫不相关，而且"他们似乎由最早的、组织松散的苯教遗留下来，因为苯教存在于所谓的'白苯教'（Bon dtkar）之前，而'白苯教'是仿照佛教发展而来"。④ 他们似乎可以被死者的灵魂附体，而且在入定期间，他们可

---

① 自从 J. H. 克拉普罗特的《西藏的描述》（97 页、148 页等）出版之后，西方的学者在中国学者的带领下，将道教和苯 - 婆宗教视为一体；关于这一混淆（或许是由于亚伯·瑞姆赛特的错误，他将《道教》[tao-chip] 读作"道教"）的历史，见 W. W. 罗克希尔的《喇嘛之地》，217 页及后面内容中的；也可参见尤尔《马可波罗之书》（the ta-oist），第一章，323 页及后面内容。关于苯宗教，见图奇《西藏画卷》，第二章，711 ~ 738 页；霍夫曼作品已经被引用，尤其 334 页及后面关于他的"Gšen"的内容；M. 赫尔曼斯：《神话》，232 页及全文；李安琪：《苯教：讲藏语的民族的巫术宗教信仰》；西格贝特·胡梅尔：《西藏绘画的秘密. 第二章：喇嘛教研究》，30 页及后面内容；勒内·德·内伯斯基 - 沃吉科艾茨：《西藏的神谕和恶魔》，见 425 页及后面内容：《西藏苯教》。关于喇嘛教的圣殿以及疾病治愈的神灵，见尤金·潘德尔《喇嘛教圣殿》；F. G. 荣因霍尔德·穆鲁尔：《喇嘛教引起疾病的神灵和治愈疾病的神灵》。胡梅尔已经尝试过对苯教进行历史性的分析，不仅将它与中亚和北亚的萨满教比较，还将它与古老近东和印欧民族的宗教思想进行比较；参见《西藏文化史前史纲要》，尤其 96 页及后面内容；《西藏苯教中的欧亚传统》，165 ~ 212 页，尤其 198 页及后面内容。

② 图奇，715 页及后面内容。

③ 同上书，717 页。

④ 内伯斯基 - 沃吉科艾茨：《神谕》，425 页。

以与他们的守护神灵进行沟通。① 就苯教中介者来说，他们
的一个主要职能就是"充当死者灵魂暂时的发言人，稍后，
这些灵魂会被带到其他世界"。②

　　人们认为，苯教萨满以他们的鼓作为交通工具将自己送
上天空。一个经典的例子就是纳鲁·苯坎昆与米拉·拉斯帕
进行巫术比赛时飞行的例子。③ "一个类似的遗留传统有可
能就是申·拉布·米·博的传奇，这个传奇讲述了他过去坐
在车轮上飞行。他坐在车轮的中央位置，而他的八位随从坐
在八根辐条上。"④ 也许最初的交通工具是萨满的鼓，后来
被车轮所代替，而车轮是佛教的一个象征物。苯教萨满的治
愈之法涉及寻找病人的灵魂，⑤ 这是一个典型的萨满教技艺。
当西藏驱鬼师被召唤去治愈一位病人时，他会进行类似的仪
式，搜索病人的灵魂。⑥ 召回病人灵魂的仪式有时是极其复
杂的，涉及许多物品（5 种不同颜色的绳带、箭等等）以及
雕像。⑦ 内伯斯基－沃吉科艾茨（Nebesky-Wogkowitz）最近展

---

① 内伯斯基－沃吉科艾茨：《神谕》，425 页。也可参见 G. 莫里斯《与雷
　　布查人的共同生活》，123 页及后面内容（女性中介者入定的描述）。
　　根据赫尔曼斯，雷布查萨满教与苯－婆宗教并不一样，它代表了一种
　　更加古老的萨满教形式；参见《印度和西藏民族》，49～58 页。
② 内伯斯基－沃吉科艾茨：《神谕》，428 页。同样在雷布查族，女萨满
　　召唤逝者的灵魂在进入其他世界之前先进入她的身体；参见内伯斯
　　基－沃吉科艾茨《雷布查人的古老葬礼仪式》，33 页及后面内容。
③ 霍夫曼翻译的文章，《西藏苯教的文献资料来源》，264 页。
④ 内伯斯基－沃吉科艾茨：《神谕》，542 页。关于锡金和不丹的苯司祭
　　的鼓的占卜，这可以与西伯利亚萨满的鼓的占卜相提并论，参见内伯
　　斯基－沃吉科艾茨《西藏鼓的占卜》。
⑤ 参见 H. 霍夫曼《来源》，117 页及后面内容。
⑥ 参见 S. H. 雷巴希《德罗格帕·纳姆加尔．西藏人的圣化》，187 页及
　　后面内容中的拉萨驱魔者降神会的描述；也可参见 H. 霍夫曼《来
　　源》，205 页及后面内容。
⑦ 参见 F. D. 莱辛翻译的十八世纪的文章并且附加了自己的评论《召魂：
　　一个喇嘛教的仪式》。

示了西藏喇嘛教中一些其他萨满教的元素。[①] 在陈述-圣谕中，具有占卜性质的入定状态是仪式神圣性不可或缺的一部分，它明显具有与萨满教相似的性质。[②]

　　喇嘛教几乎保留了全部的苯萨满教传统。甚至西藏佛教最著名的大师也被人们认为可以治愈病人，以最纯洁的萨满教传统展现奇迹。很可能来源于密教或源自印度的一些元素推动了喇嘛教的发展。但对这一问题，我们还无法做出定论。根据一个西藏传奇所描述，毗卢遮那佛——莲花生大师的信徒与合作者，将王后策-斯邦-巴兹（Tshe-spong-baz）体内令她生病的以一个黑色钉子形式出现的神灵驱赶出去，[③] 对此我们是否联想到印度或是西藏的传统？莲花生大师展现了同样著名的飞行能力，人们认为这一能力是菩萨和阿罗汉赋予他的，因为他也可以穿行于天际之间，升天以及成为一名菩萨。但这并不是全部，他的传奇也表明了最纯洁的萨满教特征；他爬上房子的屋顶，在屋顶上，他只穿着"七个骨头装饰"，[④] 跳一种神秘的舞蹈，这让我们回想起西伯利亚萨满的服饰。

　　人们熟知人类的头骨[⑤]以及女性在密教和喇嘛

---

① 参见《神谕》，538 页及后面内容。

② 《神谕》，428 页及后面内容；也可参见内伯斯基-沃吉科艾茨《西藏的神庙》，尤其是 D. 施罗德《西宁土族宗教（青海）》，[Pt. 1] 27～33 页，846 页，850 页；[Pt. 2]，237～248 页以及《萨满教结构研究》，867～868 页，872～873 页（关于青海的萨满）。

③ R. 布莱希施泰纳：《黄色的教堂》，71 页。

④ 同上书，67 页。

⑤ 见伊利亚德《瑜伽》，296 页及后面关于阿格里斯和卡巴力卡斯（"头骨的佩带者"）的内容。这些自发性的升天和狂欢的宗派很可能在 19 世纪末仍然吃人肉（参见《瑜伽》，同上书），这些宗派已经同化了某些与头骨狂热相关的变异传统（这也经常暗指仪式性地吃掉亲属；例如参见由希罗多德记载的伊塞顿人中的习俗，第四章，26 页）。关于头骨狂热的史前祖先，参见 H. 布鲁伊以及 H. 奥伯迈尔，"有花纹的旧石器时代的鹤的剖面图"；P. 韦尔内：《当代以及史前时期吃人肉的仪式和头颅的狩猎仪式》；见韦尔内，"鹤的仪式"，全文；J. 马林格：《史前宗教》，见 112 页及后面内容，220 页及后面内容，248 页及后面内容。

教①中扮演的角色。所谓的骨架舞在名为阿查姆（acham）的戏剧场景中拥有独特的重要性。这个场景的目的之一是让观众熟悉守护神灵的可怕形象。这些神灵以中阴（藏传佛教中，灵魂在死与重生之间时的状态）的状态出现，这是一种处于死亡与重生之间的状态。从这一点上看，阿查姆可以被视为一次加入式，因为它提供了某些关于死后经历的启示。现在值得人们注意的是，在什么样的程度上展现用骨架做的西藏服饰和面具让我们回想起北亚萨满的服饰。毫无疑问，在某些例子中我们会涉及一些喇嘛教的影响问题，此外这个问题在西伯利亚萨满教服饰甚至萨满鼓的一些形式中得到证实。但我们并不会立刻得出这个结论：在北亚萨满教服饰的象征系统中，骨架的角色完全来自喇嘛教的影响。如果喇嘛教产生了这种影响，那么它只是加强了动物骨头和人类骨头的神圣性这个十分古老的土著观念。②展现某人自己的骨架在蒙古佛教的冥想技艺中十分重要。关于它的作用，我们一定不会忘记因纽特萨满加入式也涉及审视自己骨架的元素。我们也要记住，因纽特人的准巫医凭借思想的力量剥下自己身上的血肉，直到只剩下骨头为止。③在没有更多信息的情况下，我们倾向于认为这种类型的冥想属于一个远古的佛教之前的精神层面。不管怎样，它都是基于狩猎民族的意识形

---

① 参见 W. W. 罗克希尔《关于喇嘛教仪式中头骨的使用》；B. 劳弗：《西藏人类头骨和骨头的使用》。像伊塞顿人（同上，第 2 页）一样，西藏人也使用他们父亲的头骨，根据劳弗（同上，第 5 页）所言，如今，家族狂热已经消失，头骨的巫术宗教作用似乎是密教（Śaivite）的一个创新，但是源自印度的影响可能被叠加到一个古老的地方信仰的层面；参见尤卡基尔族中萨满头骨的宗教和占卜作用（W. I. 乔吉尔森：《尤卡基尔族和受尤卡基尔族影响的通古斯族》，165 页）。关于中国和印度尼西亚头骨崇拜与宇宙生命更新这一思想之间的史前关系，参见 C. 亨策，《汉字"头"的原始含义》。

② 见上文，158 页及后面内容。

③ 见上文，61 页。

态（骨头的神圣性）发展而来的，它的目标就是从参与者自己的身体中"抽"出灵魂来进行一次神秘旅程，即实现癫狂。

西藏有一个名为施身法的密教仪式，它在结构上明显具有萨满教性质。它包括一个人把自己的肉供给恶魔吃，这会让人好奇地想起"恶魔"和祖先灵魂对准萨满的肢解。R. 布莱希施泰纳将这一仪式描述如下："人类颅骨做成的鼓和股骨做成的喇叭的声音响起时，人们就会跳舞并邀请神灵来参加宴会。冥想的力量会召唤一位挥着剑的女天神；女天神抓住祭祀者的头颅，把他的头砍下来，并将他砍成碎片；然后恶魔和野兽争抢还在颤抖的部分，吃祭祀者的肉，喝他的血。这些话提到了一些佛经中的本生经（*Jātaka*），其中讲述了佛祖在早年时期如何将自己的肉给饥饿的动物和吃人的恶魔。"但尽管存在佛教色彩，布莱希施泰纳还是总结道，这一仪式只是"返回最原始时代的阴险神秘"。[①]

我们将会记起，在北美部落中也可找到一个与之类似的加入式。在施身法的例子中，人们几乎重新衡量神秘的萨满教的加入式图式。"凶险"是最明显的方面。我们知道，死亡和重生的体验以及所有与之类似的体验都是"令人恐惧的"。印度－西藏密教中拥有更加彻底精神化的且被恶魔"杀死"的加入式范型。例如，密教的冥想，其目的是为了让练习者能够剥掉自己身上的血肉并能审视自己的骨架。瑜伽修行者被要求将自己的身体想象成一具尸体，把他的思想想象成满脸愤怒的女神，女神手里拿着一把刀和一副头盖骨。"想着她把头从尸体上割下来……将尸体切成碎片，并将碎尸扔进头盖骨里，当作神灵的祭品。"在另外一个仪式

---

① 《黄色的教堂》，见 194～195 页。关于施身法，也可见亚历山大·大卫·奈尔《西藏的冥想者和术士》，见 126 页及后面内容；伊利亚德：《瑜伽》，323 页及后面内容。

中，练习者将自己看作"一个光芒四射的白骨架，因此可以散发光芒，光亮万丈，使宇宙不再虚空"。最终当他化身成暴怒的空行母，从他自己的身体上撕掉皮肤时，又一次的冥想使瑜伽修行者开始审视自己。文章这样介绍："幻想自己将它（皮肤）展开，这样它就可以覆盖第三宇宙空间，将你的骨头和肉堆在它的上面。然后当充满恶意的神灵享用宴席的时候，想象愤怒的空行母拿走那张皮，卷起来用力掷下，将皮和皮上面的东西摔成混杂着骨头的肉浆，许多想象中的野兽以此为食。"①

这少许的摘录部分足以表明，当萨满教范型被归类于一个复杂的哲学系统，例如密教时，它所经历的转变。在除了癫狂以外的复杂冥想法术中，某些萨满教象征符号和方法也保留下来，这些对我们的研究目标十分重要。在我们看来，所有这些足以说明很多萨满教体验的真实性和加入式的精神价值。

最后，我们将简短地指出在瑜伽和印度－西藏密教中的其他萨满元素。在吠陀梵文的文章中早有"神秘热量"的记载，它在瑜伽－密教的技艺中占据着重要的地位。这种"热量"是通过屏息②以及尤其是通过性活力的"演变"③引起的。这种瑜伽－密教的实践活动尽管十分模糊，但它是在普拉那亚玛和各种"形象化"的基础上建立的。准确地说，一些印度－西藏加入式磨难关键在于通过候选人"神秘热量"的能力来检测他的准备阶段。候选人要在冬天的暴风雪夜晚

---

① 在 W. Y. 埃文斯－森茨的《西藏的瑜伽以及秘密的教义》中喇嘛卡齐·达瓦－桑珠的行为，见 311～312 页，330～331 页。这类冥想很有可能是某些印度瑜伽者在墓地所追寻的冥想。

② 参见，《中部经典》，第一章，244 页等。

③ 参见埃文斯－森茨《西藏的瑜伽以及秘密的教义》，156 页及后面内容，187 页及后面内容，196 页及后面内容。

用裸露的身体烘干许多浸湿的被单。① 这种类似的磨难也是满族萨满加入式的特征。② 在这里，也许我们会觉察到一种喇嘛教的影响，但是"神秘热量"并不一定是印度－西藏巫术的一个创新。我们之前已经列举了一位拉布拉多因纽特年轻人的例子，他在冰冷的海里待了五天五夜，结果他并没有弄湿身体。于是他立即就获得了巫医的头衔。践行者体内产生的剧烈热量与"火的掌控"有直接的关联，我们有理由相信"对火的掌控"技艺十分古老。

　　同样，所谓《西藏死亡之书》在结构上同样具有萨满教性质。③ 尽管在严格意义上讲，司祭并不是一个普绪科蓬波斯式的（psychopompic，Psychopomp 是希腊罗马神话中赫尔墨斯的祭祀用别名之一，因他负责把死人的灵魂带到冥国，译者注）向导，但我们可以将其作用与阿尔泰族或赫哲族萨满的职能进行比较：司祭会背诵关于死后道路的仪式性文章，这样，死者可能就沿着这些路走；而阿尔泰或赫哲族的萨满会象征性地护送死者进入冥界。这本《中阴闻教得度》（Bardo thödol）代表着萨满－普绪科蓬波斯的叙述与奥尔普斯版的中间阶段，它简要地告诉死者在穿过冥界的旅途中要走的正确的道路，与印度尼西亚和波利尼西亚葬礼圣歌有很多共同的特征。藤黄（Tun Huang）的一篇名为"死亡之路

---

①　"精神的热量"在藏语中有一个名称，即 gtūm-mō（发音为 tūm-mō）。"被单会在冰水中浸湿。每个男性都要在身上裹一块被单，必须用身体将它烘干。被单再一次被浸入冰水中，并放在新萨满的身体上像之前一样将它烘干。这一仪式以这样的方式一直持续到黎明，然后烘干被单最多的那个人被认为是这次竞赛的获胜者"（大卫－奈尔：《西藏的冥想者和术士》，见 227 页及后面内容）。也可参见胡梅尔《西藏绘画的秘密．第二章：喇嘛教的研究》，21 页及后面内容。

②　见上文，112 页及后面内容。

③　埃文斯－森茨编著，喇嘛卡奇·达瓦－桑珠译《西藏死亡之书》，见 87 页及后面内容。一位喇嘛，一位信仰上的兄弟，或者是一位亲近的朋友必须要对着逝者的耳朵读葬礼的祷文，但是不能触碰逝者。

的呈现"的藏语手稿最近由玛赛尔·拉露翻译过来，[①] 这一手稿描写了要避开的方向，首先就是位于地下 8000 由旬（古代长度单位，相当于十千米）的"大地狱"，它的中心是熊熊燃烧的铁块。"在铁房子内，在各种类型的地狱中，无数的恶魔（罗刹）饱受着灼烧、火烤和切片的折磨……"[②] 地狱（*pretaloka*）、世界（南赡部洲），和梅鲁山在同一根轴上，神灵都力劝死者要直接走梅鲁山，在山峰上，因陀罗和三十二个司祭在筛选"转世的人"。[③] 在佛教信仰的虚饰下，我们很容易辨别出宇宙之轴的古老范型，宇宙三界的交流以及给灵魂归类的守护者。在一个让死者灵魂进入他的雕像的葬礼仪式上，一些萨满教元素更加清晰可见。[④] 这一雕像或"姓名卡"代表着死者跪地，举起胳膊乞求。[⑤] 他的灵魂被召唤："让死者来这儿，他的雕像被固定在这张卡片上。当死者经过这个世界，正处于身体形状发生改变的时期，不论他已经诞生在六个领域中的一个或仍然游荡在中间阶段，不管他可能在哪里，让他的意识都聚集在这一象征物上……"[⑥] 如果可以找到他的一根骨头，这根骨头会被放在姓名卡上。[⑦] 死者再一次被召唤："听着，你游荡在另一个世界的幻影中！来我们人类世界最美好的地方吧！这把雨伞将会是你的快乐之地，会保护你，是你的圣地。这姓名卡是你身体的象征，这根骨头是你言论的象征，这一珠宝是你思想的象征……噢，让这些象征物成为你的住所！"[⑧] 因为人们相信，存在

---

① "上层阶级信仰中的死亡道路"。

② 《西藏死亡之书》，44 页。参见阿尔泰萨满在入地旅途中来到的伊朗山。恶魔带来的折磨充分表明了西伯利亚萨满加入式的梦境。

③ 同上书，45 页。

④ 参见上文 211 页及后面内容，一个与赫哲族相似仪式的描述。

⑤ D. L. 斯内尔格罗夫：《喜马拉雅佛教》，265 页。

⑥ 同上书，266 页。

⑦ 同上书，267 页。

⑧ 同上。

六个世界，死者会在其中一个世界得到重生，这一仪式寻求"依次查看每个世界，尝试将死者解放出来，他的姓名卡被依次放到不同的莲花花瓣上，他从地狱到了不快乐神灵的世界，然后到动物、人类、巨人们和天神们的世界"。① 这一仪式的目的是阻止灵魂在六个世界的其中一个转世，相反，它要让灵魂到达观世音菩萨的世界。② 但是，让死者进入一个雕像或引导他穿过地狱和超人类的世界是纯粹的萨满教技艺。

在西藏，喇嘛教中一直存在大量其他萨满教的观点和技艺，例如，和西伯利亚萨满一样，喇嘛教巫师通过巫术与其他巫师争斗。③ 像萨满一样，喇嘛控制着天气，④ 他们在空中飞行，⑤ 表演癫狂舞蹈，等等。⑥ 西藏密教有一种神秘语言，被称为"空行母的舌头"，就像各种印度密教流派使用的"模糊语言"一样，在这种语言中同样一个术语可有多达三四个不同的含义。⑦ 所有这些在一定程度上接近于北亚、马来西亚和印度尼西亚萨满的"神灵语言"或"神秘语言"。在多大程度上癫狂技艺引起语言创新并决定语言创新的机制，这样的研究将会十分具有启发意义。现在我们了解到，萨满教的"神秘语言"不仅试图模仿动物的叫声，还包括一定比例的自发创新，这种自主创新大概可以用癫狂前的精神愉悦和癫狂本身来解释。

通过对西藏资料的快速回顾，我们发现，一方面，在苯教神话和萨满教之间存在一定的结构相似性；另一方面，在

---

① 《西藏死亡之书》，268 页。
② 同上书，274 页。
③ 布莱奇斯泰纳，见 187 页及后面内容。
④ 同上书，见 188 页及后面内容。
⑤ 同上书，189 页。
⑥ 同上书，见 224 页及后面内容。
⑦ 参见伊利亚德《瑜伽》，249 页及后面内容。

佛教和喇嘛教中还残留着一些萨满教的主题和技艺。或许，"残留"这个词还没有清楚地表明事情的真实状态；更准确地说，我们应该说佛教和喇嘛教重新评价了古老萨满教的主题，并将这些主题纳入一个苦行神学体系，在这一体系中，这些主题的内容发生了根本改变。但是，如果我们认为，佛学家批评的结果是"灵魂"——萨满教思想的基础——这一观念的意义发生了完全变化，这也是非常正常的。与伟大佛学家的玄学传统相比较，无论喇嘛教退化到什么程度，它都不可能回归"灵魂"的现实概念，这一点足以将喇嘛技艺的各种内容有别于萨满教技艺的各种内容。

但同样我们不久将会看到，喇嘛教的意识形态和实践活动深入到了中亚和北亚，有助于形成大量西伯利亚萨满教的现有状态。

彝族的萨满教实践

像泰国人和其他中国人一样，[①] 彝族人也相信最初的人可在天地之间自由穿行；由于犯了某种"罪"，天地之间的路被封了。[②] 但是，人在死后就又找到了通往天国的这条路。至少从一些葬礼仪式中可以看出这一点。在这些仪式上，司祭－萨满走到死者去世前所卧的病床前读祷文，这些祷文讲述的是天国中等待着死者的各种福佑。[③] 要到达天国，死者必须走过一座桥；伴随着混杂的鼓声和号角声，司祭－萨满背诵其他的祷文来引导死者。这时，司祭－萨满从屋顶取下三根横梁，这样，人们就可以看到天空，称为"打开通往天

---

① H. 马斯佩罗：《周王的神话传奇》；F. K. 纳玛扎瓦：《日本神话中的世界起源》，见314页及后面内容。
② 路易吉·万尼切利：《彝族的宗教》，见4页。
③ 同上书，见184页。

国的桥".① 在云南南部的彝族中，葬礼仪式略有不同。司祭－萨满跟随着棺材，背诵所谓的"道路的仪式"，其内容首先描述从死者家里到墓地要穿过的地方，然后列举在到达塔粱山脉（the Taliang Mountains），即裸罗族的起源地之前死者必须穿过的城市、大山以及河流。死者从塔粱山脉继续前行，来到"思想树"和"话语树"，进入地狱。② 暂且不论两种宗教在死者所经地区的不同，我们或许注意到了萨满所扮演的死者灵魂领路人的角色；我们将要把这一仪式与西藏的《中阴闻教得度》和印度尼西亚以及波利尼西亚的葬礼悼念进行比较。

因为人们将"疾病"理解为灵魂的一次逃离，所以治愈之法涉及召回灵魂。萨满诵读了一篇冗长且枯燥的陈述文，陈词恳求病人的灵魂从遥远的山脉、山谷、河流、森林和田野或者任何可能游荡的地方返回。③ 在缅甸的克伦族中也发现了同样的召回灵魂方式。此外，克伦族还在稻米"疾病"的治愈中运用了类似的方法，以此恳求稻米的"灵魂"回到庄稼中。④ 之后我们将会看到，汉族也使用同样的方法。

彝族萨满教似乎受到了汉族巫术的影响。彝族萨满的刀子、鼓以及"各种神灵"都有中文名字，⑤ 占卜也按照中国

---

① 《彝族的宗教》，179～180 页。

② A. 亨利：《彝族及中国西北部的其他部落》，见 103 页。

③ 同上书，101 页；万尼切利，174 页。

④ 参见 Rev. H. I. 马歇尔《缅甸的克伦族》，245 页；万尼切利，175 页；伊利亚德：《比较宗教范型》，33 页。在缅甸的克钦族和伯朗族，以及在拉克族、加罗族和阿萨姆的卢斯切族中，召回病人的灵魂是萨满教仪式的一个有机组成部分；参见弗雷泽《后果》，216～220 页。也可参见阮文宽《打捞灵魂》。关于加罗族、克伦族以及其他相关民族中祭拜死者的仪式中使用的金属鼓，参见 R. 海涅－盖尔登，"最早的印度支那的金属鼓的含义和起源（鼓面是金属的鼓）"。

⑤ 万尼切利，169 页及后面内容。

的方法进行。① 而且在中国也找到了彝族最重要的一个萨满教仪式，即"上刀梯"。传染病盛行时会举行这一仪式。人们搭建一个由三十六把刀子做成的人字梯，萨满赤足爬到顶部，然后从另一边下来。一些犁铧烧得通红，萨满必须从上面走过去。弗瑟·利奥塔尔评论说这一仪式在严格的意义上讲就是彝族的，因为汉族人总召唤彝族萨满表演这一仪式。② "上刀梯"可能是在中国巫术影响下改变的一种古老的萨满教仪式。仪式期间，信条是用彝族语讲的，只有神灵的名字是汉语。

在我们看来，这个仪式十分重要。它涉及萨满通过阶梯象征性升天，是通过一棵树、一根杆、一条绳子等等升天的一种变体。萨满会在流行病肆虐的情况下进行这个仪式，也就是说，这个仪式是在社会群体面临极大危险时举行的。不管它现如今具有什么重要意义，这个仪式的原始意义暗示着萨满升天去恳求天神结束这场疾病。更进一步说，阶梯在升天过程中的作用在亚洲其他地方也得到了证实，我们之后会讨论这一问题。此刻我们将要补充的是，高纬度缅甸的景颇族萨满在他的领神仪式中会攀爬一架刀梯。③ 在汉族中也可以找到相同的加入式，但是也许在这个例子中，我们看到一种所有这些民族（彝族、汉族、景颇族等）共有的史前传统（遗产）。在许多相距很远的地区都发现了萨满教升天的象征意义，所以我们很难给出这种象征意义一个确定的历史"起

---

① 万尼切利：《彝族的宗教》，170 页。
② 同上书，154～155 页。
③ 汉斯 G. 韦赫尔利：《缅甸东北部克钦族民族学研究》，见 54 页（斯莱登之后）。克钦族萨满（tumsa）也使用一种"神秘语言"（同上书，56 页）。人们认为灵魂被诱拐或者灵魂游荡是造成疾病的原因（同上）。也可参见尤尔《希尔·马可波罗之书》，第二章，97 页及后面内容。关于老挝的黑泰国人的 Mwod Mod 的加入式，见皮埃尔－伯纳德·拉丰《西部老挝的黑泰国人的医术实践》，825～827 页。

源"。我们也可以在印度支那白梅奥族的萨满中找到这种中亚类型的萨满教痕迹。降神会模仿马背上的一次旅程，人们相信萨满去寻找病人的灵魂，我们补充一点，萨满总能成功找到病人的灵魂。这一神秘旅程偶尔还包含一次升天。萨满做出一系列跳跃的动作，据说是他正在升天。[①]

摩梭人的萨满教

摩梭人或纳西族中也发现有一些观念与西藏死亡之书的观念非常接近。摩梭人或纳西族属于藏缅语系家族，从创世纪时就居住在中国的西南部，尤其是云南省。[②] 罗克在这一方面是近来最有学识的权威，据他所言，纳西族的宗教是纯粹的苯教萨满教。[③] 这并不排除对最高天神"梅"（Më）的

①　参见 G. 莫雷尚《印度支那黑萨满教中主要的技艺》，尤其 513 页及后面内容，522 页及后面内容。

②　参见雅克·巴科《摩梭人》；约瑟夫 F. 罗克：《中国西南部的古老纳西王国》，第一章至第二章。

③　罗克：《纳西族的文学研究。第一章：根据摩梭手册，摩梭萨满教的创始者丁巴什罗的出生和起源；第二章：纳西"蛤支皮"或神路图》。（以下参考文献来自 BEFEO 版本。）同一作者最近出版了"对中国边界萨满教的贡献"，第一部分讲述了东巴，纳西族真正的巫师。东巴这一职位在古代很有可能是由女性担任的（797 页）。这一职位并不是世袭的，圣召几乎是通过精神危机来显现的：注定成为一位东巴的人会在守护神灵的庙宇前跳舞。在天神的雕像上面"很多红色的方巾悬挂在一根绳子上"。如果神灵"认可了这个人，那么一块红色的方巾就会落在这个人身上"。否则，"这个人会被认为是癫痫病发作或者是精神不正常，然后被带回家"（797～798 页，《萨满教和精神病理学》这一文献记载中会增加一篇文章；参见上文，21 页及后面内容）。在降神会期间，神灵们会通过东巴讲话，但是他并不代表这些神灵，他并没有被"附体"（800 页等）。东巴展现了独特的萨满教能力，他行走在火上并且触碰炽热的铁块（801 页）。罗克对云南的达巴或者摩梭巫师（801 页及后面内容），以及对西藏的"松玛"或"信仰守护者"（806 页及后面内容）的观察。也可参见西格贝特·胡梅尔《纳西族对西藏文化研究的重要性》。

膜拜，"梅"在结构上与汉族的天国之神"天"非常相似。①
向天国定期祭祀甚至是纳西族最古老的仪式；我们有理由相
信，纳西族在西藏东北部的草原上过着游牧生活时，他们就
在践行这一仪式。② 在这一仪式中，向天国的祭祀后，便是
向大地和那棵杜松，即位于"世界中心"支撑宇宙的那棵宇
宙树祭祀。③ 正如我们所见，纳西族保留了丰富的中亚游牧
民族的信仰：对天空的狂热、宇宙三界的观念、关于种在宇
宙中心并用数千根树枝来支撑宇宙的世界树的神话。

去世之后，逝者的灵魂应该升上天国。但是，很有必要
考虑那些迫使灵魂进入地狱的恶魔。这些恶魔的数量、能力
以及重要性赋予了摩梭人宗教典型的特征，非常接近苯教型
萨满教。事实上，纳西族萨满教的创始人丁巴什罗（Dto-
mba Shi-lo）是以恶魔的征服者形象成为神话和祭拜的对象
的。不管其"历史性"人格是什么，他的传记完全是神话性
质的。他从母亲的左胁出生，像所有英雄和圣人一样，他立
即升向天空（像佛陀）去恐吓恶魔。天神授予他驱赶恶魔和
"护送逝者灵魂到达天神领地"的能力。④ 他同时是死者灵
魂的护送者和救世主。在其他中亚传记中，天神派遣他的首
位萨满来保护人类不受恶魔的侵害。"丁巴"（Dto-mba）这
个词源于西藏，等同于藏语的"斯汤巴"（ston-pa），即为
"主人、建立者或某种戒条的传播者"，这个词明显暗示着一
次创新：比起纳西族宗教的组织，纳西"萨满教"是一个后
来形成的现象。由于恶魔以惊人的速度增加，萨满教的出现
才成为必要。我们有理由认为，这种魔鬼学是在汉族宗教观
念的影响下发展起来的。

---

① 巴科，见 15 页及后面内容。
② 罗克：《"穆安波"仪式或者是纳西族的祭祀天国》，见 3 页及后面内容。
③ 同上书，见 20 页及后面内容。
④ 罗克：《研究》，第一章 18 页。

尽管有一些掺杂，丁巴什罗的神话传记包含了萨满教加入式的典型范型。360 位恶魔迷恋这位新生婴儿的卓越才能，因此将它诱拐到"一千条路交叉"的地方（也就是，"世界的中心"）；在那里，他们将婴儿放在一口大锅里，沸煮三天三夜；但当恶魔掀开锅盖时，这个婴儿毫发无损。① 这使我们想起西伯利亚萨满的"加入式梦境"以及烧煮准萨满身体三天三夜的恶魔们。但是，因为这是一个驱鬼大师的例子，而这位大师又是一个出色的屠魔者，恶魔在加入式中的作用就被掩饰起来；加入式磨难成了一次蓄意的谋杀。

丁巴什罗"为逝者的灵魂开辟道路"。准确地说，葬礼被称为"纸马"（*zhi-mä*），意为"路的渴望"，在尸体前念诵的许多经文类似于西藏的死亡之书。② 葬礼那天，葬礼主祭展开一个长画卷或一块布，上面画着各种各样的地下区域，逝者必须在到达天神领域之前穿过这些区域。③ 这是一幅复杂而又危险的路线图，逝者在萨满（丁巴）的指导下沿着这条路线前行。地狱包括九个辖区，逝者要过一座桥才能到达这些辖区。④ 入地是危险的，因为恶魔封锁了那座桥，准确地说丁巴的任务就是"开辟道路"。丁巴不断地召唤首萨满丁巴什罗，⑤ 成功地护送逝者走过一个又一个辖区，前

---

① 罗克：《研究》，第一章 37 页。
② 参看以上作品翻译以及评注，第二章 46 页及后面内容，55 页及后面内容。这些文章很多（同上，40 页）。
③ 同上书，41 页。
④ 同上书，49 页。
⑤ 的确，所有这些葬礼仪式在一定程度上重复了创世以及丁巴什罗的传记；每一个篇章都以描述宇宙为开端，然后陈述什罗奇妙的出生以及他与恶魔斗争的英雄事迹。这一原始事件揭示了首萨满表现出来的功效，这些表现后来成为典范，被无限重复。永世的神话以及这一原始事件的重新践行是远古人们的正常行为；参见伊利亚德《永久回归的神话》，见 30 页及后面内容，以及全文。

往第九个也就是最后一个辖区。进入地下到达恶魔中间，逝者爬上七座金山，来到一棵树下，树的顶端挂着"长生不老药"，最终他到达了天神的领域。①

作为第一位萨满丁巴什罗的代表，丁巴成功地为死者"开辟道路"并引导他穿过地狱各辖区，没有他的引导，死者很可能在地狱被恶魔吞噬掉。丁巴通过给死者读祷文，象征性地引导他；但他总是"以神灵的形式"陪伴着他。丁巴会警告死者各种危险："噢，逝者，当你过这座桥和这条路时，你会发现"拉筹"（Lä-ch'ou）封住了这座桥和这条路。你的灵魂无法到达天神的领域。"② 然后丁巴告诉死者如何逃离它们：他的家人必须祭祀恶魔，因为正是死者的罪过阻挡了道路，家人必须通过祭祀为他赎罪。

为数不多的这些资料向我们展示了萨满在纳西族宗教中的职能。天神派遣萨满保护人类不受恶魔的侵害；这种保护在人死后甚至更加重要，因为人罪恶深重，这就使人类恰好成为恶魔的伤害对象。但是，因为同情人类，天神派遣首萨满向人类展示通往他们天国住所的道路。就像在藏族中一样，大地、天国、地狱三者通过一根垂直的轴，即宇宙轴进行沟通交流。如果不先进入地狱，没有人能够到达天国。萨满既充当死者灵魂的引导者，又充当死后加入式的指导者。萨满在纳西族宗教中的地位很有可能代表了中亚其他宗教也经历的一个古代阶段；西伯利亚首萨满神话包含的一些典故与丁巴什罗的神话传记不无关系。

---

① 罗克：《研究》，第二章，91 页及后面内容，101 页及后面内容。也可参见罗克《中国西南部纳西族的"纸马"葬礼仪式》，95 页及后面内容，105 页及后面内容，116 页及后面内容，199 页及后面内容，以及全文。

② 罗克：《研究》，第二章，50 页。

中国的萨满教象征意义和技艺

中国有这样一种习俗：当某人刚刚死去，人们会在房顶上向灵魂展示一套新的精美的服饰，而且恳求灵魂返回身体。这一仪式在一些经典文献中得到了充分证实，[①] 而且如今仍有这样的仪式，[②] 宋玉甚至以这一仪式为题，创作了一首名为"招魂"的长诗。[③] 疾病也常常是由于灵魂的逃离造成，然后巫师在癫狂中追寻它，抓住它并将它重新放回病人体内。[④]

古代中国估计已经有几类巫师、女巫师、中介者、驱鬼师以及唤雨师等其他术士。我们尤其关注癫狂者这一类巫师。他的技艺主要在于灵魂"出窍"，换句话说就是"精神旅行"。中国的传奇历史和民俗中有大量关于"巫术飞行"的例子，我们将会看到，甚至在远古时期，见多识广的中国人就视"飞行"为癫狂的一个可塑程式。我们之后会讨论史前中国鸟类的象征意义，无论如何，如果将这一话题放到后面讲，那我们就很有必要注意下面这一点：传说中第一个获得飞翔能力的人是舜帝（根据中国纪年，生卒年是公元前

---

① 参见 S. 库夫勒尔译《礼记；或：关于礼仪和仪式的备忘录》（第二版），第一章，85 页，181 页，199 页及后面内容；第二章，11 页，250 页，204 页等；J. J. M. 德·赫鲁特：《中国的宗教系统》，第一章，245 页及后面内容。关于中国死后生活的观念，参见 E. 埃尔克斯《古代中国对于来世的观念》；《古代中国的死神》。

② 例如，参见西奥·科纳《贵州的召魂术》。

③ 埃尔克斯：《舜禹的召魂术》（招魂）。也可参见马斯佩罗《中国的宗教》，见 50 页及后面内容。

④ 如今也依然会实施这样的治愈；参见赫鲁特，第六章，1284 页，1319 页等。术士有能力召回并且重新安置死去动物的灵魂；参见同上，1214 页（一匹马的重生）。泰国的术士派他的一些灵魂搜寻病人游离的灵魂，并且会警告这些灵魂返回这个世界时要走右边的道路。参见马斯佩罗，218 页。

2258—2208 年）。尧的两位女儿女英和娥皇向舜展示了"像鸟一样飞行"的技艺。① （我们顺便说一下，某一特定时间以前，巫术能力源于女性——这一细节与其他细节一同被认为是中国古老女权制的体现。）② 我们也注意到这样一个事实：一位完美的君主必须拥有"术士"的能力。对于一个国家的缔造者来说，他的"癫狂"和他的政治品质一样重要，因为这种巫术能力相当于一种权威，也就是掌管自然的权力。马塞尔·格拉内评论说，舜的继承者大禹的步伐"与导致巫师恍惚的舞蹈步伐没有差别……癫狂性舞蹈是掌控人与自然的权利的一个步骤。我们知道，这种调节能力在所谓的道教以及孔子的文章中被称为'道'"。③

因此，我们发现很多帝王、圣人、炼金术士和巫师"升入天国"。④ 一条松狮蜥把黄帝，连同他的妻子及大臣们共七十人带入天国。⑤ 但是，黄帝升天已经是一种神话，不再

---

① E. 沙瓦纳译《司马迁的史记》，第一章，74 页，以及 B. 劳弗《飞行术的史前史》，14 页及后面内容中的其他文章。

② 关于这一问题，参见埃尔克斯《古代中国女性的特权》。关于尧的女儿们以及获得王位的困难，参见马尔塞·格拉内《古代中国的舞蹈和传记》，第一章，276 页及后面内容以及全文。关于格拉内观点的批评，参见 C. 亨策《青铜器、祭祀建筑、商代最古老的宗教》，188 页及后面内容。

③ 格拉内：《古老道教的评论》，见 149 页。也可参见格拉内的《舞蹈和传记》，第一章，239 页及后面内容以及全文。关于伟人禹与神话中的古老元素，参见亨策《神话与月亮象征》，9 页及后面内容以及全文。关于禹的舞蹈，参见 W. 埃伯哈德《古代中国的地方文化》，Pt. 1，362 页及后面内容；Pt. 2，52 页及后面内容。

④ 正如在泰国一样，在中国，也有关于神秘时代天国和大地之间沟通的记忆。根据这一神话，这一沟通被打破，以致天神再也无法下来反对人类（中国的版本），或者人类再也无法给天神造成麻烦（泰国的版本）。参见马斯佩罗《中国宗教》，186 页及后面内容。也可见上文，433 页及后面内容。中国版本所做的解释表明了对一个古老神话主题的后来的重新解释。

⑤ 沙瓦纳：《司马迁的史记》，第三章，Pt. 2，见 488～489 页。

"巫术飞行"，中国传统可提供许多"巫术飞行"的例子。①
对飞行的痴迷在大量关于飞行的战车和其他交通工具的传奇
中也体现出来。② 在这些情况中，我们有一种众所周知的象
征意义退化的现象，泛泛地说，一种在直接现实的层面上获
得与内部现实相关的"结果"的现象。

　　不管怎样，对于巫术飞行的萨满教起源，中国也保存着
很清楚的记录。"飞上天国"用汉语这样表述："借助于羽
毛，他变形，作为一个不朽之人升上天国"；"羽毛学者"
或"羽毛客人"这个术语用来指那些道家的司祭。③ 现在我
们知道，羽毛是"萨满飞行"最常见的象征物之一，它出现
在史前时期的中国图解中，这对于评价羽毛这种象征物的传
播及其远古性意义重大，因此对评价其所假定的意识形态也
十分重要。④ 道家传奇故事中有许多升天和其他类型的奇迹，
这些传奇很有可能阐释了史前中国的萨满教技艺和意识形态
并将其系统化，因此相比驱鬼师、中介者以及"被附体的"
人而言，我们更有理由将这些道士视为萨满教的继承者。我
们稍后会讨论驱鬼师、中介者以及"被附体"的人。更确切
地说，就像在其他地方一样，在中国，驱鬼师、通灵者以及
"被附体"的人代表反常的萨满教传统。也就是说，那些没
有成功掌控"神灵"的人将会被神灵"附体"。在这种情况
下，癫狂的巫术技艺仅仅变成了通灵的（巫术的）自动
状态。

　　关于这点，令人惊讶的是，我们注意到"巫术飞行"和
萨满舞蹈中没有提及"附体"。稍后，我们将举出一些萨满

① 劳弗：《飞行术的史前史》，见 19 页及后面内容。
② 同上。
③ 同上书，见 16 页。
④ 关于翅膀、绒毛、飞行和道教之间的关系，参见马克斯·康德谟编译
　《列仙传》，12 页及后面内容。

教技艺导致被天神和神灵的附体的例子；但在黄帝、永生的道士、炼金术士，甚至是"巫师"的传奇中，尽管总是提到升天和其他奇迹，关于附体却什么也没讲。我们有理由认为，所有这些都属于中国人精神性的"经典"传统，这一传统既包括自发的自我掌握，也包括完美地融入所有宇宙的节律。无论如何，道士和炼金术士都有升空的能力。刘安，又名淮南子（公元前二世纪），在大白天升入天空，而且李绍昆（公元前140—87年）夸口说他可以飞到第九级天国之外。① 一位女萨满在她的歌曲中唱道，"我们升上天空，拂去彗星"。② 屈原的一首长诗多次提到升到"天国大门"、神奇的马背之旅、乘彩虹升天等，所有这些都是萨满教民间传说熟悉的主题。③ 中国的神话经常提到术士的伟迹，这些伟迹与托钵僧的传奇非常相似；他们飞向月亮、穿过高墙、让一棵植物顷刻间发芽并长大，等等。④

所有这些神话和民俗传统的出发点都暗示着"灵魂旅行"的意识形态和癫狂技艺。从最早的年代以来，实现入定的经典方式就是跳舞。就像在其他所有地方一样，癫狂使得萨满的"巫术飞行"和一位"神灵"的降临成为可能。"神灵"的降临并不一定意味着"附体"，神灵也可能是来激发萨满的。对于中国人来说，穿越宇宙的巫术飞行和匪夷所思的旅程只是描绘癫狂体验的一种可塑程式，下面的文献可以看出这一点，这样的文献还有很多。《国语》中讲道，楚昭

---

① 劳弗：《飞行术的史前史》，见26页及后面内容，他也列举了其他例子。也可见同一作品，31页及后面内容，90页（关于中国的风筝），52页及后面内容（关于印度巫术飞行的传奇）。

② 埃尔克斯：《古老中国的死神》，203页。

③ P. 弗朗兹·比亚拉斯：《屈原的"远行"（远游）》，见210页，215页，217页等。

④ 参见万尼切利在《彝族的宗教》中所总结的十七世纪神话故事，164~166页（在J. 布兰德：《精通文学的中国人的简介》（第二版），161~175页）。也可见埃伯哈德《古代中国的地方文化》，第二章，50页。

王（公元前 515—前 488 年）一天对他的大臣说："陈朝的作品讲到，重和黎事实上是作为使者派到不可进入的天国和大地去的；这样的事怎么可能呢？……告诉我，人是否可能升入天空？"大臣解释，这个传统的真正含义是精神性的。那些正直且能够集中精神的人可以"升到更高的天国，也可以降入更低的地府，在那里还能分辨出做什么合适"……这样的话，睿智的"神"就会降临在他们的身上，如果是一个男人，被称为"觋"；如果是一个女人，就被称为"巫"。作为神职人员，他们（在祭祀中）管理着天神的神邸、碑文的顺序、祭祀物和祭祀器具以及根据当时的季节要穿着的仪式性服饰。①

这似乎表明癫狂——诱发了被描述为"巫术飞行"、"升天"、"神秘之旅"等体验——是神化身的原因，而非结果。正是因为一个人已经能够"升入更高的天国，下入更低的地府"（也就是，升天入地），"睿智的神才可以进入"他

---

① 赫鲁特，第六章，1190~1191 页。我们也可能注意到，被神附体的女性称为"巫"，这个名字后来成为中国萨满的统称。这也似乎证明中国很早就存在萨满教。然而，我们有理由相信，被神附体的女巫先于披着熊皮的萨满而存在，披着熊皮的萨满被称为"跳舞的萨满"。L. C. 霍普金斯认为，商代碑文中就证实有披着熊皮的萨满，在周朝的另一个碑文中也得到了证实；参见他的"熊皮：从原始预防疾病到如今的羽饰的另一个象形文字的考察：一个中国题铭的谜"和"萨满或者中国的巫：受激发的舞蹈和多才多艺的个性"。披着熊皮的"跳舞萨满"属于一种由狩猎巫术主导的意识形态，人们在这个意识形态中发挥着主导作用。披着熊皮的萨满在历史时期一直发挥重要作用；首席驱鬼师披一张熊皮，熊皮上有四个金色的眼睛（E. 毕奥翻译的《周礼》，第二章，225 页）。但是，如果所有这些都似乎证明了在史前历史时期存在"男性主导的"萨满教，那并不一定意味着"巫"类型的萨满教——强烈地主张"附体"——不是一种由女性主导的巫术－宗教现象。见 E. 鲁塞尔《中国》。第十六章（1941），134 页及后面内容；A. 韦利：《九支曲子：古老中国萨满教的研究》。也可参见埃尔克斯《中国祖先祭祀的萨满教起源》；克雷姆兹玛尔：《古代中国的萨满教和灵魂观念》。

的体内。这种现象似乎与我们稍后会看到的"附体"的例子
有很大差别。当然，"神的降临"很快会产生许多并行的体
验，这些体验最终淡化在大量的"附体"中。通常不易区分
癫狂的本质和用于表达癫狂的术语。据 H. 马斯佩罗所言，
表达癫狂的道教术语是 *Kuei-ju*，即"一个神灵的降临，"而
这一术语只能根据从"巫师的附体"分离出的道家体验来解
释。据说恍惚中的一位女巫师以神的名义说道："这个身体
是女巫师的身体，但是灵魂却是天神的灵魂。"为了化身为
天神，女巫师用芳香的水净化自己，穿仪式性的服饰，供奉
祭品；"她手里拿着一枝花，伴随着音乐、歌曲以及鼓声和
笛声的舞蹈将她的旅途（寻找天神）表演出来，直到她筋疲
力尽为止。此刻，天神出现并通过她的嘴讲话"。①

　　相比瑜伽和佛教，道教在更大的程度上吸收了大量古老
的癫狂技艺，尤其当我们考虑到晚期道教，它受到了巫术元
素广泛的影响。② 尽管如此，升天象征意义的重要性以及道
教整体上平衡且健全的结构使得它与癫狂-附体不同，癫狂
附体是女巫师的典型特征。在儒家思想和国教占统治地位之
前，中国的"萨满教"（赫鲁特所谓的"巫术主义"）似乎
主导了人们的宗教生活。我们的纪元前最初几个世纪里，

---

①　马斯佩罗：《中国宗教》，34 页，53 ~ 54 页；《古代中国》，见 195 页
　　及后面内容。
②　人们甚至试图努力确定道教和苯伯萨满教的身份；见上文，435 页，
　　注释①。关于新道教对萨满教元素的同化，见埃伯哈德，《地方文
　　化》，第二章，315 页及后面内容。我们也不能忘记印度巫术的影响，
　　佛教僧侣进入中国之后，印度巫术的影响是无可争辩的。例如，佛图
　　澄（Fo-t'u-têng）是一位龟兹（Kucha）的佛教和尚，他游历了克什米
　　尔和印度的其他地方，在 310 年，到达中国并且展示了许多巫术功绩；
　　尤其是通过铃铛的响声进行占卜（参见 A. F. 赖特《佛图澄：自传》，
　　337 页及后面内容、346 页、362 页）。现在我们知道"神秘的声音"
　　在某些瑜伽技艺中发挥着重要的作用，对于佛家弟子来说，提婆和夜
　　叉的声音听起来像金铃声（伊利亚德：《瑜伽》，391 页）。

"巫"司祭是中国真正的司祭。[1] 毫无疑问，"巫"与萨满并不完全相同，但是"巫"与神灵合体，正因如此，"巫"成为人类和神的中介者。此外，同样在神灵的帮助之下，"巫"也是一位治愈者。[2] 女巫占绝大多数。[3] 大多数由"巫"化身的"神"和"鬼"都是逝者的灵魂。[4] "附体"本身正是从使鬼化身开始的。

王充写道："死去的人会把一些活着的人带入恍惚，而死者正是通过这些人的嘴讲话；'巫'敲击他们黑色的弦，召唤死者的灵魂，这些灵魂通过'巫'的嘴讲话。但他们所说的都是假的。"[5] 这显然是一位反对巫术现象的作者的推断。但女"巫"的魔力并不止于此；她们可以隐身、用刀子和剑砍伤自己、切掉舌头、吞咽刀剑、喷火、像乘闪电一样驾云而去。女"巫"跳旋转舞蹈，讲神灵的语言，她们周围的物品都升上天空，撞击在一起。[6] 所有这些托钵僧现象在中国巫术和通灵界仍然很常见。要看到神灵和绝对的先知，一个人不一定要成为"巫"；被"神"附体就足够了。[7] 就像其他地方一样，通灵和"附体"有时会产生自发和变异的萨满教。

我们不必再大量列举中国巫师、"巫"以及"附体"的例子，以此来说明作为一个整体这种现象与满族、通古斯族和西伯利亚萨满教总体上的相似性，[8] 我们只强调这样一个事实：在岁月的长河中，人们越来越把中国的癫狂者与基本

---

[1] 赫鲁特：《中国宗教系统》，第六章，1205 页。
[2] 同上书，见 1209 页及后面内容。
[3] 同上书，见 1209 页。
[4] 同上书，见 1211 页。
[5] 同上。
[6] 同上书，1212 页。
[7] 同上，见 1166 页及后面内容，1214 页等。
[8] 关于"巫"仪式中的性和放纵的元素，同上，见 1235 页，1239 页。

类型的巫师和"被附体"的人混为一谈。在某一时期且在很
长一段时间内，"巫"与驱鬼师十分相似，以至于人们通常
把他称为"巫师"。① 如今人们称"巫"为"师公"（*sai
kung*），巫的职位由父亲传给儿子。女性充当"巫师"的优
势似乎不复存在。经过向父亲初步学习之后，这位学习者会
在一所"学院"上课，并且在一次明确的萨满教加入式之后
获得"宗教首领"的头衔。加入式仪式是公开举行的，仪式
的关键在于攀爬刀梯，即"剑梯"。学习者赤脚爬剑梯，来
到一个平台上；通常梯子由十二把剑制成，有时还有另外一
把梯子，学习者会沿着这把梯子爬下来。在缅甸的卡伦族也
发现了类似的加入式，在那里有一类司祭被称为"威"
（*Wee*），"威"可能是中文"巫"的另一种文字形式。②（这
里，古老的当地巫术－宗教传统有可能受中国影响，但这不
一定表明加入式中使用的梯子本身是从中国借引过来的，因
为在印度尼西亚和其他地区，也存在类似的萨满教升天
仪式。）

　　"师公"的巫术－宗教活动属于道教仪式范围；"师公"
自己使用了"道士"这个头衔，即"道教医生"。③ 他已经
逐渐被视为完全等同于"巫"，尤其因为他负有驱鬼师的盛
名。④ 他的仪式服饰充满了宇宙的象征意义；这套服饰的中
间是泰山加宇宙海，等等。⑤ "师公"通常利用一位陷入
"精神错乱状态"的中介者，接着轮到他展现托钵僧的能力；

---

① 同上书，1192 页。
② 同上书，见 1248 页及后面内容。同上，1250 页，注释 3，同一作品也
　引用了 A. R. 麦克马洪：《金色半岛的克伦族》，158 页，它与缅甸卡奇
　斯的一个仪式相似。见出现在 R. 拉赫曼的《北部和中部印度萨满教
　以及与之有关的现象》其他的例子（壮族［the Ch'uang］，广西的一个
　部落；台湾北部的土著居民），见 737 页，741 页，注释 168。
③ 赫鲁特，第六章，1254 页。
④ 同上，见 1256 页及后面内容。
⑤ 赫鲁特，第六章，1261 页及后面内容。

他用刀子划伤自己，等等。① 我们在印度尼西亚和波利尼西亚注意到这种现象的另外一个例子：附体之后自发地模仿萨满教。与斐济的萨满一样，"师公"指导火上行走。该仪式被称为"在火路上的行走"，在寺庙前举行；"师公"先从灼炭上走过，后面跟着比他级别低的同行，甚至是观众。类似的仪式就是在"剑桥"上的行走。人们相信仪式前的精神准备可以让"师公"毫发无伤地从剑与火上走过。② 正如在无数的通灵术、招魂术或其他神谕技艺的例子中一样，在这一例子中，我们会遇到一种地方性的自发假萨满教现象，很难将其进行分类，其最重要的特点就是它的"容易性"。③

我们并不声称已经追溯了中国萨满教思想和实践活动的历史，我们甚至不能肯定是否可能存在这样的历史。众所周知，在过去的两千多年里，中国学者已经对他们的古老传统进行了广泛的阐释与解读，更不用说"概述"了。我们的目的仅仅是呈现那些大量存在于中国整个历史长河中的萨满教技艺。显然，这些技艺并不属于同一意识形态或同一文化阶层。例如我们已经看到，君主、炼金师以及道士和巫师的癫狂附体或"师公"助手之间存在差别。在任何其他萨满教象征意义或技艺方面，我们可以观察到内容上和精神方面也存在相同的差异。我们总有这样一个印象：人们可以在类型不

---

① 同上，见 983 页及后面内容，1270 页及后面内容等。
② 同上，见 1292 页及后面内容。
③ 关于现代中国的萨满教，参见 P. H. 多尔《中国迷信手册》，20 页，39 页及后面内容，82 页，98 页，103 页等；S. M. 史禄禄：《通古斯的心理情结》，见 388 页及后面内容；关于新加坡的灵 – 巫崇拜，见艾伦·J. A. 埃利奥特《新加坡的中国神灵中介的崇拜》，尤其 47 页及后面内容，59 页及后面内容，73 页及后面内容，154 页及后面内容；关于台湾土著部落中的萨满教，见 M. D. 科《台湾中部布农族萨满教》。我们已经接触不到由尚成初（Tcheng-tsu Shang）所做的研究，《中国的萨满教》（论文，汉姆伯格，1934）。

同但本质相同的层面上体验萨满教图式；这种现象远远超出了萨满教的范围，并且可以在任何宗教象征系统和观念中观察得到。

总之，中国呈现了几乎所有的萨满教组成元素：升天、召唤和搜寻灵魂、"神灵"化身、掌控火以及其他的托钵僧的卓越功绩，等等。另一方面，下入地狱似乎没那么常见，尤其是为了带回一个病人或一个刚刚死去之人的灵魂的入地，尽管所有这些主题都在中国的民俗中有所记载。这样就出现了周穆王的故事，他穿行到大地的尽头，到达昆仑山或甚至更远的地方，直到走过一座鱼和乌龟临时搭建的桥，渡过了一条河之后来到西王母（＝死亡）那里；西王母赐予他一首歌和一件终身的法宝。① 也有关于学者胡迪（Hu Ti）的传说，胡迪通过死者之山来到地狱，并看到一条河，那些正直之人的灵魂会通过一座金色的桥渡过这条河，而那些罪人要游过这条河，途中要遭到恶魔的攻击。② 最后，我们也找到了一个关于俄耳浦斯神话的变异版本：佛教圣人目连通过神秘的洞察力了解到，他的母亲在世时并没有提供救济品，因此在地狱饱受饥饿的痛苦，他入地去救他的母亲；他背着她，将她带入天国。③《埃伯哈德集》④ 中另外两个传说也表现出俄耳浦斯神话的主题。在第一个神话中，一个人下到另一个世界寻找他已逝的妻子。他在一个喷泉边找到了她，但他的妻子求他离开，因为她已经变成了一个鬼魂。但是，她

---

① 理查德·威廉译《中国民间童话》，见 90 页及后面内容。

② 同上，见 116 页及后面内容。也可见同上，184 页及后面内容（另一个关于进入地狱的旅程描述）。

③ 同上，见 126~127 页。与这些入地神话相比，那些讲述升天和其他巫术奇迹的神话数量更加庞大。也可参见埃伯哈德《中国民间童话的类型》，s.v."升天"。

④ Nos. 144 页，145 页，第二章。

的丈夫并没有离开，而是在地府待了一段时间。最后，这对
夫妇一起逃跑了，他们一返回大地，妻子就走进一所房子，
然后就消失了。就在此刻，这所房子的女主人生下了一个女
儿。当这个孩子长大时，那位丈夫认出正是他的妻子，然后
与她又结了一次婚。在第二个神话中，一位父亲下入地狱带
回他死去的儿子，但是这个儿子并没有认出他的父亲，父亲
的努力失败了。[①] 但所有这些神话都属于亚洲的巫术民俗，
其中的一些神话深受佛教影响；因此，从这些神话中并不足
以推断出存在有关入地的固定仪式，例如，圣人目莲的故事
就没有提及任何萨满搜寻灵魂的事情。如果萨满教的入地仪
式以其在中亚和北亚的形式存在的话，那么在祖先崇拜被具
体化之后，这一仪式很有可能就不再被采用了，这赐予"地
狱"一个完全不同的宗教价值。

　　我们必须再强调一点，即萨满与动物之间的关系以及动
物神话对阐述中国萨满教的作用，尽管在严格意义上讲这一
点超出了萨满教问题的范围，但它却十分重要。禹的"步
伐"和术士的舞蹈没有差别，但是禹也将自己打扮成一只
熊，并且在某种程度上化身为熊神灵。[②]《周礼》中描述萨
满身穿一件熊皮。这样的例子很容易找到。在民族学中，人
们都知道它们是"熊仪式"的例子，并且在北亚和北美都有
所记载。[③] 经证实，古老的中国觉察到了萨满教舞蹈与动物

---

① 埃伯哈德：《类型》，见 198 页及后面内容。
② 参见 C. 亨策《神话与月亮象征》，见 6 页及后面内容；《对熊、老虎
　和饕餮的崇拜》，54 页；《中国早期文化中的青铜器及其含义》，19
　页；格拉内：《舞蹈与传奇》，第二章，563 页及后面内容。
③ A. 欧文·哈洛韦尔：《北半球的熊仪式》；N.P. 迪伦科娃：《西伯利
　亚突厥部落中的熊崇拜》，见 411、440 页；汉斯·芬德森：《熊仪式》；
　A. 阿尔福尔迪：《亚欧大陆的熊崇拜和母权制》（在匈牙利，阿尔福
　尔迪教授热心地为我们提供了一份这篇重要文章的译作）。也可参见马
　留·巴尔博《熊母亲》。

之间的关系，这种关系承载了一个高度复杂的宇宙的和加入式的象征意义。在任何将人与动物联系在一起的神话和仪式中，专家们并没有看到中国图腾主义的任何痕迹。[1] 然而这种关系却具有宇宙（动物通常代表夜晚、月亮和大地等等）和加入式（动物等于神话祖先又等于加入者）的性质。[2]

根据目前我们对中国萨满教的了解，如何阐释这些事实呢？我们要慎用一个单一的范型来过于简化并解释所有事情。毫无疑问，"熊仪式"与狩猎的巫术和神话有关。我们知道，萨满对于确保猎物的充足和猎人的好运发挥着一种确定的作用（气象预言家，改变天气，拜访动物圣母的神秘之旅，等等）。但是，我们一定不能忘记萨满（的确，通常是"原始人"）与动物的关系在本质上是精神性的，而且极富神秘性，而一个现代的、世俗化的精神状态很难想象这一点。对原始人而言，穿上一只动物的皮毛，就变成了那只动物，感觉自己变成一只动物。甚至在今天，我们也已看到，萨满相信他们可以将自己变成动物。我们记录萨满穿动物皮装扮自己，也几乎不会获得任何信息。重要的是他们化装为动物时的感受。我们有理由相信，这一巫术的变形导致一种"走出自我"，这种"走出自我"通常表现在一次癫狂体验中。

模仿一种动物的步态或穿上它的皮毛就是获得一种超人类的存在方式。根本不存在退化到纯粹的"动物生活"这样

---

[1] 参见迪伦科娃，453 页；C. 亨策：《对熊、老虎和饕餮的崇拜》，68 页；《神圣青铜器》，45 页、161 页。

[2] 关于所有这些，见亨策的研究，尤其见《神话与月亮象征》；《仪式物品、信仰以及古老中国和美洲的天神》；《中国早期文化中的青铜器及其含义》。

的问题；萨满认同的那种动物已经承载了一个神话，[①] 事实上，这是一个神话动物，即祖先或造物主。通过成为这样的神话动物，人变得比自身更加伟大和强大。我们有理由认为，现实存在和宇宙更新的中心是一种神话存在，将自己投射成这样一种神话存在物能产生一种愉快的体验，这种体验展示了萨满的能力，并将他融入宇宙生活之中，并最终以癫狂结束。"萨满教"体验仍然萦绕于我们对古代中国人的记忆中，而要意识到这种"萨满教"体验的精神丰富性，我们只需回顾一下道教神秘技艺中某些典型动物所发挥的作用。忘记人类的限制和虚假的标准，一个人就可以恰当地模仿动物的行为——它们的步伐、呼吸、号叫，等等——这样他就找到了一种新的生命维度：自发性、自由、感同身受所有宇宙的节律，还有由此获得的赐福和永生。

在我们看来，从这个角度看，那些特别像"熊仪式"的仪式揭示了它们的神话价值，能够使我们理解怎样通过对一

---

① 在最早期的中国图像资料中可以找到大量的动物尤其鸟类的主题（亨策：《神圣青铜器》，见115页及后面内容）。这些图像资料中的一些主题暗指萨满服饰上的图形，例如，蛇（同上，图表146～148页）。西伯利亚萨满的服饰很有可能受到了某些中国巫术－宗教观念的影响（同上，156页）。也可参见同一作者：《汉代时期萨满的头冠》、《一幅汉代浮雕中的萨满描绘》、《一套萨满服饰及其对中国古代艺术和宗教的意义》。阿尔弗烈德·拉尔莫尼在两位穿着鹿角的舞蹈者的雕像中看见了萨满，雕像用一块应该在长沙可以找到的周朝后期的青铜镌刻而成；参见《鹿角和舌头：关于古代中国象征意义和其暗含之意的随笔》。回顾在《亚洲艺术》中收录的拉尔莫尼的书，R. 海涅－盖尔登赞同这一解释并指出，威廉·沃森早已得出了相同的结论；参见《从长沙出土的一个坟墓守护者》。人们可以详细研究萨满服饰对军事盔甲的可能影响，而且将会大有收获；参见 K. 穆利《斯基台》，147页，注释8；F. 阿尔特海姆：《匈奴史》，第一章，311页及后面内容。中国萨满的服饰包括一个有刻度的护胸铁甲，这个服饰在远古时期就有所记载；参见劳弗《中国泥土塑像》，尤其196页及后面内容和 Pls. 十五章至十七章。

种动物的舞蹈模仿①以及通过一支模拟升天的舞蹈萨满可以同样好地实现癫狂；无论是对动物的舞蹈模仿还是模仿升天，灵魂都"自己脱离出来"飞走了。这一巫术飞行用天神或神灵"降临"来表达，这有时仅仅是个术语使用的问题。

蒙古　朝鲜　日本

中国西北部西宁的蒙古尔人（Monguor），即被称为"乡下土人"的土族，即"乡下人"，这个民族的宗教的典型特征就是与喇嘛教相混杂的萨满教。② 在蒙古族中，早在十七世纪，喇嘛教试图将萨满教彻底摧毁，③ 但是这种古老的蒙古族宗教最终吸收了喇嘛教的有用之处，也保留了自己宗教独有的特征。④ 直到近期，萨满和女萨满依然在部落宗教生活中发挥着重要的作用。⑤

在朝鲜，早在汉代⑥就有萨满教的记载，男萨满穿女性

---

① 我们也必须要考虑到冶金术和它的象征意义在史前中国巫术和神秘主义体制中的作用；见格拉内《舞蹈和传奇》，第二章，496 页及后面内容，505 页及后面内容。萨满与金属锻造者和铁匠之间的联系十分著名，见下文，473 页及后面内容。也可参见伊利亚德《熔炉和坩埚》，62 页及后面内容。

② 参见 D. 施罗德《土族的宗教》，最后一篇文章，尤其 235 页及后面内容；L. M. J. 施拉姆：《甘肃－藏区边界的蒙古尔》，Pt. 2，尤其 76 页及后面内容，91 页及后面内容。

③ 参见 W. 海西希《库伦旗的萨满和通灵者》，见 40 页及后面内容；《十七世纪喇嘛教压制萨满教的蒙古族起源》，500 页及后面内容以及全文。

④ G. - P. 鲁：《前蒙古文本中萨满教元素》。

⑤ 参见海西希《库伦旗的萨满和通灵者》，42 页及后面内容。关于蒙古族萨满教，也可参见 W. 施密特《起源》，第十章，94～100 页，和波普在《人类学》中的评述，XLVIII（1953），327～328 页；V. 迪奥兹策吉：《蒙古族萨满教问题》。

⑥ 参见亨策《萨满的头冠》。

的衣服，女萨满的数量远远超过男萨满。^① 我们很难确定朝
鲜萨满教的"来源"；它或许包含南部的元素，但是汉代萨
满头巾上的牡鹿角表明了萨满教与古代突厥牡鹿崇拜之间的
关系。^② 此外，牡鹿崇拜是狩猎和游牧文化的典型特征，在
这些文化中，女萨满们似乎没有很大的作用。如今，朝鲜女
萨满在数量上的绝对优势可能是传统萨满教衰落的结果，或
是受到了南方的影响。

　　日本的萨满教历史同样很模糊，尽管我们拥有大量关于
现代萨满教实践的资料，这尤其要归功于中山多吕（Nakay-
ama Tarō）和霍里一郎（Hori Ichiro）的研究。政尾冈
（Masao Oka）广泛研究了日本古代的文化历史，只有等到他
将这些研究成果出版之后，我们才能了解日本萨满教的各个
方面和各个阶段。^③ 据现有的资料记载，日本萨满教更加偏
离北亚和西伯利亚类型的萨满教本身。它主要是一种被鬼附
体的技艺，而且几乎只有女性才能当萨满。据马蒂亚斯·埃
德所言，女性萨满的主要职能有：1. 召唤来自冥界的逝者灵
魂，用流行的术语这被称为 *shinikuchi*，即 "逝者的嘴"。从
遥远的地方召唤一位活人的灵魂，这被称为 *ikikuchi*，即
"活人的嘴"。2. 为咨询者预知成败，流行术语称之为 *ka-
mikuchi*，即 "天神的嘴"。3. 驱逐疾病和其他邪恶神灵，进
行宗教净化仪式。4. 向天神寻求治愈某一特定疾病所用药物
的名字。5. 提供丢失物品的信息。人们经常向女萨满寻求的
服务是召唤逝者的鬼魂和召唤远处活人的灵魂，预知好运和
歹运。在大多数情况中，从冥界召唤的一般是父母、亲戚、

① 参见埃伯哈德《地方文化》，第二章，313 页及后面内容；M. C. 阿格
　　诺埃：《朝鲜的巫师和女巫师》。
② 参见埃伯哈德《地方文化》，第二章，501 页及后面内容。
③ 参见政尾冈没有发表的手稿之后，亚历山大·斯拉维克提供的萨满教
　　资料，见《日本人和日耳曼人祭祀的秘密联盟》，677 页，688 页及后
　　面内容，733 页，757 页。

爱人或朋友的灵魂。①

许多日本的女萨满天生是盲人。② 如今，她们的"癫狂"是人为的粗略模仿。当人们认为死者的灵魂正通过女萨满的嘴讲话时，萨满会把玩一串珍珠项链或一张弓。③ 萨满候选人要师从于一位公认的女萨满三到七年，之后，这个女孩便嫁给她的守护神。④ 在有些地区，加入式也包括一场使人精疲力竭的身体磨难，磨难结束时，新萨满会倒地失去意识。她的复活等同于"出生"（tanjō），身着结婚的服饰。女萨满和她守护神的秘密婚礼似乎是一个古老的习俗。在《古事记》（the Kojiki）、《日本记》（the Nihongi）以及其他古代的资料中记载的"魔女神"（mikogami）就是"一个魔女［也就是女萨满］自己被尊崇为神圣的神；后来，一位魔女和一位神结婚后诞生出众神。这样的魔女也被称作'圣母'。神殿里被供奉的众神延喜式（the Engishiki）清单中包括一整系列这样的魔女神。除了这些会正式在神殿服侍她们的神魔女（miko），还有一些私密的所谓的'一夜伴侣'（ichiya-tsuma），她们的伴侣是一位过来看望她们的游荡的神（marebito）。这样的女性将一支白羽毛箭放在她们房顶的树上，作为其特殊角色的一个象征。当一位天神召唤一个女人来神殿服侍他时，这个女人会随身带一口米饭锅（meshibit-su，给煮好的米保温，从这个锅里把米盛到碗里）和一个平底锅，也就是一些新娘要随身携带的器具。直到最近，魔女和神殿里一位神父的性交仍然是其加入式程序的一部分。天神使自己被代表"。⑤

———————

① 《日本的萨满教》，368 页。
② 同上，371 页。
③ 同上，377 页。
④ 同上，372 页及后面内容。
⑤ 同上，374 页。参见 W. P. 费尔柴尔德，《日本的萨满教》。

　　与一位天神结婚表明了萨瓦拉女萨满的习俗——但不同的是，在日本我们没有观察到像萨瓦拉女孩那么激烈的个人癫狂体验。在日本，与守护神结婚似乎是制度的要求，而不是个人的宿命。除此之外，这里也存在一些并不符合女性巫术结构的元素，例如弓和马。① 所有这些让我们想到，我们这里看到的是一个杂合体和晚期的萨满教。另一方面，可以把"魔女神"和某些与她们相关的仪式与母权制的典型特征相比较：领地的女性统治者、家族的女性首领、入赘婚姻、与外来者的婚姻、实施部落异族婚姻的母系部落，等等。②

　　M. 埃德似乎并不了解查尔斯·阿格诺尔进行的重要研究，即《日本文明的起源：日本史前史研究入门》（第一卷，巴黎，1956）。尽管在第一部分，作者实际上并没有讨论日本萨满教的起源，但他列出了许多事实，在他看来，这些事实表明了日本萨满教与阿尔泰萨满教的相似性：

　　例如，凭借我们对古代日本女巫师的行为和作用的了解——尽管帝国编年史的编撰者悄然绕过女巫师，对其只字不提，只提及她的对手，即在大和人的皇宫中精通礼仪的人中占有一席之地的女司祭－贞女（the miko）——我们就可以把她等同于她的朝鲜同行"马代"（the muday）……以及阿尔泰女萨满。所有这些女巫师的主要职能就是促使灵魂潜入到一个支撑物里（神杆或任何其他的代替物），或化身一个灵魂，目的是充当灵魂与生者之间的中介，然后将灵魂送还。在这些实践中使用一个圣杆源于这样一个事实，即 hasira（圆柱）这个词在日语中是用来列举神圣存在物的特定术语（参见 JA, 1934, P. 122）。此外，日本女巫师的职业工具和她的大陆同行所使用的工具一样，鼓、拨浪鼓、镜子以

---

① 关于马头形状的小塑像，参见同上，378 页。
② 同上，379 页。

及被称为"卡塔娜"（katā. na，源于阿尔泰的另一个词）的佩剑，日本民俗的多个方面阐释了佩剑的驱魔特征。[1]

我们必须等待阿格诺尔出版后续书籍，才能了解阿尔泰萨满教——一种几乎完全的男性制度——在什么阶段，通过什么方式成为一个特殊的女性宗教传统的组成元素。马刀和鼓最初都不属于女性巫术的用具。而女萨满使用这些工具这一事实则表明这些器具早已成为了巫师和萨满随身装备的一部分。[2]

---

[1] 《起源》，见 178 ~ 179 页。
[2] 异性所施展的巫术能力的吸引力是非常著名的；参见伊利亚德《出生与再生》，79 页及后面内容。

第十三章
如出一辙的神话、象征和仪式

　　各种各样的萨满教意识形态已经吸收了大量神话主题和巫术－宗教象征意义。我们并不打算一一列出这些主题和象征意义，也不会对它们全部进行研究，我们只是认为列举一些这样的神话和象征是很有趣的，以此来表明在萨满教中它们如何被使用，被重新评价。

狗和马

　　弗雷达·克雷奇马尔在他的作品中详尽地阐述了狗的神话。① 在这方面，严格意义上的萨满教没有进行任何创新。

① 《犬祖先和地狱犬》，第一章至第二章；尤其参见第二章 222 页及后面内容，258 页及后面内容。也可参见 W. 科佩斯《环太平洋民族神话中的狗》，以及保罗·佩利奥在他关于上文回顾中的评论（T'oung Pao XXVIII［1931］，463～470 页）。关于图尔科－蒙古族中狗的祖先，参见佩利奥，同上，以及罗尔夫 A. 斯坦因《莱奥－坦奇》，见 24 页及后面内容。关于狗在古老中国的神话角色，参见 E. 埃尔克斯《古代中国对狗的看法》，见 221 页及后面内容。关于印度观念中的地狱狗，参见 E. 阿尔布曼《鲁德拉》，见 257 页及后面内容；B. 施勒拉特：《印度日耳曼人对狗的看法》；在德国的神话中，H. 贡特尔特：《岛神星》，见 40 页及后面内容，55 页及后面内容；在日本狗并不是一种葬礼性的动物，A. 斯拉维克：《日本人和日耳曼人祭祀的秘密联盟》，见 700 页及后面内容；在西藏西格贝特·胡梅尔：《西藏宗教》。

像逝者或那些经历过一次加入式磨难的英雄一样，萨满会在入地旅程中遇到一条阴间的狗。一些秘密协会以战争加入式为基础——就其癫狂和狂乱仪式可以被称为"萨满教性质的"而言——正是这样的秘密协会提出并重新阐释狗和狼的神话学意义以及它们的巫术。某些吃同类的秘密社团一般来讲，把人化为狼的神通会涉及以巫术方式把其成员转变成一条狗或一只狼。萨满同样也可以将他们自己变成狼，但是在某种程度上与把人化为狼的神通不同。正如我们了解的一样，萨满可以转换成许多其他的动物形象。

马在萨满教神话和仪式中所占的地位与众不同。马匹是非常卓越的葬礼动物和信使，[①] 萨满在各种情况中都会使用"马"作为实现癫狂的工具，也就是使神秘之旅成为可能的"灵魂出窍"。值得重复的是，这一神秘之旅不一定朝向地狱。"马匹"能让萨满在空中飞行，到达天国。马神话的主要方面不是地狱而是葬礼；马是死亡的神秘图景，因此马被融合到了癫狂的思想和技艺中。马带着死者前往其他世界；它能带来"层面上的突破"，即从这一世界进入其他世界。这也就是为什么马在某些类型的男性加入式（the *Männerbünde*）中也具有最重要的地位。[②]

布里亚特萨满在他们的癫狂舞蹈中使用"马"，也就是马头棍。我们已经注意到与阿劳卡尼亚的麻吉（*machi's*）降神会相关的一个类似的舞蹈。[③] 但是把马头扎在棍子顶端的癫狂性舞蹈流传甚广，我们将只列举几个例子。巴塔克族在祭拜祖先的马祭祀过程中，四位舞者在被刻成马的形状的棍

---

① 参见 L. 马尔滕《死者信仰中的马》。也可参见 V. I. 普洛普《神奇故事的历史根源》（译自俄文），274 页及后面内容。
② 参见 O. 赫夫勒《日耳曼祭祀的秘密联盟》，第一章，46 页及后面内容；斯拉维克：《日本人和日耳曼人祭祀的秘密联盟》，见 692 页及后面内容。
③ 见上文，326 页。

子上跳舞。① 在爪哇岛和巴厘岛，马似乎也与癫狂性舞蹈
有一定的联系。② 在加罗族中，"马"构成了丰收仪式的
一部分。马的身体由香蕉根制成，马的头和蹄子用竹子制
成。马头插在棍子的顶端，人们手持棍子，这样马头就与
人们的胸部齐平。马棍舞者拖着脚表演了一支狂野的舞蹈。
与此同时，他对面的司祭也一起舞蹈，假装举手召唤
"马"。③

　　V. 埃尔温记录了巴斯塔的穆里亚人一个相似的仪式。
在瑟默加奥（Semurgaon）的圣殿中，伟大的贡德天神林
戈·彭有数匹木制的"马"。在天神节日时，中介者会将这
些"马"带来，用来引发癫狂恍惚，又用来进行占卜。"在
梅特旺德（Metawand），我花了几个小时观看一位中介者的
荒唐行为，他将他的宗族天神的木制马扛在肩上。在班德帕
尔（Bandopal），当我们进入丛林去参加一个吃杜果的仪式
时，在我们缓慢行走的车前，一位中介者把一匹想象的马扛
在肩上，他'缓慢地行走，旋转，腾跳，向前冲'两英里，
象征性地吃杜果。他告诉我'天神骑在他身上'，'而且每
一次，他会一连好几天跳舞'。在玛拉科特（Malakot）的一
场婚礼上，我看到了一位中介者骑在一匹特殊的竹马上，还
是在南部的 Dhurwa 地区，我看到了一个人跨在一匹相似的
木制竹马上跳舞。在这两个例子中，如果其中的过程有什么
差错，那么骑马的人会进入恍惚而且能够找出造成这一麻烦
的超自然原因。"④

　　在另外一场仪式中，贡德－普拉丹人的拉鲁·卡伊，也

① 参见 J. 沃尔内克《巴塔克的宗教》，88 页。
② 参见 B. de 佐特和 W. 斯派斯《巴厘岛的舞蹈和戏剧》，78 页。
③ 比伦·博纳吉：《加罗人种学研究的资料》；维里尔·埃尔温：《竹马
　和癫狂舞蹈》（简称《竹马》），见 211；《穆利亚人和他们的高图语》
　（简称《穆利亚人》）；见 205～209 页。
④ 《竹马》，见 212～213 页，《穆利亚人》，见 208 页。

就是"天神的马"，表演了一支癫狂的舞蹈。① 我们或许也提到了一些印度土著民族将他们的逝者描绘成马背上的人，例如比尔族或科尔库族，他们将骑马者刻在坟墓边的木板上。② 在穆利亚族中，葬礼期间会播放一些仪式性的伴奏歌曲，这些歌曲描述了逝者骑在马背上到达了另外世界。描述中也提到了一座宫殿，那里有一个金色的秋千和一个钻石王位。逝者骑在一只八条腿的马的背上到达那里。③ 现在我们知道，八腿马是典型的萨满教特征。根据一个布里亚特传说，一位年轻的女人与一位萨满祖先神灵结婚，逝者神灵成了她的第二个丈夫。在这个神秘的婚礼之后，这位妇女的畜马场的一匹母马生下了一匹八条腿的小马。她的第一个丈夫砍掉了这匹小马的四条腿。这位妇女哭着说："唉，这是我还是一名女萨满时骑的小马！"之后妇女消失了，她在空中飞行，定居在另外的村庄。最后她成了布里亚特族的守护神。④

德国和日本的"人类社会"的仪式和神话中记载着八条腿的或没有头的马。⑤ 在所有这些文化观念中，有许多条腿的马或幻想马有一个功能，即是葬礼性质的，同时也是癫狂性质的。尽管莫里斯的"竹马"不一定具有萨满教性质，但

---

① 埃尔温在《穆利亚人》中 209 页引用沙姆罗奥·希瓦莱《拉鲁·卡伊》。也可参加 W. 阿切尔《垂直的人：原始印度雕像的一项研究》，见 41 页及后面内容，关于马匹形象的癫狂舞蹈（在比哈尔省）。

② 参见 W. 科佩斯《对比尔的逝者以及印度中部的其他原始部落的纪念》；埃尔温《穆利亚人》，210 页及后面内容，图表 27，29，30。

③ 埃尔温：《穆利亚人》，50 页。关于印度北部萨满教的马匹，也可参见 R. 拉赫曼《印度北部和中部的萨满教及其相关现象》，724～725 页。

④ G. 桑德斯彻：《阿兰－布里亚特人的世界观和萨满教》，见 608 页。在通古斯的信仰中，萨满的野兽母亲剩下一个长着八条腿的孩子；参见 G. V. 克谢诺丰托夫《雅库特、布里亚特和通古斯民族关于萨满教的传说》（第二版），见 64 页及后面内容。

⑤ 赫夫勒，见 51 页及后面内容；斯拉维克，见 694 页及后面内容。

它也与癫狂也就是舞蹈相关联。①

　　但是尽管在萨满教的降神会资料中，没有正式的关于"马"的记录，但它也象征性地通过被焚烧的白马毛或者一种萨满所坐的白色母马的皮体现出来。焚烧马毛相当于召唤巫术动物，带领萨满进入另外世界。布里亚特传说记述了马载着已逝萨满来到他们的新家。在一个雅库特神话中，"恶魔"萨满打翻了他的鼓，坐在鼓上，用他的棍子三次刺穿鼓，鼓最后变成一只三条腿的母马，带着他去往东方。②

　　这几个例子表明萨满教如何利用了马的神话和仪式。信使和葬礼动物，马，会引发恍惚，也就是灵魂前往其他禁区的癫狂飞行。象征性的"骑行"表明萨满离开身体，"神秘的死亡"。

萨满和铁匠

　　就其重要性而言，铁匠的技艺仅次于萨满的职业。③ 雅库特俗语如是说："铁匠与萨满来自同一个家族。"另外一个俗语也讲道："萨满的妻子是受人尊敬的，而铁匠的妻子是值得尊重的。"铁匠拥有治愈甚至预言未来的能力。④ 在多尔甘民族中，萨满无法"吞下"铁匠的灵魂，因为铁匠将他

---

① 参见 R. 沃尔弗拉姆《罗宾·霍德和竹马》；A. 万·热纳普：《竹马》。
② 普洛普，286 页。
③ 参见 M. A. 恰普利茨卡《土著的西伯利亚》，见 204 页及后面内容。关于铁匠过去在叶尼塞民族中的重要性，参见拉德洛夫《西伯利亚人》，第一章，见 186 页及后面内容。也可参见 F. 奥尔特海默《匈奴史》，第一章，见 195 页后面内容；多米尼克·施罗德：《西宁土族的宗教（青海）》，见 828 页，830 页；H. 芬德森：《萨满教》，见 4 页及后面内容。关于下面的内容，参见伊利亚德《熔炉和坩埚》，尤其见 53 页及后面内容。也可见胡梅尔《西藏神圣的铁匠》。
④ 谢罗谢夫斯基：《雅库特信仰下的萨满教》，见 319 页。也可参见 W. I. 乔吉尔森《雅库特》，见 172 页及后面内容。

们的灵魂保存在了火里；另一方面，铁匠可以抓住并焚烧萨满的灵魂。继而铁匠不断地受到邪恶神灵的威胁，他们必须不间断地工作，控制火，持续发出嘈杂的声音，以此来赶走充满敌意的神灵。①

根据雅库特神话，铁匠从"邪恶"神灵卡达伊·马克辛（K'daai Maqsin），即地下世界的主要铁匠那里获得他的技艺。"邪恶"神灵住在一所被燃烧的铁渣包围的铁屋子里。卡达伊·马克辛是一位著名的大师，他修复了英雄们骨折的或被切断的肢体。有时，他也会参加其他世界知名萨满的加入式，像炼铁一样锻炼萨满们的灵魂。②

在布里亚特族的信仰中，天之铁匠博欣托瓦（Boshin-toi）的九个儿子来到大地，教授人类冶金术，他们的第一批学生就是铁匠各个家族的祖先。③ 据另一传奇所言，"白"腾格里自己派遣博欣托瓦和他的九个儿子来到大地向人类传授金属制作工艺。④ 博欣托瓦的儿子与世俗的女儿结婚，于是他们成为铁匠们的祖先。只有这些家族的后人才能做铁匠。⑤ 布里亚特也有"黑铁匠"，他们为了某些仪式将煤烟涂在自己的脸上。人们都特别畏惧他们。⑥ 铁匠的守护天神和神灵不仅仅在工作上帮助他们，也帮助他们抵御邪恶神灵

---

① A. A. 波波夫：《雅库特族中新铁匠的圣祝仪式》，见 258~260 页。
② 同上，见 206~261 页。人们会记得铁匠－萨满（"恶魔"）在准萨满加入式梦境中的作用。对于卡达伊·马克辛的房子，我们知道，在他疯狂性地进入埃尔克可汗的地下世界时，阿尔泰萨满听到了金属般的声音。埃尔克用铁链拴住邪恶神灵抓住的灵魂（桑德斯彻，见 953页）。根据通古斯族和鄂伦春族的传统，准萨满的头颅要和他服饰上的装饰一起，在熔炉中进行锻造；参见 A. 费里德里克和 G. 巴德勒斯《源自西伯利亚的萨满故事》，30 页。
③ 桑德斯彻，见 538~539 页。
④ 西藏人同样也由一个铁匠和他九个兄弟的神灵保护。参见 R. 德·内伯斯基－沃吉科伊兹《西藏的神谕和恶魔》，见 539 页。
⑤ 桑德斯彻，见 539 页。
⑥ 同上，加 540 页。

的侵害。布里亚特铁匠有自己独特的仪式：他们通过剖开马的肚子，扯出心脏，向天神献上一匹祭祀马（这最后一个仪式明显具有"萨满教性质"）。马的灵魂去往天上铁匠博欣托瓦那里。仪式中九位年轻人扮演着博欣托瓦的九个儿子的角色，还有一个男人将自己化身为天上的铁匠，进入癫狂并吟诵六段独白，讲述在临时生病时期他如何派遣他的九个儿子来到地上帮助人类，等等。然后他用舌头触碰火焰。有人告诉桑德斯彻，以前代表博欣托瓦的那个人可以将融化的铁浆放在手里。① 但桑德斯彻只看到他用脚触碰烧红的铁。② 这样的技艺清晰展示了萨满教的因素，和铁匠一样，萨满也是"火的掌控者"。但是萨满的巫术能力更为强大。

波波夫记述了在降神会上一位萨满治愈一位铁匠的故事。疾病是由铁匠的"神灵们"引起的。他们向卡达伊·马克辛供奉一头黑公牛，然后铁匠所有的工具都被涂上血。七个人点了一堆旺火并将公牛的头扔进火炭里。同时，萨满开始念咒语，准备进行拜访卡达伊·马克辛的癫狂之旅。那七个人又重新拿回公牛的头，放在铁砧上用锤子敲击。这难道不是象征性地锻造萨满的"头颅"吗？这难道和准萨满加入式梦境中恶魔所进行的锻造不相似吗？萨满下入卡达伊·马克辛的地下世界，成功地化身为一位神灵，神灵通过萨满之口回答了人们所问的有关疾病及要给予的治疗方法等问题。③

铁匠"具有掌控火的能力"，尤其他们的金属巫术，使他们在任何地方都享有令人敬仰的巫师声望。④ 于是对待铁匠的矛盾态度变得十分有趣。他们既被人鄙视也被人尊敬。

---

① 铁匠多贡捡起一块烫得发红的铁块来重现第一位铁匠的技艺；参见 M. 格罗勒《天神》，见 102 页。

② G. 桑德斯彻：《阿兰－布里亚特人的世界观和萨满教》，见 550 页及后面内容。

③ 《圣祝仪式》，见 262 页。

④ 参见伊利亚德《熔炉和坩埚》，53 页及后面内容，以及到处。

尤其在非洲可以发现这种对立态度。[1] 在许多非洲部落中，铁匠被拒之门外，被视为贱民，可以不计后果地杀死；[2] 相反，在其他部落中，像巫师一样，铁匠受人尊重，甚至成为政治的首领。[3] 这种矛盾态度的原因在于金属和冶金术引发的矛盾反应，也在于非洲各种社会发展水平之间的差异。有些非洲社会在后来复杂的历史环境下才知晓冶金术。有趣的是，同样在非洲，铁匠有时也凭借他们的加入式仪式组织神秘社团。[4] 有些例子甚至表明铁匠与萨满或铁匠与巫师之间的共生关系。[5] 对于加入式团体（Männerbünde）中铁匠的出现，古日耳曼[6]和古日本[7]也有所记载。在中国的神话传统中也发现冶金术、巫术与王朝建立者之间的相似关系。[8] 尽管如今这种关联极其复杂，但它们在库克普洛斯人、达克堤利人、克里特斯人、忒尔喀涅斯人和金属加工术之间的关系

---

[1]　参见沃尔特·克莱《黑人聚居的非洲的矿业和冶金术》。也可参见 B. 古特曼《泛灵论中的铁匠及其技艺》；H. 韦伯斯特：《巫术》，见 165～167 页。

[2]　例如在白尼罗河的巴里地区（理查德·安德烈：《原始民族对金属的看法：结合史前形式的研究（附标题）》，见 9 页，42 页；在沃洛夫人、蒂步人（同上，见 41～43 页）；在万德罗布人、马萨伊人（克莱，见 114 页）；等。

[3]　刚果的巴罗罗人将皇室的起源归因于铁匠（克莱，22 页）。班图人同时很尊敬和惧怕他们（同上，见 115 页）。铁匠同时也具有一定的首领身份，这存在于刚果的一些部落中：巴松戈、巴赫罗赫罗等（同上，见 125 页）。

[4]　参见，同上，见 119 页；伊利亚德，《熔炉和坩埚》，见 97 页及后面内容。

[5]　克莱，120 页（巴耶克，IIa，等）。

[6]　O. 霍夫勒：《日耳曼人祭祀的秘密联盟》，见 54 页及后面内容。关于芬兰神话传统中冶金术和巫术的关系，参见 K. 穆利《斯基台》，175 页。

[7]　斯拉维克：《日本人和日耳曼人祭祀的秘密联盟》，见 697 页及后面内容。

[8]　M. 格拉内：《古老中国的舞蹈和传奇》，第二章，见 609 页及后面内容，以及到处。

依然清晰可见。① 印度土著民族（伯奥族，蒙达族，奥朗族）的神话中也体现了冶金术的魔性、āsuric 本质，这些民族强调铁匠的傲慢和他被最高天神击败的事迹，最高天神成功地将铁匠焚烧在铁匠自己的熔炉里。②

"冶金术的秘密"使我们想起在萨满中传播的职业秘密：二者都提及一种秘传的巫术技艺。因此铁匠这一职业像萨满职业一样是遗传的。如果对于萨满教和冶金术的历史关系进行更加全面的分析，将太过偏离我们的主题。冶金巫术因它所涉及的"对火的能力"而与许多萨满教技艺相似，指出这一事实就已经足够，而且非常重要。在铁匠的神话中，我们发现许多主题一般是从萨满和巫师神话中借引过来的。不论主题的起源是什么，我们在欧洲的民俗传统中已可以看到事情的这一状态：铁匠通常被认为是一个恶魔，而且这一恶魔因为能从嘴里喷火而闻名。在这一图景中，我们看到了对火的巫术能力的一个消极评价。

"巫术的热量"

如同欧洲民族观念中的恶魔一样，萨满不仅仅是"火的掌控者"，他们也可以化身为火的神灵，以达到在降神会中

---

① 参见 L. 格内特和 A. 布朗热《宗教中的希腊特征》，见 79 页；本特·亨贝里：《重卡比洛斯》，见 286 页及后面内容，以及全文。关于铁匠舞者和巫师之间的关系，参见罗伯特·艾斯勒，"Das Qainszeichen und tie Qeniter"。

② 参见，萨拉特·钱德拉·罗伊《伯奥族人》，见 402 页及后面内容（伯奥）；E. T. 多尔顿：《孟加拉的描述性人种学》，见 186 页及后面内容（蒙达）；Rev. P. 德翁：《乌拉诺斯的宗教和习俗》，见 128 页及后面内容（奥朗人）。关于这个问题，见沃尔特·鲁本《印度的铁匠和恶魔》，11 页及后面内容，130 页及后面内容，149 页及后面内容，以及到处。

从他们的嘴、鼻子以及整个身体喷火的程度。[①] 对比我们已经列举的例子，这类技艺必须被归类为与"掌控火"相关的萨满教奇观中。例子中所涉及的巫术能力表明了萨满获得的"神灵状态"。

然而，正如我们所看到的，"巫术热量"这一观念并不是独有的；它属于一般的巫术。许多"原始"部落将巫术 - 宗教能力视为"燃烧"或者用意为"热量""燃烧""非常热"类似的术语来表达这一能力。在多布族，"热量"这一观念总是伴随着巫术的观念。[②] 在罗塞尔岛，情况也是如此。[③] 在那里，"热"是术士的特点。在所罗门岛屿上，任何一个具有大量超自然力量的人被视为萨卡（saka），即"燃烧"。[④] 在其他地方，例如在苏门答腊和马来群岛，指代"热量"的词也指代了邪恶的观念，而那些意为凉爽的词用来表达所有关于极乐、和平和静谧的观点。[⑤] 于是许多术士和巫师会喝咸的或辣的水而且吃香味植物，他们希望以这样的方式来增加他们体内的"热量"。[⑥] 同样，一些澳大利亚巫师和女巫师禁止触碰"燃烧"的东西，因为他们已经拥有了足够多的"体内热量"。[⑦]

在更加复杂的宗教中也存在类似观点。如今的印度人为

[①] 普洛普：《神话故事的历史根源》，见 284 页及后面内容，这本书引用了基立亚克和因纽特萨满的例子。

[②] R. F. 福琼：《多布的巫师》，见 295 页及后面内容。也可参见 A. R. 布朗《安达曼岛民》，266 页及后面内容。参见上文，见 364 页，440 ~ 441 页。

[③] 韦伯斯特：《巫术》，见 7 页，这本书引用了 W. E. 阿姆斯特朗的《罗塞尔岛》的 172 页及后面内容。

[④] 韦伯斯特，见 27 页；参见 R. H. 科德林顿《美拉尼西亚人》，191 页及后面内容。

[⑤] 韦伯斯特，见 27 页。

[⑥] 同上，见 7 页。

[⑦] 同上，见 237 ~ 238 页。关于"内心的热量"和"对火的掌控"，参见伊利亚德《熔炉和坩埚》，79 页及后面内容。

我们提供了一个极具能力的神圣物，别名为"普拉卡尔"（prakhar），意为"非常热"；"贾吉瓦尔"（jājval），意为"燃烧"或"吉瓦利特"（jvalit），意为"拥有火"。① 印度的穆罕默德相信，一个与天神沟通的人会变得"全身发热"。② 一个表演奇迹的人会被称为沸腾先生（sahib-josh），josh 意为"沸腾"。③ 以此类推，所有涉及一种或另外一种巫术宗教"能力"或巫术宗教行为的人都可被视为"燃烧的"人。④

以下两个方面与此习俗相关：一为北美神秘兄弟会的加入式蒸汽浴，二为很多北美部落中准萨满准备阶段的蒸汽浴也具有巫术作用。我们已经发现塞亚西族人使用大麻烟麻醉的水蒸气浴具有癫狂作用。同样，我们也提及宇宙的 tapas 以及古印度的神秘传统，"体内的热量"与"汗水"是"创造性的"。印欧的英雄神话中的 furor、wut 及 ferg。爱尔兰英雄库丘林在第一次做法事时就发热（正如杜梅吉尔所言，这类似于一场战争类型的加入式），以至于人们给他带来三大桶凉水。"他被放进第一个桶里，水变得特别热，所以他打碎了木桶的木桩和铜环，就像一个人敲碎了一个核桃一样。在第二个桶里，水里的气泡像拳头一样大。在第三个桶里，有些人可以受得了水的热度，有些人则受不了。然后，小男孩的怒火（ferg）少了一些，他们将他的衣服还给他。"⑤ 相同的"巫术热量"（"军事"类型的热量）使纳尔特的英雄巴特拉兹脱颖而出。⑥

① J. 阿博特：《能力的关键：关于印度仪式和信仰的研究》，见 5 页及后面内容。
② 同上书，见 6 页。
③ 同上。
④ 同上，见 7 页及后面内容。
⑤ 《Tain Bo Cualnge》，这本书由乔治·迪梅齐尔译述，《贺拉斯和 Curiaces》，见 35 页及后面内容。
⑥ 参见迪梅齐尔《关于 Nartes 的传奇》，50 页及后面内容，179 页及后面内容；《贺拉斯和 Curiaces》，见 55 页及后面内容。

我们应该注意到，在涉及一次真正的"掌控火"的加入式仪式中，所有这些信念和神话都有各自的对应物。① 像喜马拉雅胡密教潜修者一样，满族或因纽特萨满必须通过对抗严寒或用赤裸的身体焐干浸湿的被单的方式证明自己的巫术能力。同样强加在准术士身上的一系列磨难也映衬出这种对火的掌控能力。用"巫术热量"对抗严寒的行为也表明了这个人获得了一种超人类的状态，这种状态与火的不敏感性具有相同的性质。

通常，萨满"变热"后才会获得萨满教癫狂。据我们考察，萨满需要证明通过癫狂获得的第二种"状态"，而降神会期间托钵僧能力的展示正源于萨满的这一需要。他用刀子划伤自己，触摸烫得发白的铁块，吞咽烧灼的炭，因为如果没有"第二种状态"，他将无法做到这些；他必须检验已经获得的新的、超人类的能力。

我们认为，"巫术热量"的获得促进了麻醉品的使用。某些草本植物的烟，某些植物的"燃烧"具有提高"能力"的作用。麻醉后的人会变得"滚烫"，麻醉品正在"燃烧"。萨满寻求机械方法获得引起恍惚的"内部热量"。我们必须要考虑到麻醉品的象征性价值。麻醉相当于一次"死亡"，麻醉后的人离开他的身体，获得鬼魂和神灵的能力。神秘的癫狂等同于一次暂时的"死亡"，或者等同于与身体的分离。所有产生相同结果的麻醉品都在癫狂技艺中占有一席之地。但是经过对麻醉问题更加细致的研究，会使人有这样一种印象，麻醉品的使用更像是癫狂技艺衰退的一种表现，或者暗

---

① 人们相信澳大利亚的术士是"火上行走者"；参见 A. P. 埃尔金《强耐力的土著人》，62 页及后面内容。关于在火上行走，参见 R. 艾斯勒在《变成狼的人》中的参考文献，134~135 页。马扎尔人对萨满的命名或许源于一个意为"热量、灼热"的词；参见雅诺什·巴拉兹，"A Magyar saman reulete"（Die Ekstase der ungarschen Schamanen），438 页及后面内容（德语的总结）。

示着癫狂技艺向"低一级"民族或社会群体的扩展。① 无论怎样，我们观察到，在遥远的东北部的萨满教中，麻醉品（烟草等）的使用是相对较晚的现象。

"巫术飞行"

西伯利亚、因纽特以及北美的萨满可以飞行。② 在全世界，飞行这一巫术能力都属于巫师和巫医。③ 在马勒库拉地区，巫师（*bwili*）能够变成动物，但他们选择变成母鸡或……因为飞行的能力可以让他们像神灵一样。④ 马林德（Marind，新几内亚南部的一个民族）巫师"前往一间小屋，这间小屋是他在森林中用棕榈树叶搭建起来的，而且他将鹭长长的羽毛装在他的上臂和前臂上。最后，他放火烧了他的小屋，但他并没有离开小屋……烟雾和火焰将他升到空中，他像鸟一样，可以随意飞行……"⑤

---

① 我们希望在对"内心热量"进行更加全面的比较研究中再次返回这一问题。关于想象的火的结构，参见 G. 巴舍拉尔《火的心理分析》。

② 例如，参见恰普利茨卡《土著的西伯利亚人》，175 页及后面内容，238 页等；A. L. 克罗伯：《史密斯海峡的因纽特人》，见 303 页及后面内容；W. 赛尔比泽：《因纽特的术士》，见 80～81 页；约翰·W. 莱亚德：《萨满教：基于马勒库拉飞行魔术者的比较分析》，仅 536 页及后面内容；A. 梅特罗克斯：《热带南美印度的萨满教》，见 209 页；T. I. 伊特科宁：《芬兰拉普兰人的异教和之后的迷信》，见 116 页。

③ 澳大利亚：W. J. 佩里：《太阳的孩子》（第二版），见 396 页，403 页及后面内容；特罗布里恩岛：B. 马利诺夫斯基：《太平洋的探险者》，见 239 页及后面内容。所罗门岛屿的尼亚马斯人变成鸟而且可以飞（A. M. 奥卡尔：《所罗门群岛爱迭斯顿的医学和巫术》，见 231～232 页）也可参见已经引用的记载（参见索引，s. v.《飞翔》）。

④ 莱亚德：《马勒库拉：飞行魔术师、鬼魂、天神和癫痫者》，见 504 页及后面内容。

⑤ P. 惠兹：《荷属南部新几内亚的马林德－阿宁人》，第二章，74 页，L. 利维－布吕尔在《原始神话》和《澳大利亚人和巴布亚人的神秘世界》，232 页中也引用了这本书。

所有这些让我们想起西伯利亚萨满服饰上的鸟类图像的象征意义。迪雅克萨满在护送逝者前往另外世界时也转变成鸟的样子。① 我们之前也看到过吠陀的祭祀者在到达梯子的顶端时，像鸟张开翅膀一样，张开他的双臂，并且呼喊道："我们已经来到天堂。"，等等。马勒库拉地区也存在同样的仪式：在祭祀仪式进入高潮时，祭祀者张开他的双臂模仿猎鹰，并且吟唱圣歌以表示他对星星的敬意。② 在诸多传统中，在神话时代人人都拥有飞行的能力，所有人都可以到达天国。他们或是坐在传说中的鸟的翅膀上飞行，或是坐在云上飞行。③ 这里我们没有必要重复所有之前文章记载的飞行象征意义的细节（羽毛、翅膀等），我们会补充这一点：某一在欧洲有大量记载的普遍信仰赋予巫师和女巫空中飞行的能力。④ 我们也已经了解到，同样的巫术能力也归功于瑜伽修行者、托钵僧和炼金士。⑤ 但我们也应该清楚，这种能力通常呈现出一种纯粹的精神特征："飞行"仅仅代表着智慧，对神秘事物或精神真理的理解能力。梨俱吠陀讲道："在所有飞行的事物中，思想（manas）是最敏捷的。"⑥《梵书》补充道："那些知晓神秘

---

① H. M. 和 N. K. 查德维克：《文学发展》，第三章，495 页；N. K. 查德维克：《诗歌与先知》，见 27 页。
② J. W. 莱亚德：《马勒库拉的石头人》，见 733~734 页。
③ 例如，在雅浦岛：参见，马克斯·瓦勒塞尔《澳大利亚人和巴布亚人的神秘世界》，见 612 页及后面内容。
④ 参见 G. L. 基特里奇《旧英格兰和新英格兰的巫术》，243 页及后面内容，547~548 页（传记）；由 N. M. 彭泽编辑，C. H. 托尼翻译的《Somadeva's Kataha-sarit-sagara》（或者《故事的海洋》），第二章，104 页；斯蒂思·汤普逊：《民俗-文化的主题-索引》，第三章，217 页；阿恩·鲁内伯格：《巫师恶魔以及繁衍巫术》，见 15 页及后面内容，93 页及后面内容，105 页及后面内容，222 页及后面内容。
⑤ 见上文，409 页及后面内容。
⑥ 第六章，9，5（R. T. H. 格里菲思译）。

的人都拥有翅膀。"①

　　充分地分析巫术飞行象征意义会使我们离题太远。我们将只研究两个重要的神话主题，它们有助于形成巫术飞行的现存结构：灵魂以鸟形象出现的神话图景，以及鸟作为信使的观念。内格莱茵、弗雷泽和弗罗贝尼乌斯已经收集了大量关于灵魂的两个神话的材料。② 我们在这一例子中所关心的就是巫师和萨满能够"灵魂出窍"这一事实。正如他们所希望的那样，他们能够"灵魂出窍"，也就是说，死亡具有把剩下的人体部分变成"鸟"的能力；萨满和巫师享有那些"未被化身之人"的"灵魂"的能力，而只有当世俗的人去世时，他们才可以享有这种能力。巫术飞行既是灵魂自主权的表述，也是癫狂的表述。上述事实说明这一神话被融合到这类不同的文化观念中：巫术、梦境的神话、太阳的狂热和帝国的鼎盛时期、癫狂技艺、葬礼象征意义以及很多其他的观念。这一神话也与升天的象征意义相关。③ 在灵魂的这一神话中，体现了处于萌芽时期的整个人类精神自主和自由的玄学；这里，我们必须找到最早期推测的出发点，这些早期的推测关系到自愿离开身体、智力的全能、人类灵魂的永生。分析"对动作的想象"，可以看出对飞行的怀念对人类的心理是多么重要。④ 这里，最重要的一点就是，萨满和巫

---

① XIV，I，13（W. 卡兰译）。关于"在空中飞行"的象征意义，参见阿南达·K. 库马拉斯瓦米《修辞格或思想的概念表达》（*Figures of Speech or Figures of Thought*），183 页及后面内容。

② 鸟－灵魂：J. 冯·内格莱茵：《希尔 阿拉斯 沃格尔》；J. G. 弗雷泽：《灵魂的危险和禁忌》，见 33～36 页。鸟－信使：L. 弗贝罗纽斯：《原始民族的世界观》，见 11 页及后面内容；弗雷泽：《原始宗教中对死亡的恐惧》，第一章，189 页及后面内容。

③ 见下文，494 页及后面内容。

④ 例如，参见巴舍拉尔《空气和梦境》，《关于活动想象的文章》；伊利亚德：《Dūrohana and the "醒着的梦"》，也可参见伊利亚德的《神话、梦境和神秘》，99 页及后面内容。

师所独有的巫术飞行的神话和仪式证实并宣称了他们超越了人类的能力；萨满通过以鸟的形象或以正常人的身形飞到空中，在一定程度上宣称了人类特征的减少。因为正如我们所见，大量的神话都提到，在远古时期，所有人都可以通过爬一座山、一棵树或一个梯子，或凭借自己的力量飞行或被鸟带走升天。此后，人类的退化使许多人不能再飞向天国；只有死亡会让人们（并不是所有的人）恢复他们的原始状态；只有那时，他们才可以升天，像鸟一样飞行，等等。

再次申明，我们没有彻底分析这种飞行的象征意义和鸟类灵魂的神话学。读者将注意到，鸟类灵魂的概念以及通过鸟识别逝者身份的方式早已在古老的近东宗教中有所记载。埃及的死亡之书描述了逝者像猎鹰一样飞向远方，[1] 美索不达米亚将逝者想象成一只鸟。这个神话也许更加久远。在欧洲和亚洲的史前历史遗迹中，宇宙树的树枝上栖息着两只鸟，[2] 除了它们的宇宙学价值之外，这些鸟似乎也象征着祖先的灵魂。我们要记住，在中亚、西伯利亚和印度尼西亚的神话学中，栖息在天树上的鸟代表着人类的灵魂。因为萨满能够将自己转变成"鸟"，也就是说，因为他们享有"神灵"的能力，所以他们飞向天树带回"灵魂鸟"。萨满教中常见的象征物是栖息在一根棍子上的鸟，例如，在雅库特萨满的坟墓上也可以找到鸟的象征物。一位匈牙利的 talos 的"小屋前矗立着一根棍子或杆子，杆子上栖息着一只鸟"。他可以派遣这只鸟去任何他必须去的地方。[3] 在 Lascaux（鸟头人）著名的观念中，人们早已发现了"栖息在杆子上的鸟"。在这一个观念中，霍斯特·基什内尔发现了萨满教恍

---

① 第 28 章等。

② 参见 G. 维尔克《史前艺术中的世界树和两种宇宙鸟》。

③ G. 罗海姆，"匈牙利的萨满教"，见 38 页；参见罗海姆的《匈牙利和乌戈尔神话学》，49 页及后面内容。

惚的一个替代物。^① 然而情况也许如此，但我们可以肯定的是"栖息在杆子上的鸟"的主题极其古老。

　　从这少许的例子中，我们可以清楚地看到，"巫术飞行"的象征意义和神话超出了萨满教本身的界限，并产生于萨满教之前；这些象征意义和神话属于宇宙巫术的思想，并在许多巫术－宗教思想中有重要作用。然而，我们能够理解这一象征意义以及所有这些神话都融入了萨满教；归根结底，这难道不是在表明和强调萨满的超人类能力吗？萨满从一些神灵那里借用超能力，同这些"神灵"一样享有能够自由安全地穿行在宇宙三界，并不定期地从"活着"到"死亡"或从"死亡"到"活着"的权利。统治者的"巫术飞行"表明相同的自主权以及同样克服死亡的胜利。

　　在这一点上，我们或许记得，圣人和术士的升天在基督教和伊斯兰教的传统中也得到证实。^② 为记录多次的"升天"和更多次的"飞行"，罗马的天主教圣徒传记的作者走到很远的地方。奥利弗·勒罗伊的事例编辑册^③正好可以证明这一点。著名的例子就是库比蒂诺的圣人约瑟夫（1603—1663）。一位目击者这样描述圣约瑟夫的升天："他从教堂的中央升入空中，像一只鸟一样飞到高高的圣坛上，在圣坛上他拥有了神龛……"^④ "有时人们看到他飞到圣人弗朗西斯和圣母 Grotello 的圣坛上……"^⑤ 有一次他飞入一棵橄榄树里，"在一根树枝上跪了半个小时，人们看到树枝就像有鸟

---

① 《萨满教史前史的考古学研究》，尤其见 271 页及后面内容。J. 马林格（《史前宗教》，128 页）认为萨满教恍惚的象征更像是一个纪念性的图景。

② 关于原始社会的漂浮，参见 O. 勒罗伊《原始理性》，174 页及后面内容。

③ 《漂浮》。

④ 同上，见 125 页。

⑤ 同上，见 126 页。

在上面栖息一样摆动"。① 在另外一场癫狂中，他飞到远离地面大约七英尺的高度，飞到一棵离他一百英尺远的扁桃树上。② 在无数其他关于圣人或虔诚之人升天的例子中，我们会例举救世主耶稣的妹妹玛丽的经历。她是一位加尔默罗修会的修女。她飞入高空，飞到伯利恒的加尔默罗修道院公园的树顶上。"但是起初她在一些树枝的帮助下升上天空，从来没有自由地在空中飘浮过。"③

桥梁和"艰难的道路"

和死者一样，萨满必须在他们的入地之旅中走过一座桥。和死亡一样，癫狂暗含一种"突变"，而神话用一条"危险的道路"来描述这一"突变"。我们已经列举了大量的例子，另有著述论及这一主题，这里只简明评述。葬礼桥的象征意义传播普遍，且远远超过了萨满教思想和神话的领域。④ 一方面，这一象征意义与桥（或树，藤蔓，等）的神话相关联，桥曾经连接天空与大地，人类通过这座桥可以毫不费力地与天神交流；另一方面，它与"狭窄的门"或一条"矛盾的道路"的加入式象征意义相关联，我们将举例说明这一

---

① 同上，加 127 页。
② 同上，见 128 页。
③ 同上，见 178 页。
④ 除了这本书已经列举的例子之外，参见约翰尼斯·策米里希《死亡鸟以及与其相关的地理神话》，236 页及后面内容；罗莎琳德·莫斯：《大洋洲和马来群岛的谋生》，s. v.：《桥》；基拉·温伯格·戈贝尔：《美拉尼西亚人对另外世界的观念》，见 101 页及后面内容；马尔蒂·拉萨宁：《通往天堂的彩虹桥》，到处；西奥多·科赫：《南美洲印第安人的泛灵论》，见 129 页及后面内容；F. K. 纳玛扎瓦：《日本神话中的世界起源》，见 151 页及后面内容，313 页及后面内容，393 页及后面内容；L. 万尼切利：《彝族的宗教》，见 179 页及后面内容；S. 汤普逊：《民俗－文化的主题－索引》，第三章，22 页（F152）。

点。这里，有一个神话观念，主要包括以下部分：（a）in illo tempore，在人类的美好时代，一座桥连接天与地了①人们可以畅通无阻地从一端走到另一端，因为那时还没有死亡；（b）曾经简单的天与地之间沟通被中断，人们无法走过这座桥，除非"以灵魂的形式"，也就是作为死者或在癫狂中；（c）走过这座桥很困难；换句话说，荆棘遍地，并不是所有的灵魂都可以成功地走过桥；灵魂必须要面对那些渴望吞噬灵魂的恶魔和怪物，或者当邪恶之人试图走过这座桥时，桥会变得和刀刃一样窄，等等；只有那些"好人"，尤其是那些"加入成为萨满的人"可以轻易地过桥；（在某种程度上，后者认识路，因为他们已经经历过仪式性的死亡与重生）；（d）然而，一些有特权的人可以在活着的时候，像萨满一样，在癫狂中走过这座桥，或像一些英雄一样"通过武力"过桥，或最终"矛盾地"运用"智慧"或加入式过桥（稍后，我们会返回讨论这一"矛盾性"）。

　　重要的一点是，大量的仪式被认为是在象征性地建造一座"桥"或一架"梯子"，而且人们认为可以通过仪式本身的绝对能力来实现这一点。例如，对这个观点，在婆罗门教祭祀的象征意义中有所记载。② 我们之前看到过，在萨满教降神会上，人们会树立一些仪式性的白桦树。连接白桦树的绳索并被称为"桥"，象征着萨满的升天。在一些日本加入式中，候选人需要在七支箭上用七块板子搭建一座"桥"。③ 这个仪式被比作刀梯，像萨满一样，候选人在加入式期间会爬上这个刀梯。总的来说，这个仪式与加入式升天仪式十分

---

① 参见沼泽，155 页及后面内容；H. T. 费希尔：《印度尼西亚的天堂神话》，见 207 页及后面内容。

② 参见《Taittiriya Samhit》，第六章，5，3，3；第六章，5，4，2；第七章，5，8，5；等。

③ 在琉球群岛的女萨满；参见 A. 斯拉维克《日本人和日耳曼人祭祀的秘密联盟》，739 页。

相似。所有这些"危险途径"的意义就是建立天与地之间的沟通，努力恢复"沟通度"，而这种"沟通度"是神话时代的普遍规律。从某一角度来说，所有这些加入式仪式都在寻求重新建立通往另外世界的一条"道路"，从而消除阶层之间的障碍，而这种障碍是人在"堕落"之后的典型特征。

在基督教和伊斯兰教的毁灭中，以及在西方中世纪的加入式传统中，这座桥的象征意义发挥着一定的作用，而这一作用更进一步表明了这一象征意义的生命力。在圣保罗的幻想中，有一座"细如发丝"的桥，这座桥将我们的世界和天堂连接起来。① 阿拉伯的作家和神秘主义者也描述同样的景象：这座桥比"一根头发还要细"，而且这座桥连接了大地与星际领域和天堂；② 就像在基督教传统中一样，罪人无法走过这座桥并被抛向地狱。阿拉伯的术语清楚地表明了这座桥或者"艰难的道路"的本质。③ 中世纪的神话讲述了一座"水下的桥"以及一座"剑 - 桥"，英雄（兰斯洛特）必须要赤足空手地走过这座剑 - 桥；它比一把长柄镰刀还要锋利，而且要通过这座桥，人们需要承受"痛苦与折磨"。另一事实也能证实跨过这座桥的加入式特征：在兰斯洛特开始过桥之前，他看到远处河岸上有两只狮子，但当他来到河岸上时，他只看到一只蜥蜴；成功地度过加入式磨难本身会令"危险"消失。④ 在芬兰传统中，维那莫依宁和那些在恍惚中前往另一个世界（Tuonela）的萨满们必须要走过一座由

---

① 米格尔·A. 帕拉舍斯：《La eschtospologia musulmana en la Divina Come-dia》，第二版，282 页。

② 同上，182 页。

③ 同上，见 181 页及后面内容。伊斯兰教关于桥的观念源自波斯（同上，180 页）。

④ 参见 H. 齐默引用的文章《国王和尸体：灵魂战胜恶魔的神话》，166 页及后面内容，173 页及后面内容。参见同上，166 页，图表 3，源自十二世纪法文手稿的走过"剑桥"的恰当的象征。

剑和刀子构成的桥。①

"狭窄的通道"或"危险的道路"在葬礼和加入式神话学中都是一个常见的主题（我们已经了解到两者之间的联系是多么紧密，有时甚至相互融合）。在新西兰，逝者要穿过两位恶魔之间的狭窄空隙，而这两位恶魔努力想要抓住逝者。如果逝者很"轻盈"，那么他就可以成功通过，如果他很沉重，就会跌落，成为恶魔的猎物。② 正如在神话中迅速穿过一位怪物的下巴的情节一样，"轻盈"或"敏捷"总是象征着"聪明"、"智慧"、"超越"，因此最终也象征着加入式。卡塔奥义书讲道："锋利的剃须刀片难以越过，艰难的道路正如诗人宣称的那样"。③ 这种惯用的方法表明，玄学知识的本质为加入式。"海峡即为门，狭道即为路，它通向生命，却很少有人找到。"④

的确，"海峡门"和"危险桥"的象征意义与我们所谓的"矛盾之路"的象征意义相关联，因为有时"矛盾之路"最终是不可能完成的，或者是一种无法逃脱的情境。人们会记得，有时萨满候选人或神话英雄会发现他们自己处于绝对情境中。他们必须要"日以继夜"地走或在墙里找到一道门，或者通过一个只在刹那间打开的通道升入天空，穿越两块不停移动的魔石，即两块彼此撞击的岩石，穿过一只怪物的下颌，以及一些类似的情况。⑤ 如库马拉斯瓦米所见，所

---

① M. 哈维奥：《维纳莫伊宁》，见 110 页及后面内容。

② E. S. C. 汉迪：《波利尼西亚的宗教》，见 73 页及后面内容。

③ 第三章，14 页（由 R.E. 休姆翻译，353 页）。关于桥梁的印度和凯尔特象征意义，参见路易莎·库瓦拉斯瓦米《幸福的危险桥》；也可参见阿南达 K. 库瓦拉斯瓦米《时间和永生》，28 页和注释 36。

④ 马特，7：14。

⑤ 关于这些主题，参见 A. B. 库克《宙斯》，第三章，Pt. 2，附录 P（《漂浮岛》），975～1016 页；A. K. 库马拉斯瓦米：《叙姆普勒加得斯》；伊利亚德：《出生与重生》，64 页及后面内容，130 页；G. 哈特：《美洲民俗中的亚洲影响》，78 页及后面内容。

有这些神话图景表明，要想达到终极现实，需要超越对立面，废除人类能力的两极状态。"不论谁从这个世界过渡到另一个世界，或者从另一个世界返回这个世界，都必须穿过无维度、无时间的'间隔'，这一间隔将彼此相连但又对立的力量分开，在这两股力量之间，如果一个人可以通过，那么他一定是'立刻穿过'"。① 在这一神话中，这一"矛盾的"道路绝对证实了成功度过困难的人已经超越了人类的能力；他是一位萨满，一个英雄，或一个"神灵"，而且确实只有是"神灵"的那个人才可以通过这一"矛盾的"道路。

这些例子阐明了神话仪式和"道路"象征物在萨满教的仪式形态和技艺中的作用。在癫狂中，萨满通过跨越"危险"桥来证明他是一位神灵，不再是一个人。因为这座桥连接了两个世界，并且只有逝者才能试图通过这座桥。与此同时，萨满也试图恢复天与地在神话时代存在的"沟通"。萨满如今在癫狂状态中完成的事情，在世界之初人人都可以做到，那时人们可以升上天堂，而且不借助恍惚就返回地面。如今，只有少许人，如萨满，可以在癫狂状态下短暂地重新回复全人类最初的状态。在这点上，"原始"神秘体验即原始的回归，对逝去天堂的神秘时代的逆转。对于处于癫狂的萨满而言，曾在神话时代连接天与地的桥或树、藤蔓、绳索，因为稍纵即逝的空间，都成为此在的现实。

梯子—死者之路—升天

我们已经找到无数关于萨满通过梯子升天的例子。② 人们也以同样的方式来促使天神降临大地，或确保死者的灵魂

---

① 《叙姆普勒加得斯》，486 页。
② 见出现在 W. 科佩斯的《印度中部的比尔人》中龚德术士所使用的这种梯子的照片，见 Pl. XIII，图表 1。

升入天空。因此，在东印度群岛或印度尼西亚群岛中，人们用一个有七个横档的梯子邀请太阳神降临大地。杜顺族中，被召唤去治愈病人的巫医会在房间的中心立一个梯子；这个梯子向上碰到屋顶，向下接触到巫师召唤的将要附体巫医的神灵。[①] 一些马来部落会在坟墓上立一些他们称为"灵魂－梯子"的笔直的棍子，这无疑是请死者离开埋葬的地方，飞向天国。[②] Mangar，尼泊尔一个部落，会使用一个象征性的阶梯，在一根棍子上刻九个刻痕或九节梯阶，然后把这根棍子插在坟墓上；死者的灵魂通过这根棍子升入天国。[③]

埃及的葬礼文本依然保留了 asken pet（asken 即为阶梯）的描述，以此来向人们展示，梯子通过 Ra（拉——埃及神祇）获得升天能力，而这把梯子是现实中的一把梯子。[④]《死亡之书》讲道："我在众神间立了一把梯子。"[⑤] 天神"为 N 制作了一把梯子，这样他就可以通过这把梯子升上天国。"[⑥] 从远古时期到中世纪，坟墓上的护身符代表一副梯

---

① 弗雷泽：《旧约中的民俗》，第二章，54～55 页。

② W. W. 斯基特和 C.O. 布莱格登：《马来半岛的异教徒种族》，第二章，108 页，114 页。

③ H. H. 里斯利：《孟加拉部落和社会等级》，第二章，75 页。沃罗涅什的俄罗斯人烘烤小的生面团梯子来纪念他们的逝者，有时他们通过面团上的 7 个梯阶来代表七级天国。切列米斯人也借引了这个习俗；参见弗雷泽《旧约中的民俗》，第二章，57 页；《原始宗教中对死亡的恐惧》，第一章，188 页及后面内容。在西伯利亚俄罗斯民族中也发现了同样的习俗；参见 G. 兰克《欧洲东北部和亚洲北部家庭祭拜中神圣的后屋角落》，73 页。关于俄罗斯葬礼神话学中的梯子，参见普罗普《神奇故事的历史根源》，338 页及后面内容。

④ 参见，例如沃利斯·巴吉特《古老埃及从崇拜物到天神的演变》，346 页；H. P. 布罗克：《古埃及人对通往天堂梯子的想象研究》。

⑤ R. 韦尔曾引用《在葬礼宗教和普通宗教中的芦苇地和祭品场地》，52 页（以上翻译由巴吉特完成，495 页）。也可参见 J. H. 布雷斯特德《古埃及的宗教和思想发展》，112 页及后面内容，156 页及后面内容；F. 马克斯·穆利：《埃及（神话）》，176 页；W. J. 佩里：《原始海洋》，263 页，266 页；雅克·旺迪尔：《埃及宗教》，71～72 页。

⑥ 《金字塔文章》，Utt. 572，§ 1474b（玛塞尔译，第一章，234 页）。

子（maget）或一副旋梯，在各个时代都可以找到这样的护身符。[1] 在莱茵河沿岸的葬礼中也涉及类似的小雕像。[2]

密特拉教的神话记载着一个有七个横档的梯子（klimax），而且我们已经看到，[3] 先知 - 国王 Kosingas 威胁他的国民，他将通过一个梯子上天去找女天神 Hera。通过仪式性地攀爬一个梯子而实现升天，这可能是俄耳浦斯（拜酒教）加入式的一部分。[4] 无论如何，在希腊，人们都了解通过梯阶升天的象征意义。[5]

很久之前，W. 自保适（布瑟）就将密特拉教的梯子与东方类似的概念进行对比，并展示它们之间共同的宇宙象征意义。[6] 但是"世界中心"的象征意义依然很重要，这一象征意义在所有有关升天的例子中都有所暗指。雅各布梦到了一副梯子，它的顶端直入天堂，"天神的天使通过这把梯子升天入地"。[7] 而雅各布睡觉枕的那块石头是一块 bethel（也就是一块神石），它坐落在"世界中心"，它正是位于所有

---

① 例如参见，巴吉特《木乃伊》（第二版），324 页，327 页。在巴吉特的《埃及天堂和地狱》中重现升天的葬礼梯子，见第二章，159 页及后面内容。

② 参见 F. 屈蒙《不灭之光》，282 页。

③ 上文，392 页及后面内容。

④ 至少这是 A. B. 库克的推测（《宙斯》，第二章，Pt. 1，124 页及后面内容），他以他常用的方式将大量其他宗教中关于仪式性梯子的参考资料收集起来，但也可参见 W. K. C. 格思里《俄耳浦斯和希腊宗教》，208 页。

⑤ 参见库克，第二章，Pt. 1，37 页，127 页及后面内容。也可参见 C. M. 埃德斯曼《火的洗礼》，41 页。

⑥ 《灵魂的升天之旅》，尤其见 155~169 页；也可见 A. 耶肋米亚《手册》（第二版），180 页及后面内容。沃伯格图书馆的 Vorträge 第八卷主要讲述了各种传统中灵魂的癫狂旅程；也可参见 F. 萨克斯尔《古波斯的光身》，97 页及后面内容；本杰明·罗兰：《巴米扬佛教艺术的研究》，48 页。

⑦ Gen. 28：12。

宇宙领域连通的地方。[①] 在伊斯兰教的传统中，穆罕默德也看到了一副从耶路撒冷（最著名的"中心"）升入天堂的梯子，左右两旁都有天使陪伴。正直之人的灵魂通过梯子升空来到天神面前。[②] 在基督教的传统中，也有大量神秘梯子的记载。例如，圣人 Perptua 的受难记和圣人奥拉夫的传奇。[③]圣人克利马古用梯子的象征意义表达精神性升天的各个阶段。伊斯兰教的神秘学中也存在类似的象征意义：为升上天神的圣殿，灵魂必须连续升上七个阶梯，即忏悔、节制、抛弃、贫穷、耐心、对天神的信仰、满足等七个阶层。[④] "阶梯"、"梯子"以及"升天"的象征性也不断应用于基督教的神秘学中。在 Saturn Dante（土星丹堤）的神殿中，有一架闪闪发光的、升入最后宇宙阶层的金色梯子。得到神灵祝福之人的灵魂乘着这架梯子去往更高的天国。[⑤] 在冶金术的

---

① 参见伊利亚德《比较宗教范型》，229 页及后面内容，380 页及后面内容。也可见上文，ch. viii。我们也不应该忘记其他类型的升天，例如统治者或预言家为了从最高天神手里获得"天书"，这是一个极其重要的主题，G. 维登格伦在《天神传道者的升天和天国之书》中研究了这一主题。

② 米格尔 Asin 帕拉舍斯：《La escatologia musulmana en la Divina Comedia》，70 页。在其他传统中，穆罕默德骑在一只鸟的背上到达天国；因此《阶梯之书》讲道：他骑跨在"一种类似于鸭子，比驴大比骡子小的动物身上"，并在大天使加布里埃尔的引导下完成了他的旅行；见恩里科·切鲁利《IL "libro della scala"》。见上文（404 页及后面内容）伊斯兰教圣人的类似神话。"不管怎样，巫术飞行、攀爬、升天都是相同巫术体验和相同象征意义的相应模式"。

③ 参见 C. M. 埃德斯曼《火的洗礼》，32 页及后面内容。

④ G. 凡·德尔·莱乌：《本质与表现形式中的宗教》，484 页及其参考文献。

⑤ 红十字会的圣人约翰把神秘完美的阶段描绘成一次艰难的攀爬；他的《卡梅尔山的升天》描绘了在一次长时间的爬山过程中所必需的禁欲和精神努力。在一些西部欧洲文化传奇中，基督教的十字架被视为一座桥或一架梯子，通过这些天神降临人间，灵魂飞向天神（哈瓦：《生命之树》，133 页）。关于拜占庭的天堂梯子的图解，参见库马拉斯瓦米《Svayamatrnna：Janua Coeli》，47 页。

传统中，依然保留着有七根横档的梯子。在一部法典所描绘的冶金术的加入式中，人被蒙住双眼，沿着一架七档的梯子向上爬行，在梯子的第七个横档上站着一位摘下蒙布的人，他的面前是一道紧闭的门。①

非洲、② 大洋洲③以及北美洲④也熟知通过梯子升天的神话。但是梯阶只是升天的众多象征性表述的一个；萨满可以通过火或烟，⑤ 通过爬一棵树、⑥ 一座山⑦或通过一根绳子，⑧ 或藤蔓、⑨ 彩虹，⑩ 甚至是一束阳光而到达天空。最

① G. 卡尔博内利：《Sulle fonti storiche della chimica e dell'alchimia in Italia》，39 页，图表 47。这个古抄本收藏在 Modena 的皇家图书馆。
② 参见埃利斯·沃纳《非洲"神话学"》，136 页。
③ 参见 A. E. 延森和 H. 尼格迈尔编辑的《Hainuwele》，51 页及后面内容，82 页，84 页，等；延森：《Die drei Strome》，164 页；H. M. 和 N. K. 查德维克：《文学发展》，第三章，481 页等。
④ S. 汤普森：《主题索引》，第三章，8 页。
⑤ 例如参见，R. 佩塔佐尼《Saggi di storia delle religioni e di mitologia》，68 页注释 1；A. 里森菲尔德：《美拉尼西亚的巨石文化》，196 页及后面内容等。
⑥ 参见 A. 凡亨纳普《澳大利亚神话与传奇》，nos. 17，56；佩塔佐尼：《Saggi》，67 页注释 1；H. M. 和 N. K. 查德维克，第三章，486 页等；哈里·Tegnaeus：《文明英雄》，150 页注释 1；等。
⑦ Wotjobaluk（澳大利亚）部落的巫医可以升到遥远的"黑暗之地"，这个地方像一座山（A. W. 豪伊特：《澳大利亚东南部的土著部落》，490 页）。也可参见 W. 施密特《起源》，第三章，845 页，868 页，871 页。
⑧ 参见佩塔佐尼《Miti e leggende》，第一章，63 页（桑格）等；H. M. 和 N. K. 查德维克，第三章，481 页（海洋迪雅克）；弗雷泽：《旧约中的民俗》，第二章，54 页（切列米斯）。
⑨ H. H. Juynboll：《印度尼西亚原始民族的宗教》，583 页（印度尼西亚）；弗莱泽：《民俗》，第二章，52~53 页（印度尼西亚）；罗兰·狄克逊：《大洋"神话学"》，156 页；埃利斯·沃纳：《非洲"神话学"》，135 页；H. B. 亚历山大：《拉丁美洲"神话学"》，271 页；S. 汤普森：《主题索引》，第三章，7 页（北美）。相同的宗教大约都用一张蜘蛛网来代表升天的神话。
⑩ 在此研究过程中再举一例：Juynboll，585 页（印度尼西亚）；艾弗·H. N. 埃文斯：《宗教、民俗的研究》，见 51~52 页（杜松）；H. M. 和 N. K. 查德维克，第三章，272 页及后面内容等。

后，我们须提及另一组与升天主题相关的神话和传奇——"箭链"。一位英雄将第一支箭射在天空的拱顶上，把第二支箭射在第一支箭上，以此类推，直到在天空和大地之间形成一条箭构成的链子为止。在马来西亚、北美洲和南美洲也存在这一主题；但是非洲和亚洲并没有出现这一主题。① 澳大利亚人并不知道弓，在澳大利亚神话中，一支绑着一条布的矛发挥着弓的作用；由于这支矛固定在天空的拱顶上，所以英雄通过这条飘逸的布条实现升天。②

篇幅所限，这里不对这些神话主题和它们的仪式性暗含之意进行全面探讨，仅指出神话人物、萨满（巫师、巫医）以及逝者当中某些拥有特权的人都可以平等使用这些多样的升天方法。但是我们并不研究各种宗教中死后路途多样性这一极其复杂问题。③ 我们将只研究那些被人们认为最远古的部落，这些部落的逝者会升上天堂，但大多数"原始"民族都知晓至少两条死后的路线：有特权的人（首领、萨满、"加入者"）升上天堂，而剩下的人进入地平线和地府。因此，一些澳大利亚部落，如那林伊犁族、迪埃利族、Buandik、库尔耐族和古林，都相信逝者会升入天空。④ 在古林族中，逝者通过落日的余晖升上天空。⑤ 但是在澳大利亚中部，逝者会在他们之前生活过的熟悉地方徘徊。在西部，逝者会

---

① 除了塞芒（参见佩塔佐尼 "La catena di frecce"，79 页）和科里亚克（参见 W. I. 乔吉尔森《科里亚克》，213 页，304 页）之外。

② 佩塔佐尼：《箭链》。也可见乔吉尔森《科里亚克》，293 页，304 页；同上，关于这一主题在北美地区传播的补充性参考资料。也可参见 G. 哈特《美洲民俗中的亚洲影响》，40 页及后面内容。

③ 筹备中的书籍《死亡神话学》将研究这一问题。

④ 参见弗雷泽《永生信仰和逝者崇拜》，第一章，134 页，138 页等。

⑤ 豪伊特：《澳大利亚东南土著部落》，438 页。

去往别处。①

对于新西兰的毛利人来说，灵魂的升天漫长而又艰难，因为天国多达十级。司祭用很多方式实现升天：他唱着歌曲，以巫术的方式护送灵魂；同时，他试图通过一个特殊的仪式将灵魂从身体中分离出来并将它送上天国。当死者是一位首领时，司祭和他的助手们把羽毛牢牢系在棍子的末端；当他们合唱时，他们会一点一点地把棍子举在空中。② 这里，我们或许又注意到，只有那些有特权的人才可以升入天空；剩下的人跨越海洋或到地下领域。

如果对刚刚简略回顾的所有神话和仪式全面归纳，我们会吃惊地发现这样一个事实：所有这些神话和仪式都共有一个主要观点，即天堂与大地之间的沟通或者可以在神话时代实现，或者可以通过一些现实的途径（彩虹、桥、阶梯、藤蔓、绳索、"箭链"、山等）实现。所有连接天与地的象征物都是天树或宇宙轴的变体。前文曾提及，宇宙树的神话和象征意义暗示"世界中心"，"世界中心"即大地、天空和地下世界的交界处。我们也注意到，在萨满教的意识形态和技艺中，尽管"中心"的象征意义最为重要，但那时它却比萨满教本身流传更为广泛，而且先于萨满教本身而存在。"世界中心"的象征含义也与原始时期的神话紧密相关。在远古时期，天与地的沟通、天神与凡人的交流不仅是可能的，而且是轻而易举的，每个人都可以实现这样的交流。我

---

① 根据 F. 格雷布纳（《原始民族的世界观》，见 25 页及后面内容）和 W. 施密特（《起源》，第一章［第二版］，334～476 页；第三章，574～586 页等），最古老的澳大利亚部落是那些大陆东南部的部落，也就是说，那些部落的葬礼观念绝对与上天有关（毫无疑问，这些观念与他们对一位最高宇宙结构的天神信仰有关）；然而澳大利亚中部部落的葬礼观念主要是"水平方向的"，并与祖先崇拜和图腾主义有关，从民族学角度来看，他们是最不"原始的"。

② 弗雷泽：《永生信仰和逝者崇拜》，第二章，24 页。

们刚刚回顾的神话一般都提及 in illo tempus（神话时代），但是其中一些神话提到了沟通切断之后英雄或统治者或巫师实现升天。换句话说，这些神话预示着某些特权之人或被天神选中的人可能回归到最初时代。他们可以恢复人类"堕落"之前的神话和美好时代，即恢复到天与地的交流中断之前的时代。

　　萨满属于这一类被精选出来的或是有特权的人。他们不是唯一能够飞向天国或通过树、梯子或类似方式到达天国的人；这里，其他有特权的人也拥有与他们相似的能力，例如统治者、英雄和加入者。萨满因癫狂这一特殊技艺而有别于其他有特权的人。正如我们所见，萨满教的癫狂可以被视作人们"堕落"之前人类能力的恢复；换言之，它重现了一个原始"情境，"而其他人只有通过死亡才可以接触到这一"情境"（因为与吠陀印度祭祀者相比，通过仪式的升天是象征性的，没有萨满的升天那么具体）。尽管萨满教升天的思想非常连贯，且构成我们刚刚回顾的神话观念的重要部分（"世界中心"、交流的中断、人类特征的减少，等等），但是我们遇到了许多变异的萨满教实践的例子；① 我们尤其提及了获得恍惚的退化后的、机械的方式（麻醉、跳舞跳到精疲力竭、"附体"等）。那么问题是：除了从历史角度来解释这些异常的技艺（技艺的衰退源于外来文化的影响及混杂），从其他层面上，这些技艺无法得到阐释。例如，我们

---

① 很有可能因为萨满教恍惚的变异类型，威廉·施密特将癫狂视为只有"黑"萨满拥有的一种特性（参见《起源》，第十二章，627 页）。根据他的解释，由于"白"萨满没有进入癫狂，施密特并不将其视为"一位真正的萨满"，并且反对称其为一位"天国的仆人"（同上，365 页，634 页及后面内容，696 页及后面内容）。施密特极有可能诋毁了癫狂，因为作为一个纯理论主义者，他认为一个涉及"失去意识"的宗教体验并不合法。参见多米尼克·施罗德《萨满教结构研究》，在与此书的法文版本中提出的观点做比较时，对他的文章的讨论。

或许会问，是否萨满教恍惚的变异并非源于萨满寻求具体的
象征性体验和神话体验（in concre to），从本质上讲，这些
具体的象征性体验和神话体验并不易于在"具体的"层面上
得以"实现"；我们所见的恍惚状态是否是由这样一个愿望
造成的，即，不惜任何代价、以任何方式获得一次具体的升
天（in concreto）、一次神秘而又真实的天国之旅的愿望；最
后，这类行为是否源于"活着"的强烈愿望，所谓"活
着"，指的是在身体层面体验那些当前人类能力无法达到的、
只有在"精神"层面才可以触及的东西。但我们倾向于保持
这一问题悬而未决；无论如何，这个问题超出了宗教历史的
界限，进入了哲学和神学的领域。

第十四章
结 论

北亚萨满教的形成

我们看到的"萨满"一词来自通古斯语 šaman，借助俄语传播过来。这一术语由巴利语的 samaṇa（梵语里写作 śra-maṇa）派生出来，通过汉语 sha-men（这只是这个巴利语词的转写）传播开来。尽管早期受到一些人（如 1842 年的 W. 肖特，1846 年的多杰·班扎罗夫）的质疑，1914 年 J. 内梅斯[1]和 1917 年 B. 劳弗也对其排斥，但这一观点被十九世纪的大多数东方学者所接受。[2] 这些学者认为，这些词已经表明通古斯词语属于突厥－蒙古语言，因为它们之间存在某些语音上的相关性：古老的突厥语的首音/k'/发展成为鞑靼语/k/，楚瓦什语的/j/，雅库特语的/x/（这是一个清音，发音就像德语的 ach），蒙古语的/ts/、/č/以及满族－通古斯语

---

① "Šaman 一词的起源研究及对于突厥蒙古语语音变化史的说明"。关于在伊斯兰教中 šaman 术语的意义，参见 V. F. 比希纳《萨满》。

② 《萨满这一词的来源》。劳弗的文章也包含了这个问题的一个简要的历史和文献说明。也可参见让－保罗·鲁克斯《突厥－蒙古族文章中萨满的名字》。关于突厥的术语 bögü，参见汉斯－威廉·豪西希《Theophylakts 关于斯基台各民族的说明》，见 359 页及后面内容。

的 /s/、/ś/ 或 /š/，因此通古斯语的 šaman 可能完全等同于突厥 - 蒙古语的 kam（qam）一词，而在大多数的突厥语言中，这一术语在严格意义上准确地表达了"萨满"的意思。

但是，G. J. 拉姆施泰特[①]表明，内梅斯的语音规则是无效的。同样，在吐火罗语（samāne "佛教和尚"）以及古索格代亚纳语（šmṇ = šaman）中发现了类似的词语，这复兴了"萨满"一词起源于印度语这一理论。[②] 对这一问题的语言学层面，我们尚无定论。要解释这一印度术语从中亚到远东亚的迁移，也存在许多困难，因此，我们补充一点，对西伯利亚民族中印度影响这个问题，我们要使用人种志的和历史的资料进行整体考量。

史禄国（Shirokogoroff）已经完成了通古斯研究，[③] 我们仅仅试图对史禄国的一系列研究成果和普遍结论进行总结。史禄国称，对于通古斯语来说，šaman 这一词似乎很陌生。但更重要的一点是，萨满教现象本身就体现了一些起源于南部的元素，尤其是佛教（喇嘛教）的一些元素。如今，佛教早已广泛渗透到东北亚地区。十四世纪，佛教渗入到朝鲜地区，在第一个千禧年下半叶渗入维吾尔族，十三世纪进入蒙古，十五世纪进入阿穆尔地区（阿穆尔河口有一座佛庙）。

---

① 《楚瓦什语地位问题的研究》，见 20～21 页；参见凯伊·唐纳《粟特名词 "法" 和萨摩耶德名词 "天、神" 的研究》，第 7 页。也可参见，G. J. 拉姆斯泰特《阿尔泰语言与其他语言群体的关系》。

② 参见，希尔万·利瓦伊《传教者伯希和的吐火罗语文献的研究》，尤其见 445～446 页；保罗·伯希和：《关于在中文文本中得到证实的一些亚洲中部的词语》，尤其见 466～469 页；A. 梅耶（《吐火罗族》，19 页）也指出吐火罗语 samāne 这个词和通古斯语中对应词之间的相似性。F. 罗森堡（《关于伊朗国家史诗的酒和晚宴》，见 18～20 页）强调了古索格迪亚纳语 šmṇ 的重要性。

③ N. D. 米罗诺夫和 S. M. 史禄国：《沙门－萨满》（"Sramana-Shaman"）。也可参见史禄国《通古斯族中的萨满教普遍理论》；《远东地区的北部通古斯移民》；《通古斯人萨满制度基础初探》；《通古斯的心理情结》，见 268 页及后面内容。

通古斯族中的大部分神灵的名字都借自蒙古人和满族人，而
蒙古人和满族人是从喇嘛教徒那儿获得这些名字的。① 在通
古斯萨满的服饰、鼓和画作中，史禄国发现了一些近期的影
响。② 除此之外，满族人称，萨满教于十一世纪中出现在他
们的生活中，但直到明朝（14－17世纪）才得到广泛传播。
就南部通古斯人而言，他们指出自己的萨满教是从满族人和
达斡尔族人（the Dahor）借引而来的。最后，北部通古斯
人受到其南部邻族雅库特族人的影响。为证明萨满教的出现与
佛教在北亚这些民族的传播同时发生，史禄国引用了这样一
个事实：十二至十七世纪之间萨满教盛行于中国东北地区，
十四世纪之前盛行于蒙古族，很可能七世纪到十一世纪盛行
于吉尔吉斯族和维吾尔族。这也就是说，佛教（喇嘛教）在
以上民族得到正式认可之前，萨满教已经在这些民族中盛
行。③ 俄罗斯民族学家进一步举出几个起源于南部的民族志的
元素。出现在萨满教意识形态中和萨满仪式服饰中的蛇（一
些例子中，出现蟒蛇），在通古斯族、满族、达斡尔族以及其
他民族的宗教观念中并不存在，其中一些民族甚至都不知晓
爬行类动物的存在。④ 俄罗斯的学者认为，萨满鼓的传播中
心在贝加尔湖流域，而且萨满鼓在喇嘛教的宗教音乐中占有

① 米罗诺夫和史国禄的《沙门－萨满》，见11页及后面内容；史国禄：
《心理情结》，279页及后面内容。史国禄的理论已经被 N. N. 波普
接受；参见《亚洲的成年人》，第三章（1926），138页。U. 哈瓦在
《宗教观念》，381页中提出了南部（中国佛教）对于不儿罕人（the
burkhan）的影响。也可参见，W. 施密特《起源》，第十章，573页；
多米尼克·施罗德：《土族的宗教》，最后的文章，见203页及后面内
容。
② 米罗诺夫和史禄国：《沙门－萨满》，见122页；史禄国：《心理情
结》，见281页。
③ 《沙门－萨满》，125页。
④ 同上，126页。大量通古斯萨满的"神灵"来自佛教（《心理情结》，
见278页）。它们在萨满教服饰上的图像象征表明"佛教司祭服饰的准
确再现"（同上）。

重要地位。铜镜①本身源于喇嘛教，它在萨满教中也十分重
要，以至于只要有铜镜，萨满可以在没有服饰和鼓的情况下
表演萨满巫术。史禄国也发现，一些萨满头饰也是从喇嘛教
借引而来的。

　　总之，史禄国认为，通古斯萨满教是"一个相对较新的现
象，这一现象似乎是从西方传播到东方，从南方传播到北方的。
它包括许多直接从佛教借引来的元素……"②"在通古斯族和其
他萨满教徒的社会系统和具有泛灵论哲学特征的心理学中，萨
满教根深蒂固。但是，在北亚民族群体中，以现有形式存在的
萨满教确实是佛教渗入的结果之一。"③ 在其集大成之作《通古
斯族的精神–心理情结》中，史禄国得出结论，"佛教促成萨满
教的形成"。④ 如今，在蒙古国，人们仍可以观察到这一现象：
喇嘛建议那些精神不稳定的人成为萨满，而且一位喇嘛通常会
成为一名萨满，并利用萨满的"神灵"。⑤ 因此，如果通古斯文
化观念中充斥着从佛教和喇嘛教借引的元素，我们也无须感到
惊讶。⑥ 萨满教和喇嘛教共存的现象也存在于其他亚洲民族中。
例如，在图瓦族人的许多蒙古包里，甚至是喇嘛的蒙古包中，
佛像摆放在正中间，旁边是其他神像——萨满教的那些保护神
（éréni），即对抗邪恶神灵的保护者的神像。⑦

　　我们完全同意史禄国的结论："佛教促进萨满教的形成。"
南部的影响确实改进和丰富了通古斯萨满教，但通古斯萨满教
并非由佛教创生。正如史禄国本人所讲的那样，佛教传入之前，

---

① 参见，上文 154 页。
② 《沙门–萨满》，127 页。
③ 同上，130 页，注释 52.
④ 282 页。
⑤ 同上。
⑥ 同上。
⑦ V. 本纳：《亚洲一个几乎不被了解的国家：塔纳–图瓦》，见 9 页。也可参
　 见，V. Diószegi《图瓦萨满教》。

通古斯的宗教主要以对天神布加（Buga）的崇拜为主，另一个重要元素就是祭奠逝者的仪式。如果当时没有现代意义上的"萨满"，也存在一些专门从事祭祀天神和祭拜逝者的祭司。史禄国说，如今在所有的通古斯部落中，萨满并不参与祭拜天神的祭祀活动；至于祭拜逝者，我们也看到只有在特殊情况下，人们才邀请萨满参与。例如，当一个逝者拒绝离开阳间，必须通过一种萨满教的降神会才能将他召回阴间。① 如果通古斯萨满真的不参与祭祀天神，那么萨满降神会依然包含了一些可以被视为具有天国性质的元素。再者，通古斯族中也有大量关于升天象征意义的记载。目前这种形式的象征意义有可能是从布里亚特族和雅库特族借引而来的，但这绝不能证明，在与南部邻族建立联系之前，通古斯族不拥有这个象征意义；天神的宗教重要性和西伯利亚远北地区有关升天的神话和仪式的普遍性使我们不得不承认通古斯族拥有这个象征意义。于是，关于通古斯萨满教的形成，我们可以得出以下结论：喇嘛教的影响主要体现在他们所赋予"神灵"的重要性上，以及控制神灵和体现神灵的技艺中。因此，现有形式的通古斯萨满教深受喇嘛教的影响。但是我们是否有理由认为，亚洲和西伯利亚萨满教作为一个整体就是这些中国佛教徒影响的产物呢？

在回答这一问题之前，让我们回顾一下目前的一些研究结果。我们发现，萨满教的特定元素并不是萨满体现"神灵"（或"神灵"化身为萨满），而是萨满升天或入地引起的癫狂；体现神灵和被神灵"附体"是普遍流传的现象，但这些现象并不一定属于严格意义上的萨满教。从这一观点出发，正如它今天所存在的那样，通古斯萨满教不能被视作萨满教的一种"经典形式"，正是因为通古斯萨满教赋予"神灵"化身以突出其重要性，而升天的作用却很小。现在我们

---

① 《心理情结》，见 288 页。

已经看到，根据史禄国所言，正是用来掌控并使"神灵"化身的思想和技艺，也就是南部（喇嘛教）的贡献，使通古斯萨满教变成现在这样。因此我们有理由将通古斯萨满教的现代形式视为古代北亚萨满教的一种杂交；此外，正如我们所见，以萨满教堕落为主题的神话是很有说服力的，而且在中亚的鞑靼族和西伯利亚最东北部的民族中也有这类神话。

佛教（喇嘛教）对通古斯萨满教具有决定性的影响，其影响也自由扩散到布里亚特族和蒙古族。我们已经不止一次指出一些证据，证明印度对布里亚特族、蒙古族以及鞑靼族的神话、宇宙学和宗教观的影响。充当印度在中亚地区的宗教贡献媒介物的主要是佛教。但是这里有必要说明一点：印度的影响既不是最早也不是唯一渗入中亚和北亚的南部影响。从史前最早的时候开始，南部文化以及之后的古代的近东，都对中亚和西伯利亚的文化产生过影响。极地附近的石器时代依存于欧洲和近东地区的史前历史。① 北部俄罗斯与北亚的史前文化和史前文明深受古老东方文明的影响。② 从

---

① 参见居托姆·耶辛《拱极星的石器时代》。也可参见，A. P. 奥克拉德尼科夫《北亚太平洋海岸的古老文化以及文化与民族的关系》，555 页及后面内容；卡尔·耶特马尔：《内亚细亚的史前史》，见 150～161 页；C. S. 查德：《西伯利亚史前的概述》第一部分。

② 例如参见，A. M. 塔尔格伦《源自加利奇人和他们亲属的铜菩萨》。关于在公元前四世纪期间，近东民族和史前突厥的关系，参见 W. 科佩斯《从民族通史的角度看原始突厥和原始日耳曼》，见 488 页及后面内容。根据 D. 西诺尔的语言学研究，史前突厥的原始家园一定处于《比目前更加西部的地方》（《乌拉罗－阿尔泰－原始印欧语》，见 244 页）。也可参见耶特马尔《卡拉斯克文化以及它的东南部亲密关系》；《土耳其之前的阿尔泰》；《内亚细亚的史前史》，见 154 页及后面内容。根据 L. 巴赫达，北萨满教的思想是南部农业文化和北部狩猎者传统交替的结果。但是萨满教既不是前者，又不是后者的特征；它是农业整体的结果，而且相比于它的组成部分，它是近期才出现的。北亚萨满教并没有早于青铜时期；参见，《萨满教惯用语地位的研究》，479 页。但是我们很快将会看到（504 页，注释 31）史前历史学家卡尔 J. 纳尔相信他可以证明北亚萨满教源于低级旧石器时代转变成高级旧石器时代的那一刻。

人种志上讲，所有游牧民族的文化都可被视为农业和城市文明探索的一个分支。农业和城市文明的传播间接地扩展到遥远的北部和东北部。这种传播从史前一直持续到现在。在中亚和西伯利亚的神话学和宇宙学的形成中，我们已经看到来自印度 - 伊朗和美索不达米亚的重要影响。在维吾尔、鞑靼甚至蒙古族中都有伊朗的术语记载。[①] 不管怎样，人们十分了解中国和希腊东部之间的文化交流和互惠影响。相应地，西伯利亚也受益于这个文化交流：许多西伯利亚民族使用的数字都是间接从古罗马和中国借引而来。[②] 源自中国文明的影响渗透到遥远的鄂毕河流域和叶尼塞地区。[③]

　　正是从这一历史 - 民族的角度出发，我们必须关注南部对中亚和北亚民族宗教和神话的影响。就萨满教本身而言，我们已经看到这些影响的结果，尤其是对巫术技艺的影响。萨满的服饰和鼓[④]也受到了来自南部的影响。但是从结构

---

① 关于蒙古族词汇中的伊朗元素，也可参见 B. 劳弗《中国 - 伊朗》，572～576 页。参见奥托·曼琴 - 赫尔芬《西伯利亚的摩尼教》，关于公元九世纪南部西伯利亚古索格迪亚纳的岩石纪念碑。也可参见，P. 伯希和《亚洲东部和远东地区的伊朗影响》。

② 凯伊·唐纳：《西伯利亚》，见 215～216 页。

③ 例如参见，F. B. 斯泰纳《皮艇和雅库特的 "Xayik"》。

④ 在由 W. 施密特总结但未发表的研究《起源》，第三章，334～338 页，A. 加兹得出结论，中亚和北亚的萨满鼓的原型是西藏双面鼓。史禄国（《心理情结》，299 页）接受施密特的理论（《起源》，第三章，338 页）：源于西藏带有木制手柄的圆形鼓是第一个进入亚洲的鼓，这些地区还包括楚科奇和因纽特。W. Thalbitzer 也提到了亚洲起源的因纽特鼓（《阿玛沙力克（Ammasalik）因纽特人》，第二部分，这一卷的后半部分，580 页）。W. 科佩斯（《印度宗教问题》，见 805～807 页）尽管接受史禄国和加兹的关于萨满鼓南方起源的结论，但是他并不相信萨满鼓的原型源于西藏，相反我们也可以在印度各古老民族（桑塔尔、蒙达、比尔，贝卡）的术士当中找到突厥形状的鼓。也可见 R. 拉夫曼《北印度与中印度萨满教及与之相关的现象》，见 732～734 页。关于这些土著民族的萨满教（不管怎样，印度北部和中部的萨满教深受印度巫术的影响），科佩斯权衡了突厥 - 鞑靼族的词根 kam 和出现在比尔语（kāmru，"巫术之地"等）、桑塔尔语（kamru，巫师的家，（转下页注）

上，且从整体而言，萨满教不能被认为是这些南部影响的
产物。在本书中我们所收集并阐释的资料表明，可以证明
古代文化中存在萨满教的思想以及特有的技艺，我们很难
承认古代文化中远古东方影响的存在。一方面，中亚萨满
教是西伯利亚狩猎者史前文化的一部分；[1]另一方面，澳大
利亚、马来群岛、南美、北美以及其他地区的原始民族中
都记载了萨满教的思想和技艺，而我们只需记住这两点就
足够了。

最近的研究已清晰地阐释了旧石器时期狩猎者的宗教中
"萨满教"的元素。霍斯特·基什内尔认为，拉斯科洞窟壁
画（the Lascaux）很有名那副浮雕是萨满恍惚的一种表征。[2]
他还认为，在史前历史遗迹中找到的神奇物件"komandostäbe"
是鼓槌。[3]如果这个解释被人们接受，那么史前术士可能早
已使用了与西伯利亚萨满使用的相似的鼓了。在这点上我们
可能会提到，在巴伦支海的奥兰尼岛大约公元前五百年的一

（接上页注④）Kamru，第一位术士，等）以及印度语（Kāmrūp，梵
语的 Kāmarūpa，等）中用来指代巫术、术士或者巫术之地的一组词之
间的可能存在的结构关系问题（《问题》，见810~812页）。他提出了
一个关于 kāmaru（kamru）的南亚可能的起源，这一提议之后被一个
流行的词源学 Kamarūpa（它是阿萨姆邦辖区的一个名字，在那里因为
性力派的重要性而闻名）所解释。也可见 A. 加兹《古西伯利亚东部
人和南太平洋地区民族文化史关系，尤其是与台湾人的关系》。

① 参见 H. 芬德森《萨满教》，见18页及后面内容；F. 汉卡尔：《亚欧动
物形式和阿尔泰情结》；K. J. 纳尔：《从考古学和民族学角度看北亚和
欧洲的原始时期》，见199页及后面内容；《通过民俗学的类比阐释旧
石器时代的艺术作品》，见544页及后面内容。也可参见 A. M. 塔尔格
伦《西西伯利亚"萨满教塑像"研究》。
《萨满教史前史的考古学研究》，见271页及后面内容。
② 《萨满教史前史的考古学研究》，见271页及后面内容。
③ 同上，仅279页及后面内容（"Kommandostabe"等指指挥棒。参见，
S. 吉迪恩《永恒的显现》，第一章；《技艺的开始》，162页及后
面内容）。

处遗址上找到了骨头制成的鼓槌。① 最后，卡尔 J. 纳尔在他的著名研究"欧洲旧石器时代的熊仪式和萨满教"中已经重新考虑了萨满教的"起源"和历史年表问题。② 他揭示出生育的观念（"维纳斯小雕像"）对史前北亚狩猎者宗教信仰的影响，但这种影响并没有中断旧石器时期的传统。③ 他的结论如下：在欧洲旧石器时期（公元前 50000 - 约公元前 30000 之前）历史遗迹中找到的动物头骨和骨头也可以理解为仪式的祭祀物。大约在同一时期，与相同的仪式相联系，动物间歇性地从它们的骨头中复活的巫术 - 宗教思想具体形成了，亚洲和北美的熊仪式也根源于这个"Vorstellungswelt"。之后不久，可能在 25000 年左右，欧洲通过灵活多样的对鸟类、守护神灵和癫狂的表征给我们提供了萨满教（拉斯科洞窟壁画）最早形式的证据。④

　　至于纳尔提出的历史年表是否合理，应由专家们进行评判。⑤ 似乎可以确定的是，"萨满教的"仪式和象征符号是古代的遗物。有待确定的是，由史前的发现所公开的这些资料是否表征了萌芽状态的（in statu nascendi）萨满教的最初表现形式，或者它们仅仅是今天可以找到的有关一种更早的宗教情结的最早的资料。可是，在拉斯科洞窟壁画出现之前，这一更早的宗教情结并没有以"灵活多样的"形式表现出来（画作，仪式性物体，等等）。

　　在解释中亚和北亚这种萨满教情结的形成时，我们必须

---

① 见芬德森《萨满教》中骨头鼓槌的再现，图表 14；也可参见同上，见 158 页及后面内容。
② 《过往》，第十章（1959），233～272 页。
③ 260 页。
④ 《熊仪式》，271 页。
⑤ 纳尔的年代表也被阿洛伊斯·克洛斯所接受，《萨满宗教》。在这篇文章中，作者讨论了近期对萨满教的阐释：芬德森、A. 弗里德里克、伊利亚德、D. 施罗德、施蒂格麦迈尔。

将这一问题的两个重要元素铭记于心：一是作为一种原生现象的癫狂体验本身；二是这种癫狂体验注定要融入的历史宗教环境，以及最终使这种癫狂体验生效的意识形态。我们说癫狂体验为一种原生现象，因为不管怎样，我们都没有任何理由将其视为某一特定时期的产物，也就是说，我们没有理由将其视为某种文明的产物。相反，我们认为癫狂体验根植于人类自身状态之中，整个远古人类都了解这种体验；变化和修改的是不同文化和宗教形式对这种癫狂体验的阐释和评价。那么，在怎样的历史－宗教环境下，中亚和北亚的萨满教后来具体化为一种自主而特殊的情结呢？我们能找到自最早的时代始中亚和北亚各地保存的有关上天结构中至高神（Supreme Being）存在的文献资料，在形态上，至高神与所有其他古老宗教的至高无上的神相似。① 升天的象征意义以及依附于它存在的仪式和神话必然与天上至高无上的神有一定的联系。我们知道，"顶点"本身就是神圣的，许多远古民族的至高无上的神都被称为"处于顶点的神"、"天空之神"或者简称为"天"。甚至在上帝"隐退"之后，升天和"顶点"的象征含义仍保持其自身价值——众所周知，至高神灵渐渐地失去了他们在祭礼中的活跃地位，让步于更加"动态"且"熟悉"的宗教形式（如暴风雪神、繁衍神、造物主、逝者灵魂、伟大女神等）。逐渐被称为"女权制"的巫术－宗教情结强化了这种天神向"退隐上帝"（deus otiosus）的转变。有些神话描述了一个原始的天堂式的时代，那时天与地之间的沟通轻而易举，人人都可以进行，这些神话有时会表明天上的至高神在宗教活动中出现次数减少或完全消失了；这是因为发生了某些情况（尤其是一次仪式性错误），这些交流中断了，至高神退隐到天空的最高处。我们

---

① 见伊利亚德《比较宗教范型》，ch. ii。

要重新申明的一点是：对天上至高神崇拜的消失并没有使升天的象征意义和所有与其相关的含义被人废弃。正如我们之前所见，这个象征意义在任何地方和所有历史宗教文章中都有记载。如今，在萨满教的意识形态和技艺中，升天的象征意义发挥着重要的作用。

我们在前一章看到，从什么意义上讲，在人类还可以与天空进行事实上的（in concreto）交流的时候，萨满教癫狂可以被视为神话的"它是时间"（illud tempus）的再现。毋庸置疑，萨满（或巫医、术士等）的升天是一种远古宗教思想的残存，这一宗教思想以信仰至高神为中心，相信天地之间能进行具体的交流，这种残存的思想已经发生深刻的改变，有时还发生了退化。但是，正像我们所看到的，萨满因为其癫狂体验——使他能再次体验其他人无法体验的一种状态——可以被视为，他本人也自视为一个有特权的人。此外，这些神话还提到了至高神与萨满之间更加亲密的关系；尤其是讲述了第一位萨满的传说，他被至高神或他的代理人（创始者或太阳神）派到地球上来保护人类免受疾病和邪恶神灵的侵扰。

中亚和北亚宗教的历史性改变——总的来说，就是祖先崇拜和神圣或半神圣人物被人们认为越来越重要，甚至取代了至高神的地位——相应地改变了萨满癫狂体验的意义。降入地下世界，[①] 与恶魔对抗，以及由于神灵的"显现"或神灵的"附体"，萨满与"神灵"不断增进的熟悉关系，这些都是创新之处。这些创新点大部分是新近出现的，应归因于这种宗教情结的普遍变化。除此之外，这里也存在一些南方

---

① 当然，宗教历史记录了各种类型的升天和入地。我们只需要把伊师塔或者赫拉克勒斯进行的入地之旅与萨满为了实现不同目的而进行的癫狂入地进行对比。参见伊利亚德《出生与重生》，61 页及后面内容，87 页及后面内容。

的影响，这些影响出现得很早，且改变了癫狂的宇宙学、神话学以及技艺。在这些南部影响中，我们一定记得后期佛教和喇嘛教的贡献，再加上伊朗的影响以及这些南部影响之前所存在的美索不达米亚的影响。

萨满仪式性死亡与重生的加入式范型同样也是一个创新，但这是一个要追溯到更早期的创新；无论如何，我们不能将这种范型归因于古代近东的影响，因为在澳大利亚和南美的宗教中已经有关于加入式死亡、重生的象征意义以及有关仪式的记录。但是，由祖先崇拜引发的革新尤其是影响了这一加入式范型的结构。各种各样的宗教变化改变了神秘死亡这一概念，这些宗教变化是由月亮神话、对逝者的崇拜以及对巫术思想的阐释产生的。

因此，我们必须将亚洲萨满教设想成一种古老的癫狂技艺，它的原始基础思想——信仰一位天上至高神，可以通过升入天空与他直接接触——因长期不断受到一系列异域影响而发生了变化，这些外来影响在佛教渗入后达到顶峰。此外，神秘死亡这一概念不断地促进与祖先灵魂及"神灵"的定期联系，而这些联系最终总是以"附体"告终。① 正如我们之前所见，很大程度上是由于对癫狂本质的困惑，恍惚现

---

① 多米尼克·施罗德清楚地表明，作为宗教体验，"附体"也具有一定意义；总而言之，"附体"表现了"神灵"的存在，也就是说，使"精神世界"显现、生动且"具体可见"；参见《萨满教结构研究》，见 865 页及后面内容。"附体"有可能是一个极其古老的宗教现象。但是它的结构与严格意义上的萨满教癫狂体验特征不同。确实，我们可以看到癫狂体验怎样发展为"附体"：当萨满的灵魂（或者"主要的灵魂"）在高一级或低一级世界穿行时，"神灵"可以占据他的身体。但是我们很难想象相反的过程，因为一旦神灵"占据"了萨满的身体，他的个人癫狂，也就是说他的升天和入地就停止了。正是"神灵"通过它们的"附体"导致了宗教体验并使其更加明确。除此之外，这里也存在一种关于"附体"的"能力"，它与危险而富有戏剧性的萨满教加入式和萨满教训导形成了鲜明对比。

象学（即对恍惚的客观描述）历经了许多变化和讹误。然而所有这些革新和讹误并没有成功消除真正的萨满癫狂的可能性；一直以来，我们到处都能找到真正的萨满神秘体验的例子，这些体验采取"精神"升天的方式，通过冥想的方法做准备，而这种方法与东方和西方的伟大的神秘主义者使用的方法十分相似。

参考文献

AARNE, ANTri. *Der tiersprachenkundige Mann und seine neugierige Frau*: *eine vergleichende Marchenstudie*. Hamina, 1914. (FFC II, 15.)

ABBOTT, J. *The Keys of Power*: *a Study of Indian Ritual and Belief*. London, 1932.

ABERLE, DAVID F. " ' Arctic Hysteria ' and Latah in Mongolia," *Trans. . actions of the New cork Academy of Science*, ser. II, vol. XIV, 7 (May, 1952) , 291 – 97.

ACKERKNECHT, ERWIN H. " Medical Practices," in STEWARD, JULIAN H, ed. , *Handbook of South American Indians* (q. v.) , V, 621 if.

ADRIANI, N. , and KRUYT (KRUIJT, Maur) , A. C. *De Bare'e – sprekende Toradja's van Midden – Celebes*. Batavia, 1912 – 14. 4 vols.

AGAPITOV, N. N. , and KHANGALOV, M. N. " Materialy dlya izucheniashamanstva v Sibiri. Shamanstvo u buryat Irkutskoi gubernii," *IzvestiaVostochno – Sibirskovo Otdela Russkovo Geograf{cheskovo Obshchestva* (Irkutsk) , XIV, 1 – 2 (1883) , 1 – 61. Tr. and summarized in STIEDA, L. , " Das Schamanentum unter den Burjaten" (q. v.) .

ALEXANDER, HARTLEY BURR. *Latin – American* [*Myth-*

ology] . 1920. (MARXI.)

————. *North American* [*Mythology*] . 1916. (MAR X.)

ALFoLDI, ANDRAS. "The Bear Cult and Matriarchy in Eurasia," *Keckmenyek* (Budapest) , L (1936) , 5 – 17. (In Hungarian.)

ALMGREN, 0. *Nordische Felszeichnungen als religiose Urkunden.* Frankfurt a. M. , 1984.

ALTHEIM, FRANZ. *Geschichte der Hunnen.* Berlin, 1959 – 62. 4 vols. (2ndedn. of *Attila und die Hunnen*, Baden – Baden, 1951.)

————. *ROmische Geschichte.* Baden – Baden, 1951 – 53. 2 vols.

————and HAUSSIG, HANS – WILHELM. *Die Hunnen in Osteuropa.* BadenBaden, 1958.

AMANDRY, PIERRE. *La Mantique apollinienne a Delphes. Essai sur le fonctionnement de l'Oracle.* Paris, 1950.

AMSCHLEa, WOLFGANG. "Ober die Tieropfer (besonders Pferdeopfer) der Telingiten im sibirischen *Altai*," *Anthropos, XXVIII*, 3 – 4 (1933) ,

ANDREE, RICHARD. *Die Metalle bei den Naturv5lkern; mit Beriicksichtigung prahistorischer Verhaltnisse.* Leipzig, 1884.

————. "Scapulimantia," in *Anthropological Papers Written in Honor of Franz Boas*, pp. 143 – 65. New York, 1906.

ANDRES, FRIEDRICH. "Die Himmelsreise der caraibischen Medizinmirmer," *ZE*, LXX, 5 – 5 (1938; pub. 1939) , 551 – 42.

Artisimov, A. F. "Predstavlenia evenkov o dushe i problema proiskhozhdenia animisma," in *Rodovoye obshchestvo*, pp. 109 – 18. Moscow, 1951. (AN, Trudy Instituta Ethnografii, n. s. XIV.)

_____. "Shamanskiye dukhi po vossreniam evenkov i totemichiskiye istoki ideologii shamanstva," in AN, *Sbornik Muzeya Antropologiii Etnografii* , *X*111, 187 – 215. Moscow and Leningrad, 1951.

ANORIIIN, A. V. *Materialy po shamanstvu u altaitsev*, *sobrannlye vo vremia puteshestvy po Altayu v* 1910 – 1912 *gg. po porucheniyu Russkogo Komiteta dlya Izuchenia Srednei i Vostochnoi Asii.* Leningrad, 1924.

ANUCHIN, V. I. *Ocherk shamanstva u yeniseiskikh ostyakov.* St. Petersburg, 1914.

ARBMAN, ERNST. *Rudra*: *Untersuchungen zum altindischen Glauben und Kultus.* Uppsala and Leipzig, 1922.

ARCHER, W. *The Vertical Man*: *a Study in Primitive Indian Sculpture.* London, 1947.

ARMSTRONG, W. E. *Rossel Island.* Cambridge, 1928.

Asliq PALACIOS, MIGUEL. *La escatalogia musulmana en la Divina Comedia.* 2nd edn. , Madrid and Granada, 1943.

BACHELARD, GASTON. *L' Air et les songes. Essai sur l'imagination du mouvement.* Paris, 1943.

_____. *La Psychanalyse du feu.* Paris, 1935.

BACOT, JACQUES. *Les Mo – so.* Leiden, 1913.

BALAZS, JANOS. " A magyar sarnan reillete " (German summary, "Die Ekstase des ungarischen Schamanen"), *Ethnographia*, LXV, 3 – 4 (1964), 416 – 40.

BARBEAU, MARIUS. " Bear Mother," *JAFL*, LIX, 231 (Jan. —Mar. , 1946), 1 – 12.

BARTELS, MAX. *Die Medizin der Naturvolker.* Leipzig, 1893.

BARTHALEMY, M. A. , tr. *Arta Virey – Ndmak ou livre d' Arda Viray.* Paris, 1887. (Bibliotheque orientale elzevirienne

LIV.)

BARTHOLD, W. *Histoire des Turcs d' Asie Centrale.* Paris, 1945.

BAUMANN, HERMANN. "Afrikanische Wild – und Buschgeister," *ZE*, LXX, 3 – 5 (1958; pub. 1939), 208 – 39.

BAUMANN, HERMANN. "Likundu, die Sektion der Zauberkraft," *ZE*, LX (1928), 72 – 85.

_____. *Lunda. Bei Bauern und Jügern in Inner – Angola.* Berlin, 1936.

_____. *Schopfung und Urzeit des Menschen im Mythus der afrikanisclten Volker.* Berlin, 1986.

BAWDEN, C. R. "On the Practice of Scapulimancy among the Mongols," *Central Asiatic Journal* (The Hague), IV (1958), 1 – 51.

BEAGLEROLE, ERNEST and PEARL. *Ethnology of Pukapuka.* 1938. (BMB 150.)

BEAL, SAMUEL, tr. *Si – yu – ki: Buddhist Records of the Western World.* From the Chinese of Hiuen Tsiang (A. D. 629). London, 1884. (Triibner's Oriental Series.) 2 viols. BENEDICT, Rum. *The Concept of the Guardian Spirit in North America.* Menasha, 1923. (Memoirs of the American Anthropological Association 29.)

_____. "The Vision in Plains Culture. " *AA*, n. s. XXIV (1922), 1 – 23.

BERGEMA, HENDRIK. *De Boom des Levens in Schrift en Historie.* Hilversum, 1998.

BERNARDINO DE SAHAGI5N. *Historia general de IRS COSaS de Nueva Espana.* Mexico, 1829 – 39. (*General History of the Things of New Spain*, tr. Arthur J. 0. Anderson and

Charles E. Dibble. Santa Fe, 1950 – 59. [Monographs of the School of American Research 14.]) is puts in 9 viols.

BESTERMAN, E. See CRAWLEY, E.

BIALLAS, P. FRANZ. "K'ilh Yilan's 'Fahrt in die Ferne' (Yuan – yu)," *AM*, *VII* (1932), 179 – 241.

BICKERMANN, E. "Die riimische Kaiserapotheose," *ARW*, *XXVII* (1929), 1 – 24.

BIDEZ, JOSEPH. *Eos*, *ou Platon et l'Orient*. Brussels, 1945.

_____ and CUMONT, FRANZ. *Les Mages hellinises*: *Zoroastre*, *Ostanes et Hystaspe d'apres la tradition grecque*. Paris, 1938. 2 vols.

Bmiy, J. W. *Among Unknown Eskimos*. London, 1923.

BLOT, EDOUARD, tr. *Le Tcheou – li*, *ou Rites des Tcheou*. Paris, 1851. 2 viols.

BMKET – SMITII, VIAL "Ober die Herkunft der Eskimos und ihre Stellung in der zirkumpolaren Kulturentwicklung," *Anthropos*, XXV (1930), 1 – 23.

BLAGDEN, C. 0. See SKEAT, W. W.

BLEICHSTEINER, ROBERT. *L'Eglise jaune*. Paris, 1937. (Orig. : *Die gelbe Kirche*. Vienna, 1957.)

BLEICHSTEINER, ROBERT. "Rossweihe und Pferderennen im Totenkult der kaukasischen Volker," in *Die Indogermanen – und Germanenfrage*: *neue Wege zu ihrer Losung*, pp. 413 – 95. 1936. (WBKL IV.)

BLOK, H. P. "Zur altagyptischen Vorstellung der Himmelsleiter," *AO*, VI (1928), 257 – 69.

BOAS, FRANZ. "The Central Eskimo," 6*th R BEW* (1884 – 85; pub. 1888), pp. 399 – 675.

_____. *The Eskimo of Baffin Land and Hudson Bay*.

1901. (AMNFI Bulletin XV.)

_____ *Indianische Sagen von der nord – pacifischen Küste Amerikas.* Berlin, 1895.

_____. "The Salish Tribes of the Interior of British Columbia," in *Annual Archaeological Report*, 1905, *being part of Appendix to the Report of the Minister of Education*, *Ontario*, pp. 219 – 25. Toronto, 1906. "The Shushwap," in his "The Indians of British Columbia: Lku' – /igen, Nootka, Kwakiutl, Shushwap," in British Association for the Advancement of Science, *Sixth Report on the North – Western Tribes of Canada* (1890; pub. 1891), pp. 553 – 715. (Also printed in separate of *Sixth Report*, pp. 93 ff.)

BODE, FRAMROZE ARDESIIIR, and NANAVIJTTY, PILOO, trs. *Songs of Zarathushtra: the Gathas. Translated from the Avesta.* London, 1952. (Ethical and Religious Classics of East and West 6.)

BOEIIM, FRITZ. "Spatulimantie," in *Handworterbuch des deutschen Aberglaubens*, ed. Harms BN. chtold – Staubli, VII, 125 ff. Berlin, 1927 – 42. 10 vols.

BOGORAS, WALDEMAR G. (V. G. B000aAz) . *The Chukchee.* 1904. (AMNH Memoirs XI; JE VII.)

_____. *Chukchee Mythology.* 1910 – 12. (AMNH Memoirs XII; JE VIII.)

_____. "The Folklore of Northeastern Asia, as compared with that of Northwestern America," *AA*, n. s. IV, 4 (Oct. —Dec. , 1902), 577 – 683.

_____. "K psikhologii shamanstva u narodov severo – vostochnoi Azii,"

Etnograficheskoye obozreniye (Moscow), LXXXIV—LXXXV,

1 – 2 (MO), 1 – 36.

_____. "The Shamanistic Call and the Period of Initiation in Northern Asia and Northern America," in *Proceedings of the 23rd International Congress of Americanists* (. 1928), pp. 441 – 44. New York, 1930.

BOLTE, J., and PoLivriA, G. *Anmerkungen zu den Kinder – and Hausmarchen der Brfider Grimm.* Leipzig, 1913 – 32. 6 vols.

BONNERJEA, BIREN. "Hunting Superstitions of the American Aborigines," *ME*, XXXII, 5 – 6 (1934), 167 – 84.

_____. "Materials for the Study of Garo Ethnology," *IA*, LVIII (1929), 121 – 27.

BOULANGER, A. See GERNET, L.

BOUNAK, V. "Un Pays de l'Asie peu connu: le Tanna – Touva," *ME, XXIX* (1928), 1 – 16.

BOURKE, JOHN G. "The Medicine – Men of the A-pache," *9th RBEW* (1887 – 88; pub. 1892), pp. 443 – 603.

BOUSSET, WILHELM. "Die Himmelsreise der Seele," *ARTY*, IV (1901), 156 – 69, 229 – 75.

BOUTEILLER, MARCELLE. *Chamanisme et guerison magique.* Paris, 1950.

_____. "Don chamanistique et adaptation a la vie chez les Indiens derAmerique du Nord," *JSA*, n. s. XXXIX (1950), 1 – 14.

_____. "Du 'charnan' au 'panseur de secret,'" in *Ades du XXVIII°*

Congres International des Americanistes (1947), pp. 237 – 45. Paris, 1948.

BOUVAT, L. "'Les Premiers Mystiques dans la litterature turque' de Kieuprilizide, analyse critique," *Revue du monde* musulman (Paris) , XLIII (Feb. , 1921) , 236 – 66.

BRAND , *J. Introduction to the Literary Chinese.* 2nd edn. , Peking, 1936.

BREASTED , JAMES H. *The Development of Religion and Thought in Ancient Egypt.* London, 1912.

BREUIL , H. , and OBERMAIER , H. "Cranes paleolithiquei faconnes en coupe," *L'Anthropologie*, *XX* (1909) , 523 – 30.

BRIGGS , GEORGE W. *Gorakhniith and the Kanphata Yogis.* Calcutta and London , 1958.

BRODEUR , ARTHUR GILCHRIST. See SNORRI STURLUSON.

BROWN , A. R. *The Andaman Islanders.* Cambridge , 1922.

BOCHNER , V. F. "Shaman," in *The Encyclopaedia of Islam*, *IV*, 302 – 3. 1st edn. , Leiden and London , 1913 – 34. 4 vols.

BUCK , PETER H. See HmoA , TE RANGI.

BunDHAGiloqA. See TIN , PE MAUNG.

BUDDRUSS , GEORG , See FRIEDRICH , ADOLPH.

BUDGE , SIR E. A. WALLIS , ed. and tr. *The Book of the Dead*; *an English Translation of the Chapters , Hymns , etc. of the Theban Recension.* 2nd edn. , rev. and enlarged , London , 1949. 3 vols in 1.

_____ . *The Book of Paradise.* London, 1904. 2 vols.

BUDGE , SIR E. A. WALLIS. *The Egyptian Heaven and Hell.* London , 1925. 3 vols.

_____ . *From Fetish to God in Ancient Egypt.* London , 1931.

_____ . *The Mummy*: *a Handbook of Egyptian Funerary Archaeology.* 2nd. edn. , rev. and enlarged , Cambridge , 1925.

BURKERT , WALTER. "MHZ. Zum griechischen ' Schamanismus,' " *Rheinisches Museum fur Philologie* (Frankfurt a. M.), n. s. CV (1962), 36 – 55.

BURROWS, EDWIN G. "Culture – Areas in Polynesia," *JPS*, XLIX (1940), 349 – 63.

BURROWS, FATHER ERIC. "Some Cosmological Patterns in Babylonian Religion," in *The Labyrinth: Further Studies in the Relation between Myth and Ritual in the Ancient World*, S. H. Hooke, ed., pp. 48 – 70. London and New York, 1935.

BUSCHAN, GEORG, ed. *Illustrierte Volkerkunde*. Stuttgart, 1922, 1926. 2 vols.

CALAND, WILLEM. *Altindischer Ahnenkult*. Leiden, 1893.

CALLAWAY, REV. CANON : HENRY] . *The Religious System of the Amazulu*. London and Springvale (Natal), 1870.

CARBONELLI, GIOVANNI. *Salle fonti storiche della chimica e dell'alchimia in Italia*. Rome, 1925.

CARPENTER, RHYS. *Folk Tale, Fiction and Saga in the Homeric Epics*. Berkeley and Los Angeles, 1946.

CASTAGNK, J. "Magie et exorcisme chez les Kazak – Kirghizes et autres peuples turcs orientaux," *Revue des etudes islamiques* (Paris), (1930), 53 – 151.

CASTRiN, ALEXANDER M. *Nordische Reisen and Forschungen*. II: *Reiseberichte und Briefe aus den Jahren* 1845 – 49; III: *Vorlesungen fiber die finnische Mythologie*; IV: *Ethnologische Vorlesungen fiber die altaischen Volker, nebst samojedischen Marchen und tatarischen Heldensagen*. St. Petersburg, 1852 – 62. 12 vols. (Vol. II, 1856; III, 1853; IV, 1867.)

CERULLI, &cam°, ed. *Il "libro della scala" e la questione delle fonti arabospagnole della Divina Commedia*. Vatican City, 1949. (Studi e testi CL; Biblioteca Apostolica Vaticana.)

CHADWICK, H. Munao and Now& K. *The Growth of Literature.* Cambridge, 1932 – 40. S vols.

CHADWICK, NORA K. "The Kite: a Study in Polynesian Tradition," *JRAI*, LXI (1981), 455 – 91.

CHADWICK, NORA K. "Notes on Polynesian Mythology," *JRAI*, LX (1930), 425 – 46.

_____. *Poetry and Prophecy.* Cambridge, 1942. "Shamanism among the Tatars of Central Asia," *JRAI*, LXVI (1936), 75 – 112.

CHALMERS, ROBERT, tr. *Further Dialogues of the Buddha* [*Majjhimanikaya*] . 1926, 1927. (SBB V, VI.) 2 vols.

CHARD, CHESTER S. "An Outline of the Prehistory of Siberia. Pt. I: The Pre – metal Periods," *SJA*, *XIV* (1958), 1 – 35.

CHARLES, LUCILE HOERR. "Drama in Shaman Exorcism," *JAFL*, LXVI, 260 (Apr. – June, 1953), 95 – 122.

CHAVANNES, 1DOUARD, tr. *Les Memoires historiques de Se – ma – Ts'ien ESsu – ma Ch' ienj.* Paris, 1895 – 1905. 5 vols.

_____. See also LEVI, SYLVAIN.

CHRISTENSEN, ARTHUR. *Les Types du premier homme et du premier roi dans l'histoire lagendaire des Iranians.* Stockholm, 1917, 1934. (Archives d'etudes orientales XIV, 1; XIV, 2.) 2 vols.

CHRISTENSEN, H. H. See HASLUND – CHRISTENSEN, HENNING.

CHRISTIANSEN, REIDAR T. "Ecstasy and Arctic Religion," *SS*, IV (1953), 19 – 92.

_____. "Myth, Metaphor and Simile," in *Myth: a Symposium*, ed. Thomas A. Sebeok, pp. 89 – 49. Philadelphia, 195. 5.

CLARK, WALTER EUGENE. "S. Rkadvipa and vetadvi-pa," *JAOS, XXXIX* (1919), 209 – 42.

CLEMEN, CARL. "ZRIMOXIS," *Zalmoxis*, II (1939), 53 – 62.

CLEMENTS, FORREST E. *Primitive Concepts of Disease.* Berkeley, 1932. (CPAAE XXXII, 2.)

CLINE, WALTER. *Mining and Metallurgy in Negro Africa.* 1937. (GSA 5.)

CLOSS, ALOIS. "Die Religion der Germanen in ethnologis-cher Sicht," in *Christus and die Religionen der Erde: Handbuch der Religionsgeschichte*, II, 267 – 366. Vienna, 1951. 3 vols.

_____. "Die Religion des Semnonenstammes," in *Die Indogermanenund Germanenfrage: neue Iffege zu ihrer Losung*, pp. 549 – 673. 1936. (WBKL IV.)

_____. "*Das* Religi5se im Schamanismus," Kairos (Salzburg), II (1960), 29 – 38.

CODRINGTON, R. H. *The Melanesians: Studies in Their Anthropology and Folk – lore.* Oxford, 1891.

COE, MICHAEL D. "Shamanism in the Bunun Tribe, Cen-tral Formosa," *Ethnos*, XX, 4 (1955), 181 – 98.

COkDES, G. *Les Etats hindouises d' Indochine et d' Indone-sie.* Paris, 1948.

COLE, FAY – COOPER. *The Peoples of Malaysia.* New York, 1945.

COLEMAN, SISTER BERNARD. "The Religion of the O-jibwa of Northern Minnesota," *PM*, X (1957), 33 – 57.

COLLINS, COL. *English Colony of New South Wales.* Lon-don, 1804.

COMAN, JEAN. "Orphee, civilisateur de l'humanite,"

Zalmoxis, I (1938), 130 – 76.

————. "Zalmoxis," *Zalmoxis*, II (1959), 79 – 110.

CONZE, EDWARD. *Buddhism, Its Essence and Development*. New York, 1951.

COOK, ARTHUR BERNARD. *Zeus: a Study in Ancient Religion*. Cambridge, 1914 – 40. 3 vols.

COOMARASWAMY, ANANDA K. *Elements of Buddhist Iconography*. Cambridge (Mass.), 1935.

————. *Figures of Speech or Figures of Thought*. London, 1946.

————. *Hinduism and Buddhism*. New York, 1943.

————. "The Inverted Tree," *Quarterly Journal of the Mythic Society* (Bangalore), XXIX, 2 (1938), 1 – 38.

————. "Svayamatrkma: Janua Coeli," *Zalmoxis*, II (1959), 1 – 51.

————. "Symplegades," in *Studies and Essays in the History of Science and Learning Offered in Homage to George Sarton on the Occasion of His Sixtieth Birthday, 31 August 1.944*, ed. Ashley M. F. Montague, pp. 463 – 88. New York, 1946.

————. *Time and Eternity*. Ascona, 1947.

COOMARASWAMY, LUISA. "The Perilous Bridge of Welfare," *HJAS*, VIII (1944), 196 – 213.

COOPER, JOHN M. "Areal and Temporal Aspects of Aboriginal South American Culture," *PM*, XV, 1 – 2 (Jan. —Apr., 1942), 1 – 38. "Northern Algonkian Scrying and Scapulimancy," in *Festschrift: Publication d'hommage offerte au P [ere] W. Schmidt*, ed. W. Koppers, pp. 205 – 17. Vienna, 1928.

CORDIER, HENRI. See YULE, SIR HENRY.

CORNFORD, FRANCIS MACDONALD. *Principium Sapienti-*

ae: *the Origins of Greek Philosophical Thought.* Cambridge, 1952.

COUYREUR, S. , tr. *Li ki*; *on*, *memoires sur les bienseances et les ceremonies.* 2nd edn. , Ho – kien – fu, 1927. 2 vols. 625

COXWELL, C. FILLINGHAM, comp. and ed. *Siberian and Other Folk – Tales.* London, 1925.

CRAWLEY, ERNEST. *Dress*, *Drinks and Drums*: *Further Studies of Savages and Sex*, ed. Theodore Besterman. London, 1931.

CREEL, HERRLEE GLESSNER. *The Birth of China*: *a Survey of the Formative Period of Chinese Civilization.* London, 1936.

CROOKE, WILLIAM. *Popular Religion and Folk – Lore of Northern India.* Westminster, 1896. 2 vols. (Rev. edn. , retitled *Religion & Folklore of Northern India* London, 1926. 2 vols. in 1.)

CUISIMER, JEANNE. *Danses magiques de Kelantan.* 1936. (TMIE XXII.)

CUMONT, FRANZ. *Lux perpetua.* Paris, 1949.

————. *Les Religions orientales dans le paganisme romain.* 3rd edn. , Paris, 1929.

————. See also BIDEZ, JOSEPH.

CURTIN, JEREMIAH. *A Journey in Southern Siberia.* London, 1909.

CZAPLICKA, M. A. *Aboriginal Siberia*: *a Study in Social Anthropology.* Oxford, 1914.

DAHNHARDT, OSKAR. *Natursagen*: *eine Sammlung naturdeutender Sagen*, *Miirchen*, *Fabeln*, *and Legenden.* Leipzig, 1907 – 12. 4 vols.

DALTON, E. T. *Descriptive Ethnology of Bengal.* Calcutta, 1872.

DAVID – NEEL, ALEXANDRA. *With Mystics and Magi-*

cians in Tibet. London, 1931. (Original: *Mystiques et Magiciens du Thibet.* Paris, 1929.)

DAVIDSON, D. S. "The Question of Relationship between the Cultures of Australia and Tierra del Fuego," *AA*, n. s. XXX-IX, 2 (Apr. —June, 1957), 229 – 45.

DAWA – SAMDUP, LAMA KAZI. See EVANS – WENTZ, W. Y.

DEACON, A. BERNARD. *Malekula: a Vanishing People in the New Hebrides.* London, 1934.

DE ANGULO, JAIME. " La Psychologie religieuse des Achumawi. IV: Le Chamanisme," *Anthropos*, *XXIII* (1928), 561 – 82.

DEFREMERY, CHARLES FRANgOIS, and SANGUINET-TI, B. R. , eds. and trs. *Voyages d'ibn Batoutah.* Paris, 1853 – 79. 4 vols.

DEHON, REV. P. *Religion and Customs of the Uraons.* Calcutta, 1906. (Memoirs of the Asiatic Society of Bengal I, 9.)

DIETERICH, ALBRECHT. *Eine Mithrasliturgie.* 2nd edn. , Leipzig and Berlin, 1910.

DIETERLEN, GERMAINE. *Les Ames de Dogon.* 1941. (TMIE XL.) LIST OF WORliS CITED . 527

DISSZEGI, ViLmos. " Golovnoi ubor nanaiskikh (goldskikh) shamanov," *A neprajzi ertesito* (*Budapest*), XXXVII (1955), 81 – 108.

————. " K voprosu o borbe shamanov v obraze zhivot-nykh," *AOH*, II (1952), 303 – 16.

————. "Problems of Mongolian Shamanism (Report of an Expedition Made in 1960 in Mongolia) ," AE, X, fasc. 1 – 2 (1961), 195 – 206.

_____. *A samiinhit emleki a magyar nepi miiveltsegben.* Budapest, 1958.

_____. "Tunguso – manchzhurskoye zerkalo shamana," *AOH*, *I* (1951), 559 – 85.

_____ "Tuva Shamanism," *AE*, XI (1962), 143 – 90.

_____ "Die Typen und interethnischen Beziehungen der Schamanentrommeln bei den Selkupen (Ostjak – Samojeden)," *AE*, IX (1960), 159 – 79.

_____. "Die iTherreste des Schamanismus in der ungarischen Volkskultur," *AE*, *VII* (1958), 97 – 135.

_____. "A viaskodel taltosbika es a saman allatalaku eletlelke (La Lutte du taureau miraculeux et Fame vitale du chaman susceptible de revetir la forme d'un animal)," *Ethnographia*, LXIII (1952), 308 – 57.

"Der Werdegang zum Schamanen bei den nordostlichen Sojoten," *AE*, *VIII* (1959), 269 – 91.

DIRLMEIER, FRANZ. "Apollon, Gott und Erzieher des hellenischen Adds," *ARIA*, XXXVI, 2 (1940), 277 – 99.

DIRK, A. "Der kaukasiche Wild – und Jagdgott," *Anthropos*, *XX* (1925), 139 – 47.

DIXON, ROLAND B. *The Building of Cultures.* New York, 1928.

_____. *The Northern Maidu.* New York, 1905.

_____. *Oceanic* [*Mythology*]. 1916. (MAR IX.)

_____. *The Shasta.* 1907. (AMNH Bulletin XVII, Pt. V.)

_____. "Some Aspects of the American Shaman," *JAFL*, XXI (Jan. — March, 1908), 1 – 12.

DODDS, E. R. *The Greeks and the Irrational.* Berkeley and Los Angeles, 1951. (Sather Classical Lectures XXV.)

DOERR, ERICH. "Bestattungsformen in Ozeanien," *Anthropos*, *XXX* (1935), 369 – 420, 727 – 65.

DOMBART, THEODOR. *Der babylonische Turns*. Leipzig, 1930.

_____. *Der Sakralturm*. I: *Ziggurat*. Munich, 1920.

DONNER, HAI. "Beitrage zur Frage nach dem Ursprung der JenisseiOstjaken," *JSFO*, *XXXVIII*, 1 (1928), 1 – 21.

DONNER, KAI. *Ethnological Notes about the Tenisey – Ostyak* (*in the Turukhansk Region*). 1933. (MSFO LXVI.)

_____. "Ornements de la tete et de la chevelure," *JSFO*, XXXVII, $ (1920), i – e3.

_____. *La Siberie. La Vie en Siberie, les temps anciens*. Paris, 1946.

_____. "Uber soghdisch *nom* 'Gesetz' und samojedisch n5m 'Himmel, Gott,' " *SO*, I (1925), 1 – 8.

_____. "Zu der iiltesten Beriihrung zwischen Samojeden und Tiirken," *JS* LX, 1 (1924), 1 – 24.

Doai, P. H. *Manuel des superstitions chinoises*. Shanghai, 1936.

DOWNS, R. E. *The Religion of the Bare'e – speaking Toradja of Central Celebes*. Diss., Leiden, 1956.

DRUCKER, PHILIP. *The Northern and Central Nootkan Tribes*. 1951. (BBEW 144.)

DUBOIS, CONSTANCE GODDARD. *The Religion of the Luiseiio Indians of Southern California*. Berkeley, 1908. (CPAAE VIII, 3.)

Du Buts, CORA ALICE, *The* 1870 *Ghost Dance*. Berkeley, 1959. (University of California Anthropological Records III, 1.)

_____. *Wintu Ethnography*. Berkeley, 1955. (CPAAE XXXVI, 1.)

DUCIIESNE – GUILLEMIrr, *JACQUES*. *Zoroastre. Etude*

critique, *avec zinc traduction commentee des Giltha*. Paris, 1948.

DumgziL, GEORGES. "Les 'Enarees' scythiques et la grossesse du Narte Hamyc," *Latomus* (Brussels), V (July – Dec. , 1946), 249 – 55.

————. *Horace et les Curiaces (les mythes romains)* . Paris, 1942.

————. *Jupiter, Mars, Quirinus*. Paris, 1940— · 8. 4 vols.

————. *Legendes sur les Nartes. Suivies de cinq notes mythologiques*. Paris, 1930. (Bibliotheque de l'Institut Francais de Uningrad.)

————. *Loki*. Paris, 1948.

———— *Mythes et dieux des Germains. Essai d'interpretation comparative*. Paris, 1939. (Mythes et religions I.)

————. *Le Probleme des centaures. Etude de mythologie comparee indoeuropienne*. Paris, 1929. (Annales du Mus6e Guimet. Bibliotheque d'etudes XLI.)

————. *La Saga de Hadingus, Saxo Graminaticus I, v – viii*, etc. Paris, 1953. (Bibliotheque de l'Ecole des Hautes Etudes. Section des sciences religieuses LXVI.)

————. *Tarpeia. Essai de philologie comparative indo – europeenne*. Paris, 1947.

Dumorr, Louis. *Eine Sous – caste de l'Inde du Sud. Organisation sociale et religion des Pramalai Kaliar*. Paris, 1957.

DUMONT, PAUL. SMILE. *L'AIvamedha*. Paris, 1927.

DURME, P. J. VAN . "Notes sur le LamaIsme," *MCB*, *I* (1931 – 32), 263 – 319.

DYRENKOVA, N. P. "Bear Worship among Turkish Tribes of Siberia," in *Proceedings of the 23rd International Congress of*

Americanists (1928), pp. 411 – 40. New York, 1930.

EBERHARD, WOLFRAM. *Lokalkulturen im alten China.* Part I: *Die Lokalkulturen des Nordens und Westens.* Leiden, 1942, Part II: *Die Lokalkulturen des Stidens und Ostens.* Peking, 1942. (MS III.) 2 vols.

_____. *Typen chinesischer Volksmiirchen.* 1957. (FFC L, 120.)

EDER, MATTHIAS. "Schamanismus in Japan," *Paideuma*, VI, 7 (May, 1958), 367 – 80.

EDSMAN, CARL MARTIN. "Arbor inversa," *Religion och Bibel* (Uppsala), Ⅲ (1944), 5 – 33.

_____. "Aterspeglar Voluspa 2: 5 – 8 ett schamanistikt ritual eller en keltisk aldersvers?" *Arkiv for Nordisk Filologi* (Lund), LXIII (1948), 1 – 54.

_____. *Le Bapterne de feu.* Uppsala and Leipzig, 1940.

_____ *Ignis divinus: le Feu comme moyen de rajeunissenlent et d'immortalite: conies, legendes, mythes et rites.* Lund, 1949.

EELLS, REV. MYRON. *A Few Facts in Regard to the Twana, Clallam and Chemakum Indians of Washington Territory.* Chicago, 1880.

EGGELING, JULIUS, tr. *The Satapatha Brahmana: According to the Text qf the Miidhyandina School.* Oxford, 1882 – 1900. (SBE XII, XXVI, XLI, LXIII, LXIV.) 5 vols.

EHNMARK, ERLAND. *Anthropomorphism and Miracle.* Uppsala and Leipzig, 1939.

EHRENREICH, PAUL. *Die allgemeine Mythologie und ihre ethnologischen Grundlagen.* Leipzig, 1910. (Mythologische Bibliothek IV, 1.)

EISENBERGER, ELMAR JAKOB, "Das Wahrsagen aus dem Schulterblatt," *ME*, *XXXV* (1938), 49 – 116.

EISLER, ROBERT. *Man into Wolf.* London, 1951.

————. "Das Qainszeichen und die Qeniter," *Le Monde orientate* (Uppsala), XXIII, fast. 1 – 3 (1929), 48 – 112.

————. *Weltenmantel and Himmelszelt.* Munich, 1910. 2 vols.

ELIADE, MIRCEA. *Birth and Rebirth: the Religious Meanings of Initiation in Human Culture*, tr. Willard R. Trask. New York, 1958.

————. *Cosmologie ci alchimie babilonianii.* Bucharest, 1937.

————. "Darohana and the 'Waking Dream,' " in *Art and Thought: a Volume in Honour of the Late Dr. Ananda K. Coomaraswamy on the Occasion of His 70th Birthday*, ed. Iyer K. Bharatha, pp. 209 – 13.

London, 1947.

————. "Einfiihrende Betrachtungen fiber den Schamanismus," *Paideuma*, V, 3 (July, 1951), 88 – 97.

————. *The Forge and the Crucible.* London and New York, 1962.

————. *Images and Symbols: Studies in Religious Symbolism.* London and New York, 1961.

————. *The Myth of the Eternal Return*, tr. Willard R. Trask. 1954. (BS XLVI.) Also London, 1954. (Reprinted as *Cosmos and History: The Myth of the Eternal Return*, Torchbooks paperback, New York, 1960. With orig. title, Princeton/I3ollingen paperback, 1972. *Myths, Dreams and Mysteries: the Encounter between Contemporary Faiths and Archaic Realities.* London, 1960; New York, 1961.

"Nostalgia for Paradise in the Primitive Traditions," in his *Myths, Dreams and Mysteries* (q. v.), pp. 59 – 72.

————. *Patterns in Comparative Religion*, tr. Rosemary Sheed. London and New York, 1958.

————. "Le Problkne du chamanisme," *RHR, CXXXI*, 1, 2 – 3 (1946), 5 – 52.

————. "Recent Works on Shamanism: a Review Article," *History of Religions* (Chicago), I (summer, 1961), 152 – 86.

———— "Remarques sur le ' rope trick, ' " in *Culture in History: Essays in Honor of Paul Radin*, ed. Stanley Diamond, pp. 541 – 51. New York, 1960.

————. "Sapta padani kramati …," in *The Munshi Diamond Jubilee Commemoration Volume*, Pt. I, pp. 180 – 88. Bombay, 1948. (Bliaratiya Vidya IX.)

————. "The Seven Steps of the Buddha," in his *Myths, Dreams and Mysteries* (q. v.), pp. 110 – 15.

————. "Shamanism," in *Forgotten Religions*, ed. Vergilius Ferm, pp. 299 – 308. New York, 1950.

————. "Significations de la ' 1umi6re intgrieure, ' " *EJ, XXVI* (1957), 189 – 242.

ELIADE, MIRCEA. *Techniques du Toga*. Paris, 1948. *Toga: Immortality and Freedom*, tr. Willard R. Trask. 1958. (BS LVI) Also London, 1958. (Princeton/Bollingen paperback, 1970.)

ELKIN, ADOLPHUS PETER. *Aboriginal Men of High Degree*. Sydney, n. d. (1946?) .

————. *The Australian Aborigines: How to Understand Them*. Sydney and London, 1958.

_____. "The Rainbow - Serpent Myth in North - West Australia," *Oceania* (Melbourne), 1, 3 (1930), 349 – 52.

ELLIOTT, ALAN J. A. *Chinese Spirit - Medium Cults in Singapore*. London, 1955. (London School of Economics and Political Science, Department of Anthropology. Monographs on Social Anthropology, n. s. 14.)

ELLIS, HILDA RODERICK. *The Road to Hel: a Study of the Conception of the Dead in Old Norse Literature*. Cambridge, 1945.

ELLIS, WILLIAM. *Polynesian Researches during a Residence of Nearly Eight Tears in the Society and Sandwich Islands*. 3rd edn. , London, 1853. 4 vols.

ELMENDORF, WILLIAM W. "Soul Loss Illness in Western North America," in *Indian Tribes of Aboriginal America: Selected Papers of the 29th International Congress of Americanists*, ed. Sol Tax, III, 104 – 14. Chicago, 1952.

ELwIN, VERRIER. "The Hobby Horse and the Ecstatic Dance," *Folklore* (London), LEH (Dec. , 1942), 209 – 13.

_____. *The Muria and Their Ghotul*. Bombay, 1947.

_____. *Myths of Middle India*. London, 1949.

_____. *The Religion of an Indian Tribe*. London and New York, 1955.

EMSHEIMER, ERNST. "Schamanentrommel and Trommelbaum," *Ethnos*, IV (1946), 166 – 81.

_____. "Eine sibirische Parallele zur lappischen Zaubertrommel?" *Ethnos*, *XII*, 1 – 2 (Jan. —June, 1948), 17 – 26.

_____. "Zur Ideologie der lappischen Zaubertrommel," *Ethnos*, *IX*, 3 – 4 (1944), 141 – 69.

_____. See also HASLUND - CHRISTENSEN, HENNING.

ERKES, EDUARD. "Die alt – chinesischen Jenseitsvorstellungen," *MGVK*, 1 (1933), 1 – 5.

————. "The God of Death in Ancient China," *TP*, *XXXV* (194. 0), 185 – 210.

————. "Der Hund im alten China," *TP*, *XXXV* 11 (1944), 186 – 225.

ERKES, EDUARD. "Der Primal des Weibes im alten China," *Sinica*, IV (1935), 166 – 76.

————. "Der schamanistische Ursprung des chinesischen Ahnenkultus," *Sinologica* (Basel), II, 4 (1950), 253 – 62.

————. Das *"Zuriickrufen der Seele"* (*Chao – Hun*) des *Sung Th*11. Inaugural diss. , Leipzig, 1914.

EVANS, Ivor H. N. *Papers on the Ethnology and Archaeology of the Malay Peninsula*. Cambridge, 1927.

———— "Schebesta on the Sacerdo – Therapy of the Semang," *JRAI*, LX (1930), 115 – 25.

————. *Studies in Religion, Folk – Lore, & Custom in British North Borneo and the Malay Peninsula*. Cambridge, 1923.

EVANS – PRITCHARD, E. E. *Witchcraft, Oracles and Magic among the Azande*. Oxford, 1937.

EVANS – WENTZ, W. Y. , ed. *The Tibetan Book of the Dead* (*Bardo Thodol*) , tr. Lama Kazi Dawa – Samdup. London, 1927; 2nd edn. , 1949; 3rd edn. , 1957.

————, ed. *Tibetan Toga and Secret Doctrines*; *or, Seven Books of Wisdom of the Great Path*, tr. Lama Kazi Dawa – Samdup. London and New York, 1935; 2nd edn. , London, 1958.

FAIRCHILD, WILLIAM P. "Shamanism in Japan," *FS*, *XXI* (1962), 1 – 122.

FILLIOZAT, JEAN. *La Doctrine classique de la midecine in-*

dienne. Ses origins et ses paralleles grecs. Paris, 1949. "Les Ori-gines d'une technique mystique indienne," *Revue philosophique de la France et de l' etranger* (Paris), CXXXVI (1946), 208 – 20.

FINDEISEN, HANS. "Der Adler *als* Kulturbringer im nor-dasiatischen Raum and in der amerikanischen Arktis," *ZE*, LXXX1 (1956), 70 – 82.

_____. "Der Mensch and seine Teile in der Kunst der Jennissejer (Keto)," *ZE*, LXIII (1931), 296 – 315.

_____. *Schamanenturn, dargestellt am Beispiel der Bes-essentheitspriester nordeurasiatischer Volker.* Stuttgart, 1957.

_____. "Zur Geschichte der B arenzeretnonie," *ARTY*, *XXXVII* (1941), 196 – 200.

FISCHER, H. T. "Indonesische Paradiesmythen," *ZE*, LXIV, 1 – 3 (1932), 204 – 45.

FLANNERY, REGINA. "The Gros Ventre Shaking Tent," *PM*, *XVII* (1944), 54 – 84.

FoRDE, C. DARYLL. *Ethnography of the Tuma Indians.* Berkeley, 1931. (CPAAEXXVII, 4.)

FORTUNE, R. F. *Sorcerers of Dobu.* London, 1932.

FOY, W. "Indische Kultbauten als Symbole des Gotterbergs." In *Festschrift Ernst Windisch zum siebzigsten Geburtstag am* 4. *Sep-tember* 1914, pp. 213 – 16. Leipzig, 1914.

FRAZER, SIR JAMES GEORGE. *Aftermath: a Supplement to The Golden Bough.* London, 1936.

_____. *The Belief in Immortality and the Worship of the Dead.* London, 1913 – 24. 3 vols.

_____. *The Fear of the Dead in Primitive Religion*, Lon-don, 1933 – 36. 5 vols.

_____. *Folk – lore in the Old Testament: Studies in*

Comparative Religion, *Legend and Law*. London, 1919. 3 *vols*.

_____ *Spirits of the Corn and of the Wild*. 3rd edn. of *The Golden Bough*: *a Study in Magic and Religion*, Pt. V. New York and London, 1955. 2 *vols*.

_____. *Taboo and the Perils of the Soul*. 3rd edn. of *The Golden Bough*, Pt. II. New York and London, 1951.

_____ *Totemism and Exogamy*: *a Treatise on Certain Early Forms of Superstition and Society*. London, 1910. 4 vols.

FRIEDERICI, GEORG. "Zu den vorkolumbischen Verbindungen der Siidsee – Volker mit Amerika," *Anthropos*, *XXIV* (1929), 441 – 87.

FRIEDRICH, ADOLF. *Afrikanische Priestertiimer*. Stuttgart, 1939.

_____. "Das Bewusstsein eines Naturvolkes von Haushalt und Ursprung des Lebens," *Paideuma*, VI, 2 (Aug. , 1955), 47 – 54.

_____. "Knochen und Skelett in der Vorstellungswelt Nordasiens," *W BKL*, V (1943), 189 – 247. and BUDDRUSS, GEORG. *Schamanengeschichten aus Sibirien* (tr. Of KSENOFONTOV, G. V. , *Legendy i rasskazy o shamanakh u yakutov*, *buryat I tungusov* Eq. v. j.) Munich and Planegg, 1955.

FRITzNER, JOHAN. *Lappernes Hedenskab og Trolddomskunst sammenholdt med andre Folks*, *isaer Nordmaenes*, *Tro og Overtro*. Christiania, 1877. (Norsk Historisk Forening Tidsskrift IV.)

FROBENIus, LEO. *Kulturgeschichte Afrikas*. *Prolegomena zu einer historischen Gestaltlehre*. Zurich, 1933.

_____. *Die Weltanschauung der Naturviilker*. Weimar, 1898.

FiifINER, H. "Solanazeen als Berauschungsmittel: eine historisch – ethnologische Studie," *Archiv fiir experimentelle Path-*

ologic und Pharmakologie (*Leipzig*), III (1926), 281 – 94.

GAERTE, W. "Kosmische Vorstellungen im Bilde pr5. historischer Zeit: Erdberg, Himmelsberg, Erdnabel und Welt-strome," *Anthropos*, IX (1914), 956 – 79.

GAHS, ALEXANDER. "Blutige und unblutige Opfer bei den altaischen Hirtenvolkern," in *Semaine internationale d'ethnologie religieuse*, *IV' session* (1925), pp. 217 – 32. Paris, 1926.

————. "Kopf – , Schadel – und Langknochenopfer bei Rentiervolkern," in *Festschrift. Publication d'hommage offerte au PEire*] *W. Schmidt*, ed. W. Koppers, pp. 281 – 68. Vienna, 1928.

————. "Die kulturhistorischen Beziehungen der Ostli-chen Palaosibirier zu den austrischen Volkern, insbesondere zu jenen Formosas," *MAGW*, LX (1980), pp. 3 – 6.

GANAY, SOLANGE DE. *Les Devises de Dogon.* Paris, 1941.

GAYTON, A. H. "The Orpheus Myth in North America," *J AFL*, XLVIII, 189 (July – Sept. , 1985), 265 – 93.

GENNEP, ARNOLD VAN. *Le Cheva/ – jupon.* Paris, 1945. (Cahiers d'ethnographie folklorique I.)

————. *Mythes et legendes d' Australie.* Paris, 1906.

————. *The Rites of Passage.* Chicago and London, 1960. (Orig. : *Les Rites de passage.* Paris, 1909.)

GEORG', J. G. *Bemerkungen einer Reise im russischen Reich im Jahre* 1772. St. Petersburg, 1775.

GERNET, L. , and BOULANGER, A. *Le Ginie grec dans la religion.* Paris, 1952.

GHEERBRANT, ALAIN. *Journey to the Far Amazon: an Expedition into Unknown Territory.* New York, 1954. (English *edn.* , *The Impossible Adventure*: *Journey to the Far Amazon*. London, 1953.)

GIEDION, S. *The Eternal Present. I*: *The Beginnings of Art.* (A. W. Mellon Lectures in the Fine Arts, 1957.) 1962. (BS XXXV. 6. 1.) Also London, 1962.

GIFFORD, E. W. "Southern Maidu Religious Ceremonies," *AA*, *XXIX*, 3 (1927) , 214 – 57.

GJESSING, Go – roam. *Circumpolar Stone Age.* Copenhagen, 1944. (Acta arctica II, fasc. 2.)

GMELIN, JOHANN GEORG. *Reise durch Sibirien, von dent Jahr* 1733 *bis* 1743. Gottingen, 1761 – . 52. 4 vols. in 3.

GODLEY, A. D. , tr. *Herodotus.* London and New York, 1921 – 24. (Loeb Classical Library.) 4 vols.

GOEJE, C. H. DE. "Philosophy, Initiation and Myths of the Indians of Guiana and Adjacent Countries," *IAE*, XLIV (1943) , 1 – 136.

GOLOUBEW (GOLUBEV) , V. "Sur l'origine et la diffusion des tambours metalliques," *Praehistorica Asiae orientalia* (Hanoi) , 1932, 137 – 50.

_____. "Les Tambours magiques en Mongolie," *BEFEO*, *XXIII* (1923) , 407 – 09.

GOLTHER, *W. Handbuch der germanischen Mythologie.* Leipzig, 1895.

GOMES, EDWIN H. *Seventeen rears among the Sea Dyaks of Borneo*: *a Record of Intimate Association with the Natives of the Bornean Jungles.* Philadelphia, 1911.

GORGE, M. , MownElt, R. (and others) . *Histoire generale des religions.* Paris, 1944 – 51. 5 vols.

GRAEBNER, FRITZ. *Das Weltbild der Prinzitiven. Eine*

Untersuchung der Urformen weltanschaulichen Denkens bei Natur-volkern. Munich, 1924.

GRANET, MARCEL. *Danses et legendes de la Chine anci-enne.* Paris, 1926. 2 vols.

————. La *Pens& chinoise.* Paris, 1954.

————. "Remarques sur le tacisme ancien," *AM*, II (1925), 145 – 51.

GREY, SIR GEORGE. *Polynesian Mythology and Ancient Traditional History of the New Zealanders as Furnished by Their Priests and Chiefs.* Reprint, Auckland, 1929.

GRIAULE, MARCEL. *Dieu d'eau. Entretiens avec Ogotom-meli.* Paris, 1949.

GRIFFITH, RALPH T. H., tr. *The Hymns of the Rigveda.* I3enares, 1889 – 92. 4 vols.

GRONBECH, K. See HASLUND – CHRISTENSEN, HEN-NING.

GROOT, JAN J. M. DE. *The Religious System of China.* Leiden, 1892 – 1910. 6 vols.

GROUSSET, RENT. *L'Empire des steppes.* Paris, 1988.

GRUBE, W. "Das Schamanentum bei den Golden," *Globus*, LXXI (1897), 89 – 93.

GRONWEDEL, ALBERT. *Die Teufel des Avesta und ihre Beziehungen zur lkonographie des Buddhismus Zentral – Asiens.* Berlin, 1924. 2 vols. (called parts).

GUDGEON, COL W. E. "Te Umu – ti, or Fire – Walking Ceremony," *JPS*, VIII, 29 (Mar., 1899), 58 – 60.

GUNTERT, HERMANN. *Der arische Weltkonig und Hei-land.* Halle, 1923.

GUNTERT, HERMANN. *Ka4PSO.* Halle, 1919.

GUNTHER, E. See HAERERLIN, HERMAN.

GUSINDE, MARTIN. "Une Ecole d'hommes – m6decine chez les Yamanas de la Terre de Feu," *Revue Czba* (Basel), No. 60 (Aug., 1947), pp. 2169 – 62.

_____. *Die Feuerland Indianer. I: Die Selk'nam*, II: *Die Yamana*, Modling (Vienna), 1951, 1937. 2 vols.

_____. "Der Medizinmann bei den siidamerikanischen Indianern," *MAGIF*, LXII (1932), 286 – 94.

GUTHRIE, W. K. C. *The Greeks and Their Gods.* London, 1950. (Beacon paperback reprint, Boston, 1955.)

_____. *Orpheus and Greek Religion: a Study of the Orphic Movement.* London, 1935.

GUTaIANN, B. "Der Schmied und seine Kunst im anhnistischen Denken," *ZE*, XLIV (1912), 81 – 93. HAAVIO, MARTTI. *Viiinam5inen, Eternal Sage.* 1952. (FFC LXI, 144.)

HAEBERLIN, HERMAN. "SbEtEtda'q, a Shamanistic Performance of the Coast Salish," *AA*, n. s. XX (1918), 249 – 57.

_____ and GUNTHER, E. "Ethnographische Notizen iiber die Indianerstamme des Puget – Sundes," *ZE*, LVI (1924), 1 – 74.

HAEKEL, JOSEF. "Idolkult und Dualsystem bei den Ugriern (zum Problem des eurasiatischen Totemismus)," *AVK*, *I* (1946), 95 – 163. . "Initiationen und Geheimbilnde an der NordwestkUste Nordamerikas," MAGW, LXXXIII (1954), 176 – 90.

_____. "Kosmischer Baum und Pfahl im Mythus und Kult der Stdmme Nordwestamerikas," WVM, VI, n. s. I (1958), 33 – 81.

_____ "Schutzgeistsuche und Jugendweihe im westlichen Nordamerika," *Ethnos*, *XII* (1947), 106 – 22.

HAGUENAUER, M. C. *Origines de la civilisation japon-aise. Introduction a l'itude de la prehistoire du Japon*, vol. I. Paris, 1956.

————. "Sorciers et sorcieres de Coree," *Bulletin de la Maison FrancoJaponaise* (Tokyo), II, 1 (1929), 4.7 – 65.

HALLoWELL, A. IRVING. "Bear Ceremonialism in the Northern Hemisphere," *AA, n. s. XXVIII* (1926), 1 – 175.

HAtvamt, FRANZ. "The Eurasian Animal Style and the Altai Complex," *ArtA, XV* (1952), 171 – 94.

HANDY, E. S. C. *The Native Culture in the Marquesas.* 1923. (BMB 9.)

HANDY, E. S. C. *Polynesian Religion.* 1927. (BMB 4.)

HARPER, EDWARD B. "Shamanism in South India," *SJA, XIII* (1957), 267 – 87.

HARVA (formerly HOLMBERG), UNO. *Der Baum des Lebens.* Helsinki, 1922 – 23. (Suomalaisen Tiedeakatemian Toirnituksia. Annales Academiae Scientiarum Fennicae, ser. B, XVI.)

————. *Finno – Ugric Landj Siberian* [*Mythology*]. 1927. (MAR IV.)

————. *Die religiOsen Vorstellungen der altaischen V Other.* Helsinki, 1938. (FFC LII, 125.)

————. *The Shaman Costume and Its Significance.* 1922. (AUFA, ser. B, I, 2.)

————. "Uber die Jagdriten der nordlichen Volker Asiens und Europas," *JSFO, XLI*, fasc. 1 (1925), 1 – 53.

HASLIJND – CHRISTENSEN, HENNING; GRONBECH, K.; and EMSHEIMER, ERNST. *The Music of the Mongols. I: Eastern Mongolia.* Stockholm, 1943.

HATT, GUDMUND. *Asiatic Influences in American Folklore.* Copenhagen, 1949. (Det Kongelige Da. nske Videnskabernes Selskab. Historiskfilologishe Meddelelser XXXI, 6.)

HAUER, J. W. *Die Anfange der Togapraxis.* Stuttgart, 1922.

_____. *Der Vratya. Untersuchungen hber die nichtbramanische Religion Altindiens. I: Die Vratya als nichtbramanische Kultgenossenschaften arischer Herkunft.* Stuttgart, 1927.

HAUG, MARTIN, ed. and tr. *The Aitareya Brahmanam of the Rigveda.* Bombay, 1863. 2 vols.

_____ (with E. W. WEST), ed. and tr. *The Book of . Arrld – Viraf.* Bombay and London, 1872.

HAussic, HANS – WILHELM. "Theophylakts Exkurs iTher die skythischen Volker," *Byzantion (Brussels)*, XXIII (1953), 275 – 462.

_____. See also ALTHEIM, FRANZ.

HAYANS, GUILLERD. 10. See HOLMER, NILS M. , and WASSgN, S. HENRY.

HEINE – GELDERN, ROBERT VON. "Bedeutung und Hernkunft der altesten hinterindischen Mettalltrommeln (Kesselgongs)," *AM, VIII* (1933), 519 – 37.

_____. "Cultural Connections between Asia and Pre – Columbian America," *Anthropos*, XLV (1950), 350 – 52.

_____. "Das Problem vorkolumbischer Beziehungen zwischen Alter und Neuer Welt und seine Bedeutung fiir die allgemeine Kulturgeschichte," *Anzeiger der Osterreichischen Akademie der Wissenschaften* (Vienna), phil. – hist. Klasse, XCI, 24 (1955), 343 – 63.

_____. Review of *Antler and Tongue: an Essay on Ancient Chinese Symbolism and Its Implications*, by A. Salmony,

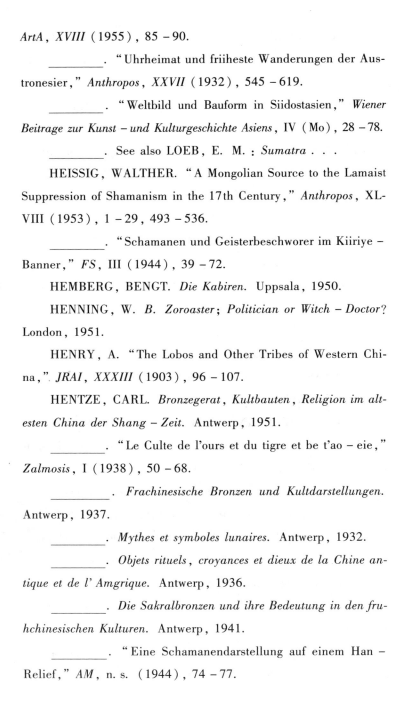

ArtA, *XVIII* (1955), 85 – 90.

_____. "Uhrheimat und friiheste Wanderungen der Austronesier," *Anthropos*, *XXVII* (1932), 545 – 619.

_____. "Weltbild und Bauform in Siidostasien," *Wiener Beitrage zur Kunst – und Kulturgeschichte Asiens*, IV (Mo), 28 – 78.

_____. See also LOEB, E. M. : *Sumatra* . . .

HEISSIG, WALTHER. "A Mongolian Source to the Lamaist Suppression of Shamanism in the 17th Century," *Anthropos*, XLVIII (1953), 1 – 29, 493 – 536.

_____. "Schamanen und Geisterbeschworer im Kiiriye – Banner," *FS*, III (1944), 39 – 72.

HEMBERG, BENGT. *Die Kabiren.* Uppsala, 1950.

HENNING, W. B. *Zoroaster; Politician or Witch – Doctor?* London, 1951.

HENRY, A. "The Lobos and Other Tribes of Western China," *JRAI*, *XXXIII* (1903), 96 – 107.

HENTZE, CARL. *Bronzegerat, Kultbauten, Religion im altesten China der Shang – Zeit.* Antwerp, 1951.

_____. "Le Culte de l'ours et du tigre et be t'ao – eie," *Zalmosis*, I (1938), 50 – 68.

_____. *Frachinesische Bronzen und Kultdarstellungen.* Antwerp, 1937.

_____. *Mythes et symboles lunaires.* Antwerp, 1932.

_____. *Objets rituels, croyances et dieux de la Chine antique et de l'Amgrique.* Antwerp, 1936.

_____. *Die Sakralbronzen und ihre Bedeutung in den fruhchinesischen Kulturen.* Antwerp, 1941.

_____. "Eine Schamanendarstellung auf einem Han – Relief," *AM*, n. s. (1944), 74 – 77.

_____. "Schamanenkronen zur Han – Zeit in Korea," *Ostasiatische Zeitschrift* (Berlin), n. s. IX, 5 (1933), 156 – 63.

_____. "Eine Schamanentracht in ihrer Bedeutung filr die altchinesische Kunst und Religion," *IPEK*, XX (1960 – 63), 55 – 61.

"Zur urspriinglichen Bedeutung des chinesischen Zeichens *for.* 2 = Kopf," *Anthropos*, XLV (1950), 801 – 20.

HERMANNS, MATTHIAS. *The Indo – Tibetans.* Bombay, 1954.

_____ *Mythen und Mysterien, Magie und Religion der Tibeter.* Cologne, 1956.

HERODOTUS. See GODLEY, A. D.

HILLEBRANDT, ALFRED. *Vedische Mythologie.* 2nd rev. edn. , Breslau, 1927 – 29. 2 vole.

HIROA, TE RANG! (PETER H. BucK) . *Ethnology of Mangareva.* 1938. (BMB 157 .)

HIVALE, SHAMRAO. "The Laru Kaj," *Man in India* (Ranchi), XXIV (1944), 122 ff.

HOCART, ARTHUR MAURICE. "Flying Through the Air," *IA*, LH (1923), 80 – 82.

_____. "Medicine and Witchcraft in Eddystone of the Solomons," *JRAI*, LV (1925), 221 – 70.

HOFFMAN, W. J. "The Midewiwin or 'Grand Medicine Society' of the Ojibwa," 7*th RBEW* (1885 – 86; pub. 1891), pp. 143 – 300.

_____. "Pictography and Shamanistic Rites of the Ojibwa," *AA*, *I* (1888), 209 – 29.

HOFFMANN, HELMUT. "Men. Eine lexikographisch – religionswissenschaftliche Untersuchung," *Zeitschrift der deutschen morgenlandischen Gesellschaft* (*Leipzig*) , XCVIII (1944), 340 –

58.

_____. *Quellen zur Geschichte der tibetischen Bon – Religion*. Wiesbaden, 1950. (Abhandlungen der Akademie der Wissenschaften und der Literatur in Mainz, geistes – und sozialwissenschaftlichen Klasse 4.) . *The Religions of Tibet*, tr. Edward Fitzgerald. New York, 1961. (Orig. ; *Die Religionen Tibets*; *Bon und Lamaismus in ihrer geschichtlichen Entwicklung*. Freiburg and Munich, 1956.)

HOFFMANN, REV. JOHN (with REV. ARTHUR VAN EMELEN) . *Encyclopaedia Mundarica*. Patna, 1930 – 38. 4 vole.

HoFLER, Orro. *Kultische Geheimbiinde der Germanen*, vol. I. Frankfurt a. M. , 1934.

HOLM, G. "Ethnological Sketch of the Angmagsalik Eskimo," in THALBITZER, WILLIAM, ed. , *The Ammassalik Eskimo*: *Contributions to the Ethnology of the East Greenland Natives*, pt. I, pp. 1 – 147. Copenhagen, 1914.

HOLMER, NILS M. , and WAss6N, S. HENRY, eds. and trs. *NiarIkala*: *Canto magic° para curar la locura. Texto en lengua tuna, anotado por el Indio Guillermo Hayans con traduccion espanola y commentaries por Nils

M. Holmer y S. Henry Wassen*. Goteborg, 1958. (Etnologiska Studier XXIII.)

HOLT, CATHARINE. See KROEBER, A. L.

HONK°, LAURI. *Krankheitsprojectile*: *Untersuchung fiber eine urtiimliche Krankheitserklarung*. 1959. (FFC LXXII, 178.)

HOPKINS, EDWARD WASHBURN. "Yoga – Technique in the Great Epic," *JAOS*, *XXII* (1901) , 333 – 79.

HOPKINS, L. C. "The Bearskin, Another Pictographic

Reconnaisance from Primitive Prophylactic to Present – day Panache: a Chinese Epigraphic Puzzle," *JRAS*, Pts. (1945), pp. 110 – 17.

_____. "The Shaman or Chinese Wu: His Inspired Dancing and Versatile Character," *JRAS*, Pts. I—II (1946), 3 – 16.

HORNELL, JAMES. "Was There Pre – Columbian Contact between the Peoples of Oceania and South America?" *JPS*, LIV (1945), 167 –91.

HORNER, I. B., tr. *Majjhimanikciya*. 1959. (PTS XXXI.)

HOUSSE, EMILE. *Une Epopee indienne. Les Araucans du Chili*. Paris, 1939.

HOWELL, REV. W. "A Sea – Dayalt Dirge," *Sarawak Museum Journal*, 1, I (Jan., 1911), 5 – 73. (Extracts in CHADWICK, H. M. and N. K., *The Growth of Literature* [q. v.], III.)

Howirr, A. W. *The Native Tribes of South – East Australia*. London, 1904.

_____. "On Australian Medicine Men," *JRAI*, XVI (1887), 23 –58.

HuART, CLMENT. *Les Saints des derviches tourneurs. Recits traduits du persan*. Paris, 1918 – 22. 2 vols.

HULTKRANTZ, AKE. *Conceptions of the Soul among North American Indians: a Study in Religious Ethnology*. Stockholm, 1953.

_____. *The North American Indian Orpheus Tradition: a Contribution to Comparative Religion*. Stockholm, 1957.

HUME, ROBERT EmEsT, tr. *The Thirteen Principal Upanishads*. London, 1921.

HUMMEL, SIEGBERT. "Die Bedeutung der Na – khi fur die Erforschung der tibetischen Kultur," *MS, XIX* (1960), 307 – 34.

_____. "Eurasiatische Traditionen in der tibetischen Bon – Religion," in *Opuscula ethnologica memoriae Ludovici Biro sacra*, pp. 165 – 212. Budapest, 1959.

_____. *Geheimnisse tibetischer Malereien.* II: *Lamaistische Studien.* Leipzig, 1949 – 59. 2 vols.

_____. "Der gottliche Schmied in Tibet," *FS, XIX* (1960) , 251 – 72.

HUMMEL, SIEGEERT. "Grundage einer Urgeschichte der tibetischen Kultur," *JMVK, XIII* (1954: pub. 1955), 73 – 134.

_____. "Der Hund in der religiosen Vorstellungswelt des Tibeters," *Paideuma*, VI, 8 (Nov. , 1958), 500 – 09; VII, 7 (July, 1961), 352 – 61.

IBN BATrITAH. See DEFRiMERY, C. F. , and SANGUI-NETTI, B. R.

IM THURN, EVERARD F. *Among the Indians of Guiana, Being Sketches, Chiffiy Anthropological, from the Interior of British Guiana.* London, 1883.

ITKONEN, TOIVO IMMANUEL. *Heidnische Religion und spaterer Aberglaube bei den finnischen Lappen.* 1946. (MSFO LXXXVII.)

IVANOV, S. V. *Materialy po isobrazietelnomu iskusstvu narodov Sibiri XIX – nachala XX v.* Moscow and Leningrad, 1954. (AN, Trudy Instituta Etnografii, n. s. XXII.)

JAcony, ADOLF. "Der Baum mit den Wurzeln nach oben und den Zweigen nach unten," *ZMKRW*, XLIII (1928), 78 – 85.

"Zum Zerstiickelungs – und Wiederbelebungswunder der indischen Fakire," *AMP'*, *XVII* (1914), 455 – 75.

JENNESS, DIAMOND. "Prehistoric Culture Waves from Asia to America," in *Annual Report of the Smithsonian Institution*, 1940, pp. 383 – 96. Washington, 1941.

JENSEN, A. E. *Die drei Strome.* Leipzig, 1948.

_____ and NIGGEMEYER, H. , eds. *Hainuwele: Volkserzahlungen von der Molukken – Insel Ceram.* Frankfurt a. M. , 1939.

JEREMIAS, ALFRED. *Handbuch der altorientalischen Geisteskultur.* 2nd edn. , Berlin and Leipzig, 1929.

JETFMAR, KARL. "The Altai before the Turks," *BMFEA*, No. 23 (1951), pp. 135 – 223.

_____ . "The Karasuk Culture and Its South – eastern Affinities," *BMFEA*, No. 22 (1950), pp. 83 – 126.

_____ . "Urgeschichte Innerasiens," in NARA, KARL J. , *Abriss der Vorgeschichte* (*q. v.*), pp. 150 – 61.

_____ . "Zur Herkunft der turkischen Volkerschaften," *AVK*, III (1948), 9 – 23.

JOCHELSON, WALDEMAR (VLADIMIR) I. *The Koryak.* Leiden and New York, 1905 – 8. (AMNH Memoirs X; JE VI.)

_____ . *The Yakut.* 1933. (AMNH Anthropological Papers XXXIII, Pt. II.)

JOCHELSON, WALDEMAR (VLADIMIR) *I. The rukaghir and the Tukaghirized Tungus.* Leiden and New York, 1924 – 26. (AMNH Memoirs XIII, 2 – 3; JE IX.) 2 vols.

JOHN OF THE CROSS, ST. "Ascent of Mount Carmel," in *The Complete Works of Saint John of the Cross, I*, ed. and tr. E.

Allison Peers. London, 1934 – 35. 3 vols.

JOHNSON, FREDERICK. "Notes on Micmac Shamanism," *PM*, *XVI* (1943), 53 – 80.

JUYNBOLL, H. H. "Religionen der Naturv8lker Indonesiens," *ARW*, *XVII* (1914), 582 – 606.

KAGAROW (lidiowaov), E. "Der umgekehrte Schamanenbaum," *ARW*, *XXVII* (1929), 183 – 85.

KAHN, CHARLES H. "Religion and Natural Philosophy in Empedocles' Doctrine of the Soul," *Archiv fur Geschichte der Philosophie* (Berlin), XLII (1960), 3 – 35.

KALTENMARK, MAX, ed. and tr. *Le Lie – sien tchouan* (*Biographies legendaires des Immortels taoistes de l'antiquite*). Peking, 1953.

KARJALAINEN, K. F. *Die Religion der Jugra – Mker*. 1921 – 27. (FFC VIII, 41; XI, 44; XX, 63.) *S* vols.

KARSTEN, RAFAEL. *The Civilization of the South American Indians*. London, 1926.

_____. *The Religion of the Samek*. Leiden, 1955.

_____. "Zur Psychologie des indianischen Medizinmannes," *ZE*, LXXX, 2 (1955), 170 – 77.

KEITH, ARTHUR BERRIEDALE. *The Religion and Philosophy of the Veda and Upanishads*. 1925. (HOS XXXI, XXXII.) 2 vols.

_____, tr. *Rigveda Brahmavas*: *the Aitareya and Kausitaki Brahmanas of the Rigveda*. 1920. (HOS XXV.)

_____, tr. *The Veda of the Black Tajus School Entitled Taittiriya Sanhits*. Pt. I: *Kandas I—III*; Pt. II: *Kandas* 1914. (HOS XVIII, XIX.) 2 vols.

KERENYI, CARL (KARL). *Pythagoras and Orpheus*.

3rd edn. , Zurich, 1950. (Albae Vigilae, n. s. IX.)

KHANGALOV, M. N. See AGAPITOV, *N. N.*

KIRCHNER, HORST. "EM archaologischer Beitrag zur Urgeschichte des Schamanismus," *Anthropos*, XLVII (1952), 244 – 86.

KIRFEL, WILLIBALD. *Die Kosmographie der Inder, nach den Quellen dargestellt.* Bonn and Leipzig, 192o.

KITTREDGE, GEORGE LYIvIAN. *Witchcraft in Old and New England.* Cambridge (Mass.) , 1929.

KLAPROTH, J. H. , ed. "Description du Tubet," *JA*, Ser. II, IV (Aug. , 1829), 81 – 158, 241 – 324; VI (Sept. , 1830), 161 – 246; (Nov. , 1830), 321 – 50.

KNOLL – GREILING, URSULA. "Berufung und Berufungserlebnis bei den Schamanen," *Tribus* (Stuttgart), n. s. II – Ill (1952 – 53), 227 – 38.

KOCH, THEODOR. "Zum Animismus der sfidamerikanischen Indianer," *LAE*, Suppl. XIII (1900) .

KOLLANTZ, ARNULF. "Der Schamanismus der Awaren," *Palaeologia* (Osaka), IV, 3 – 4 (1955), 63 – 73.

KOPPERS, WILHELM. *Die Bhil in Zentralindien.* Horn (Austria) and Vienna, 1948.

————. "Die Frage eventueller alter Kulturbeziehungen zwischen sildlichen Sfidamerika und Sfidost – Australien," in *Proceedings of the 23rd International Congress of Americanists* (1928), pp. 678 – 86. New York, 1930.

————. "Der Hund in der Mythologie der zirkumpazifischen VOlker," *WBKL*, 1 (1930), 359 – 99.

————. "Monuments to the Dead of the Bhils and Other Primitive Tribes in Central India: a Contribution to the Study of the Megalith Problem," *ALat*, VI (1942), 117 – 206.

_____. "Pferdeopfer und Pferdekult der Indogermanen," in *Die Indogermanen – und Germanenfrage*: *neue Wege zu ihrer Losung*, pp. 279 – 411. 1936. (WBKL IV.)

_____. "Probleme der indischen Religionsgeschichte," *Anthropos*, *XXXV —XXXV I* (1940 – 41), 761 – 814.

_____. Review of *The Building of Cultures*, by Roland B. Dixon, *Anthropos*, XXIV (1929), 695 – 99.

_____. "Tungusen und Miao," *MAGW*, LX (1930), 306 – 19.

_____. *Unter Feuerland – Indianern. Eine Forschungsreise zu den sadlichsten Bewohnern der Erde mit M. Gusinde*. Stuttgart, 1924.

"Urtfirkentum und Urindogermanentum im Lichte der volkerkundlichen Universalgeschichte," *Belleten* (Ankara), V, 20 (Oct. , 1941), 481 – 525.

Koeui) LtizAni, MEHMED FUAD. *Influence du chamanisme turco – mongol sur les ordres mystiques musulmans*. Istanbul, 1929. (Memoires de l'Institut de Turcologie de l'Universite de Stamboul, n. s. I.)

KoPREHJIZADC MEHMED FUAD. *Les Premiers Mystiques dans la literature turque*. Constantinople, 1919. (In Turkish.)

KoRNER, THEO. "Das Zuriickrufen der Seele in Kuei – chou," *Ethnos*, III, 4 – 5 (July – Sept. , 1938), 108 – 12.

KRADER, LAWRENCE. "Buryat Religion and Society," *SJA*, X, 3 (1954), 322 – 51.

KREMSMAYER, HEIMO. "Schamanismus und Seelenvorstellungen im alten China," *AVK*, IX (1954), 66 – 78.

KRETSCIII, , 4AR, FREDA. *Hundestammvater and Ker-*

beros. Stuttgart, 1938. 2 vols.

KROEBER, ALFRED Louis. "The Eskimo of Smith Sound," *A MNI – 1 Bulletin*, *XII* (1899), 265 – 327.

_____. *Handbook of the Indians of California.* 1925. (BBEW 78.)

_____ "A Karok Orpheus Myth," *JAFL*, LIX (1946), 13 – 19. and HOLT, CATHARINE. "Masks and Moieties as a Culture Complex," *JRAI*, L (1920), 452 – 60.

KROEF, JusTus M. VAN DER, "Transvestitism and the Religious Hermaphrodite in Indonesia," *Journal of East Asiatic Studies* (Manila), III (1959), 257 – 65.

KROISN, KAARLE. *Kalevalastudien.* 192 + – 28. (FFC XVI, 63; XXI, 67; XXIII, 71 – 72; XXVI, 75 – 76.) 6 vols. (Vol. V: *Vainamoinen.*)

KROLL, JOSEF. *Gott und H5lle.* Leipzig, 1932.

_____. *Die Himmelfahrt der Seele in der Antike.* Cologne, 1931.

KRCYT (KRUIJT, KRUJT), A. C. *Het Animisme in den Indischen Archipel.* The Hague, 1906.

_____. "Indonesians," in *Encyclopaedia of Religion and Ethics*, ed. James Hastings, VII, 232 – 50. New York, 1951. . See also ADRIANI, N.

KSENOFONTOV, G. V. *Legendy i rasskazy o shamanakh u yakutov*, *buryat I tungusov.* 2nd edn., Moscow, 1930. (German tr., FRIEDRICH, A., and BUDDRUSS, GEORG, *Schamanengeschichten aus Sibirien* LAFONT, PIERRE – BERNARD. "Pratiques medicales des Thai noirs du Laos de l'ouest," *Anthropos*, LIV (1959), 819 – 40.

LAGERCRANTZ, ELIEL. "Die Geheimsprachen der Lappen," *JSFO*, XLII, 2 (1928), 1 – 13.

LALOU, MARCELLE. "Le Chemin des morts dans les croyances de HauteAsie," *RHR*, *CXXXV* (1949), 42 – 48.

LAMOTTE, ETIENNE, tr. *Le Traite de la Grande Vertu de sagesse de Nagarjuna* (*Mahaprafriraydramitaieistra*). Louvain, 1944, 1949. 2 vols.

LANDTMAN, G. *The Kiwai Papuans of British New Guinea.* London, 1927.

LANKENAU, H. VON. "Die Schamanen and das Schamanenwesen," *Globus*, *XXII* (1872), 278 – 83.

LANTERNARI, V. "11 Serpente Arcobaleno e il complesso religioso degli Esseri pluviali in Australia," *SMSR*, *XXIII* (1952), 117 – 28.

LARSEN, HELGE. "The Ipiutak Culture: Its Origin and Relationship," in *Indian Tribes of Aboriginal America: Selected Papers of the 29th International Congress of Americanists*, ed. Sol Tax, III, 22 – 34. Chicago, 1952.

LATTIMORE, OWEN. "Wulakai Tales from Manchuria," *JAFL*, XLVI (1930, 272 – 86.

LAUFER, I3ERTHOLD. "Burkhan," JAGS, XXXVI (1917), 590 – 95.

_____. *Chinese Clay Figures.* 1914. (FMNH Anthropological Series XIII, 2.)

_____. "Columbus and Cathay, and the Meaning of America to the Orientalist," *JAOS*, LI, 2 (June, 1931), 87 – 103.

_____. "Origin of the Word Shaman," *AA*, *XIX* (1917), 361 – 71.

_____. *The Prehistory of Aviation.* 1928. (FMNH Anthropological Series XVIII, 1.)

_____. *Sino – Iranica: Chinese Contributions to the History of Civilization in Ancient Iran.* 1919. (FMNH Anthropological Series XV, 3.)

_____. *Use of Human Skulls and Bones in Tibet.* 1923. (FMNH Department of Anthropology Publication X.)

LAVAL, HONORS. *Mangareva. L'Histoire ancienne d'un peuple polynesien.*

Braine – le – Comte and Paris, 1938.

LAviosA – ZArvinorri, P. *Les Origines et la diffusion de la civilisation.* Paris, 1949. (Orig. : *Origini e difusione della civilta.* Milan, 1947.)

LAYARD, JOHN W. " Malekula: Flying Tricksters, Ghosts, Gods and Epileptics," *JRAI*, LX (July—Dec. , 1930), 501 – 24.

_____. "Shamanism: an Analysis Based on Comparison with the Flying Tricksters of Malekula," *JRAI*, LX (July—Dec. , 1930), 525 – 50.

_____. *Stone Men of Malekula.* London, 1942.

LEEUW, GERARDUS VAN DEL *La Religion dans son essence et ses manifestations.* Paris, 1948. (French tr. of German text, rev. by author. English tr. : *Religion in Essence and Manifestation.* London, 1938.)

LEHMANN, WALTER. " Die Frage vOlkerkundlicher Beziehungen zwischen der Stidsee und Amerika," *Orientalische Literaturzeitung* (Berlin), XXXIII (1930, 322 – 39.

LEHTISALO, T. "Beobachtungen Ober die Jodler," *JSFO*, XLVIII, 2 (1936 – 37), 1 – 34.

_____. *Entwurf einer Mythologic der Jurak – Samojeden.* 1924. (MSFO LIII.)

_____. "Der Tod und die Wiedergeburt des kiinftigen Schamanen," *JSFO*, XLVIII, fasc. 3 (1987), 1-34.

LEROY, OLIVIER. *Les Hammes salamandres. Recherches et rifiexions sur l'incombustibilite du corps humain.* Paris, 1931.

_____ *La Levitation.* Paris, 1928.

_____. *La Raison primitive. Essai de refutation de la theorie du prelogisme.* Paris, 1927.

LESSING, F. D. "Calling the Soul: a Lamaist Ritual," in *Semitic and Oriental Studies: a Volume Presented to William Popper on the Occasion of his Seventy – Fifth Birthday*, October 29, 1949, ed. Walter J. Fischel, pp. 263 - 84. Berkeley and Los Angeles, 1951. (CPSP XI.) SYLVAIN. *La Doctrine du sacrifice dans les Brahmatzas.* Paris, 1898.

"Etude des documents tokhariens de la Mission Pelliot," *JA*, ser. X, vol. XVII (May—June, 1911), 431 -64.

_____ and CHAVANNES, EDOUARD. "Les Seize Arhats protecteurs de la loi," *JA, ser.* XI, vol. VIII (July—Aug. , 1916), 5 -50, 189 -304.

LEVY, GERTRUDE R. *The Gate of Horn: a Study of the Religious Conceptions of the Stone Age, and Their Influence upon European Thought.*
London and Chicago, 1948.

Ltvy, ISIDORE. *La Legende de Pythagore de Grke en Palestine.* Paris, 1927.

LiVY – BRUIlL, LUCIEN. *La Mythologie primitive. Le Monde mythique des Australiens et des Papous.* Paris, 1935.

LIAN – cHE. "Bon: the Magico – Religious Belief of the Tibetan – Speaking Peoples," *SJA*, IV, 1 (1948), 31 -41.

LINDGREN, E. J. "The Reindeer Tungus of Manchuria,"

Journal of the Royal Central Asian Society (London) , XXII (April , 1935) , 221 – 31.

————. " The Shaman Dress of the Dagurs, Solons and Numinchens in N. W. Manchuria , " *Geografiska annaler* (Stockholm) , I , 1935.

LINDQUIST , SIGURD. *Siddhi und Abhiiiiia : eine Studie fiber die klassischen Wunder des Toga.* Uppsala , 1935.

LINTON , RALPH. " Marquesan Culture , " in *The Individual and His Society : the Psychodynamics of Primitive Social Organization* , ed. Abram Kardiner , pp. 157 – 96. New York , 1939.

LIUNDMAN , WALDEMAR. *Traditionswanderungen , Euphrat – Rhein : Studien zur Geschichte der Volksbrauche.* 1957 – 58. (FFC XLVIII , 118 ; XLIX , 119.) 2 vols.

LOEB , EDWIN MEYER. *Pomo Folkways.* Berkeley , 1926. (CPAAE XIX , 2.)

————. " The Shaman of Niue , " AA , n. s. XXVI , 3 (July—Sept. , 1924) , 395 – 402.

———— " Shaman and Seer , " *AA* , n. s. XXXI , 1 (Jan. —Mar. , 1929) , 60 – 84.

————. *Sumatra : Its History and People* (with " The Archaeology and Art of Sumatra , " by Robert Heine – Geldern) . 1955. (WBKL III.)

————. *Tribal Initiations and Secret Societies.* Berkeley , 1929. (CPAAE XXV , 3.)

LOMMEL , HERMANN. " Bhrigu im Jenseits , " *Paideuma* , IV (1950) , 93109.

————. " Yasna 32 , " *Waller and Sachen* (Heidelberg) , XIX = n. s. I (1938) , 257 – 65.

LOPATIN , IVAN A. *Goldy amurskiye , ussuriskiye i sungari-*

iskiye. Vladivostok, 1922.

_____. "A Shamanistic Performance to Regain the Favor of the Spirit," *Anthropos*, *XXXV—XXXVI* (1940 – 41), 352 – 55.

"A Shamanistic Performance for a Sick Boy," *Anthropos*, XLIXLIV (1946 – 49), 365 – 68.

LOT – FALCK, EVELINE. "A propos d'Atiigan, deesse mongole de la terre," *RHR*, CXLIX, 2 (1966), 157 – 96.

_____. "A propos d'un tambour de chaman tongouse," *L'Homme* (Paris), No. 2 (1961), pp. 23 – 50.

_____. "L'Animation du tambour," *JA*, CCXLIX (1961), 213 – 39.

_____. *Les Rites de chasse chez les peuples sibgriens.* Paris, 1953.

LOWIE, ROBERT H. *Notes on Shoshonean Ethnography.* 1924. (AMNH Anthropological Papers XX, Pt. III.)

_____. "On the Historical Connection between Certain Old World and New World Beliefs," in Congres International des Americanistes, *Compte – Rendu de la XXIᵉ session*, *part* 2 (1924), pp. 546 – 49. Goteborg, 1925.

_____. *Primitive Religion.* New York, 1924,

LOWIE, ROBERT H. "Religious Ideas and Practices of the Eurasiatic and North American Areas," in *Essays Presented to C. G. Seligman*, ed. E. E. Evans – Pritchard, et al., pp. 183 – 88. London, 1934.

LUBLINSKI, IDA. "Der Medizinmann bei den Natumolltern Siidamerikas," ZE, LII – LIII (1920 – 21), 234 – 63.

LUOMALA, KATHARINE. *Maui – of – a – Thousand – Tricks: His Oceanic and European Biographers.* 1949. (BMB

198.)

MAccitioao, Vrrroato. *Zagreus. Studi intorno all'orfismo.* Florence, 1930.

MCMAHON, LIEUT. – COLONEL A. R. *The Karens of the Golden Chersonese.* London, 1876.

MA DD OX , JOHN LE E. *The Medicine Man: a Sociological Study of the Character and Evolution of Shamanism.* New York, 1923.

MADSEN, W . "Shamanism in Mexico," *SJA*, XI (1955), 48 – 57.

MALINOWSKI, BRONISLAW. *The Argonauts of the Pacific.* London, 1932.

_____ . *Myth in Primitive Psychology.* London and New York, 1926. (Reprinted in his *Magic, Science and Religion, and Other Essays,* pp. 93 – 148. Anchor Books paperback, New York, 1954.)

_____ . *The Sexual Life of Savages in NW Melanesia.* New York, 1929.

MALTEN, LUDOLPII. " Das Pferd im Totenglauben," *Jalirbuch des kaiserlick deutschen archaologischen Instituts* (Berlin), XXIX (1914), 179 –

MANCHEN – HELFEN, OTTO. "Manichaeans in Siberia," in *Semitic and Oriental Studies Presented to William Popper on the Occasion of His Seventy – Fifth Birthday, October 29, 1949,* ed. Walter J. Fischel, pp. 311 – 26. Berkeley and Los Angeles, 1951. (CPSP XI.)

_____ . *Reise ins asiatische Tuwa.* Berlin, 1991.

MANNER, ERNST. *Die lappische Zaubertrommel.* I: *Die Trommel als Denkmal materieller Kultur; Die Trommel als*

Urkunde geistigen Lebens. 1938, 1950. （AL 1, VI. ）2 vols.

MANNIIARDT, JOHANN WILHELM EMANUEL. *Germanische Mythen.* Berlin, 1858.

MARCEL - DUBOIS, CLAUDIE. *Les Instruments de musique de l' Inde ancienne.* Paris, 1941.

MARINER, W. *An Account of the Natives of the Tonga Islands.* London, 1817; Boston, 1820. 2 vols.

MARINGER, JOHANNES. *Vorgeschichtliche Religion: Religionen im Steinzeitlichen Europa.* Zurich and Cologne, 1956.

MARSHALL, REV. HARRY IGNATIUS. *The Karen People of Burma: a Study in Anthropology and Ethnology.* Columbus, 1922.

MARSTRANDER, CARL. " Deux Contes irlandais," in *Miscellany Presented to Kuno Meyer by Some of His Friends and Pupils on the Occasion of His Appointment to the Chair of Celtic Philology in the University of Berlin,* eds. Osborn Bergin and Carl Marstrander, pp. 371 - 486. Halle, 1912.

MARTINO, ERNESTO DE. *Il mondo magico. Prolegomena a una storia del magismo.* Turin, 1948.

MASPERO, HENRI. *La Chine antique.* Paris, 1927.

_____. "Ugendes mythologiques dans le *Chou king,*" *JA, CCIV* (1924), 1 - 100.

_____. *Les Religions chinoises.* Paris, 1950. （*Melanges posthumes sur les religions et l'histoire de la Chine I.* ）

MASSIGNON, Louis. *Essai sur les origines du lexique technique de la mystique musulmane.* Paris, 1922. （2nd edn. , rev. and enlarged, Paris, 1954. ）

La Passion d'al - Hosayn - ibn - Mansour al - Hallaj, martyr mystique de l' Islam, execute a Bagdad le 26 mars 922: etude d'histoire religieuse. Paris, 1922. 2 vols.

MAUSS, MARCEL. "L'Origine des pouvoirs magiques dans les societies australiennes," *Annie sociologique* (Paris), VII (1902 – 08), 1 – 140. (Reprinted in HUBERT, HENRI, and MAUSS, MARCEL, *Melanges d'histoire des religions*, pp. 131 – 87. 2nd edn. , Paris, 1929.)

MAX MILLER, F. *Egyptian* : *Mythology*] . 1918. (MAR XII.)

MEILLET, A. " Le Toltharien," *Indogermanisches Jahrbuch* (Strassburg), I (1918), 1 – 19.

MEISEN, KARL. *Die Sagen vom Wiitenden Heer und Wilden Jaeger.* IVIiinster, 1935.

MELNIKOW (MELNIKOV), N. " Die ehemaligen Menschenopfer und der Schamanismus bei den Burjaten des irkutskischen Gouvernements," *Globus*, LXXV (1899), 132 – 34.

MENASCE, JEAN DE. " The Mysteries and the Religion of Iran, " in *The Mysteries* (Papers from the Eranos Yearbooks, 2), pp. 135 – 48. 1955. (BS XXX. 2.) Also London, 1955.

MENGES : KARL HEINRICIIJ. See POTAPOV, L. P.

MERCER, SAMUEL A. B. , ed. and tr. *The Pyramid Texts*, *in Translation and Commentary.* New York, 1952. 4 VOIS.

MiTRAUX, ALFRED, " Les Hommes – dieux chez les Chiriguano et dans l'Amerique du Sud," *Revista del Institute de Etnologia de la Universidad national de Tucuman*, II (1931), 61 – 91.

_____ . " Religion and Shamanism," in *Handbook of South American Indians.* V : *The Comparative Ethnology of South American Indians*, pp. 559 – 99. Washington, 1949.

_____ . La *Religion des Tupinamba et ses rapports avec*

celle des autres tribus Tupi – Guarani. Paris, 1928.

_____ . "Le Shamanisme araucan," *Revista del Institute de Antropologia de la Universidad national de Tucuman*, II, ic (1942), 309 – 62.

_____ . "Le Shamanisme chez les Indiens de l'Amerique du Sud tropicale," *Acta americana* (*Mexico*), II, 3 – 4 (1944), 197 – 219, 320 – 41.

_____ . "The Social Organization of the Mojo and Manasi," *PM*, *XVI* (1943), 1 – 30.

MEDIA, KARL. "Griechische OpferbrEuche," in *Phyllobolia fair Peter von der Muhll zum 60. Geburtstag am 1. August 194. 5*, pp. 185 – 288. Basel, 1946.

_____ . "Maske," in *Handworterbuch des deutschen Aberglaubens*, ed. Hanns Bichtold – Staubli, V. Berlin, 1927 – 42. 10 vols.

_____ *Schweizer Masken.* Zurich, 1943.

_____ "Scythica," *Hermes* (Berlin), LXX (1935), 121 – 76.

MIKHAILOWSKI, V. M. "Shamanism in Siberia and European Russia, Being the Second Part of *Shamanstvo*," *JRAI*, *XX-IV* (1894), 62 – 100, 126 – 58. (Tr. from Russian *by* Oliver Wardrop.)

MIRONOV, N. D., and SHIROKOGOROFF (SHIROKOGOROV), S. M., 'trarnar, iaShaman: Etymology of the Word 'Shaman,' " *JRAS*, *North – China Branch* (Shanghai), LV (1924), 105 – 30.

Mom, JIVANJ1 JAMSHEDJI. "The Tibetan Mode of the Disposal of the Dead," in his *Memorial Papers*, pp. 1 If. Bombay, 1922.

MOERENHOUT, JACQUES A. *Voyages aux lies du Grand Ocean.* Paris, 1837. 2 V015.

MOGK, E. *Germanische Mythologie.* Strassburg, 1898.

MONSEN, ERLING, and SMITH, A. H. See SNORRI STURLUSON.

MONTANDON, GEORGES. *Traite d'ethnologie culturelle.* Paris, 1934.

MOONEY, JAMES. " The Ghost – Dance Religion and the Sioux Outbreak of 1890," 14*th RBEIV*, Pt. II (1892 – 93 ; pub. 1896), pp. 641 – 1136.

MORiCHAND, GUY. "Principaux Traits du chamanisme me° Blanc en Indochine," *BEFEO*, XLVII, 2 (1955), 509 – 46.

MORRIS, J. *Living with the Lepchas.* London, 1938.

MOSS, ROSALIND. *The Life after Death in Oceania and the Malay Archipelago.* London, 1925.

MOULTON, JAMES HOPE. *Early Zoroastrianism : Lectures Delivered at Oxford and in London February to May* 1912. London, 1913.

MUHLMANN, WILHELM EMIT. *Arioi und Mamaia. Eine ethnologische, religionssoziologische und historische Studie fiber polynesische Kultbiinde.* Wiesbaden, 1955. HULLER, F. MAX. See MAX MULLER, F.

MULLER, WERNER. *Die blaue HYltte.* Wiesbaden, 1954.

_____. *Weltbild und Kult der Kwakiutl – Indianer.* Wiesbaden, 1955.

MuNicAcsl, BERNHARDT. " ' Pilz ' und " *KS, VIII* (1907), 343 – 44.

MONSTERBERGER, WERNER. *Ethnologische Studien an indonesischen Schopfungsmythen. Ein Beitrag zur Kulturanalyse*

Siidostasiens. The Hague, 1939.

MURRAY, MARGARET ALICE. *The God of the Witches*. London, 1934.

Mus, PAUL. *Barabuclur. Esquisse d'une histoire du Bouddhisme fondie sur la critique archeologique des testes*. Hanoi, 1935 ff. 2 VO1S.

MUSTER, WILHELM. "Der Schamanismus bei den Etruskern," *Frageschichte und Sprachwissenschaft* (Vienna), I (1948), 60 - 77.

_____. "Der Schamanismus und seine Spuren in der Saga, im deutschen Brauch, Marchen und Glauben. " Diss. , Graz.

NACHTIGALL, H. "Die erhohte Bestattung in Nord - und Hochasien," *Anthropos*, XLVIII, 1 - 2 (1963), 44 - 70.

_____ "Die kulturhistorische Wurzel der Schamanenskelettierung," *Zeitschrift fur Ethnologie* (Berlin), LXXVII (1952), 188 - 97.

NADEL, S. F. "A Study of Shamanism in the Nuba Mountains," *JRAI*, LXXVI, Pt. I (1946), 25 - 37.

NXGARJUNA. See LAMOTTE, ETIENNE.

NANAVUTTY, P. See BODE, DASTUR FRAMROZE ARDESHIR.

NARK, KARL J. "Bdrenzeremoniell und Schamanismus in der Alteren Steinzeit Europas," *Saeculum* (Freiburg and Munich), X, 3 (1959), 238 - 72.

_____. "Interpretation altsteinzeitlicher Kunstwerke durch volkerkundliche Parallelen," *Anthropos*, L (1955), 513 - 45.

_____. "Nordasiatisch - europaische Urzeit in archaologischer und volkerkundlicher Sicht," *Stadium generale* (*Berlin*),

VII, 4（Apr. , 1954）, 193 – 201.

_____（and others）, eds. *Abriss der Vorgeschichte.* Munich, 1957.

NEBESKY – WOJKOWITZ, RENT DE. "Ancient Funeral Ceremonies of the Lepchas," *Eastern Anthropologist*（Lucknow）, V, 1（Sept. —Nov. , 1951）, 27 – 39.

_____. *Oracles and Demons of Tibet: the Cult and Iconography of the Tibetan Protective Deities.* The Hague, 1956.

_____ "Tibetan Drum Divination, Ngarno,'" *Ethnos,* *XVII*（1952）, 149 – 57.

_____. "Die tibetische Bon – Religion," *AVK, II*（1947）, 26 – 68.

_____. "Das tibetische Staatsorakel," *AVK, III*（1948）, 196 – 55.

NEGELEIN, JULIUS VON. "Seele als Vogel," *Globus,* LXXIX, 23（1901）, 357 – 61, 381 – 84.

NEI – MING, ALFONS. "Studien zur indogermanischen Kultur und Urheimat," in *Die Indogermanen – und Germanenfrage: neue Wege zu ihrer LOsung,* pp. 7 – 229. 1936.（WBKL IV. ）

NELSON, EDWARD WILLIAM. "The Eskimo about Bering Strait," 18th *RBEW,* Pt. I（1896 – 97; pub. 1899）, 19 – 518.

NiMETH, JULIUS. "Ober den Ursprung des Wortes S*aman* und einige Bemerkungen zur tiirkisch – mongolischen Lautgeschichte," *KS, XIV*（1913 – 14）, 240 – 49.

NEWBOLD, T. J. *Political and Statistical Account of the British Settlements in the Straits of Malacca, viz. Pinang, Malacca, Singapore, with a History of the Malayan States on the Peninsula.* London, 1839. 2 vols.

NouYtN – vAN – KROAN. "Le Repechage de l'eme, avec

une note sur les lion et les phach d'apres les croyances tonkinoises actuelles," *BEFEO*, *XXXIII* (1985), n—s4.

NIGGEMEYER, H. See JENsEN, A. E.

NILSSON, MARTIN P. *Geschichte der griechischen Religion.* Munich, 1941— 50. 2 vols.

NIORADZE, GEORG. *Der Schamanismus bei den sibirischen VSlkern.* *Stuttgart*, 1925. MLLE, W. "Iranisch – nordasiatische Beziehungen im Schamanismus," *JMVK*, *XII* (1953), 86 – 90.

_____ . "Schamanistische Vorstellungen im Shaktismus," *JMVK*, XI (1952), 41 – 47.

NORDENSKIoLD, ERLAND. *Origin of the Indian Civilization in South Amerika.* Goteborg, 1931. (Comparative Ethnographical Studies IX, 9.)

NOURRY, EMILE (pseud. P. SAINTYVES). *Les Contes de Perrault.* Paris, 1923.

NUMAZAWA, FRANZ KI1GBI. *Die Weltanfange in der japanischen Mythologie.* Paris and Lucerne, 1946.

NYBERG, H. S. "Questions de cosmogonie et de cosmologie mazdeennes," *JA*, CCXIX (July—Sept., 1931), 1 – 134.

_____ . *Die Religionen des alten Iran.* Leipzig, 1938.

NYUAK, LEO. "Religious Rites and Customs of the Iban or Dyaks of Sarawak," *Anthropos*, I (1906), 11 – 23, 165 – 84, 403 – 25.

OBERMAIER, H. See BREUIL, H.

OESTERREICII, T. K. *Possession, Demoniacal and Other, among Primitive Races in Antiquity, the Middle Ages, and Modern Times.* London and New York, 1930.

OHLMARKS, AKE. "Arktischer Schamanismus und altnordischer Seidhr," *ARW*, *XXXVI*, *i* (1939), 171 – 80.

——————. *Studien zum Problem des Schamanismus.* Lund, 1959.

OKA, MASAO. "Kulturschichten in Altjapan." (German tr., unpublished, from Japanese MS.)

OKLADNIKOV, A. P. "Ancient Cultures and Cultural and Ethnic Relations on the Pacific Coast of North Asia," in *Proceedings of the 32nd International Congress of Americanists* (1956), pp. 545 – 56. Copenhagen, 1958.

OLDENBERG, HERMANN, *Die Religion des Veda.* 2nd edn., Berlin, 1917.

OLSEN, MAGNUS. "Le Pretre – magicien et le dieu – magicien dans la Norvege ancienne," *RHR, CXI* (1935), 177 –2.21.

OPLER, MORRIS EDWARD. "The Creative Role of Shamanism in Mescalero Apache Mythology," *JAFL*, LI X, 233 (July—Sept., 1946), 268 – 81.

——————. "Notes on Chiricahua Apache Culture. I: Supernatural Power and the Shaman," *PM*, XX, 1 – 2 (Jan. — Apr., 1947), 1 – 14.

O'RAHILLY, THOMAS F. *Early Irish History and Mythology.* Dublin, 1946. PALLAS, P. S. *Reise durch verschiedene Provinzen des russischen Reiches*, St. Petersburg, 1771 – 76. 8 vols.

PALLISEN, N. "Die alte Religion der Mongolen und der Kultus TchingisChans," *Numen*, III (1956), 178 –229.

PANDER, EUGEN. "Das lamaische Pantheon," *ZE, XXI* (1889), 44 –78.

PARK, WILLARD Z. "Paviotso Shamanism," *AA, n. s.* XXXVI, I (Jan. — Mar., 1934), 98 – 1I3.

—————— *Shamanism in Western North America: a Study in*

Cultural Relationships. Evanston and Chicago, 1938. (Northwestern University Studies in the Social Sciences 2.)

PARKER, K. LANGLOIL *The Euahlayi Tribe*: *a Study of Aboriginal Life in Australia.* London, 1905.

PARROT, A. *Ziggurats et Tour de Babel.* Paris, 1949.

PARSONS, ELSIE CLEWS. *Pueblo Indian Religion.* Chicago, 1939. 2 VO1S.

PARTANEN, JORMA. *A Description of Buriat Shamanism.* Helsinki, 1941 – 42. (*JSFO* LI.)

PARVAN, VASILE. *Getica. 0 protoistorie a Daciei.* Bucharest, 1926.

PAUL, OTTO. " Zur Geschichte der iranischen Religionen," *ARW, XXXVI* (1940) , 215 – 34.

PAULSON, IvAR. *Die primitives Seelenvorstellungen der nordeurasischen Vblker.* Stockholm, 1958.

_____. *Schutzgeister und Gottheiten des Wades (der Jagdtiere und Fische) in Nordeurasien.* Uppsala, 1961.

PELLIOT, PAUL. "Influence iranienne en Asie Centrale et en Extreme Orient," *Revue d'histoire et de litterature religieuses* (*Paris*) , 1912.

_____. Review of *Der Hund in der Mythologie der zirkumpazifischen Volker*, by W. Koppers, *TP*, XXVIII, 3 – 5 (1931) , 463 – 70.

_____. "Sur quelques mots d'Asie Centrale attestes dans les texts chinois," *JA*, ser. XI, vol. I (Mar. —Apr. , 1913), 451 – 69.

_____. " Tangrirn > tarirn," *TP, XXXVII* (1944), 165 – 85. PENZER, NORMAN MOSLEY , ed. *The Ocean of Story, being C. H. Tawney's translation of Somadeva's Katha Sarit*

Siigara (*or Oceans of Streams of Story*) . London, 1924 – 28. 10 VO1S.

PERHAM, ARCHDEACON J. " Manangism in Borneo," *JRAS*, *Straits Branch* (Singapore), No. 19 (1887), 87 – 103.

PERING, BIRDER. " Die gefliigelte Scheibe," *Archiv fur Orientforschung* (Graz), VIII (1935), 281 – 96.

PERRY, W. J. *The Children of the Sun : a Study of the Early History of Civilization.* 2nd edn. , London, 1926.

_____. *The Megalithic Culture of Indonesia.* Manchester, 1918.

_____ *The Primordial Ocean.* London, 1935.

PESTALOZZA, UBERTO. manicheismo presso i Turchi occidentali ed orientali, " *Reale Instituto Lombardo di Scienze e Lettere, rendiconti* (Milan), ser. II, vol. LXVII, fasc. 1 – 5 (1934), 417 – 97.

PETRI, HELMUT. "Der australische Medizinmann," *ALat*, *XVI* (1952), 159 – 317; XVII (1953), 157 – 225.

PETRULLO, VINCENZO. "The Yaruros of the Capanaparo River, Venezuela," *Smithsonian Institution*, *BBEW* 123, *Anthropological Papers*, No. 11 (1939), 161 – 290.

PETTAZZONI, RAFFAELE. " The Chain of Arrows : the Diffusion of a Mythical Motive," *Folklore* (London), XXXV (1924), 151 – 65. (Reprinted, with additions, as "La catena di frecce : saggio sulla diffusion di un motive mitico," in his *Saggi di storia delle religioni e di mitologia* Eq. v. j, pp. 63 – 79.)

_____ . *Dio. Formazione e sviluppo del monoteismo nella storia delle religioni.* Rome, 1922.

_____. *Essays on the History of Religions.* Leiden, 1954.

_____. " Io and Rangi. " In *Pro regno pro sanctuario*,

hommage a Van der Leeuzei, pp. 359 – 64.

_____. *I Misteri*: *saggio di una teoria storico – religiosa*. Bologna, 1924. (Storia delle religione VII.)

_____*Miti e leggende. I*: *Africa, Australia*. Turin, 1948.

_____. *Mitologia giapponese*. Bologna, 1929.

_____. *L'onniscienza di Dio*. Turin, 1955.

_____ *Saggi di storia delle religioni e di mitologia*. Rome, 1946.

PETTERSSON, OLOF. *Jabmek and Jabmeaime*: *a Comparative Study of the Dead and the Realm of the Dead in Lappish Religion*. Lund, 1957.

PHILLIPS, E. D. "The Legend of Aristeas: Fact and Fancy in Early Greek Notions of East Russia, Siberia, and Inner Asia," *ArtA*, XVIII, 2 (1955), 161 – 77.

PIDDINGTON, RALPH. See WILLIAMSON, R. W.

PILSUDSKI, BRONISLAV. "Der Schamanismus bei den Ainu – Stammen von Sachalin," *Globus*, *XCV*, 1 (1909), 72 – 78.

PIPPIDI, D. M. "Apotheoses imperiales et apotheose de Peregrinos," *SMSR*, *XX* (1947 – 48), 77 – 103.

_____. *Recherches sur le culte imperial*. Bucharest, 1939.

PoLivEA, G. See BOLTE, J.

POPOV, A. A. "Consecration Ritual for a Blacksmith Novice among the Yakuts," *JAFL*, XLVI, 181 (July—Sept. , 1933), 257 – 71.

_____. *Seremonia ozhivlenia bubna u ostyak – samoyedov*. Leningrad, 1934.

Popov, A. A. *Tavgytzy*: *Materialy po etnografii avamskikh i vedeyevskikh tavgytzev*. Moscow and Leningrad, 1936. (AN,

Trudy Instituta Anthropologii i Etnografii I, 5.)

POPPE, NICHOLAS N. Review of *Der Schamanismus bei den sibirischen Volkern*, by Georg Nioradze, *AM*, *III* (1926), 137 – 40.

_____. Review of *Der Ursprung der Gottesidee*, vol. X, by W. Schmidt, *Anthropos*, XLVIII (1953), 327 – 32.

_____. "Zum khalkhamongolischen Heldenepos," *AM*, V, 2 (1928), 183 – 213.

POTANIN, G. N. , *Ocherki severo – zapadnoi Mongolii*. St. Petersburg, 1881— 85. 4 VOlS.

POTAPOV, L. P. "Obryad ozhivlenia shamanskovo bubna u tyurkoyazychnykh plemen Altaya," in AN, *Trudy Instituta Etnografii*, n. s. I, 159— 82. Moscow, 1947.

_____ and MENGES, [KARL HEINRICHJ. *Materialien zur Volkskunde der Tilrkvolker des Altaj*. Berlin, 1934. (Mitteilungen des Seminars fiir orientalische Sprachen zu Berlin XXXVII.)

POZDNEYEV, A. M. *DhyTina und Samadhi im mongolischen Lamaismus*. Hannover, 1927. (Untersuchungen zur Geschichte des Buddhismus und verwandter Gebiete XXII.)

_____. *Mongolskaya khrestomatia dlya pervonachalnavo prepodavania* (Mongolian Chrestomathy) . St. Petersburg, 1900.

PRIKLONSKY, V. L. "0 shamanstve u yakutov," *Izvestia VostochnoSibirskovo Otdela Russkovo Geograficheskovo Obshchestva* (Irkutsk), XVII, 1 – 2 (1886), 84 – 119. (German tr. , "Das Schamanenthum der Jakuten," MAGIV, *XVIII* [1888], 165 – 82.)

PRIPUZOV, N. V. *Svedenia dlya izuchenia shamanstva u yakutov*. Irkutsk, 1885.

PROP?, V. I. [VLADIMIR YAKOVLEVICH: . *Le radici storiche dei racconti di fate*. Turin, 1949. (Russian edn. , Leningrad, 1946.)

PRZYLUSKI, JEAN. "Un Ancien Peuple du Penjab: les Udumbara," *JA*, CCVIII (Jan. —Mar. , 1926), 1 - 59.

————. "Les Sept Terrasses de Barabudur," *HJAS*, I, 2 (July, 1936), 251 - 56.

PULVER, MAX. "The Experience of Light in the Gospel of St. John, in the 'Corpus hermeticum,' in Gnosticism, and in the Eastern Church," in *Spiritual Disciplines* (Papers from the Eranos Yearbooks, 4), pp. 239 - 66. 1960. (BS XXX. 4.) Also London, 1960.

QUIGSTAD, J. *Lappische Heilkunde*. Oslo, 1932. RADCLIFFE - BROWN, A. R. *The Andaman Islanders: a Study in Social Anthropology*. Cambridge, 1922.

RADIN, PAUL. *Primitive Religion: Its Nature and Origin*. New York, 1937. 2nd edn. (new foreword), New York, 1957,

————. *The Road of Life and Death: a Ritual Drama of the American Indians*. 1945. (BS V.) RADLOV (RADLOFF), WILHELM. *Aus Sibirien: lose Matter aus dem Tagebuche eines reisenden Linguisten*. Leipzig, 1884. 2 vols. in 1.

————. *Proben der Volksliteratur der tiirkischen Samme und der tsungarischen Steppe*. St. Petersburg, 1866 - 1907. 10 vols.

RAHMANN, RUDOLF. "Shamanistic and Related Phenomena in Northern and Middle India," *Anthropos*, LIV (1959), 681 - 760.

RAINGEARD, P. *Hermes psychagogue. Essai sur les origines du culte d'Hermes*. Paris, 1955.

RAMSTEDT, G. J. "The Relation of the Altaic Languages to Other Language Groups," *JSFO*, LIII, I (1946 –47), 15 – 26.

_____ . "Zur Frage nach der Stellung der tschuwassichen," *JSFO*, *XXXV III* (1922 – 23), 1 – 84. RANK, GUSTAV. *Die heilige Hinterecke im Hauskult der ' Talker Nordosteuropas und Nordasiens*. 1949. (FFC LVII, 157.)

_____ . "Lapp Female Deities of the Madder – Akka Group," *SS*, VI (1955), 1 – 79.

RANKE, KURT. *Indogermanische Totenverehrung. I: Der dreissigste und vierzigste Tag im Totenkult der Indogermanen.* 1951. (FFC LIX, 140.)

RASANEN, MAarrI. *Regenbogen – Himmelsbrikke.* 1947. (SO XIV, 1.)

RASMUSSEN, KNUD. *Across Arctic America.* New York and London, 1927.

Intellectual Culture of the Copper Eskimos, tr. W. E. Calvert. Copenhagen, 1952. (RFTE IX.)

_____ . *Intellectual Culture of the Iglulik Eskimos*, tr. William Worster. Copenhagen, 1930. (RFTE VII, 1.)

_____ . *The Netsilik Eskimos: Social Life and Spiritual Culture*, tr. W. E. Calvert. Copenhagen, 1931. (RFTE VIII, 1 –2.)

_____ *Die Thulefahrt.* Frankfurt a. M. , 1926.

REAGAN, ALBERT B. *Notes on the Indians of the Fort Apache Region.* 1930. (AMNH Anthropological Papers XXXI, Pt. V.)

REINHOLD – MULLER, F. G. "Die Krankheits – und Heilgottheiten des Lamaismus," *Anthropos*, *XXII* (1927), 956 –91.

RENEL, C. "L'Arc – en – ciel dans la tradition religieuse de l'antiquite," *RHR*, XLVI (1902), 58 – 80.

RIBDACH, S. H. *Drogpa Namgyal. Ein Tibeterleben.* Munich and Planegg, 1940.

RICHTHOFEN, BOLKO, FREIHERR VON. "Zur Frage der archaologischen Beziehungen zwischen Nordamerika und Nordasiens," *Anthropos*, *XXVII* (1932), 123 – 51.

RIESENFELD, A. *The Megalithic Culture of Melanesia*. Leiden, 1950.

RISLEY, H. H. *The Tribes and Castes of Bengal*. Calcutta, 1891 – 92. 4 vols.

RIVET, PAUL. "Les Australiens en Amerique," *Bulletin de la Societe de Linguistique de Paris*, *XXVI* (1925), 23 – 63.

————. "Les Malayo – Polynesiens en Amerique," *JSA*, n. s. XVIII (1926), 141 – 278.

————. "Les Melano – Polynesiens et les Australiens en Amerique," *Anthropos*, *XX* (1925), 51 – 54.

————. *Les Origines de l'homme americain*. Montreal, 1943; 2nd edn. , Paris, 1957. (Also tr. : *Los origines del hombre americano*. Mexico, 1943.)

RonEs RODRIGUEZ, Etn. o. ilo. "Guillatunes, costumbres y creencias araucanas," *Anales de la Universidad de Chile* (Santiago), CXXVII (1910), 151 – 77.

⎰ MGR, FRITZ. "Neunmalneun und Siebenmalsieben," *MAGW*, LX (1930), 320 – 30.

Rocx, JOSEPH F. *The Ancient Na – khi Kingdom of Southwest China*. Cambridge (Mass.), 1947. (Harvard – Yenching Institute Monograph Series IX.) 2 vols.

"Contributions to the Shamanism of the Tibetan – Chinese Borderland," *Anthropos*, LIV (1959), 796 – 818.

"The Muan bpo Ceremony or the Sacrifice to Heaven as Practiced by the Na – khi," *MS*, XIII (1948), 1 – 160.

_____ . "Studies in Na – khi Literature: I. The Birth and Origin of Dtomba Shi – lo, the Founder of the Mo – so Shamanism, According to Moso Manuscripts," *ArtA*, VII, fast. 1 – 4 (1937), 5 – 85; *BEFEO*, *XXXVII* (1957), 1 – 39; "… II. The Na – khi 'Ha ' zhi tp' i or the Road the Gods Decide," *BEFEO*, *XXXVII* (1937), 40 – 119.

The Zhi Ma Funeral Ceremony of the Na – khi of Southwest China: Described and Translated from Na – khi Manuscripts. Vienna and Modling, 1965.

ROCKHILL, WILLIAM WOODVILLE. *The Land of the Lamas: Notes of a Journey through China, Mongolia, and Tibet.* New York and London, 1891.

_____ . "On the Use of Skulls in Lamaist Ceremonies," *Proceedings of the American Oriental Society* (New Haven), XL (1888; pub. 1890), xxiv—xxxi.

RoDER, JOSEPH G. *Alahatala. Die Religion der Inlandstimme Mittelcerams.* Bamberg, 1948.

RODRIGUEZ, EULOJIO ROBLES. SeeROBLES RODRIGUEZ, EULOJIO.

ROHDE, ERwIN. *Psyche: the Cult of Souls and Belief in Immortality among the Greeks*, tr. from 8th German edn. by W. B. Hillis. New York and London, 1925.

RoHEim, GAZA. *The Eternal Ones of the Dream: a Psychoanalytic Interpretation of Australian Myth and Ritual.* New York, 1945.

_____ . "Hungarian Shamanism," *Psychoanalysis and the Social Sciences* (New York), HI, 4 (1951), 131 – 69.

_____ . *Hungarian and Vogul Mythology.* New York, 1954. (Monographs of the American Ethnological Society

XXIII.)

ROSENBERG, F. "On Wine and Feasts in the Iranian National Epic," *Journal of the K. R. Cama Oriental Institute* (Bombay), No. 19 (1981), pp. 15 – 44. (Tr. from Russian by L. Bogdanov.)

ROSETTI, A. *Colindele Romanilor.* Bucharest, 1920.

ROTH, H. LING. *The Natives of Sarawak and British North Borneo, Based Chiefly on the Mss. of the Late Hugh Brooke Low.* With a preface by Andrew Lang. London, 1896. 2 VOIS.

ROTH, WALTER E. "An Inquiry into the Animism and Folk – Lore of the Guiana Indians," 30*th BREW* (1908 – 9; pub. 1915), pp. 103 – 386.

RoussELLE, ERWIN. "Die Typen der Meditation in China," in *Chinesischdeutscher Almanach fur das Jahr* 1932. (China Institut, Frankfurt Ea. M.] Universitfit.)

Roux, JEAN – PAUL. "Elements chamaniques dans les textes pre – mongols," *Anthropos*, LIII, 1 – 2 (1958), 440 – 56.

—————. "Le Nom du chaman dans les textes turco – mongols," *Anthropos*, LIII, 1 – 2 (1958), 153 – 42.

—————. "Tangri. Essai sur le ciel – dieu des peuples altalques," *RHR*, CXLIX (1956), 49 – 82, 197 – 250; CL (1956), 27 – 54, 173 – 231.

ROWLAND, BENJAMIN, JR. "Studies in the Buddhist Art of Bamiyan: the Bodhisattva of Group E," in *Art and Thought, Issued in Honour of Dr.*

Ananda K. Coomaraswamy on the Occasion of His 70*th Birthday*, pp. 46 – 54. London, 1947.

ROY, SARAT CHANDRA. *The Birhors: a Little – Known Jungle Tribe of Chota Nagpur.* Ranchi, 1925.

RUBEN, WALTER. "Eisenschmiede und D4monen in Indien," *LIE*, Suppl. XXXVII (1959).

_____ "Schamanismus im alten Indien," *AO*, *XVII* (1959), 164 - 205.

RUDOLF OF FULDA (with MEGINHART). *Translatio S. Alexandri*, in *Monumenta Germaniae historica* (ed. G. H. Pertz, 1826—), *Scrtptorum Tomus* 2. Hannover. (For translation into German, see

RICHTER, B. *Die Geschichtschreiber der deutschen Vorzeit*, VI. 2nd edn., Leipzig, 1889.)

RUNEBERG, ARNE. *Witches, Demons and Fertility Magic*: *Analysis of Their Significance and Mutual Relations in West – European Folk Religion*. Helsinki, 1947.

Russo, ION I. "Religia Geto – Dacilor," *Annuarul Institutului de Studii Clasice* (Cluj), V (1947), 61 - 137.

SAHAG'uN, BERNARDINO DE. See BERNARDINO DE SAHAGIIN.

SAINTYVES, P. (pseud.). See NOURRY, E.

SALMONY, ALFRED. *Antler and Tongue*: *an Essay on Ancient Chinese Symbolism and Its Implications*. Ascona, 1954,

SANDSCHEJEW, GARMA. "Weltanschauung und Schamanismus der AlarenBurjaten," tr. from Russian by R. Augustin, *Anthropos*, *XXVII* (1927— 28) 3 576, 613, 933 – 55; XXVIII (1928), 538 – 60, 967 – 86.

SANGUINETTI, B. R. See DEFRE'MERY, CHARLES FRANgOIS.

SANJANA, DARAB DASTUR PESHOTAN, ed. and tr. "Dinkart IX, — in his *The Dinkard*, *Bk. IX*: *Contents of the Gathic Nasks*, Pt. I. Bombay, 1922.

SAUVAGEOT, AURgLIEN. "Eskimo et Ouralien," *JSA*, n. s. XVI (1924), 279 – 316.

SAXL, F. *Mithras*. Berlin, 1931.

SCHAEFNER, A. *Origine des instruments de musique*. Paris, 1936.

SCHARER, HANS. *Die Gottesidee der Ngadju Dajak in Sfid – Borneo*. Leiden, 1946.

————. "Die Vorstellungen der Ober – und Unterwelt bei den Ngadju Dajak von Sild – Borneo," *Cultureel Indie* (Leiden), IV (1942), 73 – 81.

SCHEBESTA, PAUL. "Jenseitsglaube der Semang auf Malakka," in *Festschrift*. *Publication d'hommage offerte au PE? rep. W. Schmidt*, ed. W. Koppers. Vienna, 1928.

SCHEBESTA, PAUL. *Les Pygmies*. Paris, 1940. (Tr. from German by F. Berge.)

SCHLERATH, BERNFRIED. "Der Hund bei den Indogermanen," *Paideuma*, VI, 1 (Nov. , 1954), 25 – 4. 0.

SCHMIDT, J. "Das Etymon des persischen Schamane," *Nyelvtudomanyi kozleminyek* (Budapest), XLIV, 470 – 74.

Scummy, LEOPOLD. "Der 'Herr der Tiere' in einigen Sagenlandschaften Europas und Eurasiens," *Anthropos*, XLVII (1952), 509 – 39.

————. "Pelops und die Haselhexe," *Laos* (Stockholm), I (1951), 67— 78.

SCHMIDT, WILHELM. *Grundlinien einer Vergleichung der Religionen und Mythologien der austronesischen Volker*. Vienna, 1910. (Denkschriften der kaiserlichen Akademie der Wissenschaften in Wien, Phil. – hist. Klasse LIII.)

————. *Handbuch der Methode der kulturhistorische Eth-*

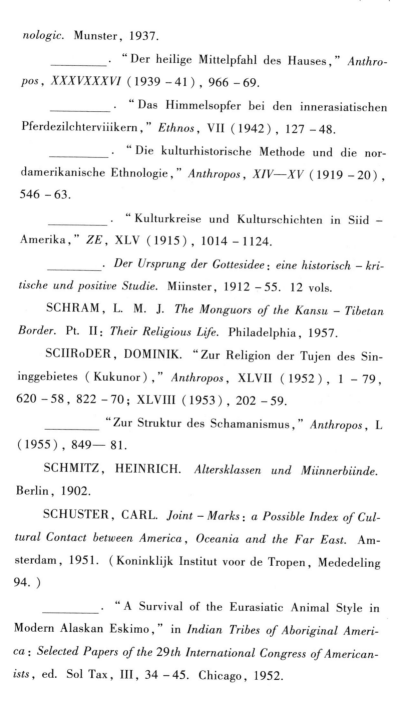

nologic. Munster, 1937.

_____. "Der heilige Mittelpfahl des Hauses," *Anthropos*, *XXXVXXXVI* (1939 – 41), 966 – 69.

_____. "Das Himmelsopfer bei den innerasiatischen Pferdezilchterviiikern," *Ethnos*, VII (1942), 127 – 48.

_____. "Die kulturhistorische Methode und die nordamerikanische Ethnologie," *Anthropos*, *XIV—XV* (1919 – 20), 546 – 63.

_____. "Kulturkreise und Kulturschichten in Siid – Amerika," *ZE*, XLV (1915), 1014 – 1124.

_____. *Der Ursprung der Gottesidee : eine historisch – kritische und positive Studie*. Miinster, 1912 – 55. 12 vols.

SCHRAM, L. M. J. *The Monguors of the Kansu – Tibetan Border*. Pt. II : *Their Religious Life*. Philadelphia, 1957.

SCIIRoDER, DOMINIK. "Zur Religion der Tujen des Sininggebietes (Kukunor)," *Anthropos*, XLVII (1952), 1 – 79, 620 – 58, 822 – 70; XLVIII (1953), 202 – 59.

_____ "Zur Struktur des Schamanismus," *Anthropos*, L (1955), 849— 81.

SCHMITZ, HEINRICH. *Altersklassen und Miinnerbiinde*. Berlin, 1902.

SCHUSTER, CARL. *Joint – Marks : a Possible Index of Cultural Contact between America, Oceania and the Far East*. Amsterdam, 1951. (Koninklijk Institut voor de Tropen, Mededeling 94.)

_____. "A Survival of the Eurasiatic Animal Style in Modern Alaskan Eskimo," in *Indian Tribes of Aboriginal America : Selected Papers of the 29th International Congress of Americanists*, ed. Sol Tax, III, 34 – 45. Chicago, 1952.

SELER, EDWARD. *Gesammelte ilbhandlungen zur amerika-nischen Sprach – und Alterthumskunde.* Berlin, 1902 – 13. 5 vols.

_____. "Zauberei im alten Mexiko," *Globus*, LXXVIII, 6 (Aug. 11, 1900), 89 – 91. (Reprinted in his *Gesammelte Abhandlungen* [q. v.], II, 78 – 86.)

SELIGMAN, C. G. *The Melanesians of British New Guinea* (with a chapter by F. R. Barton and an appendix by E. L. Giblin). Cambridge, 1910.

SHASHKOV, S. *Shamanstvo v Sibirii.* St. Petersburg, 1864.

SFIIMKEVICH, P. P. *Materialy dlya izuchenia shamanstva u goldov.* Khabarovsk, 1896.

SfinARIN, B. D. "A Sketch of the Ket, or Yenisei 'Ostyak,'" *Ethnos*, IV (1939), 147 – 76.

SHIROKOGOROFF (SHIROKOGOROV), SERGE! M. "General Theory of Shamanism among the Tungus," *JRAS*, *North – China Branch* (Shanghai), LIV (1923), 246 – 49.

_____. "Northern Tungus Migrations in the Far East (Goldi and Their Ethnical Affinities)," *JRAS*, *North – China Branch* (Shanghai), LVII (1926), 123 – 83.

_____. *Psychornental Complex of the Tungus.* London, 1935.

_____. "Versuch einer Erforschung der Grundlagen des Schamanentums bei den Tungusen," *Baessler – Archiv* (Berlin), XVIII, Pt. II (1985), 41 – 96. (Tr. of article in Russian published at Vladivostok, 1919.)

_____. See also MIRONOV, N. D. SIEROSZEWSKI, WENCESLAS. "Du chamanisme d'apres Ies croyances des Yakoutes," *RHR*, XLVI (1902), 204 – 33, 299 – 338.

_____. *Takuty.* St. Petersburg, 1896. (See abridged

tr. by WILLIAM G. SUMNER Eq. v.], "The Yakuts.") SI-
NOR, D. "Ouralo – altaique – indo – europeen," *TP*, *XXXVII*
(1944), 226 – 44.

SKEAT, W. W. *Malay Magic*. London, 1900.

_____. and BLAGDEN, C. 0. *Pagan Races of the Ma-
lay Peninsula*. London, 1906. 2 vols.

SLAWIK, ALEXANDER. "Kultische Geheirnbtinde der Japa-
ner und Germanen," in *Die Indogermanen – und Germanenfrage:
neue Wege zu ihrer Losung*, pp. 675 – 763. 1936. (WBKL IV.)

SMITH, A. H. See SNORRI STURLUSON.

SNELLGROVE, DAVID L. *Buddhist Himalaya*. New York,
1957.

SNORRI STURLUSON. *The Prose Edda*, tr. Arthur
Gilchrist Brodeur. New York and London, 1916; 2nd printing,
1923. (Scandinavian Classics V.)

_____. "Ynglinga Saga," in *Heimskringla, or the Lives
of the Norse Kings*, ed. and tr. Erling Monsen (with the assis-
tance of A. H. Smith). Cambridge, 1932.

SoDERBLOM, *N. La Vie future d'apres le mazdeisme*. Paris,
1901.

SOMADEVA. See PENZER, NORMAN MOSLEY.

SPEISER, FELIX. "Melanesien and Indonesien," *ZE*,
LXX, 6 (1938), 463 – 81.

SPENCER, BALDWIN, and GILLEN, F. J. *The Arunta: a
Study of a Stone Age People*. London, 1927. 2 vols.

_____. *The Native Tribes of Central Australia*.
London, 1899.

_____. *The Northern Tribes of Central Australia*. Lon-
don, 1904.

SPIER, LESLIE. *Klamath Ethnography*. Berkeley, 1930. (CPAAE XXX.)

_____. *The Prophet Dance of the Northwest and Its Derivatives: the Source of the Ghost Dance*. 1935. (GSA I.)

_____. *Yuman Tribes of the Gila River*. Chicago, 1988.

SPIES, WALTER. See ZOETE, BERYL DE.

SSII - MA CH'IEN. See CHAVANNES, EDOUARD.

STEFANSSON, VILHJALMUR. "The MacKenzie Eskimo," in *The Stefans son - Anderson Arctic Expedition of the American Museum. Preliminary Ethnological Report*, pp. 133 - 50. (AMNH Anthropological Papers XIV.)

STEIN, ROLF A. "Leao - Tche," *TP, XXXV* (1940), 1 - 154.

_____. *Recherches sur l'epopee et le barde au Tibet*. Paris, 1959.

STEINEN, KARL VON DEN. *Linter den Naturvolkern Zentral - Brasiliens. Reiseschilderung and Ergebnisse der zweiten Schingu - Expedition*, 1887 - 1888. Berlin, 1894.

STEINER, F. B. "Skinboats and the Yakut 'Xayik,'" *Ethnos, IV* (1939), 177 - 83.

STEINMANN, ALFRED. "Eine Geisterschiffmalerei aus Sildborneo," *Jahrbuck des Bernischen Historischen Museums in Bern, XXII* (1942), 10712. (Also published separately.)

_____. "Das kultische Schiff in Indonesien," *IP EK, XIII—XIV* (1989— , 10), 149 - 205.

STERNBERG, LEO. "Der Adlerkult bei den VOlkern Sibiriens: Vergleichende Folklore - Studie," *ARW, XXVIII* (1980), 125 - 53.

_____. "Die Auserwahlung im sibirischen Scharnanismus," *ZMKRW*, L (1935), 229 - 52.

"Divine Election in Primitive Religion," in Congres International des Amgricanistes, *Compte – Rendu de la XXI° session*, Pt. 2 (1924), pp. 472 – 512. Goteborg, 1925.

STEVENSON, MATILDA COXE. *The Zuni Indians: Their Mythology, Esoteric Fraternities, and Ceremonies*. 1904. (23rd RBEW E1901 – 02] .)

STEWARD, JULIAN H. "Shamanism among the Marginal Tribes," in his *Handbook of South American Indians* (q. v.), pp. 650 if.

_____, ed. *Handbook of American Indians North of Mexico*. 1907, 1910. (BBEW 30, Pts. I—II.) 2 vols.

_____. *Handbook of South American Indians*. Washington, 1949. STEWART, C. S. *A Visit to the South Seas, in the United States' Ship Vincennes, during the Tears* 1829 *and* 1830. New York,   1831; London, 1832. 2 vols.

STIEDA, L. "Das Schamanenthum unter den Burjiiten," *Globus*, LII, 16 (1887), 250 – 53.

STIGLMAYR, ENGELBERT. "Schamanismus bei den Negritos Sildostasiens," *WVM*, II, 2 (1954), 156 – 64; III, 1 (1955), 14 – 21; IV, 1 (1956), 135 – 47. (With English summary.)

_____. "Schamanismus in Australien," *WVM*, V, 2 (1957), 161 – 90.

STIRLING, MATTHEW W. "Jivaro Shamanism," *Proceedings of the American Philosophical Society* (*Philadelphia*), LXXII, 3 (1933), 137 – 45. WALDEMAR. *Das Totenritual der Dajak*. Cologne, 1959. (Ethnologica, n. s. I.)

SmomBACE, DAG. *Sejd. Textstudier i nordisk religionshistoria*. Stockholm and Copenhagen, 1935.

SUMMERS, MONTAGUE. *The Werewolf.* London, 1933.

SUMNER, WILLIAM G. , tr. "The Yakuts. Abridged from the Russian of Sieroszewski," *JRAI, XXXI* (1901), 65 – 110.

SWANTON, JOHN R. "Shamans and Priests," in STEWARD, JULIAN H. , ed. , *Handbook of American Indians North of Mexico* (q. v.), II, 522 – 24.

_____. "Social Conditions, Beliefs, and Linguistic Relationship of the Tlingit Indians," 26*th* *RBEW* (1904 – 5; pub. 1908), pp. 391 – 485.

SYDOW, C. W. VON. "Tors fard till Utgard. I: Tors bockslaktning," *Danske Studier* (Copenhagen), 1910, pp. 65 – 105, 145 – 82.

TALLGREN, AMINE MICHAEL. "The Copper Idols from Galich and Their Relatives," *Studia orientalia* (*Helsinki*), I (1925), 512 – 41.

_____. *Zur westsibirischen Gruppe der "schamanistischen Figuren.* " Prague, 1931. (Seminarium Kondakovianum IV.)

TAWNEY, CHARLES HENRY. SeePENZER, NORMAN MOSLEY.

TCHENG – TSU SHANG. "Der Schamanismus in China. " Diss. , Hamburg, 1934.

TEGNAEUS, HARRY. *Le Heros civilisateur. Contribution* a *l'aude ethnologique de la religion et de la sociologie africaines.* Uppsala, 1950. TEIT, JAMES A. *The Lillooet Indians.* Leiden, 1906. (AMNH Memoirs IV; JE II, 5.)

_____. "The Thompson Indians of British Columbia," *AMNH Memoirs, II* (1900), 163 – 392. (JE I.)

THALBITZER, WILLIAM, "Cultic Games and Festivals in Greenland," in Congres International des Americanistes, *Compte –*

Rendu de la XXI6 session, Pt. 2 (1924), pp. 236 – 55. Goteborg, 1925.

_____ . "The Heathen Priests of East Greenland (Angakut) ," in *Verhandlungen des XVI Internationalen Amerikanisten – Kongresses*, Pt. 2 (1908), pp. 447 –64. Vienna and Leipzig, 1910.

_____ . "Le Magiciens esquimaux, leurs conception du monde, de l'ame et de la vie," *JSA*, n. s. XXII (1930), 73 –106.

_____ . "Parallels within the Culture of the Arctic Peoples ," in *Annaes do XX Congresso Internacional de Americanistas*, Pt. 1 (1924), 283 –87. Rio de Janeiro, 1925.

_____ , ed. *The Ammasalik Eskimo*: *Contributions to the Ethnology of the East Greenland Natives*. Copenhagen, 1914.

THOMPSON, B. *The Figians*. London, 1908.

THOMPSON, STITH. *Motif – Index of Folk – Literature*. Helsinki and Bloomington, 1932 –36. (FFC 106 –09, 116 – 17; Indiana University Studies 96, 97, 100, 101, 105, 106, 108, 110 –12.) 6 vols. (2dn edn. , rev. and enlarged, 1955 – 57. 6 vols. *in* 4.)

THORNDIKE, LYNN. *A History of Magic and Experimental Science*. New York, 1923 –58. 8 vols.

THORN, EVERARD F. *IM*. See hi THORN, EVERARD F.

TIN, PE MAUNG, tr. *The Path of Purity*, *Being a Translation of Buddhagimp's Visuddhimagga*. London, 1923 –31. (PTS XI, XVII, XXI.) 3 vols.

TOIVOINEN, Y. H. "Le Gros Cherie des chants populaires finnois," *JSFO*, LI I I (1946 –47) , 37 –77.

TR · TYAKOV, P. 1, *Turukhansky krai, evo priroda i zhiteli*. St. Petersburg, 1871.

TUCCI, GUISEPPE. *Tibetan Painted Scrolls*. Rome, 1949.

2 vols. VAJDA, LASZLO. "Zur phaseologischen Stellung des Schamanismus," *Ural – altaische Jahrbacher* (Wiesbaden), XXXI (1959) , 455 – 85.

VAN EMELEN, REV. ARTHUR. See HOFFMANN, REV. JOHN.

VAN DER KROEF, JUSTUS M. "Transvestitism and the Religious Hermaphrodite in Indonesia," *Journal of East Asiatic Studies* (Manila) , III, 3 (Apr. , 1954) , 257 – 65.

VANDIER, JACQUES. *La Religion egyptienne.* Paris, 1944.

VANNICELLI, LUIGI. *La religione dei Lobo.* Milan, 1944.

VASILYEV, V. *N. Shamansky kostyum i buben u yakutov.* St. Petersburg, 1910. (Sbornik Muzeya po Antropologii i Etnografii pri Imperatorskoi Akademii Nauk I, 8.)

VISSER, MARINUS WILLEM DE. *The Arhats in China and Japan.* Berlin, 1925.

VRIES, JAN DE. *Altgermanische Religionsgeschichte.* Berlin and Leipzig, 1935 – 37; 2nd edn. , 1956 – 57. 2 vols.

WALES, H. G. QUARITCH. *The Mountain of God: a Study in Early Religion and Kingship.* London, 1953.

_____. *Prehistory and Religion in South – East Asia.* London, 1957.

WALEY, ARTHUR. *The Nine Songs: a Study of Shamanism in Ancient China.* London, 1955.

WALLESER, MAX. "Religiose Anschauungen and Gebrauche der Bewohner von Jap, Deutsche Sildsee," *Anthropos*, VII (1913) , 607 – 29.

WARNECK, J. *Die Religion der Batak.* Leipzig, 1909.

WAssiN, S. HENRY. See HOLMER, NILS M.

WATSON, WILLIAM. "A Grave Guardian from Chang – sha,"

British Museum Quarterly (London), XVII, 3 (1952), 52 – 56.

WEBSTER, HUTTON. *Magic: a Sociological Study.* Stanford, 1948.

————. *Primitive Secret Societies: a Study in Early Politics and Religion.* New York, 1908; 2nd, rev. edn. , 1932.

————. *Taboo: a Sociological Study.* Stanford, 1942.

WEHRLI, HANS J. "Beitrag zur Ethnologie der Chingpaw (Kachin) von Ober – Burma," *LIE*, Suppl. XVI (1904) .

WEIL, RAYMOND. *Le Champ des roseaux et le champ des ojfrandes dans la religion funeraire et la religion generate.* Paris, 1936. WEINBERGERGOEBEL, KIRA. "Melanesische Jenseitsgedanken," *WBKL*, V (1943), 95 – 12 + .

WEISSER – AALL, LILY. "Hexe," in *Handwdrterbuch des deutschen Aberglaubens*, ed. Harms Bachtold – StWbli, III. Berlin, 1927 – 42. 10 vols.

WENSINCK, A. J. *The Ideas of the Western Semites concerning the Navel of the Earth.* Amsterdam, 1917.

————. *Tree and Bird as Cosmological Symbols in Western Asia.* Amsterdam, 1921.

WERNER, ALICE. *African : Mythology]* . 1925. (MAR VII.)

WERNERT, P. "L'Anthropophagie rituelle et la chasse aux tetes aux époques actuelle et paleolithique," *L'Anthropologie*, XLVI (1936), 33 – 43.

————— "Culte des cranes. Representations des esprits des defunts et des ancetres," in GORCE, M. , and MormEa, R. , *L'Histoire generale des religions* (q. v.), pp. 51 – 102.

WEST, E. W. , tr. *Pahlavi Texts.* I: *The Bundahil, Bahman ragt, and Shilyast ki – Shelyast*; *II: The DiNista'n – 1 Dinik and The Epistles of Meindslelhar.* 1880 – 97. （SBE, V, XVIII, XXIV, XXXVII, XLVII.） 5 vols. （Vol. I, 1880; Vol. II, 1882.）

_____ See also HAUG, MARTIN.

WEYER, EDWARD MOFFATT, JR. *The Eskimos: Their Environment and Folkways.* New Haven and London, 1932.

WHITE, C. M. N. "Witchcraft, Divination and Magic among the Balovale Tribes," *Africa* （London）, XVIII （1948）, 81 – 104.

WHITEHEAD, GEORGE. *In the Nicobar Islands.* London, 1924.

WIDENGREN, GEORGE. *The Ascension of the Apostle of God and the Heavenly Book.* Uppsala and Leipzig, 1950.

_____ . *Hochgottglaube im alten Iran.* Uppsala and Leipzig, 1938.

_____ . *The King and the Tree of Life in Ancient Near Eastern Religion.* Uppsala, 1951.

_____ . "Stand und Aufgaben der iranischen Religionsgeschichte," *Numen*, *I* （1954）, 26 – 85; II （1955）, 47 – 134.

WIESCHOFF, HEINZ. *Die afrikanischen Trommeln und ihre ausserafrikanischen Beziehungen.* Stuttgart, 1933.

WIKANDER, STIG. *Der arische Mannerbund.* Lund, 1938.

W/KANDER, STIG. *Vayu; Texte und Untersuchungen zur indo – iranischen Religionsgeschichte.* Uppsala, 1941.

WILHELM, RICHARD, tr. *Chinesische Volksmarchen.* Jena, 1927 （Marchen der Weltliteratur, ser. II.）

WILKE, GEORG. "Der Weltenbaum und die beiden kosmischen Vogel in der vorgeschichtlichen Kunst," *Mannus – Bibliothek* （Leipzig）, XIV （1922）, 73 – 99.

WILKEN, G. A. *Het Shamanisme bij de Volken van den*

lndischen Archipel. The Hague, 1887. (Reprint of article in *Bijdragen tot de Taal – Land – en Volkenkunde van Nederlandsch Indic* [The Hague], V, Pt. II [1887], 427 – 97.)

WILLIAMSON, ROBERT W. *Essays in Polynesian Ethnology*, ed. Ralph Piddington. Cambridge, 1939.

_____. *Religion and Social Organization in Central Polynesia*, ed. Ralph Piddington. Cambridge, 1937.

WILSON, HORACE HAYMAN, tr. *Rig – Veda Sanhitd: a Collection of Ancient Hindu Hymns, Constituting the First Aslitake, or . Book of the Rig – Veda.* London, 1854 – 88. 6 vols.

WINSTEDT, SIR RICHARD 0. "Indian Influence in the Malay World," *JRAS*, Pts. III—IV (1944), pp. 186 – 96.

_____. "Kingship and Enthronement in Malaya," *JRAS*, Pts. III—IV (1946), pp. 134 – 45.

_____. *Shaman, Saiva and Sufi: a Study of the Evolution of Malay Magic.* London, 1926.

WIRZ, PAUL. *Exorzismus und Heilkunde ad' Ceylon.* Bern, 1941.

_____ *Die Marind – anim von Hollandisch – Siid – Neu – Guinea.* Hamburg, 1922 – 25. 2 vols.

WISSLER, CLARK. *The American Indian.* New York, 1917; 2nd edn. , 1922; 3rd edn. , 1938.

_____. *General Discussion of Shamanistic and Dancing Societies.* 1916. (AMNH Anthropological Papers XI, Pt. XII.)

WOLFRAM, R. "Robin Hood und Hobby Horse," *WPZ*, *XIX* (1932) .

WOLTERS, PAUL. *Der geflugelte Seher.* Munich, 1928. (Sitzungsberichte der Akademie der Wissenschaften, Phil. – hist. Klasse I.)

WOODWARD, FRANK LEE, tr. *The Book of the Gradual Sayings* (*AnguttaraNikaya*) or *More Numbered Suttas.* 1932 – 36. (PTS 22, 24 – 27.) 5 vols.

WRIGHT, ARTHUR FREDERICK. "Fo – t'u – teng: a Biography," *HJAS*, XI (1948), 321 – 71. VMS; WALTHER. "Bestand die zoroastrische Urgemeinde wirklich aus berufsmassigen Ekstatikern und schamanisierenden Rinderhirten der Steppe?" *ARW*, XXXVI, 2 (1940), 254 – 49.

_____. "Yasna XLII 4, 2/3," *ATOP*, XXXVI, 2 (1940), 250 – 56.

WYLICK, CARLA VAN. *Bestattungsbrauchs und Jenseitsglaube auf Celebes.* The Hague, 1941. (Diss., Basel, 1940.)

YASSER, J. "Musical Moments in the Shamanistic Rites of the Siberian Pagan Tribes," *Pro – Musica Quarterly* (New York), Mar. —June, 1926, 4 – 15. YULE, SIR HENRY, tr. *The Book of Ser Marco Polo*, ed. Henri Cordier. London, 1921. 2 vols.

ZELENIN, D. "Ein erotischer Ritus in den Opferungen der altaischen Tuerken," *IAE*, XXIX, 4 – 6 (1928), 83 – 98.

_____. *Kult ongonov v Sibiri. Perezhitki totemisma v ideologii sibirskikh narodov.* Moscow, 1936.

ZEMMRICH, JOHANNES. "Toteninseln und verwandte geographische Mythen," *ME*, IV (1891), 217 – 44.

ZERRIES, Orro. "Krankheitsdiimonen und Hilfsgeister des Medizinmannes in Siidamerika," in *Proceedings of the* 30th *International Congress of Americanists*, pp. 162 – 78. London, 1955.

_____. *Wild – und Buschgeister in Suclamerika.* Wiesbaden, 1954.

ZIMMER, HEINRICH. *The King and the Corpse: Tales of the Soul's Conquest of Evil*, ed. Joseph Campbell. New York,

1948. (BS XI.) (Princeton/ Bollingen paperback, 1971.)

ZOETE, BERYL DE, and SPIES, WALTER. *Dance and Drama in Bali.* London, 1938.

后　记

　　在神秘主义的历史中，没有一直保持连续性的解决办法。我们已经在萨满教体验中不止一次地了解到"对美好时代的怀念"，而这一怀念暗指了一种最古老的基督教神秘体验的类型。① "内心之光"在印度的神秘主义和玄学中以及在基督教的神秘理论中有着最重要的作用，正如我们已经见过的一样，因纽特萨满教已经记载了这一"内心之光"。我们也许会补充一点，那些被放入巫医体内的巫术石头在某种程度上象征着"凝固的光"。②

　　但是萨满教的重要性并不是因为它在神秘主义历史中占有的地位。萨满在保卫群体的精神统一中发挥了重要的作用。他们是杰出的反对恶魔斗士。他们不仅与恶魔和疾病斗争，也与黑术士做斗争。萨满冠军中最典型的人物就是 Dtomba Shi-lo，他是 Na-khi 萨满教的神话创始人，是一位不知疲倦的屠魔者。③ 军事元素在某些亚洲萨满教类型中十分重要（如长矛、铁甲、弓、箭等）。恶魔是人类真正的敌人，对抗恶魔的战争需要解释这些元素的重要性。我们可以这样通俗地讲，萨满教保卫生命，守护健康，确保肥沃，保护

---

① 这个后记已被添加到英语译本中。参见伊利亚德《对原始传统的美好回忆》，见 59～72 页。
② 参见伊利亚德《"内心之光"的意义》。
③ 见上文，448 页及后面内容。

"光明"的世界，对抗死亡、疾病、贫瘠、灾难以及"黑暗"世界。

　　萨满的好战有时变成了一种挑衅的狂热；在一些西伯利亚传统中，人们相信萨满可以以动物的形象连续对另一个人发起挑战。① 但是这种程度的好战是相对罕见的；它是一些西伯利亚萨满教和匈牙利 taltos 所特有的，萨满与我们称为"邪恶力量"之间的斗争是基础且普遍的。我们很难想象这样一种萨满教竟可以代表一个远古社会。首先，它保证人类在一个被恶魔和"邪恶力量"包围的外来世界中并不孤单。除了那些被供奉祷文和祭品的天神以及超自然神灵外，也存在"一些精通神圣的专家"，也就是可以"看到"神灵，升入天空并会见天神，入地并与恶魔、疾病以及死亡斗争的人。萨满保卫着群体的精神完整性，他的这一重要作用尤其在于：人们确信，他们中的一个人会在一个由无形世界的居民所造成的严峻环境中帮助他们。知道群体的一位成员能够看到所隐藏的，以及其他人看不到的事物，而且能够带回超自然世界的直接且可信的信息，这一点很令人欣慰。

　　游历超自然世界并且看到超自然神灵（天神、恶魔、逝者的灵魂等）是萨满能力进一步发展的结果。萨满正是通过这种方式对死亡知识做出了关键性的贡献。许多"阴间地形学"以及一些死亡的神话主题很有可能是萨满癫狂体验的结果。萨满在恍惚期间或恍惚之后详细地描述了他在另外世界癫狂旅程中看到的大地、遇见的人。未知且恐怖的逝者世界呈现的形式是根据特定模式组织而成，最终展示了一种结构，在岁月的长河中这种结构为人所知并被接受。相应，人们"看不见"逝者世界的超自然居民，他们展现了一种形式，呈现了一种个性，甚至是一种传记。人们逐渐了解了死

---

① 见上文，见 93 页及后面内容。

亡世界。死者本身最初被评价为通往神灵存在形式的一个仪式。总之，萨满癫狂之旅的记述有助于促进逝者世界的"精神化"，同时这些记述也通过奇异的形式和人物丰富了逝者世界。

我们已经提及了萨满教癫狂的叙述与口头文学中一些史诗主题之间的相似性。[①] 萨满到其他世界的冒险，也就是他癫狂入地与升天所经历的磨难，暗指了流行故事中的人物与史诗文学中英雄的冒险。或许大量的史诗"主题"，许多角色、图景以及史诗文学的陈词滥调最终都源于癫狂，它们都是从萨满们的叙述中借引过来的，从这个意义上讲，这些叙述描述了他们在超人类世界的旅途与冒险。

前期的癫狂精神欣喜同样也有可能构成了抒情诗歌广泛资源的一部分。在准备恍惚期间，萨满一边模仿野兽，尤其是鸟的叫声，一边击鼓召唤他的神灵辅助者，说着一种"神秘的语言"或者"动物的语言"。萨满获得一种"第二状态"之后结束准备阶段。这种"第二状态"为抒情诗歌的语言创新和韵律提供了动力。诗歌的创新仍是完全精神自由的一种行为，诗歌重塑并且延续了语言。每一种诗歌性的语言最初都是一种神秘语言。也就是说，是个人宇宙，一个完全封闭的世界的创新。最纯粹的诗歌行为似乎都是一种内心体验的语言再现过程，就像癫狂或"原始民族"的宗教启示一样，这种内心体验揭示了事物的真谛。癫狂之前的"启示"使这样的语言创新成为可能，而正是从这种语言创新出发，神秘主义者的"神秘语言"和传统的寓言性语言之后才得以具体化。

我们必须要提及一些关于萨满教戏剧结构的事情。有

---

① 参见上文，见214页及后面内容，311页及后面内容，370页及后面内容。也可见 R. A. 斯坦因《关于西藏的史诗和吟游诗人的研究》，见317页及后面内容，370页及后面内容。

时，我们不仅提到非常精密的演出形式，这种形式明显会对病人产生有益的影响。① 但是在日常体验的世界中，每一次真正的萨满教降神会作为一个不相等的场景而结束。玩火的把戏，绳子游戏或杧果游戏类型的"奇迹"，巫术事迹的展现，都揭示了另外一个世界，也就是天神和术士的美好世界，在这个世界中，一切似乎都是可能的，死者可以复活且活着的人可以死去只为再活一次，一个人可以消失，又瞬间出现，在这里，"自然法则"被废除且一种超人类"自由"被示范并且呈现出丰富多样的形式。

像我们这样的现代人很难想象这样一个奇特现象在一个"原始"群体的反响。萨满教的"奇迹"不仅证实、加强了传统宗教的范型，它们也激发并丰富了人们的想象力，消除了梦境与现实之间的障碍，向人们打开了天神、逝者和神灵居住世界的窗户。

萨满的体验激发了文化创新，或者使其成为可能，对这些文化创新的些许评价就足够了。对它们完整的研究将会超出这本书的范围。关于史诗和抒情诗的癫狂"根源"，戏剧场景的远古时期，普遍关于古老萨满们所发现的、探索的以及描述的美好世界，我们仍需创作一本意义重大的书来说明这些。

---

① 也可参见露西尔·H.查尔斯《关于萨满驱鬼术的戏剧》。

图书在版编目（CIP）数据

萨满教：古老的入迷术／（美）米尔恰·伊利亚德
（Mircea Eliade）著；段满福译. -- 北京：社会科学
文献出版社，2018.8（2025.6 重印）
（内蒙古民族文化通鉴. 翻译系列）
书名原文：Shamanism：Archaic Techniques of
Ecstasy
ISBN 978 - 7 - 5201 - 2341 - 9

Ⅰ.①萨…　Ⅱ.①米…②段…　Ⅲ.①萨满教 - 研究
Ⅳ.①B933

中国版本图书馆 CIP 数据核字（2018）第 037909 号

内蒙古民族文化通鉴·翻译系列
萨满教：古老的入迷术

著　　者／［美］米尔恰·伊利亚德（Mircea Eliade）
译　　者／段满福

出 版 人／冀祥德
项目统筹／邓泳红　郑庆寰
责任编辑／郑庆寰　王　展
责任印制／岳　阳

出　　版／社会科学文献出版社·历史学分社（010）59367256
　　　　　地址：北京市北三环中路甲 29 号院华龙大厦　邮编：100029
　　　　　网址：www. ssap. com. cn
发　　行／社会科学文献出版社（010）59367028
印　　装／三河市尚艺印装有限公司

规　　格／开　本：787mm×1092mm　1/16
　　　　　印　张：38　字　数：475 千字
版　　次／2018 年 8 月第 1 版　2025 年 6 月第 14 次印刷
书　　号／ISBN 978 - 7 - 5201 - 2341 - 9
著作权合同
　　　　　／图字 01 - 2016 - 5823 号
登 记 号
定　　价／68. 80 元

读者服务电话：4008918866